JEMEN

herausgegeben von
Werner Daum

Pinguin-Verlag, Innsbruck
Umschau-Verlag, Frankfurt/Main

Umschlag vorne: Sommerpalast des Imams im Wādī Ḍahr
Foto Bernd Kummer

Umschlag rückwärts: Der Wächter des Imamspalastes Dār al-Ḥajar im Wādī Ḍahr (Ẓahr): in der Hand hält er den traditionellen geschmiedeten jemenitischen Schlüssel dāʾīr.
Foto Lyle Lawson

Druckkostenzuschüsse gewährten:
Deutsche Gesellschaft für Technische Zusammenarbeit (GTZ), Eschborn
und

Gefördert von der
Dresdner Bank

Durchgesehene Neuauflage 1988

Druck und Bindung: Druckerei Sochor, Zell am See
Satz: Fotosatz Rizner, Salzburg
Reproduktionen: Ifolith, Fotolitho, Innsbruck
Printed in Austria
ISBN 3-7016-2251-6

Das vorliegende Buch erscheint aus Anlaß der gleichnamigen Ausstellung

JEMEN
3000 Jahre Kunst und Kultur des Glücklichen Arabien

im
Staatlichen Museum für Völkerkunde München
(29. April bis 31. Dezember 1987)
unter der
SCHIRMHERRSCHAFT
von
ALI ABDALLAH SALIH
Präsident der Jemenitischen Arabischen Republik
und
RICHARD VON WEIZSÄCKER
Präsident der Bundesrepublik Deutschland

Diese große Ausstellung wird nur auf Grund verschiedenartiger, nicht zuletzt auch beachtlicher finanzieller Unterstützung seitens einer ganzen Reihe öffentlicher und privater Institutionen ermöglicht. Ihnen allen gilt mein aufrichtiger Dank.

Dr. Walter Raunig
Leitender Museumsdirektor

Auswärtiges Amt
Bayerisches Staatsministerium für Wissenschaft und Kunst
Botschaft der Jemenitischen Arabischen Republik, Bonn
Botschaft der Bundesrepublik Deutschland, Sanaa
Bundesministerium der Verteidigung
Bundesministerium für Wirtschaftliche Zusammenarbeit
Deutsche Gesellschaft für Technische Zusammenarbeit (GTZ), Eschborn
Deutsche Gesellschaft für Technische Zusammenarbeit (GTZ), Sanaa
Deutsche Lufthansa AG
Deutsch-jemenitische Gesellschaft e. V., Tübingen/Freiburg
Deutscher Entwicklungsdienst (DED), Berlin/Sanaa
Dresdner Bank AG, München
General Administration of Antiquities and Libraries, Sanaa
General Tourism Corporation, Sanaa
Kreditanstalt für Wiederaufbau, Frankfurt
Ernst von Siemens Kunstfonds, München
Verein Freundes- und Förderkreis des Staatlichen Museums für Völkerkunde München e.V.
Verwaltung des Herzogs von Bayern
Yemenia, Yemen Airways

Inhalt

Grußwort S.E. des Präsidenten der Jemenitischen Arabischen Republik 7

Werner Daum
JEMEN – 3000 Jahre Geschichte, Kultur und Kunst
Von der Königin von Saba zu einem modernen Staatswesen 9

Grazia Maria Bulgarelli
Altsteinzeitliche Werkzeugfunde in Nordjemen 33

Francesco G. Fedele
Die Jungsteinzeit im Nordjemen 35

Alessandro de Maigret
Die Bronzezeit des Jemen 39

Walter W. Müller
Skizze der Geschichte Altsüdarabiens 50

Jürgen Schmidt
Die sabäische Wasserwirtschaft von Mārib 57

Rémy Audouin, Jean-François Breton, Christian Robin
Städte und Tempel – die Entstehung der südarabischen Zivilisation 74

Jürgen Schmidt
Altsüdarabische Kultbauten 81

Alfred Felix Landon Beeston
Vorislamische Inschriften und vorislamische Sprachen des Jemen 102

Giovanni Garbini
Semitische und indoeuropäische Sprachen 107

Jacques Ryckmans
Die Altsüdarabische Religion 111

Jean-François Breton
Das antike Shabwa, Hauptstadt des Ḥaḍramaut 116

Jacqueline Pirenne
Überblick über die Lehrmeinungen zur altsüdarabischen Chronologie 122

Christian Robin
Das Bergwerk von ar-Raḍrāḍ: al-Hamdānī und das Silber des Jemen 129

Günther Dembski
Die Münzen der Arabia Felix 132

G. Rex Smith
Politische Geschichte des islamischen Jemen bis zur ersten türkischen Invasion (1–945 Hidschra = 622–1538 n. Chr.) 136

Muḥammad ʿAbduh Ghānim
Die jemenitische Poesie von der vorislamischen Zeit bis zum Beginn der Gegenwart 155

Robert Bertram Serjeant
Handel im Jemen in frühislamischer Zeit und im Mittelalter 160

Werner Daum
Von Aden nach Indien und Kairo: Jüdischer Welthandel im 11. und 12. Jahrhundert 165

Wilferd Madelung
Der Islam im Jemen 172

Hans-Caspar Graf von Bothmer
Meisterwerke islamischer Buchkunst: koranische Kalligraphie und Illumination im Handschriftenfund aus der Großen Moschee von Sanaa 177

Ronald Lewcock
Jemenitische Architektur im Mittelalter 181

Al-Qāḍī Ismaʿīl bin ʿAlī al-Akwaʿ
Naschwān Ibn Saʿīd al-Ḥimyarī und die geistigen, religiösen und politischen Auseinandersetzungen seiner Epoche 205

Venetia Porter
Die Kunst der Rasuliden 225

Barbara Finster
Die Architektur der Rasuliden 237

Aviva Klein-Franke
Die Juden im Jemen 256

David A. King
Astronomie im mittelalterlichen Jemen 276

Daniel Martin Varisco
Rasulidische Landwirtschaft und traditionelle Almanache 303

Daniel Martin Varisco
Arzneikunde und Heilpflanzen im mittelalterlichen Jemen 306

Manfred W. Wenner
Kleine Wirtschaftsgeschichte des Jemen in der Neuzeit (1500–1948) 308

ʿAbd al-ʿAzīz al-Maqāliḥ
Die zeitgenössische Dichtung im Jemen – Von der Nachahmung des Alten zu den Anfängen der Moderne 325

Walter Dostal
Traditionelle Wirtschaft und Gesellschaft 331

Horst Kopp
Die Landwirtschaft des Jemen
Vom Mokka zum Qāt 365

Jan Karpowicz
Traditionelle Imkerei im Jemen 370

Ḥamīd al-Iriānī
Schule und Erziehung – Bildung und Entwicklung 374

Peter Wald
Harmonie von Siedlung und Landschaft 388

Asmāʾ Yaḥyā al-Bāschā
Die Frau im Jemen zwischen gestern und heute 392

Gabriele vom Bruck
Identität und Wandel: Frauen in Sanʿāʾ 397

Walter Raunig
Jemen und Äthiopien – Alte Kulturbeziehungen zweier Nachbarn am Roten Meer 411

Michael Hofmann
Entwicklung und Entwicklungsplanung der beiden Jemen 421

Matthias Weiter
Entwicklung und Entwicklungshilfe im Jemen 435

Walter Dostal
Auf der Suche nach der Zukunft 441

Fritz Piepenburg
Sechs Lieder aus dem Jemen 460

Fred Halliday
Jemen im 20. Jahrhundert 463

Moḥsin al-ʿAinī
Die September-Revolution 1962 – ihre Ursachen, ihre Rechtfertigung, ihre Ziele, Fehlschläge und Erfolge 468

Yūsuf ʿAbdallah
Die Vergangenheit lebt: Mensch, Landschaft und Geschichte im Jemen 472

Die Autoren 489

Grußwort S. E. des Präsidenten der Jemenitischen Arabischen Republik

Im Namen Gottes, des Gnädigen, des Barmherzigen

Am 28. April 1987 wird in der hochberühmten Stadt München, im Staatlichen Museum für Völkerkunde, die Ausstellung

JEMEN — 3000 Jahre Kunst und Kultur des Glücklichen Arabien

eröffnet. Es ist mir eine große Freude, ein Grußwort für den aus diesem Anlaß erscheinenden Katalog niederzuschreiben.

Zuerst möchte ich all denen, deren Anstrengungen diese Ausstellung zustandebrachten, meinen Dank aussprechen. Hierbei denke ich insbesondere an die Verantwortlichen des Staatlichen Museums für Völkerkunde, die der jemenitischen Kultur die Möglichkeit geschenkt haben, in diesem bedeutenden Museum einen Platz neben den dort vertretenen Kulturen der anderen Völker einzunehmen. Zugleich danke ich der Regierung des Freistaates Bayern, daß sie diese Ausstellung so großzügig gefördert hat und sie in ihrer Hauptstadt willkommen heißt. Der Dank gilt weiter dem Auswärtigen Amt der Bundesrepublik Deutschland, der Deutschen Gesellschaft für Technische Zusammenarbeit und der deutsch-jemenitischen Gesellschaft. Zuletzt, aber nicht zum wenigsten, möchte ich Werner Daum für die Herausgabe dieses Kataloges danken und dafür, daß er es — zusammen mit seinen Freunden in der Bundesrepublik Deutschland, in der Jemenitischen Arabischen Republik und in vielen anderen Ländern, allen jenen, die die Liebe zum Jemen verbindet — unternahm, diese Ausstellung zu verwirklichen.
In jeder Gesellschaft ist die Kultur Ausdruck ihres Geistes, ihrer Ideen und ihrer Erfahrungen, ihrer Grundsätze und Bestrebungen. Die Prinzipien, die unsere Politik auf diesem Gebiet leiten, gehen von den Wurzeln aus, die von unserer Revolution gepflanzt wurden, der Revolution, deren 25. Wiederkehr wir in diesem Jahr begehen. Die Leitlinien, die sich das jemenitische Volk in den letzten Jahren gesetzt hat, und die Gedanken, die in der Nationalen Charta niedergelegt sind, haben diesen Ursprüngen noch mehr lebendige Kraft gegeben.
Für uns im Jemen haben Fragen der Kultur ein besonderes Gewicht, weil uns unsere Kultur charakteristischer Ausdruck unserer nationalen Persönlichkeit ist, weil wir sie als Bestandteil unserer Souveränität empfinden und als ein Unterpfand für die Wiedergewinnung der Einheit des Vaterlandes.
Wie die Gelehrten sagen, kommt der alten jemenitischen Kultur eine ähnliche Bedeutung zu wie den anderen Kulturen des Alten Orients. Zahlreiche archäologische und ethnologische Zeugnisse haben sich erhalten, die darauf hinweisen, daß der Jemen eines jener Länder war, in denen die Wiege der Zivilisation stand und daß er — neben anderen Kulturen — einen aktiven Beitrag zur Fortentwicklung der Menschheit leistete.
Der heutige Jemen ist ein arabisches und islamisches Land. Das ist die feste, wahre Wurzel unserer Kultur. Unser islamischer Glaube prägt unsere Persönlichkeit. Er ist die Grundlage unserer Beharrlichkeit in der kulturellen Erfahrung, er hat in den Jahrhunderten unserer islamischen Geschichte so viel Bleibendes erblühen lassen. Dieser Glaube ließ neuen großen Gedanken stets ihren Raum, Gedanken, die die Zukunft respektieren, die Freiheit des Denkens

forderten, ein Feind aller Formen von Autoritatismus und Tyrannei. Diese Kultur ist uns eine starke Festung, die unser Volk schützt, seine Identität bewahrt und seine Eigenart erhält.
Die Identität des jemenitischen Volkes bezieht ihre Stärke aus der Vergangenheit. Sie prägt sein Bewußtsein; sie gab ihm die Kraft für seinen nationalen Kampf gegen Reaktion und Kolonialismus. Das war der Grund, daß sich das Volk auf den Weg der Revolution begab, um sein Streben nach einem erfüllteren Leben zu verwirklichen. Deshalb war eines der wesentlichen Ziele der Revolution vom 26. September 1962 die Beseitigung von Unwissenheit, Rückständigkeit, Sorge für das Bildungswesen und Wiedererweckung der großen kulturellen Tradition des Landes.
Wir in der Jemenitischen Arabischen Republik wollen — wenn wir in diesem Jahr ein Vierteljahrhundert unserer Revolution begehen — die Gegenwart aus unserer Situation heraus gestalten. Wir bemühen uns, uns den Fragen des Heute zu stellen. Das bedeutet Offenheit gegenüber allen nützlichen kulturellen Strömungen. Wie alle anderen Völker, die das Gute und den Frieden lieben, glauben wir an die Notwendigkeit des kulturellen Austausches zwischen den Völkern. Er ist ein Faktor des Näherkommens, ein Mittel gegenseitigen Verstehens der Menschen unterschiedlicher Zunge, wo auch immer sie leben mögen. Wir im Jemen sind stolz auf unsere Kultur, und was wir können, tun wir, um sie lebendig zu erhalten. In gleichem Maße aber glauben wir an die Bedeutung des menschlichen Erbes als solchen, wir achten jede Kultur und geben ihr die ihr gebührende Bewunderung und Anerkennung. Den Schöpfungen der deutschen Kultur gilt ein besonderer Platz im Herzen der Jemeniten.
So sind wir denn überzeugt, daß die Besucher dieser Ausstellung sich ein wahrhaftiges Bild von 3000 Jahren Kunst und Kultur in unserem Lande Jemen machen werden. Es ist eine Zivilisation, die lange nicht im hellen Licht der Aufmerksamkeit stand und nicht die Möglichkeit hatte, sich der Welt so vorzustellen, wie sie dies jetzt im Museum in München tun kann.
Zum Abschluß möchte ich den jemenitisch-deutschen Kulturbeziehungen Dauer und Erfolg wünschen — den vollen Erfolg dieser Ausstellung!
Der Friede sei mit euch, die Gnade Gottes und sein Segen!

Oberstleutnant Ali Abdallah Salih
Präsident der Jemenitischen Arabischen Republik
Oberkommandierender der Streitkräfte
Generalsekretär des Allgemeinen Volkskongresses

JEMEN — 3000 Jahre Geschichte, Kultur und Kunst
Von der Königin von Saba zu einem modernen Staatswesen

Werner Daum

»Gekommen bin ich dir aus Sabāʾ mit sicherer Kunde« — so berichtet in Sure 27, Vers 22 des Heiligen Koran ein recht ungewöhnlicher Bote dem König Salomon. Der Bote ist ein Vogel, ein Wiedehopf, der schönste und neugierigste der Untertanen Salomons, dem die Menschen, die Vögel und die Dschinn zu Diensten stehen. Der Wiedehopf hatte sich von Salomons Heerschar absentiert, war auf seinem Flug nach Maʾrib, der Hauptstadt des Reiches von Sabāʾ, gelangt und hatte dort nicht nur ein blühendes Reich entdeckt, sondern als größte Merkwürdigkeit eine Frau als Herrscherin.

Die Königin von Saba in der Bibel

Uns Europäern ist die biblische Erzählung vertrauter, wo — mit geringen Varianten — zweimal vom Besuch der Königin bei Salomon die Rede ist (1. Buch der Könige und 2. Buch der Chronik):
»Als aber die Königin von Saba vom Rufe Salomons hörte, da kam sie, um ihn mit Rätselfragen auf die Probe zu stellen. Sie kam nach Jerusalem mit sehr großem Gefolge, mit Kamelen, die Spezereien und eine große Menge Gold und Edelsteine trugen... Dann schenkte sie dem König hundertzwanzig Talente Gold und eine überaus große Menge Spezereien und Edelsteine...«.
Jesus hat die Königin von Saba aus der fernen Vergangenheit heraufgeholt in seinen Bund und sie auf die Seite der Gerechten gestellt. Beim Jüngsten Gericht wird auch die Königin des »Südens« (auf semitisch »Jemen«) thronen und urteilen: »Denn sie kam von den Enden der Erde, um die Weisheit Salomons zu hören« (Matthäus 12,42 und Lukas 11,31).
Diese wunderschöne und farbenprächtige Geschichte hat seitdem die Völker des Orients und des Okzidents, die jüdische Tradition und das christliche Mittelalter, Äthiopien und natürlich die Völker des Islam fasziniert.
Die Künstler unserer gotischen Kathedralen und romanischen Miniaturen hat sie ebenso angeregt wie Piero della Francesca und Ghiberti, wie Holbein, Veronese, Hieronymus Bosch oder Cosmas Damian Asam. Arabische, persische, türkische und indische Miniaturmaler hat die Geschichte der Königin genauso inspiriert; ihnen verdanken wir einige der liebenswertesten und prächtigsten Meisterwerke der islamischen Kunst.
Der Königin von Saba ist ein eigener Sammelband gewidmet[1]. Die Ausstellung und dieser Katalog wollen dagegen das historische Reich von Sabāʾ porträtieren, jenes Staatswesen, das über eineinhalb Jahrtausende hinweg eine nicht unerhebliche Rolle in der Geschichte und Wirtschaftsgeschichte des Alten Orients spielte, das man in vielerlei Hinsicht als Wiege der arabischen Kultur bezeichnen kann, und dessen märchenhafte Erinnerungen Archäologen, Historiker und Ethnologen heute dem Sand der Wüste zu entreißen beginnen.

Die Anfänge des Reiches von Sabāʾ

Die Königin von Saba hat man — zumindest bisher — archäologisch oder in Inschriften noch nicht fassen können. Freilich sind Frauen als Königinnen bei den frühen Arabern keineswegs etwas Ungewöhnliches: Inschriften assyrischer Herrscher berichten für das 8. vorchristliche Jahrhundert mehrfach von »Königinnen der Araber«, die Tribut brachten oder in Kriegen besiegt wurden.
Die Südaraber besaßen das Monopol für zwei der begehrtesten Rohstoffe der antiken Welt: Weihrauch und Myrrhe. Die beiden Baumharze gedeihen nur im östlichen Jemen (Ḥaḍramūt) und in Dhofār (korrekt Ẓafār geschrieben, das südliche Oman, das im Altertum zum Reich von Ḥaḍramūt gehörte), sowie in einigen Gegenden Somalias. Die Weihrauchstraße, einer der ältesten Welthandelswege unserer Erde, führte von Südarabien aus etwa parallel dem Roten Meer, aber im Landesinneren, nach Ghaza in Palästina, insgesamt eine Strecke von nahezu 3.400 km. Monopol der Produktion und Monopol des Fernhandels lagen in der Hand der Südaraber; kein Tempel, kein reiches Haus in Babylon, Ägypten, Griechenland, Jerusalem oder Rom, die nicht diese Räucherwerke benötigten und mit Gold aufzuwiegen bereit waren.
So wird man also wohl den historischen Hintergrund des Berichts über die Karawanenreise der Königin von Saba nach Jerusalem zu verstehen haben: Die Erzählung spiegelt den hochentwickelten Fernhandel der Südaraber ebenso wider wie die Erinnerung an die — den nahöstlichen Herrschern höchst auffällig erscheinenden — Königinnen der Araber.

1 »Die Königin von Saba — Kunst, Legende und Archäologie zwischen Morgenland und Abendland«, hrsg. von Werner Daum, Belser Verlag Stuttgart — erschienen im Frühjahr 1988.

Sanaa vom Südosten im Jahre 1902 oder 1907, Foto Hermann Burchardt (Museum für Völkerkunde, SMPK, Berlin).

Der historische Beginn des Reiches von Sabā)

Das älteste und mächtigste Staatswesen des alten Südarabien war Sabā) mit seiner im Osten der heutigen Arabischen Republik Jemen gelegenen Hauptstadt Ma)rib. Hier sei eingeschoben, daß die in diesem Katalog gebrauchten unterschiedlichen Formen der Umschrift sich sämtlich auf gute Quellen berufen können — ich schreibe überwiegend, wie die gedruckten Koranausgaben, »Sabā)« (mit dem Akzent auf der zweiten Silbe) und für die Hauptstadt »Ma)rib«, die von Qādī Isma(īl al-Akwa(für richtig gehaltene Form.
Doch wann darf man ungefähr den Beginn der sabäischen Hochkultur mit Inschriften und monumentalen Bauten ansetzen? Trotz der ungeheuren Mengen antiker Inschriften, die man in Südarabien fand, sind datierte oder datierbare für die frühe Zeit nicht vorhanden. Wiederum sind es deshalb assyrische Quellentexte — etwa die Keilschrifttafel, in der Sargon II. für das Jahr 716 oder 715 v. Chr. von einem Tribut des sabäischen Herrschers Yitha()amar berichtet — aus denen Schlußfolgerungen für die Chronologie Südarabiens gezogen werden. Im historischen Einleitungskapitel dieses Katalogs zeichnet Walter W. Müller im Gefolge vor allem der Arbeiten des Forschers und Gelehrten von Wissmann ein Bild, dem auch etwa die Überlegungen der deutschen Archäologen im Jemen folgen. Es spricht danach sehr viel dafür, in dem »Karib Il, König von Saba«, den eine assyrische Tontafel aus der Zeit um 685 v. Chr. nennt, den Herrscher Karib Il Watar zu sehen, von dem uns ein in Stein gemeißelter (und heute noch im Tempel von Ṣirwāḥ stehender) Tatenbericht erhalten blieb.
In diesem Text (und einem zweiten im gleichen Tempel) wird von großen und schrecklichen Feldzügen gegen das südarabische Reich von Ausan (nördlich von Aden) und gegen Nadschrān (heute eine südliche Provinz von Saudi-Arabien) berichtet, von Bündnissen mit den Reichen von Ḥaḍramūt und Qatabān, aber auch von bedeutenden Taten des Friedens: Bewässerungsanlagen, Pflanzungen, Baumaßnahmen am Staudamm von Ma)rib, Errichtung des Königspalastes in Ma)rib.
Die französischen und italienischen Gelehrten vertreten dagegen in ihren Beiträgen zu diesem Katalog die Auffassung, daß die monumentale Kultur (Inschriften, Tempel, Stadtmauern, Staudamm, aber auch die großen Staatsgründungen) etwa um die Mitte des ersten vorchristlichen Jahrtausends anzusetzen sei. Die Begründung dieser Auffassung legt Jacqueline Pirenne in ihrem Beitrag dar.

Der Staudamm von Ma)rib

Das ist das größte technische Bauwerk der Antike, das Wunder Arabiens, dessen endgültigen Zusammenbruch um etwa 600 n. Chr. der Koran als Strafe Gottes, als Ende der alten Zeit, als Zeichen der Weltwende, schildert (Sure 34,15 f.):

»So setzten wir den Sabäern an ihrem Wohnort ein Zeichen: zwei Gärten, einen zur Rechten und einen zur Linken. Esset von dem, was euer Herr euch beschert hat, und danket ihm! Denn es ist ein gutes Land, und euer Herr ist gnädig, vergebend. Sie aber wandten sich ab. Da sandten wir die Dammflut über sie und tauschten ihnen die beiden Gärten in zwei andere, mit ein paar Früchten des Dornbuschs, Tamarisken und einigen Kreuzdornbäumen. . .«.

Der Staudamm von Maʾrib sperrte den größten der sich in die östliche Wüste ergießenden Wasserläufe des jemenitischen Hochlandes und erlaubte so die Bewässerung eines Gebietes von ungefähr 9.600 Hektar. Die zweimaligen Regenzeiten im jemenitischen Gebirge ermöglichten damit zweimal im Jahr Bewässerung und Sedimentierung mit fruchtbarster Ackerkrume, machten so aus der Wüste einen herrlichen Garten (oder »zwei«, wie der Koran sehr genau die nördlich und die südlich des Wādī gelegene Oase unterscheidet). Der sorgsame Umgang mit dem kostbaren Naß und ein ausgeklügeltes System der Verteilung bildeten die wirtschaftliche Grundlage von Maʾrib und — durch die Notwendigkeit zu straffer Ordnung und Unterhaltung des Systems — auch die Grundlage seiner politischen Struktur und Macht.

Die Forschungen des Deutschen Archäologischen Instituts, von denen Jürgen Schmidt in diesem Katalog berichtet, haben in den letzten Jahren zu völlig unerwarteten neuen Zeithorizonten geführt: Die Geschichte der künstlichen Bewässerung in der Oase von Maʾrib setzt wohl bereits in der Mitte des 3. Jahrtausends v. Chr. ein, und der Beginn geregelter Bewässerung ist für das Ende des 3. Jahrtausends v. Chr. nachzuweisen. Dies macht, so scheint mir, die frühe Datierung der historischen Epoche einleuchtender.

Die Beiträge der italienischen Forscher in diesem Katalog befassen sich mit der Geschichte vor der Geschichte: Es fanden sich Spuren des altsteinzeitlichen Menschen (vor 400.000 bis ca. 200.000 Jahren) ebenso wie umfangreiches neolithisches Material; vor allem gelang der Nachweis einer auf Landwirtschaft beruhenden bronzezeitlichen Kultur im Hochland, die etwa um das Jahr 3000 v. Chr. einsetzt und um die Mitte des 2. Jahrtausends ein auffälliges Ende findet. Vielleicht hat sie sich gegen Osten hin verlagert und so, durch Bevölkerungsverstärkung, die frühen Stadtzentren — allen voran Maʾrib, die Hauptstadt von Sabāʾ — entstehen lassen.

Das andere technische Wunder Südarabiens: die frühesten Hochhäuser

Die fünf wichtigsten altsüdarabischen Staaten waren neben Sabāʾ, dem ältesten, bedeutendsten und mächtigsten Reich, Ḥaḍramūt, Ausan, Qatabān und Maʿīn. Die wei-

Sanaa, Bab-al-Jemen, 1902 oder 1907, Foto Hermann Burchardt (Museum für Völkerkunde, SMPK, Berlin).

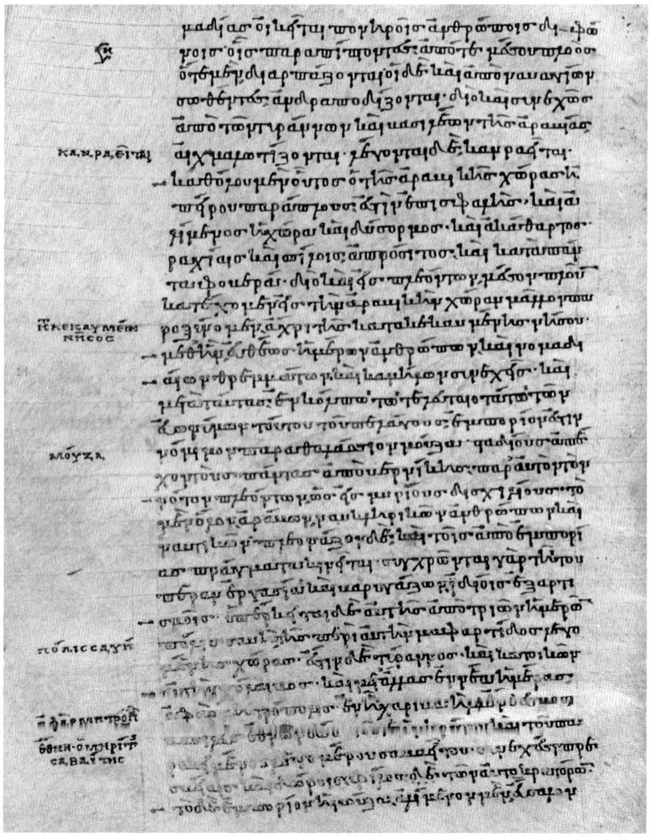

Blatt (fol. 44v) aus dem »Periplus maris Erythraei«, einer Segel- und Reiseanweisung für das Rote Meer und den Indischen Ozean, wohl in der 2. Hälfte des 1. Jh.s n. Chr. verfaßt (Universitätsbibliothek Heidelberg, Cod. Pal. Graec. 398).

tere Geschichte Südarabiens ist von ständigen Kämpfen und Auseinandersetzungen dieser Staaten untereinander gekennzeichnet, von denen uns verschiedene Beiträge dieses Katalogs berichten. Eine ungewöhnlich lebendige und zugleich bedrückende Schilderung der Eroberung und Brandschatzung des Königspalastes von Schabwa (der Hauptstadt des Reiches von Ḥaḍramūt) durch sabäische Truppen geben uns die französischen Ausgräber. Die Spuren dieses Ereignisses (217 oder 218 n. Chr.) haben sich erhalten. Zugleich konnte dabei aber auch nachgewiesen werden, daß schon die alten Südaraber Hochhäuser errichteten und ihre Städte wirklich so aussahen, wie heute noch Schibām, das »Chicago der Wüste«, Jischbum (= Yishbum), oder auch das alte Sanaa, und so manches mächtige turmhohe Haus in den Dörfern des Jemen. Die französischen Archäologen konnten die Hochhaus-Architektur nicht nur für den Königspalast von Schabwa nachweisen, sondern auch für ein in Mashgha (südlich von Tarīm) gelegenes achtstöckiges Privathaus.

Eine vierzeilige Inschrift, heute im Museum von Sanaa, bezeugt dies auch für den sabäisch-ḥimjaritischen Raum:[2]

2 DJE 12, veröffentlicht von Walter W. Müller in: Neue Ephemeris für Semitische Epigraphik 1 (1972), S. 87—95. Für die oben im Text gebrachte neue Übersetzung danke ich Prof. Müller sehr herzlich.

Muhabayyiḥ Atkan, der Sohn des Manākhum, und Akhal und Bahīl und Ḥalīlum, von (der Sippe) Muśawwilum

haben gebaut und gegründet und hergerichtet und vollendet den Steinbau ihres Hauses Aḥdathān vom Grund

bis zur Höhe, (nämlich) sechs Decken mit sechs Stockwerken, und sie haben ihm angefügt

zwei (weitere) Stockwerke und alle seine Vorratsräume und seine Terrasse (?) und den Steinbau von Dhū-Kahnal.

Für »Stockwerk« gebraucht der sabäische Text das Wort »saqf«, wie es heute noch in Sanaa üblich ist. Yūsuf ʿAbdallah hat für das Schlußkapitel dieses Katalogs die Feder des Professors kurz beiseitegelegt, um die erstaunlichen Leistungen der Jemeniten und ihrer Kultur lebendig werden zu lassen. Im Jemen hat sich Antikes — in Sprache, Sitten und Gebräuchen — bis heute in mancherlei Formen in der erstaunlichsten Kontinuität erhalten, eine Tradition, die in mancher Hinsicht eine Art ethnologischer Archäologie möglich macht.

Kunst aus Sabāʾ: Die Statue des Maʿādī Karib

Neben ihren herausragenden technischen Leistungen — den Bewässerungswerken, allen voran dem Staudamm von Maʾrib, und den frühesten Hochhäusern der Menschheit — haben die alten Südaraber aber auch bedeutende Kunstwerke hervorgebracht. Niemand wird sich der geheimnisvollen Majestät entziehen wollen, die aus der ruhig schreitenden Fürstengestalt des Maʿadī Karib spricht, dem Glanzstück unserer Ausstellung. Auch hier ist eine Datierung schwer. Eine Materialuntersuchung des Römisch-Germanischen Zentralmuseums Mainz weist ins 7./8. Jh. v. Chr. Eines aber ist gewiß, daß es sich bei dieser im ʾAuwām, dem Großen Tempel von Maʾrib, gefundenen Statue um das hervorragendste Kunstwerk handelt, das die alten Araber geschaffen haben. Daneben wird dem Besucher die Schönheit einiger der ausgestellten Inschriften auffallen — allen voran der großen Stele aus dem Louvre. Man wird nicht fehlgehen, hier eine — wenn nicht vielleicht die — Wurzel der Kunst der Kalligraphie zu suchen, die die Araber nach dem Islam zu ihrer Vollendung geführt haben.

Wo Schrift ist, da ist auch Sprache. Hierüber informieren zwei — unterschiedlich angelegte — Beiträge unseres Katalogs von A. F. L. Beeston und Giovanni Garbini.

Das antike Südarabien und seine Beziehungen zur Alten Welt

Wirtschaftliche Grundlage Sabāʾs und der anderen südarabischen Staaten war die Landwirtschaft, ihren sagenhaften Reichtum aber verdankten sie dem Fernhandel, der nicht nur die einheimischen Produkte Weihrauch und Myrrhe umfaßte, sondern auch den gesamten Transit der

Waren Indiens, die in den südarabischen Häfen Qāna (dem Hafen von Ḥaḍramūt) und Aden angelandet wurden:
Ezechiel 27,23 nennt beide Häfen (in der Form »Kanne« und »Eden«) zusammen mit Scheba (Sabāʾ). Von hier zogen die Karawanen über die Weihrauchstraße zum Mittelmeer und mit den Produkten mittelmeerischen Kunstfleißes und neuen Ideen wieder zurück nach Südarabien. Als Beispiel hierfür sieht man in unserer Ausstellung eine archaische, peloponnesische (wohl lakonische) Bronzefigur, die in al-Barīra im Wādī Dschirdān (südlich von Schabwa) gefunden wurde. Die Bedeutung des Fundes wird klar, wenn man dieses Meisterwerk griechischer Kunst (das etwa um 540—530 v. Chr. entstanden sein dürfte) in Relation zu den insgesamt elf anderen vergleichbaren Statuetten setzt, die man in Griechenland und Süditalien ausgrub.
Ein solches Kunstwerk, wie es die Griechen in Olympia aufstellten, muß schon damals eine hohe Summe gekostet haben, verrät aber auch den Geschmack des Großkaufmanns, der es erwarb.
Eine Inschrift vom Felsen al-ʿUqla bei Schabwa, wo die Könige des Ḥaḍramūt eine jährliche Thronbesteigungszeremonie vollzogen, berichtet für das Jahr 235 n. Chr. (ca.) von Gesandtschaften aus Palmyra, Chaldäa und Indien, die der Herrscher offenbar zu dieser wichtigen staatserneuernden Zeremonie einlud. In einer im Tempel ʾAuwām von Maʾrib gefundenen und vermutlich um 295 n. Chr. verfaßten Inschrift berichtet ein gewisser Raimān, daß er 40 Jahre lang Statthalter des Königs Schammar Yuharʿisch in Saada (Ṣaʿda, der heute größten Stadt im Norden des Jemen) gewesen war, und dankt der Gottheit dafür, daß er von einer Gesandtschaftsreise nach Ktesiphon und Seleukia glücklich zurückgekehrt sei[3].
Auf der Insel Delos fand man einen Altar mit minäischer und griechischer Schrift, den zwei Kaufleute aus Maʿīn dort ihrem Gott Wadd gesetzt haben.
So nimmt es auch nicht wunder, daß die griechischen und lateinischen Schriftsteller — wenn auch eher im Stil von Tausendundeiner Nacht als mit präzisen Informationen — über Südarabien zu berichten wußten. Herodot schrieb etwa um die Mitte des 5. Jh.s v. Chr.:
»Das äußerste bewohnte Land im Süden ist Arabien. Dort einzig und allein von allen Ländern wächst Weihrauch, Myrrhe, Kassia, Kinamom und Ledanom«.
Sehr viel genauer weiß ein halbes Jahrtausend später Plinius der Ältere (23—79 n. Chr., wo er in Pompeji umkam) Bescheid. Er kannte die Hauptstädte der südarabischen Reiche, er nennt die Entfernung zwischen Timnaʿ (der qatabānischen Hauptstadt) und Ghaza, dem Endpunkt der Weihrauchstraße: 2,437.500 Schritte oder 65 Kameltagesmärsche. Besonders angetan haben es ihm die Preise, und mit lebhaften Worten beklagt er das römische Handelsdefizit (100 Millionen Sesterzen): »So teuer sind uns unser Luxus und unsere Frauen«.
Der Reichtum Südarabiens ließ die Römer nicht ruhen: 25/24 v. Chr. versuchten sie, Sabāʾ zu erobern, scheiterten aber — kurz vor Maʾrib — an der Wüste und am Klima.

Carsten Niebuhr in jemenitischer Tracht, Ölgemälde (Det Nationalhistoriske Museum Frederiksborg, Hillerød, Dänemark).

Entdeckung des Monsuns und direkter Schiffsverkehr nach Indien

In jener Zeit vollzog sich aber auch die einschneidendste wirtschaftliche Veränderung für Südarabien, ebenso bedeutsam wie ein Jahrtausend zuvor die Einrichtung des Karawanenfernhandels. Es war die Entdeckung des Monsuns durch griechische Seeleute in Ägypten und damit des direkten Seeweges zwischen Ägypten und Indien. Die Monsunpassage soll von einem Steuermann namens Hippalos entdeckt worden sein, die erste Überquerung des Indischen Ozeans sei Eudoxos von Kyzikos geglückt. Wie dem auch sei: Vom ersten vorchristlichen Jahrhundert an entwickelte sich ein regelmäßiger direkter Seeverkehr nach Indien und zurück nach Ägypten. Die Schiffe legten jetzt nur noch selten in Aden an. Plinius nennt die Stadt »Athene«, bei Ptolemäos heißt sie »Arabia Emporion«, und im »Periplus des Eriträischen Meeres« »Eudaimōn Arabia — Glückliches Arabien«. Der Name deutet auf die Einteilung Arabiens bei den Alten hin: Arabia Petraea, das Steinige Arabien (so nach Petra, der Hauptstadt des Nabatäerreiches im Norden), Arabia Deserta, das wüstenhafte Arabien im Zentrum der Halbinsel, und, für den Süden, den Jemen, Arabia Felix, Glückliches Arabien.

3 Walter W. Müller, Eine sabäische Gesandtschaft in Ktesiphon und Seleukeia, in: Neue Ephemeris für Semitische Epigraphik 2 (1974), S. 155—165.

Der Verlust der Monopolstellung im Indienhandel läutete den Niedergang der alten Reiche ein. Sie waren alle am Osthang der jemenitischen Gebirge gelegen. Jetzt, wo es keine Karawanen mehr gab, verlagerte sich der wirtschaftliche Schwerpunkt Südarabiens nach Westen, wo das Reich Ḥimjar (Ḥimyar in englischer Umschrift) aufkam, das die Häfen Aden und die am Roten Meer zu beherrschen in der Lage war. Seine Hauptstadt Ẓafār liegt nördlich des heutigen Taiz. Etwa gleichzeitig beginnt auch der Aufstieg von Sanaa (Ṣanʿāʾ). In den folgenden Jahrhunderten gelang es Ḥimjar, nach und nach ganz Südwestarabien zu erobern. Ḥimjar lebt in der Erinnerung des jemenitischen Volkes als jüngstes und mächtigstes Reich des alten Jemen fort bis heute.

Die Ausstellung zeigt ein Blatt aus einer berühmten Heidelberger Handschrift: dem »Periplus des Erythräischen Meeres«, einem (leider anonymen) Seefahrerhandbuch, dessen Datierung sehr umstritten ist. Vermutlich gehört es in die Zeit um oder kurz vor 100 n. Chr. Dieses Dokument läßt uns einen Blick in die Praxis des ägyptisch-indischen Seeverkehrs tun. Für uns ist der Abschnitt über Südwestarabien von Interesse, wo für die Gegend von Mokka (al-Machā) ein Hafen namens »Mouza« angegeben wird, der zum Reich Ḥimjar mit seiner Hauptstadt Ẓafār gehöre. Als nächsten Hafenplatz verzeichnet der Periplus dann Aden (Eudaimōn Arabia).

Der Versuch der genauen Identifizierung von Mouza hat bisher meist zu der Deutung geführt, hierbei dürfte es sich um das ca. 20 km von Mokka aus landeinwärts gelegene Mauzaʿ handeln. Das kann aber wohl nicht sein — wenn es doch ein Hafen sein sollte. Etwa 30 km nördlich von Mokka liegt das Dörfchen Mauschidsch, wo mir die Einwohner berichteten, daß dies zwar der »offizielle« Name sei, der Ort aber bei der Bevölkerung seit jeher »Moschī« heiße. Mir scheint, daß deshalb kein Zweifel bestehen dürfte, daß Mauschi/Mauschidsch das »Mouza« des Periplus war. Ich finde übrigens jetzt, daß R. B. Serjeant auf Grund der gleichen Beobachtung diese Vermutung bereits vor einigen Jahren äußerte und daß noch früher bereits Hermann von Wissmann die Gleichsetzung des antiken Mouza mit Moschī erkannt hat[4].

Christentum und Judentum in der Spätantike

In den folgenden Jahrhunderten blieb Ḥimjar nicht außerhalb der neuen geistigen und politischen Entwicklungen jener Zeit. Die Religion entwickelte sich mehr und mehr hin zu einer Art von Henotheismus, einem Pantheon, an dessen Spitze »Raḥmān, Der Gnädige«, stand. Kirchen (nestorianische) wurden in Sanaa, Ẓafār, Aden al-Makha (Mokka), Maʾrib, Nadschrān und auf Soqoṭrāʾ errichtet. Daneben gab es — wie im Artikel von Aviva Klein-Franke geschildert — einen zahlenmäßig nicht unerheblichen Anteil von Juden. Zu Beginn des 6. Jh.s n. Chr. schließlich, als die ḥimjaritischen Herrscher einen Mittelweg zwischen den Großmächten Byzanz und Persien suchten, wandten sie sich dem Judentum zu. Der (vielleicht dritte) jüdische König von Ḥimjar, Yūsuf Asʾar (die arabische Tradition nennt ihn Yūsuf Dhū Nuwās, regierte um 520 n. Chr.) zerstörte die christlichen Kirchen in Ẓafār und Mokka. Vermutlich für das Jahr 523 n. Chr. ist die schreckliche Verfolgung und das Martyrium der Christen von Nadschrān anzusetzen, von dem uns die christlichen Überlieferungen ebenso wie der Koran berichten. Der Negus, unterstützt von Byzanz, sandte eine Strafexpedition, als deren Ergebnis ein äthiopischer Statthalter als Herr des Jemen eingesetzt wurde[5]. Nachbarschaft und Rivalität mit Abessinien (»Ḥabasch«) gehen freilich viel weiter zurück: Um die Mitte des ersten vorchristlichen Jahrtausends wanderten südarabische Stämme — die Ḥabasch — nach Äthiopien, gaben dem Land ihren Namen, und prägten den hauptsächlichen Sprachen und manchen Aspekten der Kultur südarabische Formen auf. Diesen nunmehr zweieinhalbtausend Jahre währenden Beziehungen geht Walter Raunig in seinem Beitrag nach.

Das Ende des antiken Südarabien: Der Jemen folgt der Lehre des Propheten

Nach kurzem Aufleben einer einheimischen Dynastie wurden von einer der streitenden Parteien die Perser ins Land gerufen. Der letzte persische Statthalter, Bādhān, nahm im Jahre 628 n. Chr. den Islam an.

Im gleichen Jahr schloß sich Abū Mūsā al-Aschʿarī (aus der Gegend von Zabīd in der Tihāma) mit mehreren seiner Brüder und Stammesangehörigen dem Propheten an und wurde zu einem der hervorragendsten Prophetengenossen. Eine neue Zeitrechnung begann. Der islamische Jemen wurde Teil des gewaltigen Glaubensreiches, das sich anschickte, die Welt zu erobern. Jemeniten hatten einen entscheidenden Anteil daran.

Die Weisheit des Jemen

Doch nicht dafür sind sie in erster Linie in der islamischen Kultur in Erinnerung geblieben, sondern für ihre

4 zu Serjeant vgl. G. W. B. Huntingford, The Periplus of the Erythraean Sea, London 1980, S. 100 (Den Hinweis auf diese Stelle verdanke ich Francine Stone). Hermann von Wissmann, Zur Geschichte und Landeskunde von Alt-Südarabien, Wien 1964, S. 291. Vergleiche hierzu ferner unten, Fußnote 11.

5 Jacques Ryckmans, La persécution des chrétiens himyarites au sixième siècle, Istanbul (Nederlands historisch-archaeologisch Instituut in het Nabije Oosten, 1956
und
Alfred F. L. Beeston, Judaism and Christianity in preislamic Yemen, in: Joseph Chelhod (éd.), L'Arabie du Sud, Histoire et Civilisation, Tome I, Paris 1984, S. 271—278.

zivilen Künste. In einem seiner bekanntesten und vielfach überlieferten Sprüche (Ḥadīth) sagte der Prophet: »Jemenisch ist der Glaube, jemenisch das göttliche Recht (fiqh), und jemenisch die Weisheit«.[6]

Ein Stück Wirtschaftsgeschichte des Jemen in der Dichtung

Als der Prophet Muḥammad die Arabische Halbinsel im Glauben einigte und die Araber zur Eroberung der Welt aufbrachen, kamen sie aus ganz verschiedenen Kulturen. Da gab es die Händler Mekkas und Medinas, die Bedu der großen Wüsten und Halbwüsten, die kleinen, von Byzanz und Persien kulturell beeinflußten Staaten im Norden und — vielleicht die Hälfte der Bevölkerung Arabiens ausmachend — die seßhaften Südaraber, die sich seit wenigstens eineinhalb Jahrtausenden einer hochentwickelten Zivilisation erfreuten. Kein Wunder, daß die Produkte südarabischen Gewerbefleißes als die feinsten und begehrenswertesten ihrer Art galten und daß die Dichter kurz vor und nach dem Islam sie in ihren Versen priesen. Da es sich um Waren handelte, die bis vor kurzem nicht nur den literarischen Ruhm, sondern auch die wirtschaftliche Bedeutung des Jemen ausmachten, lohnt es sich, hier ein wenig zu verweilen.

Die Ausstellung zeigt — einmal abgesehen von der jemenitischen Reiterei, für die wir uns auf einen Stich aus Niebuhr beschränken müssen — Beispiele jener fünf Dinge, die die Araber mit dem Jemen verbinden: Schwert und Schild, Stoffe, Leder und Achate.

Vielleicht vorher nur noch ein Wort zur Reiterei. ʿAmr ibn al-ʿAṣ eroberte mit 3000 Mann, darunter die Kavallerie aus Jemen, Ägypten. Daran und an die beiden anderen großen Schlachten jener Tage, die am Yarmūk (gegen Byzanz, 636 n. Chr.), die Palästina einbrachte, und die von al-Qādisīya, wo (wohl im Jahre 637 n. Chr.) der Schah (»Kosrau«) Yazdigird III. geschlagen wurde, erinnert ein Gedicht, das Qais bin al-Makschūḥ al-Murādī, einer der Ritter jener frühen Jahre, mit folgenden Worten beginnen läßt:

Von Sanaa führt' ich die Pferde,
Auf jedem einen Reiter in voller Rüstung,
Ein jeder wie ein wütender Löwe,
Hinauf zum Wādī al-Qurrā
Zu den Zelten des Stammes Kalb
Zum Yarmūk und dem syrischen Land.
Nach al-Qādisīya kamen wir,
einen Monat, nachdem ihre Hufe
Damaskus hinter sich gelassen hatten,
Um dort zu kämpfen mit Kosraus Heeren
Und seiner Satrapen edler Sippe...

6 Dieses Ḥadīth über den Jemen ist bei allen Traditionalisten verläßlich belegt. Es findet sich bei al-Buchāri, al-Tirmidhī, al-Dārimī, Aḥmad bin Ḥanbal und viermal bei Muslim (Ausgabe des Ṣaḥīḥ Muslim mit Kommentar des Imām al-Nauawī, 18 Bände, 2. Auflage, Beirut 1392 H = 1972 A.D., Band II, S. 30 f., (Kitāb al-Imān, Ḥadīthe Nr. 82, 84, 88, 90).

Eduard Glaser (1855—1908), der neben Carsten Niebuhr bedeutendste Südarabienforscher, etwa im Jahre 1882. Originalfoto im Eigentum seines Großneffen Dr. Peter E. Glaser, Lexington, Mass. Reproduktion dank freundlicher Vermittlung von Prof. Dostal.

Das Schwert des Propheten

Das ist natürlich das berühmteste Schwert des Islam. Sein Name lautet Dhū al-faqār (»Zulfikar«). Es hatte einem Heiden gehört, der in der Schlacht von Badr (624 n. Chr.) fiel. Später erbte es ʿĀlī und so kam es, daß dieses Schwert, obgleich es nachmals zum Schatze der Kalifen gehörte, bis heute zu einem — wenn nicht dem — Symbol der Schiiten wurde.

Dem Dhū al-faqār an Ruhm gleich war das Schwert al-Ṣamṣāma, das dem jemenitischen Dichter und Krieger ʿAmr bin Maʿadī Karib gehörte, dessen Leben und Gedichte in dem Katalogbeitrag von Muḥammad ʿAbduh Ghānim (in der Übersetzung von Friedrich Rückert) nachzulesen sind. Auch al-Ṣamṣāma kam, auf einigen Umwegen, bald in den Besitz der Kalifen.

Beide Schwerter waren im Jemen geschmiedet worden. Schon bald hatte die Legende sich ihrer bemächtigt, führte sie auf den ḥimjaritischen König Schammar Juharʿisch zurück, oder ganz allgemein auf das legendäre Volk von ʿAd, oder gar auf die Königin von Saba selber.
Wie die beiden Schwerter beschaffen waren, hat man vielfach aus den wenigen literarischen Quellen zu rekonstruieren versucht. Die Abbildungen, die spätere Jahrhunderte schufen, sind dazu ganz nutzlos. Wir verweilen bei diesem Thema nur deshalb, weil die Ausstellung ein wirklich altes jemenitisches Dhū al-faqār zeigt, ein Schwert wie das, das der Prophet in der Hand hielt. Um das Ergebnis einer hier nicht anzustellenden Untersuchung vorwegzunehmen: Die in der Ausstellung gezeigte Klinge mit ihren beiden asymmetrisch gearbeiteten Rinnen wurde vom Schwertschmied von Al-Jūba (wo eine Ausgrabung wenige hundert Meter entfernt eine sabäische Schmiede nachwies) als Arbeit seiner Vorfahren, die seit vorislamischer Zeit als Schmiede arbeiteten, identifiziert, eine Arbeit — wie er sagte — die schon seit vielen Generationen nicht mehr gefertigt, deren Kenntnis und Wissen indes weitergegeben werde. Wegen der beiden langen Rinnen heiße dieser Schwerttyp korrekt Abū faqaratayn (»Vater der zwei Rinnen«), meistens habe man ihn jedoch als Saif mufaqqar (»Schwert mit Rinnen«) bezeichnet. In der Technik des Schmiedens sei es eine muhanda; dieser Begriff habe aber nichts mit Indien (= hind) zu tun — es sei der beste jemenitische Stahl.
Es gibt nur ganz wenige antike Darstellungen jemenitischer Schwerter. Auf einem Relief, einer Kampfszene, aus Ẓafār, heute im Museum in Sanaa, erkennt man ganz deutlich, daß die Rinne asymmetrisch am Rande der Klinge liegt; die Länge des Schwertes läßt sich im Vergleich mit den Kriegern recht genau abschätzen und stimmt ebenfalls mit dem hier gezeigten Dhū al-faqār überein.
Das also war das alte Schwert der Jemeniten, war das Schwert des Propheten, über dessen Form man solange gerätselt hat: eine gerade Klinge, zwei Schneiden, zwei asymmetrische Rinnen, ein einfacher Griff. Kein Prunkschwert, sondern exzellent geschmiedeter Balmung:

> Vorwärtsstürmend sind sie, kühn im schrecklichen Ansturm, wenn zum Angriff sie schreiten
> Mit all ihren scharfgeschliff'nen beidschneidigen Schwertern aus Jemen!
> Ruft einer zu Hilfe sie, so fragen sie nicht,
> Wer sie rief,
> In welchen Kampf er sie rief, und an welchen Ort...

Von einem solchen zweischneidigen jemenitischen Dhū al-faqār spricht hier der Dichter Waddāk bin Thumail al-Māzinī, dessen genaue Lebensdaten unbekannt sind, der nach Qāḍī Ismaʿīl al-Akwaʿ aber noch vor dem Islam lebte, äußerstenfalls zu jenen gehörte, die in reifem Alter den Islam erlebten und annahmen.
Und jetzt wollen wir noch einen Vers desjenigen Dichters bringen, der seit 1000 Jahren den meisten Arabern als der größte Meister ihrer Sprache gilt, al-Mutanabbī (915—965 n. Chr.):

> Das Schwert aus Jemen (al-jamānī) mit seinen beiden Schneiden
> Das so sehr ich schätze, daß
> Wenn es denn möglich wär
> Ich es zur Scheide meiner Pupillen machte.

Vom Schwert zur Dschanbīya, dem typischsten Symbol jemenitischer Männlichkeit, ist der Weg nicht weit. Für den Jemeniten zählt der Griff, dann die Klinge und schließlich die Scheide. Dies hindert nicht, daß Prunkscheiden zu allen Zeiten überaus begehrt und hoch bezahlt wurden. Ein besonders prächtiges Stück — wie es in gleicher Arbeit von den Mitgliedern der Imāmsfamilie getragen wurde und wovon einige Exemplare im Nationalmuseum in Sanaa zu sehen sind — ist auch in unserer Ausstellung zu bewundern. Die vergoldete Scheide ist über und über mit jahrhundertealten Sinnsprüchen bedeckt: »Das Paradies liegt unter dem Schatten der Schwerter«, »Glück und Segen dem Herrn (dieses Dolches)«, und »Sein Leben lang alles das, was diese Klinge ihm bringt«, »Gottes ist die Herrschaft«. Diese Scheide wurde 1946 von ʿAbdallah ʿĀlī al-Akwaʿ gearbeitet und signiert.
Das Silberschmiedehandwerk, in dem von alters her auch jüdische Silberschmiede Hervorragendes leisteten, ist im Jemen — wie auch noch einige andere Handwerke — so angesehen, daß — wie man an diesem Beispiel sieht — auch Angehörige der großen vornehmen Familien es über Generationen hinweg ausübten.

Leder und Schilde aus dem Jemen

Ṭarafa, einer jener sieben vorislamischen Dichter, deren größte Meisterwerke in Goldbuchstaben auf Gazellenleder an der Kaʿba aufgehängt wurden, beschreibt die Lippen seines Rosses im Vergleich zu jemenitischem Leder. Und ʿAmr ibn Kulthūm, ein anderer jener sieben, rühmt sich eines Kampfes mit den Worten: »Da waren wir angetan mit den Helmen und mit Schilden aus jemenischem Leder...«. Auch einen solchen — erstaunlich kleinen und nicht zum Körperschutz, sondern nur zum Abfangen eines Hiebes gedachten — Schild zeigt die Ausstellung.

Der jemenitische Achat

Hochberühmt war der Jemen von altersher auch für seine Schmucksteine, die im Land gefunden und hier — zumeist in Sanaa — auch geschliffen wurden. Heute hat sich der Sprachgebrauch al-ʿaqīq al-jamānī (jemenitischer Achat) eingebürgert. Als ich, wie auch sonst in diesem Abschnitt, nach dem Vers eines großen Dichters Ausschau hielt, von denen doch wenigstens einer den jemenitischen Achat besungen haben mußte..., fand ich zuerst nichts. Auf die Spur brachte mich aber dann Arberry's Übersetzung eines Verses aus der Muʿallaqa des Imruʾ al-Qais, wo der Dichter eine Jagdszene durch einen schönen Vergleich beschreibt: Er treibt sein Pferd in eine

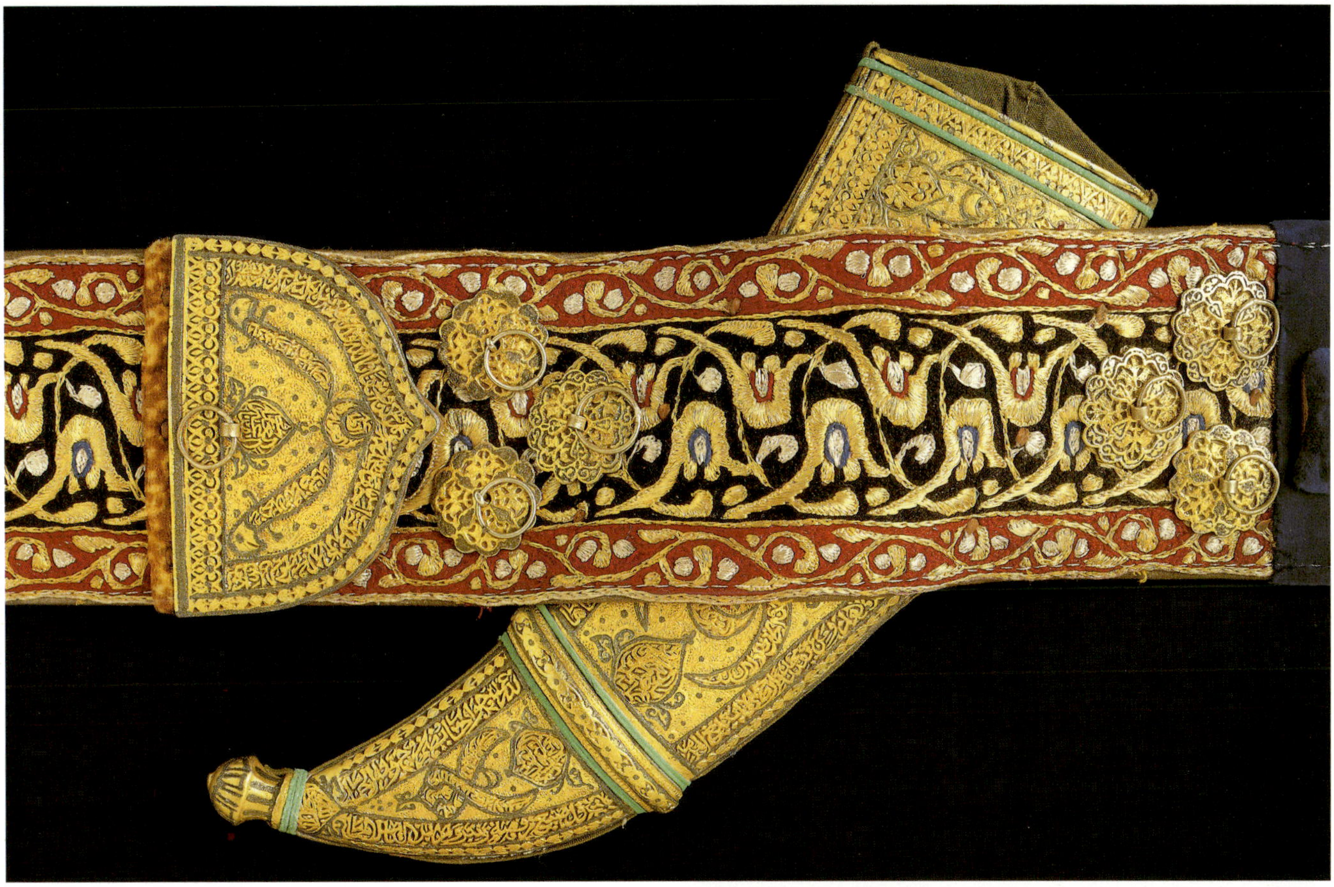

Oben: Gürtel und Scheide eines Prunk-Krummdolches, vergoldet und mit Stickerei, signiert ʿAbdallah ʿAlī al-Akwaʿ, 1946 (Staatliches Museum für Völkerkunde, München).

Traditioneller Männergürtel maʿdschar (südlicher Jemen und Tihāma), Länge 5,02 m, Breite 0,60 m, Baumwolle mit Kunstfasern. Dieses Stück soll etwa um 1940 in Hodeida gewebt worden sein; ähnlich wurde auch in al-Beidāʾ gearbeitet. Eine Analyse des Musée Historique des Tissus-Centre International d'Etude des Textiles Anciens, Lyon, ergab, daß es sich um eine komplizierte und wegen einiger Webfehler als handwerklich erkennbare Arbeit handelt. Der Stoff steht in der Tradition der hochmittelalterlichen jemenitischen Webarbeiten. Besonders charakteristisch ist die Verarbeitung der Fransen an den Enden, wobei es sich ebenfalls um eine alte jemenitische Tradition handelt.

Polospieler — Detail einer emaillierten und vergoldeten Glasflasche mit dem Rasulidenwappen, um 1260—70 (Museum für Islamische Kunst, SMPK, Berlin).

Glasvase, emailliert und vergoldet, gefertigt für einen Rasulidensultan (Wappen jedoch ohne Namen), vermutlich spätes 14. Jh.; diese in China gefundene Vase zeugt für die Wertschätzung solcher Prunkgeräte — und für die weltweiten Handelsbeziehungen des mittelalterlichen Jemen. Courtesy of the Freer Gallery of Art, Smithsonian Institution, Washington, D.C. (Acc. no. 34.19).

Seite 18: Bronzestatue eines sabäischen Edlen namens Maʿādī Karib aus dem Auwām-Tempel von Maʾrib, 8. (evtl. 7.) Jh. v. Chr., Nationalmuseum Sanaa.

Seite 20: Stilisierter und doch zugleich porträthafter männlicher Alabasterkopf, Augen eingelegt mit Muscheln und einer Kupfer-Sulfat-Masse. Qatabānisch, um Christi Geburt, Höhe 21,6 cm; Fundort: Ḥayd bin ʿAqil, Nekropole der qatabānischen Hauptstadt Timnaʿ (Staatliches Museum für Völkerkunde, München).

Seite 21: Bei Manācha.

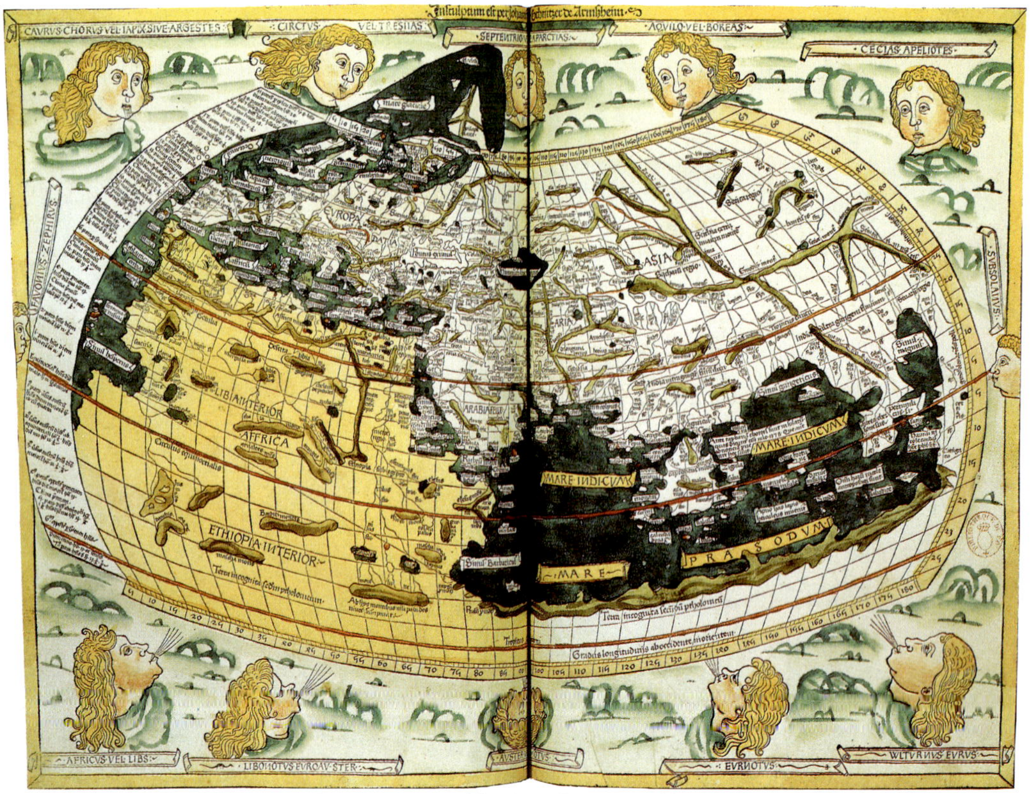

Die Weltkarte des Ptolemäos — im Zentrum Arabien (aus Cosmographia, Ulm 1482).

Moschī, das antike Mauza, wichtigster Rotmeerhafen des Reiches von Ḥimjar. Hinweise auf einen vorislamischen Kult haben sich erhalten. Nach lokaler Tradition soll die Moschee vor dem Islam eine Kirche gewesen sein.

Seite 23: Sanaa

Der heute Thron der Bilqīs genannte Il muqah-Tempel (der Gottesname wurde und wird auch als Almaqah vokalisiert) von Maʾrib. Im Hintergrund die Monolithpfeiler des Propylons.

Der Dschanbīja-Schmied Ahmad ʿAlī Yaḥyā al-Ḥaddād in al-Jūba: der Schmied, der das Geheimnis des Dhū al-Faqār, des Schwertes des Propheten, noch wußte.

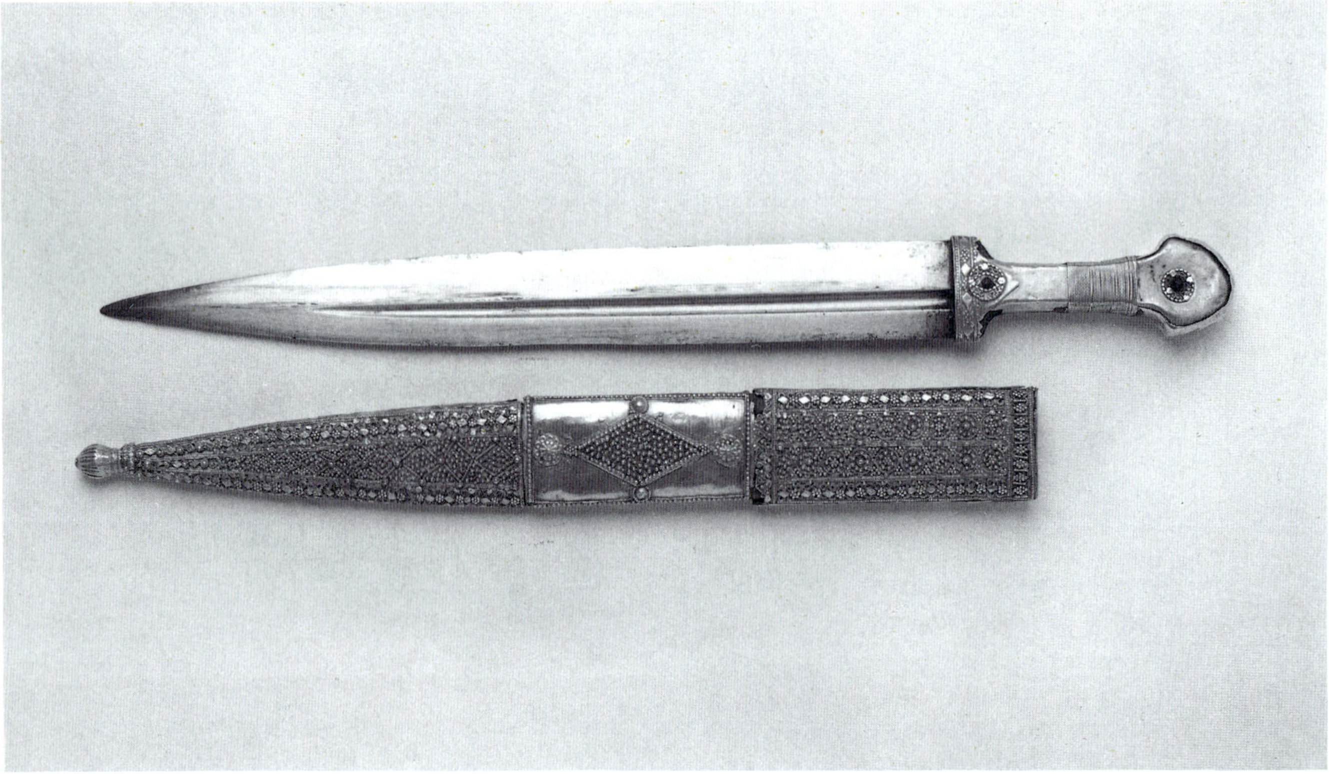

Saif muffaqar oder »Dhū al-faqār«, altes jemenitisches Kurzschwert. Scheide: Sanaa-Arbeit der 2. Hälfte des 19. Jh.s.

Antilopenherde, »da wandten sie sich zur Flucht, wie ›Schmucksteine‹ zweierlei Art, aufgereiht an einem Halse von edler Abstammung«.
Das Wort, das ich hier vorerst mit ›Schmuckstein‹ wiedergebe, lautet »djazʿ«. Arberry sagt: »...turning to flee, they were beads of Yemen spaced...hung on a boy's neck...«.
Das umfangreichste alte arabische Lexikon, Lisān al-ʿarab, bringt einen anderen Vers von Imruʾ al-Qais und erläutert dazu, mit »djazʿ« sei der »jemenitische djazʿ« gemeint, jener Schmuckstein, der schwarzweiß geschichtet sei; da die heutige Fachterminologie einen solchen Stein als Onyx (eine Varietät des Chalzedon) bezeichnet, wäre jener Vers wie folgt zu übersetzen:

Ein schwarzer Jemen-Onyx undurchbohrt
Wie der wilden Tiere Augen,
Rund herum um unsere Zelte
Und um die abgelegten Sättel der Kamele...

Um das Wort »djazʿ« vielleicht noch etwas genauer zu erforschen, lag es nahe, bei al-Hamdānī, dem 945 n. Chr. gestorbenen Historiker und Geographen, nachzublättern. Und in der Tat berichtet der große jemenitische Gelehrte im 8. Buch seines Iklīl auch über die Schmucksteine seiner Heimat unter der Überschrift »Bergwerke des djazʿ vom Jemen gibt es an vielen Orten«.
Die Beschreibung der einzelnen Arten macht vollends deutlich, daß man djazʿ mit Chalzedon (dem mineralogischen Oberbegriff) übersetzen muß und daß al-Hamdānī sodann die Varietäten des Chalzedon beschreibt, nämlich geschichtete Achate, Karneol (den nennt al-Hamdānī »ʿaqīq«) und Onyx; dazu kennt al-Hamdānī noch den »samāwī«, den Himmlischen.
Angesichts der ganz engen mineralogischen Verwandtschaft dieser Schmucksteine und des in den europäischen Sprachen doch wohl bekanntesten, des Achats, wird man deshalb ohne große poetische Lizenz »djazʿ« mit »jemenitischer Achat« übersetzen dürfen. Die Strophe aus der muʿallaqa lautet dann:

Da wandten sie sich zur Flucht.
Wie eine Halskette an edlem Halse,
Aus zweierlei jemen'schen Achaten aufgereiht,
So sah die flüchtende Herde aus...

Das Wort »djazʿ« wird übrigens heute noch für die geaderten und gefleckten Chalzedone aus Wādī Sirr benutzt, von denen einige ausgestellt sind. Übrig bleibt jetzt nur noch der samāwī – Der Himmlische. Die Lösung dieses Rätsels hat sich im jemenitischen Edelsteinschleiferhandwerk bis heute erhalten: Der blaue Stein, der in der Ausstellung in ein modernes Schmuckstück eingearbeitet ist, wurde vom letzten Edelsteinschleifer des Jemen als »samāwī« erworben. Es sei eine besonders wertvolle Form des samāwī, weil er nicht nur blau sei, sondern eine weiße Streifung zeige. Mineralogisch gesehen ist auch dieser Stein ein Chalzedon, der wegen seiner Schichtung in die Varietät Achat übergeht.
Damit ist jetzt nicht nur ein kleiner terminologischer Beitrag zu al-Hamdānī geleistet — dafür wäre das doch ein etwas zu umfänglicher Exkurs geworden — sondern ein Wort des bekanntesten Gedichts des berühmtesten vorislamischen Dichters der Araber geklärt. Imruʾ al-Qais war es also, der den jemenitischen Achat geadelt hat!

Jemenitische Textilien

Dies ist das wirtschaftlich bedeutendste Erzeugnis jemenitischen Gewerbefleißes. Schon in vorislamischer Zeit war der Jemen für seine Stoffe weitbekannt; die gestreiften, die heute noch unter den Namen »lihfa« und »maṣnaf« gewebt werden, galten als die besten. Zumindest ein ḥimjaritischer Herrscher soll mit solchen Stoffen die Kaʿba bedeckt haben. Der Prophet trug einen Mantel aus solchem gestreiften jemenitischen Stoff, den er dem Dichter Kaʿb bin Zuhair voller Bewunderung überwarf, als der ihm sein Gedicht »Fortgegangen ist Suʿād« vorgetragen hatte. Nach dem Tode Kaʿbs ging der Mantel für 20.000 Dirham in den Schatz der Kalifen, wo er bis zur Plünderung Bagdads durch die Mongolen verblieb.
Die Sitte, die Kaʿba mit einem jemenitischen Tuch zu bedecken, pflegte — wie Ibn Baṭṭūṭa berichtet — noch der rasulidische Sultan al-Malik al-Muẓaffar Yūsuf (reg. 1250—1295).
Wie bekannt die jemenitischen Stoffe waren, kann man auch in Saadi's »Golestan« erkennen, wo er einen Kaufmann Glaswaren aus Aleppo in den Jemen bringen läßt, »von wo ich mit kostbaren jemenitischen Webereien nach Persien zurückkehren werde«.
Die jemenitischen Stoffe wurden vor allem aus Baumwolle und Leinen gewebt. Die Ausstellung zeigt einige kostbare Tirāz-Stoffe mit eingewebten Schriftbändern (10. und 11. Jh.), und an neueren Stoffen Beispiele verschiedenster jemenitischer Regionen.[7]
Ein Webstuhl und eine Indigofärberei aus Zabīd vervollständigen diesen Überblick. Al-Maqdisī (letztes Viertel des 10. Jh.s n. Chr.) schrieb dazu (Mukaddasi Descriptio) »Dem Indigo von Zabīd kommt nirgendwo sonst Indigo gleich«.
Seit etwa 700 Jahren scheint das Einweben von Schrift in Gewänder nicht mehr gepflegt zu werden. Dafür erhielt sich bis vor etwa 50 Jahren die Kunst, Texte mit Goldfäden in die Ḳūffias (Mützen), die die Knaben der Imāmsfamilie und der großen vornehmen Familien Sanaas trugen, einzusticken oder einzuweben. Eine Auswahl ist in der Ausstellung zu sehen. Die Texte sind alle verschieden. Als der bemerkenswerteste erscheint mir der Spruch:

Wenn es denn richtig ist,
Daß mein Ursprung Erde ist,
Dann ist die ganze Erde mein Heimatland,
Und alle Welt meine Familie.

Wie wunderschön!

7 R. B. Serjeant, Islamic Textiles, Beirut 1972, (ursprünglich in Fortsetzungen erschienen in Ars Islamica, 1942—1951).

Der Jemen im Mittelalter

Das jemenitische Mittelalter — womit hier das Jahrtausend vom Islam bis zur ersten türkischen Besetzung gemeint ist — ist nicht nur in zeitlicher Hinsicht die Epoche des Islam. So wie das Christentum bei uns in Europa den Menschen die großen Kathedralen schaffen ließ, so veränderte und prägte der Islam die Araber: Architektur und Kunsthandwerk, Wissenschaft und Malerei blühten auf. Der Stolz der Fürsten und die Frömmigkeit der Menschen ließen zahllose Moscheen entstehen. Vor allem aber veränderte die Religion auch das Bild, das wir uns von dieser Epoche machen können. Als Schriftreligion verlieh sie dem Lesen und Schreiben gleich hohen Rang wie der politischen Macht — ein Fürst rühmte sich ebenso wie ein Dichter des Schwertes und der Feder — und ließ dadurch zahlreiche Schriftquellen entstehen, die für uns — auch in dieser Ausstellung — Geschichte und Kunst lebendig werden lassen.

Einige Daten zur mittelalterlichen Geschichte des Jemen

Rex Smith zeichnet in diesem Katalog zum ersten Mal überhaupt in dieser Ausführlichkeit eine historische Skizze des mittelalterlichen Jemen. Wilferd Madelung tut dies für die Religion. Wir können uns deshalb hier auf wenige Stichworte beschränken.
Im Jahre 6 der islamischen Zeitrechnung nahm der letzte persische Satrap den neuen Glauben an, und im gleichen Jahr, noch zu Lebzeiten des Propheten, wurde die Große Moschee von Sanaa errichtet. Ihre Geschichte ebenso wie die der Kathedrale von Sanaa und der bedeutendsten Moscheen des Landes schildert Ronald Lewcock in seinem Beitrag. In der Großen Moschee von Sanaa wurde 1974 der größte islamische Handschriftenfund unseres Jahrhunderts entdeckt. Deutsche Restauratoren und Forscher erhalten die Blätter — darunter die beiden bisher einzigen omaijadischen Miniaturen! — der Nachwelt. Eine repräsentative Auswahl ist in der Ausstellung zu sehen. H.-C. Graf von Bothmer erläutert in seinem Artikel die historische und künstlerische Bedeutung der Manuskripte.
Als nächstes Datum von wirklich historischer Bedeutung sollte man vermutlich das Jahr 284 H (897 n. Chr.) nennen, in dem al-Hādī Yaḥyā, der wenig später der erste zaiditische Imām werden sollte, in Saada eintraf und das bis zur Revolution 1962 bestehende Staatswesen begründete. Die zaiditischen Imāme beherrschten in diesen 1000 Jahren eigentlich immer den Norden des Jemen (Saada), häufig das Zentrum (Sanaa), gelegentlich den Süden (Taiz, Aden, Tihāma), selten den Osten (Ḥadramūt). Die Zeit der Monarchie ist seit 25 Jahren vorbei; Revolution und Republik ermöglichen heute dem jemenitischen Volk eine Teilhabe an der modernen Welt, von der es früher nicht zu träumen wagte. Dabei sollte man aber — trotz des kurzen historischen Abstandes zu dieser Dynastie — nicht vergessen, daß es die Imāme waren, die mehrfach während dieser 1000 Jahre die nationale Identität des Jemen bewahrten und retteten: gegen die größeren arabisch-islamischen Mächte, die den Jemen als Provinz in ihre Reiche einzuordnen suchten, gegen die Osmanen zweimal, und zuletzt, in unserem Jahrhundert, gegen den Kolonialismus.
Erwähnenswert erscheint mir weiter die Gründung der islamischen Lehrschule in Zabīd (9. Jh.). Diese Universität, älter als die Azhar in Kairo, war bis zu ihrem Niedergang in unserem Jahrhundert die vielleicht bedeutendste Stätte des Lernens und der Wissenschaft im Süden Arabiens. Zehntausende von Handschriften warten hier noch auf Sichtung und Erhaltung.

Die zweite Königin von Saba

Denkt man an den Jemen, dann denkt man auch an Bilqīs, die Königin von Saba. Daß es im hohen Mittelalter eine Herrscherin im Jemen gab, die wirklich lebte, die über ein halbes Jahrhundert lang regierte, die Königin Arwā (von 1074 oder 1086 bis 1138 n. Chr.), das allerdings ist in Europa weniger bekannt. Ihre Zeitgenossen nannten sie »Bilqīs die Jüngere«. Hier wird sie nicht als Kuriosität erwähnt, sondern weil sie sich in ihrer langen, zumeist friedlichen, Regierungszeit durch zahlreiche Bauten und politische Stabilität in die Erinnerung ihres Volkes eingeschrieben hat.
Als wichtigstes Datum der mittelalterlichen Geschichte des Jemen bezeichnet Rex Smith das Jahr 1173, in dem der Bruder Saladins den Jemen eroberte, das Land zu einem eigenen Herrschaftsbereich innerhalb des Aiyubiden-Imperiums machte und so wohl zum ersten Mal staatliche Strukturen und politische Einheit schuf, die die Grundlage der gesamten späteren Entwicklung bildeten. Darauf konnten die Rasuliden (1228—1454) aufbauen, deren Zeit man als die glanzvollste Epoche der mittelalterlichen Geschichte des Jemen bezeichnen kann.

Die Rasuliden: Bauwerke, Wissenschaft und Kunst

Barbara Finster schildert in diesem Katalog die bedeutendsten Bauten dieses bauwütigen Geschlechts. Hervorzuheben sind darunter das nach dem Einsturz der Moschee einsam stehende Minarett des al-Muẓaffar in al-Mahdscham (nördliche Tihāma), 2. Hälfte des 13. Jh.s. Al-Mahdscham (al-Mahjam), heute ein Strohhüttendorf, war neben Taiz und Zabīd eine der drei Hauptstädte des Jemen, so bedeutend, daß die große Wandkarte Arabiens im Dogenpalast sie aufführt. Die eigentliche Stadt der Rasuliden, von ihren Bauwerken bis heute geprägt, ist jedoch Taiz. Die Prunkfassade der al-Muẓaffarīya (wohl 1302/03 vollendet) beherrscht noch immer die Altstadt von Taiz, dahinter ragt die 1395/96 vollendete al-Aschrafīya mit ihren beiden Minaretten auf. Der Einfluß der Rasuliden reichte bis nach Mekka, wo al-Mujāhid ʿĀlī (al-Mudschāhid), von dem die Ausstellung einige Prunkkupferarbeiten zeigt, 1339/40 eine Madrasa errichten ließ, wie schon vor ihm der größte der Rasulidensultane, al-Malik al-Muẓaffar Yūsuf (reg. 1250—1295), der Bauherr in al-Madhscham und Taiz.

Die Rasuliden verstanden sich nicht nur als Patrone der Künste und Wissenschaften, sie stellten vielleicht das einzige Beispiel einer mächtigen Dynastie dar, deren Angehörige auch in der Wissenschaft Bemerkenswertes leisteten. Daniel Varisco berichtet in diesem Katalog über die wissenschaftlich geplante Landwirtschaft der Rasuliden und über den Beitrag der Epoche zur Medizin.

Das sensationellste — der Ausdruck ist ganz bewußt gewählt — Beispiel für diese Interessen ist freilich das Astrolab, das der jemenitische Sultan al-Aschraf ʿUmar im Jahre 1291 fertigte. Ein Fürst als Wissenschaftler: Sogar die Handschrift, in der die Herstellung dieses Astrolabs beschrieben ist, hat sich erhalten. Unsere Ausstellung zeigt als eines der Glanzstücke des mittelalterlich-islamischen Teils dieses Astrolab. David King gibt dazu in seinem Katalog-Beitrag einen Überblick über die erstaunliche Entwicklung der Astronomie im mittelalterlichen Jemen.

Oben wurde bereits erwähnt, daß auch das Kunsthandwerk unter den Rasuliden — das man in Parallele zu den Meisterwerken der mamelukischen Kunst setzen muß — in einer vorher und (vom Silberschmuck abgesehen) auch nachher nicht mehr erreichten Blüte stand. Venetia Porter gibt hier den bisher umfassendsten Überblick über diese Periode islamischer Kunst. Die meisten der erhaltenen Metallarbeiten mit ihren großflächigen Kalligraphien und die prächtigen Gläser wurden von den Rasuliden vermutlich in Kairo und Damaskus in Auftrag gegeben. Wie sehr diese Prunkgeräte auch als fürstliche Geschenke in aller Welt begehrt waren, zeigt die in China gefundene Glasvase mit dem rasulidischen Wappen.

Die Quellen berichten aber auch von einheimischer Metallgeräte-Produktion, deren Erzeugnisse als Geschenke von den Rasulidensultanen an den Sultan in Kairo gesandt wurden. Diese Objekte waren bisher, wie so vieles in der jemenitischen Geschichte, unerforscht, ja, der europäischen Wissenschaft unbekannt. Im Jemen selber hat sich jedoch eine nicht unerhebliche Zahl dieser, leider nicht datierten oder signierten, Metallarbeiten erhalten, deren Stil sich als deutlich mit den eingelegten rasulidischen Arbeiten und der gleichzeitigen Mamelukenkunst verwandt zeigt; mehrere davon sind in der Ausstellung zu sehen. Erhalten hat sich auch die Tradition, daß es sich dabei um Arbeiten der »al-daula al-ghassāssina« handelt. Die Etymologie des Wortes ist kurios: Es ist von Ghassān (dem mythischen Stammvater der Rasuliden) abgeleitet und bezeichnet, wie mir Qādī Ismaʿil al-Akwaʿ erklärte, den Rasulidenstaat.

Die Tradition schreibt, soweit ich ihr nachgehen konnte,

Emaillierte und vergoldete Glasflasche — die vielleicht vollkommenste Schöpfung islamischer Glaskunst des 13. Jh.s. Vermutlich um 1260—70 in Syrien (Damaskus) im Auftrag eines rasulidischen Sultans (die Flasche trägt das fünfblättrige rasulidische Wappen) gefertigt (Museum für Islamische Kunst, SMPK, Berlin; vgl. auch die farbige Detailaufnahme).

die Mehrzahl dieser Arbeiten Sanaa zu, sodann Dhamār und Taiz.

Wenig nach dem Ende der Rasuliden-Dynastie änderte sich die Welt wie nie zuvor. Die Entdeckung Amerikas verdoppelte die Welt, die europäischen Mächte und das Osmanische Reich griffen nach dem Indischen Ozean aus, 1513 versuchte Afonso de Albuquerque zwar vergeblich, Aden einzunehmen, doch schon 1540/1541 segelte Estévao da Gama ungehindert durch das Rote Meer bis Suez und wieder zurück nach Indien. Auf einem der Schiffe reiste João de Castro mit, der spätere Vizekönig Indiens und schuf mit seinem »Roteiro de Goa a Suez« das erste moderne nautische Handbuch nebst Karten für das Rote Meer. Dies ließ die Osmanen nicht unbeeindruckt — nach der Eroberung Ägyptens besetzten sie 1538/1539 auch den Jemen.

Der Jemen im System des mittelalterlichen Welthandels

In jenen Jahrhunderten spielte der Jemen eine nicht unbedeutende Rolle im Welthandel. Oben wurde bereits das in China gefundene rasulidische Prunkglas erwähnt;

im 11./12. Jh. n. Chr. war Aden Zentrum eines vor allem von jüdischen Großkaufleuten organisierten Fernhandels, dem einer der Aufsätze dieses Katalogs nachgeht und zu dem die Ausstellung einige erstaunliche Briefe und Dokumente aus der Epoche zeigt. Ein umfassendes Bild des frühmittelalterlichen Handels im Jemen zeichnet R. B. Serjeant in seinem Beitrag für diesen Katalog, den er mit dem folgenden Zitat aus Ibn Khurdādhbih (Mitte des 9. Jh.s n. Chr.) einleitet: »Aden ist einer der bedeutenden Häfen..., dort gibt es Ambra und Moschus, sowie Waren aus Sind, Hind und China, von den Negern, aus Persien, Baṣra, Jidda und Ägypten«.

Daß der Handel zwischen Arabien und China gelegentlich auch in umgekehrter Richtung wahrgenommen wurde, zeigt der Reisebericht des Chinesen Ma-huan über die Gesandtschaftsreise des Eunuchen Li im Jahre 1422 nach Aden: »Das Land ist reich, das Volk glücklich. Der König und seine Untertanen sind sämtlich Muslime, die Ah-la-pek (Chinesen können bekanntlich l und r nicht unterscheiden) sprechen«. Die Chinesen handelten u. a. Korallenzweige, Edelsteine, Ambra ein. »Der König (von Aden), dankbar für die Leutseligkeit, die ihm vom chinesischen Kaiser erwiesen worden war, ließ für Seine Majestät eigens zwei vergoldete Gürtel anfertigen...«. Ferner brachten die Chinesen zwei Rhinozeros-Hörner als »Tribut« nach China zurück.[8]

Um die Mitte des 13. Jh.s hatte der chinesische Hafenpräfekt Chau Ju-Kua bereits ein Handbuch über den Westhandel mit zahlreichen detaillierten Angaben verfaßt.[9]

Literatur und Schriftsteller des mittelalterlichen Jemen

Der Jemen ist ein Land der Dichtung und der Literatur. Für das Mittelalter sind hier vor allem al-Hamdānī, der Historiker, Geograph, ja — wie man ihn zu nennen pflegt — »die Zunge (»lisān«) des Jemen« (gest. 945 n. Chr. in Sanaa), und Naschwān bin Sa'īd al Ḥimyarī (gest. bei Ḥaidān im Jahre 573 H = 1178 n. Chr.), zu nennen.

Al-Hamdānī, dessen Bedeutung die Österreichische Schule schon im vorigen Jahrhundert auch im Bewußtsein der westlichen Orientalisten verankerte, ist in vielen Kapiteln dieses Buches präsent. Zu Naschwān, dessen Hauptwerk Alfred von Kremer im Jahre 1865 im Druck herausgab, hat Qāḍī Isma'īl bin 'Ālī al-Akwa' eine Studie für diesen Katalog verfaßt, die für das Bild Naschwāns und seine Auseinandersetzungen mit der Politik und den Gelehrten seiner Zeit völlig neues Quellenmaterial erschließt.

8 Richard Hennig, Terrae Incognitae, Band IV, Leiden 1956, Nr. 163. Ma-huan's Werk liegt inzwischen auch in einer englischen Übersetzung vor: Ying-yai Sheng-lan, The Overall Survey of the Ocean's Shores, Trad. J. V. G. Mills, Cambridge, 1970.

9 Chau Ju-Kua, His work on the Chinese and Arab trade in the twelfth and thirteenth Centuries. Translated from the Chinese and annotated by Friedrich Hirth and W. W. Rockhill, St. Petersburg, 1911.

Mit Literatur befaßt sich auch der Beitrag Muḥammad 'Abduh Ghānims, der einen Bogen von vorislamischer Zeit bis zum Beginn der Moderne schlägt — und uns dabei zahlreiche Dichter in wunderschönen Versen und humorvollen Anekdoten vorstellt.

Die Neuzeit im Jemen: Kaffee und Mokka

Die Geschichte dieser Epoche zeichnet Manfred Wenner vor allem als Geschichte eines Monopolerzeugnisses nach, des Kaffees, mit dem es dem Jemen noch einmal — wie schon in der Antike mit Weihrauch und Myrrhe — gelang, ins Zentrum des Welthandels und zugleich politischer Rivalitäten zu rücken.

Der Kaffee kommt aus dem Jemen und genauso der Mokka. Der echte »Mokka« wächst zwar nicht in der zu »Mokka« verballhornten Hafenstadt al-Makhā, hier aber wurde er verschifft und kam so zu seinem Namen. Agrargeographisch ist der Artikel von Horst Kopp angelegt, der den Wandel der jemenitischen Landwirtschaft vom Mokka hin zum »Qāt« darstellt.

Einige historische Daten

1538/1539 begann die erste osmanische Besetzung des Jemen, gegen die der bedeutendste neuzeitliche Imām des Landes, al-Qāsim der Große (reg. 1006—1029 H. = 1597/1598 bis 1620 n. Chr.) aufstand. Von seinen Taten und seinem Widerstand in Ḥajja (Ḥadscha) und in Schahāra wissen die Jemeniten heute noch zu erzählen.

1839 besetzte Großbritannien Aden und besiegelte damit die bis heute andauernde Teilung des Landes. Als Reaktion sandte die Pforte 1848 eine Streitmacht in den Jemen, die 1872 Sanaa besetzte. Jemen war durch die Eröffnung des Suez-Kanals (1869) ins Zentrum weltpolitischen Interesses gerückt. Ständige Aufstände — vor allem seit dem Machtantritt des Imāms Yaḥyā im Jahre 1904 — zwangen die Pforte im Jahre 1911 zu einer Machtteilung (Abkommen von Da'ān), die dem Imām weitgehende innere Selbstverwaltung einräumte. 1918 mußten sich die Türken nach dem verlorenen Weltkrieg aus dem Jemen zurückziehen, wenig später wurde der Jemen auch international als unabhängiges Staatswesen anerkannt (Vertrag von Lausanne, 1923).

Vom Imām zur Revolution

Für die nachfolgenden Jahrzehnte sind wohl, auf jeden Fall aus jemenitischer Sicht, der Vertrag von al-Ṭā'if (bei Hodeida) von Bedeutung (1934), in dem nach dem verlorenen Krieg gegen Saudi-Arabien die Provinz Nadschrān (Najrān) abgetreten wurde; sodann 1948 die erste

Seite 29: Muḥammad Maḥmūd al-Zubayrī, Dichter und Revolutionär, Vater der jemenitischen Revolution.

Hermann Burchardt, der erste Photoreporter im Jemen, und sein arabischer Lehrer Aḥmad ibn Muḥammad al-Dscharādī, in Sanaa 1907 (Museum für Völkerkunde, SMPK, Berlin).

jemenitische Revolution, bei der Imām Yaḥyā ermordet wurde; dann am 26. September 1962 die Revolution, die in Sanaa die Republik schuf (Arabische Republik Jemen oder Jemenitische Arabische Republik, Yemen Arab Republic, al-dschumhūrīya al-ʿarabīya al-yamanīya); und am 30. November 1967 die Unabhängigkeit Südjemens, der Demokratischen Volksrepublik Jemen, dschumhūrīya al-Yemen al-dīmūqrāṭīya al-schaʿbīya.

Revolution und Republik

Dieser Zeitraum ist naturgemäß dem jemenitischen Volk nicht nur der historisch nächste, sondern steht auch, in Erinnerung an die Schwierigkeiten und Kämpfe, ihrem Herzen am nächsten. Moḥsin al-ʿAinī, selber einer der Mitwirkenden an dieser Geschichte vor und nach 1962, hat sie für diesen Katalog zusammengefaßt. Die politische Geschichte dieses Zeitraums wird aber auch in allen anderen Beiträgen, die sich mit zeitgenössischen Themen befassen, überdeutlich. ʿAbd al-ʿAzīz al-Maqāliḥ, Gelehrter und selber einer der anerkanntesten zeitgenössischen Dichter des Jemen, schreibt in seinem Überblick über die zeitgenössische Dichtung des Jemen an Hand von Versen auch eine politische Geschichte der letzten 40 bis 50 Jahre.

Entwicklung und Wandel

Ḥamīd al-Iriānī zeichnet die Entwicklung und geradezu Explosion des jemenitischen Bildungswesens nach und macht einem europäischen Leser die Brisanz und das Gewicht eines solchen Prozesses in einem Entwicklungsland überhaupt erst deutlich (»Von der Koranschule zur Universität Sanaa«). Zwei Aufsätze, Asmā al-Bāschā und Gabriele vom Bruck, beschäftigen sich mit dem zumindest ebenso dramatischen Wandel der Stellung der Frau. Walter Dostal beschreibt in einem seiner Beiträge noch die traditionelle Gesellschaft der Beduinen, einer seßhaften Stammesgemeinschaft des Hochlandes und der Städte Sanaa und Tarīm als geschlossenes und in sich ruhendes Ganzes. In seinem anderen Aufsatz — dem Porträt einer idyllischen jemenitischen Landstadt — aber schildert er das Suchen nach einer neuen, vor allem wirtschaftlichen Zukunft, deren Umrisse noch wenig deutlich sind. Hier versucht Entwicklungspolitik — die jemenitische und die Zusammenarbeit zwischen den Verantwortlichen im Lande mit den ausländischen Gebern — Wege zu weisen und unterstützend tätig zu werden. Zwei im engeren Sinne entwicklungspolitisch angelegte Beiträge schildern die ungeheuren Probleme, denen sich ein Staat gegenübersah, in dem es praktisch keine Straßen, keine Post, keine öffentliche Verwaltung, kein Gesundheitswesen, kein Erziehungswesen gab; die außerordentlichen Leistungen (zu denen auch einige erfolgreiche deutsch-jemenitische Infrastruktur-Projekte — Straße und Flughafen — gehören) der vergangenen 25 Jahre, und die Probleme, die die Zukunft stellen wird.

Und die Entdecker?

Zum Abschluß wird man sich wundern, wo denn die »Entdecker« bleiben, die man doch in einer solchen Einleitung erwarten möchte. Die naive Selbstverständlichkeit des Begriffs ist uns heute fremd geworden. Haben nicht vielleicht jene jemenitischen Kaufleute, die vor über 2000 Jahren ihrem Gotte Wadd auf Delos einen Altar errichteten, Europa entdeckt? Oder hat vielleicht Ibn Baṭṭūṭa den Jemen entdeckt, als er, den man den größten Weltreisenden genannt hat, im Jahre 1328 das Land durchstreifte und nicht nur zu Politik, Währung und Geschichte Notizen machte, sondern auch zu ethnologischen Fragen?

Gleichwohl wird man doch ein wenig stolz darauf sein dürfen, daß deutschsprachige Forscher (deutschsprachige, denn Carsten Niebuhr war Däne, Ulrich Jasper Seetzen war kaiserlich-russischer Collegienassessor, Eduard Glaser war Österreicher) doch wohl insgesamt den hervorragendsten Beitrag zur Kenntnis so vieler Aspekte der Geschichte — vornehmlich der alten — des Jemen leisteten, daß deutsche Wissenschaftler so manches zur Bewahrung und Erhaltung jemenitischer Werke (wir erwähnten al-Hamdānī und Naschwān al-Ḥimyarī) beitrugen und zweien auch die (wesentliche) Entzifferung des Sabäisch-Ḥimjaritischen gelang (Emil Rödiger und Wilhelm Gesenius, 1841).

Da muß es gestattet sein, auf die Statue des Maʿadī Karib und auf die Koranhandschriften aus Sanaa hinzuweisen, die in dieser Ausstellung auch deshalb zu sehen sind, weil deutsche Kulturhilfeprojekte sie dem Jemen und der Welt und den Besuchern dieser Ausstellung erhalten haben.

Ausblick

Diese Ausstellung schlägt einen Bogen von der Königin von Saba zu einem armen, aber stolzen und selbstbewußten Entwicklungsland, das sich im Jahre dieser Ausstellung anschickt, den 25. Jahrestag seiner Revolution zu feiern. Da gibt es auch durchaus Anlaß zum Feiern: Am 21. Dezember 1986 wurde — zwei Kilometer oberhalb des antiken Staudamms, der viele Jahrtausende lang als Wunder der Welt galt und im Heiligen Buche Gottes unsterblich gemacht wurde — der neue Staudamm von Maʾrib eingeweiht. Konnte die Königin von Saba ihren Blick auf 10.000 Hektar grünen Landes wohlgefällig ruhen lassen, so soll der neue Damm 398 Millionen Kubikmeter Wasser speichern, und bald 7000, später gegen 15.000 Hektar Wüste grün machen.

Ein Stück weiter östlich hat man Erdöl gefunden, das seit 1986 bereits in einer kleinen Raffinerie einen wachsenden Teil des jemenitischen Eigenbedarfs zu decken vermag. Von 1988 an wird mit Exporten von 400.000 Faß/Tag gerechnet.

Wünschen wir dem jemenitischen Volk, daß ihm das Glück, das dem Glücklichen Arabien einst den Namen gab, treu bleibt und ihm nicht nur seine Träume von Entwicklung, Fortschritt und gleichberechtigter Stellung in der Völkerfamilie zu verwirklichen hilft, sondern eines Tages auch jenes Ziel erreichen läßt, das sich alle Jemeniten so sehnlich wünschen — die Wiedervereinigung des geteilten Heimatlandes. Erst dann wird sich die Hoffnung von Muḥammad Maḥmūd al-Zubayrī (ca. 1910—1965) ganz erfüllen, mit dem wir diese Einführung nicht bloß deshalb abschließen wollen, weil er heute als »Der Vater des Vaterlandes« und als »Der Vater der Revolution« geehrt und gefeiert wird, und weil Sanaas größte Straße nach ihm benannt ist, sondern auch, weil mit ihm und mit dem blinden ʿAbdallah al-Baradūnī die jemenitische Dichtung in unserem Jahrhundert wieder jene Sprachgewalt, Bildkräftigkeit und zugleich Lebensnähe erreichte, die sie in der frühesten Zeit auszeichnete. Muḥammad Maḥmūd al-Zubayrī's Poesie ist zugleich eine Poesie der Tat[10]. Wo sonst gibt es einen Dichter, dessen Worte einen wirkmächtigen Beitrag zu einer Revolution leisteten, einen Politiker, der sich auch durch seine Verse unsterblich machte, einen Mann, dem das Glück beschieden war, den Erfolg seines Strebens zu erleben, und die tragische Ehre, durch Mörderkugeln zu sterben, als er die streitenden Parteien seines Volkes zur Versöhnung führen wollte?

Dabei wollen wir freilich auch nicht unterschlagen, daß eine Revolution natürlich nicht nur »herbeigedichtet« wird, sondern die Frucht konkreter Leiden des Volkes und seiner Aspirationen nach politischen und sozialen Rechten ist. Gleichwohl: Muḥammad Maḥmūd al-Zubayrī hat diesen Zorn und diese Sehnsüchte in Worte gefaßt.

»Der Ruf nach Wiedererweckung«

Dieses Gedicht wurde zum Programm der jemenitischen Freiheitsbewegung. Vorgetragen hat es al-Zubayrī in der ersten Generalversammlung der »Partei der Freien Jemeniten« in Aden 1944:

Melde den Anspruch auf deinen Platz
in der Geschichte an, Feder,
Hier und heute werden Geschlechter wiedererweckt
und Nationen!
Hier sind die stolzen Herzen, wieder vereinigt,
Hier ist Liebe, Familie, Mutterschoß,
Hier ist das Arabertum, aufgesprungen
in seinen Helden,
Hier sind Ruhm, Glorie, Stolz
und die vollbrachten Taten.

10 vgl. zum politischen Hintergrund: Leigh Douglas, The free Yemeni Movement 1935—1962, in: B. R. Pridham (ed.), Contemporary Yemen: Politics and Historical Background, London 1984, S. 34—45.

Hier sind die Sterne, auferstanden
aus ihren Gräbern,
Heute geh'n sie wieder auf über der Welt, lächelnd.
Hier toben Vulkane, erwacht aus ihrer Ruhe,
Den Tyrannen schwemmen sie weg, fressen ihn auf.
Nicht wir haben sie aufgeweckt von ihrem Schlafplatz,
Allah selbst hat sie erweckt, und den Zorn
und den Schmerz.
Ein Volk brach aus aus den Ketten seines
Bezwingers, in die Freiheit,
Und fort warf es die Dunkelheit der Unterdrückung.
Es lag im Kerker und wurde abtrünnig,
und zerstörte ihn,
Damit ihm nie mehr die Füße gekettet würden.
So lange Zeit haben sie es mißhandelt,
und es blieb geduldig,
So oft haben sie es unterjocht,
und es ließ sie entscheiden.
Es reicht ihnen nicht, ein Volk von Sklaven
zu besitzen, dem sie die Herren sind,
Für größer als Gott selbst halten sie sich.
Dies Volk, seine Seele hat es für sie verzehrt,
nichts haben sie anerkannt,
nie waren sie zufrieden,
Und, ach, auch überdrüssig seiner wurden sie nie.

11 Nachtrag zu Fußnote 4: Bei den Einwohnern des heutigen Dorfes hat sich sehr genau die Erinnerung daran erhalten, daß Moschī früher eine ausgedehnte Stadt war. Deren Grenzen werden noch angegeben. Ferner heißt es, die (angeblich von ʿAlī Abū Ṭālib begründete) alte Moschee sei vor dem Islam eine Kirche gewesen. Und am wichtigsten: Ich wurde auf einige früher von mir nicht bemerkte Steinbrocken außerhalb der die Moschee umschließenden Mauer hingewiesen. Dies seien die Reste einer Steinsäule, die früher, zusammen mit einer etwas kürzeren, innerhalb des ummauerten Hofes der Moschee gestanden habe; die beiden Säulen seien dann zerschlagen und außerhalb des Moscheebezirks gebracht worden. Ihr ursprünglicher Ort, vor der rechten großen Kuppel, wurde mir ebenfalls noch gezeigt. Bei diesen beiden Säulen handelt es sich ohne jeden Zweifel um die vorislamischen Kultsäulen, die ich in meinem Aufsatz "A preislamic rite in South Arabia", Journal of the Royal Asiatic Society 1987, I für einen anderen Tihāma-Ort beschrieben habe, ein Kult, der auch in der Kathedrale von Sanaa geübt wurde und zum höchsten Fest des heidnischen Südarabien gehörte. Dies unterstreicht das hohe Alter von Mouza. Übrigens gehörte auch zur Moschee von Moschī bis vor einigen Jahren eine ziyāra; sie wurde »fī nuṣ Schaʿbān« gefeiert — also jenem kanonischen Datum (15. Rajab oder 15. Schaʿbān), das ich in meiner »Ursemitischen Religion« (Stuttgart 1985) für das zentrale Fest der alten sabäischen Religion erschlossen hatte.

Reiterspiele in Sanaa nach einer Abbildung bei Carsten Niebuhr.

Altsteinzeitliche Werkzeugfunde in Nordjemen

Grazia Maria Bulgarelli

Jemen bildet den südwestlichen Teil der Arabischen Halbinsel, doch geologisch gesehen gehört er zu Afrika. Als sich im Frühmiozän das Rote Meer und die Danakil-Senke in Nord-Ost Äthiopien bildeten, trennte sich die Arabische Platte von Afrika.

Altsteinzeitliche Forschungen wurden in den beiden, heute politisch getrennten Teilen Jemens erstmals im Jahre 1939 unternommen (Caton-Thompson, Caton-Thompson und Gardner). In Nordjemen liegt der Beginn noch später: 1969 fand Garbini bei Bayt Naʿām, etwa 20 km westlich von Sanaa, steinzeitliche Objekte, die er in sehr allgemeiner Form in die mittlere Altsteinzeit datierte.

1974 entdeckte de Bayle des Hermens einige altsteinzeitliche Fundplätze in der Gegend von Sanaa und von Māʾrib. Auf der über Wādī Dahr bei Sanaa gelegenen Hochebene fand er 25 Objekte: Splitter und sorglos gefertigte Werkzeuge und Schaber. Bei Bayt Naʿām fand er 51 Objekte: Splitter, Faustkeile, Schaber und gezähnte Werkzeuge. Er ordnete sie ebenfalls dem mittleren Paläolithikum zu. Beim Dschabal Milḥ, in der Gegend von Māʾrib, fand er 10 aus Kieselsteinen gefertigte Werkzeuge, die er in die Früh-Altsteinzeit datierte.

Im Jahre 1981 entdeckte de Maigret den Fundplatz Ḥumayd al-ʿAyn in der Gegend Khaulān aṭ-Ṭiyāl. Dieser Ort liegt auf dem mesozoischen Sandstein-Hochplateau, in das sich der Wādī Miswar tief eingeschnitten hat. Einige der gefundenen Objekte konnten auf Grund ihrer Form der mittleren Altsteinzeit zugeordnet werden.

1983 wurden diese Untersuchungen im Rahmen der italienisch-jemenitischen archäologischen Forschungen wieder aufgenommen. Auf einer Fläche von 30×10 m (etwa 20 Prozent des in Betracht kommenden Areals) wurden systematisch alle steinzeitlichen Objekte gesammelt. Die nachfolgenden Untersuchungen dieser Objekte bestätigten den ursprünglichen zeitlichen Ansatz. An dieser Stelle hatte sich eine altsteinzeitliche Werkstätte befunden, die die im Sandstein enthaltenen Feuersteinknollen freilegte und verwertete. Diese Schlußfolgerung ergab sich aus der großen Menge unbearbeiteten Rohmaterials, aus der geringeren Anzahl von Feuersteinsplittern und Faustkeilen und der noch geringeren Zahl fertig bearbeiteter Werkzeuge (Schaber, gezähnte und gekerbte Werkzeuge). An der gleichen Stelle fand sich auch eine erhebliche Anzahl von Werkzeugen aus Obsidian und von anderen Feuersteinobjekten. Ihre andersartige Patina erlaubte eine Zuweisung zu sehr viel späteren Epochen.

Im gleichen Jahr wurde nur wenig entfernt der Fundplatz von al-Masanna entdeckt. Auch hier haben wir ein Plateau (ca. 1000 zu 300 m groß) aus mesozoischem Sandstein. Es wird auf der einen Seite vom Dschabal Hamrāʾ und auf der anderen von einer Biegung des Wādī Ḥabābiḍ begrenzt.

Dieser ganze Fundplatz war bedeckt mit steinzeitlichen Werkzeugen, die aus den in den Sandstein eingeschlossenen Feuersteinknollen gefertigt worden waren. Daraus kann man schließen, daß auch dieser Fundplatz als Werkstatt gedient hatte. Von den rund 1000 hier gefundenen Objekten konnten etwa zwei Drittel der Mittleren Altsteinzeit zugewiesen werden, während das restliche Drittel der Spätform der al-Masanna-Objekte (2. Jahrtausend v. Chr.) ähnelte.

Vergleichbare Werkzeugformen aus dem Mittleren Paläolithikum wurden dann noch an zwei anderen Stellen in der Gegend Khaulān gefunden, nämlich in Ḥammāt Ghaul an-Numayrī und am Dschabal al-Ḥumayma. Beide Fundplätze ähneln sowohl geomorphologisch als auch von den in der Altsteinzeit dort herrschenden Umweltbedingungen her dem al-Masanna-Komplex. Besonders Ḥammāt Ghaul an-Numayrī bot den altsteinzeitlichen Feuersteinarbeitern ganz ähnliche Lebensbedingungen wie al-Masanna: Der nahe Wādī führte auch hier ständig Wasser und schuf so die Voraussetzung für Jagd und Sammeltätigkeit. Die Feuersteinknollen konnten in dem Jura-Sandstein leicht abgebaut werden und bildeten so ein wertvolles Rohmaterial. Die Steinwerkzeuge wurden auf der schmalen Hochebene zwischen Wādī Ḥabābiḍ und zwei aus Ṭawīla-Sandstein bestehenden kleinen Hügeln gefunden. Bei den insgesamt 50 Objekten handelte es sich um Splitter, Faustkeile und eine kleine Anzahl von Spezialwerkzeugen. Alle ähneln den al-Masanna-Objekten.

Der Fundort Dschabal al-Ḥumayma liegt im Nordteil des Plateaus, in der Nähe des Wādī Yanāʾim. Auch hier herrschten sehr ähnliche Umweltbedingungen — und ganz ähnlich sind auch die Steinobjekte.

Die Anzahl der Fundstücke in Ḥammāt Ghaul an-Numayrī war (wegen der geringen Ausdehnung des Plateaus) sehr gering, ebenso beim Dschabal al-Ḥumayma (hier wegen späterer landwirtschaftlicher Nutzung). Insgesamt kann man gleichwohl als Ergebnis festhalten, daß in der ganzen Gegend von Wādī Yanāʾim im Norden bis zum Wādī Ḥababiḍ im Süden Objekte aus der Mittleren Altsteinzeit gefunden wurden.

1983 wurde dann ein frühaltsteinzeitlicher Fundplatz in der Ebene von Dhamār entdeckt. Diese Gegend besteht aus Vulkangestein in tertiärem Trapp, dazwischen Löß und Schwemmkies. Der Fundplatz liegt wenige Kilometer südlich des Städtchens Maʿbar, in der Nähe eines kleinen, im Tertiär entstandenen, Vulkanmassivs (de Maigret). Die Steinwerkzeuge lagen an der Oberfläche, etwa in Form eines halbkreisförmigen Bogens verteilt. Die etwas mehr als 100 Objekte bestanden aus verschiedenen vulkanischen Gesteinen. Es fanden sich Splitter, Faustkeile, Beile, Hackwerkzeuge, Schaber und gezähnte Werkzeuge. Besonders interessant waren zwei auf beiden Seiten behauene Faustkeile, einer aus Tuff und der andere aus Rhyolit. Beide waren sehr regelmäßig in Eiform gearbeitet. Der gesamte Fundkomplex kann in das späte Acheuléen datiert werden.

Mit gravimetrischen Methoden wurde die Struktur dieser Ebene untersucht (Chilton) und dabei festgestellt, warum sich eine solche Menge von Acheuléen-Objekten am Fuß des kleinen vulkanischen Reliefs ansammeln konnte: Hier ist die vom Wind angewehte Deckschicht dünner; Erosion durch Wasser und Landwirtschaft hat sie so weit abgebaut, daß die darunter liegenden Schichten mit diesen Steinwerkzeugen wieder an die Oberfläche kamen. Die soeben genannten, beidseitig bearbeiteten Werkzeuge sind die ersten ihrer Art im Nordjemen, nachdem bis dahin nur einige im Südjemen (Dschabal Tala) bekannt waren, wo sie von Doe beschrieben wurden, der ihnen ein Alter zwischen 400.000 und 200.000 Jahren zuwies.

1985 wurde dann auch in der Tihāma-Küstenebene nach paläolithischen Zeugnissen geforscht, also einer geomorphologisch sehr von den bisher untersuchten Gegenden verschiedenen Region. Es wurden dazu die Talwege der Wādīs (von Nord nach Süd) Surdud, Rimaʿ, Zabīd und Zurawe untersucht, jeweils zwischen der Straße Hodeida/Mafraq und den Ausläufern des jemenitischen Berglandes. In allen Wādī-Betten wurden pleistozänische Ablagerungen gefunden. Die einzelnen Steine und der Kies waren fest zusammengebacken. Oft bildeten sie am Rand des Wādī-Betts Terrassen.

Bei der Suche wurde in diesen Ablagerungen eine Anzahl von Steinwerkzeugen gefunden. Auf diese Weise konnten sie in eine stratigraphische Folge gebracht werden. Im Wādī Surdud fanden sich Splitter unmittelbar unterhalb der erodierten Oberfläche. Im Wādī Rimaʿ wurde ein großer Splitter entdeckt. Im Wādī Zabīd fand sich ein beilartiger Stein in der Nähe einer Sandschicht auf der obersten Terrasse. Die Anzahl der gefundenen paläolithischen Werkzeuge war insgesamt zwar eher gering, der Vergleich mit den quaternären Ablagerungen im nördlichen Afar in Äthiopien, wo Varberi Steingeräte aus dem Alt- und Mittelpaläolithikum fand, macht jedoch zukünftige Funde wahrscheinlich.

Zusammenfassend wird man zwar sagen müssen, daß die paläolithischen Forschungen im Nordjemen noch am Anfang stehen, daß aber inzwischen bereits als sicher gelten kann, daß Menschen in der Altsteinzeit — also vor einigen hunderttausend Jahren — im zentralen jemenitischen Hochland lebten, in den Gegenden des östlichen Gebirgsabfalls und ebenso entlang der Talwege der Tihāma-Wādīs.

Literatur

Barberi, F. et alii: Geology of Northern Afar (Ethiopia), in: Revue de Géographie Physique et de Géologie Dynamique, in: vol. XV (1973), pp. 433—490.

de Bayle des Hermens: Première mission de recherches préhistoriques en République arabe du Yemen, in: L'Anthropologie, vol. 80 (1976), pp. 5—37.

ID.: L'Arabie du Sud avant l'histoire — Etat actuel des connaissances au Yémen du Nord, in: Joseph Chelhod, L'Arabie du Sud, tome I, Paris 1984, pp. 185—192.

Caton-Thompson, G.: Some Paleoliths from South Arabia, in: Proc. Prehist. Soc., vol. 19 (1953), pp. 189 ss.

ID.: Flint tools from Southern Arabia, in: Nature, 29 (1964), 2

Caton-Thompson, G., Gardner E. W.: Climate, Irrigation and Early Man in Hadramawt, in: Geogr. Journal, vol. 93 (1939), p. 18 s.

IDD.: The Tombs and Moon Temple of Hureida (Hadramawt), London, 1944.

Chilton, P. J.: Hydrogeology of the Montane Plains, Project Record of Montane Plains and Wadi Rimaʿ Project, Y. A. R., 1980.

de Maigret, A.: Ricerche Archeologiche italiane nella Repubblica Araba Yemenita. Notizia di una seconda ricognizione (1981), in: Oriens Antiquus, XXI (1982), pp. 237—253.

ID.: Is. Meo Activity, in: East and West, 33 (1983) pp. 340—344.

ID.: Is. Meo Activity, in: East and West, 34 (1984).

Doe, B.: Southern Arabia, Thames and Hudson, London, 1971.

El-Domi, I.: Geology, in: F. Stone ed., Studies on the Tihāmah, London 1985.

Garbini, G.: Antichità Yemenite, in: Annali Istituto Orientale di Napoli, vol. 30 (1970) pp. 537—548.

Die Jungsteinzeit im Nordjemen

Francesco G. Fedele

Die Vorgeschichte Nord-Jemens und der benachbarten Gebiete ist zwischen ca. 20.000—2.000 v. Chr. noch ziemlich unklar. In anderen Teilen Westasiens fand im zweiten Teil dieses Zeitabschnitts der Übergang von einer Jagd- und Sammelwirtschaft (Spätes Paläolithikum) zur Nahrungsmittelproduktion (Neolithikum) statt. Über die Hochländer der südwestlichen arabischen Halbinsel, das Aṣir-Jemen-Plateau, ist jedoch aus diesen Jahrtausenden bis heute nichts bekannt. Wie und wann hier eine nahrungsmittelproduzierende Wirtschaftsform begann, muß erst noch erforscht werden.

Es wurden jedoch während der gemeinsamen jemenitisch-italienischen Übersichtsgrabungen im Wādī Ḏanah-Becken seit 1980 einige brauchbare Hinweise auf das Vorhandensein neolithischer Gruppen gefunden. Eine Untersuchung des »neolithischen« Problems wurde 1983 von A. Zarattini und noch detaillierter 1984/1985 vom Autor auf der Basis anthropologischer und paläoökologischer Forschungen unternommen. Das folgende ist ein Bericht über die Ergebnisse und ihre Interpretation.

Der Begriff Neolithikum wird hier umgangssprachlich und vergleichend für einen Komplex von Funden gebraucht, der wenigstens mit einer beginnenden teilweisen Nahrungsmittelproduktion verknüpft ist. Dies umfaßt einen Zeitraum vom Ende noch unerforschter spät-paläolithischer Lebensformen bis zum Erscheinen einer Dorfkultur mit Töpferei etwa um 2000 v. Chr., der Bronze-Zeit A. de Maigrets[1].

Feld-Sondagen

Die Identifizierung einer neolithischen Stufe im Jemen stützt sich auf zwei Faktoren: das Vorhandensein verstreuter Abschläge ohne Töpferei bei Oberflächenfunden und ihr offensichtlicher Zusammenhang mit einfachen Steinbauten. Die Bauten umfassen Einfriedungen sowie eiförmige oder elliptische »Hütten«; Einfriedung oder Hütte werden hier lediglich als deskriptive Begriffe verwendet. Zu den Steingeräten gehören dünne, häufig beidseitig retouchierte Typen, sogenannte Blattspitzen.

Das Fehlen von Töpferei bzw. das Akeramikum dieses Neolithikums ist problematisch, da es Forscher einer wichtigen Informationsquelle beraubt. Ebenso scheinen andere Arten von Artefakten zu fehlen, zum Beispiel polierte Werkzeuge aus Stein oder Knochen. Wenn man die Bedeutung dieser charakteristischen Merkmale allerdings richtig wertet, können sie auch einen wichtigen Zug des Neolithikums im Jemen und im südlichen Mittel-Arabien aufzeigen.

1 A. de Maigret, A Bronze Age for Southern Arabia, East and West, n. s. 34 (1984).

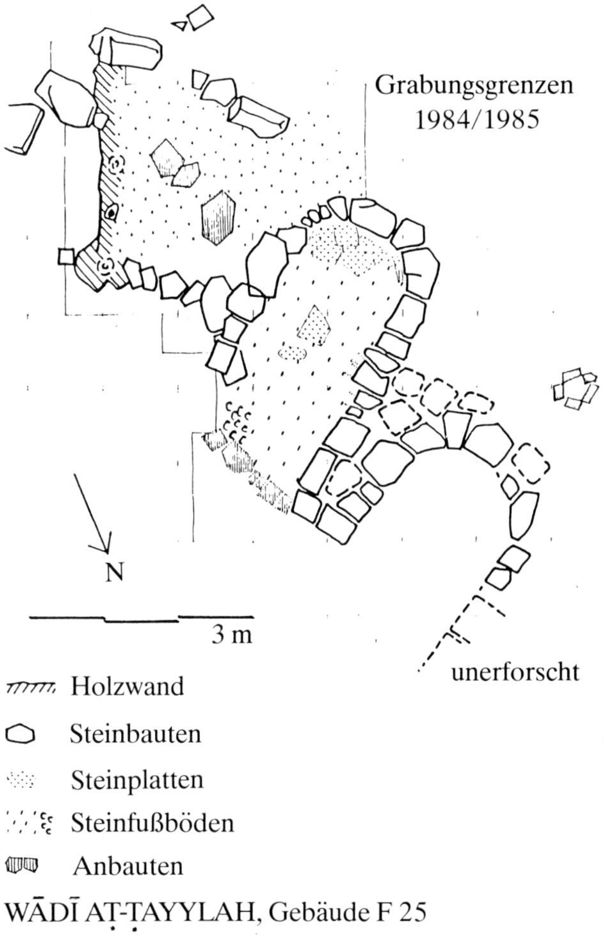

Plan der neolithischen elliptischen Hütte, Wādī aṭ-Ṭayylah, Fundort WTHiii (F. G. Fedele, 1985).

Nicht-paläolithische akeramische Fundplätze sind an verschiedenen Stellen des östlichen Plateaus im Nord-Jemen in Höhen von 2000 bis 2200 m festgestellt worden: Wādī al-ʿUsh oder ʿIshsh (vier Fundplätze); Jebel Quṭrān in der Gegend von Jebel Aʿmās (1983 untersucht); Ṣirm al-ʿAbādilah; Jebel Shaʿīr; An-Najd al-Abyaḍ (1984 untersucht) und das nahegelegene Wādī aṭ-Ṭayylah. Vor der Auswahl des von uns als WTHiii bezeichneten Fundplatzes in der Nähe des mittleren Wādī aṭ-Ṭayylah im Khawlān für Ausgrabungen und paläolithische Umgebungsstudien (1984—85) konnten nur zwei Fundplätze untersucht werden. Dieser Fundplatz erwies sich seither als sehr ergiebig in bezug auf seine neolithische Besiedlung und lieferte eine große Menge Ausgrabungsdaten.

Andere Fundorte können durch Steinartefakte in gemischten Oberflächenfunden charakterisiert sein, wie auf dem Kalktafelland von Jaddānat al-ʿUmarah und in Bānī Sulayḥ, Dulāʿ al-Aʿmās und Jebel al-ʿArqūb. Aufgrund vorläufiger Untersuchungen ist anzunehmen, daß sich

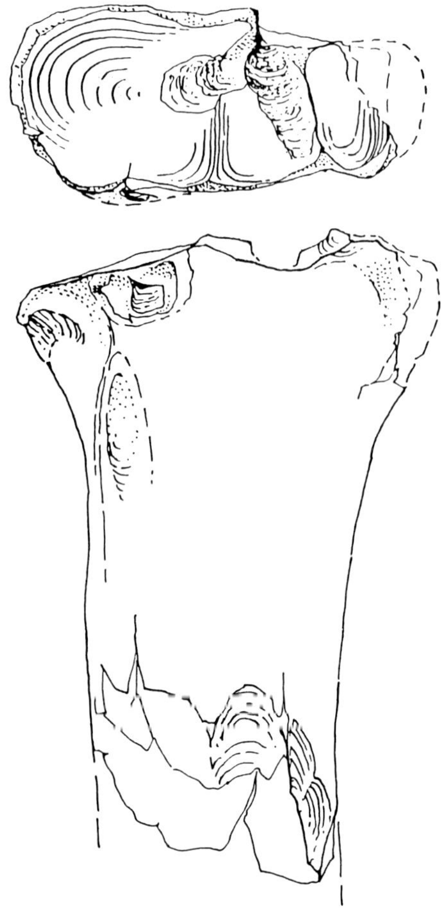

Linker Speichenknochen eines Boviden, aus dem unteren (älteren) neolithischen Fundhorizont des Fundplatzes WTHiii im Wādī aṭ-Ṭayylah (Ausgrabung von 1985, F. G. Fedele, 1985).

auch in der Nähe von Yalā ad-Durayb an den am weitesten östlich gelegenen Vorbergen und in der Qaʿ Jahrān Ebene südlich von Maʿbar neolithische Siedlungen befinden.

Zu den Hauptproblemen, auf die wir gestoßen sind, gehören die Zusammenhänge zwischen Oberflächenfunden und Stratigraphie des Bodens sowie ein Verständnis der sedimentären Ablagerungen an den Fundstätten, verglichen mit holozäner Stratigraphie und Umgebung. Ein weiteres Problem ist die Bestimmung der verschiedenen menschlichen Aktivitäten an jedem einzelnen Fundort; dies ist für die funktionale Bestimmung von Gebäuden wichtig, außerdem trägt es zur Definition des Fundplatzes bei.

Obgleich aufgrund der 1983 und 1984 durchgeführten vorläufigen Stichgrabungen eine umfassendere Grabung sinnvoll erschien, war das wichtigste Ziel der größer angelegten Ausgrabungen in WTHiii, die angesprochenen Probleme zu untersuchen.

Ausgrabung des Fundplatzes

Eine Schicht mit wenig neolithischem Material erschien unter einer Oberflächenschicht mit Gebäuderesten aus dem 2. Jahrtausend in NABvii, einem an einem niedrigen Abhang gelegenen Fundplatz im Tal von Najd al-Abyaḍ. Zum Teil als Konsequenz daraus wurden Versuchsschnitte im nahegelegenen WTHiii gemacht. Dies ist ein frei liegender Fundplatz von etwa 0,3 Hektar Größe, der durch ein Dutzend Stein-Bauten markiert wird, in die vereinzelt Stein-Geräte eingestreut sind. Er liegt auf 2010 m Höhe auf einem leicht abfallenden Gebiet in der Nähe des rechten Ufers des mittleren Ṭayylah in den präkambrischen Graniten. Die Bauten bestehen häufig aus großen Steinblöcken. Vielleicht weniger als zehn Prozent der Oberflächenfunde gehören späterer oder sogar früherer Besiedlung an; es wurden einige fossile Knochen gefunden. Die Umgebung bildet einen für die Rekonstruktion der Geschichte des Flusses hochinteressanten Hintergrund.

Es wurde ein Areal von etwa 70 qm ausgegraben. Sowohl horizontale wie vertikale Kontrollschnitte wurden gezogen und, wahrscheinlich zum ersten Mal im Nord-Jemen, ging man detailliert auf die Mikrostratigraphie sowie auf die hinzukommenden Sedimente und Kulturschichten ein. Laboranalysen von A. Palmieri und anderen Wissenschaftlern der italienischen Mission sind in Vorbereitung.

Ein von Osten nach Westen verlaufender durchgehender Schnitt von 22 m Länge und zwei Steinbauten (F25, F37) wurden in dem ansteigenden Gelände des Fundplatzes ausgegraben. Eine Untersuchung des Gebäudes F25 vermittelte einen Eindruck von einer der elliptischen Hütten, die dem Neolithikum zugeschrieben werden. Es erwies sich als ziemlich komplexes Wohngebäude, das durch Schichtenerosion beschädigt war. Der ovale Hauptteil hatte einen Fußboden aus einzelnen eckigen Steinen und eine Bank in der »Apsis«, Aschenreste von einem Herd und eine Platte in der Mitte, auf der ein Mittelpfosten gestanden haben könnte. Ein leichtes Bauwerk aus Pfählen und Zweigen (ein Schuppen?) war an den ovalen Hauptraum angefügt, dagegen scheinen auf der gegenüberliegenden Seite weitere Räume mit Steinfußböden vorhanden gewesen zu sein.

In der Mitte der Fundstätte wurde ein Stück einer Reihe aus großen Steinen untersucht (F1). Sie konnte mit der Stratigraphie der Sedimente des Bodens von Wādī aṭ-Ṭayylah in Beziehung gebracht werden. Die vorherrschende Art der Betätigung in der Nähe der Steinreihe ergab sich aus häuslichem Abfall, der mit Resten von Feuersteinabschlägen vermischt war, und einem Amboß, der an seinem ursprünglichen Standort gefunden wurde. Das führte zu der Annahme, daß entlang dieser zwar niedrigen, doch ziemlich dicken Mauer quer durch die Siedlung Gemeinschaftsarbeiten unter freiem Himmel oder einem Zelt verrichtet wurden.

Es steht nun fest, daß die meisten oder alle teilweise mit Erde bedeckten Steinbauten in WTHiii mit einem leicht organischen grauen alten Boden (»Ṭayylah Paläoboden«) verbunden sind, was darauf hindeutet, daß der Hang fest und mit Vegetation bedeckt war. Vorläufige Laboruntersuchungen bestätigen, daß Bodenkolloide vorhanden sind.

Auf der anderen Seite ist Gebäude F37, das offensichtlich aus frühislamischer Zeit stammt (Bānī ʿAṣāl Phase), mit modernen sandig-schlammigen Hangablagerungen verbunden.
Drei Versuchsgräben brachten noch ältere menschliche Spuren zum Vorschein, die in früheren Sedimenten bis zu einer Tiefe von 0,8—1 m lagen. Es gibt möglicherweise zwei übereinanderliegende neolithische Schichten, denen eine frühere Epoche mit menschlicher Besiedlung vorausging (Mesolithikum?). Verschiedene Tierknochen wurden zusammen mit dem älteren neolithischen Material ausgegraben. Sie stellen nach unserem Wissen die frühesten Tierfunde im Nord-Jemen dar.
Diese verwitterten und völlig zerbrochenen Knochen wurden genauesten Laboruntersuchungen unterworfen. Es handelt sich um Fragmente von Unterkiefern, Speichen und Phalangen, die zu Boviden mittlerer Größe gehören, möglicherweise der nahöstlichen Art des Auerochsen (Bos primigenius). Es ist erwähnenswert, daß diesbezügliche Fundzusammenhänge aus den tieferen Schichten von WTHiii darauf hindeuten, daß dort zeitweise Tiere zerlegt und Feuer unterhalten wurden (in der Nähe von großen Steinstrukturen) und daß eine intensive Steinbearbeitung stattfand.
Die Fundreihe kleiner Knochen aus der Hauptbesiedlungszeit von WTHiii im Neolithikum umfaßt nach Analysen des Autors Reste eines kleinen Rindes (rechter Humerus, obere Molaren, Splitter von Langknochen) und Spuren von Ovicapriden; ob es sich um Wild- oder domestizierte Arten handelt, kann nicht mit Sicherheit gesagt werden. Ein Meeresmuschelfragment, möglicherweise eine Cypraea-Art (Kauri), wurde an der Oberfläche des Fundorts entdeckt. Der neolithische Fundort NABvii lieferte Reste mehr oder weniger ausgewachsener Ovicapriden und nicht ausgewachsener Rinder.
Verschiedene Steine wurden in der Gegend von Wādī aṭ-Ṭayylah und Najd al-Abyaḍ verarbeitet. Die Herkunft des am meisten vertretenen grauen Kieselschiefers und seltener vorkommender Gesteine, wie gemaserter Quarz, Sandsteine, vulkanischer Tuff und Basalte, konnte im mehr oder weniger nahen Bereich des Flußbetts nachgewiesen werden. In den Jebel al-ʿArqūb Kalksteinen am Rande des Einzugsbereichs der oberen Ṭayylah gibt es reichlichen Vorrat an kleinen aber brauchbaren Feuerstein- und Kieselschiefer-Nestern. Die Herkunft des Obsidians konnte noch nicht bestimmt werden.

S. Bökönyi berichtet sowohl von wilden wie domestizierten Ovicapriden und Rinder-Arten aus Jebel Qutrān (in Briefform und noch nicht detailliert dargelegt). Dieser südöstliche Fundplatz umfaßt eine Doppelreihe Granitblöcke, die eine große halbrunde Konstruktion bilden. In einen der Steine der inneren Reihe ist ein Relief eingehauen, das fünf Paar übereinanderliegende Widderhörner abbildet, ein bemerkenswerter Fund. Zu den dabei entdeckten Steingeräten gehören bezeichnenderweise blattförmige zweiseitig retouchierte Spitzen, Hohlmeißel, »Beile« (tranchets), Schleifsteine aus Basalt und Hämmer[2].

Paläoklimata und Chronologie

Für die Gegend von Najd al-Abyaḍ und Wādī aṭ-Ṭayylah ergeben sich mehrere Anhaltspunkte für eine allgemeine spät-pleistozäne (?) und holozäne Sequenz, die von unten nach oben wie folgt lautet:
1. Flußkonglomerate und Hangbrekzien, die einen alten Wasserlauf südlich des heutigen Flußbettes füllen.
2. Einen spezifischen Komplex wechselnder, gelber und grauer, sandig/toniger Schlammschichten.
3. Anhäufungen von Kies und stellenweise Flußbetterosion der letzten vorherrschenden semiariden Klimaform.
Die Stratigraphie von WTHiii folgt dieser Sequenz. Sie wurde in drei Hauptphasen unterteilt:
1. Verwitterter Mantel der Granite;
2. ein Komplex mit feinkörnigen Sedimenten und Böden mit organischen Anteilen; der WTH Paläo-Boden bildet einen Teil davon.
3. Eine Decke aus Schlamm und Sand, die moderne Trockenheit widerspiegelt.
Nach vorläufigen Ergebnissen über Sedimente und Klima und ihrem wahrscheinlichen Zusammenhang mit der übrigen arabischen Halbinsel[3] können wir das WTHiii-Neolithikum vermutlich mit der mittelholozänen Regenzeit in Verbindung bringen und es zwischen dem 6. und 4. Jahrtausend v. Chr. datieren.
Im Zentrum der arabischen Halbinsel wurde über einen langen Zeitraum hinweg ein klimatischer Trend zur Trokkenheit durch mehrere Klimaschwankungen unterbrochen, die die Landschaft ziemlich stark geprägt haben. Auf eine Phase starker Trockenheit zwischen ca. 18.000 und 8.000 v. Chr. folgte ein rascher Anstieg der Regenmenge, was zwischen ca. 8000 und 5500 v. Chr. zur sogenannten mittelholozänen Regenzeit führte. Über die ganze arabische Halbinsel bahnten sich wasserreichere Wādīs ihr Flußbett durch ihre früheren Ablagerungen und bildeten Flußterrassen. Der zweite Teil dieser Regenperiode war durch eine Reihe wenig bekannter wechselnder Feucht- und Trockenzeiten charakterisiert. Meines Erachtens war dies die Zeit, als die Monsun-Winde im Gebiet des Jemen nördlich bis Hodeidah an der Küste und wenigstens bis zum Sana'a-Becken auf dem Plateau ihr heutiges Gesicht annahmen. Eine vom Monsun verursachte Feuchtphase zwischen 3500 und 2000

2 Activities of the Italian Archaeological Mission in the Yemen Arab Republic (1983 campaign), East and West, n. s. 33 (1983), 340—344.
3 W. C. Brice, ed., The environmental history of the Near and Middle East since the Last Ice Age, London and New York, 1978; S. S. Al-Sayari and J. G. Zötl, eds., Quaternary period in Saudi Arabia, vol. 1, Wien and New York, 1978; A. N. Garrard, C. P. D. Harvey and V. R. Switsur, Environment and settlement during the Upper Pleistocene and Holocene at Jubba in the Great Nefud, northern Arabia, Atlal 5 (1981), 137—48; A. Garrard, P. Harvey, F. Hivernel and B. Byrd, The environmental history of the Azraq Basin, in A. Hadidi, ed., Studies in the history and archaeology of Jordan, vol. 2, pp. 109—115, London, 1985; J. M. Wagstaff, The evolution of Middle Eastern landscapes, London and Syndey, 1985. Cf. also Ü. Brunner, Die Erforschung der antiken Oase von Mārib mit Hilfe geomorphologischer Untersuchungsmethoden, Mainz, 1983, pp. 13—14.

v. Chr., wie vom Indus-Tal bekannt[4], breitete sich möglicherweise auch über den Jemen aus. Aber bereits gegen 4000 bis 3000 v. Chr. überquerte eine neue Trockenperiode Arabien sowie andere Teile des subtropischen Gürtels. Ich glaube, daß der Prozeß der Austrocknung, wie er noch heute stattfindet, im Hochland des Jemen ungefähr 2000 v. Chr. begann und das heutige Ausmaß um die Zeitenwende erreicht hatte.

Kulturelle Interpretation

Es wurden große Anstrengungen unternommen, um zu einem richtigen Verständnis der gesammelten Artefakte zu gelangen. Sowohl hinsichtlich der Menge wie der Information über Fundzusammenhänge wurde das ausgegrabene Material genau untersucht. Neue analytische Verfahren werden derzeit noch getestet. Folgende historische Interpretation scheint sich abzuzeichnen.

Die Resultate der italienischen Feldforschungen, ergänzt durch Vergleiche mit der übrigen arabischen Halbinsel, führten zu einer vorläufigen Definition von zwei neolithischen Aspekten im Nord-Jemen, die möglicherweise auf das ganze Hochland von Jemen zutreffen.

Ein Aspekt, Quṭrān oder Al-Ḥadāʾ genannt, scheint mit der vor kurzem definierten arabischen Tradition der Herstellung[5] von doppelseitigen Abschlägen in Zentralarabien und der Wüste verbunden zu sein. Der andere Aspekt mit der Bezeichnung Ṭayylah oder Khawlān dürfte eine spezifische, möglicherweise spätere Adaption an die Gebirgszone darstellen.

Das Quṭrān Neolithikum umfaßt vor allem kleine und große zweiseitige Blattspitzen, geschäftete Pfeilspitzen, schwere Werkzeuge wie Äxte und Hohlmeißel, verschiedene Schaber und andere leichte Geräte sowie dreikantige Bohrer. Wie von den Ausgräbern in Saudi-Arabien vorgeschlagen wurde[6], stimmt die arabische Tradition zweiseitiger Abschläge mit fast identischen Vorkommen in den Emiraten und Qatar überein, wo ihre Anfänge vor der Keramik-Kultur von ʿUbaid und somit vor 5000 v. Chr. angesetzt werden[7].

Die zahlreichen Pfeilspitzen verweisen auf die Rolle der Jagd. Die Tierknochen vom Jebel Quṭrān und vielleicht einem Fundplatz im Aṣir[8] — in welch schlechtem Zustand sie auch sein mögen — scheinen doch auf eine beginnende Hirtenkultur in der Nähe der Berge hinzudeuten.

Das Ṭayylah Neolithikum scheint durch ein Fehlen von Speerspitzen gekennzeichnet zu sein, das seltene Vorkommen von Blattspitzen und die außerordentlich hohe Entwicklung der Kleinwerkzeuge. Die wenigen Blattspitzen sind meist eiförmig und grob gearbeitet. Gleichfalls fehlen die besonderen Äxte der arabischen Tradition der zweiseitigen Abschläge. Die Werkzeugformen werden eindeutig von verschiedenen Arten von Kratz-, Bohr- und Schneidegeräten beherrscht; dies reflektiert eine Lebensform, in welcher die Bearbeitung von Ästen und das Schneiden von Häuten und Gras an Bedeutung gewann.

Sowohl feine wie grobe Werkzeuge, z. B. gerundete oder längliche eckige Schaber, deuten auf die regelmäßige Bearbeitung weicher oder elastischer organischer Materialien hin. Zusammengesetzte Werkzeuge, größtentels aus vergänglichen Materialien, waren offenbar sehr zahlreich.

Bestehen diese beiden neolithischen Aspekte in verschiedenen Regionen des Jemen zur gleichen Zeit nebeneinander und stellen sie kulturelle Unterschiede dar? Oder hängen sie eher mit verschiedenen Tätigkeiten der gleichen Grundgesellschaft zusammen? Oder, weiter, ist der Unterschied nur ein chronologischer? Eine endgültige Antwort kann darauf nicht gegeben werden. Und doch scheint der Stil der Herstellung von Steinwerkzeugen zusammen mit Neuerungen bei einzelnen Typen oder ihren Verwendungsformen insgesamt kontinuierlich genug zu sein, um darauf schließen zu lassen, daß Ṭayylah eine abgeleitete Form der arabischen Tradition darstellen könnte, die sich mehr und mehr dem Leben auf dem Plateau angepaßt hatte. Es wird vorgeschlagen, daß dies als Teil einer neolithischen Hochland-Tradition anzusehen ist[9].

Die Hypothese, daß der Quṭrān-Aspekt in WTHiii vor dem Beginn dieser Tradition liegt, muß weiter untersucht werden. Die Abschlag-Komponente der Hochland-Tradition könnte am Anfang der lithischen Industrie der Bronze-Zeit stehen[10].

Alessandro de Maigret und Annalisa Zarattini sei aufrichtig für ihre unschätzbare Hilfe, mit der sie meine Arbeit in Nord-Jemen unterstützten, gedankt. Francesco Di Mario, David L. Harrison, Bruno Marcolongo, James Ritchie und Maurizio Tosi haben mich freundlicherweise mit ihrem Rat oder mit Sonderdrucken unterstützt.

4 W. C. Brice, Conclusion, in W. C. Brice, ed., 1978, pp. 351—356.

5 C. Edens, Towards a definition of the western ar-Rubʿ al-Khali »Neolithic«, Atlal 6 (1982), 109—124. Cf. also J. Zarins, A. al-J. Murad and K. S. Al-Yish, the Comprehensive Archaeological Survey Program, (a) The second preliminary report on the Southwestern Province, Atlal 5 (1981), 9—42, especially pp. 19—23.

6 Interim reports in Atlal, annually since 1977.

7 Cf. H. Kapel, Atlas of the Stone Age cultures of Qatar, Copenhagen, 1967; a. H. Masry, Prehistory of Northeastern Arabia, Coconut Grove (Florida), 1974; B. de Cardi, The British Archaeological Expedition to Qatar 1973—1974, Antiquity 48, 191 (1974), 196—200; B. de Cardi, ed., Qatar archaeological report: Excavations 1973, Oxford, 1978.

8 C. Edens, 1982, p. 119 (Sharorah). Originally reported by P. E. L. Smith and G. Maranjian, Two »neolithic« collections from Saudi Arabia, Man 62 (1962), 21—23.

9 F. G. Fedele, The Neolithic of North Yemen, MS 1985, unveröffentlicht.

10 For an analysis of the latter, see F. Di Mario, MS 1985, unveröffentlicht.

Die Bronzezeit des Jemen

Alessandro de Maigret

Zwischen 1981 und 1985 erforschte die Italienische Archäologische Mission die Region Khaulān aṭ-Ṭiyāl (Jemenitische Arabische Republik) und wies dabei zum ersten Mal die Existenz einer protohistorischen Kultur in Südarabien nach. Die archäologischen Untersuchungen — verantwortlich dafür war das IsMEO in Rom — bestanden aus einer systematischen Aufnahme der Region und aus einer Anzahl von Grabungen. Wir verfügen dadurch jetzt über ein recht klares — wenn natürlich auch noch unvollständiges — Bild einer Kultur, die endlich die seit langem erkannte erstaunliche Lücke zwischen dem Neolithikum und der sabäischen Periode zu schließen erlaubt.

1984 erfolgte, entlang der großen nordsüdlichen Verwerfung am Fuß des Djabal ʿUrqūb (al-Aʿrūsh), eine vollständige geoarchäologische Aufnahme dieses Gebietsstreifens. Dabei fanden sich die ersten Hinweise auf die paläoklimatische Umwelt dieser Kultur, womit zugleich Schlußfolgerungen auf die wesentlichen ökonomischen Faktoren, die diese vorsabäische Kultur kennzeichneten, möglich waren.

Entlang der Aʿrūsh/Urqūb-Verwerfung wurden rund 25 Fundplätze dieser Epoche entdeckt. Vergleicht man diese Dichte mit den beiden einzigen heutigen Siedlungen (Banī Ṭauq und Al-Hindiya), dann läßt sich daraus erkennen, welche Bedeutung den ausgedehnten protohistorischen Flußsedimenten für die Erhaltung dieser großen Bevölkerungszahl zukam. Heute sind diese Sedimente auf gelegentliche Streifen am Wadirand und vereinzelte steile »Inseln« im Flußbett zusammengeschrumpft. Die Siedlungen lagen sämtlich höher als diese Schwemmterrassen, entweder weiter oben am Talrand oder am Einfall seitlicher Zuflußtäler.

Ein Versuchsgraben, der an einem schmalen Fundplatz in einem Seitental (Naǧid al-Abyaḍ) gezogen wurde, zeigte, daß die natürliche stratigraphische Schichtung des Haupttales sich, wenn auch in verkleinertem Maßstab, in den Seitentälern wiederfindet. Diese wichtige Feststellung erlaubt die zeitliche Einordnung auch der in den Seitentälern gefundenen archäologischen Objekte. Ferner ergab sich daraus, daß die protohistorische Schicht dieser Siedlung (Schicht 2) gleichzeitig mit der für landwirtschaftliche Zwecke günstigsten Schicht existierte, nämlich der dünnen angewehten Lößschicht, die durch die Wasser des Djabal ʿUrqūb regelmäßige Feuchtigkeit erhielt und sie infolge der wasserundurchlässigen Tonunterlage auch halten konnte.

Die Wahl eines Siedlungsplatzes hat sich in dieser Umwelt an drei Faktoren orientiert: der Notwendigkeit, eine bestimmte Fläche landwirtschaftlich nutzbaren Bodens kontrollieren zu können; der Verfügbarkeit von Baumaterial und der Eignung des Ortes zur Verteidigung.

Der erste dieser drei Faktoren ist für die recht regelmäßige Verteilung der Siedlungen über die ganze Länge des Wadi verantwortlich. Die Siedlungen lassen sich in zwei Gruppen einteilen: kleine, die eine Oberfläche von weniger als 1000 m^2 bedecken, und große mit über 10.000 m^2 Grundfläche. Diese zweiten Siedlungen sind es, die in erheblichem und in etwa gleichem Abstand voneinander im Tal liegen. Sie scheinen jeweils ein klar abgegrenztes Territorium beherrscht zu haben, innerhalb dessen die kleineren Siedlungsplätze liegen. Dies dürfte kein Zufall sein und mit der landwirtschaftlichen Nutzung des Tales zusammenhängen.

Phallisches Idol aus Granit, gefunden im Wādī Kurayb (Khaulān al-Tiyāl), vermutlich ist es das älteste in Südarabien bisher gefundene Objekt mit religiöser Bedeutung (Nationalmuseum Sanaa).

In einigen Fällen dürfte die Verfügung über Baumaterial zur Anlage einer Siedlung geführt haben. Dies scheint insofern überraschend, als in dieser felsigen Gegend Steine im Prinzip überall vorhanden waren. Wir konnten jedoch feststellen, daß die Siedlungen besonders gern an Hängen angelegt wurden, mit einer Art Umwallung, oder — bei den kleineren Siedlungsplätzen — unmittelbar vor den Abbruch einer Kalksteinplatte auf die darunter befindliche Sedimentplatte gesetzt wurden. So war das Baumaterial an Ort und Stelle vorhanden und konnte sofort für die elliptischen oder sich zu Rechtecken entwickelnden Grundstrukturen der Wohnplätze verwendet werden. Durch diese Art der Anlage war zugleich die Verteidigbarkeit der rückwärtigen Front der Siedlung gewährleistet.

Die beiden genannten Siedlungstypen unterscheiden sich auch in ihrer Baustruktur. Die kleinen Siedlungen bestehen aus einer unbebauten runden oder ovalen Fläche, um die sich eine Anzahl von miteinander nur lose verbundenen Räumlichkeiten gruppieren. Die größeren Siedlungen weisen mehrere solcher Kleinsiedlungen auf, die manchmal einfach nebeneinander zu liegen scheinen, manchmal aber schon aufeinander bezogen sind: Dies dürfte der Beginn echter komplexerer Siedlungsstrukturen sein — der Übergang vom reinen Bauerndorf zu einem echten Zentrum.

In einigen der größeren Siedlungen wurden größere Einzelgebäude gefunden, die auch aus größeren Steinen errichtet wurden. Wir dürfen daraus auf öffentliche Funktionen schließen. Ein solches Gebäude mit religiöser Zweckbestimmung könnte den Anlaß dafür gebildet haben, daß sich einzelne Kleinsiedlungen (wahrscheinlich jeweils eine Familie) um das Heiligtum herum niederließen. Daß es gewisse Formen religiöser Praxis gab, wird durch einen bemerkenswerten Fund bewiesen: Es handelt sich um ein aus einem großen Kieselstein geformtes phallisches Idol, das an seiner ursprünglichen Stelle, in Verbindung mit protohistorischen Steingeräten und Tonwaren gefunden wurde. Es dürfte sich bei diesem Idol vermutlich um das älteste bisher in Südarabien gefundene Dokument solch früher Religiosität handeln.

Die größeren Siedlungen liegen mehrfach an den Stellen, wo seitlich Kommunikationswege das Haupttal kreuzen. Dies, in Verbindung mit Fundobjekten aus Obsidian, Trachyt und Bronze — die sämtlich nicht im Aʿrūsh/ʿUrqūb-Massiv vorkommen — deutet auf frühe Handelsbeziehungen.

Im August 1984 wurden alle Räume, die sich in einer Sektion eines größeren Ortes befanden, ausgegraben, und ein Jahr später eine vollständige Wohneinheit einer anderen Sektion. Damit ist jetzt auch die Architektur der einzelnen Wohnplätze klar. Die Häuser bestanden aus zwei ovalen oder annähernd rechteckigen Räumen, die sich beide auf den zentralen Platz in der Mitte der Siedlung öffneten. Einer der beiden Räume diente als Wohnplatz, der andere zum Aufbewahren und Bearbeiten diverser Güter. Als Fundament der Häuser dienten unbearbeitete, von Natur aus viereckige Granitblöcke. Die auf ihnen errichteten Mauern bestanden aus kleineren Steinen (die auf den Boden der Räume niedergebrochen waren). Darüber dürfte sich eine Abdeckung aus Erde mit Binsen befunden haben, die von zwei Trägern im Innern der Hütte, deren monolithische Basen man noch gut erkennen kann, getragen wurde.

Der festgestampfte Erdfußboden der Wohnräume lag niedriger als das natürliche Niveau der Umgebung. Der Boden der Wohnräume war etwa 30 cm tief ausgegraben worden, bis auf die Höhe des felsigen Untergrundes; der Druck der umgebenden Bodenschicht wurde durch die leichte Wölbung der aufgehenden Steinwand aufgefangen. So mußten diese Wohnplätze, von außen gesehen, als sehr niedrig erscheinen.

An steinernen Strukturen innerhalb dieser Wohnplätze wurden hauptsächlich Trennwände, Bänke entlang der Außenwände, Schwellen, Türangeln, Vorratsräume für Getreide und andere Produkte gefunden. Mahlsteine, Keramik und Knochen fanden sich in großer Anzahl, vor allem in den Vorratsräumen.

Die Keramik dieser Epoche läßt sich von der der späteren Epochen durch die Zusammensetzung des Tons und durch die Form der Gefäße unterscheiden. Das hohe spezifische Gewicht, die rötliche Farbe und die großen schwarzen oder weißen Einschlüsse, die aus der Oberfläche herausschauen, geben dieser Keramik ein so spezifisches Aussehen, daß ihre Einordnung auch dann noch möglich ist, wenn nur kleine Fragmente davon gefunden werden. Offenbar reichte die Sorgfalt des Brennvorgangs nicht aus, um die Keramik einheitlich und dem Gebrauchszweck entsprechend herzustellen. Oft enthalten die Scherben zuviel Sand und sind deshalb sehr zerbrechlich. Dies mag der Grund für eine etwas primitiv erscheinende Veredelung der Oberflächen sein.

Die ausgegrabenen Stücke sind besser erhalten als die Oberflächenfunde. Daran kann man die aufgebrachte Oberflächenbeschichtung (mit Ton) besser erkennen. In dieser Beschichtung sind die gröberen und organischen Bestandteile selten; die Vorliebe dieser bronzezeitlichen Töpfer für groben granitsandigen Ton zur Beschichtung gibt dieser Keramik ihr typisches schweres Aussehen.

Die Steinwerkzeuge, die in diesen Siedlungen — auf der Oberfläche sowohl wie in Ausgrabungen — gefunden wurden, unterscheiden sich deutlich von den sehr viel entwickelteren Formen des vorausgegangenen Neolithikums. Diese Steinwerkzeuge wurden aus Feuersteinen, Quarz und Obsidianstücken durch bloßes Abschlagen hergestellt. So entstanden Schaber, Bohrer, Sägen, Messer.

An jedem Fundort fanden sich Steinbruchstücke und Steine, die offenbar als Hämmer benutzt worden waren — dies zeigt, daß diese Werkzeuge jeweils an Ort und Stelle hergestellt wurden. Die Tatsache, daß einfache, durch bloßes Abschlagen hergestellte Werkzeuge als für den Gebrauch ausreichend angesehen wurden, gibt dieser Industrie ihr typisches »Gebrauchtwaren«-Aussehen. Wir können daraus schließen, daß es sich um eine sehr verbreitete Produktion handelte, die überall für kurzen Alltagsgebrauch praktiziert wurde. Daneben gab es Werkzeuge für besondere Verwendungszwecke. Dies ergibt sich aus dem Fund zweier Bronzeobjekte: einem Meißel mit breiter Schneide und viereckigem Oberteil und einem anderen Werkzeug unbekannter Bestimmung in einer rein protohistorischen Schicht.

Mahlwerkzeuge wurden in sehr großer Zahl gefunden.

Steinwerkzeuge aus der Ausgrabung vom Gabal Quṭrān (al-Ḥadā').

Ein auf beiden Seiten sorgfältig bearbeiteter eiförmiger Faustkeil aus Rhyolit, gefunden bei Dayq Qā' Ǧahrān in der Nähe von Ma'bar, zwischen 400.000 und 200.000 Jahren alt.

Wādī Yanāʿim, ausgegrabene Wohnstelle, bestehend aus zwei zum Dorfplatz hin offenen ovalen Räumen.

Kochloch al-Masanna aus gebrannten Ziegeln in einem der Innenhöfe dieses protohistorischen Fundplatzes.

Mahlsteine und Reibstößel vom Wādī Yanā'im: sie wurden in völlig gleicher Form bis vor wenigen Jahren im gesamten Jemen verwendet.

Dschabal 'Amūd, Rastplatz der Karawanen an der Weihrauchstraße (südlich von Ma'rib).

Reliefstele aus der Umgebung von al-Dschūba, möglicherweise Darstellung einer qatabānischen Priesterin, die in Gebetshaltung mit Ähren in ihrer einen Hand einen Fruchtbarkeitsritus vollzieht (Nationalmuseum Sanaa, YM 71).
Umschrift des Textes:
– brlt/d̲t/byt/ʿmḥẓr/qśmm
– wbḥtn/bnt/ʾmt/ʿm
Übersetzung:
– Barīlat, die (Angeheiratete) der Familie
ʿAmmḥaẓar von (den Sippen) Quśamum
– und Baḥtān, Tochter der Amat ʿAmm.
(Lesung und Übersetzung W. W. M.)

Barāqisch, die am besten erhaltene antike Stadt des Jemen.

Der zum Teil zerstörte heutige Ort Maʾrib.

Große Inschrift-Stele, Alabaster, Höhe: 0,95 m, Breite: 0,59 m. Aus der Gegend von Mārib, 5. Jahrhundert v. Chr. (so Zuschreibung des Louvre; nach anderer Auffassung älter), Louvre DAO 18.
Prachtvolles Beispiel früher sabäischer Kalligraphie.
Die Umschrift dieser archaischen Bustrophedon-Inschrift (RES 4226) lautet wie folgt:

– ʿmʾmr/bn/mʿdkrb/hq
– ny/ʾlmqh/rʾshmw/bʿ
– ṯtr/wb/ʾlmqh/wb/ḏt
– ḥmym/wb/ḏt/bʿdn/wb
– wdm/wb/krbʾl/wb/sm
– hʿly/wb/ʿmrym/wb
– yḏrḥmlk

Übersetzung:

– ʿAmmʾamar, der Sohn des Maʿdīkarib, hat ge-
– widmet dem (Gott) Almaqah den (d. h. die Person namens) Raʾshumū. Bei (den Göttern ʿA-
– ṯtar und bei Almaqah und bei der Ḏāt
– Ḥamyim und bei der Ḏāt Baʿdān und bei
– Waddum und bei (den beiden Herrschern) Karibʾil und bei Sum-
– huʿalīy und bei ʿAmmriyām und bei
– Yaḏraḥmalik!

(Umschrift und Übersetzung W. W. M.)

Blick vom Dschabal al-Miriya auf den nördlichen Teil der Hochebene von Dhamār.

Biegung des Wādī Ḥabābiḍ, unmittelbar unterhalb des Plateaus mit dem Fundplatz al-Masannah.

Auf der Weihrauchstraße bei al-Jūba (südlich Ma'rib).

Bei Ma'rib — antike Straße.

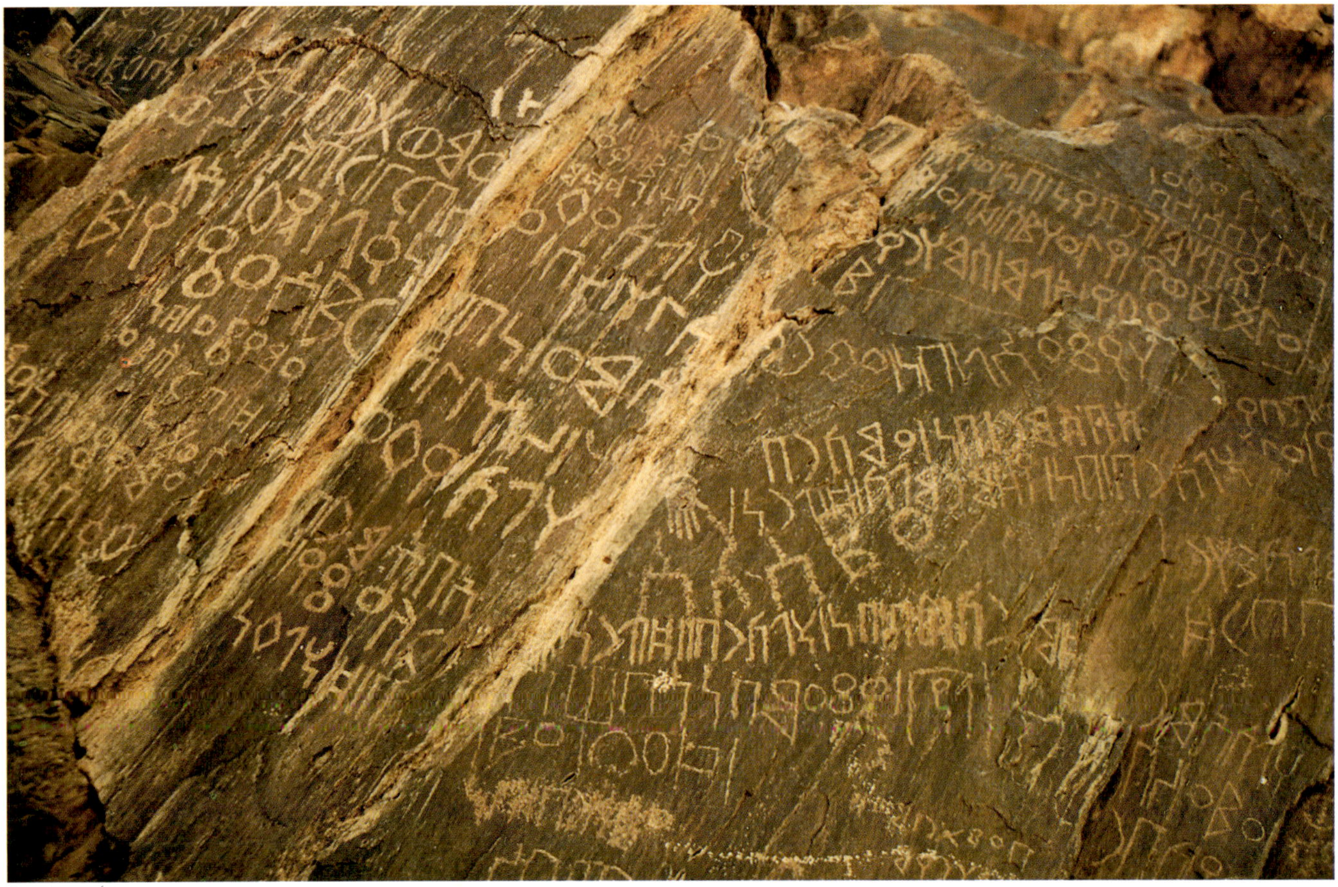

Dschabal ʿAmud mit antiken Inschriften.

Dschabal ʿAmud mit antiken Inschriften.

Weiblicher Kopf, 1. Jh. v. Chr.

Die meisten dienten wohl zum Mahlen von Getreide. Dies trifft sicher für die größeren Mahlsteine zu, mit ihren konkaven Oberflächen und dem länglichen Reibstein, beides aus Trachyt. Andere Formen bestehen aus halbovalen Mahlsteinen aus feinem Granit oder Sandstein, sowie aus sehr entwickelten Mörsern mit ihren Stößeln aus schwarzem Basalt.

An sonstigen Objekten wurden außer den oben erwähnten Hammer-Steinen noch Perlen (von Ketten) aus Chalzedon und Karneol gefunden, sowie ein kleiner Alabaster-Anhänger, dessen sorgfältige Bearbeitung mit dem Schneidrad auf Metallwerkzeuge zu deuten scheint, sowie eine kleine polierte Axt aus Basalt.

Die zentrale Bedeutung der Landwirtschaft für diese Zeit wird sowohl durch paläobotanische Untersuchungen als auch durch tatsächlich gefundene Reste bewiesen. Die Abdrücke von Samen auf den Tongefäßen zeigen, daß Hirse, Weizen und Gerste angebaut wurden. Die in Kochlöchern gefundenen Tierknochen stammen von Ochsen, Ziegen, Schafen und Schweinen.

Auf dem freien Platz einer der kleinen Siedlungen wurden Holzkohlenreste gefunden. Ihre Datierung mittels der C14-Methode ergab eine durchschnittliche Zeitfestlegung auf ungefähr das Jahr 1980 v. Chr. An einer anderen Stelle ergab die Holzkohlen-C14-Datierung ungefähr das Jahr 1750 v. Chr. Diese Laboratoriumsergebnisse bestätigen die sich aus der archäologischen Beobachtung ergebende zeitliche Einordnung. Es handelt sich um das Ende der sogenannten älteren syro-palästinensischen Bronzezeit (die von E. M. Kenyon EB-MB genannte Epoche der Bronzezeit).

Die genaue Dauer der Aʿrūsh-Kultur zu bestimmen, ist nicht einfach. Die C14-Daten zeigen jedenfalls, daß hier in Süd-Arabien die ältere Bronzezeit noch andauerte, als in Syrien-Palästina bereits die Mittlere Bronzezeit herrschte.

Weitere C14-Untersuchungen aus Fundplätzen, die nach ihrer Keramik in die 2. Hälfte des 2. Jahrtausends v. Chr. gehören, stehen noch aus. Sollten sie die aus der Keramik gewonnene Datierung bestätigen, steht fest, daß diese bronzezeitliche Kultur Nordjemens das gesamte 2. Jahrtausend v. Chr. umfaßt. Damit wäre dann in der Tat die Lücke zwischen der Steinzeit und den Sabäern geschlossen.

Skizze der Geschichte Altsüdarabiens

Walter W. Müller

Die vorgeschichtliche Zeit Südarabiens ist eine weitgehend im Dunkel liegende Epoche, über die man bisher kaum mehr als Vermutungen anstellen kann. Da jedoch alle wichtigen Perioden der Steinzeit durch Funde vertreten sind, kann von einer Lücke in der Besiedlung Südarabiens durch Menschen vor dem 1. Jahrtausend v. Chr. kaum die Rede sein. Aus dem Zeitraum etwa zwischen dem 5. und 2. Jahrtausend besitzen wir zudem aus den an die Wüste grenzenden Gebieten Felszeichnungen, in denen uns Sammler, Jäger und Hirten Bilder von sich, ihren Waffen, Bräuchen und Beschäftigungen hinterlassen haben. Die Jagd spielte eine besondere Rolle im Leben dieser ethnischen Gruppen, die sich ihrem Aussehen nach von den nachmaligen Bewohnern unterscheiden, so daß man annehmen kann, daß sie später von den sich ausbreitenden südsemitischen Völkerschaften aus ihren einstigen Siedlungsgebieten verdrängt wurden. Die Sabäer waren nämlich ebenso wie die sprachlich von ihnen verschiedenen Minäer, Qatabāner und Ḥadramiten aus dem Norden zugewandert, von wo sie, vielleicht aus dem nordostarabischen Raum, d. h. aus der Region am arabopersischen Golf, die Ansätze zur altsüdarabischen Hochkultur mitgebracht hatten.

Das früheste, uns in den Berichten aus und über Südarabien entgegentretende Reich ist Sabaʾ mit der Hauptstadt Mārib, die am Rande der Wüste im Trockendelta des Wadi Aḏana liegt, welches während der beiden jährlichen Regenzeiten in der niederschlagsarmen ariden Zone durch Flutbewässerung Ackerbau ermöglicht. Untersuchung an den Sedimenten in der Oase von Mārib haben ergeben, daß der Beginn der Bewässerung in jener Region bis in das späte 3. Jahrtausend v. Chr. zurückreicht. Mārib hatte außerdem eine beherrschende Stellung an der wichtigen Handelsstraße inne, welche von den Produktionsgebieten des Weihrauchs am Indischen Ozean zum Mittelmeer führte und über eine Kette von Wasserstellen an den Ausläufern der Wadis zwischen dem Gebirge und der Wüste entlangzog. Als erste Erwähnung einer südarabischen Karawane auf der sogenannten Weihrauchstraße ist wohl die im Alten Testament (1. Königsbuch, Kapitel 10) überlieferte Erzählung vom Besuch der legendären Königin von Sabaʾ bei König Salomo (10. Jh. v. Chr.) zu werten, ein Bericht, dessen historischer Kern in der Anknüpfung oder Ausweitung von Handelsbeziehungen zu suchen sein dürfte. Ein Sabäer Itamra, der mit einem sabäischen Herrscher namens Yiṯaʿamar zu identifizieren ist, wird in der 715 v. Chr. gesetzten großen Prunkinschrift des assyrischen Königs Sargon II. unter den Tributbringern genannt, was sich wohl dadurch erklären läßt, daß die Assyrer damals die Hafenstadt Ghazza, wo die Weihrauchstraße das Mittelmeer erreichte, unter ihre Kontrolle gebracht hatten. Auch dreißig Jahre später, um 685 v. Chr., ließ der Sabäer Karibilu dem assyrischen König Sanherib bei der Grundsteinlegung des Bīt akītu Geschenke überbringen.

Wann in der ersten Hälfte des 1. Jahrtausends v. Chr. die sabäischen Inschriften einsetzen, wissen wir nicht genau, da Querverbindungen zu historischen Ereignissen außerhalb Südarabiens fast gänzlich fehlen. Die ältesten epigraphischen Zeugnisse sind wohl Felsinschriften aus der Region um Mārib, in welchen in ständig wiederkehrenden formelhaften Wendungen berichtet wird, daß der Gott ʿAṯtar während der Zeit, in welcher ihm der Stifter als Priester diente, Sabaʾ im Herbst und Frühjahr reichlich mit Regen tränkte. In diesen listenartigen Eintragungen wurden Generationen hindurch Angehörige eines bestimmten Stammes als Eponyme aufgeführt und oft mit einem Titel als »Freund« des jeweiligen Regenten bezeichnet, woraus man ein Gerüst der ungefähren zeitlichen Aufeinanderfolge der sabäischen Herrscher erstellen kann.

Wie Mauerbauinschriften erkennen lassen, war Mārib bereits früh zur größten Stadt Altsüdarabiens und zum Zentrum des sabäischen Reiches geworden, das unter Karib'il Watar eine beträchtliche Ausdehnung erreicht hatte. Von jenem Herrscher besitzen wir einen langen Tatenbericht (RES 3945), der eroberte Gebiete im Südwesten der Arabischen Halbinsel aufzählt, die Vernichtung Ausāns im Süden mit Hilfe der Vasallen Qatabān (Qitbān) und Ḥaḍramaut schildert und die Erweiterung von Sabaʾ bis nach Nagrān im Nordwesten dokumentiert. Zwei Generationen später regierte Yadaʿil Ḏarīḥ, der die Macht des Sabäerreichs konsolidierte und in die Geschichte als Tempelbauer eingegangen ist; die drei ältesten und bedeutendsten Heiligtümer des Reichsgottes Almaqah, Awām/Maḥram Bilqīs außerhalb Māribs, Ṣirwāḥ und Maʿrabum/al-Masāǧid, wurden von ihm gegründet. In der zweiten Hälfte des 6. Jh.s v. Chr. errichten zwei aufeinanderfolgende Herrscher den großen Damm von Mārib mit seinen imposanten Schleusenanlagen (CIH 623, CIH 622) und zahlreichen Wasserverteilern. Wohl vom zweiten dieser Herrscher, Yiṯaʿamar Bayyin, kennen wir ebenfalls einen Tatenbericht (RES 3943), aus welchem hervorgeht, daß sich das sabäische Reich von Nagrān bis zum Indischen Ozean erstreckte, es jedoch Aufstände von Vasallen niederwerfen mußte, wobei zum ersten Mal die Minäer genannt werden. Als Küstenanrainer griff Sabaʾ in der damaligen Zeit mit kolonialen Ablegern auch nach Abessinien über, wie die dort gefundenen sabäischen Inschriften belegen.

Das Kernland der Minäer ist die große, sich nordwestlich von Mārib erstreckende Flußoase gewesen, die seit der islamischen Zeit al-Ǧauf genannt wird. Ursprünglich ein sabäisches, sodann von Sabaʾ abhängiges Gebiet mit

Der Sonnengöttin gewidmetes Räucheraltärchen mit der Darstellung des Sonne/Mond-Symbols (Louvre AO 5963).
Die Inschrift (CIH 362) lautet:
– bryš
– ms/yʿll (W. W. M.)

einem gut ausgebauten Städtewesen, begann Maʿīn allmählich sein Vasallenverhältnis zu Sabaʾ zu lösen, wurde gegen Ende des 5. Jh.s v. Chr. unabhängig und erreichte im folgenden Jahrhundert eine lang anhaltende Blütezeit. Während dieser Periode hatte das Minäerreich den größten Teil des langen Handelsweges unter Kontrolle, auf welchem die südarabischen Karawanen über zwei Monate unterwegs waren, ehe sie an das Mittelmeer gelangten; zur Sicherung und zum Schutz dieser Route bestand in der nordwestarabischen Oase Dedān eine weit vorgeschobene minäische Kolonie. Die Auseinandersetzung zwischen Sabaʾ und Maʿīn um die Beherrschung der Weihrauchstraße wird durch eine Inschrift (M 247) beleuchtet, in welcher ein Kampf zwischen Medien und Ägypten wahrscheinlich auf die Unterwerfung Ägyptens durch Artaxerxes III. Ochos im Jahre 343 v. Chr. anspielt; in ihr bekunden die beiden Vorsteher der minäischen Gemeinde von Dedān ihren Dank dafür, daß sie und ihre Besitztümer aus den Überfällen gerettet wurden, welche die Sabäer gegen sie auf der Karawanenstraße zwischen Maʿīn und Nagrān unternommen hatten. Die für die damalige Zeit weltweiten Verbindungen der Minäer zeigen sich in der Erwähnung von Ghazza, Ägypten, Ionien, dem phönikischen Sidon, Ammon, Moab, dem später al-Madīna genannten Yaṯrib und anderen Orten in minäischen Inschriften. In einem Epitaph (M 338) auf einem in Ägypten gefundenen Sarkophag bekundet ein Minäer, daß er ägyptische Tempel mit Aromata belieferte; auf der griechischen Insel Delos mit ihren Kultstätten des Apollon und der Artemis stifteten zwei Minäer ihrem heimischen Gott Wadd einen Altar (M 349), und in der römischen Welt sprach man vom »minäischen Weihrauch«, weil es vorwiegend die Minäer waren, welche den Handel mit diesem begehrten Produkt ausübten.

Etwa zur gleichen Zeit wie Maʿīn, nämlich gegen das Jahr 400 v. Chr., konnte auch Qatabān die Vorherrschaft Sabaʾs abschütteln und sein Gebiet beträchtlich erweitern. Während der Zeit seiner größten Machtfülle im 3. und 2. Jahrhundert v. Chr. reichte Qatabān im Süden bis an die Küste des Indischen Ozeans, während es sich im Norden bis eine knappe Tagesreise an die sabäische Hauptstadt Mārib herangeschoben hatte. Mit dem Aufkommen und Erstarken dieser anderen altsüdarabischen Reiche wurde die Befestigung von Mārib als östlichsten Stützpunkts des eingeengten Sabäerreiches eine zwingende Notwendigkeit, ebenso der Ausbau der Wege und Straßen in das jemenitische Hochland, welches die Sabäer immer mehr unter ihre Kontrolle brachten. Aus einer Bauinschrift (CIH 375) vom Tempel Awām aus der zweiten Hälfte des 4. Jh.s v. Chr. erfahren wir zum Beispiel, daß ein Angriff Qatabāns gegen Sabaʾ abgewehrt werden konnte und der Stifter des Textes den Frieden nach Mārib brachte.

Wie Mārib, die Hauptstadt Sabaʾs, und Timnaʿ, die Metropole Qatabāns, lag auch Šabwa, die Hauptstadt Ḥaḍramauts, am Rande der Ṣaihad-Wüste, und auch die Exponiertheit von Šabwa im äußersten Westen des ḥaḍramitischen Reichs wird verständlich durch die strategisch wichtige und verkehrsgeographisch günstige Lage dieses Ortes an einer Route der antiken Handelsstraße, die von Osten bzw. vom Indischen Ozean her kommend in nordwestlicher Richtung nach Nagrān weiterführte. Die ältesten Erwähnungen von Ḥaḍramaut in sabäischen Inschriften legen den Schluß nahe, daß es in einem Bündnis- und Vasallenverhältnis zum mächtigen sabäischen Reich stand, bis es im 4. Jh. v. Chr. zu einem unabhängigen Königreich wurde, das allmählich erstarkte und dem vor allem durch den Besitz des im Osten liegenden Weihrauchlandes Dhofār eine außerordentliche wirtschaftliche Bedeutung zukam.

Hatten jahrhundertelang im antiken Südarabien vier mehr oder weniger gleichstarke Reiche miteinander rivalisiert, so bahnt sich im letzten Viertel des 2. Jh.s v. Chr. eine Machtverschiebung an. Das Minäerreich und Teile des westlichen Qatabān wurden von Sabaʾ erobert, und dem ehemals qatabānischen Gau Radmān gelang es, die Selbständigkeit zu erlangen und Qatabān Gebiete im Süden des Reiches zu entreißen. Die einzige ernsthafte Bedrohung von außen in jener frühen Zeit ereignete sich in den Jahren 25/24 v. Chr., als ein römisches Heer unter Aelius Gallus, dem Statthalter von Ägypten, mit nabatäischem Geleit bis Südarabien vordrang. Nagrān wurde er-

Sabäische Stele (Altar?) mit Bankettszene und einem mit Lanze bewaffneten Kamelreiter (Karawanenbegleiter), 2. Jh. n. Chr., Kalkstein, Höhe 35 cm, Breite 23,8 cm (Louvre, AO 1029).
Umschrift des Textes (CIH 445):
– ṣwr/wnfs/ʿglm/bn/sʿdlt/qryn
– wlqmʿn/ʿṯtr/šrqn/ḏyḫršnhw
Übersetzung:
– Bild und Stele des ʿIglum, des Sohnes des Saʿadlāt Qurain
– Und ʿAṯtar Šāriqān möge den niederschlagen (oder: zurückhalten), der es zerstören will.
(Lesung und Übersetzung W. W. M.)

obert, und die vormals minäischen Städte wurden zerstört bzw. öffneten dem Feind ihre Tore; Mārib konnte jedoch verteidigt werden, und die Römer wurden infolge von Wassermangel und Krankheiten in ihrem Heer zum Rückzug gezwungen. Waren bereits durch den frühen Tod Alexanders des Großen seine Pläne, Arabien zu erobern, nicht zur Ausführung gelangt, so wurde auch mit dem Scheitern dieser Expedition das Vorhaben vereitelt, das wohlhabende Glückliche Arabien dem römischen Imperium einzuverleiben. Das qatabānische Reich verlor immer mehr an Bedeutung. Seine Hauptstadt Timnaʿ wurde im ersten Viertel des 1. Jh.s n. Chr. durch das erstarkende Ḥaḍramaut zerstört, und weitere Teile Qatabāns fielen an Sabaʾ und Ḥaḍramaut.

Die große aufstrebende Macht im damaligen Südarabien waren die Ḥimjaren. Die früheste Erwähnung von Ḥimjar geschieht wohl in einer ḥaḍramitischen Inschrift (RES 2687) aus dem Anfang des 1. Jhs. n. Chr.; sie berichtet vom Bau der Mauer von Qalat, dem späteren Libna, um Ḥaḍramaut im Süden gegen die Ḥimjaren zu verteidigen, die damals anscheinend bereits einen großen Teil der Küste in ihren Besitz gebracht hatten. Sie hatten ehemals qatabānische und sabäische Gebiete erobert und gründeten im südlichen jemenitischen Hochland ihre Hauptstadt Ẓafār mit dem Burgberg Raidān. Die ḥimjarische Metropole wird zum ersten Mal als Sapphar im sechsten Buch der Naturgeschichte des Plinius erwähnt, der zur Zeit des römischen Kaisers Nero (54—68) schrieb. Ẓafār trat von nun an zu Mārib in Konkurrenz, und die ḥimjarischen Herrscher erhoben sogar Anspruch auf Sabaʾ, indem sie sich »Könige von Sabaʾ und Ḏū-Raidān« nannten, eine Titulatur, die von nun an auch die in Mārib residierenden sabäischen Könige führten, um so ihrerseits ihre Legitimation als alleinige Herrscher im Jemen zu bekräftigen. Der Periplus Maris Erythraei, ein griechisches Seefahrerhandbuch, das in der zweiten Hälfte des 1. Jh.s n. Chr. entstanden sein dürfte, zeigt uns, welche Bedeutung damals die Schiffahrtsverbindungen auf Kosten der Überlandrouten erlangt hatten. Zur gleichen Zeit begann eine anderthalb Jahrhunderte dauernde turbulente Periode, während welcher der Jemen durch innere Spaltungen geschwächt war; denn neben der traditionellen Dynastie in Mārib und neben Ḥimjar stritten sich noch weitere Herrscherhäuser aus dem jemenitischen Hochland um die Macht.

In der zweiten Hälfte des 2. Jh.s hörte das qatabānische Reich endgültig zu bestehen auf und wurde dem ḥaḍramitischen Reich einverleibt, wodurch Ḥaḍramaut zu einem gefährlichen Rivalen von Sabaʾ und Ḥimjar geworden war. Der im letzten Viertel des 2. Jh.s regierende Sabäerherrscher ʿAlhān Nahfān schloß einen Pakt mit Gadūrat, dem König der Abessinier und Aksumiten (CIH 308), welche damals die jemenitische Küstenebene, die Tihāma, weitgehend unter ihrer Kontrolle hatten; sein Nachfolger führte jedoch wieder Feldzüge gegen die Abessinier. Dieser sein Sohn, Šaʿirum, Autar, herrschte im ersten Viertel des 3. Jh.s über weite Gebiete des Jemen. In einer Schlacht im Jahre 217 oder 218 brachte er dem ḥaḍramitischen Heer eine entscheidende Niederlage bei, nahm ihren König Ilʿazz Yaliṭ gefangen, eroberte und brandschatzte ihre Hauptstadt Šabwa (Iry. 13), massakrierte zahlreiche Adelige und kehrte von diesem Feldzug mit überreicher Beute heim. Šaʿirum Autar ist auch der erste sabäische König, von dem wir wissen, daß er militärische Expeditionen bis Zentralarabien unternahm (Ja 635), nämlich gegen Rabīʿat Ḏū-Āl Ṯaurim, den König der Kinda und Qaḥṭān, in Qaryat Ḏāt Kāhilim, der heute Qaryat al-Fāw genannten Ruinenstätte. Seit der Zeit der Könige ʿAlhān Nahfān und Šaʿirum Autar wurden zunehmend von den südarabischen Herrschern beduinische Kamelreiter und später auch Pferdereiter in Dienst genommen, nachdem man deren strategische Bedeutung für die Kriegsführung erkannt hatte.

Die beiden letzten namhaften Vertreter der sabäischen Dynastie waren die Könige Ilšaraḥ Yaḥḍib und Yaʾzil Bayyin, die in Korregentschaft die Herrschaft ausübten.

Sie kämpften gegen Ḥimjar, mit dessen König sie sich in der Ebene Ḥurmatum im Jahre 363 der ḥimjarischen Ära, d. h. im Jahre 248 oder 249, eine Schlacht lieferten, und brachten große Teile des Jemen unter ihre Botmäßigkeit. Von ihren anderen kriegerischen Unternehmungen geben uns die Inschriften Ja 574—Ja 600 aus dem Tempel Awām bei Mārib, besonders die langen Texte Ja 576 und 577, Kenntnis. Der erstere erwähnt unter anderem die Gefangennahme eines Königs der Kinda namens Mālikum, und der letztere berichtet vom Feldzug gegen Nagrān, von wo die Abessinier vertrieben wurden; am Schluß der Inschrift rühmen sie sich, jeden Feind von Norden und Süden und vom Meer und Land vernichtet zu haben. Nur ein oder zwei Jahrzehnte später fand jedoch auch die sabäische Dynastie ihr Ende; Mārib spielte von nun an im politischen Leben keine große Rolle mehr, die Stadt besaß aber, besonders als religiöses und kultisches Zentrum, immer noch Ansehen und Einfluß. In der Mitte der 2. Hälfte des 3. Jh.s bestanden in Südarabien somit nur noch zwei Reichsgebiete: Das sabäo-ḥimjarische Reich mit dem Schwerpunkt auf Ḥimjar im Westen und das Königreich Ḥaḍramaut, das vom ehemaligen qatabānischen Kernland bis nach Dhofār reichte; die noch vereinzelte Erwähnung von Qatabān in sabäischen Feldzugsberichten hatte längst ein Ende gefunden.

Im vorletzten oder letzten Jahrzehnt des 3. Jh.s setzt allerdings der Ḥimjarenkönig Šammar Yuharʿiš zur Eroberung Ḥaḍramauts und zur Besitznahme von ganz Südarabien an. Während er in früheren datierten Inschriften als Korregent seines Vaters Yāsirum Yuhanʿim aufgeführt ist, wird Šammar Yuharʿiš in einem Text aus Waʿlān (YMN 13) aus dem Jahre 295 als alleiniger Herrscher genannt, der bereits den Titel eines »Königs von Sabaʾ und Ḏū-Raidān und Ḥaḍramaut und Yamanat« führt und so die Einheit Südarabiens demonstriert; Yamanat bezeichnet vielleicht dasjenige Gebiet, welches früher zu Ausān und Qatabān gehörte. Da Šammar diesen längeren Titel auch in einer Inschrift (Ja 656) trägt, die vom Kampf gegen die Könige von Ḥaḍramaut berichtet, stellt sich die Frage, ob er nur den Anspruch auf den Besitz von Ḥaḍramaut erhob oder ob Ḥaḍramaut nach einer vorübergehenden Eroberung sich wieder selbständig machte. Auf die Dauer war ihm jedoch im Kampf gegen Ḥaḍramaut Erfolg beschieden, so daß er durch seine Expansionspolitik Südarabien zu einem großen Reich einen konnte und zuletzt den erweiterten Königstitel wohl zu Recht getragen haben dürfte. Wie die Grabinschrift des 328 gestorbenen und in an-Namāra beigesetzten »Königs aller Araber« Marʾalqais bin ʿAmr belegt, gehörte Nagrān zum Herrschaftsbereich Šammars, da bis in jenes Gebiet beduinische Razzien unternommen wurden. Auch sonst scheint es an der offenen Grenze im Norden gelegentlich mit den Arabern zu kriegerischen Plänkeleien gekommen zu sein, wie der in einer Inschrift (Ja 660) geschilderte Vorfall zeigt, wo zwei aus Mārib entflohene Anführer mit typisch nordarabischen Namen, die wohl aus dem Ḥiǧāz stammten, wieder gefaßt wurden. Waren bereits unter Ilšaraḥ Yaḥḍib Emissäre zu den Königen der Ghassān, al-Asd (= al-Azd), Nizār und Maḏḥig unterwegs gewesen (Z. I. 75), so schickte nun Šammar Yuharʿiš seinen Statthalter in Ṣaʿda als Abgesandten, in uns leider unbekannter Mission, zum König der Asd und bis nach Ktesiphon und Seleukeia, der Doppelhauptstadt des Sassanidenreiches am Tigris (Sh 31). Ḥaḍramaut ging allerdings den jemenitischen Herrschern wieder verloren und mußte im 2. Jahrzehnt des 4. Jh.s unter den Königen Yāsirum Yuhanʿim (Ja 665) und dessen Sohn Ḏamarʿalīy Yuhabirr (Iry. 32) erneut erobert werden. Solchen aufflackernden Bestrebungen zur Loslösung vom sabäo-ḥimjarischen Reich waren jedoch keine dauerhaften Erfolge beschieden. Die einstmals prächtige Hauptstadt Šabwa sank zur Bedeutungslosigkeit herab, die Nachrichten über Ḥaḍramaut werden immer spärlicher und diejenigen über Saʾkalān (Dhofār) versiegen gänzlich.

In die Regierungszeit des Taʾrān Yuhanʿim und seines Sohnes Malikkarib Yuhaʾmin in der 2. Hälfte des 4. Jh.s fällt der erste inschriftlich bezeugte Bruch des Dammes von Mārib (Ja 671). Mit den Widmungsinschriften aus der Zeit dieser beiden Herrscher endet gleichzeitig auch die lange Reihe der Texte, die dem Gott Almaqah im Tempel Awām aufgestellt wurde. Die Vielzahl der astralen und anderen Gottheiten wurde durch Raḥmānān, den Herrn des Himmels und der Erde, abgelöst, und die alten Heiligtümer verödeten, seit sich die Herrscher zum Monotheismus bekannten. Die ersten Zeugnisse dafür sind zwei Inschriften aus Ẓafār aus dem Jahre 378 (Gl 389 und Bait al-Ašwal 2), in welchen König Malikkarib Yuhaʾmin und zwei seiner Söhne in der Hauptstadt den Bau zweier Paläste »durch die Macht ihres Herrn, des Herrn des Himmels« dokumentieren. Für diesen sogenannten ḥimjarischen Monotheismus war der Boden durch jüdische und christliche Missionstätigkeit vorbereitet worden. So war in den ersten Jahren der Regierungszeit des römischen Kaisers Constantius II. (337—361) eine Gesandtschaft mit einem Theophilos an der Spitze an den Ḥimjarenhof geschickt worden, deren Erfolg sich darin zeigte, daß in der Metropole Ẓafār und im römischen Handelsplatz ʿAdan Kirchen gebaut und christliche Gemeinden gegründet wurden. Das erste gesicherte epigraphische Zeugnis für das Judentum im Jemen stammt aus den beiden letzten Jahrzehnten des 4. Jh.s aus der Zeit des Königs Ḏaraʾʾamar Aiman (Bait al-Ašwal 1). Ein zur mosaischen Religion bekehrter Südaraber tat in einer prunkvollen Inschrift kund, daß er ein Haus gebaut hat; der Text erwähnt nicht nur die religiöse Gemeinde Israel, sondern hat sogar eine hebräische Beischrift.

Im ersten Drittel des 5. Jh.s regierte, zum Teil mit mehreren seiner Söhne als Korregenten, Abūkarib Asʿad, einer der größten Herrscher der südarabischen Geschichte, der durch zahlreiche Überlieferungen und Legenden in der Erinnerung der Jemeniten bis heute lebendig geblieben ist. Unter ihm erreichte das sabäo-ḥimjarische Reich seine größte Ausdehnung; er unternahm Feldzüge bis nach Zentralarabien (Ry 509) und soll sogar bis nach Yaṯrib (al-Madīna) gekommen sein. In der offiziellen Benennung führte er den Titel ein »König von Sabaʾ und

D̲ū-Raidān und Ḥaḍramaut und Yamanat und ihrer (d. h. auf den im Majestätsplural genannten Herrscher bezogen) Araber im Hochland und in der Küstenebene«; damit wurde zum Ausdruck gebracht, daß die nordarabischen Beduinen neben der bäuerlichen Bevölkerung des Jemen als staatstragendes Element anerkannt und in das Reich einbezogen wurden. Die Regierungszeit seines Sohnes Šuraḥbi'il Yaʿfur ist durch mehrere datierte Inschriften relativ gut bezeugt. Wie eine lange Dammbauinschrift (CIH 540) berichtet, war der Damm von Mārib im Jahre 449 durch die Fluten nach dem Spätsommerregen gebrochen, wurde wieder ausgebessert, erlitt jedoch im folgenden Jahr erneut schwere Schäden, die durch ein starkes Aufgebot an Menschen und großem Aufwand an Material behoben werden mußten. Den weiteren Ausbau von Ẓafār belegt eine Inschrift (ZM 1), in welcher dokumentiert wird, daß Šuraḥbi'il Yaʿfur in der Hauptstadt im Jahre 457 ein großartiges Bauwerk aufführen ließ. Aus der Zeit von König Šuraḥbi'il Yakkaf, der durch eine Bauinschrift für das Jahr 467 bezeugt ist (CIH 537 und RES 4919), stammen die äthiopisch überlieferten Märtyrerakten des heiligen Azqīr, welche uns davon Kunde geben, daß in der nordjemenitischen Handelsstadt Nagrān im 5. Jh. eine starke christliche Gemeinde entstanden war. Äthiopischer Einfluß und äthiopische Präsenz sind an einer Inschrift aus dem Jahr 504 ablesbar (AION 30, 546) nach welcher die Stifter, deren Namen eindeutig äthiopisch sind, sich als Botschafter bezeichnen und unter Marṯad'ilān Yanūf in der Hauptstadt Ẓafār ein Haus bauten. Im Jahre 516 mußte der damalige König Maʿdīkarib Yaʿfur wieder einen Feldzug nach Zentralarabien unternehmen (Ry 510), um gegen aufständige Beduinen zu kämpfen.

Im folgenden Jahr war bereits der sich zum Judentum bekennende König Yūsuf As'ar Yaṯ'ar, der D̲ū Nuwās der arabischen Überlieferung, an die Macht gekommen und begann seine kriegerischen Unternehmungen gegen die in Südarabien befindlichen Abessinier und die mit ihnen verbündeten und von ihnen protegierten Christen. Bei diesem Kriegszug wurden in Ẓafār die Abessinier getötet, ihre am Abhang des jemenitischen Gebirgslandes gelegenen Festungen zerstört und die Küstenebene zurückerobert. Die Stadt Nagrān mußte Geiseln stellen, und die Oase wurde von ihren Zugangswegen abgeschnitten (Ry 508, Ry 507 und Ja 1028); kurz danach, nämlich Ende 518, wurde das belagerte Nagrān eingenommen, und viele Mitglieder der christlichen Gemeinde erlitten auf verschiedene Weise den Tod. Das Martyrium der ḥimjarischen Christen war ein Ereignis, das im gesamten christlichen Orient Bestürzung und Anteilnahme auslöste und die Abessinier veranlaßte, eine militärische Intervention vorzubereiten. Erst im Jahre 523 erfolgte

Votivfigur (?) eines Kamels, Ton, sabäisch (Privatbesitz).

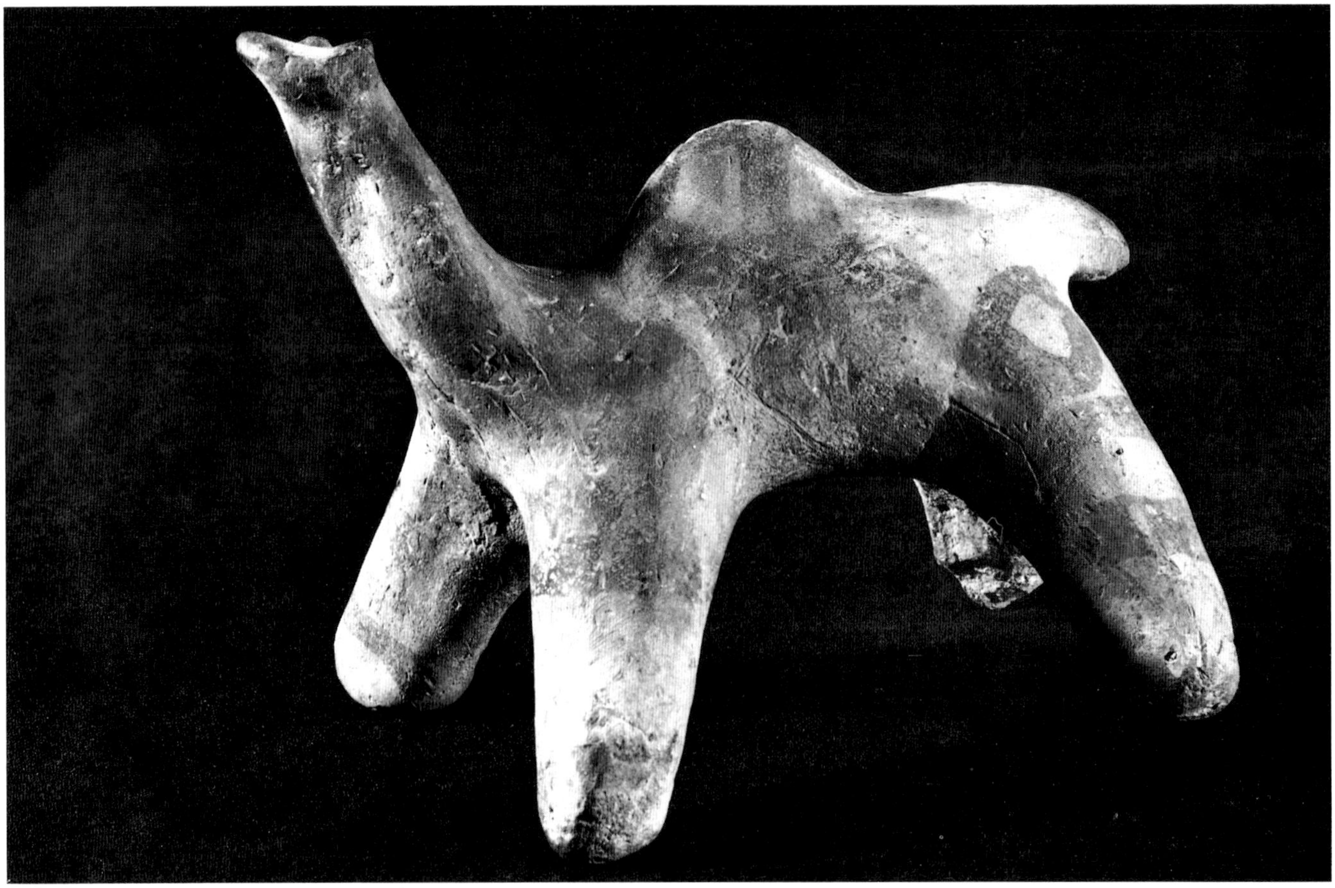

Opferplatte Dschabal Balaq al-Qiblī, 7. Jh. v. Chr. (Nationalmuseum Sanaa). Inschrift: Haqwum, der Sohn des Wahīlum; der Diener des Yitha'amar. (Yitha'amar ist der Name eines sabäischen Herrschers bzw. Mukarribs). (Aus den jüngsten Ausgrabungen des Deutschen Archäologischen Instituts Sanaa.)

die Invasion unter dem abessinischen König Ella Aṣbeḥā mit Hilfe einer Flotte, von welcher ein großer Teil der Schiffe von Byzanz zur Verfügung gestellt worden war. Yūsufs Heer wurde entscheidend geschlagen, der König selbst getötet, der Jemen erobert.

Südarabien wurde abessinisches Dominium, zunächst unter dem einheimischen christlichen Vasallen Simyafa', bis schließlich der abessinische Feldherr Abrehā (Abraha) an die Macht gelangte. Im Jahre 542, als sich erneut ein schwerer Bruch des Dammes von Mārib ereignete, war Abrehā noch Vizekönig oder Statthalter des abessinischen Negus. Nach dem Zeugnis des gleichen Textes (CIH 541) empfing er Botschafter des abessinischen Königs und des oströmischen Kaisers, eine Gesandtschaft aus Persien und Abordnungen zentral- und nordarabischer Fürsten. In einer Inschrift aus dem Jahre 547, die von einem Feldzug gegen die aufständigen Ma'add in Zentralarabien berichtet (Ry 506), führt Abrehā bereits selbst den Königstitel. Aus dem Jahre 554 n. Chr. stammt die jüngste datierte Inschrift der ḥimjarischen Ära (CIH 325); dieser Text beschließt gleichsam die reich dokumentierte altsüdarabische Epoche und kündigt somit den Untergang des sabäo-ḥimjarischen Reiches an. Die durch einen übersteigerten Feudalismus der mächtigen Adelssippen ausgelösten sozialen Spannungen, der Verlust einer starken Zentralgewalt, welche zur Einflußnahme auswärtiger Mächte geführt hatte, der durch ins Land gerufene Reitertruppen und durch die Einwanderung nordarabischer Stämme immer stärker werdende Einfluß des beduinischen Elements, der Niedergang der bäuerlichen Kultur durch die Vernachlässigung der Bewässerungssysteme und durch den Zerfall eines gut organisierten Gemeinwesens, die stetige Abnahme der Nachfrage nach südarabischen Aromata und der rapide Rückgang des Handels auf den alten Karawanenstraßen im Binnenland hatten den endgültigen Zusammenbruch der antiken Hochkultur vorbereitet.

Die kaum noch datierbaren Ereignisse der 2. Hälfte des 6. und des 1. Viertels des 7. Jh.s sind nur noch ein Nachspiel. Gegen Ende seiner Herrschaft unternahm Abrehā einen weiteren Feldzug nach Norden, der durch einen mitgeführten Elefanten im Gedächtnis der Araber geblieben ist, der jedoch sein Ziel, Mekka nämlich, nicht erreichte und erfolglos abgebrochen werden mußte. Zwischen 570 und 575 nahm die perserfreundliche Partei im Jemen über den Laḫmidenfürsten in al-Ḥīra Verbindung mit dem sassanidischen Großkönig auf; dieser sandte Truppen unter dem Feldherrn Wahriz, mit dessen Hilfe es dem halblegendären Saif ibn Ḏī Yazan gelang, die Abessinier aus dem Jemen zu vertreiben. Südarabien wurde unter einem Jemeniten als persischem Vasallen zur Einflußsphäre des Sassanidenreiches. Später wurde erneut ein Heer nach dem Jemen gesandt, und 597/98 wurde Südarabien eine Provinz des Sassanidenreiches unter einem persischen Satrapen. Diese Maßnahme war eine Folge der sassanidischen Machtpolitik unter Chosrau II. Parwēz (590—628), die auch an der Peripherie des persischen Reiches liegende Gebiete wie den Jemen sichern wollte. Zu Beginn des 7. Jh.s fand die katastrophale Zerstörung des Dammes von Mārib statt, ein Ereignis, das in der 34. Sure des Korans als die Dammflut erwähnt wird und das die Verödung der Oase von Mārib bewirkte. Nach dem Tode Chosraus II. im Jahre 628 nahm der damalige persische Statthalter in Südarabien, Bādhān, den Islam an, und der Jemen wurde muslimisch. Damit war die Arabische Halbinsel zum ersten Mal auch politisch geeint und schickte sich an, eine Macht zu entfalten, wie sie das sabäo-ḥimjarische Reich auch in seiner Glanzzeit nicht gekannt hatte. Die Vergangenheit ist im Jemen noch heute in Ruinen und Inschriften allgegenwärtig, und wie nirgendwo sonst im Orient besteht hier eine starke, ungebrochene Kontinuität von der Antike bis zur Gegenwart, die sich besonders in den zahlreichen, fast drei Jahrtausende hindurch unverändert gebliebenen Namen von Orten und Stämmen dokumentiert.

Literatur

Werner Càskel: Arabien. In: Fischer Weltgeschichte. Band 4. Die Altorientalischen Reiche III. Die erste Hälfte des 1. Jahrtausends. Frankfurt am Main 1967, S. 204—219. Band 5. Griechen und Perser. Die Mittelmeerwelt im Altertum I. Frankfurt am Main 1965, S. 377—386. Band 6. Der Hellenismus und der Aufstieg Roms. Die Mittelmeerwelt im Altertum II. Frankfurt am Main 1965, S. 292—299.

Albert Dietrich: Geschichte Arabiens vor dem Islam. In: Handbuch der Orientalistik. Erste Abteilung: Der Nahe und Mittlere Osten. Zweiter Band: Keilschriftforschung und Alte Geschichte Vorderasiens. Vierter Abschnitt: Orientalische Geschichte von Kyros bis Mohammed. Lieferung 2. Leiden 1966, S. 291—336.

A. K. Irvine: The Arabs and Ethiopians. In: Peoples of Old Testament Times. Ed. D. J. Wiseman. Oxford 1973. S. 287—311.

Walter W. Müller: Survey of the History of the Arabian Peninsula from the First Century A. D. to the Rise of Islam. In: Studies in the History of Arabia. Vol. II. Pre-Islamic Arabia. Proceedings of the Second International Symposium on Studies in the History of Arabia, 13th—19th April 1979. Riyadh 1984, S. 125—131.

Christian Robin: La civilisation de l'Arabie méridionale avant l'Islam. In: L'Arabie du Sud. Histoire et civilisation. Tome I. Le peuple yéménite et ses racines. Ed. J. Chelhod. Paris 1984, S. 195—223.

Jacques Ryckmans: La chronologie des rois de Saba et ḏū-Raydān. Istanbul 1964 (Uitgaven van het Nederlands Historisch-Archaeologisch Instituut te Istanbul. XVI).

Hermann von Wissmann: Die Geschichte des Sabäerreiches und der Feldzug des Aelius Gallus. In: Aufstieg und Niedergang der Römischen Welt. Geschichte und Kultur Roms im Spiegel der neueren Forschung. Hrsg. von H. Temporini und W. Haase. Teil II. Principat. Band 9 (1. Halbband). Berlin 1976, S. 308—544.

Hermann von Wissmann: Arabien in vorislamischer Zeit. In: Saudi-Arabien. Natur, Geschichte, Mensch und Wirtschaft. Hrsg. von H. Blume. Tübingen 1976, S. 91—103.

Hermann von Wissmann: Die Geschichte von Saba'. II. Das Großreich der Sabäer bis zu seinem Ende im frühen 4. Jh. v. Chr. Hrsg. von Walter W. Müller. Wien 1982. (Österreichische Akademie der Wissenschaften. Philosophisch-historische Klasse. Sitzungsberichte. 402. Band).

Die sabäische Wasserwirtschaft von Mārib

Jürgen Schmidt

Zu allen Zeiten konnten in ariden und semiariden Zonen, zu denen auch Südarabien zählt, Kulturen ihren Fortbestand nur auf der Basis leistungsfähiger Bewässerungssysteme sichern. Die geschichtliche Entwicklung solcher Kulturen war nicht selten schicksalhaft mit der sie tragenden Wasserwirtschaft verknüpft. Ein innerer Verfall des Staatswesens konnte das Ende der Wasserwirtschaft bedeuten, umgekehrt bewirkten aber auch Störungen des Wasserhaushaltes den Ausfall der Bewässerung und somit den Niedergang der Kultur. In manchen Ländern antiker Hochkulturen, beispielsweise in Ägypten und Mesopotamien, garantierten ganzjährig Wasser führende Ströme ein reichhaltiges Wasserdargebot, das mühelos in ein weitverzweigtes Netz von Zuleitungskanälen über größere Gebiete verteilt werden konnte. Die Bewohner Südarabiens hingegen waren seit altersher darauf angewiesen, sich die periodisch auftretenden Monsunregen zunutze zu machen, um die zur Lebenserhaltung erforderliche Wassermenge zu gewinnen. Die in der Regel zweimal jährlich niedergehenden heftigen aber kurzzeitigen Regenfälle hatte man aufzufangen und in leistungsfähige Bewässerungssysteme umzuwandeln. Dies erforderte eine in höchstem Maße koordinierte Planung, ein präzisiertes Konzept und eine hochstehende Technologie. Unabdingbare Voraussetzung dafür war eine straffe Organisation des Gemeinwesens, sowohl des Staates als auch der Stadt, die in den meisten Fällen zum tragenden Fundament bei der Verwirklichung der Ideen wurde. Die Sabäermetropole Mārib, die zum religiösen und politischen Zentrum des Reiches heranwuchs, war Keimzelle und zugleich Kulminationspunkt für jede Art geistiger und materieller Evolution. Hier entstand das umfassendste Werk antiker Bewässerungskultur, ein kompliziertes und technisch ausgereiftes System ingenieurmäßiger Konstruktionsweisen. Ge-

Lageplanskizze des großen Dammes von Mārib und der älteren Wasserwirtschaftsbauten im Wādī Dhana.

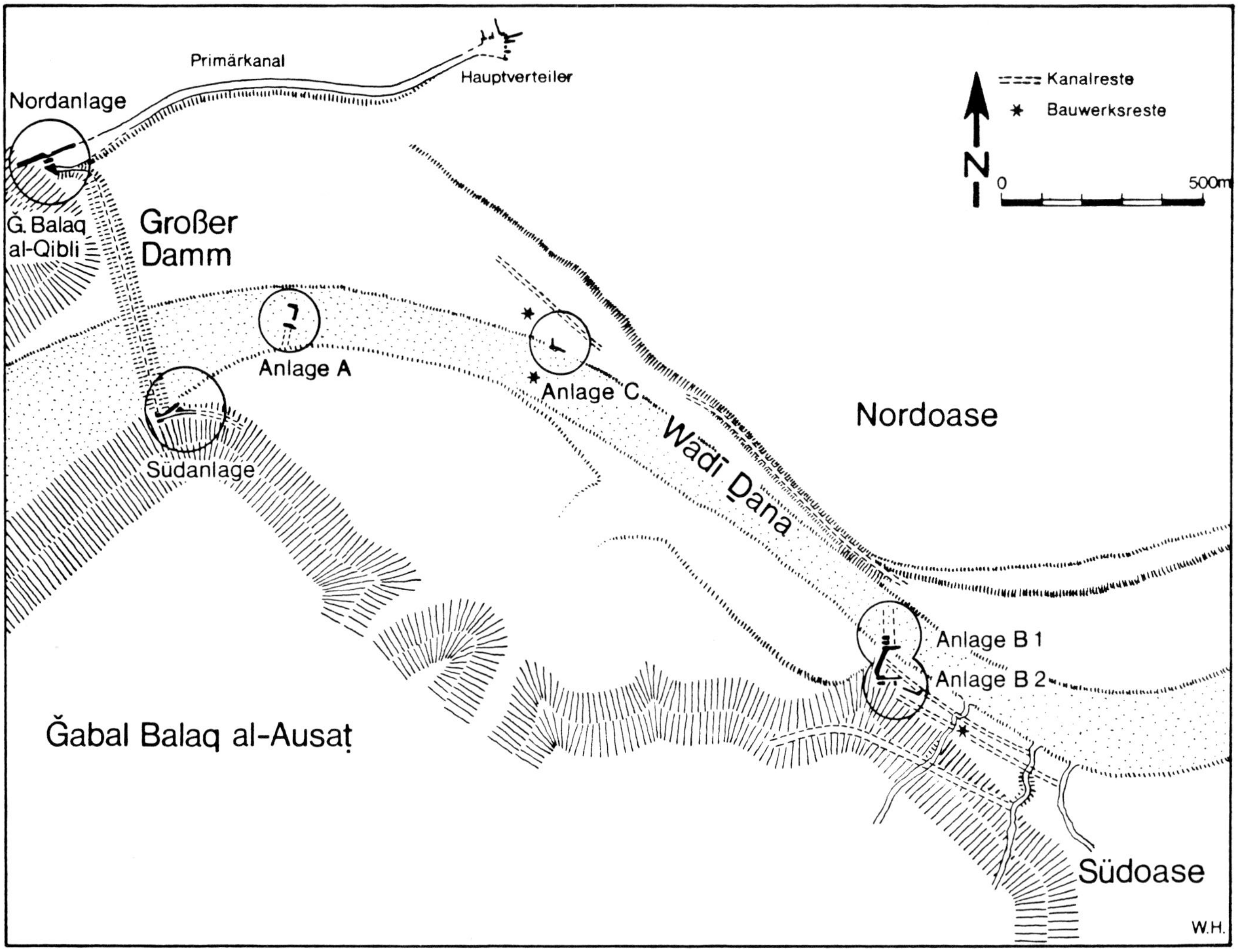

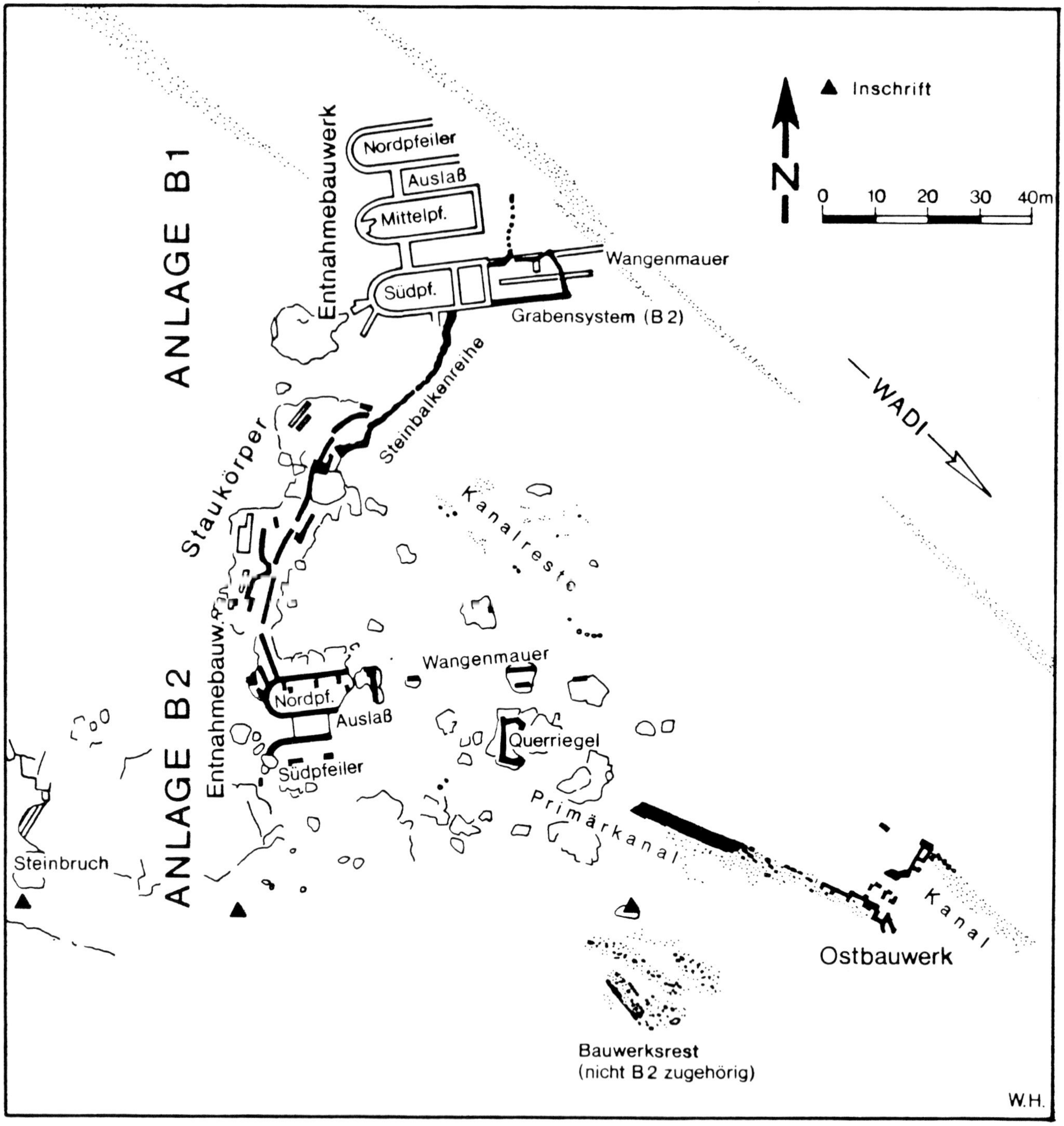

Lageplanskizze des Baukomplexes B, mit den Anlagen B 1 und B 2 im Wādī Dhana.

wiß besaßen auch andere Städte des alten Südarabien derartige Einrichtungen zur Wasserversorgung, an Bedeutung und Umfang erreicht jedoch keine diejenigen von Mārib. Der Ruhm der sabäischen Wasserkultur von Mārib drang denn auch weit über die Grenze Südarabiens hinaus und lebte bis in die Neuzeit fort, nachdem die antiken Reiche längst zugrunde gegangen und in Vergessenheit geraten waren.
Aber schon im Altertum forderten die Anlagen der Wasserwirtschaft Beachtung und Ehrfurcht, war der Damm von Mārib als Wunderwerk in die Geschichte eingegangen.
Sind die großen sakralen Architekturschöpfungen der Sabäer und die Werke ihrer Bildkunst Zeugnisse einer hochentwickelten Kultur, erhalten wir durch eine Fülle von Inschriften Kenntnis vom geistigen und religiösen Leben, von der Organisation des Staats- und Rechtswesens und erwächst ein Bild von der politischen und wirtschaftlichen Bedeutung des Landes aus historischen Quellen, so darf man andererseits die vornehmlich durch

Sogenannter »Bau A« im Wādī Dhana, Reste der ältesten uns bekannten wassertechnischen Bauanlagen.

materielle Hinterlassenschaften dokumentierte Technologie nicht übersehen, die einen wesentlichen Aspekt der kulturellen Leistungen darstellt.

Die südarabischen Staatengebilde, insbesondere das mächtige Saba', waren seit ältester Zeit eine Drehscheibe der arabischen Halbinsel. Nicht nur die in Eigenproduktion gewonnenen kostbaren Duftharze Myrrhe und Weihrauch, die in der antiken Welt hochgeschätzt waren und auch für kultische Zwecke und in der Heilkunde Verwendung fanden, führten zu großem Reichtum des Landes und zur Wohlhabenheit seiner Einwohner, Südarabien spielte in gleichem Maße immer eine Mittlerrolle. Handelsgüter aus Afrika und Indien wurden an der Südküste umgeschlagen und auf dem Landwege nach Norden in die Zentren des Mittelmeerraumes, nach Babylonien und Ägypten transportiert, umgekehrt erreichten mediterrane Erzeugnisse auf demselben Wege, der stets über Mārib führte, ihre Bestimmungsorte in Asien und Afrika.

Mārib, die legendäre Stadt der Königin von Saba', die Metropole des Reiches, war aus frühen siedlungsgeschichtlichen Anfängen in kurzer Zeit zur bedeutenden Hauptstadt emporgestiegen, gelangte alsbald zu Weltruhm, wird von antiken Schriftstellern, insbesondere von griechischen und römischen Geographen und Historikern, wie Strabo, Plinius u. a. gewürdigt. Die Kunde vom Reichtum der Stadt drang in alle Welt und wurde nicht selten zur Ursache kriegerischer Auseinandersetzungen. 24 v. Chr. entschließt sich Kaiser Augustus, Mārib dem imperium romanum einzuverleiben und beauftragt seinen Feldherrn Aelius Gallus mit der Eroberung der Stadt. Aber der Feldzug mißlingt, die römischen Truppen werden zum Rückzug gezwungen, Saba' behauptet sich gegen die Römer, Mārib bleibt uneingenommen.

Die immensen Einnahmen, die aus der Kontrolle der Handelsstraßen in den Staatshaushalt flossen und den Aufstieg des Reiches zu Macht und Wohlstand ermöglichten, genügten nicht allein, um den Lebensraum des Landes und der Hauptstadt zu schaffen. Es bedurfte einer ökologischen Grundlage, die man durch Landwirtschaft schuf. Als Basis dafür dienten die Bewässerungssysteme, die im Laufe ihrer Entwicklung zu unvergleichlicher Perfektion gelangten. Fast ein Viertel der gesamten im jemenitischen Hochland anfallenden Niederschlagsmenge wurde zur Zeit Saba's in ein konsequent durchdachtes, bis ins letzte geordnetes System von Stau- und Bewässerungsanlagen verwandelt. Die antike Gesellschaft wurde hier zum Schöpfer einer Technologie, die sich in einer grandiosen Anlage darstellte, der erst in unserem Jahrhundert hochtechnisierter Bauweisen annähernd Gleichwertiges zur Seite zu stellen ist.

Die ersten historischen Quellen berichten im 8./7. Jh. v. Chr. über den Bau von Wasseranlagen. Der berühmte Damm von Mārib und die dazugehörigen, noch heute erhaltenen Auslaßbauwerke gehen auf das 6. Jh. v. Chr. zurück, sie haben mit einem immer verzweigter und komplexer werdenden Funktionssystem ein Jahrtausend hindurch in Betrieb gestanden. Aber die Anfänge der Wassertechnik in Mārib reichen viel weiter zurück. Die ältesten noch sichtbaren Zeugen eines fest eingerichteten und bereits technisch ausgereiften Bewässerungswerkes sind uns in Form von massiven Stau- und Ableitungsanlagen aus dem 3. und 2. Jahrtausend v. Chr. überliefert. Ausgangspunkt hierfür waren die naturräumlichen Gegebenheiten, die vorgefundene geomorphologische Situation.

Diese naturgeographischen Rahmenbedingungen, unter denen die antike Bewässerung ihren Ausgang nahm, begünstigten von Anfang an eine planmäßige Wasserwirtschaft des Gebietes um Mārib und gestatteten den Bau massiver Wasserfassungen auf gewachsenen Felsformationen und auf Lavariegeln, die als Dämme Verwendung fanden. Weil der Betrieb von Regenfeldbau in Südarabien von vornherein ausschied, erfolgte die Wasserversorgung einzig durch die großen, aus dem Bergland in die Wüstenebene der Rubʿ al-Khali herabführenden Wādīs. Das Einzugsgebiet des bei Mārib austretenden Wādī Dhana ist mit ca. 10.000 km² das größte des südarabischen Hochlandes schlechthin. Es reicht im Westen bis an die Wasserscheiden östlich von Sanaa und Dhamār und wird von unzähligen kleinen und kleinsten Wādīs gespeist, die sich in größere Flußtäler ergießen, welche ihrerseits im Hauptlauf des Wādī Dhana vereint werden. Der enge Austritt des Wādīs zwischen den Gebirgszügen des Ǧabal Balaq al-Ausaṭ und des Ǧabal Balaq al-Qibli in die östliche Flachlandschaft der Ramlat as-Sabatayn, den Vorwüstenstreifen der Rubʿ al Khali, erzeugte hochgradige Wasserturbulenzen, die man in den Anfangsstadien der Bewässerungstechnik noch nicht zu bewältigen verstand.

Daß die älteste und einfachste Art landwirtschaftlicher Produktion wahrscheinlich darin bestand, nach Abfluß eines Sayls direkt in das Wādībett auszusäen, kann angenommen werden, auch wenn es an archäologischer Evidenz dafür bisher noch mangelt. Eine gesteuerte Bewässerung von Anbauflächen begann dann mit der Ableitung eines Teils des Sayls mit Hilfe primitiver, in den Stromstrich des Wādīs hinausgeschobener Ablenkdämme aus Erdschüttungen und mit der Verteilung des Wassers in der Flutebene des Wādīs. Auch hier sind wir bei der Beurteilung auf rezente Beispiele angewiesen, die sich bis heute im Flußtal beobachten lassen.

Archäologisch verwertbares Material liegt uns erst in Form von mehreren aus Kalksandsteinquadern errichteten Bauwerken in den Randzonen und in der Mitte des Wādīs vor. Mangelnde Erfahrung im Wasserbau erlaubte es zu Anfang noch nicht, den Strom an seiner engsten Stelle quer zur Fließrichtung zu schließen und aufzu-

Die Tanks von Aden im Jahre 1888; Foto der k.u.k. Gesandtschaft nach Siam (Museum für Völkerkunde, Wien).

stauen. Man wich den Gefahrenzonen im Bereich der Talenge aus und errichtete weiter flußabwärts Stau- und Ablenkbauten, in einer Region, wo bereits eine Beruhigung der Flutwellen eingetreten war.
Diese frühen Bauwerke lassen durch ihre solide Konstruktion, die Qualität der Ausführung und durch den außerordentlich geschickt gewählten Standort darauf schließen, daß bereits zu diesem Zeitpunkt eine hochentwikkelte Wasserwirtschaft betrieben wurde und daß ihr eine lange Tradition vorangegangen sein muß. In der Tat haben die sedimentologischen Befunde ergeben, daß die Geschichte der Bewässerung schon im 3. vorchristlichen Jahrtausend ihren Anfang nahm, denn im Gebiet zwischen dem Ǧabal Balaq al-Qibli und Mārib sind ausschließlich geröllose Silte abgelagert, deutliche Zeichen für eine vollkommen geregelte Bewässerung. Doch diese Spuren vor- und frühgeschichtlicher Wasserwirtschaft sind wegen der mächtigen darüber angewachsenen Ablagerungen nur punktuell zu erfassen. Die aus der Mitte des 3. Jahrtausends v. Chr. und aus den nachfolgenden Jahrhunderten überlieferten Anlagen führen jedoch aus dem Stadium einfacher Ableitungsbewässerung heraus und geben bereits ein geschlossenes, übergeordnetes, großflächig konzipiertes System zu erkennen. Etwa 1900 m südöstlich vom großen Māriber Damm liegt am Fuß des Ǧabal Balaq al-Ausaṭ ein weiträumiger Baukomplex, der eine Fläche von 200×200 m einnimmt und mit Hilfe dessen im 3./2. Jahrtausend v. Chr. die Wasserfluten des Wādī Dhana auf die südlich vom Fluß gelegenen Gebiete, auf die sogenannte Südoase, geleitet wurden. Große, gegen den Strom gerundete Bastionen flankieren zwei Durchlässe, von denen der eine der Ablenkung der für die Bewässerung vorgesehenen Wassermengen diente, während mit dem anderen das bei zu hohen Abflußspitzen anfallende überschüssige Wasser, das Überflutungsschäden hätte herbeiführen können, ins Flußbett zurückgeleitet wurde. Die aus dem Hochland herabstürzenden Wassermassen waren mit Schwebstoffen angereichert, die auf den Bewässerungsgebieten ablagerten und eine relativ schnelle Aufsedimentierung der landwirtschaftlich genutzten Irrigationsflächen bewirkten. Das Bewässerungsniveau der Oasen wuchs infolgedessen mit jeder Überflutung höher hinauf.
Um die Anbauflächen dennoch stets ausreichend mit Wasser versorgen zu können, mußten die Auslässe am Damm immer entschieden höher liegen als das Oasenniveau. Wuchs dieses höher, waren demzufolge auch die Bauwerke von Zeit zu Zeit aufzustocken. An dem für die Südoase bestimmten Schleusen-Komplex sind insgesamt drei verschiedene Bauzustände nachzuweisen, die funktionstechnisch und baugeschichtlich mit den durch das Aufsedimentieren der Oasen erforderlich gewordenen Aufhöhungen der Wasserdurchlässe korrespondieren. Die jährliche Sedimentationsrate beträgt im arithmetischen Mittel 0,7 cm, ein Wert, dessen sich der Archäologe bedient, um über die Höhendifferenzbestimmung an wassertechnischen Einrichtungen zu approximativen Datierungen zu gelangen. Im vorliegenden Fall handelt es sich um zwei räumlich getrennte Baustufen auf verschiedenen Niveaus, von denen der ältere Bau von etwa 2400 bis 1800 v. Chr. in Benutzung war, der jüngere von 1800 bis 1400 v. Chr. in Betrieb stand. Die hier angegebenen Werte sind die jüngstmöglichen. Wenn auf der Südoase die Bewässerung, was wir bisher nicht wissen, unterbrochen gewesen wäre, würde dies ein noch höheres Alter für die Bauanlagen bedeuten.
Etwa auf gleichem Niveau liegt 500 m stromaufwärts vom großen Damm eine Anlage, die ebenfalls zu den frühen wasserwirtschaftlichen Baumaßnahmen größeren Umfanges gehört und der Bewässerung der Nordoase diente. Sie weist ebenfalls verschiedene Bauperioden auf, die mit der höhenmäßigen Verlagerung der Wasserauslässe korrelieren. Nicht nur das aus Mammutquadern bestehende Mauerwerk zeugt von hohem handwerklichem Können, sondern auch Planung und Ausführung lassen darauf schließen, daß die Technologie der Sabäer in diesem Stadium bereits ihren Höhepunkt erreicht hatte. Die hier geschaffenen Einrichtungen bilden die Voraussetzung für das gesamte Irrigationswesen in der Nachfolge, werden zur Grundlage für alle späteren Konstruktionen. Eine geniale Konzeption lag damit vor, was folgte, war lediglich eine Verfeinerung der Methoden, eine hydrotechnische Weiterentwicklung, ein zunehmend differenzierter werdendes, in den Dimensionen wachsendes System der Wasserwirtschaft. In den gleichen Kontext gehört eine am Nordrand des Wādī Dhana aufgeführte, schwer definierbare kleinere Anlage und eine 2,5 km vom antiken Damm wādīaufwärts (1985) bei Bauarbeiten am neuen Damm entdeckte, ebenfalls früh zu datierende Struktur mit wiederum drei halbkreisförmig gerundeten Bastionen. Sie beweist, daß derartige Einrichtungen über große Strecken des Flußlaufes verteilt angelegt und in eine Art Longitudinalsystem eingereiht waren. Möglicherweise reichte dieses System bis weit in die Ebene von Rahaba hinauf.
Mit dem unaufhaltsamen Anwachsen der Bewässerungssedimente war der Zeitpunkt vorgegeben, an dem alle diese Anlagen nicht mehr betriebsfähig waren und durch ein neues Konzept ersetzt werden mußten. Das im Laufe einer langen Entwicklung angereicherte technologische Wissen und eine von Generation zu Generation vererbte Erfahrung ermöglichten schließlich die Sperrung des Wādī Dhana an seiner engsten Stelle und die Errichtung eines quer zur Stromrichtung geführten 680 m langen Dammes. Auf den Felshängen der Gebirge baute man am Nord- und Südende dieses im Endstadium 18 m hohen Dammes Schleusen und Auslaßbauwerke für den Transport des Flutwassers auf die Oasen. Dieses neue hydraulische Programm nimmt im letzten Drittel des 6. Jh.s v. Chr. seinen Anfang. Die beiden Bauherren der ersten Anlage, Sumhuʿalīy Yanuf und sein Sohn Yithaʾamar Bayyin, Mukarribe von Sabaʾ, haben sich an der Südschleuse in vier Felsinschriften verewigt, in welchen sie kundtun, daß sie den Fels der Staubecken Raḥābum und Habābiḍ des Hauptkanals von Yasran ausgehauen haben. Yasran ist der antike Name für die Süd-

oase, mit Raḥābum und Habābiḍ sind die von gewachsenem Fels gebildeten Regulier- und Tosbecken innerhalb der Bauwerkszone gemeint.
Unter ständiger Verbesserung, Vergrößerung und Erneuerung haben diese Anlagen mit einem immer verzweigter und komplexer werdenden Funktionssystem, das bis in die kleinsten Bezirke der Wassertechnik und Agrarwirtschaft reichte, ein Jahrtausend lang in Betrieb gestanden, sie haben Dammbrüche und Naturkatastrophen überdauert und die Ebene von Sabaʾ in einen einzigen blühenden Garten verwandelt.
Eines der technischen Kernprobleme bestand in der Bewältigung der meist nur kurzfristig auftretenden Saylströme und deren sinnvoller Nutzbarmachung für die gesamte Landwirtschaft von Mārib. Die schwierigste Aufgabe lag darin, das mitunter in bedrohlicher Menge anströmende Wasser so zu dirigieren, daß selbst noch die weit entlegenen Anbauflächen in ausreichendem Maße versorgt werden konnten. Dabei bestand stets die Gefahr, daß die für die Wasserfassung und -leitung erbauten Anlagen von den Flutwellen überspült oder weggerissen werden konnten, denn der Sayl erreichte Abflußspitzen von 1000 m^3/sec. Nach statistischen Erhebungen liegen die Abflußspitzen bei mittleren Verhältnissen um 200 bis 400 m^3/sec. In Extremfällen hätte das Hochwasser 1700 m^3/sec. und mehr erreichen können. Dem Charakter nach waren die Anlagen auf möglichst schnelle und intensive Wasserverteilung abgestellt. Die Funktion des Dammes bestand in erster Linie darin, das anströmende Wasser aufzufangen, zu beruhigen und bis zur gewünschten Höhe aufzustauen. Einen Stausee im Sinne eines Reservoirs gab es jedoch nicht, die Speicherkapazität des Stauraumes wäre infolge der starken und schnellen Aufsedimentierung dafür auch viel zu gering gewesen. Wenige Stunden hätten genügt, um das Fassungsvermögen zu überschreiten und kostbares Bewässerungswasser ungenutzt in die Wüste fließen zu lassen. Um die Hochwasserspitzen aufzufangen und sie optimal zu Bewässerungszwecken zu verwenden, richteten die antiken Baumeister ihr Hauptaugenmerk darauf, daß das Wasser schon mit Einsetzen des Sayls vom Stauraum auf die Felder gelangte. Von den Bauanlagen an beiden Enden des Dammes führte der Weg über große Kanalstränge, die Hauptkanäle, auf die Oasen. Bevor das Wasser in diese Kanäle eintrat, wurde es innerhalb der massiven Bauwerke in Tosbecken aufgefangen, um die Turbulenzen abzuschwächen. Am Ende der Hauptkanäle findet man dann wiederum große massive Konstruktionen, die dazu dienten, das Wasser in das eigentliche Verteilernetz einzuführen. Diese Hauptverteiler genannten Bauwerke waren als Sammelbecken mit bis zu 15 verschließbaren Auslässen versehen, durch die das Wasser je nach Bedarf nach verschiedenen Richtungen in die Primärkanäle floß. Gesetze und Vorschriften regelten die Verteilung des Wassers sowie das Öffnen und Schließen der vielgliedrigen Verteiler. Das Kanalnetz, mit dem die gesamte Oasenfläche erschlossen wurde, war vielgestaltig und feinmaschig. Große durchlaufende Stränge transportierten das Wasser in weitab gelegene Regionen, breite Queradern lenkten die Fluten in die seitwärts anschließenden Areale. Je nach Aufgabe war das System streng gegliedert in Kanäle verschiedener Ordnungen sowie in kleinere und kleinste Verteilerarme. Die bis vor wenigen Jahren noch erhaltene Morphologie der Oasenoberfläche hat das letzte Stadium der Irrigation von Mārib in bemerkenswert gutem Erhaltungszustand konserviert. Erst Bodenspekulation und Rekultivierung der jüngsten Vergangenheit vernichteten die antiken Anbauflächen, die geschlossene Kulturlandschaft und radierten das feine Liniennetz der Kanalstrukturen aus. Über die Differenzierung des Systems erfahren wir bereits aus sehr frühen sabäischen Bauinschriften, in denen die Wertigkeit der Kanäle vorgestellt wird und die einzelnen Bezeichnungen für die verschiedenen Arten von Kanälen aufgeführt sind.

Zu bewässern war eine Anbaufläche von 9600 ha, der Flächeninhalt beider Oasen. Allein die Nordoase hatte eine Ausdehnung von ca. 11 km, mit der Wasserversorgung der Südoase mußte vom Südbau ausgehend eine Gesamtstrecke von 21 km überwunden werden. Stellt man in Rechnung, daß das System der Bewässerung noch in dieser großen Entfernung vom Auslaßbauwerk des großen Dammes betriebsfähig sein mußte und daß die Feldflächen im entlegensten Winkel noch überflutet wurden, dann nötigt uns diese Meisterleistung antiker Hydraulik und Ingenieurskunst uneingeschränkt Respekt und Bewunderung ab. In das Gitternetz der Kanäle und Feldwälle fügt sich eine kaum überschaubare Zahl von kleinen Verteilern und Regulierbauten. Da jeder Sayl unverzüglich eingelassen werden mußte, hatte das System jederzeit, Tag und Nacht, betriebsbereit zu sein. In den Auslaßbauwerken wurden die Öffnungen stets unverschlossen gehalten, so daß die erforderliche, mit Hilfe einer Hochwasserentlastung festgelegte Wassermenge in das Kanalnetz gelangte. Die Regulierung der Wasserabgabe auf den Feldern erfolgte dann wahrscheinlich erst bei den Verteilern, die je nach Bedarf geöffnet oder geschlossen werden konnten. Neben der Wasserzuleitung und Verteilung war aber auch eine Wasserentsorgung vorgesehen, deren Funktionserfüllung darin bestand, Überschwemmungen auf den Oasen zu verhindern und ein zügiges Durchfließen der Kanäle zu gewährleisten. Andernfalls hätte es zu unliebsamer Verschlammung oder Verstopfung des Kanalnetzes kommen können. Architektonische Relikte dieser Einrichtung sind die Überlaufbauten, die als Erosionsschutz an den Außenrändern der Oasen liegen.

Die landwirtschaftlich genutzten Flächen, die von dem jeweils zugehörigen Durchlaßbauwerk überflutet wurden, waren durchschnittlich 1—2 ha groß. Es genügte die einmalige Überstauung von 50—60 cm Höhe, um eine Ernte zu erzielen. Mit dieser hohen Überstauung wurde gleichzeitig einer Versalzung des Bodens vorgebeugt, denn ein Teil des Wassers sickerte bis zum Grundwasserspiegel durch und führte Salze aus dem Oberboden mit in die Tiefe. Mit der Menge des Bewässerungswas-

Die Tanks von Aden im Jahre 1888; Foto der k.u.k. Gesandtschaft nach Siam (Museum für Völkerkunde, Wien).

sers wurden aber auch fruchtbare Sinkstoffe auf die Felder transportiert.

Im Prinzip lassen sich zwei Bewässerungsverfahren unterscheiden:

a) Die von Feldwällen eingegrenzte Anbaufläche wird bis zu einer Höhe von 60 cm, maximal bis zu 80 cm eingestaut. Nach Versickerung des Wassers und Auftrocknung der Oberfläche kann dann gesät werden.

b) Anstelle dieses Stauverfahrens verwendet man Berieselung (sogen. Staurieselung), deren Merkmal die anhaltende Wasserbewegung während des Bewässerungsvorganges ist, wobei das Wasser von einem Feld zum nächsten, benachbarten, mit Hilfe eines Überleitungsbauwerkes gelangt. Bei dieser Methode, »Feld-zu-Feld-Bewässerung« genannt, versickert ein Teil des Wassers während des Fließvorganges, wodurch die Einstauhöhen wesentlich niedriger gehalten werden konnten.

Die auf der Oase von Mārib betriebene Landwirtschaft bildete die Ernährungsgrundlage nicht nur für die Einwohner der Stadt, sie hatte vermutlich auch die Versorgung der Karawanen zu bestreiten und mag in begrenztem Umfange dem Export gedient haben.

Die maximal bewirtschaftete Fläche von 9600 ha verdoppelte sich als Ertragsgebiet durch eine zweimalige Ernte pro Jahr.

Bei der Beurteilung der Bearbeitungsmethoden und des antiken Anbauverfahrens sind wir auf die an der Oasenoberfläche gesammelten Informationen und Daten angewiesen, d. h. ein geschlossenes Spektrum bietet nur das horizontal gänzlich erfaßbare letzte Betriebsstadium der Bewässerungssysteme, während alle vorangegangenen Horizonte nur in randlichen Bereichen, vorzugsweise in Erosionstälern, punktuell erforscht werden können. Pflugspuren, Überreste von Baumpflanzungen und andere Oberflächenmerkmale geben wichtige Hinweise auf die Planwirtschaft im sabäischen Agrarwesen. Wurzelröhren, Pollen und Pflanzenabdrücke, Einschlüsse in den Sedimentformationen deuten nicht nur auf Pflanzenstandorte hin, sondern kennzeichnen in gleichem Maße Bodennutzung und Vielfalt der angebauten Pflanzensorten. In einigen Teilen der Oase ist die im Orient noch heute weit verbreitete »Etagenkultur« zu beobachten, die in Mārib als Doppelnutzung der Felder, als Baumgarten und Ackerbaufläche, in Erscheinung tritt.

An Kulturpflanzen nachweisbar sind Weizen, Gerste, Hirse, Wein, Dattelpalmen, eine weitere Palmenart, Obstsorten. Auf ausgedehnten Weideflächen für die Viehherden wurden u. a. kleeartige Halmgewächse angebaut. Die großen Ausdehnungen der Oasen erforderten einen gut organisierten Bearbeitungsrhythmus für die Bewässerung und Bestellung. Die Bewirtschaftung ließ sich zentral von der Stadt Mārib aus wohl kaum bewerkstelligen. Für das Bedienungspersonal der Wasseranlage, für Feldhüter und

Bauern, dürften die Anwege von Mārib zur Arbeitsstelle viel zu weit gewesen sein, demzufolge wurde man auf den Feldern selbst ansässig. Die zahllosen kleinen Ruinentells mit Siedlungsspuren mögen Überbleibsel derartiger ländlicher Anwesen sein, von denen aus bestimmte Bezirke unter Kontrolle zu halten und zu bearbeiten waren.

Sozialökonomisch sind verschiedene Bewirtschaftungsformen zu unterscheiden. In der frühen Zeit der Mukarribe, der Herrscher von Saba', waren Organisation und Betrieb der Wasserkulturen sowie die landwirtschaftliche Produktion, aber auch Landnutzung und -verteilung fest in das theokratische Verwaltungs- und Regierungssystem eingebunden. Die gesamte Wasserwirtschaft war Eigentum des Staates, jede Tätigkeit stand im Dienst der Götter. Der Mukarrib als Mittler zwischen dem Staatsgott und dem Staatsvolk war oberster Schirmherr des Reiches, vergleichbar mit dem Lugal, dem »großen Herrn« und Gottkönig der Sumerer.

Nur auf der Grundlage dieser festgefügten Ordnung, in der jeder einzelne der übergeordneten transzendentalen Autorität diente, war die Entwicklung und das Funktionieren einer Einrichtung wie der der Wasserkultur von Mārib realisierbar.

Erst in späterer Zeit, so erfahren wir aus inschriftlichen Überlieferungen, muß es zur »Säkularisierung« gekommen sein, wurde zumindest bei der Landnutzung auf den Oasen nach und nach der Begriff des Privateigentums eingeführt. In welcher Weise die Besitzverhältnisse geregelt wurden, bleibt uns freilich vorerst noch unbekannt. Anzunehmen ist hingegen, daß die Instandhaltung des Dammes und der großen für die allgemeine Wasserversorgung dienenden Bauwerke nach wie vor in den Händen der öffentlichen, der staatlichen oder städtischen Verwaltung blieb. Als Beweis dafür könnte eine wahrscheinlich im 2. nachchristlichen Jh. erfolgte Umorganisierung der Bewässerung auf der Nordoase gelten, mit der aufwendige Baumaßnahmen Hand in Hand gingen. Gemeint ist das neu eingeführte, im nördlichen Randgebiet der Nordoase gelegene monumentale Stau- und Verteilerwerk von Ǧufaina. Ǧufaina ist das letzte große Denkmal in der langen Geschichte der sabäischen Hydrotechnik, ein funktionell notwendig gewordenes Folgeprodukt im Rahmen des Nordoasenkonzeptes. Voluminöse Sedimentmengen zeigen an, daß die Anlagen von Ǧufaina über einen sehr viel längeren Zeitraum als bisher angenommen in Betrieb standen. Im Prinzip sind mit der Errichtung von Ǧufaina drei Wirkungsbereiche geschaffen worden:

1. Verringerung der weiteren Erosion randlicher Oasengebiete. Die Oasen gingen mehr und mehr durch randliche Ausschwemmung verloren und damit auch eine beträchtliche nicht mehr nutzbare Wassermenge.
2. Die Garantie wirtschaftlicher Nutzung der Hochwasserspitzen auf den Bewässerungsgebieten um und östlich von Mārib.
3. Die planmäßige Nutzung zusätzlicher, über die Hochwasserentlastung des Nordbaues geleiteter Wassermengen, möglicherweise bei stillgelegtem Südbau in der Spätzeit.

Mit diesem zusätzlichen Steuerungsverfahren wurden mittels dreier Hauptkanäle die nordöstlichen Teile der Nordoase, das Gebiet bis zur westlichen Stadtmauer von Mārib und die östlichen Oasenbereiche bis zum heutigen Ort Ḥusūn versorgt. Schließlich kommt es dann in der letzten Phase noch einmal zur Absenkung der Hochwasserentlastungsmauer am Nordbau, so daß 50 Prozent der anfallenden Wassermenge in das Wādī übergeleitet wurden, bei al-Mabna aufgestaut, angehoben und in die von dort abzweigenden Kanalstränge eingespeist wurden.

Durch Ǧufaina war gleichzeitig die Möglichkeit gegeben, Wasserversorgung und landwirtschaftliche Produktion auf der Nordoase für weitere Jahrhunderte in vollem Umfange sicherzustellen.

Dieses hydraulisch und funktionell durchdachte Gebilde steht in schroffem Gegensatz zur architektonischen und bautechnischen Ausführung. Die großen Sperrmauerzüge und Staubarrieren bestehen aus mehretagig aufgeschütteten Lavabrocken mit Mörtelummantelung, ein schnelles, sicher auch billiges, aber keineswegs handwerklich solides Verfahren. An den durch hohe Wasserkraft besonders gefährdeten Partien der Bauanlage hat man als Widerlager Kalksteinquaderspolien verwendet. Das Ganze wirkt primitiv und unordentlich.

Die Diskrepanz zwischen technisch subtiler Funktionserfüllung und minderwertiger architektonischer Gestaltung ist ein Merkmal, durch das sich auch schon die Bauwerke am großen Damm letztendlich auszeichnen. Von hohem Standard der Steintechnik und Ausführung kann bis auf Reste der ältesten Periode auch am Südbau nicht die Rede sein.

Nord- und Südschleuse, aber auch viele der Verteiler auf den Oasen, bestehen fast ausschließlich aus älteren wiederverwendeten Steinen. Daraus möchte man schließen, daß eine beträchtliche Zahl an Großbauten als Materialabbaustätten gedient haben müssen, um eine derartige Menge an bearbeiteten Quadern zu gewinnen. Es liegt die Vermutung nahe, daß eine nicht unbedeutende vorangegangene Bauepoche bereits zur Auflösung gelangt war, zumal die aus Spolien bestehenden Großbauten der Wasserwirtschaft in ein relativ spätes Stadium fallen, in eine Zeit, in der Blüte und Höhepunkt künstlerischer Kultur bereits überschritten waren, in eine Epoche, in der das geniale Werk der Technologie die Fortsetzung dessen bildete, was die sakrale Baukunst als Aufgabe nicht mehr zu erfüllen hatte. Wenn wir unter diesem Blickwinkel Südbau, Nordbau und Ǧufaina mit den frühen Anlagen im Wādībereich vergleichen, wird eine solche Vermutung bestätigt. Die in der 1. Hälfte des 1. Jh.s v. Chr. entstandenen Bauten bestehen durchwegs aus originalen, für den spezifischen Verwendungszweck eigens zugeschlagenen Quadern und sind von einer Qualität, die den Ruinen bis auf den heutigen Tag ihr unverwechselbares Aussehen verleiht.

Durch die ungewöhnlich hohe Wasserkraft waren die Auslaßbauwerke besonders stark beansprucht, permanen-

Staudamm von Maʾrib: die Südschleuse.

Südliche Schleuse des Staudamms von Maʾrib.

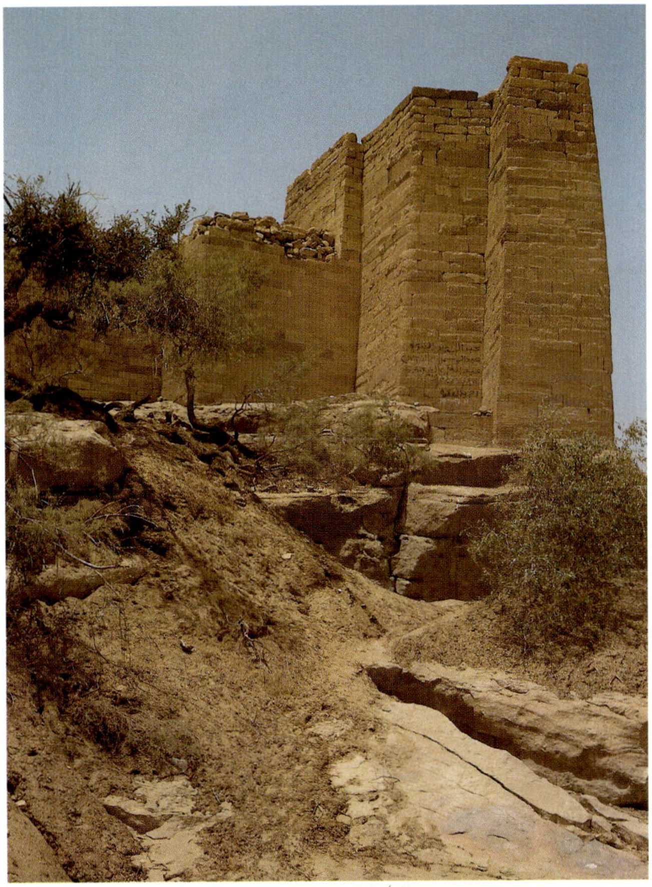

Südliche Schleuse des Staudamms von Maʿrib.

Ma'rib, Blick vom neuen Staudamm gegen die alten Schleusen.

Staudamm von Ma'rib: Die Südanlage.

Die Stadtmauer von Kharibat Saʿūd, dem antiken Kutal (im 5. Jh. v. Chr. von mehreren sabäischen mukarribs errichtet).

Westtor der Stadt Maʿīn (des antiken Qarnaw), Hauptstadt des minäischen Reiches. (3.—2. Jh. v. Chr.).

Maʾrib, Tempel des Gottes Il muqah (sog. »Thron der Bilqīs, der Königin von Saba«).

Der große dem Gott Il muqah geweihte Reichstempel Awām von Maʾrib (sog. »Maḥram Bilqīs«).

Eingangsportikus des heute Banāt ʿĀd genannten ʿAthtar-Tempels bei Maʿīn.

Reste des Südtors von Timnaʿ, der Hauptstadt von Qatabān.

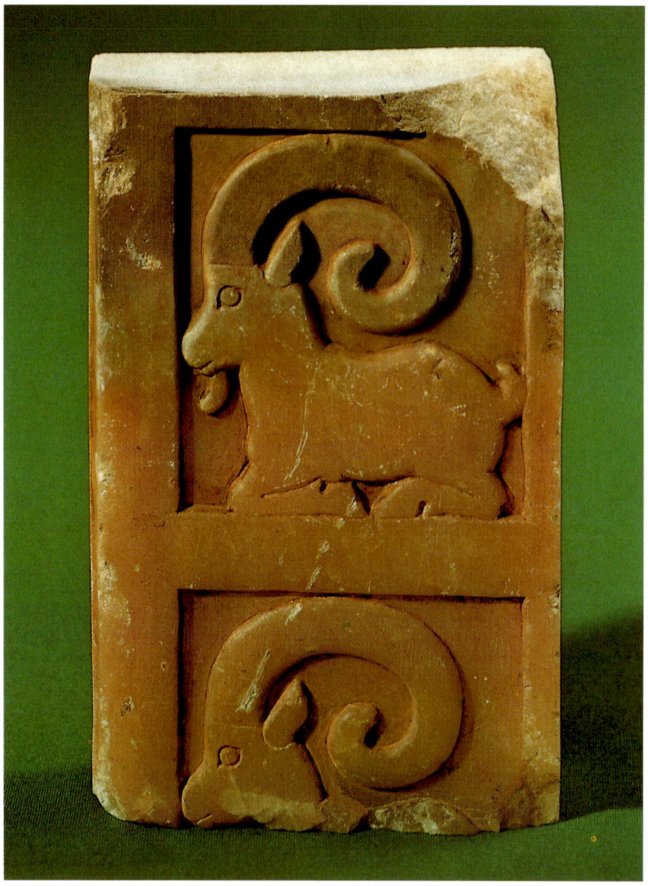

Heiligtum am Fuße des Jabal al-Lawdh (= al-Laudh). Zum Gesamtkomplex gehören zwei weitere Heiligtümer in der Nähe des Gipfels und eine lange, sie verbindende Prozessionsstraße. In diesem archaischen sabäischen Tempel fanden aus Anlaß der Stammesversammlungen, die dem mukarrib (»Bundesschließer«) ihre Treue erneuerten, rituelle Festmähler statt.

Liegende Steinböcke, Fragment der Randverzierung einer sabäischen Inschrifttafel.

Seite 71: Barāqisch, vollständig erhaltener Turm der antiken Stadtmauer.

Neuer Stausee am Maʾrib.

Die Hafenstadt Aden nach einem Gemälde des Flamen Jan van Kessel, um 1664 (Alte Pinakothek, München).

te Pflege und Instandsetzung waren zur Erhaltung unabdingbar. Zur Zeit der Belagerung Māribs durch die Römer unter Aelius Gallus ließ der Feldherr aus Erbitterung über die erfolglose Belagerung der Stadt die Wasseranlagen zerstören. Nachdem die Gefahr vorüber war, entschlossen sich die Sabäer, Teile ihrer Stadtmauer zu opfern, um die Wasserbauwerke sofort wieder herzustellen.

Das der Stadtmauer entnommene Baumaterial läßt sich noch heute im Gemäuer der Schleusen nachweisen.

575 n. Chr. kommt es zum letzten endgültigen und katastrophalen Bruch des Dammes, der nicht mehr behoben werden konnte, und folgerichtig zum Erliegen der Wasserwirtschaft. Wie die naturwissenschaftlichen Untersuchungen gezeigt haben, ist das Ende dieses ruhmreichen Kapitels antiker Technologie nicht auf ein Versagen des Systems oder Fehler in der Ausführung zurückzuführen, denn Kapazität und Betriebsfähigkeit hätten genügt, die Bewässerungssysteme mindestens weitere 200 Jahre reibungslos funktionieren zu lassen und die landwirtschaftliche Produktion in vollem Umfange aufrechtzuerhalten.

Die Todesursache für die sabäische Wasserwirtschaft ist vielmehr woanders zu suchen. Politische Verschiebungen, wie etwa die Fremdherrschaft der Äthiopier, hatten die soziale Struktur des Landes erschüttert, möglicherweise spielte die Abwanderung bestimmter Bevölkerungsgruppen eine Rolle und schließlich waren es einschneidende historische Ereignisse wie die Besetzung Südarabiens durch die Perser 575 n. Chr., die der sabäischen Kultur ein Ende setzten. Bereits unter dem abessinischen Feldherrn Abraha war die Autonomie der Sabäer endgültig verloren gegangen. Gemeinwesen und Staatsgewalt waren geschwächt, so daß die Kontrolle und die Erhaltung der öffentlichen, dem Gemeinwohl dienenden Einrichtungen nicht mehr wahrgenommen wurden, der inneren Schwächung entsprach der äußere Verfall.

Städte und Tempel — Die Entstehung der südarabischen Zivilisation

Rémy Audouin, Jean-François Breton, Christian Robin

Jenseits der Bergketten und Hochebenen des Jemen, die sich wie ein Halbmond von Nord nach Süd, von Nadjrān in den Ḥadramaut hinziehen, erstreckt sich ein unendlich weites Tafelland. Dünen und felsige Ebenen wechseln sich hier ab, die Monsunregen — vom westlicher gelegenen Gebirge abgehalten — sind selten und unregelmäßig. Landwirtschaft läßt sich hier nicht mehr betreiben, außer an den wenigen Stellen, wo die saisonalen Bäche und Wasserläufe aus dem Gebirge in die Ebene münden. Nur Nomaden lebten hier, ständig vom Hunger bedroht, ständig im Streit um die kargen Resourcen dieses Landstrichs. Und doch entstand hier, in dieser Gegend, die keineswegs zu den besonders begünstigten des Jemen zählt, die antike Zivilisation; hier war es, wo sie sich entwickelte.

Eine Zivilisation des Karawanenhandels

Die südarabische Zivilisation verdankt dem Karawanenhandel sehr viel. Dieser Handel verband die Produktionsstätten der südarabischen Räucherwerke im östlichen Jemen mit ihren Märkten rund um das Mittelmeer. Nur dieser bedeutende internationale Handel erklärt, warum die wichtigsten antiken Städte in den eher ariden unteren Flußtälern lagen und nicht im reichen und fruchtbaren Hochland Jemens. Landwirtschaft war hier schwierig und kostspielig: Sie setzte voraus, daß es gelang, die saisonalen Regenfluten der Bäche mittels eindrucksvoller Wasserbauwerke zu beherrschen und zu nutzen. Immer wieder bedrohten ungewohnt heftige Fluten diese Anlagen; Kanäle und Dämme mußten laufend unterhalten werden. Und schließlich mußte man auch immer wieder mit Jahren der Trockenheit rechnen, die eine Ernte vereitelten.

Der Beginn dieses Handels ist sehr früh anzusetzen. Während des Neuen Reichs sandte Ägypten See-Expeditionen nach »Punt« (wobei es sich um das Horn von Afrika und vielleicht auch den Jemen gehandelt haben dürfte), um Weihrauch zu beschaffen. Sogar der Versuch, den Weihrauchbaum im Niltal heimisch zu machen, wurde unternommen. Sabaʾ und Ḥadramaut werden auch bereits in den ältesten Texten der Bibel (die in das 10. vorchristliche Jh. anzusetzen sind) erwähnt. Einen bedeutenden Aufschwung scheint dieser Handel jedoch erst in der Zeit zwischen dem 8. und 6. Jh. v. Chr. genommen zu haben.

Die südarabischen Inschriften erwähnen diesen Handel nur selten, und selbst dann auch nur nebenbei. An einem flachen Mauerteil der Stadtmauer von Barāqish lautet eine Widmungsinschrift (etwa 4./3. Jh. v. Chr.):

> ʿAmmīsadiq...und Saʿīd..., Anführer der Karawanenleute, und die minäischen Karawanenleute, die aufgebrochen waren, um zusammen mit ihnen in Ägypten, Syrien und jenseits des Flusses Handel zu treiben..., damals, als ʿAthtar dhū-Qabḍ, Wadd und Nakraḥ sie selber und ihr Eigentum schützten und sie vor den Kampfhandlungen gewarnt hatten, welch Sabaʾ und Khaulān gegen sie selber, gegen ihr Eigentum und ihre Tragtiere beabsichtigt hatten, als sie sich auf dem Wege zwischen Maʿīn und Radmja (= Nadjrān) befanden, und vor dem Krieg, der zwischen Nord und Süd herrschte, und damals, als ʿAthtar dhū Qabḍ, Wadd und Nakraḥ ihre Personen und ihr Eigentum schützten, als sie sich während des Krieges zwischen den Medern und den Ägyptern im Herzen Ägyptens befanden und ʿAthtar dhū Qabḍ ihnen und ihrem Eigentum Frieden und Unversehrtheit gewährleistete, bis sie wieder in ihre Stadt Qarnaw zurückkehrten...

Dieses fast vollständige Schweigen der Texte erklärt sich daraus, daß nur in dem kleinen Karawanen-Stamm Maʿīn die Kaufleute die Macht innehatten, während in den anderen Staaten kriegerische Aristokratien herrschten, deren Inschriften sich naturgemäß vor allem auf ihre Kriegstaten beziehen.

Glücklicherweise ergänzen altorientalische Texte und griechische und lateinische Autoren unsere Kenntnisse. Drei assyrische Texte aus dem 8. und 7. Jh. erwähnen »Tribute« oder Geschenke Sabaʾs. Die darin genannten Waren — Räucherwerke und edle Steine — deuten ebenso wie die Namen zweier Herrscher darauf hin, daß es sich um die südarabischen Sabäer und nicht um einen möglicherweise gleichnamigen Stamm in Nordarabien handelte. Man weiß nicht, ob diese Sabäer damals schon in der Gegend von Maʾrib lebten, doch deuten die im 6. Jh. v. Chr. einsetzenden archäologischen Hinweise darauf hin, daß die Sabäer schon lange seßhaft waren und sich schon seit langer Zeit entwickelt haben mußten. Sabaʾ lag außerhalb der Reichweite der assyrischen Armeen. Deshalb können diese »Tribute« kein Ausdruck politischer Unterordnung gewesen sein, vielmehr dürfte es sich um Abgaben auf den Handelsverkehr oder um Geschenke, die ihn erleichtern sollten, gehandelt haben. Dies stellt somit die erste — wenn auch nur indirekte — Erwähnung des sabäischen Handels mit dem Norden dar.

Die Bibel spricht davon viel ausdrücklicher. Im 1. Buch der Könige wird vom Besuch einer anonym bleibenden Königin — nur mit dem Titel »Königin von Saba« bezeichnet — bei König Salomon berichtet. Der kommerzielle Zweck dieser Reise ist nur angedeutet, da der Verfasser den Bericht vor allem zur Darstellung von Salomons Ruhm nützte.

Es besteht Einmütigkeit darüber, daß dieser Bericht mehr über die Zeit seiner endgültigen Redaktion (etwa das 6. Jh. v. Chr.) aussagt als über die Zeit König Salomons (10. Jh.). So wurde also Sabaʾ im 6. Jh. um seinen Reichtum beneidet, der sich auf den Handel mit Räucherwerk und kostbaren Produkten gründete.
Einige Jahrhunderte später berichten die griechischen und lateinischen Autoren in ähnlich neidvoller Weise vom unerhörten Reichtum der Sabäer. So schreibt etwa Agatharchides von Knidos, ein alexandrinischer Gelehrter des 2. vorchristlichen Jh.s.:
»Kein Volk erscheint wohlhabender als die Sabäer und Gerrhäer (in Nordostarabien, am Golf), denn in ihren Schatzkammern haben sie allen Gewinn gesammelt, den sie aus Europa und aus Asien erzielen. Sie sind es, die das Syrien des Ptolemäos sehr reich gemacht haben, sie sind es, die — neben vielen anderen Dingen — dem Handel der Phönizier einträgliche Geschäfte ermöglichen. Ihr Luxus erschöpft sich nicht in bewundernswerten getriebenen und ziselierten Metallarbeiten und in der Vielfalt ihrer Trinkgefäße, vielmehr sind auch ihre Betten und Dreifüße ungewöhnlich groß. Bei den übrigen Haushaltsgegenständen, wie man sie auch bei uns kennt, erreicht dieser Luxus seinen Höhepunkt; denn viele, so scheint es, besitzen ein königliches Vermögen. Man sagt, sie hätten zahlreiche vergoldete oder silberne Säulen und die Decken und Türen ihrer Häuser hätten mit Edelsteinen besetzte Verzierungen. Selbst die Wände zwischen den Säulen seien großartig ausgestattet.«
Soll man sich da wundern, daß die Römer, kaum daß sie Ägypten besetzt hatten, sogleich versuchten, Südarabien zu erobern?
Für den Wohlstand Südarabiens kamen mehrere günstige Umstände zusammen. Hier und im gegenüberliegenden Horn von Afrika wuchsen in großer Menge die im Mittelmeerraum am teuersten bezahlten Pflanzen, die Bäume, von denen die kostbaren Harze gewonnen wurden. Die Verbraucher konnten nicht selber an Ort und Stelle einkaufen — selbst wenn sie gewußt hätten, woher diese Produkte im einzelnen kamen. Grund hierfür waren die enormen Entfernungen, das kaum erträgliche Klima und die politische Aufsplitterung Arabiens. Nur die Einheimischen selber konnten diesen Handel organisieren. Zur Zeit der Assyrer und Perser (8.—4. Jh.) war das der südarabische Stamm Sabaʾ und anschließend, in der Epoche des Hellenismus, der Stamm der Minäer (vom Ende des 4. bis zum 1. Jh. v. Chr.).
Die Wege dieser Karawanen hingen von der politischen Lage und den Handelsbeziehungen ebenso ab wie von der Geographie. Um von den Haupterzeugungsgebieten (die im östlichen Jemen lagen) zum Mittelmeer zu gelangen, mußte man dem Gebirge nach Möglichkeit ausweichen, und zugleich auf der Strecke genügend Wasser und Verpflegung für Mensch und Tiere finden. Es gab in Südarabien praktisch nur eine Wegstrecke, die diese Anforderungen erfüllte: Von Shabwa, der Hauptstadt des Ḥadramaut, ging es in der Wüste, entlang der jemenitischen Bergkette, nach Timnaʿ, der Hauptstadt von Qatabān, und von dort über Maʾrib, der Hauptstadt von Sabaʾ, über Barāqish, am Djabal al-Lawdh vorbei nach Nadjrān. Vollkommen flach, bot diese Strecke keine natürlichen Hindernisse; dank der Bewässerungsanlagen gab es Wasser und Futter für die Karawanen. So überrascht es nicht, daß die antiken Hauptstädte auf dieser Strecke, jeweils am Ausfluß der wichtigsten Täler, lagen.

Das ›Wunder‹ Sabaʾs

Der Ruf der Sabäer als bedeutende Handelsnation ist, wenn man sich auf den Bibeltext stützt, im 6. Jahrhundert bereits fest begründet. Archäologisch lassen sich für eben jenes 6. Jh. erhebliche Veränderungen nachweisen, aus denen dann sehr schnell eine hochentwickelte Zivilisation entsteht. Diese sehr plötzliche Entwicklung erinnert durchaus an das, was man das »Wunder Griechenlands« genannt hat.
Der sichtbarste Ausdruck dieser Entwicklung ist die Veränderung des Baumaterials: Nunmehr werden die hervorragendsten Gebäude aus behauenem Stein errichtet, während man bis dahin ausschließlich ungebrannte Ziegel verwendete. Die Verwendung von Stein erfordert die Aneignung einer ganzen Reihe von Techniken zur Gewinnung des Materials, zum Behauen, zum Glätten, zum Transport und schließlich der Baukunst selber. Nachdem man diese Techniken beherrschte, konnte man nunmehr auch Schleusen und Becken großer Dimensionen errichten, die der Gewalt des Fließwassers zu widerstehen vermochten. Jetzt werden die sich in die Wüste öffnenden großen Täler mit hochentwickelten Bewässerungssystemen versehen; so konnte die landwirtschaftliche Anbaufläche ausgedehnt werden und die Bevölkerung deutlich wachsen.
Bald werden große Heiligtümer errichtet, die man durch monumentale Propyläen aus schweren Monolithpfeilern betritt. Man beginnt damit, die Städte mit steinernen Mauern zu befestigen. In der gleichen Epoche, also im 6. Jahrhundert, erscheinen auch die ersten auf Steinen angebrachten schriftlichen Dokumente. Die ältesten dieser Inschriften sind sehr knapp gehalten und beschränken sich auf die Erwähnung religiöser Riten oder von Bauarbeiten. Diese Inschriften sind in Sabäisch verfaßt; ihre — später auch in Äthiopien verwendete — Schrift könnte von einem südmesopotamischen Alphabet abgeleitet sein. Sie ist zu jener Zeit noch nicht endgültig festgelegt, wie man aus den noch wechselnden Formen von drei oder vier Buchstaben erkennen kann. Doch schon wenige Jahrhunderte später hat sich das südarabische Alphabet konsolidiert und seine endgültige Form gewonnen.
Das südarabische Alphabet ist zwar mit dem phönizischen verwandt, stellt aber gleichwohl einen der ganz seltenen Fälle eines nicht direkt von ihm abgeleiteten Alphabets dar. Bis heute lebt es — ergänzt um die Möglichkeit, Vokale darzustellen — in Äthiopien fort.
Ein zweiter dieser Schrift eigentümlicher Aspekt ist ihre Stabilität: Zwischen ihrem Beginn im 6. vorchristlichen

Inschrift über die Errichtung der Stadtmauer von Kutal (heute Kharibat Saʿūd), gesetzt vom sabäischen Mukarrib Karib ʾIl Watar, Sohn des Dhamar ʿAlī (heute in einem Haus des nahegelegenen Ortes al-Durayb vermauert). Die Inschrift ist auf beiden Seiten vom Doppelsymbol der sabäischen Mukarribe gerahmt, einer Leiter und einer Schlange mit zwei Köpfen (ca. 5. vorchr. Jh.).

Jh. und ihrem Ende zu Beginn des 7. nachchristlichen verändern nur zwei (zugleich zwei recht seltene) Buchstaben ihre Form. Diese Stabilität bezieht sich freilich nur auf die Grundform der Buchstaben — ihre Ausgestaltung entwickelt sich und ermöglicht so oft eine zeitliche Einordnung der Inschriften. Anfangs sind die Buchstaben noch ungeschickt und unregelmäßig, werden dann jedoch fester und aus klaren gleichmäßigen Grundelementen aufgebaut. Später werden die Linien gekurvt und die Enden verdickt; in der letzten Phase sind die Buchstaben mit zahlreichen dekorativen Elementen verziert, besonders mit Strichen und Dreiecken.

Am Anfang war der Inhalt der Inschrift, wie schon bemerkt, sehr dürftig und ihre Ausführung sehr ungeschickt. Doch bald entstehen feste Regeln, die Schrift wird zu einem wichtigen dekorativen Element, vor allem auf den Fassaden bedeutender Bauwerke. Aus jener Epoche stammen die ersten langen Texte. Zwei davon — auf den beiden Seiten eines Steinblocks — sind für unsere Kenntnis über die erste Epoche der südarabischen Zivilisation von besonderer Bedeutung.

Der triumphale Rechenschaftsbericht des Karib ʾIl Watar

Bei diesen beiden Inschriften — die sich auch heute noch am sabäischen Tempel von Ṣirwāḥ befinden — handelt es sich um den Rechenschaftsbericht des sabäischen Herrschers Karib ʾIl Watar, Sohn des Dhamar ʿĀlī. Die erste Inschrift berichtet vor allem von acht Kriegen, während die zweite eine Liste seiner Bauten und Erwerbungen enthält. Man darf annehmen, daß beide Inschriften beim Tode Karib ʾIls abgefaßt wurden, am Ende einer offenbar langen Regierungszeit.

Die Kriege Karib ʾIls richten sich gegen Stämme im äußersten Süden des Jemen, im Jauf und in der Gegend von Najrān. Schenkt man unserem Dokument Glauben, so handelte es sich um sehr heftige Kämpfe. Beispielsweise sollen im letzten Kriegszug 5.000 Feinde getötet worden sein, 12.000 seien gefangen genommen worden, 200.000 Stück Vieh habe man erbeutet. Angaben darüber, warum diese Kriege geführt wurden, fehlen; nur für die beiden letzten Kriegszüge wird angeführt, es habe sich um Repressalien nach der Ermordung von Sabäern gehandelt. Die Ergebnisse werfen jedoch ein Licht auf die mit diesen Kämpfen verfolgten Ziele: Es handelt sich um Tribute; Land, fremde Bevölkerung oder Bewässerungsanlagen werden »für Almaqah (den großen sabäischen Gott) und Sabaʾ« erworben. In zwei Fällen heißt es ausdrücklich, Sabäer seien in den eroberten Gebieten angesiedelt worden. Ebenso kommt es vor, daß Land oder Bewässerungsanlagen Verbündeten oder Vasallen zurückerstattet oder übertragen werden. Und in einem Fall erkennt man den Willen, den eroberten Stamm — es handelt sich um Ausān — zu vernichten: Karib ʾIl zerstört

den Palast des Königs und raubt die Inschriften dieses Palastes und der Tempel Ausāns.
Aus diesen Texten ergibt sich ein recht genaues Bild der staatlichen Organisation Südarabiens — jedenfalls so, wie die Sabäer sie sich vorstellen. Der »Staat« wird mit der Formel »Almaqah, Karib ʾIl und Sabaʾ« bezeichnet. Er ruht also auf drei Pfeilern: dem herrschenden Stamm, seinem Hauptgott und seinem Herrscher. Der Stamm Sabaʾ scheint nicht sehr ausgedehnt gewesen zu sein: Sein Territorium umfaßt jeweils die Gegend von Maʾrib, die von Ṣirwāḥ und die von Raghwān (halbwegs zwischen Maʾrib und Barāqish). Hinzu kommen die sabäischen Kolonien auf dem Gebiet der eroberten oder annektierten Stämme. Man kann eine antike Ruinenstätte daran als »sabäisch« erkennen, daß ihre Inschriften die sabäische politische Macht und das sabäische Pantheon an erster Stelle nennen. Ein interessantes Beispiel ist Nashan (das heutige as-Saudāʾ), dem nach seiner Annexion durch Sabaʾ die Auflage gemacht wird, »innerhalb der Stadt einen Almaqah-Tempel« zu errichten.
Der Stamm Sabaʾ bildete den Kern des Staates. Dank der verschiedenen von ihm beherrschten Territorien und seiner Kolonien kontrollierte er mehr oder weniger die weiten Stammesgebiete zwischen Najrān und Ḥaḍramaut. Man kann wohl zwei Stufen von Abhängigkeit dieser Stämme unterscheiden: Einige sind Sabaʾ völlig unterworfen, nahe der vollständigen Sklaverei. Ein solcher Stamm verliert seine politische und religiöse Eigenständigkeit völlig. Symbolisiert wird dies durch die Zerstörung des Königspalastes und die Erbeutung der wichtigen zivilen und religiösen Inschriften. Andere Stämme stehen dagegen unter einer bloßen Schutzherrschaft. Der betreffende Stamm behält seine eigenen Institutionen und sein Pantheon. An seiner Spitze steht der ihn repräsentierende Herrscher, der den Titel »König« trägt. Trotz Beibehaltung des eigenen Pantheons aber erkennt der Stamm die sabäische Oberherrschaft an, insbesondere durch Verehrung des sabäischen Hauptgottes Almaqah. Wenn Karib ʾIl solche Stämme aufzählt, nennt er lediglich ihre Namen und den ihres Königs. Den Namen ihrer Hauptgottheit fügt er nicht hinzu. Auch diese Stämme sind tributpflichtig. Bei dem Tribut kann es sich um Vieh handeln, oder um die (auch teilweise) Errichtung eines öffentlichen Bauwerks. So errichtet beispielsweise der König von Kaminahū (dem heutigen Kamna) in Nashq (dem heutigen al-Bayḍāʾ) zwei Türme der Stadtmauer »für Almaqah, die Könige von Maʾrib und für Sabaʾ«. Die sabäische Konföderation — Sabaʾ und die ihm tributpflichtigen Gruppen — wird in dem Text Karib ʾIls mit dem Ausdruck »die Kinder Almaqahs« bezeichnet. Geleitet wird sie vom sabäischen König, der in dieser Bundesfunktion den Titel »Bundesschließer« (mukarrib) trägt.
Der sabäische Staat versteht sich nicht als der ausschließliche Beherrscher Südarabiens. Karib ʾIl erkennt zwei andere Königreiche an, Ḥaḍramaut und Qatabān. Dies ergibt sich daraus, daß er ihre Namen mit ihren jeweiligen Staatsgottheiten nennt, und zwar Sayyin und Ḥaul für den Ḥaḍramaut, und ʿAmm und Anbay für Qatabān. Diese beiden Königreiche sind Bundesgenossen (»Brüder«) Sabaʾs. Man könnte vielleicht vermuten, daß sie mit Sabaʾ einen Vertrag zur Organisation des Karawanenhandels, von dem ihrer aller Wohlstand abhing, geschlossen hatten.
Der Herrscher der sabäischen Konföderation trug also den Titel »Bundesschließer«. Dieser Titel findet sich vom 3. Jh. v. Chr. an nicht mehr. Zu jener Zeit beginnt der qatabānische Herrscher, ihn zu benutzen, und wenig später gibt er ihn ab an den König von Ḥaḍramaut. So hat es den Anschein, daß der Titel »Bundesschließer« nicht gleichzeitig in zwei Staaten benutzt werden kann. Offensichtlich drückt er einen gewissen Vorrang über das ganze Südarabien aus. So könnte man auch erklären, daß die Bundesschließungsformel, mit der der sabäische mukarrib in seine Funktion eingesetzt wurde, keine einzige Gottheit mit Namen nennt, sondern sich auf die abstrakte Formel »er richtete ein eine jede Gottes- und Patronatsgemeinde, eine jede Vertrags- und Bundesgenossengemeinschaft« beschränkt. Sollte es eine solche recht allgemeine politische Struktur gegeben haben, so wäre sie, zusammen mit der Respektierung bestimmter religiöser Tabus, der einzige Hinweis darauf, daß die Südaraber sich als Angehörige ein und derselben Kultur fühlten.

Die Fortentwicklung der südarabischen Reiche

Der Karawanenhandel spielte bei der Entstehung der südarabischen Kultur eine entscheidende Rolle. Sein hauptsächlichstes Ergebnis waren die bedeutenden Mittel, die er ins Land brachte. Ein zweites ist nicht weniger wichtig. Durch ihn stand der Süden der Halbinsel trotz Entfernungen von jeweils über 1500 km in Kontakt mit den Zentren nahöstlicher Kultur: Ägypten, Mesopotamien, Persien. Ihren Einfluß spürt man in Architektur und Skulptur, doch darf man ihn auch — obwohl insoweit schwer nachzuweisen — den verschiedenen handwerklichen Techniken (Stein- und Metallbearbeitung, Wasserbautechnik) unterstellen. So wie dieser Handel während des Jahrtausends vor Christi Geburt ständiger Anlaß für dynamische neue Entwicklungen war, so bedeutete der Rückgang dieses Austausches zu Beginn der christlichen Ära auch einen schrittweisen Verfall der südarabischen Zivilisation.
Die südarabische Kultur konnte jedoch nicht nur auf dem Monopol ihrer wertvollen Waren und dem Austausch mit den nahöstlichen Zivilisationen beruht haben. Zwei Faktoren kamen hinzu. Einmal war es die politische und religiöse Zentralisierung. So war der untere Jauf noch zur Zeit Karib ʾIls in wenigstens vier Stammesgebiete aufgeteilt. Ohne ein Mindestmaß politischer Einheit war keine Entwicklung denkbar. Der Stamm Sabaʾ entwickelte sich zum wichtigsten Kristallisationspunkt, wohl auch, weil er am Ausfluß des wasserreichsten Wādīs saß. Doch müssen noch andere Faktoren hinzugekommen sein, da etwa der Ḥaḍramaut — wo die Räu-

cherwerke gesammelt wurden — oder Najrān über ähnliche natürliche Vorzüge verfügten.
Vielleicht war Sabaʾ von Anfang an eine Föderation, und konnte daher neue Gruppen leichter in sich aufnehmen? Da dieser Bund unter Stämmen durch gemeinsamen Kult besiegelt wurde, mußten die Heiligtümer allen Stämmen gleich gut erreichbar sein. So dürfte es sich erklären, daß viele Tempel außerhalb der Städte lagen.
Man kann den Grad der Zentralisierung der Stammesgruppen, der sich aus der Zuweisung bestimmter Ländereien und Bewässerungsmöglichkeiten ergab, nicht klar erkennen. Doch läßt sich aus dem Umfang der errichteten öffentlichen Bauwerke schließen, daß hier recht weitgehend eine zentrale Macht entscheiden konnte. Nur so läßt sich erklären, daß Karib ʾIl so viele Städte mit Mauern versah, so zahlreiche Wasserbauwerke errichtete und die Verwaltungsmöglichkeiten besaß, um die 71.000 Gefangenen, die er in seinen acht Kriegen erbeutete, zu beschäftigen. Gleichwohl sprechen die Texte der kleinen Stämme innerhalb des sabäischen Herrschaftsgebiets — also etwa Maʿīn, Kaminahū oder Haram — praktisch nie von Sabaʾ und seinen Herrschern. Offenbar galten sie als formal gleichberechtigt, obwohl tributpflichtig. Nach ihnen brauchten sie demnach die sabäischen Oberhoheiten nicht ausdrücklich anzuerkennen.
Die zweite Bedingung, die die südarabischen Gesellschaften erfüllen mußten, um die Möglichkeiten, die der Fernhandel bot, voll ausnutzen zu können, war der Erwerb fremder Techniken und ihre Verbreitung innerhalb des Staates. Doch leider erfahren wir aus den Inschriften nur, daß es neben der Klasse der Freien — also der Aristokratie — Klienten gab, jedoch fehlt es an allen Einzelheiten über die arbeitenden Klassen. Voraussetzung einer jeden Spezialisierung mußte auch im alten Südarabien eine größere Bevölkerungsansammlung sein. Maʾrib, die Hauptstadt von Sabaʾ, deren Bedeutung weit über die aller anderen südarabischen Städte hinausging, spielte sicherlich diese Rolle eines solchen Zentrums, in dem neue Techniken erfunden und sodann verbreitet wurden.
Christian Robin

Die ersten Städte Südarabiens: Das Beispiel des Jauf

Die sich in die östliche Wüste öffnenden Täler, wie etwa der Jauf, bildeten keineswegs schon immer eine solch aride Landschaft wie heute. Die Regenfälle dürften häufiger gewesen sein als heutzutage, sie bildeten Flutwellen, die über Kanäle und Verteiler auf Felder geleitet wurden. Diese Regenfluten setzten auf dem Bewässerungsland ihre Sedimente ab und schufen so feste Felder. Auf ihnen wurde Getreide (Gerste und Hirse) angebaut, am Rande wuchsen Dattelpalmen und an einzelnen Stellen standen richtige kleine Wäldchen. So fand die seßhafte Bevölkerung ihre Ernährung, der Karawanenhandel Verpflegung und Futter, der Baumeister Bauholz.
Spätestens von der Mitte des 2. Jahrtausends an wird im Unterlauf der in die Ramlat as-Sabʿatayn fließenden Wādīs Landwirtschaft getrieben. Wie sie entstanden sind, ist mangels genügender Ausgrabungen noch weithin unklar. Bisher gibt es nur zwei stratigraphische Folgen, die eine in Hajar bin Ḥumayd in Qatabān, und die andere in Shabwa in Ḥaḍramaut.
Doch leider fand man in keiner dieser beiden Stätten schichttypische Keramik oder vollständige Gebäude. Obwohl wegen der beduinischen Bedrohung Befestigungen exisitiert haben müssen, fanden sich solche nicht. Dennoch dürften spätere Befestigungssysteme — etwa die nebeneinander gebauten Turmhäuser von Ḥinū az-Zurayr — auf diese Periode zurückgehen. Auch hier steht jedoch nicht fest, ob sie sich am Rande der Wüste entwickelten oder ursprünglich im jemenitischen Hochland entstanden.
Die südarabische Zivilisation dürfte in Maʾrib kurz vor der Mitte des 1. vorchristlichen Jahrtausends einsetzen. Im allgemeinen wird zuerst mit ungebrannten Ziegeln gebaut, später mit Steinen. Holz wird verstärkt verwendet. Neue Formen von Gebäuden treten auf: steinerne Grundmauern, Holzverstrebungen in höheren Stockwerken und Heiligtümer mit majestätischen Torhallen
Die älteste Stadtbefestigung findet man im Wādī Raghwān, etwa 40 km nördlich von Maʾrib. Karib ʾIl Watar, Sohn des Dhamar ʿĀlī und »Bundesschließer« Sabaʾs, errichtet hier zwei Stadtmauern: al-Asāḥil und Khirbat Saʿūd. Die erste hat einen Umfang von 740 m, die zweite einen solchen von 645 m. Es handelt sich in beiden Fällen um ein Bauwerk mit zwei festen Außenmauern als Blendsteinverkleidung und dazwischen einer Hinterfüllung. Beide Stadtmauern besitzen vorstehende Befestigungsabschnitte. Zahlreiche Inschriften des Erbauers und seiner Nachfolger befinden sich heute noch an Ort und Stelle. Diese beiden Siedlungen sowie Jidfir ibn Munaykhir im Wādī Jufra zeigen die erste Ausdehnungswelle Sabaʾs nach Norden. In der Folgezeit geht dieser Vormarsch weiter. Sie besetzen den gesamten Wādī al-Jauf, ein großes, gut bewässertes Tal mit einer zweifellos erheblichen Bevölkerung. Hier hatten bereits einige Fürstentümer oder kleinere Königreiche bestanden, etwa Haram oder Kaminahū. Ihre Befestigungen werden niedergelegt und eine neue Stadtmauer auf dem oberen Rand des Tell errichtet.
Um das 5. Jh. v. Chr. erscheint ein neuer Typ von Befestigung: eine Steinmauer, die nach rückwärts von einer zwei bis drei Meter starken Ziegelmauer getragen wird. Die Mauer ist durch breite Vorsprünge und einzelne in regelmäßigen Abständen gebaute Zwischenfassaden gegliedert. Die erste Mauer dieses Types ist die von Maʾrib, und die erste im Jauf die von al-Bayḍāʾ. Diese letztere ist rund 1500 m lang und vorzüglich erhalten. Auf ihr befinden sich noch 91 Weiheinschriften an Ort und Stelle. Deren älteste wurden von Ilsamaʿ Nabaṭ angebracht, einem König von Kaminahū. Die Sorgfalt des

Seite 79:
Bronzestatue des Maʿādī Karib, Detail (Nationalmuseum Sanaa).

Baus und die Regelmäßigkeit der verwendeten Steinblöcke zeigen, daß der Jauf zu jener Zeit offenbar sprunghaft großen Wohlstand erworben hatte.
Alle Städte führen in dieser Zeit bedeutende Bauprogramme aus. Mächtige Mauern werden errichtet, 1150 m lang in Maʿīn und 1175 m in as-Saudāʾ, mit einem oder mehreren, sehr komplex angelegten, Stadttor bzw. Stadttoren. Die Mauervorsprünge werden immer höher (in al-Bayḍāʾ sind sie 4,50 m hoch, in Maʿīn 8 m und in Barāqish erreichen sie 14 m) und rücken einander immer näher: So werden sie für Angreifer, die in Belagerungstechniken nicht geübt sind, uneinnehmbar. Die Entwicklung dieser Befestigungen ist also nicht so sehr eine Reaktion auf Feinde, als vielmehr eine Zurschaustellung von Reichtum. Deshalb auch die Qualität ihrer Konstruktion und die vielen Verzierungen. Auf diesen Stadtmauern befinden sich zahlreiche Inschriften. Einige beschreiben das Baumaterial und die Errichtung dieses Mauerstücks, andere berichten, daß bedeutende Persönlichkeiten (z. B. in Barāqish die Angehörigen der Sippe Gabʾañ) dieses oder jenes Verteidigungswerk errichten ließen. In anderen Inschriften wurde vom Handel mit Nordarabien (Dedan, Gaza, etc.), mit Ägypten oder der syrisch-phönizischen Küste (Tyros) berichtet. Die Bautätigkeit dürfte also im wesentlichen in den Zeiten wirtschaftlicher Blüte erfolgt sein — in Maʿīn z. B. in der Epoche zwischen dem 4. und 2. vorchristlichen Jh.
Innerhalb ihrer Mauern errichten die Städte zivile und religiöse Bauwerke. Ihr Standort richtet sich nach dem Grundbesitz des herrschenden Stammes und nach dem Gelände. Die Gebäude stehen nebeneinander, Straßen sind nicht geplant. Plätze gibt es nicht, höchstens in dem Sinne, daß bestimmte Flächen unbebaut bleiben.
Von den Häusern hat sich nur das steinerne Erdgeschoß erhalten, manchmal mit dem Schutt der darübergelegenen Stockwerke bedeckt. Diese bestanden aus einem Holzgerüst, gefüllt mit ungebrannten Ziegeln. Die Inschrift und der Vergleich mit den traditionellen jemenitischen Häusern legen nahe, daß es sich auch hier um hohe Bauten, mit einem Empfangszimmer im obersten Geschoß, gehandelt hat. Vor allem die Schlösser Farū in as-Saudāʾ und Salḥīn in Maʾrib dürften so ausgesehen haben. Die bescheideneren Wohnbauten — aus Ziegeln — standen meist außerhalb der Stadtmauern.
Zu jeder Stadt gehörten Heiligtümer. Einige befanden sich innerhalb der Mauern, andere ein Stück außerhalb. Diese Heiligtümer bestehen aus Reihungen von geometrisch (oder mit Pflanzen- und Tierornamenten) verzierten Pfeilern, über denen ebenfalls verzierte oder beschriftete Architrave lagern.
Die außerhalb der Städte gelegenen Heiligtümer werden von den Beduinen heute Banāt ʿĀd genannt. Sie sind jeweils einer bestimmten Gottheit geweiht. Wadd in as-Saudāʾ, ʿAthtar dhū-Qabḍ in Maʿīn. Der besterhaltene dieser Tempel ist der von as-Saudāʾ. Es handelt sich um ein kleines Gebäude mit Innenhof, dem westlich ein doppelter monumentaler Eingang vorgelagert ist. Der Innenhof ist nach Osten hin geschlossen. Pfeiler bilden links und rechts einen weiteren Portikus. Die Eingangspfeiler sind mit Schlangen, Straußen, Lanzen, Ziegen, Steinböken, Granatäpfeln verziert; im Inneren finden sich auch eingeritzte Figuren von Frauen, die auf Podesten stehen. Inhalt und Bedeutung dieser geritzten Verzierungen sind unklar.
Die außerhalb der Städte gelegenen Heiligtümer dienten den Stämmen der weiteren Umgebung, während die Tempel innerhalb der Stadt deren Bevölkerung vorbehalten blieben. Solche föderativen Heiligtümer findet man bei fast allen wichtigen Städten des Ḥaḍramaut oder des Jauf. Doch nur zwei davon — der Maḥram Bilqīs von Maʾrib und der Tempel von Ṣirwāḥ — sind befestigt.
Der zentrale Ort des Bundeskultes im Jauf befindet sich auf dem Massiv des Djabal al-Lawdh, dessen Gipfel, im Nordosten des Tales gelegen, 2150 m erreicht. Mehrere Heiligtümer — die hier ab dem 5. vorchristlichen Jh. errichtet wurden — unterstreichen die Bedeutung dieses Ortes, der wohl schon seit langem verehrt worden sein dürfte. Das Gebäude am Fuß des Berges ist 98 m lang und 41 m breit. Es enthält zwei — gewiß nie überdachte — Säle mit zahlreichen niedrigen Sitzbänken. Hier wurden viele Gottheiten verehrt, doch diente es vor allem für eine Versammlung, in der ein Bund zwischen den einzelnen Stämmen geschlossen wurde. Bei dieser Gelegenheit wurde den einzelnen Stammesdelegationen möglicherweise ein rituelles Mahl gereicht. Hinter diesem Gebäude führt eine lange Prozessionsstraße zum Gipfel. Ein zweites Gebäude mit Sitzbänken und ein kleines Heiligtum — mit zahlreichen Stelen, Altären, Weihrauchaltären und Opferaltären — erheben sich knapp unterhalb der Gipfelkette. Die Ähnlichkeit dieser Sitzbänke-Gebäude mit denen vom Dīsh al-Aswad bei Maʾrib deutet darauf hin, daß die frühesten Mukarribe von Sabaʾ (etwa 5. Jh. v. Chr.) diese Zeremonie an mehreren Orten veranstalteten. Etwa sechs Jh.e später, im ersten nachchristlichen Jh., feiern die Könige von Sabaʾ und dhū-Raydān erneut das rituelle Mahl und den Bundesschluß in eben diesen Heiligtümern des Djabal al-Lawdh.
Die Forschungen der französischen archäologischen Mission im Jauf haben viele Probleme noch nicht klären können. Wie ist diese Bewässerungslandwirtschaft entstanden? Wie hat sich die materielle Kultur der ersten südarabischen Siedlungen entwickelt? Ist es vielleicht eher fremder Einfluß als lange eigenständige Entwicklung, der manche Monumente und ihren Schmuck erklärt? Die weiteren Arbeiten sollen eine Antwort auf diese Fragen ermöglichen.

Jean-François Breton

Altsüdarabische Kultbauten

Jürgen Schmidt

Über Kunst und Kultur Südarabiens schreiben zu müssen, ist eine ebenso undankbare wie entmutigende Aufgabe. Der schmale Bestand an erfaßten oder erforschten Denkmälern erlaubt weder die Zusammenfassung des Materials zu einem auch nur halbwegs geschlossenen Bild, noch entsteht das Panorama einer bestimmten Kunstlandschaft. Das bisherige Fehlen systematischer Ausgrabungen oder gar stratifizierter Fundstücke verbietet jede Art sicherer formaler wie historischer Einordnung, läßt die uns bekannten Einzelglieder ohne Kontext im freien Raum schweben. Wenn hier trotzdem der Versuch einer Gesamtschau unternommen werden soll, so muß von Anfang an aufs entschiedenste betont werden, daß dabei keine Synthese angestrebt wird und daß jede Aussage den Charakter des Vorläufigen trägt, des jederzeit Widerrufbaren.

Die die arabische Peninsula betreffenden altertumswissenschaftlichen Arbeiten vergangener Jahrzehnte waren ausnahmslos philologischer und historischer Art. Sie führten zu bewundernswerten Leistungen auf epigraphischem und kulturhistorischem Gebiet, im eigentlichen Sinne archäologisch waren sie nicht. Die materiellen Hinterlassenschaften der altsüdarabischen Antike blieben, weitgehend auch aufgrund äußerer Umstände, von der Forschung unberührt. Erst in den allerletzten Jahren ist es den Forschern gelungen, mit einer archäologischen Bestandsaufnahme der Denkmäler zu beginnen und diese kunsthistorisch-archäologisch aufzuarbeiten. Gelegentliche kleine Sondagen haben Aufschlüsse über Fundsituationen und zu erwartende Möglichkeiten der Feldforschung erbracht. Es bleibt zu hoffen, daß in Zukunft Ausgrabungen größeren Umfanges die bestehende Lücke schließen werden, ein angesichts der Fülle des immer noch unerforschten Materials nicht ganz leicht zu bewältigendes Vorhaben. Der Wissenschaftler betritt damit forschungsgeschichtliches Neuland, er berührt ein unerschlossenes, so gut wie unbekanntes Kapitel der alten Welt. Dies gilt es im Auge zu behalten, wenn nachfolgend von altsüdarabischer, im engeren Sinne sabäischer, Sakralbaukunst die Rede sein soll.

Die Südaraber waren nicht nur technisch und organisatorisch sehr begabt, nicht nur die Schöpfer eines differenzierten und gut funktionierenden Staats- und Rechtswesens, die Erbauer komplizierter und technologisch hochentwickelter Bewässerungssysteme, sie waren vor allem sehr fromme Menschen. Ihre tiefe Religiosität durchströmte alle Bereiche des öffentlichen und privaten Lebens. Man rief die Götter an um Hilfe, Gunst und Gnade, Schutz und Gesundheit zu erhalten, man erhoffte Fruchtbarkeit, Wachstum, Heilung von ihnen, aber auch Regen, gute Ernte, Gedeihen von Mensch und Tier, kurzum Segen für alles, was den Menschen betraf und bewegte. Um dies zu erlangen, brachte man den Göttern Opfer dar, Schlachtopfer, Räucheropfer, Libationen, Brandopfer, Blutopfer, in seltenen Fällen kann man dem Gott die Frau oder die ganze Nachkommenschaft weihen. Einen breiten Raum nahm das Orakel ein, über das wir durch Inschriften gut unterrichtet sind. Dem südarabischen Pantheon stand die Göttertrias Mond—Sonne—Venusstern voran. Der Venusstern, ʿAṯtar, beherrscht als oberste Gottheit bei allen südarabischen Völkern das Pantheon. In Saba wird der Mondgott Almaqah genannt und ist zum Reichsgott der Sabäer auserkoren worden, in Maʿīn heißt er Wadd, in Ḥadramūt Sīn.

Die Religiosität fand ihren Niederschlag aber nicht nur in Anrufungen, Dedikationen und Beschwörungen, sondern auch in Zeugnissen der materiellen Kultur, in Bildwerken und Bauten. Der Verehrung und dem Kult der Götter hatten die Südaraber — wie wir der schriftlichen Überlieferung entnehmen — eine schier unüberschaubare Zahl an Heiligtümern und Tempeln errichtet. Plinius berichtet, daß in Šabwa 60 Tempel standen, wie glaubhaft diese Angabe auch sein mag, durchaus denkbar wäre, daß neben den großen Haupttempeln der Stadt eine Vielzahl anderer sakraler und sepulkraler Einrichtungen existierte, wie sie noch heute in anderen Ruinenstätten des Altertums anzutreffen sind.

Stützt sich unser Wissen über Kult und Heiligtümer weitgehend auf literarische Quellen, so besitzen wir andererseits auch Überreste der Tempelbaukunst, die trotz Spärlichkeit und fragmentarischen Charakters die einstige Größe und den schöpferischen Geist erahnen lassen. Die auf eigenartige Weise modern wirkende Formensprache Südarabiens erinnert in ihrer ernsten, mitunter spröden Strenge und der königlichen Geometrie, obwohl von einer fremdartigen Ästhetik geprägt, an die großen Meisterwerke ägyptischer Baukunst, in der einzigartigen Disziplin steintechnischer Ausführung zugleich aber auch an Griechisches.

Pfeiler und Säulen, die heute gebälklos in den Himmel ragen, sind die architektonischen Zeugen eines ausgereiften Formdenkens und eines starken klaren Gestaltungswillens. Doch die Anfänge hierfür liegen weit zurück, sie sind vielleicht, wenn wir uns an den neuerlich datierbaren Ruinen der antiken wasserwirtschaftlichen Einrichtungen von Mārib orientieren, im 3., ohne Zweifel aber im 2. vorchristlichen Jahrtausend zu suchen.

Über die frühesten siedlungsgeschichtlichen Anfänge der großen bekannten Städte Mārib, Ṣirwāḥ, Qarnawu, Yaṯull u. a. wissen wir nichts. Allem Anschein nach aber liegt das Entstehungsfeld der Kultur und somit der Urformen der Baukunst wahrscheinlich sogar überwiegend abseits der später an den Handelsstraßen gegründeten Städte, in den westlich von Mārib gelegenen Höhenzügen und in den Hochtälern bis ins Innere der Gebirgsregion des Jemen. Hier finden wir Kultplätze, Gräber, Grabtürme, frü-

Tempel des Wadd (bzw. Waddum Ḏu-Masmaʿim am Wādī Qututa bei Mārib) von Süden gesehen.

he Baustrukturen und ganze Totenstädte, vermutlich lange bevor die sich im städtischen Verband formierende Kultur ihre großen Schöpfungen vollbringt. Hier haben wir wohl das Entstehungsfeld der ersten sabäischen Kultbauten zu suchen, aber auch die Ausbildung dessen, was zum klassischen Tempeltyp zu führen scheint. Doch dieser Weg vom heiligen Ort in der Natur über die Anfänge einer architektonischen Artikulation bis zur reifen Gestalt des Gotteshauses läßt sich keineswegs schrittweise und lückenlos nachvollziehen. Wie immer sind wir auf sporadisch gesammelte Funde angewiesen.

Die einfachste und wohl auch älteste Form heiliger Stätten ist ein naturgewachsener stelenartiger Monolith, der nicht nur durch seine spezifische Felsgestalt auffällt, sondern sich als kultische Einrichtung auch dadurch ausweist, daß ihn kleine zu Gruppen zusammengefaßte Steinsetzungen umgeben. Primitive Trockenmauern aus Geröll können diesen zentralen Punkt, den exponierten Stein, dem Symbolgehalt innewohnt, umgeben und eine Art Einfriedung schaffen.

Erst in einem fortgeschrittenen Entwicklungsstadium wird hier eine entscheidende Formschwelle überschritten, die diese Anlagen noch von jener Ebene trennt, auf der das Formvokabular für die Baukunst vorbereitet wird. Am Wendepunkt zu dieser neuen Ära des Bauens stößt man auf einfache Bauanlagen, meist von rechteckigem Grundriß, vielgliedrig oder als Einraumgebilde konzipiert. Allen diesen Bauwerken gemeinsam ist ihr hypäthraler Charakter und ihre Lage am Uferhang eines Wādīs. Stellt sich der Formkatalog dieser Bauten, soweit aus den oberirdisch anstehenden Mauerzügen ersichtlich wird, als ausgesprochen variantenreich dar, so gewähren uns lediglich zwei ausgegrabene Beispiele tieferen Einblick in strukturelle Eigenschaften. Beide Anlagen stammen aus dem Gebiet des mittleren Wādī-Ḏana-Laufes oberhalb des großen Dammes von Mārib. Die eine, in Šakab gefunden, ist quadratisch und besitzt im Innern vier auffallend regelmäßig angeordnete Steinpfeiler, so daß ein vollkommen symmetrisch ausgewogener Grundriß entsteht. Der andere Bau, ʿAtf al-Ḥamra genannt, liegt auf den welligen Hügeln am Fuß des Ǧabal Balaq al-Qibli unweit des Wādī Qutūta und ist von rechteckiger Grundform. Solides aus rund gewaschenen Felsbrocken aufgeschichtetes Mauerwerk umgrenzt einen 26×33,5 m großen, mittelaxial zu betretenden Bezirk, dessen Innenraum auf relativ simple Weise organisiert ist und durch stark dimensionierte Pfeiler einhüftig gegliedert wird. Sechzehn rechteckige Pfeiler teilen die Grundfläche längshälftig in ein pfeilerbestandenes und ein leeres Feld. Eine derartige Grundrißidee ist singulär und weder in der arabischen noch vorderasiatischen Baugeschichte belegbar. Aber nicht nur diese Grundrißidee gibt Rätsel auf, auch der Grabungsbefund verhilft zu keiner Deutung. Innen ist der Bau absolut fundleer, fast steril gehalten, und man ist geneigt, diesen Zustand als kultisch rein anzusprechen, was der Bedeutung als Kultplatz eher zugute käme, denn der sakrale Charakter wird hierdurch betont, die Nähe zum Metaphysischen in gewisser Weise veranschaulicht. Wir werden nicht fehlgehen, beide Strukturen, die aufgrund mangelnder Kleinfunde und anderer Datierungsindizien altersmäßig nicht bestimmbar sind, dem Totenkult zuzurechnen, denn nicht selten stehen sie mit Gräbern oder Kenotaphen, vielfach auch nachträglich angesiedelten, in Verbindung.

Am Rande des östlichen jemenitischen Flachlandes auf dem Ǧabal Balaq al-Ausaṭ, dem Gebirgszug südwestlich der großen Oase von Mārib, stoßen wir auf Bauwerke mit kultischer Funktion, die den frühgeschichtlichen Epochen zuzuweisen sind. Ihre Grundform ist wiederum rechteckig, der Eingang liegt mittelaxial an der Schmalseite, das Raumschema ist sehr einfach gegliedert, ein Hof, an dessen Ende, dem Eingang gegenüberliegend, drei meist gleichgroße überdeckte Kammern angeordnet sind, die vom Hof aus zugänglich sind, untereinander aber nicht kommunizieren. Auch bei diesen Kulthäusern ist die enge Beziehung zu einzeln stehenden Tumuli, zu Grabturmfeldern und anderen Einrichtungen des Totenkultes nicht zu übersehen.

In der architektonischen Genesis scheint uns der Weg von den hier vorgestellten Anlagen zu typologisch ausgereifteren Beispielen in historische Zeit zu führen, zu zwei sabäischen Tempeln, von denen wir nun auch die Bauherren und Entstehungszeiten kennen, über rituelle Hintergründe erfahren sowie die Namen der Götter, denen sie geweiht waren. Formgeschichtlich handelt es sich um Gebilde, die man wohl als kanonisierten Typ des klassisch sabäischen Tempels bezeichnen könnte, wenngleich weiteres Beweismaterial für diese Hypothese bislang noch nicht verfügbar ist. Das Raumschema ist gegenüber den älteren Kultbauten differenzierter, die bauliche Gestalt reicher, auch in Hinblick auf Technik und Material. Das Grundprinzip, der nach außen geschlossene Baukörper, der einen dominierenden Hof enthält und an der Rückseite die dreigeteilte Cella, wird beibehalten, nun aber durch einen neuen Bestandteil, das Stützwerk, bereichert, das den Hof an drei Seiten umgibt, an den Längsseiten und an der Eingangsseite, während die Cellafront weitgehend frei bleibt. Der Eingang des Tempels erhält als zusätzliches architektonisches Würdezeichen in der Regel ein Propylon mit sechs oder acht Stützen. Hervorgehobene Bauglieder und -teile bildet man nunmehr in Kalksteinquadertechnik aus. Das tragende Stützwerk besteht aus monolithen Pfeilern, auf denen Gebälke, Decken und Dächer aus behauenen Kalksteinen ruhen, auch Schauseiten, wie etwa die Cellafront und Eckzonen, werden gelegentlich gequadert.

Ein klassisches Beispiel dieses Typs bildet der 1979 vom

Wadd-Tempel am Wādī Qututa, von Norden gesehen.

Akanthuskapitelle (Museum Sanaa).

Verfasser mittwegs zwischen Mārib und Ṣirwāḥ am Wādī Qutūta entdeckte Tempel des Wadd D̲ū-Masma', der nach Aussagen Ortsansässiger erst 1970 der Steinplünderung zum Opfer gefallen ist und seiner Pfeilerperistase beraubt wurde. Der Ruinenbefund erlaubt jedoch die Rekonstruktion des ursprünglichen Zustandes, der dem beschriebenen Schema genau entsprach. Eine Reihe von Inschriftenfunden versetzen uns darüberhinaus in die Lage, daß wir nicht nur den Namen Gottes, dem der Tempel geweiht war, kennen, sondern auch den des Erbauers erfahren, Yagdum'il, der Verwalter des 'Almaqah, und das ungefähre Baudatum, um 700 v. Chr. D̲ū-Masma' ist der Beiname des Gottes Wadd, bedeutet den Ort, wo man gehört (erhört) wird, d. h., an dem die Gläubigen Bittgebete an den Gott adressieren konnten.

Im Umfeld des Bauwerkes finden sich zahlreiche Gedächtnisstätten, möglicherweise auch Bestattungen, offenbar hat man zu allen Zeiten seine Toten mit Vorliebe im Bannkreis des Heiligtums begraben.

Aus der gleichen Epoche stammt ein weit weniger gut erhaltener Bau, der am Fuß vom Bergmassiv des Ǧabal Ṣaḥl gelegene Tempel von Masaǧid, der dem Mondgott 'Almaqah geweiht war.

Das ähnlich wie der Wadd-Tempel fernab jeder menschlichen Siedlung errichtete Heiligtum ist ein Werk des baufreudigen Mukarribs Yada'īl D̲ariḥ I., der sich hier in Bauinschriften verewigt hat. Die Anlage besteht aus einem von einer hohen Steinmauer umfriedeten 100×37 m großen Temenos, an dessen Vorderfront drei Eingänge liegen, von denen der mittlere durch ein Pfeilerpropylon betont war. Älter als diese Temenosmauer ist der im heiligen Bezirk stehende, mit der Umfriedung weder konstruktiv noch architektonisch verbundene eigentliche Tempel, von dem heute nur noch Trümmerschutt und Fundamentreste verblieben sind, dessen elegantes Stützwerk aber noch auf einer alten Photographie zu bewundern ist. In der Gestaltidee vertritt der Tempel von Masaǧid denselben Typus wie der Wadd-Tempel, beide haben fast identische Grundrisse. Man könnte dieses hier vorliegende Planschema als Prototyp des sabäischen Tempels bezeichnen, der sicher weit verbreitet war.

Mukarrib Yad̲a'īl D̲ariḥ, der Erbauer des Heiligtums von Masaǧid, hat in der alten sabäischen Hauptstadt Ṣirwāḥ dem Mondgott 'Almaqah einen weiteren großen Tempel gewidmet, der, wie das rudimentäre Propylon und die Reste der inneren Peristase implizieren, derselben klassischen Grundform zuzuschreiben ist. Eine Ausgrabung des von späteren Profanbauten völlig überlagerten Platzes könnte den Beweis erbringen. Die eindrucksvolle, an gleicher Stelle errichtete Mauer aus schön bearbeiteten Kalkblöcken, das Wahrzeichen von Ṣirwāḥ, hat mit der ursprünglichen Konzeption des Tempels nichts zu tun, sie gehört einer nachfolgenden Bauepoche an und hat höchstwahrscheinlich als Temenosmauer fungiert.

Auch im minäischen Gebiet ist dieses Tempelschema mindestens einmal belegt, im 'Aṯtar-Tempel RAṢ^{fum} bei Ma'īn. Vollständige Klarheit über den Grundriß läßt sich leider auch hier nicht gewinnen, denn mindestens eine

größere Umbauphase hat den Cella-Bereich des Bauwerkes verändert. Das verbindliche Schema mit pfeilerumstandenem Hof, axial angeordnetem Eingang und vorgelagertem Propylon ist in Maʿīn nur leicht modifiziert oder entspricht einer anderen Stilstufe, denn der Bau ist wesentlich jünger als die anderen, wahrscheinlich in die erste Hälfte des 5. Jh.s v. Chr. zu datieren.
Daß sich das Grundprinzip bis in die Spätzeit fortgepflanzt hat, mag man an einer Variante aus dem 1. vorchristlichen Jh. entnehmen, dem nördlich von Sanaa bei al-Huqqa für die Sonnengöttin D̲at Baʿadān (Wintersonne) erbauten Tempel.
Neben dem vornehmlich im sabäischen Reichsgebiet anzutreffenden längsaxial orientierten Tempel mit Hof und u-förmigem Peristyl, einer Lösung, der eine entschiedene Richtungstendenz innewohnt, gibt es andere Beispiele sakraler Baukunst in Südarabien, die während einer langen wechselvollen Geschichte anscheinend immer mehr in einen breiten Variantenreichtum und in eine Vielfalt unterschiedlicher Formen münden und möglicherweise in der Spätzeit der antiken Staatengebilde mehr und mehr fremden Einflüssen unterliegen, vielfach ganz unterschiedliche Tendenzen zeigen. Aber auch hier fehlen uns genügend konkrete Anzeichen, um auf Spekulatives ganz verzichten zu können.
Der zweite Kreis von Bauten, die typologisch einem anderen Grundriß- und Raumschema folgen, gibt sich uns bisher in erster Linie ebenfalls nur in unausgegrabenen Ruinen zu erkennen, aus dem minäischen Ǧauf und aus Qatabān. Sie unterscheiden sich von der zuvor behandelten Gruppe grundlegend durch eine ausgesprochen gegenräumliche Artikulation des Inneren bei gleichermaßen kubisch geschlossenem Äußeren. Die Raumvorstellung weicht auch insofern ab, als hier jede Akzentgebung fehlt, etwa eine Bewegung des Raumes auf ein Adyton zu, jede Richtungstendenz geradezu vermieden wird, Eigenschaften, die dem Tempelbau des Sabäertums leitmotivisch diametral entgegengesetzt sind.
Diese andere Gruppe von Bauten läßt sich in zwei Erscheinungsformen ein und desselben Grundgedankens nachweisen, die essentiell nicht unterschiedlich sind, sondern vielmehr durch additive Steigerung des Prinzips entstehen. Die einfachere Fassung ist der ungegliederte Rechteckbau mit sechs oder acht gleichmäßig auf die Grundfläche verteilten Stützen, d. h. mit einer Aufteilung in gleichgroße Joche. Ist der Innenraum asymmetrisch, etwa knickachsig zu betreten, dann wird die diesen Bauten adhärente Richtungslosigkeit noch stärker spürbar. Ein klares Beispiel hierfür ist der kleine relativ gut erhaltene Bau im Stadtgebiet von Maʿīn, von dem wir allerdings nicht mit absoluter Sicherheit behaupten können, daß es sich um einen Tempel handelt, wenngleich der ihm anhaftende sakrale Charakter kaum angezweifelt werden kann. Weder Cella noch Kultnische gibt es, aber schließlich wissen wir nicht, ob bestimmte Kultformen derartige Einrichtungen vielleicht nicht sogar überflüssig machten. Eine Akzentgebung vermissen wir im Grundriß ebenso wie in der Baukörpergliederung. Wir befinden uns hier in der seltenen Lage, dies beurteilen zu können, weil das Bauwerk bis zur Deckenkonstruktion einschließlich erhalten geblieben ist.
Gegenstücke zu Maʿīn auf südjemenitischem Boden sind die Tempel von Gaybun, al-Haǧra und Ḥuṣn al-Qays, die durch die Verlagerung des Einganges in die Mitte der Schmalfront eine Leitrichtung erhalten, die jedoch weder architektonisch noch von der liturgischen Funktion her einen Zielpunkt, etwa in der Art eines Adytons, erhält.
Das andere, gleichfalls im minäischen Ǧauf und in Qatabān beheimatete Prinzip zeichnet sich durch einen vollkommen indifferenten, absolut richtungslosen, mitunter quadratischen Grundriß aus, durch Multiplizierung der Joche und additiv gereihte, vollkommen regelmäßig und abstandsgleich angeordnete Stützen, wobei deren Anzahl keineswegs festgelegt ist.
Bei einem Tempelfragment aus der minäischen Stadt Yat̲ull (modern Barāqiš), das den Besiedlungsschutt der islamischen Stadtepoche noch heute mit teilweise intakter Deckenkonstruktion überragt, stehen sechzehn Monolithpfeiler mit gleichweiten Achsabständen in situ, die Anlage war mit Sicherheit noch größer. Ob sie mit dem inschriftlich bezeugten At̲tar-Tempel identisch ist, wissen wir nicht. Direkte Bezüge, aus denen Zuweisung und Baudatum ableitbar wären, fehlen bis jetzt völlig. Einen ähnlich hypostylen, gleichmäßig auf die Grundfläche verteilten Pfeilerwald hatte eine Bauanlage in dem nahe bei Barāqiš gelegenen aš-Šaqab. Ein besser erhaltenes Beispiel ist der quadratische Zwölfpfeilerbau von Ḥuṣn al-Qays. Durch die quadratische Grundform und die Regularität in der Aufstellung der Stützen kommen Richtungslosigkeit und raumverneinende Wirkung noch stärker zum Ausdruck.
Außer diesen beiden Erscheinungsformen, den zwei hier aufgezeigten Grundtypen, beinhaltet die Tempelbaukunst des antiken Südarabien noch andere Formen, von denen wir jedoch nur sehr sporadisch Kenntnis haben. Vielfach werden in der Fachliteratur auch elliptische, ovoide und apsidial geschlossene Grundrißlösungen zitiert, etwa der Awwām-Tempel auf der Südoase von Mārib oder der ʾAlmaqah-Tempel in Ṣirwāḥ. Aber bei beiden handelt es sich nicht um die Tempelbauten selbst, sondern um Temenosmauern. Der heilige Schrein, ein Altar, am wahrscheinlichsten der autonome Tempel selbst, wird sich im Inneren dieser meist sehr großen Anlagen befunden haben.
Von der Vielzahl rudimentär erhaltener Baueinrichtungen kultischen Gebrauchs sollen hier nur zwei Erwähnung finden, wenngleich auch sie nicht ausgegraben sind. Zu den oberen Schichten in der Stratigraphie Baiḏāʾs, der antiken Stadt Našq^{um} im Ǧauf gehört ein gedrungen rechteckiges, eher klein zu nennendes Bauwerk, das allem Anschein nach einräumig war. Der Zugang liegt mittig in der Schmalfront. Ihm war ein Propylon vorgeschaltet, von dem die scharfkantig behauenen Pfeiler noch heute in situ stehen. Ob der Bau überdeckt war oder hypäthral konzipiert, könnte man vielleicht durch eingehendere Untersuchungen in Erfahrung bringen. Auffällig ist

Mārib, Maḥram Bilqīs, Pfeilerreihe des Propylon.

nicht nur die hervorragende Steinmetztechnik des aufgehenden Mauerwerks, sondern vor allem die Wandgliederung im Äußeren. Sie besteht aus einem Wechsel fast gleichbreiter Vor- und Rücksprünge und läßt eine Art Pfeiler-Nischenmotiv entstehen. Durch die stark plastische Akzentuierung wird ein ausdrucksvolles architektonisches Relief erzeugt, das in der südarabischen Formensprache dieserart sonst nicht vorkommt.

Ein wesentlicher Bestandteil der Sakralbaukunst, wohl nicht Tempel im eigentlichen Sinne, sind die vielerorts anzutreffenden Monumentalaltäre oder Podiumbauten, die besonders zahlreich im Stadtgebiet von Mārib sind. Ihr katastrophaler Erhaltungszustand, sie waren stets mit einer Schale aus edlem Kalkquadermauerwerk verkleidet, das ausnahmslos geraubt ist, erlaubt kaum mehr als ihre Erwähnung und gestattet höchstens Vorschläge zur mutmaßlichen Rekonstruktion. Es sind groß dimensionierte massive Konstruktionen von kubischer Gestalt, mehrere Meter hoch und mit einer Plattform versehen, auf der wohl Altäre zu vermuten sind. Nicht ausgeschlossen werden kann, daß diese Blöcke Säulenstellungen trugen, wenn man das aus gelegentlich im Umfeld anzutreffenden Säulentrommeln schließen darf. Ein unmittelbar neben dem Māriber Westtor errichteter Block besaß eine breite, auf das Podium führende Freitreppe. Alle diese Ruinen, die sich an der Oberfläche oder in den jüngsten Besiedlungshorizonten der Stadt befinden, sind den späten Geschichtsepochen zuzuschreiben.

Unterscheiden wir in der südarabischen Architektur zwischen Werken der Frühgeschichte, der Blütezeit und der späten, d. h. der nachchristlichen Jahrhunderte und lassen sich trotz des begrenzten archäologischen Materials verbindende Stilmerkmale, zeitbedingte Typika herausstellen, so darf keineswegs ein Umstand außer acht gelassen werden, der leider oft genug zu Falschdatierungen Anlaß gegeben hat. Aus inschriftlicher Erwähnung bekannt sind eine Reihe namentlich genannter, bisher aber nicht lokalisierter Tempel, von denen mitunter auch Bauherren und Entstehungszeiten überliefert sind. Andererseits sind existente Ruinen mit den auf sie bezogenen antiken Nachrichten »archäologisch« verbunden worden, wodurch es zu erheblichen Fehleinschätzungen kam, denn Baudatum und Schriftzeugnis liegen zeitlich weit voneinander getrennt. Die Langlebigkeit der Bauwerke basiert nicht zuletzt auf ihren konstruktiven und bauanatomischen Eigenschaften. Alle Sakralbauten wurden in Stein ausgeführt, die meisten in der für Südarabien charakteristischen unnachahmlich-qualitätvollen Hausteintechnik. Viele Tempel, man denke an Masağid oder Maḥram Bilqīs in Mārib, standen, wie wir wissen, Jahrhunderte hindurch in kultischem Gebrauch und wurden nur dann, wenn es äußere Umstände verlangten, erneuert

Mārib, Südoase, Almaqah-Tempel Barʾan (heute al-ʿamāʾid oder ʿarsh Bilqīs genannt), Pfeiler des Propylons.

Mārib, Südoase, Almaqah-Tempel Barʾan (heute al-ʿamāʾid oder ʿarsh Bilqīs genannt), Kapitelle der Propylonpfeiler.

oder verändert, zuweilen dem herrschenden Zeitgeschmack angepaßt. Aus dem im ausgehenden 8. Jh. v. Chr. erbauten ʾAlmaqah-Tempel von Masağid besitzen wir nicht nur Inschriften späterer Zeit, sondern auch Architekturornamentik, die durch florale Kompositionen und fremde Stileinflüsse eindeutig nicht aus der Entstehungszeit des Tempels stammt, sondern als spätsabäisch einzustufen ist, was für eine viele Jahrhunderte später erfolgte Neuausgestaltung spricht. Auch die in den Tempeln aufgestellten Votivbilder und Weihinschriften müssen nicht mit den Bauwerken zeitgleich sein. Andererseits ist ein an mesopotamische Bausitten erinnerndes Phänomen zu beobachten, nämlich daß ein seit frühester Zeit bestehendes Heiligtum an gleicher Stelle in neuem architektonischem Gewande wiederersteht. Als Beispiel dafür mag der Māriber Stadttempel Harūnum gelten, der epigraphisch schon im 4. vorchristlichen Jh. zu belegen ist, von dem wir aber einen Kapitellpfeiler der Stilstufe des 2./3. Jh.s n. Chr. besitzen. Derselbe Pfeiler, der mithin einem Neubau des Tempels angehören muß, trägt denn auch eine eingemeißelte Inschrift, aus der wir erfahren, daß sie der im 2. Jh. n. Chr. regierende Sabäerkönig Wahab ʾil Yaḥūz am Tempel anbringen ließ. Ob derartige Neubauten in der Folge technisch notwendig gewordener Schritte zu suchen sind oder aus Prestigeansprüchen der jeweiligen Herrscher zu erklären sein können, wissen wir nicht. Ebenso unklar bleibt vorerst, ob Zuweisungen an bestimmte Götter Einfluß auf die architektonische Gestaltung genommen haben, ob Kulte oder Ritualfunktionen formbildend wirkten.

Bauglieder und Bauschmuck

Wenn hier versucht wurde, Raumschemata und Grundrißtypen in Ansatzpunkten vorzustellen, so blieben dabei baugeschichtliche Entwicklungsstufen innerhalb der Reihen ebenso wie Stilfragen und Einzelformen zunächst unberührt. Gewiß gibt es Gemeinsamkeiten in der architektonischen Syntax, die in der Gestaltidee und in der räumlichen Organisation des Gesamtwerkes ebenso deutlich artikuliert sind wie in der Prägung plastischer Details. Auf dem Gebiet der Bauornamentik, der Bauglieder und Einzelformen, sei es konstruktiv bedingter oder schmückender, ist das vorhandene archäologische Material nicht nur heterogen, sondern auch, ohne im Kontext zu den Bauten stehend, überliefert. Um Ordnung in die Vielfalt zu bringen, ist es vorerst unabdingbar, Stilfragen zu erörtern, relative Abfolgen zu schaffen, bevor eine präzise Kategorisierung mit absoluten Datierungen erreichbar sein wird. Dennoch soll hier für den Leser und für den Besucher der Ausstellung auf zwei Wesensunterschiede in der bildenden Kunst Südarabiens hingewiesen werden.

Zu den Grundzügen altsüdarabischer Kunst, insbesondere der Architektur, gehört die asketische, von Kubik und reiner Stereometrie beherrschte Formensprache, die ihren reinsten Ausdruck in der vollkommen schmucklosen abstrakt-geometrischen Tektonik des Aufbaues findet. Realisierbar war dieses Formempfinden freilich nur auf dem Boden einer ausgereiften, handwerklich hochqualifizierten Steintechnik. Die strenge Linienführung der im Querschnitt quadratischen oder rechteckigen kapitellosen Monolithpfeiler mit den schmucklosen Architraven legt ein beredtes Zeugnis davon ab. Die Pfeiler erfahren zuweilen eine leichte Verjüngung nach unten oder sind durchgehend gleichbleibend bemessen. In archaischer Zeit waren die Achsabstände beim Stützwerk unterschiedlich, ein Merkmal, das sich offenbar noch mindestens bis ins 7. vorchristliche Jh. gehalten hat. Die Schäfte besitzen eine glatte, fein geschliffene Oberfläche, die motivische Übernahme der Anathyrosis als Sichtflächenbehandlung scheint erst später Eingang gefunden zu haben. Sehr gut zu sehen ist diese signifikante und verbreitete Technik noch an den Bauten von Maʿīn und Barāqiš. Leider ist kein einziger Tempel Südarabiens vollständig erhalten, jedoch lassen die wenigen verbliebenen Pfeiler des Maḥrams Bilqīs ahnen, von welcher ernsten Schönheit und klassischen Reinheit solche Bauten gewesen sein mußten. Den Höhepunkt baukünstlerischer Gestaltung erreichen die über acht Meter hohen Propylonpfeiler des ʾAlmaqah-Tempels »Al-ʿAmāʾid« auf der Südoase von Mārib, die an Präzision der Ausführung, in den feierlichen und eleganten Proportionen von keinem anderen Bauwerk übertroffen werden. Von gleich hoher Qualität sind auch die mehretagigen Zahnschnittkapitelle.

Diese Neigung des südarabischen Menschen zur Abstraktion und Geometrisierung, die auch in der Bildkunst zu Wort kommt, scheint seinem Wesen zutiefst eigen gewesen zu sein. Vor allem tritt dieser Gestaltungswille in der Architekturplastik zutage, in Steinbockfriesen, die zur Gebälkzone der Tempelbauten gehörten, bei Stierkopfwasserspeiern, an Opferbecken mit Tierprotomen und bei Bukranien. Sie verschmelzen in formaler Bindung zu einer Einheit mit der Architektur, mit den linealgeraden Kanten gequaderter Wandpartien und den Zahnschnittfriesen der Gebälke. In der reinen Geometrie haben wir das Urtypische der antiken Architektur Südarabiens zu

Maʿīn, ʿAṯtar-Tempel extra muros, Propylon, dahinter erstes und zweites Portal.

Ḥimjaritische Gemme. Ein Adler mit ausgebreiteten Flügeln, Kopf nach links gerichtet, Schwanz auf dem Kopf eines Stieres aufgesetzt, Krallen eingehakt auf den Spitzen der Stierhörner. Das Motiv ist von drei Buchstaben und einem Stern umrahmt.

Ovales Siegel, eine ruhende Gazelle darstellend, vor dem Hals ein Halbmond. In einer der muʿallaqāt – »Die Aufgehängten«, d. h. dichterische Kunstwerke, die an der Kaʿba – auf Gazellenleder geschrieben – aufgehängt werden durften, schreibt Imruʾ al-Qais:

»Da wandten sie (die Gazellen) sich zur Flucht,
Wie eine Halskette an edlem Halse.
Aus zweierlei jemen'schen Achaten aufgereiht,
So sah die flüchtende Herde aus . . .«

Sabäische Chalzedon-Gemme aus dem mittleren Dschauf (Nord-Jemen). Vier Sohlenabdrücke, zwei zu zwei mit den Zehen einander gegenüberstehend.

Sabäisches, rechteckiges, vierseitig bearbeitetes Stempel-Siegel, längs durchbohrt. Darstellung: eine Seite fünf übereinander gestellte Vögel (Trappen?); eine Seite ein Mann, der ein gehörntes Tier über seinen Kopf stemmt, darüber noch eine Schlange (?); zwei Seiten Schrift: ʾbʾns, yhršd, d. h. Abʾanas Yuharšid (Lesung nach Prof. Müller).

Alabasterkopf mit langem Haar und Muschel-Augeneinlagen, um Chr. Geb. Höhe 24,9 cm, Privatbesitz.

Oben links: Steinbock aus Bronze aus der Gegend von Baiḥān, um Christi Geburt.

Oben rechts: Öllampe in Form eines Steinbocks, Bronze (Kunsthistorisches Museum, Wien).

Links: Plakette, Bronze. Mann in der Tradition des sogenannten »Herrn der Tiere« (Kunsthistorisches Museum, Wien).

Seite 91: Archaische griechische Bronzestatuette eines Kriegers (um 530 v. Chr.), gefunden in Südarabien.

Links: Spätsabäische Silberarmreifen, Nationalmuseum Sanaa.

Seite 93: Sabäischer Porträtkopf mit eingelegten Augen, Alabaster, Höhe 10 cm. Eines der in seiner individuellen Modellierung und Qualität der künstlerischen Ausführung trotz – oder gerade wegen – seines kleinen Formats hervorragendsten Werke sabäischer Kunst (Nationalmuseum Sanaa).

Unten: Goldener Siegelring (links) und Abdruck (rechts) mit dem Namen des Eigentümers, (2,8×1,8 cm), 1. Jh. v. Chr.

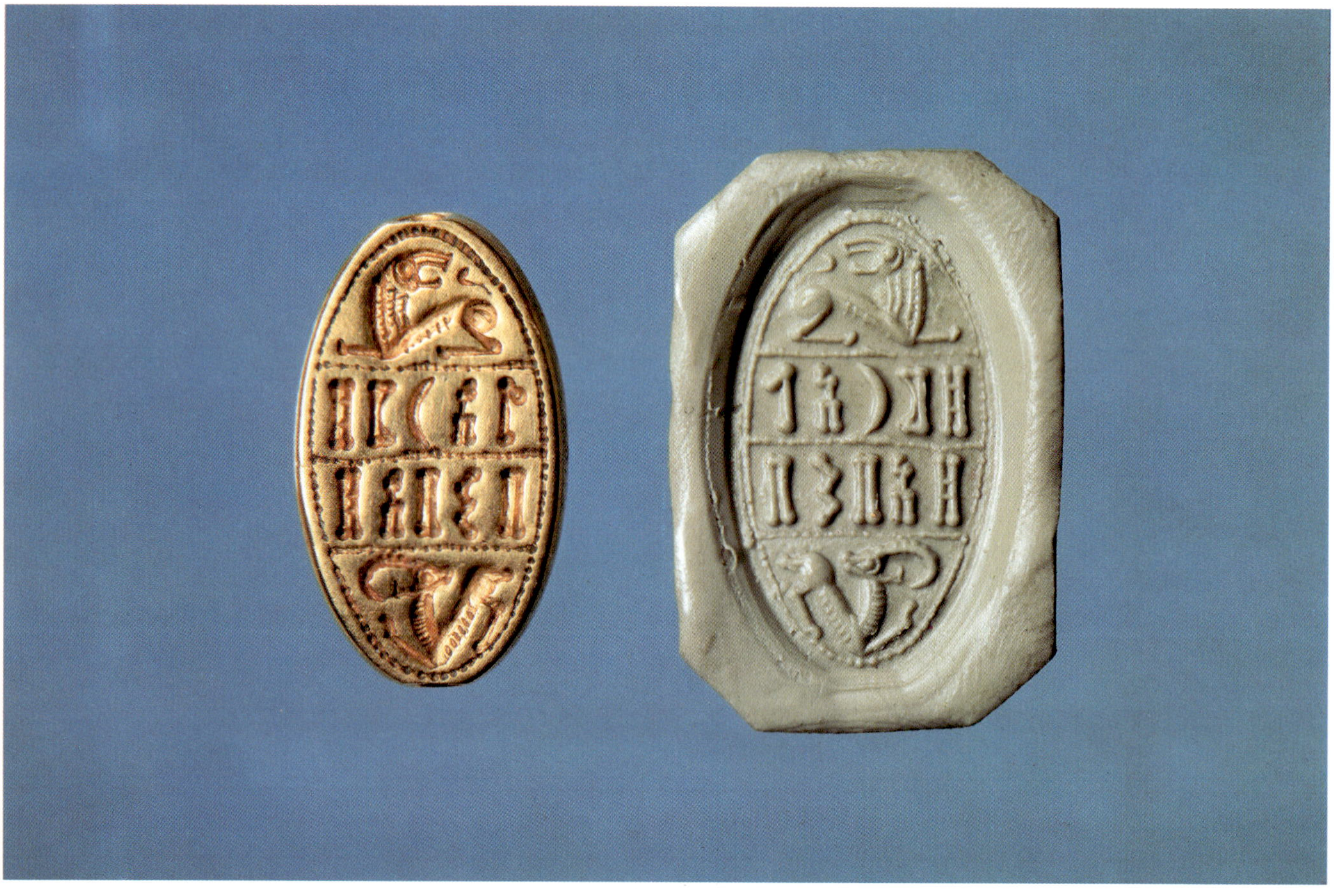

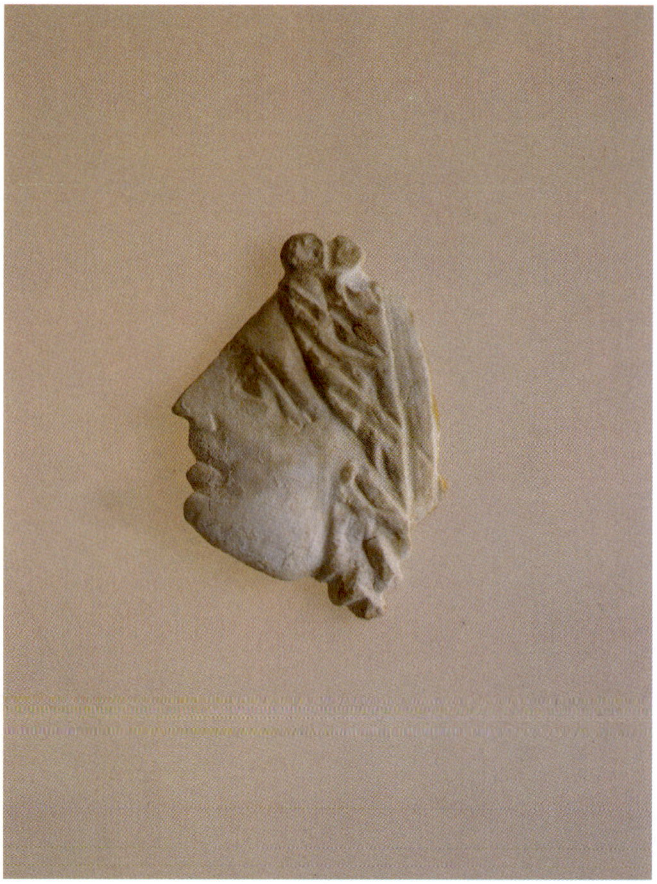

Oben links: Kapitell eines der Pfeiler vom Königspalast in Schabwa: Gehörnter Greif, der seinen rechten Vorderfuß über einer Amphore hebt. 3. Jh. n. Chr., restauriert von R. Audouin (Nationalmuseum Aden).

Oben rechts: Frauenkopf aus weißem Stein, gefunden im Königspalast von Schabwa (Nationalmuseum Aden).

Unten links: Bruchstück eines Freskos aus dem Königspalast von Schabwa, 3. Jh. n. Chr. (Nationalmuseum Aden).

Unten rechts: Der Königspalast von Schabwa. Blick auf das Untergeschoß des Hauptgebäudes und den Hof.

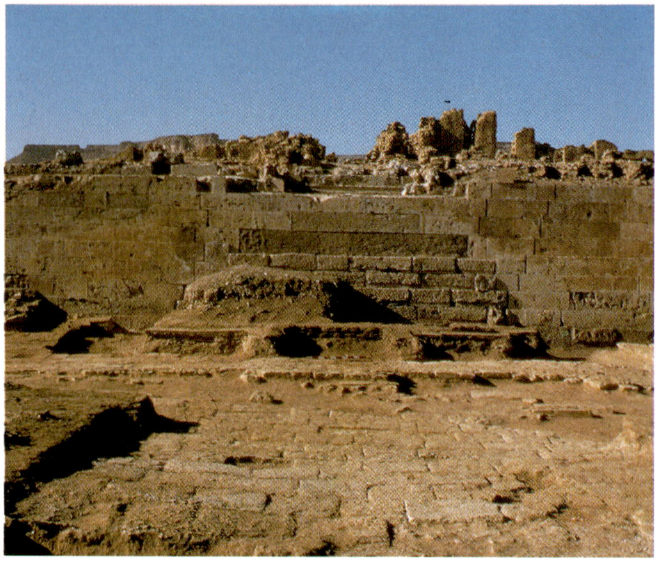

Die Stadt Saada (Ṣaʿda), 1975. Man erkennt die dunklen Schlacken und Halden der mittelalterlichen Eisenerzverhüttung in Saada.

Das alte Silberbergwerk von al-Raḍrāḍ (heute al-Jabalī genannt), am Jabal Ṣalab (Nihm).

Das sabäische Silberbergwerk von al-Raḍrād.

Alter Eisenerzbau am Dschabal Al-Maidān, nördlich von Saada.

sehen. Allein aus diesem Formwillen erfährt die Architektur ihren Aufstieg aus prähistorischen Urgebilden zur »klassischen Reife«. Die Entfaltung und Vervollkommnung dieser Formensprache, die Durchbildung des ganzen Körpers bis ins kleinste Detail ist nie eine Frage des Formenreichtums, der Differenzierung und Multiplikation, sondern der Verfeinerung der Proportionen, der Sublimierung architektonischer Zusammenhänge und nicht zuletzt auch eine Angelegenheit vollkommener handwerklicher Ausführung. Quellende Fülle organischer Formen, naturalistisch dargestellte Einzelheiten und vegetabilische Bauglieder wie Weinrankenfriese, Akanthuskapitelle, Rosettenfelder, Palmettenbänder und anderes wären der eigenschöpferischen Potenz südarabischen Geistes nie entwachsen, sie finden erst dann Eingang, als der Höhepunkt in der Vollendung der geometrisch reinen Form schon überschritten ist und der eigenständige Formwille im baukünstlerischen Schaffen zu ermüden beginnt. Vielleicht ist man sogar erst an dieser Schwelle für den Einfluß hellenistischen und römischen Kunst- und Gedankengutes empfänglich, ohne das der weitere Werdegang nicht zu denken wäre. Auf diesem Terrain entstehen Mischformen, Verschmelzungen der altsüdarabischen Formen mit fremdländischen Überlagerungen. So bedeutsam diese Leistungen auch sein mögen, sie zeigen den Abstieg der Kultur an und nicht, wie allein an griechischen Vorbildern orientierte Stimmen wahrmachen wollen, die künstlerische Vollendung. Zu dieser neuen Verfügbarkeit rechnen wir die flach kannelierten Säulen mit »dorischer« Scheinkannelur, die im Repertoir sabäisch-minäischer Baukunst eine Späterscheinung darstellen und bezeichnenderweise auch immer ein Kapitell tragen, das vielfach aus mediterran-antiken Rezeptionen entstanden ist. Aber auch die Block- und Stufenkapitelle mit den früh erscheinenden Zahnschnittmotiven, die aus dem stereometrischen Grundgefühl entsprungen sind, erfahren grobschlächtige Umbildungen und weisen Verfallserscheinungen auf; zu einer Formsynthese kommt es dennoch nicht, eher zu einer formalen Umorientierung, gleichwohl zehrt man von den formalen Leitmotiven altsüdarabischer Baukunst.

Der Zeitpunkt erscheint verfrüht, die sakrale Architektur in Stilstufen einteilen zu wollen, jedoch sollte man sich, um den Leistungen und dem Schaffungsprozeß gerecht zu werden, die etwas verallgemeinernde Einteilung in drei große Kategorien vor Augen halten:

1. Die Zeit, in der es eine eigenständige Formensprache noch nicht gibt, sich diese erst langsam zu artikulieren beginnt.
2. Eine Epoche der Formierung des gestalterischen Gedankengutes, der Ausbildung und Kanonisierung von Formen, die Schaffung und Vervollkommnung eigenständiger künstlerischer Ausdrucksmittel.

Barāqiš (= Barāqisch), Deckenkonstruktion eines hypostylen Tempels.

Antilopenfries (Museum Sanaa).

3. Die Zeit der Überlagerung des Eigenschöpferischen durch Fremdeinflüsse, eine Epoche, in der die Formen hellenistisch-römischer Kunstproduktion sich zunehmend des südarabischen Kunstgutes bemächtigen.

Die Erzeugnisse der dritten Stufe sind aufgrund bekannter Bezugsebenen in der Kunstlandschaft der antiken Mittelmeerländer am ehesten zu bestimmen und einzuordnen, auch hinreichend zu datieren, während das übrige Material weder stratigraphisch festgelegt noch stilkritisch klassifizierbar ist. Wir stehen vor architektonischen Kennzeichen, die zwar mit bestimmten Altersstufen und Entwicklungsgruppen korrespondieren, aber ohne chronologischen Bezugswert bleiben, nicht zuletzt auch darum, weil eine allgemein verbindliche Chronologie zur Eingliederung der weit verstreuten Denkmäler in einen festen historischen Rahmen noch immer fehlt. Stark dimensionierte Monolithpfeiler mit engen Interkolumnien, schlanke Stützen mit großen Achsabständen, konisch nach unten verjüngte, entasislose Pfeiler mit und ohne Kapitelle, Säulen, Friese, Gesimse verschiedenster Prägung sind nur einige der vielen unterschiedlichen Formen und Merkmale, die wir registrieren, ohne sie bisher ihrem baugeschichtlichen Standort zuweisen zu können.

Ausstattung

Über Inventar und Ausstattung der Tempel erfahren wir nur wenig. Auch die Frage, ob es Götterbilder gab, bleibt nach wie vor offen. Im allgemeinen geben uns Texte fast bessere Auskunft als das archäologische Fundgut. Es wird von einem goldenen Bild in der Cella eines Gotteshauses berichtet, wir wissen aber nicht, ob es Symbol, Götterbild in Menschengestalt oder Symboltier war. Metallene Tierplastiken sind aus dem Awwām-Tempel in Mārib bekannt, überlebensgroße sollen der Sage nach auch in Masağid gestanden haben. Votivbilder und Weihgeschenke in Form von Inschriftenstelen und solche mit figürlichen Darstellungen müssen die Innenräume der

Kultbauten bevölkert haben, Stand- und Sitzbilder von privaten Stiftern, Priestern und hohen Beamten der Monarchen. Aber die überwiegende Zahl an Rund- und Flachbildwerken in Museen und Sammlungen stammen aus dem Kunsthandel und lassen keine Rückschlüsse auf ihren Herkunftsort zu. Was eindeutig zur Tempelausstattung zählt, sind die verschiedenen Typen von Altären. Sockelaltäre mit fassadenartiger Gliederung, plattenartig flache Becken mit vertieftem Innenfeld und vorkragendem Ausguß, der vielfach als Stier- oder Widderkopf ausgebildet ist. Sie dienten vielleicht Libations- oder kleineren Schlachtopfern. Die kleinen flach ausgesparten Becken konnten wohl nur zu Blut- und Gießopfern verwendet werden. Insgesamt gesehen zeigen die Altäre großen Formreichtum. Besonders zahlreich treten Brandopferaltäre auf, als Pyramidenstumpf, der einen ausgehöhlten Kubus trägt. Viele dieser Exemplare tragen Inschriften der Stifter, wie auf einem besonders großen und schönen Stück aus dem Mittelraum der Cella des Wadd-Tempels am Wādī Qutūta. Das Objekt ist mit Mondsichel und Scheibe verziert, am oberen Rand mit Zinnen und trägt die Inschrift des Weihenden mit seinem und dem Namen der Sippe. Der Empfänger der Widmung ist Waddum D̲ū-Masmaʿim, also der Herr des Heiligtums, in welchem der Räucheraltar gefunden wurde. Ebenfalls aus dem Mittelraum der Cella des Wadd-Tempels stammt ein pfeilerartiger Kalksteinsockel mit vierzeiliger Bustrophedon-Inschrift, eine Widmung an Waddum. Das Besondere dieses Fundstückes liegt weniger im Inhalt des eingravierten Textes und in der feinen Musterung des Schaftes als in einem Detail des Sockelkopfes. Hier befindet sich eine viereckige Vertiefung, in die ein noch vorhandener Bleischuh paßt, zweifelsohne die Standspur einer auf dem Sockel verzapften Statue. Das in der Inschrift nicht genannte Widmungsobjekt könnte ein auf dem Sockel ruhendes Standbild gewesen sein.

Man wird nicht fehlgehen in der Annahme, daß die meisten der in den Tempeln aufgestellten Weihgaben Inschriftenstelen waren, auf denen die erbrachten Opfer und Leistungen, z. B. Bauleistungen für den Gott, d. h. für seinen Tempel, verewigt wurden. Bußinschriften für kultische Vergehen wurden öffentlich ausgestellt, gewöhnlich auf Bronzetafeln in den Tempeln angebracht. Die Tafeln sind in der Regel wohl fest im Mauerwerk verankert gewesen, im Māriber Awwām-Tempel sogar an den Stützpfeilern. Direkt in das steinerne Tragsystem eingemeißelte Inschriften kennen wir aus dem ʿAṯtar-Tempel bei Maʿīn. Als Bauinschrift gehören sie, wie auch die große Propyloninschrift in Ṣirwāḥ, zum festen Bestandteil des Tempels selbst.

Aufmerksam gemacht werden soll schließlich noch auf eine ebenfalls im ʿAṯtar-Tempel zu Maʿīn entdeckte Bildkunst, die weder zu den Weihgeschenken noch zum liturgischen Inventar zu zählen ist, aber auch nicht als reiner

Steinbockfries Mārib.

Maʿīn, ʿAṯtar-Tempel, reliefierte Stele.

Architekturfragment mit Weinrankenmotiv (Museum Sanaa).

Bauschmuck aufgefaßt werden darf, denn sie trägt weder die Züge ornamentaler noch die tektonischer Elemente, wenngleich ein dekoratives Moment in der Art der Motivgestaltung äußerlich mitbestimmend ist. Der figurale und z. T. auch abstrakt-geometrische Reliefschmuck, um den es hier geht, befindet sich auf Steinstelen, welche in sekundärer Verwendung überliefert sind. In subtiler, eher graphisch als reliefiert zu nennender Meißeltechnik ist gegenständliche Thematik abgebildet, die in unterschiedlichen Bildfeldern auftritt und durch geometrische Muster, vornehmlich Zickzackbänder, voneinander getrennt wird. Ikonographisch interessant ist eine stark schematisierte stehende weibliche Figur auf einem Podest in frontaler Darstellung. Die Frau hält lange dünne Gegenstände in ihren Händen. Weitere verschieden gestaltete Bildfriese mit stilisierten Pflanzen und Tieren wechseln einander ab. Schreitende und liegende Steinböcke (Symboltier des ʾAlmaqah), Antilopen und Schlangen (Symboltiere des Wadd) gehören zur Thematik. Eine Interpretation des Dargestellten bringt die einzelnen Bilder und deren motivische Abfolge mit der heiligen Jagd in Zusammenhang. Durch diesen Symbolgehalt wird ein anderer Konnex zum Kultbau hergestellt, aber nicht im Sinne von Votivbildern und symboltragenden Baugliedern.

Der Tempel war heiliger Platz und Andachtstätte der Gläubigen, darüber hinaus aber auch Ort weltlicher Kommunikation, er konnte Gerichtsort sein, gewährte Asylrecht und war Publizitätsort für öffentlich rechtliche Erlasse, wie denn überhaupt die Tempel dank ihres Reichtums über das allgemeine staatliche Leben Macht ausübten, nicht nur im Verbund mit der theokratischen Gesellschaftsordnung, sondern auch in ganz profanen Bereichen der Wirtschaft und Verwaltung. Der Gottesdienst war dem Priester anvertraut. Das Vermögen und die Landgüter des Tempels verwalteten Beamte, die einen Verwaltungsrat bildeten. Ein wichtiges, mit der Sakralbaukunst unlösbar verknüpftes Kapitel ist das der Kulte, der Kultformen, der Götter und ihrer Attribute, ein Kapitel, das sich ganz auf literarische Quellen stützt, gelegentlich aber mit den materiellen Hinterlassenschaften in Einklang zu bringen ist. Die Lage der Tempel und Heiligtümer spielt eine Rolle, ob sie in einer Stadt, fernab menschlicher Siedlungen, im Gebirge oder in Tälern liegen und welche Funktion sie hatten, Wallfahrtsort, Weihestätte, Orakelplatz oder einem noch spezifischeren Zwecke dienten. Doch dieser Aspekt der Architektur führt in die Bereiche der Religionswissenschaft, bleibt der Philologie verhaftet, er wirft Problemstellungen auf, die den von Anfang an fest umrissenen hier gesteckten Rahmen sprengen würden.

Erläuterung der Fachausdrücke:

ANATHYROSIS: Die Bearbeitung der Fugenflächen zwischen Quadern durch Saumschlag.

ARCHITRAV: In der antiken Baukunst und den von ihr beeinflußten Baustilen der waagrechte, den Oberbau tragende Hauptbalken, der beispielsweise von Säule zu Säule gespannt ist.

INTERKOLUMNIUM: Säulenabstand, gemessen von Säulenachse zu Säulenachse.

ADYTON: Allerheiligstes, beispielsweise der Raum im Tempel, in dem das Kultbild steht, der nur von den Priestern betreten werden darf.

HYPOSTYL: Ein Raum, dessen Decken von Säulenreihen getragen werden.

HYPÄTHRAL: Nach oben nicht geschlossen.

HYPÄTHRALTEMPEL: Antiker Tempel, dessen Innenraum nicht überdeckt war.

PERISTASE: Stützenstellung.

PERISTYL: Die einen Hof umgebende Säulenhalle.

Vorislamische Inschriften und vorislamische Sprachen des Jemen

Alfred Felix Landon Beeston

An schriftlichen Zeugnissen für die Kultur des vorislamischen Jemen besitzen wir Tausende von Inschriften, in Stein gegraben, auf Felswänden angebracht, auf Bronzen. Zeitlich reichen sie von der ersten Hälfte des 1. Jahrtausends v. Chr. (Schätzungen schwanken zwischen dem 8. und 6. Jh. v. Chr.) bis zur Mitte des 6. Jh.s n. Chr. Etwa ein halbes Jahrhundert vor dem Islam hatte diese alte Kultur ein Gutteil ihrer Vitalität verloren, waren auch die Schriftzeugnisse zu Ende gekommen.

Der griechische Geograph Erathostenes (3. Jh. v. Chr.) schreibt in einem von Strabo überlieferten Text, die Bevölkerung Südarabiens teile sich im wesentlichen in vier »Nationen« (griech.: ethné). So kam es, daß die moderne Wissenschaft, als sie vier verschiedene Sprachformen in den Inschriften erkannte, diese nach den vier von Erathostenes überlieferten Völkerschaften bezeichnete, nämlich als Minäisch, Sabäisch, Qatabanisch (oder Qitbanische) und Ḥaḍramitisch. Einen Anhaltspunkt dafür, wie die Sprecher dieser Sprachen sie selber bezeichneten, haben wir jedoch nicht. Weiter sahen die europäischen Wissenschaftler diese vier Formen als Dialekte e i n e r Sprache an — obwohl sie so deutlich unterschieden sind, daß man sie wohl als »Sprachen« bezeichnen muß. Die Frage läßt sich freilich nicht abschließend entscheiden, weil wir die Kurzvokale der vier Sprachen nicht kennen (die Schrift gibt sie nicht wieder). Doch wird man von »Sprachen« deshalb reden dürfen, weil sie zu bestimmten Staatswesen gehören, genauso, wie wir Galicisch als spanischen Dialekt ansehen, Portugiesisch (mit seiner nahen Verwandtschaft zum Galicischen) aber als eigene Sprache, weil Portugal zum eigenen Staatswesen gefunden hat.

Diese vier Sprachen nannte man bis vor kurzem »Altsüdarabisch« oder »Epigraphisches Südarabisch«. Doch lassen neuere Entdeckungen eine präzisere Terminologie wünschbar erscheinen. Der Grund sind drei neugefundene Inschriften (eine ist noch unveröffentlicht) in einer unbekannten Sprache, die keiner der genannten vier entspricht. Um deshalb die genannten vier Sprachen von anderen »altsüdarabischen« Sprachformen abzugrenzen, müssen wir eine genauere Definition versuchen.

Die Hauptzentren des Minäischen, Sabäischen und Qatabanischen liegen in den Wadis und Gebirgsabfällen zur Sandwüste Ṣayhad (so bei den klassischen arabischen Geographen, heute als Ramlat as-Sabʿatayn bezeichnet), und selbst die ḥaḍramūtische Hauptstadt Shabwa liegt nicht im eigentlichen Wādī Ḥaḍramūt, sondern am Rande der Ṣayhad. Deshalb sollte man diese Sprachen »Ṣayhadisch« nennen, so wie man die Sprachen rund um den Tschadsee »tschadische« nennt.

Die Schrift, mit der diese Sprachen geschrieben wurden, nannten die Europäer im allgemeinen »südarabische Schrift«, während die arabisch-islamischen Gelehrten sie als »musnad« bezeichneten. Dies ist ein in den Inschriften selber gebrauchtes Wort und bedeutet so viel wie »Inschrift«. Diese Schrift wurde außerhalb Südarabiens für einige der frühesten äthiopischen Inschriften benutzt, ferner in Qaryat al-Fau (nordöstlich von Naǧran auf dem Handelsweg zum Golf) und vermutlich — für fast klassisches Arabisch — in Naǧran selber; schließlich auch in al-Ḥasāʾ (Ostarabien) für den dortigen Dialekt.

Diese »musnad«-Schriftform ist eng mit einer Reihe von Schriften verwandt, die von der Mitte des 1. Jahrtausends v. Chr. bis in die ersten nachchristlichen Jahrhunderte hinein in Mittel- und Nordarabien für eine Anzahl älterer arabischer Sprachformen benutzt wurden. Auch die bis heute gebräuchliche äthiopische Schrift geht auf den gleichen Typ zurück. Die äthiopische Schrift hat jedoch durch Veränderungen der Buchstabenformen die Möglichkeit geschaffen, kurze Vokale zu schreiben, während dies im Hebräischen oder Arabischen nur durch — selten benutzte — zusätzliche Zeichen möglich ist.

Die arabische Schrift mit ihren 28 Buchstaben geht zurück auf das aramäische 22-Buchstaben-Alphabet. Für die zusätzlichen Buchstaben der arabischen Sprache wurden einzelne der aramäischen Zeichen durch sogenannte »diakritische Punkte« ergänzt.

Im »musnad«-Alphabet gibt es solche Zeichen nicht. Es besteht aus 29 Buchstaben für Konsonanten. Kurze Vokale können nicht bezeichnet werden, auch nicht das lange »a« (da der Buchstabe, der im musnad-Alphabet dem arabischen alif und dem griechischen alpha entspricht, in der Aussprache den sogenannten »festen Stimmeinsatz« — das arabische hamza — darstellte). Nicht ganz klar ist auch, inwieweit »w« und »y« zur Kennzeichnung der langen Vokale ū, ī (oder ō, ē) benutzt wurden. Auch die Verdoppelung von Konsonanten, wie wir sie aus der europäischen Schrift kennen, ist im »musnad« fast unbekannt. All dies trägt nicht zu unserem Verständnis und zur korrekten Interpretation bei.

Manche der frühesten Inschriften sind in der sogenannten »Bustrophedon«-Form geschrieben, »wie der Ochse pflügt« — mit der ersten, dritten usw. — Zeile von rechts nach links, und den jeweils dazwischenliegenden von links nach rechts. Davon abgesehen, ist die Schreibrichtung stets von rechts nach links. Ein gerader (vertikaler) Strich trennt die einzelnen Wörter voneinander.

Die ṣayhadischen Konsonanten entsprechen im großen und ganzen den arabischen. Deshalb bedient man sich zur Umschrift der gleichen Konventionen wie beim Arabischen. Leider gibt es hierfür keine allgemein anerkannte Schreibweise und der Nichtfachmann wird sich über die von Autor zu Autor unterschiedlichen Systeme wundern. Am praktischsten ist das System von Hans Wehr in seinem »Wörterbuch der modernen arabischen Schriftsprache«.

Eine sehr problematische Gruppe von Buchstaben, die Zischlaute, ist jetzt noch zu erwähnen. Im heutigen Hebräisch und Arabisch gibt es ein klares scharfes »s« und daneben einen Laut wie das deutsche »sch«. Im traditionellen Hebräisch gibt es jedoch einen Unterschied: Der Buschstabe »samech« ist ein reines scharfes »s«, während der Buchstabe »śin/šin« manchmal als »s« und manchmal als »š« (sch) gesprochen wird. Viele Wissenschaftler haben daraus geschlossen, daß das ursprüngliche »ś« im Hebräischen ein von »s« und »š« unterschiedlicher, dritter s-Laut war. Es ist sehr auffällig, daß die sogenannten neusüdarabischen Sprachen (die nichtarabischen Sprachen, die im Mittelteil der Südküste der Arabischen Halbinsel und auf der Insel Soqotra gesprochen werden) ebenfalls neben »s« und »š« ein drittes »s« besitzen. Dieses »s« wird »seitlich« über die Zunge (nicht über die Zungenspitze, also die Zungenmitte) ausgesprochen, genau wie das walisische »11«. Eine weitere Schwierigkeit besteht darin, daß das arabische »š« im 8. Jh. n. Chr. offenbar nicht wie »sch«, sondern wie das deutsche »ch« (wie in »ich«) ausgesprochen wurde — das können wir der eindeutigen Beschreibung des Grammatikers Sibawayh entnehmen.

Viel spricht dafür, daß der zusätzliche Konsonant des Ṣayhadischen ein dritter s-Laut war. Ob er so ausgesprochen wurde wie der seitliche Zischlaut im Mahra, das wissen wir natürlich nicht. Darum bürgert es sich seit den vierziger Jahren ein, die drei s-Laute des Ṣayhadischen in der Umschrift durch lateinische Zahlen zu kennzeichnen. Einzelne Gelehrte verwenden nach wie vor die nachstehend in Klammern genannte Umschrift.

Vergleicht man diejenigen ṣayhadischen Wörter, zu denen es deutliche Parallelen in anderen semitischen Sprachen gibt, dann sieht man, daß man für mehr als 80 Prozent folgende Gleichstellung vornehmen kann:

Ṣayhadisch	Neusüdarabisch	Hebräisch	Arabisch
s^1 (früher s)	š	šin	s
s^2 (früher š)	(laterales s)	śin	š
s^3 (früher ś)	s	s (samech)	s

Daraus kann man jedenfalls eine Schlußfolgerung ziehen: Reines scharfes »s« war im Ṣayhadischen s^3, während man nicht mit absoluter Sicherheit wird sagen können, wie s^1 und s^2 ausgesprochen wurden.

Versucht man, Ṣayhadisch in Beziehung zu setzen zu den übrigen wichtigen semitischen Sprachen (Akkadisch, Ugaritisch, Aramäisch, Hebräisch, Arabisch, Neusüdarabisch und Äthiopisch), dann sieht man, daß Ṣayhadisch eine eigene zusätzliche Sprachengruppe bildet. Der Grund, Ṣayhadisch als eigene Sprachengruppe zu bezeichnen, liegt darin, daß alle ṣayhadischen Sprachen eine gemeinsame Eigentümlichkeit aufweisen, die die übrigen semitischen Sprachen nicht besitzen: Es handelt sich um das Suffix »n« (im Ḥaḍramitischen »hn«), das hinten an ein Substantiv angehängt wird, um den bestimmten Artikel zu kennzeichnen; im Arabischen geschieht das mit vorgesetztem »al«. So beobachten wir, daß ṣayhadische Texte, die arabische Namen (mit »al«) wiedergeben, manchmal dieses »al« beibehalten, und es manchmal durch ihr eigenes System eines angehängten »n« ersetzen. Wir lesen etwa den arabischen Namen al-Ḥārith in ṣayhadischen Inschriften gelegentlich als ʿlḥrth und gelegentlich als ḥrthn.

Die sabäischen Inschriften umfassen die gesamte Zeitspanne, aus der uns überhaupt epigraphisches Material vorliegt. Sie sind die bei weitem zahlreichsten und auch räumlich am meisten verbreiteten ṣayhadischen Sprachdenkmäler. In der frühesten Epoche — bis etwa gegen Ende des 1. Jahrtausends v. Chr. — finden sie sich überwiegend in einem Streifen, der von ihrer Hauptstadt Marib (ihrer »metropolis«, wie sie Erathostenes nennt), nördlich am Rande der Ṣayhad-Wüste bis zur Mündung des Wādī Dschauf reicht, dann westwärts zu den Ruinen der Doppelsiedlung Našq und Našan (heute: Madīna al-Bayḍāʾ und Madīna Sawdāʾ). Diese ganze Gegend kann man, relativ gesprochen, als »Tiefland« bezeichnen (um 1000 m Meereshöhe). Im eigentlichen jemenitischen Hochland, mit seinen Wadis und Hochebenen um 2000 m Meereshöhe, und von da aus südwärts über den Yisla-Paß bis Dhamār sind frühe Inschriften recht selten, werden dann aber, in den ersten drei Jahrhunderten n. Chr., außerordentlich zahlreich. Östlich von Dhamār lag das Gebiet des nicht-sabäischen Volkes Radman (mit seinem Zentrum Waʿlan), das sich aber gleichwohl für seine Inschriften eines sabäischen Dialektes bediente. In den letzten Jahren wurden hier eine Reihe überaus bedeutsamer Texte des 2. und 3. Jh.s n. Chr. entdeckt. Südlich von Dhamār beginnt sodann das Land der Ḥimyariten, mit seiner Hauptstadt Ẓafār (ein Stück südöstlich von Yarīm). Obwohl die Ḥimyariten bereits in sabäischen Texten des 2. und 3. Jh.s n. Chr. als bedeutende Macht erwähnt werden, finden wir ihre Inschriften erst im 4.—6. Jh. n. Chr., jetzt freilich im ganzen Nord- und Südjemen, den sie beherrschten, und weit hinein nach Zentralarabien, wohin sie Feldzüge unternahmen. Es war die ḥimyaritische Dynastie, deren Könige die späteren arabischen Geschichtsschreiber als Tabābiʿa (ein Plural; der Singular lautet Tubbaʿ) bezeichneten. Obwohl diese späten Texte in sabäischer Sprache abgefaßt sind, kann man nicht mit Bestimmtheit sagen, ob die Ḥimyariten sabäisch sprachen. Es kann durchaus sein, daß sie Sabäisch als Prestigesprache benutzten, genauso, wie die Nabatäer oder die Leute von Palmyra ihre Inschriften in Aramäisch verfaßten, obwohl sie selber aller Wahrscheinlichkeit nach Arabisch sprachen.

Minäische Texte gibt es im Jemen praktisch nur an zwei Ruinenplätzen an der Mündung des Wādī Ǧwaf, nämlich in Qrnw (heute Ḫirbat Maʿīn genannt) und in Ythl (heute Barāqish). Einige wenige Texte, vermischt mit anderen

Sprachen, finden sich auch im mittleren Lauf des Wādī Ǧwaf. Andererseits waren die Minäer ein Volk von Händlern. Eine ihrer Handelsniederlassungen war Dedan (das heutige al-ʿUlā im nördlichen Hedschas), wo zahlreiche minäische Inschriften gefunden wurden; andere finden sich verstreut über weite Teile der damals bekannten Welt, in Ägypten und auf Delos. Zeitlich gesehen kennen wir minäische Texte jedoch nur etwa aus dem Zeitraum vom 4. zum 2. Jh. v. Chr.

Qatabanische Texte kennen wir vor allem aus den Wādīs Ḥarīb und Bayḥān. Östlich von Bayḥān fanden sich im Wādī Marḫa eine Gruppe bedeutsamer Texte, die man gelegentlich als »awsanisch« bezeichnete, weil in ihnen Könige von »Awsan« erwähnt werden. Sprachlich handelt es sich jedoch um reines Qatabanisch.

Ḥaḍramitische Texte bilden die zahlenmäßig kleinste Gruppe. Überwiegend kommen sie aus Shabwa und Umgebung, jedoch fanden sich auch einige wenige in Myfʿt (dem heutigen Naqab al-Hağar im Wādī Mayfaʿa), in Qlt (Wādī Libna), nördlich von Kane (Ḥusn al-Ghurāb), und in Samhar (heute Ḫor Rori), einer ḥaḍramitischen Handelsniederlassung östlich von Salala in Dhofar.

Eine Schätzung, aus welcher Zeit die frühesten qatabanischen und ḥaḍramitischen Inschriften stammen, ist schwierig. Vermutlich dürfen wir den Beginn in der Mitte der ersten Hälfte des ersten Jahrtausends v. Chr. ansetzen. In beiden Fällen endete der Gebrauch der Sprache mit dem Ende des Staatswesens, also wohl (bei Qataban) um 200 n. Chr., und im Falle von Ḥaḍramūt gegen Ende des 3. Jh.s n. Chr.

Sprachlich gesehen kann man einen deutlichen Unterschied zwischen Sabäisch und den drei anderen ṣayhadischen Sprachen beobachten: Im Sabäischen lautet das Präfix für den kausativen Verbstamm »h«. Ferner ist »h« die Grundlage für die Pronomina der dritten Person und für die das Entferntere bezeichnenden Demonstrativa (»jener«). In den drei anderen Sprachen wird dafür ein Zischlaut (s^1) verwendet. Daneben gibt es jedoch einige Mischtexte, in denen »h« neben den Formen mit Zischlaut vorkommt, sowie im ganzen ṣayhadischen Gebiet, das bisher unerklärliche Phänomen, daß solche Eigennamen, die mit Elementen eines kausativen Verbstammes zusammengesetzt sind, praktisch stets »h« und nicht s^1 haben.

Von den übrigen Unterschieden zwischen den vier Sprachen können wir hier nur einige der wichtigeren erwähnen. Für die Präposition »nach«, »zu«, kennt das Ṣayhadische nur jeweils ein Wort, das sowohl die Bedeutung des arabischen »li« als auch die des arabischen »ʾilā« umfaßt (hebräisch »lĕ« und »ʾel«).

Diese einheitliche Präposition lautet im Sabäischen und Qatabanischen »l«, im Minäischen jedoch »k« und im Ḥaḍramitischen »h«. Die Präposition »von« lautet im Ṣayhadischen »bn« (oder gelegentlich »ln«), während die uns aus dem Arabischen (»min«), Hebräischen (»men«) oder Äthiopischen (»ʾemmenä«) bekannte Form »mn« nur in einer Handvoll von Inschriften eines sabäischen Dialektes aus den ersten nachchristlichen Jahrhunderten aus Haram (mittlerer Wādī Ǧawf) bekannt ist.

Von den Verbalstämmen können wir natürlich nur diejenigen klar bestimmen, die sich durch ihre Schreibweise von der Grundform abheben. Es sind solche mit den Präfixen h/s^1, t und s^1t, obwohl kaum ein Zweifel bestehen dürfte, daß es eine erheblich größere Zahl von Verbalstämmen gab, die wir lediglich deshalb nicht kennen, weil Vokale oder Verdoppelungen nicht geschrieben wurden. Verbalstämme mit einem n-Präfix (wie wir sie aus dem Hebräischen, Aramäischen und Arabischen kennen) gibt es nicht. Eine sehr interessante Erscheinung ist das b-Präfix im Qatabanischen für den Indikativ des Imperfekts (ohne dieses Präfix ist es ein Konjunktiv oder Jussiv), wie wir ihn in manchen modernen arabischen Dialekten, etwa in Syrien oder Libanon, finden.

Im Ḥaḍramitischen gibt es zwei bemerkenswerte Eigenheiten: Die Buchstaben »z« und »ḏ« sind untereinander austauschbar, ebenso »s^3 und »ṯ«. Daraus läßt sich schließen, daß sie offenbar jeweils gleich ausgesprochen wurden. Ferner gibt es beim Pronomen (in den angehängten Formen) einen Konsonantenunterschied zwischen maskulin und feminin (maskulin -s^1 und -s^3/ṯ für die Femininform). Dies gibt es sonst nur noch bei den Mahra-Sprachen (maskulin -š und feminin -s̀).

Schwer erklärbar ist die Substantiv-Endung »-m«. Im Sabäischen wird sie ziemlich regelmäßig gebraucht, wenn nicht der angehängte »bestimmte Artikel« (das oben erwähnte »-n«) verwendet wird. Dieses »-m« kann aber kein Zeichen für die Unbestimmtheit sein, da es auch bei Eigennamen vorkommt. In beider Hinsicht ähnelt es dem arabischen »-n«, wie z. B. in »rağulun« (»ein Mann«) als Gegensatz zu »al-rağulu« (»der Mann«), oder »Muhammadun«), wie der Name Mohammed korrekt ausgesprochen wird. Im Minäischen kommt das End-m so unregelmäßig vor, daß seine Bedeutung offenbar ganz ins Belieben des jeweiligen Sprechers gestellt war. Gar nichts wissen wir über seine Aussprache. So ist die Umschrift, die viele europäische Gelehrte für den Namen des minäischen Nationalgottes wählen, nämlich »Waddum«, reine Spekulation. Wir wissen nicht einmal, ob das Minäische Kasusformen kannte, wie sie etwa das klassische Arabisch besitzt. Man solle daher einfach »Wadd«, oder »des Wadd«, »dem Wadd«, etc., sagen.

Die grammatische Struktur eines ṣayhadischen Satzes ist in der Regel einigermaßen klar zu erkennen; doch gibt es natürlich bei komplexeren Sätzen Schwierigkeiten und unterschiedliche Auffassungen.

Die Hauptprobleme bestehen beim Vokabular. Es gibt Fälle, wo es dem Fachfremden schlicht unglaublich erscheint, zu was für völlig gegensätzlichen Übersetzungen die Fachgelehrten gelangten! Ein fester Ausgangspunkt wird natürlich durch gemein-semitische Wörter geschaffen, z. B. byt (Haus, Dorf, Familie), mwt (gestorben), etc. Doch selbst hier kann es im Einzelfall wegen des Fehlens von Vokalen Schwierigkeiten geben. Soll »mlk« = »König« (arabisch »malik«) oder »Eigentum« (arabisch »mulk«) bedeuten? Dann gibt es wieder Wörter ohne semitische Verwandtschaft, die aber gleichwohl aus dem Zusammenhang ganz eindeutig zu bestimmen sind, etwa

Sabäische Statuette einer sitzenden Frau, Kalkstein, 2. Hälfte des 1. Jahrtausends v. Chr. (Privatbesitz).

wenn eine Sarkophag-Inschrift lautet: »Dieser Sarkophag gehört dem Soundso, der im 22. Jahr des Ptolemäus, Sohn des Ptolemäus, yfqr«, natürlich heißt »yfqr« demnach »starb«. Andere Worte — z. B. »kwr«, »Gebirge« — die ebenfalls sonst im Semitischen nicht belegt sind, haben sich in den jemenitischen Dialekten bis heute erhalten.

Zwischen diesen beiden Extremen gibt es viele Zweifelsfälle. Wie soll man sie lösen? Die erste Wahlmöglichkeit besteht in der Anwendung einer der beiden folgenden Methoden: mögliche verwandte Wörter in den ungefähr gleichzeitigen, aber räumlich weit entfernten alten Sprachen Hebräisch, Aramäisch oder Akkadisch zu suchen. Diese Methode wandten vor allem die Forscher im 19. Jh. an. Die andere Möglichkeit besteht darin, Parallelen im heutigen Arabisch oder Mahri zu suchen — geographisch näher, zeitlich sehr weit entfernt. Die Schwierigkeit beim Vergleich mit arabischen Wörtern liegt in der Vielzahl der arabischen Wortbedeutungen, und beim Vergleich mit den jemenitischen Dialekten in deren bisher ungenügenden Erforschung.

Eine besondere Schwierigkeit liegt in der Versuchung, ein Wort in einem neuen Text durch Bezugnahme auf einen bereits veröffentlichten und übersetzten Text zu deuten. Leider wurden nämlich viele Texte schon vor Jahrzehnten veröffentlicht — und ihre Deutung ist heute oft überholt. Idealerweise müßte man also bei jeder neuen Veröffentlichung alle bisherigen Quellen des betreffenden Wortes neu durchdenken — das ist nicht bloß unrealistisch, zu bedenken ist auch, daß laufend neues Inschriftenmaterial bekannt wird, mit dem kaum Schritt zu halten ist.

Besonders schwierig sind Fachausdrücke. Ihre Eigenschaft ist es ja gerade, daß sie in der Normalsprache nicht vorkommen, oder jedenfalls nicht mit ihrer Spezialbedeutung. Und nur die Normalbedeutung kann man durch die oben geschilderten beiden Vergleichsmöglichkeiten erschließen. Deshalb können wir bei vielen ṣayhadischen Wörtern nur annäherungsweise etwas sagen, z. B., daß es sich »um eine Art von Staudamm« handelt. Beispielsweise besitzen wir heute sehr genaue archäologische Beschreibungen des Dammes von Marib — und dennoch will es uns nicht gelingen, bestimmte Wörter mit bestimmten Details des Dammes in Verbindung zu bringen.

Ähnliche Schwierigkeit haben wir bei den Titeln der Beamten. Das Problem versteht man, wenn man sich vorstellt, wir sollten aus einem allgemeinen Lexikon einer europäischen Sprache die Beamtentitel erschließen. Die wirkliche Bedeutung dieser Titel können wir erst dann herausfinden, wenn wir die Funktion des Beamten genau erkennen können, also das, was er zu tun hat. So kann man z. B. den Titel »mkrb«, den bestimmte Funktionsträger im frühen Saba, in Qataban und in Ḥaḍramūt (allerdings nicht in Maʿīn) trugen, nur auf diese Weise richtig deuten. Schon 1946 zeigte J. Ryckmans, daß der allergrößte Teil der Tätigkeiten des mkrb in Kriegszügen und in der Errichtung bedeutender Bauprojekte bestand. Dagegen übte der mkrb kultische Funktionen sehr viel seltener aus, als z. B. ein mlk (König). Diesen wichtigen Faktor sollte man bei der Definition der Aufgaben eines mkrb berücksichtigen.

Der Inhalt der erhaltenen monumentalen Inschriften ist sehr beschränkt: Es sind rechtliche Vorschriften weltlicher und religiöser Art, Bauinschriften, Weiheinschriften. In der mittleren Periode finden wir Votivtexte, in denen der Gottheit etwas dargebracht wird als Erfüllung eines Gelübdes oder Dank für eine gewährte Gnade. Dann, wenn diese Gnade etwas detaillierter beschrieben wird, können wir gelegentlich einen Blick auf die etwas privatere Seite, auf das tägliche Leben, werfen. Echte historische Texte fehlen völlig. Historische Ereignisse werden z. B. in Weiheinschriften erwähnt, bleiben somit isoliert und machen uns die Einordnung in einen geschichtlichen Ablauf außerordentlich schwer. Ebenso ist eine Rekonstruktion der Religion sehr schwierig, weil wir keinerlei Mythen besitzen, wie sie uns aus Ugarit und Akkad so reichlich überliefert sind.

Die Sprache der monumentalen Inschriften ist formalisiert und stereotyp. Die erste und zweite Person fehlen darin völlig — insgesamt haben wir in dem ganzen Inschriftenmaterial noch nicht ein halbes Dutzend davon! Diese wenigen Zeugnisse legen es jedoch nahe, daß die erste und die zweite Person des Singulars, sowie die zweite des Plurals des Verbums (im Perfekt) mit -k gebildet wurden und nicht mit -t, wie im klassischen Arabisch. Diese -k-Formen überleben in einigen jemenitischen Dialekten bis heute.

In den vergangenen Jahren fand man einige (etwa ein halbes Dutzend) Dokumente einer völlig neuen Art. Es sind kleine Holzzylinder, die mit einem Stift beschrieben wurden.

Der große Unterschied, der zwischen monumentalen, in Stein gemeißelten, Inschriften und schnell auf weichem Grund geschriebener Schrift besteht, hat hier zu einem neuen Schriftbild geführt. Die Lektüre ist sehr schwierig — man vergleiche einen lateinischen Brief des 16. Jh.s mit einer antiken römischen Inschrift! Die Schrift dieser Holzzylinder ist eine echte Form kursiver Handschrift. Die Buchstaben sind jedoch nicht zu Worten verbunden, sondern stehen einzeln nebeneinander. Neben der Schwierigkeit des Lesens bieten diese privaten Dokumente auch viele unbekannte neue Wörter, die in den offiziellen Inschriften fehlen. Diese neuen Texte stehen daher erst am Anfang ihrer Entzifferung.

Das »Musnad«-Alphabet

ʾ ist der sogenannte feste Stimmeinsatz, das »hamza« des Arabischen; ʿ bedeutet den semitischen Konsonanten ʿayn; g entspricht dem ǧ des klassischen Arabisch, wurde aber vermutlich, wie in Ägypten und einigen jemenitischen Dialekten, als »g« ausgesprochen. Die nachfolgende Tafel zeigt eine frühe Form der Schrift. Die Buchstaben bilden klare geometrische Figuren, ohne weiteren Schmuck. In den schönsten Inschriften wird jedoch ein großer künstlerischer Effekt dadurch erreicht, daß die einzelnen Teile der Buchstaben in ganz klare geometrische Proportionen zueinander gesetzt werden. Diese Form der Buchstaben erinnert an die besten griechischen monumentalen Schrifttypen des 6. und 5. Jh.s v. Chr. Später erscheinen dann auch dekorative Verzierungen. Leicht gespreizte Haarstriche werden den oberen und den unteren Endpunkten der Buchstaben angesetzt, gerade Linien werden leicht gekrümmt. In den historisch letzten Phasen erreichten die Buchstabenformen barocke Überschwenglichkeit. Vom philologischen Standpunkt her ist es von Bedeutung, daß G und L sich in den frühen Inschriften klar unterschieden, später aber sich in ihrer Form mehr und mehr einander annähern. In manchen späten Inschriften sind diese beiden Buchstaben praktisch nicht mehr zu unterscheiden.

Semitische und indoeuropäische Sprachen

Giovanni Garbini

Wie man weiß, sind die meisten derzeit in Europa gesprochenen Sprachen (Deutsch, Englisch, Russisch, Französisch, Italienisch, Griechisch etc.) trotz ihrer erheblichen Unterschiede miteinander verwandt und von ältester Zeit her miteinander verknüpft. Natürlich legt man sich normalerweise keine Rechenschaft darüber ab, daß man — wenn man als Deutscher »Wasser« sagt — dabei das gleiche Wort wie die alten Griechen (hydor) gebraucht (während man mit einem »Hydrologen» wiederum etwas anfangen kann); oder, daß »Garten« ursprünglich dasselbe Wort ist wie das italienische »orto«. Ein Italiener wird es zwar nicht als verwunderlich empfinden, daß sein »sole« in Paris zum »soleil« geworden ist, wird sich aber fragen, warum man in München »Sonne« sagt und in Moskau »sòlntse«. Dafür wird er sein eigenes Wort »luna« auch in Moskau, wo es »lunà« heißt, sofort verstehen.

Diese Phänomene wecken nicht bloß die Neugierde von Touristen, sondern haben seit jeher Linguisten beschäftigt — vor allem deutsche. Wenigstens einer, Franz Bopp, sei hier genannt. Man stellte dabei fest, daß die Beziehungen, die zwischen den meisten europäischen Sprachen bestehen, weit nach Asien hineinreichen, bis nach Persien und auf den indischen Subkontinent.

Deshalb nannte man diese gewaltige Sprachfamilie nach ihren beiden Endpunkten »Indogermanisch« oder »Indoeuropäisch«. Dieser Familie, die nur aus Schwestern (den Sprachen) bestand, gab man keine Eltern, sondern wiederum nur eine Mutter, die sogenannte »Ursprache«. Solche Parthenogenese schien den Linguisten des ansonsten so naturwissenschaftlichen 19. Jh.s nichts Ungewöhnliches.

In dieser Linie entwickelte sich sodann die vergleichende Sprachforschung auch für andere Sprachgruppen. Vor allem ist hier August Ludwig von Schlözer zu nennen, der von Sem, dem Sohn des biblischen Noah, die Bezeichnung für die »Semitischen Sprachen« ableitete.

Die semitische Familie umfaßt eine Reihe heute verschwundener Sprachen (etwa das Babylonische als berühmteste, sowie die Sprache von Ebla, oder das Phönizische). Andere gehen in unseren Tagen endgültig unter, etwa das Aramäische, die Sprache Christi und der reichen christlichen Literatur des Orients oder das Südarabische, in dem sich die faszinierende Zivilisation des antiken Jemen ausdrückt. Wieder andere gehen unter, ohne literarische Zeugnisse zu hinterlassen, so z. B. die äthiopischen Sprachen Tigré, Gafat, Argobba, Guraghé. Daneben gibt es semitische Sprachen von gewaltiger Vitalität, wie das Arabische, das Amharische und Tigrinische. Und schließlich beobachten wir auch eine wiederauferstandene semitische Sprache, Hebräisch, nach 2000 Jahren bloßen schriftsprachlichen Gebrauchs.

Die semitischen Sprachen können sich eines sehr viel größeren Alters rühmen als die indoeuropäischen: Semitisch wird seit etwa 2500 v. Chr. geschrieben. Da die semitischen Sprachen im wesentlichen in ihrem ursprünglichen Gebiet (etwa zwischen Tigris und Mittelmeer) blieben, sind sie typologisch sehr viel enger miteinander verwandt als die indoeuropäischen Sprachen. Man kann sagen, daß die Spannbreite des Semitischen eher mit dem Germanischen, Slawischen oder Romanischen als mit allen indoeuropäischen Sprachen zu vergleichen ist.

Später entdeckte man dann Verbindungen des Semitischen zu anderen — afrikanischen — Sprachen: zum Altägyptischen und seiner Fortsetzung, dem Koptischen (der Sprache der Christen in Ägypten), zu den Berbersprachen, zu verschiedenen ostafrikanischen Sprachen (Somali, Galla, Agaw, Begia, etc.), die man als »kuschitisch« bezeichnet, und schließlich zu einer großen Anzahl von Sprachen des zentralen und nördlichen Afrika, die man als »tschadische« bezeichnet. Deren bekannteste ist das Haussa.

Diese große afrikanische Familie von vier Sprachgruppen nannte man, parallel zu »semitisch«, »hamitische«, nach Ham, dem anderen Sohn Noahs.

Diese große Sprachgemeinschaft des Hamito-Semitischen (in den USA gerne als »afroasiatisch« bezeichnet) stellt man der indoeuropäischen Sprachgruppe gegenüber.

So kam man zur Annahme von zwei Sprachfamilien, jede mit einer »Ursprache«, die sich unabhängig voneinander entwickelt hatten. Erst rezente geschichtliche Phänomene (etwa der phönizische Handel oder die Expansion der Araber) hätten zu gegenseitigen Wortanleihen geführt.

Das wichtigste Beispiel für die Übernahme von Vokabeln sind die zahlreichen arabischen Wörter im Persischen. Mit dem Handel gelangten semitische Wörter auch nach Europa, etwa Sack, Kamel, Kaffee, Zucker, Chemise (frz.), Camicia (ital.). Das gilt natürlich in besonderem Maße für das Italienische und das Spanische. Umgekehrt kommen die arabischen Wörter »dīmuḳrāṭiyya« (Demokratie) oder »bīra« (Bier) aus Europa, und Äthiopien erhielt sogar seinen Namen aus dem Griechischen (Itiopyā).

Jenseits dieser Wortgemeinschaften hat man seit Anfang des vorigen Jahrhunderts beobachtet, daß es auch strukturelle Gemeinsamkeiten zwischen beiden Sprachgruppen gibt. Beide sind die einzigen Sprachen in der Welt mit einem Flexionssystem, während alle übrigen agglutinieren, isolieren, etc. Hinzu kommen morphologische Gemeinsamkeiten; so lautet etwa das Personalpronomen »ich« (lat.: ego) im Babylonischen »an-aku«; »du« (lat.: tu) ist »an-ta« im Arabischen. Das Suffix für abstrakte Begriffe lautet »t« (z. B. König-tum, arabisch malak-ūt). Diese Verbindungen veranlaßten einige Gelehrte, eine ursprüngliche Verwandtschaft beider Sprachgrupen anzunehmen. Diese »Ursprache« nannte man »Jafetisch«

(nach dem dritten Sohne Noahs), oder »Nostratisch«. Die Methoden zum Nachweis waren jedoch derart persönlich gefärbt und unwissenschaftlich, daß die Hypothese einer semitisch-indoeuropäischen Verwandtschaft viel an Glaubwürdigkeit verlor. Hinzu kommen immer mehr Gegenargumente, wie sie schon vor 100 Jahren J. Schmidt mit seiner Wellentheorie vorbrachte. Die genealogische Theorie entspricht unbewußt einer Rückprojektion dessen, was wir z. B. von den romanischen Sprachen wissen: eine Mutter, viele Töchter. Doch da gab es noch einen kräftigen Vater: das Römische Reich. Ohne seine Waffen und Gesetze gäbe es vermutlich keine romanischen Sprachen.

Sucht man nach einer anderen Erklärung, so muß man davon ausgehen, daß die Elemente einer Sprache aus verschiedenen Epochen ihrer Geschichte stammen. Jede Sprachengruppe hat ihre eigene unverwechselbare Geschichte. Bedenken wir jetzt, daß wir von den indoeuropäischen Sprachen bis 2000 v. Chr. gar nichts wissen, und bis etwa 500 v. Chr. fast nichts! Wenn wir dem hinzufügen, daß wir auch gar nichts über die Entwicklung der einzelnen indoeuropäischen Sprachen sagen können (wo lebten denn die germanischen Stämme z. Zt. des trojanischen Krieges?), dann ist es klar, daß uns jede Grundlage für eine Theorie der ältesten Stufe der Ausbildung der indoeuropäischen Sprachen fehlt. Leichter ist dies für die semitischen Sprachen und für das Ägyptische, weil wir hier Texte aus sehr früher Zeit besitzen und weil wir archäologisch gut informiert sind.

Mit »Geburt« einer Sprache meinen wir die Entstehung eines klar definierten Sprachsystems, im Gegensatz z. B. zu den offenen und zahllosen Dialektformen vieler afrikanischer Sprachen. In diesem Sinne wurden die semitischen Sprachen und das Ägyptische gleichzeitig mit einem historischen Ereignis allerersten Ranges geboren: dem Beginn der städtischen Kultur in Vorderasien im 4. Jahrtausend v. Chr. Die Erfindung der Schrift am Ende dieses Jahrtausends begründete dann endgültig das, was wir als die ersten geschichtlichen »Sprachen« im eigentlichen Sinne bezeichnen dürfen: das Sumerische, das Eblaitische, das Akkadische und das Ägyptische.

Lassen wir das (nicht zu den semitischen Sprachen gehörende, sondern agglutinierende) Sumerische einmal beiseite und fragen wir uns, wie wir uns die Entstehung der beiden semitischen Sprachen Eblaitisch und Akkadisch vorstellen können.

Von jeher streiften durch Vorderasien, wie auch sonst in der Welt, Gruppen von Menschen auf der Suche nach Nahrungsmitteln. Der Ortswechsel war durch die neolithische Wirtschaftsweise geboten: neues Ackerland und neue Weideplätze mußten nach Erschöpfung der alten gefunden werden. An bestimmten Stellen entwickelten sich feste Siedlungsplätze. Man wird annehmen können, daß die großen Flußsysteme (Tigris, Euphrat und Nil) eine Art von Kernlandschaft bildeten, auf die die Völkerschaften des weiteren Umlandes sich ausrichteten. Ich denke hierbei an die Völker des iranischen Hochlandes, des Kaukasus, Anatoliens, der Ägäis und Nordafrikas. Die stetige Wanderung der Völkerschaften in diesen Gebieten schuf eine Annäherung der gesprochenen Sprachen. Es handelte sich um eine Art von Verkettung, aber einer wenig stabilen Verkettung mit stets neuen Kombinationsmöglichkeiten. Diesem offenen Sprachsystem hat man einen Namen gegeben: »Mediterranes Substrat«, und dazu einzelne Gruppen definiert, wie »Präsemitisch« in Vorderasien, »Präägyptisch« im Niltal, »Präberberisch« in Nordafrika, »Präindoeuropäisch« in Anatolien und in der Ägäis. Die Entstehung der Stadtkultur in Mesopotamien und unmittelbar darauf im übrigen Vorderasien leitete einen Prozeß ein, für den es bis dahin keine Präzedentien gab: die Ausbildung von Schriftsprachen. So wurde das »Präsemitische« Mesopotamiens, Syriens und Palästinas zum »Semitischen«. So schuf es sich sprachliche Strukturen, die es bis dahin nicht besessen hatte, etwa ein System der Konjugation mit Präfixen, und ein System der Flexion des Nomens. Zugleich wurden andere Merkmale fallengelassen, etwa die Suffixe, die bestimmte Klassen von Substantiven gekennzeichnet hatten. Diese Entwicklung hatte demnach nichts mit Invasionen fremder Völkerschaften zu tun.

So wurde aus dem »mediterranen« Wort »ego« (ich) — noch bevor es in die indoeuropäischen Sprachen gelangte — das semitische »an-aku«, »tu« (du) wurde zu »an-ta«, »nos« (wir) wurde zu »naḥnu«. Während diese mediterranen Wörter später auch ins Indoeuropäische gelangten, wurden andere Wörter nicht übernommen. So wurde aus dem mediterranen Urwort für Haus im Semitischen »bayt«. Dieses Wort hat sich in den italienischen Alpen als »baita« erhalten, während sich sonst ein neues Wort (»casa«) entwickelte. Umgekehrt hat das alte mediterrane Wort für »Herde« im Griechischen als »agéle« überlebt, während es im Semitischen zu »Reitesel« wurde (agalu in Mesopotamien) oder zu »Kalb« (ʿegel) in Syrien und Palästina (arabisch ʿiǧl). An den Rändern des Sprachgebiets finden wir auch ein anderes mediterranes Wort wieder: »crapa« oder »crep« bedeutet in italienischen Dialekten »Felsen«, »grepo« im Italienischen »Bergwand«. Auch der Monte Grappa, der griechische Berg Kárpathos und das Gebirge der Karpaten gehören hierher. Ebenso auch in Südarabien »grb«, das im antiken Jemen das terrassierte Feld bedeutet (arabisch »ǧarīb«). Vielleicht hängt auch der Name der Gegend »Gerbeb« am Fuße der Dhofar-Berge damit zusammen. Da die Wurzel »grb« im Semitischen eine andere Bedeutung hat, bildet dieses Wort im Südarabischen einen Hinweis (und nicht den einzigen) dafür, daß der Jemen bis zum Eintreffen der eigentlichen semitischen Südaraber gegen Ende des 2. Jahrtausends v. Chr. noch zum »mediterranen Substrat« gehörte.

Wir können also sagen, daß die Sprachen, die wir historisch als »semitische« bezeichnen, vermutlich im 4. Jahrtausend v. Chr. in der Gegend zwischen Tigris und Mittelmeer entstanden und daß ihre Ausbildung in direktem Zusammenhang mit der Entstehung der ersten Städte der Menschheit steht.

Viel schwieriger und komplexer dürfte sich dagegen die Entstehung der indoeuropäischen Sprachen vollzogen haben. Wir wissen darüber fast gar nichts. Gleichwohl dürfen wir einige Aussagen machen: Der älteste Nachweis des Indoeuropäischen (des Anatolischen) liegt um 2000 v. Chr. Etwa um die Mitte des 2. Jahrtausends v. Chr. kommen die Indoarier nach Indien. Linguistisch gesehen ist das Indoeuropäische (eine Flexionssprache, genau wie das Semitische) weiter entwickelt als das Semitische, da wir in ihm — anders als im Semitischen — keine Spuren mehr eines agglutinierenden Systems finden. Nimmt man das alles zusammen, so zeigt sich, daß die wesentlichen Charakteristika des Indoeuropäischen sich im 3. Jahrtausend (vielleicht in seiner ersten Hälfte) ausbildeten. Dies muß nördlich des semitischen Raumes und nördlich von Anatolien gewesen sein, jedoch wiederum in solcher Nähe zum Semitischen, um gemeinsam mit diesem ein Flexionssystem zu entwickeln. Kaukasus — oder, allgemein gesprochen, Südrußland — paßt hierzu recht gut, zumal das Indoeuropäische eine Verwandtschaft mit den Ural-Altaischen Sprachen aufweist. Der wesentlichste Unterschied zwischen der Entstehung des Semitischen und des Indoeuropäischen dürfte in folgendem liegen: Das Semitische entstand aus einem umgrenzten und relativ geschlossenen Substrat, das Indoeuropäische aus einem Zusammentreffen verschiedener linguistischer Traditionen, wie man sie gut mit Kriegern und Nomaden in Verbindung bringen kann, die ja auch das Pferd als Kampfgenossen zähmten.

Irgendwo im südlichen Rußland trafen somit meiner Auffassung nach Stämme, die ursprünglich in der Nähe des Mittelmeeres gelebt hatten, mit solchen zusammen, die den nördlichen Teil des Fruchtbaren Halbmonds durchstreift hatten, und beide vermischten sich mit den Bewohnern der schwarzen Zelte Zentralasiens. Um 2000 v. Chr. drängten diese nunmehr »indoeuropäisch« sprechenden Völker (vielleicht gestoßen von einer östlichen Welle als frühe Form der Völkerwanderung) nach Süden und Westen. Als Luvier und Hethiter zogen sie nach Anatolien, als »Proto-Apenniniker« nach Italien, als »Glockenbecherleute« nach Zentraleuropa, als »Inder« ins Indusbecken. Mit sich brachten sie, auch nach Griechenland und Italien, Erinnerungen an die Sprachkultur des »mediterranen Substrats«. So dürfte der Vokalwechsel, so häufig im Griechischen (z. B. leip-, lip-, loip-, für »lassen«) oder im Germanischen (z. B. lass-, läss-, liess-) auf den gleichen Ursprung zurückgehen wie im Arabischen (saʾara,übrigbleiben; saʾira, übrigsein; suʾur, Rest).

Wenden wir uns jetzt der Geschichte des Semitischen und des Hamitischen zu. Schon in prähistorischer Zeit wanderten Völkerschaften von Asien nach Ägypten und Nordafrika: Das Prä-Ägyptische und das Prä-Berberische besaßen also präsemitische Elemente. Die Einigung Ägyptens unter dem ersten Pharao, Narmer, (etwa 3200 v. Chr.) schloß diese Durchgangsmöglichkeit weitgehend. So entstand durch Überlagerung einer Sprache, deren Grammatik prä-semitisch war, mit afrikanischen Wörtern (Narmer kam von Süden) das Ägyptische. Weiter westlich wurde das Prä-Berberische zum Berberischen, indem es präägyptische mit eigentlich präsemitischen Elementen verband, und später (zuletzt seit der arabischen Eroberung) mit weiteren semitischen Elementen. So entstanden die ältesten hamitischen Sprachen. Im 3. Jahrtausend fand eine tiefgreifende Erneuerung der semitischen Sprachen Syriens unter dem Einfluß nomadischer Völkerschaften statt. Die erste Phase ist das Amoritische (Ende des 3. Jahrtausends bis Mitte des 2.), die folgende das Aramäische (Ende des 2. Jahrtausends bis um Christi Geburt). Zu Beginn des 1. Jahrtausends taucht dann jener Sprachtyp auf, der später seinen vollkommensten Ausdruck im Arabischen findet. Diese Linie Amoritisch-Aramäisch-Arabisch stellt die Richtung der Erneuerung der semitischen Sprachen dar.

Bis zu diesem Zeitpunkt blieb die Arabische Halbinsel am Rande der Entwicklung des Semitischen. Unterschiedliche Völkerschaften bewohnten sie. So wissen wir von semitischen Völkern am Golf, die im 3. Jahrtausend in Kontakt mit Mesopotamien standen. Doch ihre Sprache kennen wir nicht. Im 2. und 1. Jahrtausend treten in assyrischen und babylonischen Texten linguistische Phänomene auf (z. B. die Suffixkonjugation mit -ku oder -ka), wie sie später für das Südsemitische typisch sind. Mit dem Ende des 2. Jahrtausends ermöglichte die — am Golf erfolgte — Domestizierung des Kamels eine kräftige Einwanderung auf die Arabische Halbinsel. Dies ist die Zeit, als die Stämme der Minäer, Qatabaner und Ḥadramūter nach Südarabien einwanderten und dabei ihre Sprache aus akkadisch-babylonischen und aramäischen Elementen mitbrachten. Hier in Südarabien lebten Völkerschaften, die wir sprachlich als präsemitisch bezeichnen können in dem Sinn, daß die geographische Entfernung von Norden bewirkt hatte, daß die neuesten Entwicklungen des Semitischen noch nicht eingedrungen waren. Zugleich lebten hier Gruppen, deren afrikanischen Ursprung man archäologisch nachweisen kann. Präsemitisch ist nicht nur das oben schon genannte wort »grb« (»Terrassenfeld«), sondern auch das südarabische Personalpronomen »ho« (»ich«), »het« (»du«). Diese Formen gehen vermutlich auf älteres »ku« und »kat« (mask.) bzw. »kit« (fem.) zurück und sind mit berberischen und einigen kuschitischen Formen verwandt.

Der mesopotamische Ursprung des Südarabischen läßt sich linguistisch vielfach beweisen, so wenn man etwa an solche akkadischen Wörter im Südarabischen denkt, die ihrerseits aus dem Sumerischen stammen, etwa ʾfkl (Priester, von »apkallu«) oder ṭf (Tisch, von ṭuppu). Andere solche Wörter sind der Name des qatabanischen Gottes Syn (akkadisch Sin), oder der Verwaltungsbegriff ʾdb (in Gemeinschaftseigentum besitzen), assyrisch adāmu. Auch das südarabische (und äthiopische) Verbalsystem ist vom Akkadischen, über das das Aramäische sich gelegt hat, abgeleitet.

Später traf dann in Südarabien ein anderer großer Stamm ein, die Sabäer, deren südarabischer Dialekt unter den übrigen südarabischen Sprachen dem Arabischen am nächsten steht. Die Sabäer trafen gegen 600 v. Chr. ein und begründeten die reife Hochform der südarabischen Kultur: Monumentale Architektur, Schrift und imperialistische Politik sind die wesentlichsten Impulse, die die Sabäer der jemenitischen Zivilisation gaben.

Um 500 v. Chr. ließen sich südarabische Gruppen aus Ḥaḍramūt in Äthiopien nieder; wenige Jahrzehnte später folgten ihnen Sabäer. Aus diesen Bevölkerungsbewegungen entsteht einige Jahrhunderte später die letzte semitische Sprachgruppe, das Äthiopische. Wir können das Äthiopische als eine nach Afrika verpflanzte Form des Südarabischen bezeichnen. Dort, wo es stärker sabäisch geprägt war, entstand das Nordäthiopische (Geʿez, und später Tigrinisch und Tigré), aus der älteren Einwanderungswelle entstanden die verschiedenen südäthiopischen Sprachen. Deren wichtigste ist das Amharische.

Mit dem Islam kam natürlich auch das Arabische nach Ostafrika. Seine Expansionskraft läßt — ähnlich wie vorher schon das Äthiopische und das präsemitische Jemenitisch — weitere semitische Elemente in afrikanische Sprachen eindringen. Dies sind die sogenannten »kuschitischen« Sprachen Ostafrikas. Etwas weiter westlich beeinflussen das Arabische und das Berberische die dortigen afrikanischen Sprachen: So wird aus diesen, unter semitischem und hamitischem Einfluß, die Gruppe der »Tschadsprachen«. Die Expansion des Semitischen in Afrika ist noch nicht beendet — und dürfte für die Semitisten kommender Generationen noch manche Überraschung bereithalten!

Die Altsüdarabische Religion

Jacques Ryckmans

Unsere Kenntnis des südarabischen Heidentums beruht auf monumentalen Inschriften und auf archäologischen Funden — mythologische Texte oder Dokumente archivarischer Art fehlen. Es war die Religion einer seßhaften Gesellschaft mit entwickelten Institutionen, und vieles über sie können wir aus zahlreichen originalen Inschriften aus der Zeit selber entnehmen. Beide Tatsachen bedeuten, daß das südarabische Heidentum einen wichtigen Beitrag zum Studium der semitischen Religionen zu liefern vermag. Zu diesem Beitrag gehören auch diejenigen Institutionen, die der Islam dem arabischen Heidentum entlehnt hat.

Das Verhältnis zum Göttlichen prägte das gesamte öffentliche und private Leben. Die Idee des Staates wurde durch den dreifachen Begriff »Nationalgott, Herrscher, Volk« ausgedrückt. In der frühesten Zeit nannte sich der Herrscher »Erstgeborener« des Nationalgottes. Die Nation selber faßt sich als seine Abkommenschaft (»wld«) auf. Zahlreiche frühe Personennamen drücken eine Beziehung ihres Trägers zur Gottheit aus, und jede Handlung, die für würdig gehalten wurde, durch eine Inschrift verewigt zu werden, wurde unter den Schutz einer oder mehrerer Gottheiten gestellt — z. B. Weihegaben, Bau eines Hauses oder Errichtung eines Grabes.

Mit dem Göttlichen war das Heilige verbunden: Einmal ging es dabei um den Bereich der Gottheit selber, einen Bereich, der als unverletzbar (ḥarām) galt und deshalb Einschränkungen unterworfen war. Zum anderen ging es um den magischen Bereich, der eng mit dem Prinzip des Lebens selber zusammenhing (Blut und Sexualität). Der Sitz der Gottheit lag in einem geheiligten Bezirk (maḥram). Der Zugang zu ihm war rituellen Reinheitsbeschränkungen unterworfen. Der geheiligte Bezirk konnte auch Weideland umfassen, in dem nur die Tiere des Gottes, sein Wild oder seine Herde, weiden durften. Ein Tier, das in diesen Bezirk gelangte, gehörte fortan dem Gott.

Die Regeln für rituelle Reinheit lassen sich aus erhaltenen Schuldbekenntnissen wie folgt darstellen: Geschlechtsverkehr mit Frauen im Wochenbett oder mit Frauen, die ihre Regel hatten, durfte nicht stattfinden. Das Heiligtum durften sie nicht betreten. Geschlechtsverkehr mußte von einer Waschung gefolgt sein. Ebenso durften Gläubige, deren Kleider mit Blut oder Samen befleckt waren, das Heiligtum nicht betreten. In diesen Schuldbekenntnissen klagte man sich auch unbekannter Fehler an, die man unwissentlich begangen haben könnte.

Das südarabische Pantheon kennen wir nur unzureichend. Gewiß ist allerdings, daß es auf einer astralen Grundlage beruht: Götternamen wie Shams (»Sonne«), Rubʿ (»Viertelmond«) oder ʿAṯtar (männlicher Gott, dessen Name dem der assyrisch-babylonischen Göttin Ischtar entspricht, die der Planet Venus war) zeigen dies ganz deutlich. Man muß sich allerdings wohl fragen, ob diese Beziehung der Götternamen zu Gestirnen für die Gläubigen noch eine wirkliche Bedeutung hatte. Zahlreiche Götternamen erscheinen uns jedenfalls nur noch als bloße Bezeichnungen, aus denen man weder die Natur der gemeinten Götter und manchmal nicht einmal ihr Geschlecht erkennen kann. D. Nielsen hatte vor langer Zeit die These aufgestellt, das gesamte südarabische Pantheon könne auf eine ursprüngliche Dreiheit — Vater Mond, Mutter Sonne (»Sonne« ist im Arabischen feminin) und Sohn Venus — zurückgeführt werden. Obwohl diese Auffassung in der Wissenschaft weithin bestritten wurde, hatte sie gleichwohl bis heute einen ziemlich negativen Einfluß. Sie führte nämlich dazu, daß immer wieder versucht wurde, unbekannte neue Namen oder Beinamen von Gottheiten auf eine dieser drei Gottheiten zu beziehen, z. B. ein weibliches Epithet auf die Sonnengöttin, etc.

ʿAṯtar, der männliche Venussterngott, nahm den ersten Rang in Südarabien ein. Eine nicht weiter identifizierbare Göttin trug den Namen »Mutter des ʿAṯtar«. ʿAṯtar war ein Gott der Bewässerung durch das Wasser des Regensturmes, im Gegensatz zur künstlichen Bewässerung des nicht durch Regen getränkten Ackerlandes (»bʿl«). In seiner Eigenschaft als Sturmgott tritt ʿAṯtar Sharīqān (»Der Östliche«, womit vielleicht die Venus als Morgenstern gemeint ist) gegen Grabräuber auf. Die Gazelle, sein Symboltier (zugleich Symboltier einer anderen Gottheit, des Kurūm), wurde in ritueller Jagd von den Mukarribs und den Königen von Saba gejagt. Ein minäischer Text aus Nordarabien erwähnt die Heilige Hochzeit einer Priesterin mit ʿAṯtar.

Zusammen mit ʿAṯtar erscheint häufig die Göttin Hawbas, die ihm offenbar beigestellt war. Nichts Näheres wissen wir von einem sabäischen Gott namens »Sohn der Hawbas«.

ʿAṯtar hatte den Gott Il, den ursprünglich höchsten semitischen Gott, abgelöst. An Il erinnert in Südarabien nur noch sein Name, der einen Bestandteil zahlreicher Personennamen bildet.

Jedes der südarabischen Königreiche hatte seinen eigenen Nationalgott, dem der Haupttempel der jeweiligen Hauptstadt geweiht war. In Saba war dies Ilmaqah: Sein Tempel war der Tempel des Bundes der sabäischen Stämme in Mārib. Die Wissenschaft hat ihn stets als Mondgott angesehen, doch wurde in jüngster Zeit vorgebracht, daß einige seiner Symbole Sonnensymbole sind, oder solche, die sich auf Dionysos beziehen. Dabei handelt es sich um den Stierkopf, um das Motiv des Weinstocks oder um das Löwenfellgewand einer Statue, die den Gott Ilmaqah darstellen könnte. Ilmaqah war also ein Sonnengott, männliche Form der Shams, die unter diesem Namen ebenfalls in Saba verehrt wurde. Die Sonnengottheit Shams war dort eine Art zweitrangige Schutzgottheit und Beschützerin der sabäischen Dynastie. Es ist anzunehmen, daß einige weibliche göttliche Beinamen Aspekte dieser Sonnengöttin betreffen, doch bestehen hier im einzelnen große Unsicherheiten.

Der Nationalgott von Ma'īn, Wadd (»Liebe«), kam aus dem Norden. Ob er mit dem Mondgott gleichzusetzen ist, ist nicht sicher. Die Formel »Wadd 'āb« (»Wadd ist Vater«), die sich auf Gebäuden oder Amuletten befindet, deutet auf seine Stellung im Pantheon der minäischen Götter hin.

Der Nationalgott von Ḥadramawt mit seinem Tempel in Shabwa war Syn, den man in der Regel mit dem Mondgott gleichsetzt. Aus Hinweisen bei Theophrastes und bei Plinius sowie auf Grund von Münzen, wo er als Adler (ein Sonnentier!) dargestellt ist, ergibt sich jedoch, daß er als Sonnengott anzusehen ist, als männliche Ausprägung von Shams.

Der Nationalgott von Qatabān hieß 'Amm (»Oheim«, »Vaterbruder«). Seine Gleichsetzung mit dem Mondgott ist nicht erwiesen. In Qatabān wurde die Göttin Shams ebenfalls verehrt.

Im himjaritischen Reich war Shams die nationale Gottheit im Tempel Shrr, dem heutigen al-Mi'sāl (in der Antike Wa'lān).

Von den übrigen Gottheiten wollen wir nur die besser bekannten erwähnen. In Ma'īn war Nikraḥ ein Schutz- und Heilgott (also keine Göttin). Um sein Heiligtum befand sich ein Heiliger Bezirk, der durch neun Inschriftensteine in ziemlicher Entfernung rund um den Hügel Darb al-Ṣabī in der Nähe der alten Hauptstadt Ma'īn abgegrenzt war. Dieser Heilige Bereich bildete einen recht ungewöhnlichen Asylplatz, da in ihm Sterbende und Frauen, die ihr Kind verloren oder eines zur Welt brachten, Zuflucht fanden. Hier bekannte man auf Befehl des Orakels diejenigen Verfehlungen, die nach Auffassung der hier Heilung Suchenden Ursache ihrer Krankheit gewesen sein könnten.

In Qatabān wurden die beiden Gottheiten Anbay und Ḥawkam gemeinsam angerufen. Der Name »Anbay« — er bedeutet vermutlich »Der Sprechende« — erinnert an den babylonischen Gott Nabū, den man mit dem Planeten Merkur gleichsetzt. Zusammen mit Ḥawkam wird er als »Derjenige des Befehls und der Willensentscheidung« qualifiziert. Der Name »Ḥawkam« hängt mit dem Wort für »Weisheit« zusammen. Diese beiden Götter scheinen zwei Aspekte (vielleicht Merkur als Morgen- und Abendstern) einer Gottheit darzustellen, die mit dem assyro-babylonischen Gott Nabū-Merkur vergleichbar ist, einem Gott des Schicksals und der Wissenschaft und Sprecher der Götter.

Beweise für die Gleichstellung des ḥadramawtischen Gottes Ḥawl mit dem Mondgott gibt es nicht.

Verschiedene Stammesgruppen hatten ihren göttlichen Schutzherrn (»Shym«). In Saba war es beispielsweise Ta'lab (»Steinbock?«) für den Stammesverband Sum'ay, nordöstlich und westlich von Sanaa. Der Stamm der Amīr — Beduinen und Karawanenleute im nördlichen Jemen — brachte seinem Schutzpatron ḏu-Samāwī (»Dem des Himmels«) kleine Kamelfiguren zum Schutz der Herden dar. Auch richtete man an ihn öffentliche Schuldbekenntnisse, die sich auf Verletzungen ritueller Reinheitsgebote bezogen.

An anderen Göttern, die aus dem Norden gekommen waren, möchten wir noch die »Töchter Ils« nennen, die in Qatabān verehrt wurden. Es handelt sich um die »Töchter Allahs« des vorislamischen Mekka: al-Lāt, al-'Uzzā und Manāt. Die beiden ersteren werden übrigens im Text eines südarabischen Talismans erwähnt.

Bekannte Gottheiten wurden auch als Schutzgottheiten (»mnḏḥ[t]«) von Personen, Bauwerken u. ä. angerufen. Auch gab es Hausgötter, die »Herr des Hauses« (bzw. »der Familie«) genannt wurden.

Die Götter werden meistens bildlich durch ihr Symboltier dargestellt: Stier, Schlange, Adler, Gazelle, Steinbock, etc., noch häufiger aber durch ein abstraktes Symbol (Keule, Türflügel, Blitz, etc.). Menschengestaltige Darstellungen (in Form von Statuetten oder als Reliefs) sind dagegen sehr viel seltener. Die meisten dieser figürlichen Darstellungen entstanden vergleichsweise spät und legen Zeugnis ab für das Eindringen hellenistischer Formen.

Die Tempel stellen eine Fortentwicklung des vorislamischen ḥaram dar. Sie bestehen im wesentlichen aus einer Umfassungsmauer von in der Regel rechteckiger Form, an deren Ende unter einer Art von Baldachin die Cella oder das Götterstandbild stand.

Der Ilmaqah-Tempel von Mārib (5. Jh. v. Chr.) hatte die ungewöhnliche Form einer großen und starken elliptischen Umfassungsmauer von 8 m Höhe. Etwas später wurde in diese Umfassungsmauer ein kleiner Tempel als Eingangshalle eingesetzt. Dieser Tempel besaß einen rechteckigen Hof, der von einem pfeilergetragenen Um-

Männliche Votivstatuette (Bronze), sabäisch.

Schlange mit menschengesichtigem (männlichem) Kopf aus Bronze. Dieses religionsgeschichtlich wichtige Objekt deutet darauf hin, daß es eine Schlangengottheit (dem Reich des Feuchten zugehörig) gegeben haben dürfte, die auch als menschlich gestalteter Gott auftreten konnte. Die jemenitischen Volksmärchen kennen dieses Wesen als den mächtigen Herrn der dunklen Wolken und des Wassers im Wādī. (Bildtext W. D.)

gang geschlossen wurde. An der Außenseite dieses Säulenganges waren zahlreiche Stelen aufgerichtet mit Weiheinschriften und Bronzefiguren. Eine andere Tempelform finden wir in dem Felsheiligtum von al-Miʿsāl, das auf einer natürlichen Terrasse, die auf einer riesigen Anhäufung von Felsen liegt, eingerichtet worden war. Heiligtümer dieser Art befanden sich auf den Gipfeln der bedeutendsten Berge. Im Ḥaḍramawt gibt es eine ganze Anzahl alter Tempel mit einer Cella (oder auch zwei), die auf einer besonders angelegten Terrasse oberhalb der antiken Siedlung errichtet waren. Als Zugang diente eine Treppe von mehreren Dutzend Metern Länge.

Die Tempel spielten eine bedeutende Rolle im öffentlichen Leben. Jede Siedlung besaß ein oder mehrere Heiligtümer. Die wichtigsten lagen in den Verwaltungszentren. Ihre Aufgabe bestand in der Einziehung des Zehnten. Verschiedene Gruppen von Priestern oder Funktionären (rshw, qyn, shwʿ, ś̱hr . . .), deren Aufgaben wir im einzelnen nicht genau kennen, standen im Dienste der Gottheit. Sie bildeten eine erbliche Klasse und waren für den Tempelbau verantwortlich. Sie legten die Orakel aus und waren bei der Darbringung bestimmter Opfer beteiligt. In Saba gab es eine Klasse von ʿAṯtar-Priestern (rshw), deren Funktion sich auf drei verschiedene Clans vererbte. Jeder dieser Clans stellte, gemäß einer genau beachteten Reihenfolge, einen Eponymen (namensgebenden Priester) mit dem Titel »kabir«, dessen Amtsdauer sieben Jahre betrug. Jahreszahlen wurden nach seiner Amtszeit angegeben. Seine Aufgabe bestand in der Einziehung des Zehnten und in der Auslegung des Orakels (»ṣry«) für offizielle Entscheidungen. Er vollzog magische Rituale, die Regen und Bewässerungswasser von der Gottheit erwirken sollten. Am Ende seiner Amtsperiode wurde er vom Tempel freigekauft (»fdy«), nachdem er Regen bewirkt hatte. Außerhalb Sabas dauerte die Amtsperiode eines kabir nur zweimal je ein Jahr.

An Kultgeräten gab es Bronzebecken sowie mehrere Arten von Altären aus Stein oder Bronze. Bei diesen Altären handelte es sich um solche für blutige Opfer (»maḏbaḥat«), Altären für die Darbringung von flüssigen Opfern (»mslm«) — sie dienten auch zum Verbrennen von Räucherwerk — und schließlich um Weihrauchbrenner (»mqṭr«). Die Oberfläche der Altäre für Flüssigopfer war in Form eines kleinen Beckens ausgehöhlt, das sich in eine oder zwei Austropfrinnen in Form eines Stierkopfes verlängerte. Die Weihrauchbrenner hatten die Form eines oben offenen Kubus auf konischem Fuß oder die Form eines kleinen Parallelepipedons mit — auf jeder Seite — dem Namen eines Räucherwerks. Die kleinen Weihrauchbrenner, die nur einige Zentimeter Höhe erreichten, waren Weihegaben oder dienten dem Kult im eigenen Hause oder dem Totenkult.

Tieropfer wurden als individuelle Opfer von dem Opfernden selber vollzogen. Sie dienten als Bittopfer, zur Besänftigung der Gottheit oder als Sühneopfer. Es gab jedoch auch kollektive Opfer, bei Pilgerzügen oder bei der Grundsteinlegung öffentlicher Bauten.

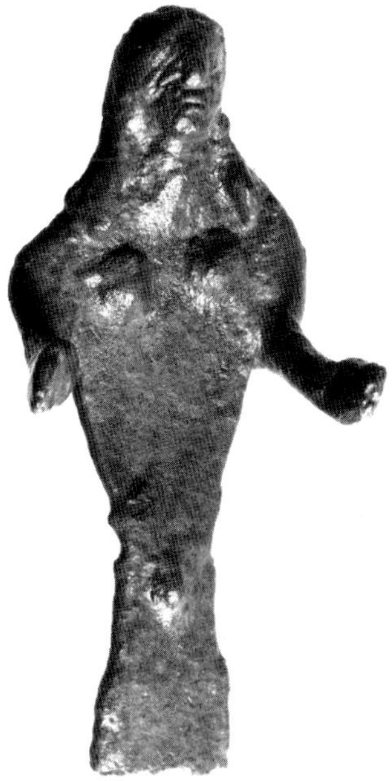

Idol (Bronze), sabäisch.

Zu den Opfern gehörte das rituelle Mahl (»ʾlm« oder »mʾlm«), das seinerseits mit den Pilgerfahrten verbunden war. Ein rituelles Mahl wurde von den frühen Herrschern von Saba zu Ehren ʿAṯtars in dessen Tempel auf dem Djabal al-Lawḏ, nördlich des Djawf, dargebracht. Die Fundstelle wurde 1981 von französischen Archäologen untersucht. Sowohl am Fuß des Berges wie auf seinem Gipfel, 1000 m höher, befinden sich die Überreste eines Tempels. Die beiden Heiligtümer sind durch eine mehr als 6 km lange, gepflasterte Straße verbunden, die sich an der Seite des Berges emporzieht. In großen Zwischenhöfen befinden sich zahlreiche parallele Reihen von Steinbänken, jeweils 10—16 m lang, offensichtlich für das Mahl der Pilger bestimmt.

In einer Felsinschrift, die die Riten seiner Wallfahrt zum Berge Riyām (heute Itwa, nördlich von Sanaa) regelt, befiehlt der Gott Taʾlab, daß anläßlich der Pilgerfahrt Gastmähler, die aus dem ihm gebührenden Zehnten zu bezahlen sind, veranstaltet werden. Ebenso heißt es bei Plinius, daß im Tempel von Shabwa im Ḥaḍramawt der

Gott seine Gäste in jedem Jahr für mehrere Tage aus den Mitteln seines Zehnten speiste. Taʾlab verlangt im übrigen nicht nur seine eigene Wallfahrt, sondern legt seinen Gläubigen auch die Teilnahme an der jährlichen Pilgerfahrt zum sabäischen Bundestempel in Mārib auf.
In der frühen sabäischen Zeit gab es auch die Darbringung von Personen an den Gott eines Tempels. Dies geschah seitens von Würdenträgern, die zu einer öffentlichen Aufgabe bestellt wurden. Es hat den Anschein, daß diese geweihten Personen eine Art vorübergehenden Dienstes im Tempel zu leisten hatten und wohl nicht die sogenannte heilige Prostitution, wie sie aus den syrischen Tempeln bekannt ist. Dagegen scheinen im himjaritischen Gebiet im 2. und 3. Jh. n. Chr. Gefangene (Soldaten und Zivilisten) rituell der Göttin Shams geopfert worden zu sein zum Dank für einen militärischen Sieg.
Die Personenweihe der alten Zeit hatte im Laufe der Jahrhunderte immer mehr nur noch symbolische Bedeutung und wurde schließlich durch die Weihe einer Bronzestatuette ersetzt. Diese Statuette stellte den Opfernden dar; sie trug eine kurze Weihinschrift. Später, kurz vor Beginn unserer Zeitrechnung, wurde die Weihinschrift ausführlicher und auf einem eigenen Inschriftstein verzeichnet, auf dem die Statuette angebracht wurde. Auch Tierstatuetten wurden dargebracht, um die Gesundheit der Tiere zu erhalten; sogar Abbildungen männlicher und weiblicher Geschlechtsorgane mit dem Ziel, Kindersegen zu erreichen, sind bekannt.
Zahlreiche Weihegaben wurden auf Befehl des Orakels »msʾl« (die Wurzel bedeutet »erbitten«) oder »ʾmr« (die Wurzel bedeutet »befehlen«) dargebracht. Das Verfahren war gewiß das gleiche wie es auch sonst ganz allgemein im Alten Arabien praktiziert wurde. Ausdrücklich ist es allerdings nur in einer einzigen sabäischen Inschrift überliefert. Es handelt sich um das »istiqsām«, das blinde Herausziehen eines Pfeiles aus einem Behältnis; die Pfeile hatten jeweils unterschiedliche Bedeutung (z. B. positiv, negativ) und gaben so eine Antwort auf die gestellte Frage. Die Traumdeutung ist besser belegt. Inschriften berichten von »Gesichtern« oder Träumen, die der Gott dem Gläubigen »während seines Schlafes« oder »im

Becher (Bronze) mit halbplastischem Steinbockrelief und sitzender Figur (vermutlich Dschauf, 3.—5. Jh. n. Chr.).

Tempel« zeigte. Manchmal zeigte der Gott einen solchen Traum auch »für ihn«, woraus folgt, daß ein Medium gemeint war. Einmal wird ein solches Medium ausdrücklich als »ḥlmt«, also als »Traumdeuterin« bezeichnet.
Zwei sabäische Texte des 3. Jh.s n. Chr. beschreiben einen Ritus der Regenerbittung, die sogenannte »istisqā«, die sich auch im Islam erhalten hat. Nach einer lang andauernden Trockenheit begab sich die Bevölkerung von Mārib zum Tempel des Ilmaqah, um dort Regen zu erflehen. Dabei wurden auch gewisse magische Praktiken vollzogen. Einige Stunden später war das Bewässerungssystem mit Wasser gefüllt.
Die oben bereits erwähnte rituelle Jagd (»ṣd«) auf das bestimmten Gottheiten geweihte Wild ist recht ausführlich bezeugt. Dabei handelt es sich um einen Fruchtbarkeitsritus: Erfolg der Jagd sicherte Regen. Eine Steinbockjagd zur Regenbewirkung hat sich im Ḥaḍramawt noch bis vor einigen Jahrzehnten erhalten.
Wie man sieht, waren Magie und religiöse Praxis eng miteinander verbunden. Der Ritus selbst hatte magische Bedeutung. Das zeigt sich unter anderem daran, daß man sich selber Fehler beschuldigte, die man unbewußt begangen haben könnte. Es gab Amulette mit dem Namen oder dem Symboltier einer Gottheit. Magische Formeln oder Reliefs mit einem Stierkopf, genannt »śḥr« (Talisman), schützten die Gebäude. Auch Astrologie wurde getrieben: So erbat man sich Kinder »unter einer guten Sternenkonstellation«. Mehrere Reliefs aus später Zeit stellten Tierkreiszeichen dar.
Verschiedene Ausdrücke bezeichnen den »bösen Blick« oder das »Böse«. Die Gottheit wird um Schutz davor gebeten oder darum, Feinde oder Grabräuber zu bestrafen.
Die Bestattungsriten belegen den Glauben an eine Art von Leben nach dem Tod. Sie sollen vor allem drei Dinge gewährleisten: einmal die Erhaltung des Leichnams. Familiengräber, gelegentlich in Form eines Hypogäum,

Stierkopfplastik (Bronze), sabäisch/spätsabäisch.

wurden in den Felsen hineingeschlagen. 1983 fand man in Shibām Suhaym, nordöstlich von Sanaa, mehrere besonderes präparierte Mumien. Andererseits war der Gebrauch von Sarkophagen praktisch unbekannt. Zweite Sorge war die Ruhe der Toten. Inschriften legen genau fest, wer und auf Grund welchen Rechtstitels ein Recht auf Bestattung in dem betreffenden Grab hat und bedrohen jeden, der sich unrechtmäßig hier bestatten läßt. Drittens ist es die Identifizierung des Toten. Sein Name wird auf einer Stele mit einem schematisierten oder teilplastischen Kopf angebracht oder auf einem Sockel, der einen Kopf, eine Statue oder eine einfache geglättete Alabasterplatte trägt. Auf letzterer mag sich vielleicht ein gemaltes Portrait befunden haben. Die Grabsteine (»nṣb« oder »nfs«) zeigen gelegentlich, außer der oben genannten Verwünschungsformel, ein einfaches oder doppeltes Relief mit bildlichen Darstellungen. Auf ihm sind Bilder aus dem täglichen Leben des Toten (Jagd oder Feldarbeit) zu sehen oder eine Szene, die vielleicht das Jenseits darstellt, z. B. eine Opfergabe an eine sitzende Gottheit. Symbole oder Figuren, die mit diesen Szenen abgebildet sind (z. B. Greifen), beziehen sich auf Glaubensvorstellungen, deren Einzelheiten wir nicht kennen.

In der zweiten Hälfte des 4. Jh.s verschwinden die heidnischen Formulierungen aus den Texten — eine einzige heidnische Inschrift stammt aus jüngerer Zeit. An ihrer Stelle kommen jetzt monotheistische Formeln auf, die sich an den »Herrn des Himmels« oder »Herrn des Himmels und der Erde« und noch etwas später an den »Barmherzigen« (»Raḥmānān«) wenden. Christentum und Judentum, die insoweit die gleiche Terminologie gebrauchten, waren an die Stelle des Heidentums getreten. Diese fremden Religionen betreffen uns hier nur indirekt. Nach byzantinischer Tradition hatte eine Gesandtschaft des Kaisers Constantius II. (337—361) in der Mitte des 4. Jh.s den Herrscher der Himjariten zum Christentum bekehrt (obwohl er bereits von zum Judentum übergetretenen Proselyten umgeben war) und die Gründung von Kirchen — insbesondere in der Hauptstadt Ẓafār — erreicht. Nach arabischer Überlieferung gehörten die Herrscher Himjars seit Abūkarib Asʿad (etwa 430—450 n. Chr.) dem jüdischen Glauben an. Die Zweideutigkeit der überlieferten Formeln — vielleicht absichtlich so gewählt — erlaubt es nicht, diese Überlieferungen auch inschriftsmäßig zu bestätigen. Vom Ende des 4. Jh.s an bekennen sich jedoch auch hochgestellte Persönlichkeiten in klarer Form zum Judentum. Der letzte jüdische König war Yūsuf Asʾar, der durch die Christenverfolgung von Nadjrān (gegen Ende des ersten Viertels des 6. Jh.s) in die Geschichte eingegangen ist. Die äthiopische Intervention brachte seine Herrschaft gewaltsam zu Ende. In der Zeit danach, in Texten seiner beiden Nachfolger Sumyafaʿ Ashwaʿ und Abraha, erscheinen erstmals christliche Dreieinigkeitsformeln.

Literatur

A. F. L. Beeston: The Religions of Pre-Islamic Yemen. In: J. Chelhod L'Arabie du Sud, Histoire et Civilisation, 1: Le peuple yéménite et ses racines. (Islam d'Hier et d'Aujourd'hui, 21). Paris, Maisonneuve et Larose, 1984, S. 259—269.

W. Daum: Ursemitische Religion. Stuttgart/Berlin/Köln/Mainz, Kohlhammer, 1985.

M. Höfner: Die vorislamischen Religionen Arabiens. In: H. Gese, M. Höfner und K. Rudolph, Religionen Altsyriens, Altarabiens und der Mandäer. (Religionen der Menschheit: 10, 2). Stuttgart, Kohlhammer, 1970, S. 233—402.

Chr. Robin et J.-F. Breton: Le sanctuaire préislamique du Ǧabal al-Lawḏ (Nord-Yémen), dans Comptes Rendus de l'Académie des Inscriptions et Belles-Lettres, juillet-octobre 1982, S. 590—629.

G. Ryckmans: Les religions arabes préislamiques, dans M. Gorce et R. Mortier (éd.), Histoire générale des Religions. Paris, Aristide Quillet, 1960, vol. II, S. 200—228 et 593—605).

J. Ryckmans: De quelques divinités sud-arabes, dans Ephemerides Theologicae Lovanienses, 39 (1963), S. 458—468.

J. Ryckmans: Un rite d'istisqāʾ au temple sabéen de Mārib, dans Annuaire de l'Institut de Philologie et d'Histoire orientales et slaves, 20 (1968—1972), S. 379—388.

J. Ryckmans: La chasse rituelle dans l'Arabie du Sud ancienne, dans Al-Bahit, Festschrift Joseph Henninger (Studia Instituti Anthropos, 28). St. Augustin bei Bonn, Verlag des Anthropos Instituts, 1976, S. 259—308.

J. Schmidt: Zur altsüdarabischen Tempelarchitektur, dans Archäologische Berichte aus dem Yemen, 1 (1982), S. 161—175.

J. Wellhausen: Reste altarabischen Heidentums (2. Auflage), Berlin/Leipzig, De Gruyter, 1927.

Das antike Shabwa, Hauptstadt des Ḥaḍramaut

Jean-François Breton

Die griechischen Historiker kannten den Ḥaḍramaut seit dem 4. Jh. v. Chr. Theophrast von Eresos, Schüler und Nachfolger des Aristoteles in der Leitung der Peripatetiker-Schule, erwähnt den Ḥaḍramaut in seinem botanischen Hauptwerk als eine der Regionen, in denen Weihrauch, Myrrhe und Zimt gewonnen werden. Ein Jahrhundert später berichtet Erathostenes, daß die Hauptstadt der Chatramotiter, die im Osten der Kattabanier lebten, Sabata (»Shabwa«) heiße. Nach Plinius ist die Stadt auf einen hohen Berg gebaut, acht Tagesmärsche von der den Weihrauch produzierenden Gegend Sariba entfernt. Ihre Mauer umschließe 60 Tempel. Er fährt dann fort: »Der Weihrauch wird nach seiner Ernte auf Kamelen nach Sabata transportiert, wo er nur durch ein einziges Tor hereingebracht werden darf. Das Benutzen eines anderen Weges gilt als Verbrechen. Es wird von den Königen mit dem Tode bestraft. Hier entnehmen die Priester für ihren Gott, den man Sabis nennt, einen Zehnten...«. Im Periplus des Erythräischen Meeres schließlich heißt es dann noch genauer, daß der König in seiner Metropolis »Sabautha« residiere, 120 Stadien vom Hafen Qanē entfernt, im Landesinneren. Damit haben wir folgendes Bild von Shabwa:

Die Stadt, errichtet auf einem Hügel, wird von einer Mauer umschlossen, in die sich Stadttore öffnen. Sie enthält rund 60 herausragende Gebäude, darunter einen Königspalast und einen dem Gott Syn (auf Grund der Inschriften kennen wir seinen Namen) geweihten Tempel. Fügen wir ergänzend noch zwei Zitate Strabos hinzu: Im ersten läßt er den Luxus der Häuser »mit ihren Türen, Mauern und Dächern, bekleidet mit Elfenbein, Gold und Silber« anklingen; im zweiten stellt er fest, daß »die Häuser (des Glücklichen Arabien) denen Ägyptens in der Art ihres Zimmermannswerks ähneln«. Als H. St. J. Philby 1936 Shabwa erreichte und die zahlreichen steinernen Untergeschosse, über denen vielfach Schuttmassen lagen, sah, versuchte er, auf Grund dieser Bemerkung den Fund zu deuten. Er kam zu dem Schluß, daß sich über den sichtbaren steinernen Untergeschossen hölzerne Stockwerke befunden haben könnten. So gibt Strabo uns einen ersten Hinweis auf die Architektur der Stadt — jetzt galt es, die Wirklichkeit des antiken Shabwa archäologisch zu erschließen.

Als sie 1974 mit ihren Arbeiten begann, versuchte die französische archäologische Mission als erstes, die Art und Funktionsweise dieser steinernen Grundmauern zu deuten. Allein im westlichen Bereich der Fundstätte erheben sich rund hundert solcher Gebäudereste. Ihr Aufbau ist unterschiedlich, manchmal sind die Steine sorgfältig behauen, manchmal nur grob zugeschlagen. Alle diese Sockel ragen noch einige Meter über den Boden. Alle enthalten sie in ihrem Innern Mauern, die rechtwinklig zueinander stehen und so den Aufbau der höheren Stockwerke erschließen lassen. Diese oberen Geschosse waren aus einer Grundstruktur von Balken errichtet, deren Zwischenräume mit ungebrannten Ziegeln ausgefüllt waren. Die meisten dieser Gebäude besaßen mehrere Stockwerke. Die Fensteröffnungen waren eng, das Ganze muß sehr eindrucksvoll gewirkt haben — wie befestigte Residenzen. Nur bei einer kleinen Zahl von Gebäuden — einstöckig und mit monumentaler Freitreppe — dürfte es sich um Heiligtümer gehandelt haben. Daraus kann man jetzt die wahre Bedeutung von Plinius' Bemerkung erschließen: »Turmhäuser« und nicht »Tempel« waren die häufigsten Gebäude in Shabwa.

Inzwischen sind unsere umfangreichen Forschungen zur Verbreitung dieses Haustyps abgeschlossen, und als Ergebnis läßt sich sagen, daß diese Turmhäuser typisch für die jemenitischen Städte am Rande der Wüste und für die Siedlungen im jemenitischen Hochland waren. Sie erscheinen erstmals im 5. Jh. v. Chr., wahrscheinlich im sabäischen Gebiet, und prägten den Baustil bis zum Ende des antiken Südarabien. Grund für diese Ausbreitung in räumlicher und zeitlicher Sicht dürfte die Aufsplitterung der einzelnen Herrschaftsgebiete gewesen sein, das Gewicht der Tradition und das Ansehen, das ein solch hohes Haus mit sich brachte. Gleichwohl kann man im Verlauf der Jahrhunderte eine Entwicklung beobachten. Manchen dieser Turmhäuser wird ein Hof mit Bogengängen vorgesetzt, anderen sind mehrere Nebengebäude zugeordnet. So erscheinen neue architektonische Modelle, die sich auch in Shabwa beobachten lassen.

Der westliche Teil der antiken Stadtoberfläche ist der einzige, in dem man die Organisation der Stadt erschließen kann, da über den anderen Stadtteilen die Dörfer Mathnā und al-Hajar errichtet wurden. Dieser westliche Teil liegt innerhalb des befestigten Mauer-Rechtecks, das die Stadt jedoch niemals vollständig ausfüllte. Die Gebäude innerhalb der Stadtmauer wurden gerne an leicht erhöhter Stelle errichtet, ein Stück von der Stadtmauer entfernt. Sie befinden sich links und rechts einer gekrümmten Mittelachse, die vom Haupttor zum großen Heiligtum führt. Die übrigen Verkehrswege und das, was man vielleicht als Plätze bezeichnen könnte, sind lediglich unbebaute Flächen. Ein eigentlicher »Marktplatz« läßt sich nirgendwo erkennen. Zweifelsohne machten die Karawanen in dem unbebauten Gelände vor der Stadtmauer Halt. Dieses Vorfeld war durch eine äußere Verteidigungslinie auf den umgebenden Hügeln geschützt. Gewiß stellte auch das in diesem Gebiet geförderte Salz ein Handelsgut für die weiterziehenden Karawanen dar.

Dasjenige Gebäude von Shabwa, das wir besser als jedes andere kennen, ist das Bauwerk neben dem Haupttor der

Seite 117: Weihrauchbaum in der Provinz Schabwa.

Stadt. Seine Freilegung wurde im Jahre 1976 begonnen und bis 1985 fortgeführt.
Es besteht aus einem Turmhaus, dem nach Norden ein Gebäude mit Bogengängen vorgelagert ist. Diese Bogengänge umschließen einen Innenhof. Von dem Hauptgebäude ist das hohe Untergeschoß aus Stein erhalten, 22,50 m lang und 20 m breit. Ein Teil der darüberliegenden Mauern aus ungebrannten Lehmziegeln hat sich ebenfalls erhalten. Der Zugang erfolgte über eine steinerne Treppe, die zu einem breiten Portal führte. Das Portal öffnete sich auf einen Mittelgang, von dem nach beiden Seiten lange schmale Räume abgingen. Am hinteren Ende befand sich eine Treppe zu den darüberliegenden Stockwerken. Von dem nördlich vorgelagerten Gebäude sind die Grundmauern erhalten, sowie in seinem Westflügel die Mauern einiger Räume. Diesen Hof und die zugehörigen Gebäude betrat man von der Ostseite her über eine monumentale Freitreppe von 3,10 m Breite, links und rechts mit Sitzbänken ausgestattet.
Die höheren Geschosse dieser Bauten waren aus Holz. In den verschiedenen Brandschichten fanden wir zahlreiche Stützbalken. Erstaunlicherweise hat sich eine große Zahl von ihnen vorzüglich erhalten. Die meisten besitzen sogar noch Zapfen und Zapfenlöcher, bei einigen hat sich der gezahnte Dekor, und bei anderen die rote Farbe, mit der sie bemalt waren, erhalten. Diese Balken waren rechtwinklig zueinander angeordnet. Die Zwischenräume waren mit ungebrannten Ziegeln ausgefüllt und die Außenfront mit behauenen Steinplatten verkleidet. Nachdem das Prinzip des Aufbaus dieser Balkenstruktur erkannt war, gelang es J. Seigne, für das nördliche Gebäude die Existenz eines über dem Untergeschoß errichteten Stockwerks mit einer Galerie zu erschließen. Diese Galerie erlaubte das Umhergehen; sie besaß eine Kassettendecke. Etwa hundert Balken, die vermutlich aus den inneren Strukturen des Hauptgebäudes stammen, werden noch untersucht.
Diese Bauwerksgruppe ist in das befestigte Gesamtsystem der Stadt eingegliedert. Sie verteidigte das Haupttor und einen Teil der Stadtmauer. Daneben war das Gebäude aber auch für sich selber verteidigungsfähig: durch seine erhöhten Grundmauern, das fensterlose Untergeschoß, durch seine zahlreichen Stockwerke und den schwierigen Zugang in den Innenhof. Das Bauwerk war demnach mit der Absicht errichtet worden, einer langen Belagerung widerstehen zu können. Zusammengenommen kann man sagen, daß dieses eindrucksvolle Gebäude eher den großen himjaritischen Burgen von Ghumdān, Bayt Hanbas und Tulfum ähnelte, wie sie al-Hamdānī beschreibt, als den luxuriösen Wohngebäuden, die Strabo erwähnte.
Münzen und Inschriften, die man in Marib und in diesem Gebäude fand, gestatten es, dieses Schloß als die Königsburg »Shqr« von Shabwa zu identifizeren. Eine große Inschrift, die im Almaqah-Tempel in Marib gefunden wurde (al-Iryānī Nr. 13, Übersetzung von J. Ryckmans) bewahrt uns einen unmittelbaren Augenzeugenbericht, der uns aus dem Feldzug Sabas gegen Ḥaḍramaut (225—230 n. Chr.) die Kämpfe um Shabwa und die Eroberung der Königsburg durch den sabäischen Unterführer Fariʿ Aḥsan in den plastischsten Farben schildert:
Fariʿ Aḥsan, Unterführer des sabäischen Königs Shaʿr Awtar, opfert »die beiden Silberstatuen, (Teil) seiner Beute aus der Stadt Shabwa, als er seinem Herrn... beigestanden hatte, als dieser Krieg führte gegen Ilʿazz Yalūṭ, den König des Ḥaḍramaut, und gegen die Armee und die Stämme des Ḥaḍramaut. ...« ...Fariʿ Aḥsan dankt der Gottheit insbesondere dafür, »daß er das Eindringen in das Schloß Shaqr und die Stadt Shabwa leiten und zum siegreichen Ende führen durfte, wie es ihm sein Herr Shaʿr Awtar befohlen und aufgetragen hatte ... und das Schloß Shaqr besetzen, und ihre Herrin Mlkḫlk, Königin des Ḥaḍramaut (und Schwester des sabäischen Königs Shaʿr Awtar) beschützen konnte. ...Und sie drangen ein in das Schloß Shaqr, insgesamt 30 Mann; außerhalb ließen sie vier Mann stehen. Am Tage, als sie dieses Schloß Shaqr besetzten, töteten sie in ihm und außerhalb den Sohn des Ilʿazz Yalūṭ, sowie Untertanen und Statthalter des Königs von Ḥaḍramaut, und von seinen Untergebenen einige Fürsten (qayl), Würdenträger und Bürger der Stadt Shabwa... Es waren aber (von König Ilʿazz Yalūṭ) in die Stadt Shabwa 1000 Mann als Besatzung gesandt worden, während der König selber nach ḏāt-Ghaylᵐ marschierte. Was aber Fariʿ und die ihn begleitenden Soldaten anbelangte, so verschanzten sie sich 15 Tage lang in diesem Schloß Shaqr. Doch 13 Tage lang gab es kein Wasser darin, womit sie ihren Durst hätten löschen können; dann löschten sie ihren Durst mit wenig Getränk, bis ihr Herr Shaʿr Awtar in Eile mit seinen Truppen kam, nachdem er in der Gegend von ḏāt-Ghaylᵐ die Truppen Ḥaḍramauts geschlagen hatte. Er befreite sie, drang ein und eroberte, zerstörte und brannte nieder die Stadt Shabwa, und fand seine Schwester Mlkḫlk, unverletzt und unversehrt, im Innern des Schlosses Shaqr...«.
Wenig später wird das Königsschloß von den Königen des Stammes Yūhabʾir — die damit ihre vielleicht bestrittene dynastische Legitimität unter Beweis stellen wollten — wieder aufgebaut und zur Residenz gewählt. Dabei lassen sie den ursprünglichen östlichen Zugang zuschütten und errichten neue Holzgeschosse auf den alten steinernen Grundmauern. Auch das Gebäude mit den Bogengängen wird wieder aufgebaut und mit einem Stockwerk versehen. Im Erdgeschoß werden Fresken angebracht, auf denen Menschen (Frau mit Tunika, Reiter...) und Tiere (Fische?) sowie pflanzliche Motive zu sehen sind. In dem darüberliegenden Geschoß bilden achteckige steinerne Pfeiler, jeweils 2,05 m hoch, die Fensterwandungen der großen Fensteröffnungen. Sie werden von einem Doppelkapitell mit Greifenfigur gekrönt. Die Dekke dieses Stockwerks besteht aus hölzernen Kassetten. Als Wasserspeier dienen steinerne Stierköpfe, die zwischen den Tragebalken herausragen. In der Mitte des 3. Jh.s n. Chr. beschädigt ein Erdbeben das Gebäude schwer. Gleichwohl residieren immer noch Herrscher in dem Schloß. Sie schlagen Münzen auf den Namen von Shqr, sammeln Kunstwerke (Statuen, Gläser, Elfenbein-

kästchen) und lassen verschiedene Bauarbeiten ausführen.
Wie kann man die Entstehung und den Aufstieg Shabwas erklären? Diese Frage ist nicht leicht zu beantworten.

Die Lage der Stadt kann man nämlich keineswegs als günstig bezeichnen. Sie liegt an der Mündung des Wadi ʿIrma, einem der Wadis mit der geringsten Wasserschüttung dieser Region. Auch heute führt er selten ausreichend oder regelmäßig Wasser, im Gegensatz zu den in der Regel jährlichen Flutwellen der Wadis Bayḥān bei Timnaʿ oder Dhana bei Marib. Hinzu kommt noch, daß Shabwa inmitten einer Hochebene liegt, die weder Humus noch Vegetation besitzt. Also auch hier kein Vergleich mit dem grünen, weil regenreichen Hinterland von antiken Städten wie Timnaʿ oder Marib. Natürlich wird man annehmen dürfen, daß es in der Antike noch einige jener »Hochwälder« gab, die Agatharchides erwähnt, und aus denen das Rohmaterial für die ausgiebige Verwendung von Holz in der Architektur stammt. Schließlich ist auch noch zu bemerken, daß Shabwa keineswegs an den wichtigen natürlichen Kommunikationswegen lag: Da die Stadt sich rund 30 km südlich des Wadi Ḥaḍramaut befand, konnte sie ihn nicht unmittelbar kontrollieren, sondern mußte einzelne Pässe (etwa den von al-ʿUqayba im Osten) ausbauen oder besondere Verbindungswege schaffen (z. B. über ʿIrma, den Paß von Futūra und den Wādī Ẓuhr). Shabwa liegt auch außerhalb der großen Achse, die von Qāna am Indischen Ozean den Wadi Maifaʿ hinaufführt und sich dann in zwei Wege (die Wadis von ʿAmāqīn und Ḥabbān) teilt.

Zusammenfassend kann man sagen, daß Shabwa seine Lage und Bedeutung mehr einem politischen Willen als natürlichen Vorzügen verdankt.

Wie bei allen Ansiedlungen am Rande der Wüste beruhte die Existenz Shabwas auf der Beherrschung der künstlichen Bewässerung. Als Karawanenstadt mußte sie nicht nur ihren eigenen Einwohnern eine ausreichende Ernährung sichern, sondern auch den Kaufleuten Nahrungs- und Futtermittel bieten. Vom Beginn der südarabischen Kultur an bis zum 5. Jh. n. Chr. entwickelt und unterhält die Stadt ein ausgedehntes Bewässerungssystem. Das Wasser der Zuführungskanäle wurde durch ein System von hintereinander geschalteten Verteilern und kleinen steinernen Schwellen auf die Felder geleitet. Dieses System setzt die ständige Kontrolle der Wasser des Wadi ʿIrma voraus, mit der Möglichkeit, im Augenblick nicht benötigtes Wasser im Oberlauf des Wadi in steinernen Becken zu sammeln. Eines dieser Becken befindet sich im Süden der Stadt und weist zwei Königsinschriften aus der Zeit des 1. und 2. Jh.s n. Chr. auf. Wo das bewässerte Anbaugebiet endet, brechen die im Verlauf von zwei Jahrtausenden angeschwemmten Sedimente steil ab; die Sedimente erreichen an einigen Stellen eine Höhe von über 8 m. Die gesamte Anbaufläche umfaßte rund 15.000 ha, doch wurden nach P. Gentelle nicht alle Felder gleichzeitig bewirtschaftet. Die Chronologie dieser Felder wird derzeit noch erforscht.

Schon die antiken Autoren berichteten, daß der Reichtum Shabwas auf dem Weihrauch beruhte. Allerdings haben die Grabungen weder ein Lagerhaus für Weihrauch noch Inschriften mit einem Zolltarif, noch Reliefs, die auf den Weihrauchhandel schließen lassen, erbracht. Die typischen altsüdarabischen Weihrauchbrenner sind keineswegs häufiger als in anderen antiken Fundstellen. Bisher nahm man an, daß Weihrauch im wesentlichen im Dhofar (Ẓafār) und im Wadi Markha produziert wurde. Neuere botanische Untersuchungen zeigen jedoch, daß Boswellia sacra auch im Ḥaḍramaut im Wadi Duʿān, im Wadi Ḥajar sowie im Hinterland von Mukalla wuchs. Diese letzteren Regionen waren genügend dicht besiedelt, um Weihrauchernte in größerer Menge zu ermöglichen. Alle Produktionsstadien wurden von königlichen Beamten überwacht. Es besteht kein Zweifel daran, daß vor allem dadurch das Herrschaftsgebiet des Staates Ḥaḍramaut sich auf immer weitere Gebiete ausdehnte.

Der Weihrauch aus dem Hinterland von Ẓafār wurde mit Schiffen an verschiedenen Küstenorten angelandet, insbesondere in Qāna (bei dem heutigen Bir ʿAlī), von wo er entweder mit Schiffen weiterbefördert oder auf dem Landweg nach Shabwa gebracht wurde. Von hier wurde er auf der sogenannten »Weihrauchstraße« nach Ägypten und dem Mittelmeer befördert. Shabwa zog aus diesem Handel großen Nutzen. Ein Zehnter, der nach Plinius nach dem Volumen gerechnet wurde, erlaubte es dem Tempel des Gottes Syn, seine Gäste jeweils für mehrere Tage großzügig zu verpflegen. Mit diesem Zehnten wurden auch Bauprojekte und die Einfuhr von Luxusgütern finanziert.

Trotz seiner Bedeutung wissen wir von Shabwa — gleiches gilt für andere südarabische Siedlungen — nur sehr wenig. Für die zwei Jahrtausende des Bestehens der Siedlung (Mitte des 2. Jahrtausends v. Chr. bis 5. Jh. n. Chr.) vermögen wir weder Krisen und Schwierigkeiten der Stadt zu beschreiben, wissen nichts von Krankheiten und Hungersnöten, nichts von Anstieg oder Verfall seiner Bevölkerung. Gleichwohl lassen sich einige Aussagen machen, die wir jetzt kurz vorstellen wollen.

Menschen lebten in der Umgebung von Shabwa bereits im Paläolithikum. Auf den Hochebenen zu beiden Seiten des Tales wurden Spuren von Steinbearbeitung (Levallois-Kultur) gefunden. Im Tal selbst fand man blattförmige Steine und Feuersteinschaber aus dem Neolithikum. Ein Fundplatz am Rande der Wüste, Khushm Rumayd, lieferte gestielte Pfeilspitzen und Obsidian-Splitter, die ungefähr in das 6. Jahrtausend v. Chr. datiert werden können.

In der Mitte des 2. Jahrtausends v. Chr. entstand auf dem südlichen Felsrücken der späteren Stadt Shabwa eine Siedlung. Ihre Ausdehnung ist bisher noch ungeklärt, da erst an einer Stelle der Boden bis auf den gewachsenen Fels sondiert wurde. Die Einwohner dieser Siedlung übten bereits Bewässerungslandwirtschaft, doch kennen wir die von ihnen angebauten Pflanzen noch ebensowenig wie ihre Haustiere. Eine paläobotanische Untersuchung steht noch aus. Dieser Teil des Fundplatzes ist bis zum Beginn der eigentlichen südarabischen Kultur (5. Jh.

v. Chr.) bewohnt, möglicherweise mit einer Unterbrechung in der Eisenzeit.
Etwa um das 5. Jh. v. Chr. lassen sich bedeutende Veränderungen beobachten. Die ersten Gebäude mit steinernen Sockeln werden errichtet, auf Stelen werden Texte in monumentaler Schrift angebracht, Münzen mit der athenischen Eule werden geschlagen. Diese Veränderungen erfolgten nicht ohne Einfuß der Sabäer. Sie sind mit den Einwohnern des Ḥadramaut ebenso mit denen von Awsān in einer »Brüderschaft« verbunden, die der sabäische Mukarrib Karibil Watar, Sohn des Dhamar ʿAly durchgesetzt hatte. Sogar in Shabwa selbst lebten jetzt Sabäer, wo sie nach J. Pirenne eine Kolonie bildeten. Dem sabäischen Gott Almaqah brachten sie Weihegaben dar. Gewiß hat J. Pirenne recht, wenn sie vermutet, daß diese Sabäer ihre Gottheiten, Schrifttypen und bestimmte Dekorationsmotive mitbrachten, doch dürfte ihr Beitrag darüber hinausgehen.
Vom 5. bis zum 4. Jh. v. Chr. vollzieht sich der Aufstieg Shabwas in drei Abschnitten. Als erstes erhebt sich die Stadt zum Rang einer Hauptstadt und befreit sich langsam von der sabäischen Vorherrschaft. Mehrere Inschriften werden jetzt von Mukarribs (und sodann von Königen) des Ḥadramaut gesetzt. Einer dieser Könige, Il Yafaʿ Ḏubyān (oder Sum Yafaʿ Ḏubyān), erbaute in dieser Zeit das erste Schloß von Shabwa. Sodann errichtete die Stadt ein bedeutendes Verteidigungssystem. Noch heute ist seine Ausdehnung zu erkennen: 2.500 m Länge, die längste Stadtmauer Südarabiens nach der von Marib (4.400 m Länge), und die einzige im Bereich des Wadi Ḥadramaut. Zu jener Zeit gelingt es der Stadt, ihre Herrschaft auf benachbarte Gebiete auszudehnen. Zuerst baut sie die Pässe von ʿUqayba und Futūra aus, über die das Tal des Ḥadramaut erreicht werden kann. Sie überwältigt — einverständlich oder mit Gewalt — die Städte al-Bināʾ und al-Barīra im Wadi Jirdān, und Bīr Ḥamd (im Wadi Ẓuhr). Dies folgt daraus, daß in keiner dieser Städte Inschriften aus der Zeit nach dem 4. Jh. v. Chr. gefunden wurden. Shabwa kann offenbar in dieser Zeit seine Karawanen selber schützen und die ersten Erzeugnisse aus der Ferne importieren, z. B. griechische Keramik.
In den beiden folgenden Jahrhunderten bleibt die Geschichte Shabwas dunkel. Einige Inschriften berichten von der Vollendung der Stadtmauer und der Errichtung ziviler und religiöser Bauten. Keine dieser Inschriften gibt jedoch Hinweise auf die Produktionsverhältnisse oder auf die wachsende Macht der Herrscher. Es hat den Anschein, daß diese erst im 1. Jh. n. Chr. in der Lage sind, wirklichen Reichtum zu erwerben. In jener Zeit landen indische und römische Schiffe in Qāna, ihre Produkte kommen nach Shabwa. Dabei handelte es sich etwa um ägyptisches oder syrisches Glas, Terra-Sigillata-Keramik oder um römische Amphoren. Bei den Ausgrabungen hat sich allerdings nichts von den wertvollen Kleidern, den goldenen Gefäßen oder dem getriebenen Silber gefunden, die der Periplus des Erythräischen Meeres erwähnt.
Für J. Ryckmans bedeutet die Herrschaft des Ilʿazz Yaluṭ (erstes Viertel des 3. Jh.s n. Chr.) »sowohl den Gipfel als auch das Ende des Reiches von Hadramaut«. Dieser Herrscher führte eine Reihe von Feldzügen, um sein Reich zu vergrößern. Er sandte Siedler 1000 km nach Osten in den Dhofar (Ẓafār), wo sie die Kolonie Sumhurām gründeten, um die Weihrauchexporte aus Dhofar zu kontrollieren. Zur gleichen Zeit wird im Westen die Bedrohung durch die Sabäer größer, die gegen 200 n. Chr. das antike Timnaʿ zerstören. Bei ihrem bald folgenden Feldzug gegen den Ḥadramaut erobern die Sabäer das Königsschloß von Shabwa, plündern und brandschatzen die Stadt. Zwei weitere Feldzüge zerstören die Stadt und die ḥadramitische Flotte im Hafen von Qāna.
Unter den Königen des Stammes Yuhabʾir vollzieht sich ein langsamer Wiederaufstieg. Eine Neuerung scheint es, daß diese Könige ihre Thronbesteigung auf dem Berg von al-ʿUqla, etwa 15 km westlich von Shabwa, feiern. Zahlreiche Inschriften an der Seite eines Felsens erinnern an diese Zeremonie und die sie gelegentlich begleitenden Opfer. Andere Inschriften erwähnen Bauarbeiten in Shabwa. Auf dem Gipfel dieses Felsens hat unsere archäologische Mission ein kleines Heiligtum mit einem Podium und mit rot-und-weiß schachbrettartig gemusterten Mauern freigelegt.
Zu Beginn des 4. Jh.s n. Chr. beendet der himjaritische Herrscher Shamir Yaharisch die Existenz eines selbständigen Königreichs Ḥadramaut. Immer wieder dringen er und seine Nachfolger in das Innere des Ḥadramaut-Tales ein, belagern seine wichtigsten Städte (Shibām, Sayūn, Tarīm, etc.), zerstören ihre Weinberge und machen zahlreiche Gefangene. Aus Legitimitäts-Gesichtspunkten aber residieren auch diese himjaritischen Herrscher im Königsschloß von Shabwa. Endgültig zerstört wurde die Stadt vielleicht bei einem Feldzug der yazanitischen Stämme im 5. Jh. n. Chr. Vermutlich bildet die große Inschrift des Wadi Abadan, südlich von Niṣāb, die detaillierteste Beschreibung dieses Ereignisses (siehe J. Pirenne, im »Raydan« 1981).
Die verschiedenen Grabungskampagnen offenbaren uns mehr und mehr von den zwei Jahrtausenden der Geschichte einer Siedlung, die — wie wir inzwischen wissen — der der anderen Siedlungen am Rande der Wüste Ramlat Sabʿatayn im wesentlichen ähnelt. Vom Beginn dieser langen Zeit menschlicher Besiedlung in den südarabischen Städten wissen wir in Shabwa noch recht wenig. Einer der Gründe hierfür ist die Dicke der späteren Schichten. Etwas mehr kann man zu der in der Mitte des 1. Jahrtausends auftretenden neuen Kultur sagen. Sie scheint auf engeren Kontakten — militärischer oder kommerzieller Art — mit den Sabäern zu beruhen. Doch sind bisher die Fundstücke für diese Hypothese in Shabwa noch zu gering. Insgesamt gesehen kann man sagen, daß die Inschriften und die archäologischen Funde im Ḥadramaut heute noch keine vollständige Bewertung des kulturellen Wechsels erlauben, der im 5. Jh. v. Chr. in vielerlei Hinsicht stattfand. Die Fortführung unserer Grabung sollte es — so ist zu hoffen — möglich machen, einige dieser Fragen noch zu lösen.

Anmerkung:
Die Ausgrabungen begannen unter Leitung von Jacqueline Pirenne im Dezember 1974. 1977 wurde die Grabung unter die wissenschaftliche Aufsicht des Instituts Français d'Archéologie du Proche Orient gestellt (seinerzeitiger Leiter Ernest Will) und an Ort und Stelle von Jean-François Breton geleitet.

Dieser Artikel verdankt den Mitgliedern der Archäologischen Mission sehr viel: Rémy Audouin, Leila Badre, Roland Besenval, Yves Calvet, Christian Darles, Pierre Gentelle, Marie-Louise Inizan, Jacques Seigne sowie Liliane Courtois, Théodore Monod und Cecile Morrisson; ihnen allen Dank und Anerkennung für ihre Leistung und ihren Einsatz.

Überblick über die Lehrmeinungen zur altsüdarabischen Chronologie

Jacqueline Pirenne

Wie man in den verschiedenen Aufsätzen dieses Katalogs zu altsüdarabischen Themen sehen kann, gibt es zur Chronologie der antiken Königreiche des Jemen unterschiedliche Auffassungen. Um den gegenwärtigen Stand der Frage verstehen zu können, ist es am zweckmäßigsten, die verschiedenen Theorien und ihre Entwicklung vom Beginn der wissenschaftlichen Beschäftigung mit Südarabien, also etwa vom Ende des 19. Jh.s an, kurz nachzuzeichnen.

Zuvor sollte man noch die klassischen arabischen Schriftsteller erwähnen, die in ihren Werken ebenfalls eine Chronologie der südarabischen Vorgeschichte überliefert haben. Diese Historien sind jedoch, darüber besteht heute Einigkeit, künstlich in den Ablauf der biblischen Geschichte — angefangen mit Noah — eingegliedert, während die Elemente wirklicher historischer Ereignisse, die sich in diese Texte eingewoben finden, äußerstenfalls bis etwa zum Beginn unserer Zeitrechnung zurückreichen. Die Überlieferungen beschränken sich im Grunde auf die Geschichte der Ḥimyariten.

Für eine wissenschaftliche Untersuchung der Geschichte der südarabischen Reiche gilt es demnach, die erhaltenen antiken Inschriften auszuwerten und ferner, jene Daten heranzuziehen, die die historischen Hilfswissenschaften uns zu liefern vermögen, als da sind: Paläographie, Numismatik, Archäologie, Kunst- und Wirtschaftsgeschichte.

Die sogenannte »Lange Chronologie«

Als man in der zweiten Hälfte des 19. Jh.s die sabäischen Ruinen und Inschriften von Mārib entdeckte, und wenig später die Zeugen der übrigen Reiche — Maʿīn, Qatabān, Ḥimyar — stand man noch ganz am Anfang der soeben genannten Wissenschaftsdisziplinen. So lag die Versuchung nahe, diese großartigen Dokumente einer weit zurückreichenden Epoche zuzuweisen.

Die Königin von Saba, die nach der Bibel König Salomon einen Besuch abstattete, wäre im 10. Jh. v. Chr. anzusetzen. Einen anderen verlockenden Anhaltspunkt schien die Möglichkeit zu bieten, die südarabische Kultur mit der mesopotamischen in Parallele zu setzen: Einige Namen von Gottheiten ließen sich miteinander vergleichen; in der Skulptur finden sich mesopotamische Motive, etwa die aufgerichteten Steinböcke oder die menschenköpfigen, geflügelten Phantasiewesen. Hinzu kam, daß die Annalen der assyrischen Könige die Namen zweier sabäischer Fürsten überliefern, wobei der eine Text etwa um 715 v. Chr. unter Sargon II., und der andere etwa um 685 v. Chr. unter Sennacherib entstand. Die Namen dieser sabäischen Fürsten lauteten Karibi-ilu und Iti-amara, zwei Namen, für die man in den Inschriften die arabische Form Karibʾil und Yathaʿamar fand, und zwar in einem der ältesten Schriftdokumente Südarabiens (Gl 1703). Bei diesem Dokument handelte es sich um den Abklatsch einer Felsinschrift mit einer genealogischen Liste sabäischer Führer; ferner fand man die Namen in Texten, die von sabäischen Fürsten, die den Titel »mukarrib« trugen, gesetzt worden waren.

Die beiden Pioniere der Wiederherstellung der südarabischen Geschichte, Eduard Glaser und Fritz Hommel, gründeten auf diese Hinweise die Chronologie des Reichs von Saba.

Indem sie die von den assyrischen Königen genannten Sabäer mit den mukarriben der Inschriften gleichsetzten, wiesen sie dem 8. vorchristlichen Jahrhundert aber nicht nur sabäische Führer zu, sondern zugleich auch die monumentale Kultur Saba's und seine Schrift.

Inzwischen waren auch andere altsüdarabische Reiche entdeckt worden; Glaser und Hommel setzten sie historisch noch früher an. Einen der Anhaltspunkte dafür bildete die Tatsache, daß man auch in qatabānischen Inschriften mukarribe erwähnt fand. Da es zwischen einem der Könige von Qatabān und einem König von Maʿīn einen Synchronismus gab, setzten sie den Beginn der Reiche von Qatabān und Maʿīn im 13. Jh. v. Chr. an. Das Reich von Maʿīn war nach dieser These im 7. Jh. untergegangen, während das Reich von Qatabān gleichzeitig und neben Saba bis zum 2. Jh. v. Chr. bestanden hätte.

Um 115 v. Chr. hätten sich sodann die Ḥimyariten etabliert, und den Titel »Könige von Saba und Dhū-Raydān« angenommen. Zu Beginn des 4. Jh.s n. Chr. hätten sie dann ihre Macht auch über den Ḥaḍramaut ausgedehnt und jetzt den Titel »Könige von Saba und Dhū-Raydān und Ḥaḍramaut und Yamana« geführt. Sie sind die Könige, für die die arabischen Historiker den Titel »Tubbaʿ« überliefert haben.

Lediglich dieser letzte Teil der Glaser-Hommel'schen Rekonstruktion ist unbestritten geblieben. Sie deckt sich mit den Überlieferungen der arabischen Tradition. Alle übrigen Daten wurden jedoch in den folgenden Jahrzehnten in Frage gestellt.

Die »Kurze Chronologie«

Andere deutschsprachige Wissenschaftler — D. H. Müller, J. H. Mordtmann und J. Tkač — begannen, auf Grund einzelner paläographischer und numismatischer

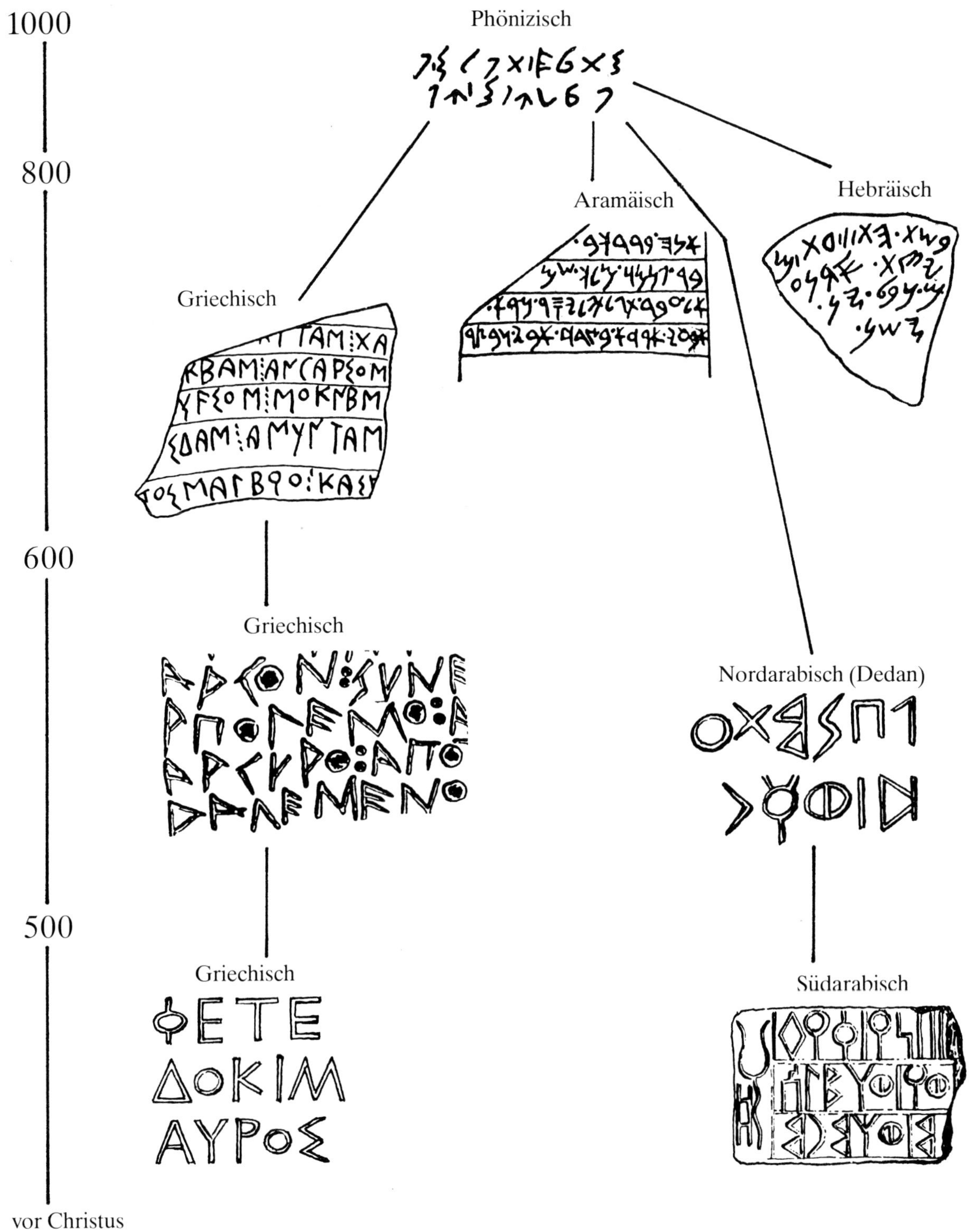

Tafel I:
Die Entwicklung der alphabetischen Schriften, ausgehend vom Phönizischen. Alle Beispiele – mit Ausnahme des hier in Frage stehenden Südarabischen – sind historisch datiert.

Überlegungen, sowie im Vergleich zu lateinischen und griechischen Quellen, erste Zweifel an dieser Hypothese anzumelden, jedoch ohne weitere Folgen.
Als ich begann, mich mit der südarabischen Geschichte zu befassen, gewann ich den Eindruck, daß diese Theorien lediglich auf abstrakten Überlegungen beruhten. Die Glaser'schen Abklatsche von Inschriften, die die Grundlage aller dieser Überlegungen bildeten, waren niemals fotografisch veröffentlicht worden. So konnte man keine Schlüsse aus dem Stil der Inschriften ziehen. Sonstige Anhaltspunkte hatte man überhaupt nicht herangezogen.
Ich bemühte mich deshalb, möglichst vollständig Fotogra-

fien aller in Museen befindlichen altsüdarabischen Inschriften zu erhalten und fand dabei, daß die minäischen und sabäischen Inschriften geometrisch geordnete monumentale Schrift zeigten. Dies galt auch schon für jene allerältesten Inschriften, die von links nach rechts, und in der jeweils nächsten Zeile von rechts nach links geschrieben wurden — in der Weise, wie ein Ochse die Furchen pflügt, weshalb man sie »Bustrophedon« nennt.

Damit lag ein entscheidendes Gegenargument gegen die »Lange Chronologie« vor: Die südarabische Schrift ist nämlich eine alphabetische Schrift. Da das Alphabet, unbestritten, in Phönizien entstand und etwa im 10. Jh. v. Chr. seine gebrauchsfähige Reife erreicht hatte, haben wir hiermit einen historischen Anhaltspunkt. Aus dem phönizischen entwickelten sich das aramäische und das hebräische Alphabet, von denen wir auf ‚der Tafel I Beispiele aus dem 8. Jh. v. Chr. zeigen. Gleichzeitig damit erscheint das griechische Alphabet, von dem die Tafel ein korinthisches Beispiel des 8. Jh.s v. Chr. zeigt. In den nächsten Schriftbeispielen erkennt man die Entwicklung dieses griechischen Alphabets vom 7. bis zum 5. Jh., hin zu einem geometrischen Stil, bei dem auf all die schrägen Striche, die noch aus dem Phönizischen ererbt waren, verzichtet wurde. Das Endstadium bilden Formen des 6. und 5. Jh.s, von denen einige Schrifttypen hier ebenfalls abgebildet sind.

Eine wichtige Parallele für den Vergleich mit den altarabischen Alphabeten bildet die Schrift von Dedan in Nordwestarabien. Dieses Alphabet, das man auf das 6. vorchristliche Jh. hat datieren können, zeigt (vgl. Tafel II) ganz eindeutig einen Stil, der mit der griechischen Schrift des gleichen Jahrhunderts vergleichbar ist. Wenn man jetzt bedenkt, daß diejenige mukarrib-Inschrift, die Hommel für die älteste ihrer Art hielt (Tafel II c), bereits einen deutlich entwickelteren Stil aufweist, wie man an ihren geometrisch geformten Buchstaben, den ausgewogenen Formen und den klaren rechten Winkeln schön erkennen kann — erscheint es dann nicht selbstverständlich, daß dieser Schrifttyp im 5. Jh. v. Chr. anzusetzen ist, gleichzeitig mit dem klassischen griechischen, der sich in gleicher Weise entwickelt hat?

Die ältesten monumentalen sabäischen Inschriften können demnach nicht vor dem 5. Jh. v. Chr. liegen.

Was die minäischen Inschriften angeht, wird man selbst für die archaischste Form wohl kaum behaupten wollen, daß sie drei Jahrhunderte früher als das entwickelte phönizische Alphabet anzusetzen sein könnte. Der paläographische Vergleich erweist vielmehr, daß sie etwa gleichzeitig mit sabäischen Texten liegt. Gleiches gilt für die qatabānischen Inschriften, deren älteste Formen sogar deutlich jünger sind als die ältesten Formen des sabäominäischen Stils.

Auch die griechischen und lateinischen Quellen bestätigen diese Schlußfolgerungen. In ihnen werden die südarabischen Reiche vom 4. vorchristlichen Jh. an erwähnt, und zwar alle zusammen. Man wird deshalb zugeben müssen, daß die monumentale Kultur von Saba, Maʿīn und Qatabān nicht vor dem 5. Jh. v. Chr. anzusetzen ist.

Die Felsinschrift (Gl 1703) mit der berühmten Genealogie sabäischer Führer paßt durchaus in dieses Bild. Ihre Form ist der geometrische Schrifttyp des monumentalen Stils in seiner ältesten Ausprägung. Die Inschrift nennt zweimal den Namen Yathaʿamar, wobei der ältere der beiden in der zehnten Linie steht, also neun Generationen vor der Generation des Schreibers. Zu Zeiten Sargons II. von Assyrien, im 8. Jh. v. Chr., gab es also durchaus sabäische Führer, jedoch noch keine mukarribe, die monumentale Inschriften setzten und prächtige Tempel errichteten.

Auch noch andere Argumente sprechen für eine derart verkürzte Chronologie.

Die ältesten sabäischen Münzen ahmen die athenische Drachme mit der Eule nach (vgl. Tafel III). Wie man weiß, wurde die entsprechende athenische Münze des 5. Jh.s v. Chr. von der Mitte des 4. vorchristlichen Jh.s an im Orient bis hin nach Indien nachgeahmt. Dies ist vermutlich auf das Ende der athenischen Hegemonie im Jahre 412 v. Chr. und den anschließenden Niedergang des griechischen Handels im östlichen Mittelmeer zurückzuführen. Der von der Mitte des 4. Jh.s an sehr deutliche wirtschaftliche Niedergang hatte die athenische Münze so stark verknappt, daß man überall Ersatzformen zu prägen begann.

Wenn man zugibt, daß die monumentale Kultur der Sabäer vor allem im 4. Jh. v. Chr. anzusetzen ist, dann paßt diese Datierung vorzüglich in die Wirtschaftsgeschichte des Vorderen Orients. Niemand wird ernsthaft behaupten wollen, daß die sabäischen mukarribe Münzen vom athenischen Typ drei Jahrhunderte vor der Erfindung des athenischen Vorbildes geprägt hätten, und ganz undenkbar erscheint es, daß die großartige Kultur, wie sie durch die Monumente der mukarribe bezeugt ist, während drei oder vier Jahrhunderten ohne Geld- und Münzverkehr bestanden haben sollte.

Die Architektur dieser großen Monumente von Mārib kann man ebenfalls nicht im 8. Jh. v. Chr. ansetzen. Die Technik der Steinbearbeitung, mit ihren gefugten und bossierten Blöcken, gehört in das 6. Jh. v. Chr., und das allgemeine Erscheinungsbild der großen Architekturwerke der sabäischen mukarribe läßt sich mit dem vergleichen, was man von der persischen und phönizischen Architektur des 5. Jh.s v. Chr. weiß.

Was die Skulptur angeht, so konnte ich darlegen, daß die mesopotamischen Motive, die eine der prägenden Eigenheiten der altsüdarabischen Kunst ausmachen, nicht unmittelbar aus assyrischen Quellen übernommen worden sind, sondern entweder im persischen Stil gehalten sind (also jünger als das 6. vorchristliche Jh. datiert werden müssen), oder den Bildwerken von Palmyra entsprechen (vom 1. Jh. n. Chr. an), oder sogar sich erst durch sassanidischen Einfluß erklären lassen (nach dem 3. Jh. n. Chr.), jener Kunst, deren Formen die Brücke zur Kunst unserer romanischen Kirchen bilden.

Auf Grund dieser verschiedenen Argumente, wie ich sie in meinem Werk »La Grèce et Saba« dargelegt habe, schlug ich deshalb vor, den Beginn der monumentalen

Griechisch

Arabisch

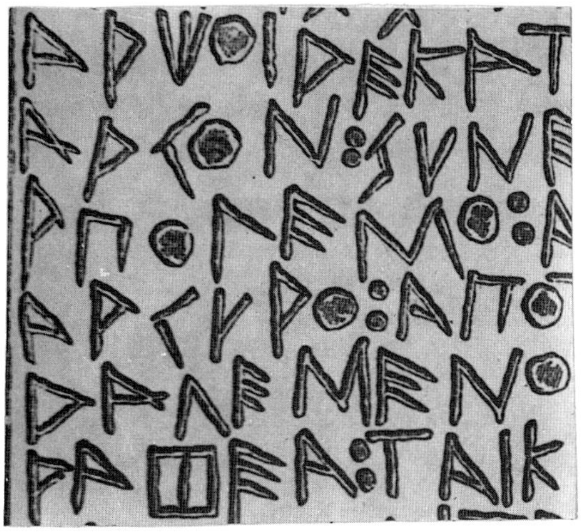

a

a)

b

b)

c

c)

d

d)

Tafel II:
Entwicklung der südarabischen Schriftformen in Parallele zur Entwicklung der griechischen Schrift:

linke Spalte:
Entwicklung des griechischen Alphabets:
a) Rhatra von Elea, 6. Jh. v. Chr.
b) Inschrift aus Euböa, 6. Jh. v. Chr.
c) Inschrift aus Athen,Mitte des 6. Jh.s v. Chr.
d) Inschrift aus Athen, 2. Hälfte des 5. Jh.s v. Chr.

rechte Spalte:
Entwicklung der altarabischen Alphabete:
a) Protoarabisches Rollsiegel des ʾAnah (RES 2696)
b) Inschrift eines Königs von Dedan (J. Sa. 138), 6. Jh. v.Chr.
c) Die sabäische Inschrift CIH 367, die Fritz Hommel als die älteste sabäische Inschrift ansah.
d) Die sabäische Inschrift RES 4360 (Photographie der »Südarabischen Expedition« aus dem Jahre 1897, die Maria Höfner mir 1954 freundlicherweise zur Verfügung stellte).

Kultur Saba's und Ma'īn's nicht vor dem 5. Jh. v. Chr. anzusetzen.
Nur mit diesem zeitlichen Ausgangspunkt lassen sich die einzelnen Aspekte der altsüdarabischen Kultur in zusammenhängender Form in die Gesamtgeschichte des Alten Orients einordnen.

Die »Vermittelnde Chronologie«

Während ich die Elemente der eben skizzierten Theorie zusammentrug, gruben die Archäologen der »American Foundation for the Study of Man« in den Jahren 1951/52 bin Timna', der Hauptstadt von Qatabān, und in Ḥayd bin 'Aqīl, dem Friedhof von Timna'. Ferner machten sie Ausgrabungen in Hajar bin Ḥumayd, der zweitgrößten Stadt Qatabāns, und schließlich auch noch in Mārib.
Die Ergebnisse wurden in einigen Artikeln und dann vor allem auf dem Orientalisten-Kongreß 1954 veröffentlicht. Sie brachten den Beweis dafür, daß Qatabān (und damit zugleich auch Ma'īn) nicht vor dem Entstehen des Reichs von Saba anzusetzen war, und daß es seinen Höhepunkt mitten im Hellenismus erreichte.
Insoweit war also die »Kurze Chronologie« bestätigt. Die Veröffentlichung meiner Thesen erfolgte jedoch ebenfalls erst im Jahre 1954. Die amerikanischen Ausgräber hatten jetzt aber bereits ihre eigene Chronologie entwickelt, bei der sie die Datierung Saba's — vom 8. Jh. v. Chr. an — aus der bis dahin anerkannten Lehre übernommen hatten. Diese Auffassung behielten sie auch in ihren späteren Publikationen bei, ohne sich mit den von mir vorgelegten Argumenten auseinanderzusetzen.
So gibt es deshalb auch die — wie man sagen könnte — »Gemischte Chronologie«: kritisch, was Qatabān und Ma'īn anbelangt, aber für Saba weiterhin die Hommel'sche These vertretend.

Wiederbelebung der »Langen Chronologie«

Für ein gutes Jahrzehnt schien es jetzt nur noch zwei Schulen zu geben: die in Europa inzwischen weithin verwendete »Kurze Chronologie« und die »Mittlere« amerikanische.
Nunmehr begann sich jedoch ein russischer Gelehrter einer neuen Generation — A. G. Lundin — im Rahmen einer Studie über die Eponymen von Saba für jenen Felsen zu interessieren, auf welchem die berühmte Inschrift Gl 1703 eingehauen war.
Da der Felsen selber, den auch Glaser nicht gesehen hatte (die Abklatsche hatten ihm die Beduinen geliefert), immer noch nicht entdeckt war, erbat Lundin sich aus Wien Fotografien aller Abklatsche der Inschrift. So gelangte er zu einer Restitution des Gesamtbildes der einzelnen Abklatsche, die die Beduinen vor rund einem Jahrhundert eher sorglos abgenommen hatten. Nach Lundin's Auffassung handelte es sich bei dem Gesamtkomplex um ein Verzeichnis der Eponymen des sabäischen Staates. Auf diese Weise kam er in seiner 1965 veröffentlichten Arbeit zu dem Schluß, daß die Liste dieser Eponymen bis in das 12. vorchristliche Jh. zurückreiche.
Während ich mich selber mit dieser Liste befaßte, stellte ich fest, daß wenigstens an einer Stelle die Abklatsche falsch zueinandergefügt waren. Genaueres zu Lundin's Rekonstruktion würde man natürlich erst dann sagen können, wenn der Felsen endlich entdeckt wäre.
In jenen Jahren befaßte sich auch Hermann von Wissmann, dem unsere südarabische Wissenschaft so viel verdankt, erneut intensiv mit diesen Texten, in denen er eine Einladung zur Rückkehr zu der früher vertretenen »Langen Chronologie« sah, und veröffentlichte einige Arbeiten darüber.
1976 erschien dann eine Arbeit von Albert Jamme, in der er die von ihm kurz zuvor in der Nähe von Mārib endlich entdeckten Inschriften veröffentlichte. Es handelte sich, wie sich jetzt zeigte, in Wahrheit um zwei Felsen; während der eine (hintere) hochstand, befand sich der andere horizontal davor. Da der hintere im Schatten lag, hatte Jamme von ihm keine Kopie fertigen können. Auf jenem Felsen aber befand sich die Inschrift Gl 1703.
Im gleichen Jahr 1976 erreichte ich, daß Christian Robin Abklatsche der beiden Felsen machen konnte, was ihm vorzüglich gelang. Bei seiner Rückkehr gab er mir die Abklatsche und die Serie der von ihm gefertigten Fotografien an Hermann von Wissmann.
Von Wissmann versuchte, diese Dokumente in seinem letzten und abschließenden Werk von 1982 zu berücksichtigen. Unglücklicherweise reichten die Fotografien jedoch nicht aus, um eine in jeder Hinsicht zuverlässige Lesung der Inschriften zu gewährleisten. Von Wissmann unterliefen deshalb noch sechs unzutreffende Lesungen. Vor allem aber betrachtete er die Reihenfolge der Inschriften auf den Felsen als Anhaltspunkt für eine genealogische Abfolge. Die paläographische Untersuchung der einzelnen Inschriften zeigt jedoch, daß dies nicht der Fall ist.
Die von Hermann von Wissmann wiederbelebte »Lange Chronologie« beruht auf seiner Hypothese der Lesung der beiden Felsen. Nach ihm stellt der hochstehende hintere Felsen (mit u. a. der Inschrift Gl 1703) einen sogenannten »Großen Stammbaum« in zwei parallelen Zweigen dar, wobei er vier Inschriften, die nicht hineinpassen, ausspart. Als zweite Hypothese stützt sich von Wissmann auf die Behauptung, daß der querliegende vordere Felsen zeitlich vor dem dahinterstehenden senkrechten beschrieben worden sei.
Es läßt sich leicht nachweisen, daß bestimmte graphische Stadien sich sowohl auf dem einen wie auf dem anderen Felsen befinden. Man muß deshalb sagen, daß von Wissmann, indem er einmal die Personennamen des querliegenden Felsens und sodann die des hochstehenden analysierte, dadurch in Wahrheit die einheitliche Chronologie der beiden Felsen verdoppelte. Dies habe ich durch

Griechischer Prototyp: 480–400 v. Chr.

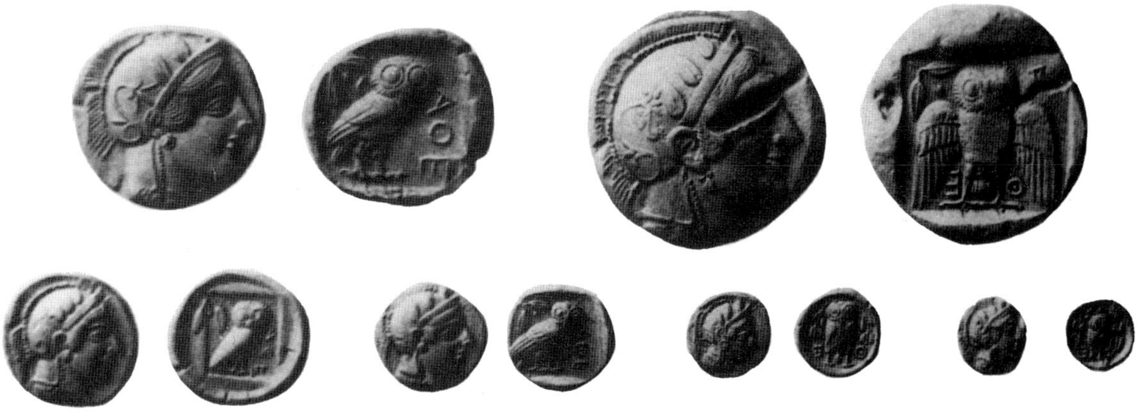

Sabäische Formen des 3. Jh.s / des 2. Jh.s

Späterer griechischer Prototyp: 280–190 v. Chr.

Späte sabäische Form: 70–40 v. Chr. / 40–24 v. Chr.

Tafel III:
Die Entwicklung des athenischen Münzwesens und der seine Formen nachahmenden sabäischen Münzen.

eine Gesamtzeichnung der Original-Abklatsche und der zugehörigen Schemata im Jahre 1984 darlegen können.
Diese jetzt wieder erneuerte »Lange Chronologie« stellt demnach nichts anderes als eine Verdoppelung dar: einmal eine Verdoppelung von Schrifttypen der Stile A und B (die Definitionen dafür stammen aus meinem Werk »Paléographie«), die von Wissmann zwischen 775 und 670 v. Chr. ansetzt, und zum anderen von Dokumenten, die ebenfalls den Stilen A bis B2 zuzuordnen sind, für die von Wissmann jedoch die Zeit zwischen 562 und 445 v. Chr. annimmt. Daß es sich hier wirklich um eine Verdoppelung handelt und sie zu unzureichenden Ergeb-

nissen führen muß, findet einen indirekten Beweis in den Interpretationen, die das Deutsche Archäologische Institut für die Monumente von Mārib gibt. Einerseits datiert es großartige Bauwerke in eine sehr frühe Epoche, für die nachfolgenden Jahrhunderte weiß es nur bescheidene Ruinen zu vermerken, und drei Jahrhunderte später ordnet es andere großartige Bauwerke ein, die den ersteren gleichen!

Vielleicht noch eine methodische Schlußbemerkung: Es erscheint wenig überzeugend, eine Chronologie auf ein einziges, noch dazu in seiner Interpretation unsicheres, Dokument zu stützen. Alle übrigen Argumente gegen die sogenannte »Lange Chronologie« bleiben nach wie vor gültig: die Entwicklung des Alphabets, des Münzwesens, die Hinweise der griechischen und lateinischen Autoren, die Wirtschaftsgeschichte, und schließlich die vergleichende Kunst- und Architekturgeschichte, nach der man der Zivilisation der mukarribe von Saba ebenfalls etwa das 5. Jh. v. Chr. zuweisen kann.

Dies ist der derzeitige Stand der Diskussion. Leider wurde er dadurch kompliziert, daß sich die Archäologen zweimal einer von durchaus angesehenen Gelehrten vertretenen Chronologie bedienten, während genau in diesen Jahren jeweils die entsprechenden Fakten, die der Chronologie zugrundelagen, in Frage gestellt wurden. So kam es, daß die archäologischen Veröffentlichungen jeweils zur gleichen Zeit erschienen wie die Kritik an der von ihnen verwendeten chronologischen Lehrmeinung. Dies erklärt jene etwas komplizierte Situation der heutigen Wissenschaft, in der nebeneinander drei verschiedene Chronologien vertreten werden:

- im deutschen Sprachraum die wiederbelebte »Lange Chronologie«,
- in Amerika die gemischte, und schließlich
- die sogenannte »Kurze Chronologie«, wie sie im übrigen Teil Europas allgemein anerkannt ist.

Es sollte deshalb nicht wunder nehmen, daß man in den zahlreichen Werken zweiter Hand die unterschiedlichsten Datierungen findet, je nachdem, auf welche der drei Chronologien sich der Autor gestützt haben mag. Sogar die ursprüngliche »Lange Chronologie« lebt heutzutage weiter, und zwar in der arabischen Welt, wo sie durch die Werke von Djauwad ʿAlī, der in den 30er Jahren in Deutschland studierte, verbreitet wurde.

Könnte man vielleicht vermuten, daß dies alles letzten Endes auf dem schönen Wunsch beruht, die Königin von Saba, die im 10. Jh. v. Chr. gelebt haben müßte, in den chronologischen Ablauf einzuordnen?

Literatur

Fritz Hommel: Geschichte Südarabiens im Umriß, in: D. Nielsen, Handbuch der altarabischen Altertumskunde, Kopenhagen 1927, S. 57—108.

Jacqueline Pirenne: La Grèce et Saba. Une nouvelle base pour la chronologie sud-arabe (Mémoires présentés par divers savants à l'Académie des Inscriptions et Belles Lettres, tome XV), Paris 1955.

R. Le Baron Bowen, Fr. P. Albright, etc.: Archaeological Discoveries in South Arabia (American Foundation for the Study of Man, vol. II), Baltimore, 1958.

Jacqueline Pirenne: Paléographie des inscriptions sud-arabes. Contribution à la chronologie et à l'histoire de l'Arabie du Sud antique (Verhandelingen van de Koninklijke Vlaamse Academie van België, Kl. der Letteren, n°. 26), Bruxelles, 1956.

Jacqueline Pirenne: Le royaume sud-arabe de Qatabān et sa datation d'après l'archéologie et les sources classiques (Bibliothèque du Muséon, vol. 48), Louvain, 1961.

A. G. Lundin: Die Eponymenliste von Sabaʾ = Sammlung Eduard Glaser V, Österreichische Akademie der Wissenschaften, Phil.-Hist. Klasse, Sitzungsberichte, Band 248,1, Wien, 1965.

Hermann von Wissmann: Die Geschichte von Sabaʾ, II. Das Großreich der Sabäer bis zu seinem Ende im frühen 4. Jh. v. Chr., hrsg. von Walter W. Müller (Österreichische Akademie der Wissenschaften, Phil.-Hist. Klasse, Sitzungsberichte, 402 Bd.), Wien, 1982.

Jacqueline Pirenne: La lecture des rochers inscrits et l'histoire de l'Arabie du Sud antique, dans: Bibliotheca Orientalis, XLI n° 5/6, sept.—nov. 1984.

Jacqueline Pirenne: Les travaux de la Mission archéologique allemande au Nord-Yémen, in: Syria, tome LXI, 1984, fasc. 1—2 (s. insbes. S. 130—134).

Das Bergwerk von ar-Raḍrāḍ: Al-Hamdānī und das Silber des Jemen

Christian Robin

Die Suche nach Bodenschätzen in der AR Jemen hatte lange Zeit nur zu recht bescheidenen Ergebnissen geführt. In der Gegend Saada fand man einiges frei anstehendes Eisen, bei Taiz etwas Kupfer, mit Nickel vergesellschaftet, und im Südosten des Landes einige Kupferadern. Wie verhielt es sich aber dann mit einem Hinweis des jemenitischen Gelehrten al-Ḥasan al-Hamdānī, der im 10. nachchristlichen Jh. lebte (893 geboren und kurz nach 955 gestorben), und dessen Werke eine wahre Enzyklopädie der verschiedensten Wissenschaften darstellen? Al-Hamdānī berichtet nämlich von einem bedeutenden Silberbergwerk, das im frühen Mittelalter im Wādī Ḥarīb-Nihm bestanden haben soll. Der Ausgangspunkt dieses Wādī liegt etwa 40 km nordöstlich von Sanaa; von dort führt er es nordöstlich weiter.

Die genaue Lage dieses Bergwerks war ganz und gar in Vergessenheit geraten und sogar sein Name — ar-Raḍrāḍ — seit langem verloren. So galt es, ihm entlang des Wādī Ḥarīb-Nihm nachzuspüren, also über eine Strecke von etwa 50 km. Bei der Begehung der Gegend Nihm versuchten französische Archäologen, auch das Bergwerk wiederzufinden — jedoch ohne Erfolg. Sie nahmen daraufhin mit der französisch-jemenitischen Geologengruppe Kontakt auf, die im Jahre 1980 mit der Prospektion der Bodenschätze im östlichen Jemen begonnen hatte und dem Hinweis al-Hamdānīs größte Bedeutung beimaß, da ein altes Bergwerk in der Regel auf eine bedeutende Lagerstätte hindeutet. Mit Hilfe eines Hubschraubers in den am wenigsten zugänglichen Zonen wurden systematisch Muster von Geröll und Sand gesammelt und untersucht. Sodann wurden alle von den Bewohnern genannten Spuren menschlicher Besiedlung aufgesucht. Es brauchte nicht einmal zwei Wochen, bis im November/Dezember 1980 das Bergwerk von ar-Raḍrāḍ wiederentdeckt war.
Al-Hamdānī erwähnt diese Mine in mehreren seiner Werke, doch am ausführlichsten beschreibt er sie in seinem Buch über Gold und Silber. Bei diesem Werk handelt es sich um ein ganz ungewöhnliches und einmaliges Buch: Es ist die älteste uns überhaupt bekannte Beschreibung von Edelmetalltechniken. In dem Buch schreibt al-Hamdānī, das Bergwerk sei bis einige Jahre vor seiner Geburt ausgebeutet worden. Damals seien die persischen Bergarbeiter getötet worden. Al-Hamdānī stützt sich also nicht auf eigene Beobachtungen, sondern auf verschiedene von ihm befragte Augenzeugen — besonders seinen eigenen Vater — und auf schriftliche Dokumente, die er jedoch nicht näher erläutert:
»Die Grube von al-Yaman, d. h. die Grube von ar-Raḍrāḍ, liegt an der Grenze der Nihm und des Bezirks von Yām von dem Lande der Hamdān. Und sie liegt in Trümmern seit 270 (883 n. Chr.)...
Und als Muḥammad b. Yuʿfir getötet wurde und diese Stämme zur Empörung gegen ihn gereizt worden waren, überfielen einige von ihnen die Einwohner von ar-Raḍrāḍ und töteten einige von ihnen und raubten. Und die, welche übrig blieben, flohen und wurden im Lande zerstreut. Und nach Sanaa kamen von ihnen Leute, welche in Sanaa seit alters hohe Stellungen bekleideten und Häuser und Landgüter besaßen. Und die Einwohner von ar-Raḍrāḍ waren alle Perser von denen, welche in der Djāhilīya (der Zeit vor dem Islam) und in der Zeit der Umayyaden und der ʿAbbāsiden dorthin gekommen waren. Und sie wurden Grubenperser genannt«. (Kapitel IX)
Es fällt auf, daß, wie sich aus diesem Text ergibt, die Jemeniten selber die Bergbautechniken nicht beherrschten. Der Metall-Bergbau in Arabien scheint überhaupt ein eifersüchtig gehütetes Monopol von Persern gewesen zu sein. Das dürfte damit zusammenhängen, daß sich die bedeutendsten Bergwerke jener Epoche in Khorāsān (südöstlich des Kaspi-Sees) befanden. Auch für das Silberbergwerk von Shamām im Nadjd schreibt al-Hamdānī (im gleichen Kapitel), hier hätten 1000 ›Magier‹ (also Zoroastrier) gelebt und zwei Feuertempel besessen.
Nach al-Hamdānī soll die Ausbeutung von ar-Raḍrāḍ, ebenso wie die der Lagerstätten von Shamām, bereits vor dem Islam begonnen haben. Diese Behauptung gründet sich vermutlich auf die Anwesenheit von Persern, die Süd- und Ostarabien in den Jahrzehnten vor dem Aufkommen des Islam beherrschten. Al-Hamdānī schreibt sodann, wie außerordentlich reich die Lagerstätte von ar-Raḍrāḍ gewesen sei:
»Die Silbergrubenarbeiter sagen: Es gibt nicht in Ḫurâsân oder anderswo eine Grube wie diejenige von al-Yaman, d. h. die Grube von ar-Raḍrāḍ...
Und das Dorf der Grube war groß, und es gab dort Wasser und Palmen, und das Nötige kam dorthin aus al-Baṣra (im Irak); und die Kamelreihen kamen an und gingen ab über al-ʿAqīq, al-Falaǧ, al-Yamāma und al-Baḥrain nach al-Baṣra. Und ebenso verfolgten die Karawanen von Sanaa nach al-Baṣra und von al-Baṣra nach Sanaa den Weg über al-Yamāma«. ... In einer anderen Handschrift steht: »Es wurde durch sie in einer Woche eine Kamellast Silber gefördert, d. h. 20.000 dirham, was im Jahre etwa 1,000.000 dirham macht«. (Kapitel IX)
Da das Gewicht des Dirham damals knapp 3 Gramm betrug, kann man die Produktion auf ca. 60 kg pro Woche oder auf rund 3000 kg im Jahr schätzen. Ein von al-Hamdānī zitierter Goldschmied schreibt sogar:

»Und der Goldschmied Aḥmad bin Abī Ramāda hat erzählt, daß Banu'l-M... und Banu'l-Ašraf in der Grube arbeiteten, und daß es dort 400 Öfen gäbe. Und wenn ein Vogel über das Grubendorf flöge, fiele er tot zu Boden wegen des Feuers der Öfen«. (Kapitel IX)
Und schließlich heißt es noch im gleichen Kapitel:
»Und die Kaufleute unter den ʿIrāqern, Persern, Syrern und Ägyptern trugen das Silber von al-Yaman fort zu jener Zeit und strichen große Gewinne ein«.
Die Wiederentdeckung von ar-Raḍrāḍ — der Ort heißt heute al-Jabalī — ist für den Jemen in erster Linie von wirtschaftlichem Interesse. Es handelt sich nämlich um eine ziemlich bedeutende Lagerstätte, in der Zink, Blei und Silber vergesellschaftet sind. Hinzu kommt natürlich auch die historische Bedeutung einer solchen Entdekkung.
Das antike Bergwerk läßt sich auch heute noch leicht auf der Nordseite des Jabal Ṣalab ausmachen: Die Bergleute haben durch Graben in den an der Oberfläche anstehenden silberhaltigen Stellen ein geradezu phantastisches Landschaftsbild geschaffen. Das relativ weiche oxydierte Mineral enthielt Spuren von Bleiglanz und in ihm einen vergleichsweise hohen Prozentsatz von Silber (0,1 Prozent). Es wurde je nach seinem Vorkommen auf verschiedene Weise abgebaut: An manchen Stellen wurde der metallhaltige Boden einfach weggekratzt, an anderen entstand eine Art kleiner Steinbrüche, und schließlich fanden sich etwa 30 Stollen von über 10 m Länge. Die umfangreichsten unterirdischen Anlagen liegen im südlichen Abschnitt des Abbaugebietes. Dort befindet sich insbesondere ein — inzwischen teilweise eingefallener — Stollen von über 150 m Länge, einer Breite von 30—40 m und mehreren Metern Höhe! Etwa 10 Schächte zwischen 10 und 25 m Höhe verbanden — durch das Felsgestein geschlagen! — diesen Stollen mit der Erdoberfläche; sie dürften zur Belüftung und zum Abtransport des mineralhaltigen Materials gedient haben.
In diesen unterirdischen Anlagen fanden sich auch noch einige Arbeitsgeräte: geflochtene Körbe, Ledersäcke, Keramikgefäße, Fackeln. Werkzeuge fand man, trotz der zahlreichen erkennbaren Pickelhiebstellen, nicht: Eisen war damals viel zu kostbar, um einfach liegengelassen zu werden.
Die Fläche der gesamten Abbauzone umfaßt etwas mehr als zehn Hektar.
In unmittelbarer Nähe der Stollen liegen ausgedehnte Halden. Die Geologen schätzen ihren Umfang auf etwa 120.000 Tonnen. Man erkennt auch noch kleine befestigte Plattformen, auf denen das Mineral in Mühlen zermahlen wurde, sowie schmale Kanäle, in denen während der Regenzeit das Mineral mittels Fließwasser sortiert wurde. Bei Resten einiger Bauwerke in der Nähe könnte es sich um Lager- oder Wohnhäuser gehandelt haben.
Al-Hamdānī unterscheidet deutlich zwischen dem ›Bergwerk‹ und dem ›Dorf des Bergwerks‹, wo sich die Schmelzöfen, ein Wasserlauf und Palmbäume befunden haben sollen. Und in der Tat fand man etwa 5 km nordwestlich des Bergwerks, im Wādī Ḥarīb-Nihm, ein ausgedehntes — etwa 6 Hektar bedeckendes — Schlackenfeld, sowie Spuren von Gebäuden. Die Wahl gerade dieses Ortes beruhte zweifellos auf den an dieser Stelle des sonst sehr engen und abgeschlossenen Tales besonders günstigen Wind- und Luftzug-Verhältnissen.
Al-Hamdānī beschreibt sehr detailliert, wie die seinerzeit benutzten Öfen zum Ausschmelzen von Silbermetall funktionierten. Für unsere Kenntnis früher Bergbautechniken — und ebenso für die Deutung mancher, uns unbekannter, Vokabeln — würde eine Ausgrabung eines der Schmelzöfen im Dorf al-Raḍrāḍ sehr nützlich sein.
Das geförderte Mineral enthielt einen hohen Anteil von Zink und Blei, wie sich aus den Halden (Zink: 24 Prozent; Blei: 3,5 Prozent; Silber: 0,016 Prozent) und den Schlacken (Zink: 23 Prozent; Blei: 6,5 Prozent; Silber: 0,004 Prozent) ergibt. Dennoch hatte der Abbau einzig das Silber zum Ziel.
Nach dem von al-Hamdānī zitierten und oben bereits erwähnten Dokument soll das Bergwerk etwa 60 kg Silber pro Woche — also rund 3 Tonnen im Jahr — produziert haben. Rechnet man von den Halden (120.000 Tonnen) und dem höchsten durchschnittlichen Silbergehalt (0,05 Prozent) aus auf die Dauer des Abbaus, so entspräche dies einer (wahrscheinlich zu hoch angesetzten) insgesamt geförderten Menge von 60 Tonnen Silber. Daraus ergäbe sich dann, daß dieses Bergwerk nur etwa 20 Jahre lang ausgebeutet worden wäre. Deshalb wird man al-Hamdānīs Aussage insoweit etwas vorsichtiger fassen müssen. Man wird nur für manche — sehr wenige — Wochen eine Produktion von 60 kg als zutreffend annehmen dürfen, also nicht die daraus durch Multiplikation errechnete Jahresförderung als korrekt ansehen können. Die höchstmögliche Wochenförderung dürfte nur während der Regenzeit erreicht worden sein, während der eine Vorwäsche des metallhaltigen Minerals zu dessen Anreicherung möglich war.
Zur Datierung des Bergwerks wurden von den Geologen zwei Holzkohlenproben im Laboratorium des Bureau de Recherches géologiques et minières (Orléans) untersucht. Die eine Probe stammte vom Grund eines Abraumhügels und ergab mittels Radiokarbon-Methode das Jahr 613 ± bis 670 n. Chr., während ein Wohnplatz in einem der Stollen auf das Jahr 1052—69 der christlichen Zeitrechnung datiert werden konnte. Al-Hamdānī hatte geschrieben, der Bergbau habe in vorislamischer Zeit in al-Raḍrāḍ begonnen und sei kurz nach 883 (n. Chr.) eingestellt worden. Aus dem Text und der Radiokarbon-Datierung ergibt sich, daß in al-Raḍrāḍ Silber schwerpunktmäßig vom 6. bis zum 9. Jh. abgebaut wurde, daß aber auch danach noch gelegentlich in dem Bergwerk geschürft wurde. Nach unserem derzeitigen Wissensstand läßt sich noch nichts zu der Frage sagen, ob der Abbaubeginn in den Jahren 570—575 anzusetzen ist (der persischen Besetzung Jemens) — worauf die Anwesenheit persischer Grubenarbeiter schließen läßt — oder ob in al-Raḍrāḍ Silber schon früher abgebaut wurde.
Der wesentliche Grund für die Aufgabe des Bergwerkes dürfte die Ermordung der persischen Bergarbeiter gewe-

sen sein. Da die Arbeit aber auch später nicht wieder aufgenommen wurde, müssen andere Gründe mitgespielt haben. Dabei ist an die Erschöpfung der oberirdisch anstehenden Mineralfundstätten ebenso zu denken wie an den Mangel des für die Schmelzöfen nötigen Brennholzes.

Anmerkungen

Die technischen Angaben dieses Artikels sind den Geologen, die in ar-Raḍrāḍ (heute al-Jabalī) arbeiteten, zu verdanken.

Vgl. hierzu Patrice Christmann, Philippe Lagny, Jean-Luc Lescuyer, Aḥmad Sharaf ad Din, Résultats de trois années de prospection en République arabe du Yémen; Découverte du gisement de Jabali (Zn-Pb-Ag) dans la couverture jurassique, in: Chronique de la Recherche minière, No. 473 (1983), p. 25—38.

Die al-Hamdānī-Zitate stammen aus seinem von Christopher Toll herausgegebenen und ins Deutsche übersetzten Werk Kitāb al-Ǧauharatain al-ʿatīqatain al-māʾiʿatain as-safrāʾ wa ʾl-baiḍāʾ, Die beiden Edelmetalle Gold und Silber, Uppsala 1968.

Die Münzen der Arabia Felix

Günther Dembski

Eigentlich sind die antiken Münzen der Arabia Felix selbst heute noch ein Stiefkind der Forschung: Es gibt zwar einige wenige, durchaus fundierte Einzelbetrachtungen, gelegentliche Versuche einer Gesamtschau, aber noch immer keine, vor allem neuere, corpusartige Zusammenstellung des Materials. Sie soll und kann auch in diesem bescheidenen Rahmen nicht gebracht werden, wird aber als Resultat der eingehenden Beschäftigung mit der Materie vorbereitet.

Eine der Hauptursachen für den unsicheren Forschungsstand sind die meist unzulänglich überlieferten Fundumstände der Münzen. Um 1836 — damals war nur eine einzige »himjarische« Münze bekannt gewesen — hatte der Engländer Cruttenden in Sanaa erfahren, daß jüdischen Händlern in der Gegend von Marib »viereckige Goldmünzen« angeboten worden seien (das dürften jedoch eher islamische Prägungen gewesen sein!). Als einige Jahre später der französische Südarabienforscher Arnaud aus Marib angereist war, gruben die durch ihn aufmerksam gewordenen Einheimischen nach dem von ihnen vermuteten Schatz der Königin von Saba und entdeckten tatsächlich eine mit Skulpturen bedeckte Kiste, die mit Goldstücken angefüllt war: Sie wurden gleich nach der Entdeckung eingeschmolzen. Damit bleibt die Feststellung Mordtmanns, es hätte sich dabei um himyaritische Prägungen gehandelt, bloße und unbewiesene Vermutung.

1868 publizierte Longpérier die erste himyaritische Silbermünze; kurz danach konnte das Britische Museum die erste und für Jahrzehnte einzige Goldmünze sowie auch eine aus Silber erwerben.

Mit dem Auftauchen weiterer Einzelstücke setzt auch die intensivere Erforschung der südarabischen Prägungen ein; die Entdeckung von Horten liefert zahlreiche entscheidende Grundlagen: In den siebziger Jahren des vorigen Jahrhunderts kam in der Nähe von Marib ein großer Silbermünzenschatz zutage, von dem ein großer Teil (rund 300 Stück) ins Britische Museum gelangten; sie wurden auch bald danach veröffentlicht. Wichtige neue Erkenntnisse konnten aus dem vom Österreicher Glaser in den achtziger Jahren des vorigen Jahrhunderts nach Wien gebrachten Material gewonnen werden. Als sehr wichtig für die Forschung erwies sich der vor 1879 entdeckte Sana-Hort, von dem Schlumberger rund 200 Exemplare für die Wissenschaft sicherstellen konnte. Eine von der Engländerin Freya Stark im Jahre 1936 unternommene Jemen-Expedition erbrachte dem Britischen Museum bis dahin völlig unbekannt gewesene Bronzemünzen. Einzelstücke, die vor allem britischen Soldaten in Aden in die Hände gelangt waren, kamen sowohl in öffentliche und private Sammlungen als auch in den Münzenhandel. Immer noch werden neue Typen bekannt, sodaß man selbst heute, wo schon um die tausend Münzen aus der Arabia Felix erfaßt werden konnten, zugeben muß, daß durch einen Neufund unser Gesamtbild von den Prägungen aus diesem Gebiet grundlegend verändert werden könnte. Die folgenden Ausführungen können demnach nichts anderes als eine Dokumentation des heutigen Forschungsstandes zu den Münzen Südarabiens sein.

Die Völker der Arabia Felix haben von etwa 300 vor bis 300 n. Chr., also rund 600 Jahre lang, eigene Münzen geprägt. Die allerersten sind noch sehr genau gearbeitete Nachahmungen von athenischen Tetradrachmen des sogenannten »alten Stil« (Abb. 1): der Avers zeigt den behelmten Kopf der Athena, der Revers: Eule, Ölzweig, Mondsichel und die griechische Aufschrift Α ΘΕ. Bild und Schrift sind bei diesen frühen Stücken, die aber kleiner und leichter als die athenischen Originale ausgebracht wurden, recht gut getroffen. Die Gewichtsdifferenz ist wohl darauf zurückzuführen, daß die Münzen im leichteren phönikischen Fuß geprägt worden waren, der damals in der arabischen Welt weitverbreitet war. Eine Novität, die das Geld in der damals als »zivilisiert« geltenden Welt der Mittelmeervölker nicht gekannt hatte, wird von den Sabäern gleich mit Prägebeginn bei den ersten Stücken eingeführt: die Angabe der Münzwerte mit einem (Zahl = ?)Zeichen auf der Wange der Athena: demnach gibt es Ganzstücke (als Zeichen hierfür dient ein seitenverkehrtes sabäisches N, für dessen Form man das dem Beitrag von Beeston beigefügte Alphabet vergleiche — Münzabbildung hierzu: Abb. 2), Halbe (hier handelt es sich um das wiederum seitenverkehrte Zeichen für den sabäischen Buchstaben G — Abb. 3), Viertel (Zeichen des sabäischen Buchstabens T — Abb. 4) und Achtel (Abb. des sabäischen Buchstabens S^2, wiederum seitenverkehrt — Abb. 5).

Was war überhaupt der Grund für den Beginn einer eigenen Prägung im Süden Arabiens? Weshalb wurden dort gerade athenische Münzen nachgeahmt? Beides wird wohl auf den sehr regen Handel zurückzuführen sein: An die zur Weltwährung gewordenen athenischen Münzen hatten sich wohl auch die Leute der Arabia Felix durch den Handel mit der griechischen Welt so sehr gewöhnt, daß sie nach dem Einstellen der Prägetätigkeit Athens gegen Ende des vierten vorchristlichen Jahrhunderts bald Engpässe in der Geldversorgung zu bekämpfen hatten. Man beginnt das Gewohnte, gut Eingeführte auf eigene Faust nachzuprägen, wie das ja auch in Ägypten und in der Arabia Petraea gemacht wurde. Damit ist der Anfang für eigene Prägungen im südarabischen Raum ziemlich genau mit dem beginnenden 3. vorchristlichen Jh. anzusetzen.

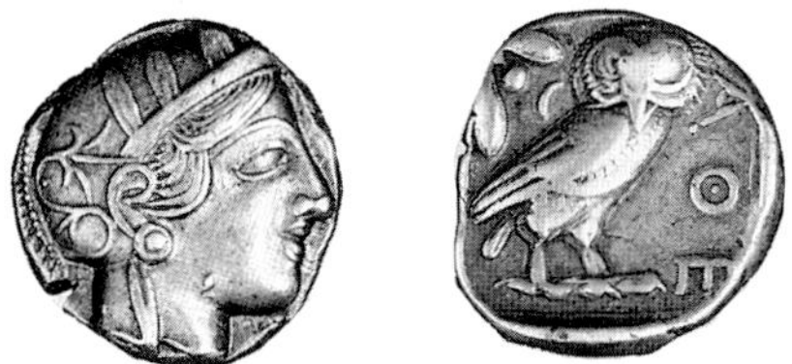

1

2

3

4

5

6

7

8

9

10

11

12

13

14

15

16

17

18

19

20

Die Münzen der Arabia Felix und ihr Ausgangspunkt, die athenische Tetradrachme alten Stils (Abb. 1), Erläuterungen im Text.

Der ersten Münzgruppe folgte eine, die schon lokale Besonderheiten im Revers aufzeigt: Dort werden zusätzliche Buchstaben bzw. Monogramme in sabäischer Schrift angebracht. Der Prägeumfang dieser Gruppe muß sehr groß gewesen sein, wie die bisher bekannten rund 20 verschiedenen Beizeichen bezeugen, die allerdings noch nicht befriedigend gedeutet werden konnten. Auch hier werden neben ganzen Stücken kleinere Einheiten ausgegeben, nämlich Halb- und Viertelwerte (Abb. 6 und 7).

Ein Dynastiewechsel dürfte sich in Münzen ankündigen, die völlig Neues bringen: Eine Serie zeigt vorne einen bartlosen Männerkopf mit stark gelocktem Haar (Vorbilder wollte man auf ptolemäischen bzw. pergamenischen Münzen erkennen) — vermutlich der erste Versuch, einen einheimischen Fürsten zu porträtieren. Im Revers gibt es zum üblichen Eulenbild jeweils zwei Monogramme (Abb. 8). Die zweite Serie ändert auch die Rückseite: Vorne ist nun ein bartloser »semitischer«, im Revers ein bärtiger Kopf zu sehen. Zu zwei Monogrammen kommt auch oft die Nennung der Münzstätte Ḥarb vor (Abb. 9). Hill hält diese Sonderserien für die ersten katabanischen Münzen.

Vielleicht parallel zur eben besprochenen Sondergruppe oder unmittelbar auf diese folgend wird ein deutlich weiterentwickelter attischer Typ ausgeprägt. Die nun wesentlich flacher und dünner gewordenen Münzen zeigen Bilder, die schon leicht aufgelöst zu sein scheinen. Im Revers werden die griechischen Buchstaben, da nicht verstanden, immer stärker vernachlässigt. Hier finden wir die erste sabäische Aufschrift: ŠHR HLL (𐩠𐩡𐩡/ 𐩦𐩠𐩧) und zusätzlich die Buchstaben 𐩹 (dh) und 𐩢 (ḥ) sowie das von nun an auf Münzen nicht mehr wegzudenkende Yanaf-Monogramm 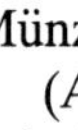 (Abb. 10). »Yanaf« scheint ein Bestandteil des Königstitels gewesen zu sein; das Monogramm wird letztendlich sogar ein Bindeglied zur Axumitenprägung.

Noch einmal wird die athenische Münzprägung Vorbild für die südarabischen Münzen: Die Tetradrachmen »neuen Typs« (Abb. 11) (ab dem späten 3. vorchristlichen Jh. bis rund 85 v. Chr. geprägt) werden, wohl schon von den Himyariten, nachgeahmt. Die Vorderseite bringt einen arabischen Kopf, der Revers die auf einer querliegenden Amphore stehende Eule. Die Legende entspricht zunächst der der vorigen Gruppe, die zahlreichen Monogramme werden von den Münzen nach dem »alten« Athen-Typ übernommen. (Abb. 12). In der Folge verschwindet die Reversaufschrift: Es werden nur mehr Monogramme gebracht (Abb. 13). Wie heute feststeht, dürfte der Wechsel vom alten zum neuen Athen-Typ sehr rasch, vermutlich sogar während der Regierungszeit eines Herrschers vor sich gegangen sein — Stempelstudien werden auch hier Klarheit bringen.

In dieser Gruppe gibt es auch Goldmünzen, deren Auflagenhöhe sicherlich weitaus größer war als es die bisher bloß zwei Belegstücke — beide im Britischen Museum — vermuten lassen (im Motiv mit der Nr. 13 identisch). Die guten und gern angenommenen Goldmünzen werden wohl im Fernhandel gebraucht worden sein und an ihren Bestimmungsorten den Weg in die Schmelztiegel genommen haben.

Außer den schon von früheren Stücken her bekannten Monogrammen kommen von nun an sehr häufig zwei Beizeichen vor, die beide leicht S-förmig gekurvt sind. Eines davon ist bandförmig breit, das andere strichdünn ausgeführt. Die Deutung ist recht unterschiedlich: eine Art Anspielung an ein Füllhorn oder ein Symbol der Gottheit Ilmaqh. Meines Erachtens liegt hier bloß eine Weiterentwicklung des schon von den ersten Münzserien her bekannten Wertzeichens vor, das nun, wohl nicht mehr ganz verstanden, ein Zierzeichen geworden ist.

Wohl unter dem Eindruck der Expedition des Aelius Gallus (24 v. Chr.) wird die nächste Entwicklung bei den Aversbildern zu verstehen sein, denn nun wird der Kopf des Arabers von dem eines Mannes abgelöst, der einen Lorbeerkranz im Haar trägt; auch der Münzrand besteht aus einem Kranzgebilde. Dafür werden wohl Münzen des Augustus Pate gestanden sein. Die Reverse werden für diese Serie unverändert übernommen (Abb. 14). Die sogenannte »Augustuskopf«-Prägung scheint sehr umfangreich, aber nicht allzu langlebig gewesen zu sein. Sie wird von einer Gruppe abgelöst, die offensichtlich voll dem heimischen Gedankengut verbunden ist: Vorne wird ein Königs(?)kopf gezeigt, hinten ein frontal dargestellter Stier(?)schädel (Bukranium), zwischen dessen langen Hörnern federartiger Schmuck zu sehen ist. Die oben erwähnten S-ähnlichen Verzierungen werden ebenso zum Standard wie der von früheren Serien übernommene, allerdings schon stark stilisierte Amphorenkranz — seine letzte Anspielung auf die athenischen Reihen (Abb. 15). Über die Bedeutung der Darstellungen wurden schon die unterschiedlichsten Überlegungen angestellt: Der Kopf auf der Vorderseite könnte entweder einen König meinen oder einen Gott, zu dem dann der Stierschädel des Reverses — der kommt übrigens auch auf Steinreliefs häufig vor — Bezug hätte: Dann wäre im Aversbild die Gottheit »Athtar« angesprochen.

Von dieser Gruppe zur nächsten ist es zwar nur ein kleiner, aber bedeutender Schritt: Im Avers bleibt weiterhin ein Kopf, nun meist von Monogrammen begleitet, im Revers finden wir nun ein ähnliches, aber viel kleineres Köpfchen, darüber ist ein Königsname, darunter der Name einer Münzstätte (in den meisten Fällen Raidan) zu lesen (Abb. 16). Mit dieser Serie werden zum ersten Mal auf südarabischen Münzen konkrete Namen vorgestellt, die manchmal auch auf Steininschriften anzutreffen sind. Die Reihenfolge der bisher auf Münzen genannten Könige ist etwa wie folgt:

Karibʾil Yehunʿim Wattar
ʿAmdan Yehuqbiḍ
ʿAmdan Bayyin
Thaʾran Yaʿub
Shamnar Yehunʿim
Yeda ʿab Ynaf (Dhubbayyin)
Shahar (Shahir) Hilal (Yuhargib)
Warawʾ il Ghailan (Yehunʾim)

Aber es gibt auch Münzen ohne Königsnamen: Bei Ganzstücken kommt das selten, bei kleineren Werten, offenbar wegen des fehlenden Platzes stets vor (Abb. 17). Dafür gibt es im Revers mindestens ein Monogramm, manchmal auch zwei oder sogar drei, sowie einen Kurznamen, von denen Ḥarb bzw. Raidan sicherlich eine Münzstätte nennen; die Bedeutung von Naʿam, Yaʿub und Juhabir hingegen ist bisher noch unklar.

Die Münzen mit den Königsnamen geben allerdings auch genügend Rätsel auf: Weshalb werden zwei stark ähnliche Köpfe gebracht? Ist damit beidemale der Herrscher gemeint oder nur einmal und auf dem anderen Bild sein Mitregent (meist der Bruder)? Stellt der vordere Kopf etwa eine Gottheit oder den Gründer der Dynastie dar? Alles Fragen, die vielleicht erst nach einer eingehenden Beschäftigung mit dem Material geklärt werden können. Dann wird es möglicherweise auch gelingen, eine bisher isolierte Gruppe von Münzen besser einzuordnen: die Bronzemünzen, die von Frau Stark dem Britischen Museum gebracht worden waren. Sie zeigen vorne Köpfe und Buchstaben, hinten meistens einen Adler. Es gibt unterschiedlich große Stücke, die offenbar auch verschiedene Werte repräsentieren (Abb. 18—20). Das Bild ist wegen des Gusses etwas flau, die Herstellungstechnik (oben und unten sind die beim Reihenguß entstandenen Zapfen lediglich abgebrochen und nicht verfeilt worden) erinnert an die Erzeugung des Aes grave in der frühen römischen Republik. Die südarabischen Bronzegußmünzen werden derzeit als Produkte des Hadramaut ins ausgehende 3. nachchristliche Jh. datiert und sind ein wichtiger Beweis dafür, daß der Münzumlauf im Süden Arabiens nicht nur mit Münzen aus Edelmetall (einige Silbermünzen sind aufgrund der inflationären Verschlechterung der Legierung zu Kupferprägungen geworden, die aber nicht als solche anzusprechen sind), sondern auch mit Bronzemünzen abgedeckt wurde.

Aufgrund der Anonymität und der mitunter schweren zeitlichen Einstufung der meisten Münzen ist eine eindeutige Zuweisung an die in der Arabia Felix angesiedelt gewesenen Völker schwierig. Das Prägerecht hatte sicherlich immer der jeweils regierende Stamm inne. Daher ist anzunehmen, daß die ersten Münzen von den Sabäern geschlagen worden sein dürften; unter den Himyariten kommt es offenbar zu grundlegenden Veränderungen, zunächst wird der Typ der »neuen Stil«-Tetradrachmen eingeführt, dann die Augustuskopfserie und endlich die mit den Königsnamen geprägt. Den Katabanern werden zumindest die Männerkopf/Eule- und Männerkopf/Männerkopf-Serien zugeschrieben. Mit der Machtübernahme durch die Axumiten wird die eigenständige südarabische Prägung eingestellt. Ob Axum auch in diesem Bereich eine Münzstätte hatte, läßt sich einstweilen noch nicht feststellen.

Jedenfalls gibt es für den Umlauf von axumatischem Geld Belege aus dem Fundmaterial, wie übrigens auch Spätrom mit Fundmünzen aus der Zeit der Constantinssöhne (also etwa um 350) belegt ist. Beide Fundgruppen sind Dokumentationen mit historischen Hintergründen: Die Axumiten zeigen Handelsbeziehungen mit bzw. Eroberungen durch dieses Volk an und die Römermünzen passen gut in die Zeit des Constantius II. Damals hatte eine römische Gesandtschaft den Süden erreicht und für die Verbreitung des Christentums gesorgt.

Als sich dann die Sassaniden der Arabia Felix bemächtigt hatten, war jedenfalls jeder selbständige Geldumlauf dieser Region durch die Überlagerung mit den enormen neupersischen Münzmassen zum Erliegen gekommen.

Rückblickend kann man feststellen, daß sich die Prägung der Arabia Felix offenbar stets nach dem Geld der jeweiligen Handelspartner orientiert hatte, wie die Ausrichtung nach Athen bzw. die nur kurz dauernde nach Rom (beide mit weltweit anerkannten Leitwährungen) beweist. Bemerkenswert ist auch der Umstand, daß bis auf einige Ausnahmen (z. B. ein Stück im Museum der Universität von Aberdeen — eine Nachahmung einer Alexander Tetradrachme, die den Minäern zugewiesen wird und die Aufschrift »Abyatha« trägt), Nachahmungen von makedonischen Münzen, die bei den keltischen, also auch Randvölkern, sehr beliebt waren, nicht vorkommen.

Wozu brauchten die Völker Südarabiens diese allmählich völlig eigenständig gewordenen Prägungen? In der Literatur wird immer wieder festgestellt, daß das Geld hauptsächlich für den Fernhandel bestimmt gewesen sei. Das mag für die Gold- und größeren Silberstücke stimmen, das Kleinsilber und vor allem das Erzgeld werden wohl schon aus Gründen der Praxis nicht dazu verwendet worden sein. Damit ist aber nachgewiesen, daß in der Arabia Felix zumindest in den Handelszentren ein reger Geldverkehr existiert haben muß, der durch die wenigen mit gesichertem Fundort überlieferten Schatz- und Einzelfunde dokumentiert ist. Interessant ist der Umstand, daß bisher weder im Mittelmeerraum noch in Indien, den beiden Haupthandelsgebieten der Arabia Felix, Münzen des antiken Südarabien gefunden wurden.

Literatur

Longperier, Adrien de: Monnaie des Homérites frappée à Raidan (Arabie méridionale). Revue Numismatique, 1868, S. 169—176.

Head, Barklay, V.: On Himyarite and Other Arabian Imitations of Coins of Athens. Numismatic Chronicle, 1878, S. 273—284.

Derselbe: On a Himyaritic Tetradrachme and the Trésor de San'a. Numismatic Chronicle, 1880, S. 303—310.

Mordtmann, J. H.: Neue himjaritische Münzen. Numismatische Zeitschrift, 1880, S. 289—320.

Schlumberger, G.: Le trésor de San'a, Paris 1880.

Derselbe: Monnaies inédites des Éthiopiens et des Homérites. Revue Numismatique, 1886, S. 356—371.

Casanova, P.: Notes de numismatique Himyarite. Revue Numismatique, 1893, S. 176—189.

Kubitschek, J. W. und Müller, D. H.: Münzen. Südarabische Alterthümer im Kunsthistorischen Hofmuseum. Wien 1899, S. 65—78.

Hill, George Francis: Catalogue of the Greek Coins of Arabia, Mesopotamia and Persia, London 1922.

Walker, John: A New Type of South Arabian Coinage. Numismatic Chronicle, 1937, S. 260—279.

Mitchener, Michael: Oriental Coins and their Values. The Ancient and Classical World 600 BC-AD 650. London o. J.

Derselbe: Unusual Early South Arabian Coins of the Himyarite-Katabanian Series Coin Hoards VII, 1985, S. 74—76.

Politische Geschichte des islamischen Jemen bis zur ersten türkischen Invasion (1 bis 945 Hidschra = 622 bis 1538 n. Chr.)

G. Rex Smith

Es ist kein leichtes Unterfangen, einen Überblick über die Geschichte des Jemen von Beginn des Islam bis hin zur ersten osmanisch-türkischen Besetzung zu schreiben. Einmal, weil es um über 900 Jahre geht und die Ereignisse dieser langen Zeit auf wenigen Seiten zusammengefaßt werden müssen. Ferner, weil wir für die frühe Zeit über sehr wenig Primärquellen verfügen und diese — wo vorhanden — in späterer Zeit manchmal nicht sehr klar und hilfreich sind.

Für die ersten zwei oder drei Jahrhunderte dieser Zeitspanne gibt es praktisch keine in Südwestarabien selber entstandenen Geschichtswerke. Unsere Kenntnisse über diese Epoche sind daher beschränkt. Für die Zeit danach ist es genau umgekehrt. Zahlreiche historische Schriften, teils gedruckt und zum Teil noch in handschriftlicher Form, machen durch ihre Menge und ihre oft einander widersprechenden Daten sowie die häufig nicht lokalisierbaren Ortsnamen die Nutzung, Wertung und Auswahl besonders schwierig. Hinzu kommt stets die unangenehme Gewißheit, daß dieses reiche und unterschiedliche Material nur die Spitze eines Eisberges darstellt, da sich zahllose Manuskripte nach wie vor in privater Hand befinden und dem Historiker daher nicht zugänglich sind.

Auf den folgenden Seiten wird deshalb die Geschichte des frühen und mittelalterlichen Jemen im Grundriß dargestellt. Es geht dabei nur um die rein politisch-historischen Ereignisse und der Leser sollte diesen Abschnitt stets im Zusammenhang mit den anderen Beiträgen dieses Katalogs sehen, insbesondere denen über den Islam im Jemen, dem Kapitel über den Handel Jemens in frühislamischer Zeit und den Kapiteln über Architektur und Kunst.

Als Vorbemerkung hier deshalb nur noch, daß es im Jemen in dieser Epoche drei wichtige religiöse Gruppen gab. Es handelt sich einmal um die sunnitische Shāfiʿis des südlicheren Landesteiles und der Tihāma, dann um die Zaydīs im Norden des Landes und schließlich um die Ismāʿīlīs, Schiiten, die Ismāʿīl (gestorben 143 H = 760 n. Chr.) als siebten Imām anerkennen. Bei den Zaydīs handelt es sich um den gemäßigten Flügel der Schiiten (»shīʿa«), der dem orthodoxen Islam derart nahesteht, daß man ihn sogar als »Fünfte Schule« (al-madhhab al-khāmis) bezeichnet hat, d. h. nach den vier sunnitischen Rechtsschulen, den Shāfiʿis, den Ḥanbalīs, den Mālikīs und den Ḥanafīs.

Die Geschichte der einzelnen Dynastien wird auf den folgenden Seiten in 13 Abschnitten dargestellt: die frühen Statthalter des Jemen; die Ziyadiden; die Yuʿfiriden; die Najahiden; die Sulayhiden; die Sulaymaniden; die Zurayʿiden; die hamdanidischen Sultane; die Mahdiden; die Ayyubiden; die Rasuliden; die Tahiriden; der nachtahiridische Jemen.

Ein Wort noch zu den Zayditen. Man kann sagen, daß es im Jemen vom Jahre 284 H (897 n. Chr.) an, als Yaḥyā bin al-Ḥusayn, der wenig später der erste zayditische Imām werden sollte, in den Jemen kam, bis zum Jahre 1962 einen zayditischen Imām im Lande gab. Die Zayditen waren während dieser tausend Jahre (und bis heute) ein wichtiger Faktor in Südwestarabien. Aus rein praktischen Gründen werden sie nicht unter einem eigenen Abschnitt, sondern jeweils zusammen mit den entsprechenden anderen Dynastien behandelt, obwohl ihre historische Bedeutung oft über die anderer zeitgenössischer jemenitischer Herrscher hinausgeht.

Schließlich sei noch darauf hingewiesen, daß man vom Jemen als eigener politischer Einheit vor der ayyubidischen Eroberung im Jahre 569 H (1173 n. Chr.) nicht sprechen kann. Bis zu diesem Zeitpunkt war Südwestarabien eine nicht weiter gegliederte und ständig wechselnde Ansammlung kleiner Staatswesen. Dieses Datum, sowie das des Eintreffens des ersten zayditischen Imāms im Norden im Jahre 284 H (897 n. Chr.) sind ohne Zweifel die beiden wichtigsten Ereignisse in der gesamten frühen und mittelalterlichen Geschichte des Jemen.

1. Die frühen islamischen Statthalter, 1—232 H (622—847 n. Chr.)

Hier gilt es, zuerst noch kurz in das letzte Jahrhundert vor dem Islam zurückzugreifen: Der letzte himyaritische König, Dhū Nuwās, war zum Judentum konvertiert und hatte in seinem religiösen Eifer im Jahre 523 n. Chr. ein schreckliches Massaker unter den Christen von Najrān im Norden Südwestarabiens angerichtet. Dieser grausame Angriff brachte als Reaktion eine christlich-abessinische Streitmacht ins Land, die im Jahre 525 n. Chr. unter Abraha das Ende der himyaritischen Dynastie herbeiführte. Abraha blieb als Herrscher im Lande. Daraufhin hielt der himyaritische Fürst Sayf bin Dhī Yazan nach Hilfe Ausschau, um das Land von seinen abessinischen Eroberern zu befreien. Schließlich gelang es ihm, den persischen Kaiser zu gewinnen. Im Jahre 575 n. Chr. drang eine persische Armee unter Wahriz in den Jemen ein und vertrieb die Abessinier, womit eine Kolonial-

macht durch eine andere ersetzt wurde. Im Jahre 6 H (628 n. Chr.) nahm Bādhān, der fünfte persische Statthalter in Sanaa, den Islam an, und so wurde das gesamte südwestliche Arabien nominell Teil der neuen religiösen Gemeinschaft.
An jemenitischen Quellen für diese frühe Zeit besitzen wir kaum mehr als die Listen der vom Propheten und später von den sogenannten »rechtgeleiteten Kalifen« (den Omaijaden und den frühen Abbasiden) ernannten Statthalter. Eines ergibt sich aus diesen Listen allerdings mit Gewißheit, daß der wichtigste Statthalter seinen Sitz in Sanaa hatte. Daneben gab es häufig auch Statthalter in al-Janad (bei Taiz) und im Ḥaḍramawt. Manchmal standen diese beiden letzteren in einem Unterordnungsverhältnis zum Statthalter in Sanaa; manchmal waren sie auch eindeutig ihre eigenen Herren und berichteten direkt nach Mekka. Die genaue Rolle dieser Statthalter ist nicht ganz klar. Anfangs dürfte sich ihre Autorität im wesentlichen auf ihren Sitzort beschränkt haben. Es ist anzunehmen, daß sie vor allem für die Sicherheit des Gebietes zuständig waren. Dies galt besonders für Sanaa, das bereits Markt und ein hochbedeutendes Handelszentrum war. Daneben oblag ihnen die Ausbreitung des neuen Glaubens, gewiß ein sehr langwieriges Unterfangen in einem Land mit so schwierigen Verbindungswegen wie dem Jemen.
Die uns überkommenen Listen dieser Statthalter sind voller Widersprüche und Datierungsproblemen. Eine gewisse Hilfe bietet das erhaltene numismatische Material. Besonders bemerkenswert ist die große Anzahl von Statthaltern in Sanaa unter den frühen Abbasiden. Im Jahre 232 H = 847 n. Chr. beginnt der Aufstieg der yuʿfiridischen Dynastie im nördlichen Landesteil und damit das Ende der abbasidischen Kontrolle. Bevor wir uns den Yuʿfiriden zuwenden, müssen wir zunächst unsere Aufmerksamkeit auf die Tihāma, die Ebene entlang des Roten Meeres, richten.

2. Die Ziyaditen, 203—409 H (?) (818—1018 [?] n. Chr.)

Diese Dynastie beherrschte neben der Tihāma zeitweilig auch das jemenitische Hochland und die Küste des Indischen Ozeans. Die arabischen Quellen dazu sind allerdings oft unzutreffend, große Unterschiede bestehen in den Jahresangaben und sogar die Namen der späteren Herrscher sind unbekannt.
Der Name der Dynastie leitet sich von Muḥammad bin Ziyād ab, der seine Abstammung auf die Omaijaden-Familie zurückführte. Unter der Herrschaft des Abbasiden-Kalifen al-Maʾmūn wurde er der Günstling des Ministers Faḍl bin Sahl. Als im Jahre 202 H (817 n. Chr.) am Abbasidenhof die Nachricht eines Aufstandes der beiden Tihāma-Stämme al-Ashāʿir und ʿAkk eintraf, empfahl Faḍl bin Sahl dem Kalifen Muḥammad bin Ziyād als den Mann, der fähig wäre, diesen Aufstand niederzuschlagen. Ibn Ziyād wurde zum Emir ernannt (der Gouverneur residierte weiterhin in Sanaa) und von Baghdad nach dem Jemen auch mit dem Auftrag gesandt, in der Tihāma eine neue Hauptstadt zu errichten. Die Tihāma bildete in dem überwiegend schiitischen Südwestarabien eine sunnitische Enklave. Man kann daher annehmen, daß die Abbasiden mit der neuen Hauptstadt im sunnitischen Gebiet sich einen eigenen Stützpunkt errichten wollten. Ibn Ziyād unternahm im Jahre 203 H (819 n. Chr.) die Pilgerfahrt und zog von Mekka nach dem Jemen weiter. Nach zahlreichen Gefechten gelang es ihm, die Küstenebene unter seine Herrschaft zu bringen. Im Jahre 204 H (819 n. Chr.) begann er mit dem Bau der neuen Hauptstadt, die den Namen Zabīd erhielt.
Wie wir lesen, gelang es Ibn Ziyād bis zu seinem Tode im Jahre 245 H (859 n. Chr.), sein Herrschaftsgebiet weit über die Grenzen der Tihāma hinaus auszudehnen: nach Ḥaḍramawt, dann entlang der Südküste Jemens nach Aden, Abyan, al-Shiḥr und Mirbāṭ; und nördlich bis Ḥaly bin Yaʿqūb. Von seinen Nachkommen wissen wir sicher nur, daß sein Sohn Ibrāhīm (gestorben 283 H = 896 n. Chr.) ihm nachfolgte, auf ihn dessen Sohn namens Ziyād (gestorben 289 H = 902 n. Chr.). Nach ihm kam Ibn Ziyād (gestorben 299 H = 911 n. Chr.) und wiederum nach diesem ein gewisser Abū ʾl-Jaysh. Das Todesjahr des letzteren (371 H = 981 n. Chr.) ist das letzte sichere Datum in der Geschichte der Dynastie. Eine Quelle berichtet, das Herrscherhaus habe im Jahre 409 H (1018 n. Chr.) geendet, doch finden wir auch hier nicht einmal eine verläßliche Aufreihung der Herrschernamen nach Abū ʾl-Jaysh.

3. Die Yuʿfiriden (232—387 H = 847—997 n. Chr.)

Man kann sagen, daß die yuʿfiridische Herrschaft in der Gegend von Sanaa im Jahre 232 H (847 n. Chr.) mit dem Sieg dieser Familie über den abbasidischen Statthalter Ḥimyar bin al-Ḥārith begann. Yuʿfir bin ʿAbd al-Raḥmān al-Ḥiwālī stammte aus der Stadt Shibām, nordwestlich von Sanaa. Nachdem er festgestellt hatte, wie die Macht der abbasidischen Statthalter im Land mehr und mehr zurückging, kam es zum Konflikt. Nach einer Anzahl von Gefechten und einem vergeblichen Angriff auf Sanaa betrat zum ersten Mal in islamischer Zeit eine aus dem Jemen selber stammende Dynastie die geschichtliche Szene.
Von Yuʿfir bin ʿAbd al-Raḥmān wissen wir kaum mehr, als daß es ihm gelang, die Macht seines Hauses auf weite Gebiete des Jemen auszudehnen, von Saada im Norden bis al-Janad im Süden. Nach außen hin freilich erkannten die Yuʿfiriden die Oberheit der Abbasiden im Irak an. Münzen wurden überwiegend auf den Namen der Abbasiden und nur vereinzelt auf den des yuʿfiridischen Herrschers geprägt. Mit dem Hinweis auf Alter und Schwä-

che übergab Yuʿfir im Jahre 258 H (872 n. Chr.) die Macht an seinen Sohn Muḥammad, der eine Bestätigungsurkunde vom abbasidischen Kalifen erhielt.

Muḥammad sah die schreckliche Flut, die im Jahre 262 H (876 n. Chr.) sich durch Sanaa ergoß, als ein Zeichen göttlichen Zornes an und begab sich deshalb auf Pilgerfahrt nach Mekka. Seinen Sohn Ibrāhīm ernannte er zum Reichsverweser. Wieder im Jemen, zog er sich völlig von den Staatsgeschäften zurück, um sich ganz der Religion zu widmen. An der Macht blieb also Ibrāhīm. Offensichtlich um sicherzustellen, daß Muḥammad nie mehr an die Macht zurückkehren könne, ließ der alte Yuʿfir bin ʿAbd al-Raḥmān im Jahre 269 H (882 n. Chr.) Muḥammad und dessen Bruder Aḥmad durch seinen Enkel Ibrāhīm im Minarett der Moschee von Shibām ermorden.

Dieser schreckliche Mord hatte im ganzen yuʿfiridischen Gebiet erhebliche Folgen. Stämme erhoben sich und die im Dschauf gelegene Silbermine — eine wichtige Quelle des Reichtums der Yuʿfiriden — wurde zerstört. Ibrāhīm zog sich nach Shibām zurück. Im Jahre 273 H (886 n. Chr.) entließ er seinen Sohn ʿAbd al-Raḥmān, dem er die Kontrolle über Sanaa übertragen hatte. Um die Yuʿfiriden zu stärken, sandte der abbasidische Kalif al-Muʿtamid einen Gouverneur (ʿAlī bin al-Ḥusayn) in den Jemen, der dort jedoch erst im Jahre 279 H (892 n. Chr.) eintraf. Das Land und seine Hauptstadt Sanaa lagen im Chaos. Bis zu seiner Rückberufung im Jahre 282 H (895 n. Chr.) gelang es ʿAlī bin al-Ḥusayn jedoch, die Gegend um die Hauptstadt herum zu befrieden.

Über die beiden folgenden Jahre liegen uns keine verläßlichen Quellen vor. Streit und Durcheinander kennzeichnen die Situation im Norden des Landes. Im Jahre 284 H (897 n. Chr.) traf der erste zayditische Imām auf Einladung einiger nördlicher Stammesführer in Saada ein. Es war Yaḥyā bin al-Ḥusayn, der sich selbst den Titel »Al-Hādī ilā ʾl-Ḥaqq« gab.

Bereits eingangs wurde gesagt, daß dieses Ereignis im Jahre 284 H (897 n. Chr.) einen der wichtigsten Einschnitte in der frühen und mittelalterlichen Geschichte des Jemen darstellt. Bald nach seinem Eintreffen wurde das zayditische Imamat gegründet, das bis zum Jahre 1962 bestand. Im folgenden wollen wir den Beginn der Herrschaft Yaḥyās und die Auseinandersetzung — insbesondere mit den Yuʿfiriden — um Sanaa und um die Macht im Nordteil des Jemen betrachten.

Yaḥya stammte von Ḥasan, dem einen der beiden Söhne des ʿAlī ibn Abī Ṭālib und der Fāṭima, der Tochter des Propheten ab (der andere Sohn war Ḥusayn). Yaḥyā wurde im Jahre 245 H (859 n. Chr.) in Medina geboren. Bereits im Jahre 280 H (893 n. Chr.) hatte er den Jemen kurz besucht, war dann aber wegen des wenig enthusiastischen Empfangs wieder in den Hedschas zurückgekehrt. Nachdem er Briefe von den Stammesführern erhalten hatte, begab er sich jetzt erneut nach Saada.

Die Zeit bis zu seinem Tod im Jahre 298 H (910 n. Chr.) verbrachte er in den unruhigen Stammesgebieten im Norden des Jemen in der Absicht, in Sanaa Fuß zu fassen. Die von internem Streit geschüttelte Hauptstadt lud al-Hādī, wie sein Titel jetzt lautete, ein, in ihr die Macht zu übernehmen. Im Jahre 288 H (901 n. Chr.) traf er in Sanaa ein und begann, hier seine Verwaltung einzurichten. Münzen wurden auf seinen Namen geschlagen und sein Name in der Freitagspredigt (khuṭba) gelesen. In Sanaa konnte er sich jedoch nur bis zum Jahre 289 H (902 n. Chr.) halten. Krank und von den meisten seiner Stammestruppen verlassen, brachte man ihn auf einer Bahre nach Saada. Kurz darauf besetzte Ibrāhīm bin Khalaf, der yuʿfiridische General, die Stadt Sanaa.

Doch nur wenig später erklärte Ibrāhīm sich von den Yuʿfiriden unabhängig. Diese wandten sich an ihren ursprünglichen Gegner, den Imām al-Hādī, um gemeinsam die Stadt zurückzuerobern. Al-Hādī rückte im Jahre 290 H (903 n. Chr.) aus Saada aus, die Yuʿfiriden mußten jedoch Sanaa allein zurückerobern. Nachdem Asʿad bin Ibrāhīm somit seine Macht in Sanaa wieder konsolidiert hatte, trat jedoch ein sehr viel gefährlicherer Feind im Süden und Westen der Hauptstadt auf: Es handelte sich um zwei Vertreter der Fatimidenherrscher, Manṣūr al-Yaman und ʿAlī bin al-Faḍl. Diese beiden Generäle werden in außerfatimidischen Quellen als Angehörige der Qarmaṭen-Sekte (Qarāmiṭa) bezeichnet. In den Jahren 292—302 H (905—915 n. Chr.) kämpften der Imām, die Yuʿfiriden und diese beiden Generäle um die Vorherrschaft im Jemen.

Al-Hādī starb im Jahr 298 H (911 n. Chr.); vier Jahre später starben die beiden fatimidischen Anführer. Damit war die Gefahr vom yuʿfiridischen Haus gewichen. Asʿad bin Ibrāhīm gelang es, in der Hauptstadt und seinem — allerdings wohl kaum sehr weit nördlich von Sanaa sich erstreckenden Territorium — wieder relativen Frieden herzustellen. Asʿad starb im Jahr 344 H (955 n. Chr.), leider ohne Anweisungen für seine Nachfolge. Bald ging Sanaa verloren, innerhalb der Familie brach Streit aus. Der letzte yuʿfiridische Herrscher, ʿAbdallā bin Qaḥṭān ʿAbdallā starb im Jahre 387 H = 997 n. Chr. in Ibb. Damit endete das Yuʿfiridenhaus.

4. Die Najahiden, 412—551 H (1021—1156 n. Chr.)

Verläßliche Informationen über die etwas mehr als 100 Jahre in der Tihāma währende Herrschaft dieser schwarzen Sklaven-Dynastie, Abessiniern aus verschiedenen Stammesgruppen, sind kaum vorhanden. Die am meisten in die Einzelheiten gehende Quelle bietet uns kaum mehr als Geschichten und Geschichtchen.

Im Jahre 412 H (1021 n. Chr.) gewannen zwei Brüder, schwarze abessinische Sklaven namens Najāḥ und Nafīs, die Herrschaft über Zabīd und die nördliche Tihāma. Die Macht in Zabīd übernahm Nafīs, die Macht außerhalb Zabīds Najāḥ. Bald verdrängte Najāḥ seinen Bruder und prägte Münzen auf seinen eigenen Namen. Wir hören, daß er eine Bestätigungsurkunde vom abbasidischen Kalifen in Baghdad erhielt.

Die Geschichte der Najahiden ist sehr eng mit der im nächsten Abschnitt erörterten Geschichte der Sulayhiden verbunden. Diese ermordeten Najāḥ im Jahre 452 H (1060 n. Chr.) in al-Kadrā᾿. Damit fiel die Tihāma für eine gewisse Zeit unter die Herrschaft der Sulayhiden.
Es war vermutlich im Jahre 473 H (1080 n. Chr.), als Najāḥ's Sohn, Saʿīd, mit dem Spitznamen al-Aḥwal (»Der Schieler«) den sulayhidischen Herrscher ʿAlī bin Muḥammad in al-Mahjam angriff und tötete und dabei auch dessen Frau, Asmā᾿, gefangennahm. Später gelang es dann al-Mukarram, dem Sohn des ʿAlī und der Asmā᾿, seine Mutter aus Zabīd, wo sie gefangen gehalten wurde, zu befreien und Saʿīd al-Aḥwal zur Flucht auf die Insel Dahlak im Roten Meer zu zwingen. In den Jahren bis zu Saʿīd's Tod (481 H = 1088 n. Chr.) wechselte die Tihāma mehrfach ihre Beherrscher. Vom Jahre 482 bis zum Jahre 498 H (1089—1104 n. Chr.) gehörte Zabīd wieder den Najahiden. Der Bruder Saʿīd's, Jayyāsh, übte die Herrschaft aus und gründete die Stadt Ḥays, die er — wie es heißt — mit Verwandten aus Abessinien bevölkerte. Nach seinem Tod wurde die Macht im Namen der Najahiden von einer Reihe von hohen Sklaven (»Mameluken«) ausgeübt. Mit der Ermordung des letzten durch die Mahdiden (dazu unter Abschnitt 9) im Jahre 551 H (1156 n. Chr.) verschwanden die Najahiden aus der Geschichte.

5. Die Sulayhiden (439—532 H = 1047—1138 n. Chr.)

Diese fatimidische Dynastie läßt sich am besten in ihre Zeit in Sanaa (439—ca. 480 H = 1047—ca. 1087 n.Chr.) und in ihre Zeit in Dhū Jibla (480—532 H = 1087—1138 n. Chr.) einteilen. Der Begründer der Dynastie war ʿAlī bin Muḥammad al-Ṣulayḥī. Er stammte aus der südwestlich von Sanaa gelegenen Bergregion ḥarāz, wo er als orthodoxer Shāfiʿī erzogen worden war. In jener Zeit, also dem frühen 5. Jh. H (11. Jh. n. Chr. freundete sich der fatimidische dāʿī (der Hauptvertreter der Fatimiden im Lande) mit ʿAlī an. Dieser dāʿī mit Namen Sulaymān bin ʿAbdallā al-Zawāḥī unterrichtete ʿAlī im geheimen über die Lehren der Fatimiden und ernannte ihn schließlich zum »khalīfa« der Mission.
Im Jahre 439 H (1047 n. Chr.) — die Quellenangaben sind allerdings unterschiedlich — griff ʿAlī zu den Waffen und eroberte das Gebiet von Ḥarāz. Von hier aus griff er auf die Gegend von Ḥaḍūr und auf Sanaa über. Nach Siegen über zayditische und najahidische Truppen kontrollierte er im Jahre 455 H (1063 n. Chr.) die Hauptstadt Sanaa und den ganzen südlich davon gelegenen Jemen. Jetzt machte er Sanaa auch formell zur Hauptstadt und ernannte Statthalter für die Provinzen, insbesondere für die Tihāma, sowie in al-Janad und al-Taʿkar, der Bergfestung bei Dhū Jibla. Die Quellen schweigen über die folgenden Jahre seiner Herrschaft. Selbst das Datum seines Todes ist ungewiß. Nach einigen starb er im Jahre 459 H (1066 n. Chr.), nach anderen im Jahre 473 H (1080 n. Chr.). Fest steht, daß er von Saʿīd al-Aḥwal in al-Mahjam ermordet wurde, wobei — wie wir sahen — seine Frau in Gefangenschaft geriet.
Etwas mehr wissen wir über seinen Sohn und Nachfolger al-Mukarram Aḥmad bin ʿAlī al-Ṣulayḥī. Durch die Ermordung ʿAlī's hatten die Najahiden wieder Fuß gefaßt, eroberten den größten Teil der Tihāma und bedrängten die Sulayhiden sogar im Ḥarāz und in der Gegend al-Taʿkar. Zeitweise dürfte das sulayhidische Territorium sich nur noch auf Sanaa selber beschränkt haben. Nachdem es al-Mukarram Aḥmad jedoch im Jahre 460 H) (1086 n. Chr.) gelungen war, seine Mutter aus der Gefangenschaft zu befreien, traten seine Truppen nunmehr wieder an allen Fronten gegen die Najahiden an.
Wieder haben wir jetzt Schwierigkeiten, den Verlauf der folgenden Jahre historisch eindeutig zu beschreiben. Im Jahre 461 H (1069 n. Chr.) heiratete der Sultan die bis heute so berühmte Arwā bint Aḥmad; aus der Ehe entsprossen vier Kinder. Später (entweder im Jahre 467 H = 1074 n. Chr., oder im Jahre 479 H = 1086 n. Chr.) übertrug er die Staatsgeschäfte seiner Frau. Noch einiges später, vielleicht im Jahre 480 H (1087 n. Chr.) verließ Arwā Sanaa und verlegte ihre Hauptstadt nach Dhū Jibla, das etwa im Jahre 459 H (1066 n. Chr.) gegründet worden war. So begann von Dhū Jibla aus die sulayhidische Herrschaft über den südlichen Jemen und die Tihāma, eine glanzvolle Epoche unter dieser legendären Königen »Bilqis der Jüngeren«.
Die Geschichte der Sulayhiden in Dhū Jibla ist die Geschichte der Königin Arwā bint Aḥmad und ihres Hofes. Sie starb im Jahre 532 H (1138 n. Chr.) im hohen Alter von 88 Jahren, nach über 50 Regierungsjahren.
Als sie in Dhū Jibla eintraf, war die Stadt etwa 20 Jahre alt. Wir lesen, daß sie den Palast in eine Moschee umwandelte, die bis heute dort befindliche jāmiʿ, wo sie auch begraben liegt. Ein neuer großer Palast, Dār-al-ʿIzz, wurde errichtet — nicht das heute noch stehende Gebäude, aber wohl an der gleichen Stelle.
Obwohl sie selber die Staatsgeschäfte durchaus in der Hand hielt, ließ Arwā die Herrschaft durch Minister und Statthalter ausüben. Der erste in dieser Reihe war Saba᾿ bin Aḥmad, von dem die Geschichtsschreiber vor allem zwei Dinge überliefern: seinen Kampf gegen die Najahiden in der Tihāma und seine vergebliche Bitte an Arwā, die mit ihm nach ihres Ehemannes Tod formell geschlossene Ehe zu vollziehen.
Ihr zweiter treuer Anhänger war al-Mufaḍḍal bin Abī ᾿l-Barakāt, der Herr von al-Taʿkar, der Bergfestung südlich von Dhū Jibla. Er war noch von al-Mukarram, dem Ehemann der Arwā, ernannt worden und dürfte den sulayhidischen Schatz durch Verbringung in seine starke Festung gesichert haben. Auch er führte für seine Herrin Krieg mit den Najahiden in der Tihāma.
Um die Sulayhiden zu stützen, sandte der fatimidische Kalif in Kairo seinen Gesandten Ibn Najīb al-Dawla in den Jemen, wo er im Jahre 513 H (1119 n. Chr.) eintraf. Wie auch die anderen Ratgeber der Königin küm-

merte er sich tapfer und energisch um seine Aufgaben, führte Krieg gegen die Najahiden und befriedete den größten Teil des südlichen Jemen. Im Jahre 519 H (1125 n. Chr.) wandte er sich jedoch gegen Arwā mit der Behauptung, sie sei nicht mehr voll zurechnungsfähig und versuchte, selber die Herrschaft zu ergreifen. Arwā nahm den Kampf an, ihre Anhänger belagerten Ibn Najīb al-Dawla in seinem Hauptquartier al-Janad und brachten ihn gefangen nach Dhū Jibla. Sie beschloß, ihn zum Kalifen nach Kairo zurückzuschicken. Der bejammernswerte Gesandte wurde in einem hölzernen Käfig auf ein Schiff verladen, starb aber auf See noch vor dem Eintreffen in Ägypten. Arwā starb im Jahre 532 H (1138 n. Chr.). Damit endete diese Dynastie.

6. Die Sulaymāniden, etwa 462—569 H (ca. 1069—1173 n. Chr.)

Über diese Dynastie von Sharifen aus der Linie al-Ḥasan brauchen wir nur wenig Worte zu verlieren. Ihr Zentrum lag in Ḥaraḍ in der nördlichen Tihāma. Wir wissen nicht, wann sie von Mekka in den Jemen gelangten; die oben angegebene Jahreszahl beruht auf reiner Vermutung. Sicher ist, daß sie am Anfang des 6. Jh.s (12. Jh. n. Chr.) eine gewisse Herrschaft in der nördlichen Tihāma ausübten und in die Angelegenheiten der Najahiden verwickelt waren. Vermutlich galten sie als Vasallen der Najahiden, denen sie einen jährlichen Tribut entrichteten.
Im Jahre 560 H (1164 n. Chr.) beendete der Herrscher der Mahdiden (dazu Abschnitt 9) namens ʿAbd al-Nabī die Herrschaft der Najahiden in Zabīd und der südlichen Tihāma. Er marschierte nordwärts gegen Ḥaraḍ und brachte der sulaymānischen Armee unter Wahhās bin Ghānim eine vernichtende Niederlage bei. Wahhās fiel; sein Bruder Qāsim soll daraufhin die Ayyubiden (dazu Abschnitt 10) um Hilfe zur Befreiung des Jemen gebeten haben. Als die Ayyubiden unter Tūrānshāh im Jahre 569 H (1173 n. Chr.) im Jemen eintrafen, verbündeten sie sich mit Qāsim bin Ghānim gegen die Mahdiden. Die Sulaymānī-Familie bestand weiter, doch beendete die Bildung der neuen Provinz des ayyubidischen Reiches im Jemen ihre Herrschaft faktisch.

7. Die Zurayʿiden, 473—569 H (1080—1173 n. Chr.)

Bei ihnen handelt es sich um eine fatimidische Dynastie. Ihr Zentrum war die Hafenstadt Aden. Auch ihre Macht endete mit der Ankunft der ayyubidischen Truppen im Jahre 569 H (1173 n. Chr.).
Wir hatten gelesen (Abschnitt 5), daß der Sulayhide al-Mukarram Aḥmad bin ʿAlī im Jahre 461 H (1068 n. Chr.) die Königin Arwā bint Aḥmad geheiratet hatte. Als Mitgift erhielt sie von ihrem Mann die Stadt Aden. Die Einkünfte der Stadt wurden ihr von ihren Statthaltern, den Maʿniden, ausgehändigt. Doch im Jahr der Ermordung des ʿAlī bin Muḥammad al-Ṣulayḥī, im Jahr 473 H (1080 n. Chr.), stellten die Maʿniden die Zahlung des Tributs sofort ein. ʿAlī's Sohn, al-Mukarram Aḥmad, marschierte daraufhin gegen Aden, vertrieb die Maʿniden und setzte zwei Brüder, al-ʿAbbās und al-Masʿūd, gemeinsam zu Regenten ein. Als al-ʿAbbās im Jahre 477 H (1084 n. Chr.) starb, übernahm sein Sohn Zurayʿ (der der Dynastie den Namen gab) zusammen mit seinem Onkel die Herrschaft. Als die Zurayʿ-Familie im Jahre 504 H (1101 n. Chr.) den Eindruck gewann, die Sulayhiden hätten jetzt andere Sorgen, kündigten sie ihre Abmachung und begannen für mehr als 60 Jahre unabhängig über Aden zu herrschen.
Auch hier sind wir über Einzelheiten nur unzureichend unterrichtet. Die Geschichte der Dynastie verlief nicht sehr glücklich, da die Rivalität zwischen den beiden Zweigen der Familie — den Nachfahren der beiden Brüder — immer wieder aufbrach. Im Jahre 533 H (1138 n. Chr.) übernahm dann einer, ʿAlī bin Sabaʾ bin Abī ʾl-Suʿūd ibn Zurayʿ, die Macht. Gefolgt wurde er nach seinem Tod (im darauffolgenden Jahr) von seinem Bruder Muḥammad bin Sabaʾ. Muhammad eignete sich alle zurayʿidischen Territorien an den größten Teil Südarabiens einschließlich Ḥaḍramawt. Der fatimidische Kalif in Kairo ernannte Muḥammad zu seinem offiziellen dāʿī (»Missionsvertreter«). Muḥammad brachte dem südlichen Teil Jemens die lange entbehrte politische Stabilität. In den folgenden Jahren gelang es ihm, den Einfluß seines Hauses nordwärts auszudehnen: Im Jahre 547 H (1152 n. Chr.) kaufte er eine Anzahl wichtiger Festungen und Städte — darunter Dhū Jibla, al-Taʿkar, Ibb und Ḥabb. Ungefähr im Jahre 548 H (1153 n. Chr.) starb Muḥammad. Sein Sohn ʿImrān folgte ihm nach.
Von ihm wissen wir fast gar nichts. Als er im Jahre 561 H (1166 n. Chr.) starb, gingen die Staatsgeschäfte über in die Hand von Sklaven-Ministern. Yāsir bin Bilāl, Minister im Jahre 571 H (1175 n. Chr.) bei der Eroberung Adens durch die Ayyubiden, wurde von diesen verhaftet und hingerichtet. Hier und da lebte während der ersten ayyubidischen Jahre noch einiger zurayʿidischer Einfluß, bis etwa zum Jahre 590 H (1193 n. Chr.) fort.

8. Die hamdanidischen Sultane, 492—569 H (1099—1173 n. Chr.)

Unter dieser Überschrift wollen wir drei Dynastien, deren Ursprung im Stammesverband Hamdān lag, kurz behandeln. Bis zur ayyubidischen Eroberung übten sie in der Gegend von Sanaa die Macht aus.
Die ersten beiden der drei Dynastien, Banī Ḥātim (zum Unterschied zur dritten wollen wir sie als »Banī Ḥātim I« bezeichnen) und die Banī al-Qubayb dürften, wie sich aus ihrer Verbindung mit den Sulayhiden ergibt, einige Sympathie für die Fatimiden gehabt haben. Die dritte, Banī Ḥātim (»II«) bekannte sich offen zu den Fatimiden

Silbereingelegter Kupferteller des Aijubidenkönigs al-Malik al-Kāmil I. (1218—1238). Sein Sohn al-Malik al-Masʿūd Yūsuf (1215—1229) war der letzte Aijubidenherrscher des Jemen. So dürfte dieses Prunkgefäß in den Jemen gelangt sein.

und dies trotz ihrer im Abschnitt 10 darzustellenden engen Bindungen zu den Ayyubiden und den Rasuliden (Abschnitt 11).

Als der dritte sulayhidische Herrscher, Sabaʾ bin Aḥmad, im Jahre 492 H (1098 n. Chr.) starb, verlor sein Haus die Kontrolle über Sanaa. Ein mächtiger Stammesführer aus Hamdān mit Namen Ḥātim bin al-Ghashīm bemächtigte sich der Stadt und gab sich selber den Titel »Sultan«. Zusammen mit Muḥammad, seinem ältesten Sohn, errichtete er eine feste Herrschaft. Muḥammad's Neigung, schöne junge Mädchen zu töten, machte jedoch seine Hinrichtung durch seinen Vater erforderlich. Als auch dieser starb (im Jahre 502 H = 1108 n. Chr.) ging die Macht erst an ʿAbdallā, seinen zweiten Sohn, und dann auf Maʿn, seinen jüngsten Sohn, über. Maʿn war schwach und unfähig und konnte mit dem Stammesverband Hamdān nicht umgehen. Deshalb wurde er von diesem im Jahre 510 H (1116 n. Chr.) abgesetzt und an seiner Stelle Hishām und al-Ḥumās eingesetzt. Da der Vater dieser beiden al-Qubayb bin Rusaḥ geheißen hatte, nannte sich diese Dynastie Banī al-Qubayb.

Hishām übte bis zu seinem Tode im Jahre 518 H (1124 n. Chr.) die Macht aus. Dann übernahm sie sein Bruder al-Ḥumās, und bei dessen Tod im Jahre 527 H (1132 n. Chr.) dessen Sohn Ḥātim, der energischste Herrscher seiner Linie. Seinen vier Söhnen hatte er aufgetragen, einen von ihnen, Abū ʾl-Ghārāt, regieren zu lassen. Als er jedoch im Jahre 533 H (1138 n. Chr.) starb, hielten sich die Söhne nicht an diese Weisung und begannen um die Nachfolge zu streiten. Die Stammesführer von Hamdān mußten erneut einschreiten. Ihre Versammlung ernannte im Jahre 480 H (1088 n. Chr.) Ḥamīd al-Dawlah Ḥātim und begründeten damit die Herrschaft der Banī Ḥātim (II). Dieser Sultan Ḥamīd war übrigens der Enkel des ʿImrān bin al-Faḍl, dem seinerzeitigen sulayhidischen Statthalter von Sanaa.

Über diese zweite Banī Ḥātim-Dynastie besitzen wir ein weitaus umfangreicheres Quellenmaterial als über die beiden früheren Hamdān-Sultanate. Die ersten zwölf Jahre seiner Regierungszeit verbrachte Sultan Ḥātim mit der Befriedung des nördlichen Jemen. Im Jahre 545 H (1150 n. Chr.) soll er das gesamte Gebiet nördlich von Sanaa beherrscht haben, mit Ausnahme von Saada, das in zayditischer Hand blieb. Jetzt wandte er sich gegen den zayditischen Imām al-Mutawakkil Aḥmad. In den folgenden Jahren gelang es keiner der beiden Seiten, die Oberhand zu gewinnen. Das Kriegsglück schwankte, je nachdem, welche Stämme jede Seite für sich gewinnen konnte.

Als Sultan Ḥātim im Jahre 556 H (1161 n. Chr.) starb, folgte ihm sein Sohn ʿAlī. Nach einigen Schwierigkeiten mit Hamdān verbrachte auch er seine Regierungszeit überwiegend im Streit mit den Zayditen im Norden.

Im Jahre 561 H (1165 n. Chr.) hatte Sultan ʿAlī einen Aufstand in Ḥarāz (unter Führung von Ḥātim bin Ibrāhīm al-Ḥāmidī, der sich drei Jahre später unterwerfen mußte) niederzuwerfen, und ferner Krieg gegen die Mahdiden in Aden zu führen (dazu Näheres im nächsten Unterabschnitt).

Im Jahre 565 H (1170 n. Chr.) wurde Sultan ʿAlī in einen internen Streit der Zayditen hineingezogen. Zayditische Qāsimī-Sharifen hatten seinen alten Gegner, den Imām al-Mutawakkil Aḥmad, in Uthāfit gefangen gesetzt. Dessen Söhne wandten sich jetzt an Sultan ʿAlī um Hilfe. Sultan ʿAlī's schriftliche Aufforderung an die Qāsimīs brachte den Imām wieder frei. Im nächsten Jahr verbündeten sich Sultan ʿAlī's Armee und die Zayditen gegen die Qāsimīs, jedoch kam es zu keinem eindeutigen Sieg. Eine Quelle berichtet, daß sich im Jahre 569 H (1173 n. Chr.) der fünf Jahre vorher niedergeworfene Ḥātim bin Ibrāhīm wieder erhob und sich der Stadt und Festung Kawkabān bemächtigte. Doch wurde er von dort wieder vertrieben und mußte nach Ḥarāz zurückkehren.

Die Geschichte der Hamdāniden nach dem Jahre 545 H (1150 n. Chr.) bestand also mehr oder weniger aus dauerndem Streit mit dem zayditischen Imām um die Vorherrschaft im Norden. Im Jahre 570 H (1174 n. Chr.) marschierte der Ayyubide Tūrānshāh von Taiz aus nordwärts gegen Sanaa. Doch noch bis etwa gegen 590 H (1193 n. Chr.) besaßen die Hamdāniden im nördlichen Jemen — ebenso wie die Zayditen, mit denen sie sich gelegentlich verbündeten, eine gewisse Macht und konnten auch Sanaa mehrfach besetzen.

9. Die Mahdiden, 554—569 H (1159—1173 n. Chr.)

Dies ist die vierte Dynastie, die durch die ayyubidische Armee im Jahre 569 H (1173 n. Chr.) zu Ende kam. Erstmals hören wir von den Mahdiden im Jahre 531 H (1136 n. Chr.). ʿAlī bin Mahdi — der seine Abstammung auf die vorislamischen Könige von Himjar zurückführte — begann in der Tihāma (wo die schwarzen Najahiden herrschten) religiöse Ideen zu verkünden. Seine Worte fanden vielfach Anklang, auch bei der Königin ʿAlam, die ʿAlī von der Grundbesitzabgabe (kharāj) befreite. Nachdem er sich erfolglos bemüht hatte, die nördlich von Zabīd gelegene Stadt al-Kadrāʾ einzunehmen, mußte ʿAlī aus der Tihāma fliehen. 541 H (1146 n. Chr.) kam er zurück und als die Königin ʿAlam vier Jahre später starb, begann er einen grausamen Feldzug gegen Zabīd und die umliegenden Gebiete. Nachdem es ihm nicht gelungen war, die Stadt einzunehmen, begab er sich noch einmal, vier Jahre später, nach Dhū Jibla, um den Zurayʿiden Muḥammad bin Sabaʾ um Unterstützung zu bitten — erfolglos. Er versuchte es jetzt mit Intrigen unter den Najahiden-Wesiren. Im Jahre 551 H (1156 n. Chr.) ließ er deren wichtigste Persönlichkeit, Surūr al-Fātikī, ermorden. Drei Jahre darauf fiel Zabīd endlich in seine Hände, doch starb er wenig später.

Von seinen beiden Söhnen trat nach einiger Zeit ʿAbd al-Nabī bin ʿAlī als Führer des Hauses hervor. Die Mahdiden konsolidierten ihre Macht in der Tihāma, schlossen mit den Zurayʿiden in Aden und in al-Dumluwa Frieden, überfielen die Städte Laḥj und al-Janad.

ʿAbd al-Nabī verfolgte — genau wie sein Vater — eine Politik, die im wesentlichen aus grausamen Plünderungen bestand. Bei einem Raubzug in die nördliche Tihāma gegen die Sulaymaniden wurde deren Führer Wahhās bin Ghānim im Jahre 560 H (1164 n. Chr.) getötet. ʿAbd al-Nabī fuhr mit seinen erbarmungslosen Eroberungszügen fort. Im Jahre 561 H (1165 n. Chr.) nahm er Taiz und Ibb ein und belagerte Aden, eine Belagerung, die sich in der einen oder anderen Form sieben Jahre lang hinzog, bis es Ḥātim bin ʿAlī, einem Mitglied der Zurayʿiden-Familie, gelang, nach Sanaa zu reisen und den Hamdāniden-Sultan ʿAlī zu einer Allianz zu bewegen. Ihrer vereinten Streitmacht gelang im Jahre 569 H (1173 n. Chr.) der Entsatz Adens. ʿAbd al-Nabī mußte sich nach Zabīd zurückziehen.

Wenig später traf Tūrānshāh in der nördlichen Tihāma ein. Er verbündete sich mit den Sulaymaniden, die seine Hilfe nach dem Tod des Wahhās bin Ghānim erbeten hatten. Unterstützt von den Sulaymaniden marschierten die Ayyubiden nach Süden, nahmen Zabīd ein und setzten ʿAbd al-Nabī und seinen Bruder Aḥmad für einige Zeit gefangen. Nachdem die beiden Brüder im Jahre 571 H (1176 n. Chr.) vergeblich versucht hatten, Zabīd zurückzugewinnen, wurden sie erdrosselt. Dies war das Ende der Mahdiden.

Die Mahdiden wurden oft als Angehörige der Sekte der Khawārij bezeichnet, obwohl es, außer der ihnen zugeschriebenen Auffassung, jede Sünde sei ein Abfall vom wahren Glauben, hierfür keine Anhaltspunkte gibt. Von allen Historikern steht nur der jemenitische Geschichtsschreiber ʿUmāra auf seiten von ʿAbd al-Nabī und seiner Politik. ʿUmāra verband auch eine persönliche Freundschaft mit ʿAbd al-Nabī. Alle anderen Quellen zeichnen ʿAbd al-Nabī dagegen als einen durch und durch bösen Menschen, einen Weintrinker und Frauenheld, erfüllt von dem verrückten Ehrgeiz, die ganze Welt erobern zu müssen.

10. Die Ayyubiden, 569—628 H (1173—1228 n. Chr.)

Bevor wir die ayyubidische Besetzung des Jemen im einzelnen darstellen, sind zwei wichtige Vorbemerkungen erforderlich. Im Jahre 569 H (1173 n. Chr.) drang mit der gewaltigen ayyubidischen Armee und ihrer außerordentlich umfangreichen Kavallerie zum ersten Mal in islamischer Zeit eine bedeutende ausländische Macht in den Jemen ein. Geführt wurde diese Streitmacht von nichtarabischen Sunniten (der shāfiʿitischen Glaubensrichtung), insbesondere von Kurden und Türken. Die Eroberung und Befriedung der Tihāma und des südlichen Jemen führte zum ersten Mal zu der Vorstellung des »Jemen« als einer politischen Einheit. Die Kontrolle des Jemen teilten sich der zayditische Imām im Norden, und im Süden und in der Tihāma die sunnitischen Ayyubiden. Ein zweites Wort zu den Quellen: Für die Ayyubiden, die ihnen nachfolgenden Rasuliden (unten Abschnitt 11) und Tahiriden (unten Abschnitt 12) besitzen wir zum ersten Mal verläßliche — auch wenn sie natürlich jeweils eine bestimmte Tendenz ausdrücken — und vor allem aus der Zeit selber stammende Geschichtswerke. In der Tat ist es vom Jahre 1173 n. Chr. an möglich, eine ausgewogene und korrekte Darstellung der mittelalterlichen Geschichte zu schreiben. Von jetzt an haben wir erstmals zeitgenössische Quellen, die — im Gegensatz zu den früheren — nicht mehr vage und voller Widersprüche sind.

Die Ayyubiden, von kurdischer Abstammung, hatten unter Führung von Shīrkūh (nach außen hin zugunsten ihrer zankidischen Herren) im Jahre 564 H (1169 n. Chr.) Ägypten erobert. Shīrkūh hatte bei diesem Eroberungszug aus Syrien seinen eher widerwilligen Neffen Ṣalāḥ al-Dīn Yūsuf (den Saladin der westlichen Geschichtsschreibung) mitgebracht. Das Jahr 567 H (1171 n. Chr.) brachte das Ende des fatimidischen Kalifats in Ägypten; dem jungen und unerfahrenen Saladin wurde die Macht übertragen.

Tūrānshāh, der ruhelose und dynamische Bruder Saladins, fand keinen Gefallen daran, seine Zeit in Kairo müßig dahinzubringen. Im Jahre 568 H (1172 n. Chr.) führte er seine Armee nach Nubien und im nächsten Jahr in den Jemen. Hauptgrund dafür dürfte wohl die wichtige Sicherung des Südausgangs des Roten Meeres gewesen sein, um den ungestörten Seeverkehr zwischen dem Mittelmeer und Indien (und noch weiter östlich) zu gewährleisten. Hinzu mag eine echte Furcht vor der starken Gruppe von Fatimiden/Ismāʿīliten im Jemen gekommen sein und vielleicht zusätzlich auch noch die Hilfebitte der Sulaymaniden in der nördlichen Tihāma (Abschnitte 6 und 9). Fest steht jedenfalls, daß die Ayyubiden mehr als einen Grund hatten, um den Jemen zu besetzen.

Die ayyubidische Armee landete in der nördlichen Tihāma. Tūrānshāh vereinigte sich mit den Sulaymaniden und zog von Ḥaraḍ südwärts. Die Mahdiden wurden überrannt und Tūrānshāh wandte sich gegen Taiz. Von hier aus zog er südwärts und besiegte die ismāʿīlitischen Zurayʿiden in Aden. Von Aden aus zog er nach Norden, sicherte sich das Gebiet um Dhū Jibla und marschierte gegen Dhamār. Hier, im Jahre 570 H (1174 n. Chr.) hören wir zum ersten Mal von ernsthaftem Widerstand. Der Kampf um Sanaa blieb unentschieden.

Im folgenden wollen wir die im einzelnen wechselvollen, uns aber aus den Quellen genau bekannten Ereignisse der nächsten Jahre nicht darstellen. Zusammenfassend kann man sagen, daß die Ayyubiden die Tihāma und den südlichen Jemen bis nach Dhamār kontrollierten. Die Hauptstadt Sanaa dagegen blieb zwischen den Ayyubiden, den Hamdān-Sultanen (Abschnitt 8) und dem zayditischen Imām umstritten.

Dank des ständigen Nachschubs an Truppen und Pferden aus Ägypten und ihrer geschickten Politik gelang es den Ayyubiden-Sultanen des Jemen, das von ihnen kontrollierte Gebiet auch zu verwalten. Natürlich gab es auch hier unruhige Stammeskräfte, den ständigen Grenzkonflikt mit den beiden nördlichen Mächten, und die Notwendigkeit, im Falle der Nachfolge (beim Tod eines Herrschers oder seiner Abreise außer Landes) die Macht erneut zu konsolidieren. In dieser Zeit hören wir auch erstmals im Jemen von einem ziemlich entwickelten Lehenswesen. Im einzelnen bleibt allerdings unklar, wie es funktionierte. Es dürfte sich um eine Mischung des fatimidisch-ägyptischen und des zankidisch-syrischen Lehenssystems gehandelt haben. Der Lehenshalter mußte die Regierung durch Barmittel oder durch Truppen unterstützen, seinerseits hatte er das Recht, in seinem Lehen Steuern zu erheben.

Große Bauherren waren die Ayyubiden im Jemen nicht. Ihre Hauptleistung bestand in der Errichtung der zentralen Verwaltung und in einer weitgehend erfolgreichen Vereinheitlichungspolitik. Gerade dieses letztere muß besonders herausgestellt werden. Die große und disziplinierte Armee und ihre Verwaltung beseitigten die Kleinfürstentümer der Tihāma und des südlichen Jemen und schufen erstmals eine politische Einheit.

Es gab sechs ayyubidische Könige im Jemen. Der letzte, al-Masʿūd Yūsuf, war im Jahre 612 H (1215 n. Chr.) in den Jemen gekommen. Mit Tūrānshāh, oder zehn Jahre später mit Ṭughtakīn, dem zweiten ayyubidischen König des Landes und Bruder Saladins und Tūrānshāhs, waren auch bereits einige rasulidische Emire in den Jemen gekommen. Die Rasuliden waren vermutlich von turkmenischer Abstammung. Einer von ihnen war Nūr al-Dīn ʿUmar. Als der Ayyubiden-König al-Masʿud im Jahre 617 H = 1220 n. Chr. Mekka eroberte, übertrug er es als Lehen an diesen Nūr al-Dīn ʿUmar. Als al-Masʿud dann drei Jahre später seine Rückreise nach Ägypten vorbereitete, rief er Nūr al-Dīn ʿUmar von Mekka in den Jemen zurück. Er und die übrigen rasulidischen Fürsten spielten eine wichtige Rolle bei der Unterdrückung einer Sufi-Rebellion (mystische Sekte) und im Kampf gegen die Zayditen. Als al-Masʿūd von diesen Schwierigkeiten erfuhr, eilte er im Jahre 624 H (1227 n. Chr.) in den Jemen zurück. Endgültig verließ er das Land im Jahre 626 H (1228 n. Chr.) und ernannte Nūr al-Dīn ʿUmar zu seinem Stellvertreter. Nūr al-Dīn ʿUmar sollte die ayyubidische Herrschaft bis zum Eintreffen eines neuen Ayyubidenkönigs fortführen. Al-Masʿūd starb auf seinem Weg nordwärts in Mekka. Zwei Jahre später kündigte Nūr al-Dīn ʿUmar seine Treue gegenüber dem Ayyubidenhause auf. Von da an betrat kein Ayyubide mehr den Jemen. Die neue rasulidische Dynastie wurde wenig später (im Jahre 632 H = 1234 n. Chr.) durch eine offizielle Urkunde des ʿabbasidischen Kalifen in Baghdad, al-Mustanṣir, bestätigt.

11. Die Rasuliden, 626—858 H (1228—1454 n. Chr.)

Diese lange Zeit rasulidischer Kontrolle der Tihāma und des südlichen Jemen, mehr als zwei Jahrhunderte, war ohne Zweifel die glänzendste der gesamten frühen und mittelalterlichen Geschichte des Jemen. Die Vorbedingungen dazu hatten die Ayyubiden geschaffen. Es sei daran erinnert, daß ihre großen Armeen und ihre bedeutende Kavallerie dieses dann später den Rasuliden gehörende Gebiet gründlich erobert und mit einer soliden staatlichen Struktur überzogen hatten. Ihre geschickten, in Syrien und Ägypten ausgebildeten Verwalter hatten eine effektive staatliche Organisation eingerichtet. Auf diesen Leistungen konnten die Rasuliden aufbauen. Ihre Verwalter waren insgesamt gesehen ebenso fähig und erfahren wie die der Ayyubiden. Hinzu kam, daß das rasulidische Herrscherhaus mit einer erstaunlichen Anzahl bedeutender Wissenschaftler und Schriftsteller gesegnet war, die dem Land mit einer hohen Bildung einen zusätzlichen wissenschaftlichen Anstoß gaben. Welche andere islamische Dynastie könnte sich einer solchen Anzahl erstrangiger Gelehrter rühmen, deren Arbeiten auf den verschiedensten Gebieten lagen? Die Rasuliden arbeiteten auf den Gebieten Geschichtswissenschaft, Biographie, Genealogie und Landwirtschaft, Medizin, Hufschmiedekunst und Pferdezucht; sie waren aber nicht nur bedeutende Schriftsteller im weitesten Sinn, sondern auch große Bauherren, wovon etwa die bis heute erhaltenen rasulidischen Moscheen in Taiz in schöner Weise Zeugnis ablegen.

Die politischen Ereignisse dieser über 200 Jahre wollen wir nicht im einzelnen darstellen. Der erste rasulidische Sultan al-Manṣūr ʿUmar (wie er sich jetzt mit seinem Thronnamen nannte) hatte sich bis zu seinem Tod im Jahre 647 H (1249 n. Chr.) immer wieder mit den Verhältnissen in Sanaa zu befassen. Nachdem es ihm im Jahre 628 H (1230 n. Chr.) gelungen war, mit den Zayditen Frieden zu schließen, übertrug er Sanaa als Lehen an seinen Neffen Asad al-Dīn Muḥammad bin Ḥasan. Dessen Unzuverlässigkeit (und wohl auch Verrat) führten dazu, daß sich der Sultan intensiv um die Angelegenheiten der Stadt kümmern mußte. Al-Manṣūr ʿUmar wurde im Jahre 647 H (1249 n. Chr.) von einer Gruppe rasulidischer Mameluken in al-Janad bei Taiz ermordet. Der Hofhistoriker der Rasuliden zögerte nicht, Asad al-Dīn Muḥammad dafür verantwortlich zu erklären.

Die Probleme in Sanaa hatten dazu geführt, daß der südliche Jemen und die Tihāma vernachlässigt worden waren. Der neue Sultan, al-Muẓaffar Yūsuf (Sohn ʿUmar's) mußte deshalb während der ersten Jahre seiner Herrschaft die rasulidische Souveränität in diesen Gebieten wieder konsolidieren. Erstaunlicherweise ließ er den wankelmütigen Asad al-Dīn Muḥammad in Sanaa an der Macht und ersetzte ihn erst im Jahre 658 H (1260 n. Chr.) durch ʿAlam al-Dīn al-Shaʿbī. Mit dieser Entscheidung beginnt der Höhepunkt rasulidischer Macht und rasulidischer Leistungen im Jemen. Al-Shaʿbī war ein begabter Mann. Mit einer effektiven kleinen Truppe gelang es ihm, die rasulidische Kontrolle über Sanaa wieder fest zu begründen und ermöglichte es so dem Sultan al-Muẓaffar Yūsuf, von seiner Hauptstadt Taiz aus über einen Jemen von bis dahin noch nie dagewesenem Frieden, Stabilität und Glanz zu herrschen. Während seiner langen Regierungszeit (bis zu seinem Tod im Jahre 694 H = 1295 n. Chr.) erreichte das rasulidische Territorium seine größte Ausdehnung. Es umfaßte nicht nur die Tihāma und den südlichen Jemen, sondern auch das Hochland einschließlich Sanaa, und darüberhinaus Ḥaḍramawt und das gesamte südliche Arabien bis hin nach Dhofar (Ẓafār).

Nach al-Muẓaffar ging die Linie in direkter Nachfolge weiter. Obgleich mehrere seiner Nachfolger bedeutende Männer waren und auch machtvoll die Interessen des Hauses vertraten, muß man doch feststellen, daß mit dem Tod des Statthalters von Sanaa, ʿAlam al-Dīn al-Shaʿbī (im Jahre 682 H = 1283 n. Chr.), die Stadt nur noch vorübergehend in rasulidischer Hand war. Ein gewisser Abstieg der Dynastie ist deutlich. Trotz der Begabung einiger der rasulidischen Sultane wurde die Dynastie oft durch die unzuverlässigen und aufständischen Stämme des Jemen und genauso oft durch neidische und aufständische Mameluken geschwächt.

Mit dem Tod des Sultans al-Nāṣir Aḥmad im Jahre 827 H (1424 n. Chr.) begann der rasulidische Staat zusammenzubrechen. Al-Nāṣir hatte noch einmal den Niedergang seines Hauses durch militärische Aktionen im Land selber aufhalten können. Reiche Geschenke kamen selbst aus dem fernen China. Doch in den beiden folgenden Jahrzehnten kamen und gingen rasulidische Sultane; immer wieder erhoben sich ihre Mameluken-Truppen, die Pest suchte das Land heim. Auch untereinander hielt die Familie nicht mehr zusammen. Das Ende der Dynastie kam im Jahre 858 H (1454 n. Chr.) mit dem Verlust von Aden an die Tahiriden und der Kapitulation des dortigen rasulidischen Emirs.

12. Die Tahiriden, 858—923 H (1454—1517 n. Chr.)

Diese jemenitische Familie war vom Jahre 847 H (1443 n. Chr.) an immer mehr in die inner-familiären Streitigkeiten der Rasuliden-Familie verwickelt. Bei ihnen handelte es sich um eine Scheichs-Familie (Mashāyikh) aus der Gegend von Juban und al-Miqrāna, südlich von Radāʿ. Es waren shāfiʿtische Sunniten. Im Jahre 847 H (1443 n. Chr.) nahmen sie Laḥj, etwa 30 km nördlich von Aden, ein und von dort aus eroberten sie elf Jahre später die große Hafenstadt Aden. Obwohl es sich bei ihnen um Jemeniten handelte, übernahmen sie die extravaganten Titel und Institutionen ihrer nichtarabischen Vorgänger.

Die beiden Brüder al-Ẓāfir ʿĀmir, der offizielle Sultan,

Thūma eines Qādī aus Ḥarrāz, jüdische Arbeit (Badīḥī) aus Sanaa.

Dolchscheide ʿasīb, jüdische Arbeit (Badīḥī) aus Sanaa, getragen von einem Dauschan der Beni Maṭar.

Moschee in Laḥidsch.

Lehmhäuser in Saada.

Seite 147: Innenhof der Großen Moschee von Sanaa.

Markt in Bait al-Faqīh (Tihāma).

Seite 149: Seilerwaren auf dem Freitagsmarkt von Bait al-Faqīh.

Im Hochland bei Manācha (Ḥarrāz).

Bergpanorama von Ḥajja aus.

Seite 151: Nomaden im Dschauf.

Adenium obesum, Flaschenbaum in Blüte.

Blüten des Flaschenbaumes (Adenium obesum Forsskāl).

Crinum yemense — eine weiße Lilienart.

und al-Mujāhid ʿAlī, die Aden im Jahre 858 H (1454 n. Chr.) eingenommen hatten, herrschten zuerst gemeinsam. Letzterer übernahm sechs Jahre später allein die Macht, als sein Bruder als Sultan zurücktrat. Die beiden hatten noch einen dritten Bruder namens Dāʾūd. Dessen Sohn, al-Manṣūr ʿAbd al-Wahhāb, war der dritte Sultan, und dessen Sohn, al-Ẓāfir ʿĀmir II., der vierte.

Es hat den Anschein, daß sich die Tahiriden weniger als ihre Vorgänger für die zayditischen Territorien nördlich von Dhamār interessierten. Nur gelegentlich sandten sie eine kleine Streitmacht gegen Sanaa. Als Sommerhauptquartier wählten sie ihre Heimat, Juban, al-Miqrāna und Radāʿ. Im Winter wurde die Residenz nach Zabīd in die Tihāma verlegt. Zabīd gewann seine alte Rolle als intellektuelle Hauptstadt des Jemen und als eine der großen Universitäten der islamischen Welt zurück. In der Tihāma entwickelten sie die Landwirtschaft und legten neue bewässerte Palmenhaine an. In den Quellen lesen wir vor allem von Strafexpeditionen der Tahiriden gegen aufständische Stämme in der Tihāma, denen sie ihre Feldfrüchte zerstörten.

Zu Beginn des 10. Jh.s H (16. Jh. n. Chr.) entschlossen sich die Mameluken-Herrscher Ägyptens, vom Hedschas aus nach Süden zu marschieren und den Jemen zu erobern, um so eine Basis gegen die wachsenden portugiesische Bedrohung ihres Indienhandels zu gewinnen. Im Jahre 921 H (1515 n. Chr.) landete eine mamelukische Flotte auf der Insel Kamarān. Der tahiridische Sultan al-Ẓāfir ʿĀmir weigerte sich, die Schiffe zu verproviantieren. Die Zayditen sprangen ein und schlugen gemeinsam mit den Mameluken den Tahiriden-Sultan in einer Schlacht in der Nähe von Zabīd. Der Sultan mußte sich nach Taiz zurückziehen. Von dem tahiridischen Historiker Ibn al-Daybaʿ erfahren wir, daß die mamelukischen Truppen bereits durch den osmanischen Sultan Selim Verstärkung erhalten hatten. Ein wesentlicher Grund für die Niederlage der Tahiriden war eine neue Waffe, die die osmanischen Truppen besaßen. Es handelte sich um eine Art von »Armbrust«: Zum ersten Mal waren Feuerwaffen im Jemen angewendet worden. Die Mameluken verfolgten den Sultan nach Taiz, besetzten die Stadt und rückten ihm weiter nach al-Miqrāna nach, wo sich der tahiridische Staatsschatz befand. Kurz darauf nahmen sie Sanaa ein und den Sultan in der Nähe des Jabal Nuqum gefangen. Mit seiner Enthauptung erlosch die tahiridische Dynastie.

13. Nach-tahiridischer Jemen, 923–945 H (1517–1538 n. Chr.)

Im Jahre 923 H (1517 n. Chr.) unterwarf der Osmanen-Sultan Selim I. die ägyptischen Mameluken. Auch den Hedschas erklärte er zum Bestandteil seines Reiches. Das dadurch im Jemen entstandene Vakuum füllten die zayditischen Imāme aus; sie brachten — freilich nur für kurze Zeit — weite Gebiete des südlichen Jemen unter ihre Kontrolle.

Im Jahre 931 H (1525 n. Chr.) erhielt der osmanische Statthalter von Ägypten einen Bericht, den vermutlich der Admiral der osmanischen Flotte im Roten Meer verfaßt hatte. Dieser Bericht wies auf die von den Portugiesen für die Osmanen ausgehende Gefahr hin, auf den Reichtum des Jemen und die Leichtigkeit, mit der sich das Land erobern ließe. Wohl auf diesem Bericht beruhte die große See-Expedition, die im Jahre 945 H (1538 n. Chr.) auf Kamarān eintraf. Die Macht der Zayditen brach zusammen; die Osmanen setzten sich für mehr als hundert Jahre im Jemen fest.

Literatur:

al-ʿAbbāsī: al-Ḥasan b. Aḥmad, Sīrat al-Hādī ilā 'l-Ḥaqq, ed. Suhayl Zakkār, Damascus, 1972.

al-Akwaʿ: Ismāʿīl b. ʿAlī, al-Madāris al-islāmiyyah fī 'l-Yaman, Ṣanʿāʾ, 1980.

Anon.: Tārīkh al-dawlah al-Rasūliyyah fī 'l-Yaman, ed. ʿAbdallāh Muḥammad al-Ḥibshī, Ṣanʿāʾ, 1984.

Arendonk, C. van: Les débuts de l'imamat Zaïdite au Yémen (trans. J. Ryckmans), Leiden, 1960.

Bikhazi, Ramzi J.: 'Coins of al-Yaman', al-Abḥāth, Quarterly Journal for Arab Studies, published by the American University of Beirut, XXIII, 1978, 3–127.

Chelhod, J.: ›Introduction à l'histoire sociale et urbaine de Zabīd‹, Arabica, XXV, 1978, 48–88.

Ibn al-Daybaʿ, ʿAbd al-Raḥmān b. ʿAlī: Bughyat al-mustafīd fī tārīkh madīnat Zabīd, ed. ʿAbdallāh al-Ḥibshī, Ṣanʿāʾ, 1979.

Ibn al-Daybaʿ, ʿAbd al-Raḥmān b. ʿAlī: al-Faḍl al-mazīd ʿalā Bughayt al-mustafīd fī akhbār Zabīd, ed. Muḥammad ʿĪsā Ṣāliḥiyyah, Kuwait, 1982.

Ibn al-Daybaʿ, ʿAbd al-Raḥmān b. ʿAlī: al-Faḍl al-mazīd ʿalā Bughyat al-mustafīd fī akhbār madīnat Zabīd, ed. Joseph Chelhod, Ṣanʿāʾ, 1983.

Ibn al-Daybaʿ, ʿAbd al-Raḥmān b. ʿAlī: K. Qurrat al-ʿuyūn bi-akhbār al-Yaman al-maymūn, ed. Muḥammad b. ʿAlī al-Akwaʿ, Cairo, 1977, 2 vols.

al-Ḥajarī, Muḥammad b. Aḥmad: Majmūʿ buldān al-Yaman wa-qabāʾilhā, ed. Ismāʿīl b. ʿAlī al-Akwaʿ, Ṣanʿāʾ, 1984.

Hamdani, H. F.: ›The life and times of Queen Saiyidah Arwa the Sulaihid of the Yemen‹, Journal of the Royal Central Asien Society, XXXI, 1931, 505–517.

Hamdani, H. F. and Hasan Sulaymān Maḥmūd: al-Ṣulayḥiyyūn wa-'l-ḥarakah al fāṭimiyyah fī 'l-Yaman, Cairo, 1955.

al-Hamdānī, al-Ḥasan b. Aḥmad: K. Ṣifat Jazīrat al-ʿArab, ed. D. H. Müller, Leiden, 1968.

Ibn Ḥātim, Badr al-Dīn Muḥammad: K. al-Simṭ al-ghālī 'l-thaman fī akhbār al-mulūk min al-Ghuzz bi'l-Yaman, ed. G. R. Smith (I of The Ayyubids and early Rasulids...), London, 1974.

al-Janadī, Muḥammad b. Yūsuf: K. al-Sulūk fī ṭabaqāt al-ʿulamāʾ wa-'l-mulūk, ed. Muḥammad b. ʿAlī al-Akwaʿ, Ṣanʿāʾ, 1983, I.

Kay, H. C.: Yaman — its early medieval history, London, 1892.

Lewcock, R. B. and Smith, G. R.: Three medieval mosques in the Yemen, in: Oriental Art XX (1974), 75–86 and 192–203.

Löfgren, Oscar: Arabische Texte zur Kenntnis der Stadt Aden im Mittelalter, Leipzig, Uppsala und Haag, 1936–50.

Ibn al-Mujāwir, Yūsuf b. Yaʿqūb: Tārīkh al-Mustabṣir, ed. Oscar Löfgren, Leiden, 1951–54.

al-Nahrawālī, Muḥammad b. Aḥmad: al-Barq al-yamānī fī 'l-fatḥ al-ʿuthmānī, ed. Ḥamad al-Jāsir, Riyadh, 1967.

Ibn Rasūl, ʿUmar b. Yūsuf (al-Malik al-Ashraf): Turfat al-aṣḥāb fī maʿrifat al-ansāb, ed. K. W. Zetterstéen, Damascus, 1949.

al-Rāzī, Aḥmad b. ʿAbdallāh: Tārīkh madīnat Ṣanʿāʾ, ed. Ḥusayn b. ʿAbdallāh al-ʿAmrī and ʿAbd al-Jabbār Zakkār, Damascus, 1981 (3rd edit.).

Redhouse, J. W. (trans.): El-Khazejī's history of the Resūlī dynasty of Yemen; London and Leiden, 1906–18, 5 vols. (Text of al-ʿUqūd al-luʾluʾiyyah).

Ibn Samurah, ʿUmar b. ʿAlī, Ṭabaqāt fuqahāʾ al-Yaman, ed. Fuʾād Sayyid, Cairo, 1957.

Schuman, L. O.: Political history of the Yemen at the beginning of the 16th century, Groningen, 1960.

Serjeant, R. B.: The Portuguese of the South Arabian coast, Oxford, 1963.
Serjeant, R. B., and Lewcock, Ronald: Ṣanʿāʾ, an Arabian Islamic city, London, 1983.
Smith, G. R.: The Ayyubids and early Rasulids in the Yemen..., London, 1974—78, 2 vols.
Smith, G. R.: ›The Ayyubids and Rasulids, the transfer of power in 7th/13th century Yemen‹, Islamic Culture, XLIII, 1969, 175—88.
Smith, G. R.: ›The Tahirid sultans of the Yemen (858—923/1454—1517) and their historian Ibn al-Daybaʿ‹, Journal of Semitic Studies XXIX/1, 1984, 141—154.
Smith, G. R.: ›The Yemenite settlement of Thaʿbāt: historical, numismatic and epigraphic notes‹, Arabian Studies, I, 1974, 119—34.
Tritton, A. S.: The rise of the imams of Sanaa, Oxford, 1925.
al-Wāsiʿī, ʿAbd al-Wāsiʿ b. Yaḥyā: Tārīkh al-Yaman, Cairo, 1346.
Yaḥyā b. Al-Ḥusayn: Ghāyat al-amānī fī akhbār al quṭr al-yamānī, ed. Saʿīd ʿAbd al-Fattāḥ ʿĀshūr, Cairo, 1968, 2 vols.

Jemenitische Trommel (merfaʿ).

Die jemenitische Poesie von der vorislamischen Zeit bis zum Beginn der Gegenwart

Muḥammad ʿAbduh Ghānim

Nationale Ausgrenzung im modernen Sinn war den alten Arabern, die sich als Angehörige eines großen Kulturkreises verstanden, fremd. Gleichwohl fühlten sie sich nicht nur einem bestimmten Stamm, sondern auch einer bestimmten Region zugehörig — und so verstanden sie auch den Begriff »Jemen«. Auf den folgenden Seiten ist deshalb mit »Jemen« der natürliche Jemen, der im Norden Nadschrān umfaßt, gemeint, und unter »Jemeniten« wollen wir nicht nur diejenigen verstehen, die in Südwestarabien geboren wurden und aufwuchsen, sondern auch alle jene, die sich selber — als Nachfahren oder durch Anschließung an die jemenitischen Stämme, die in fernen Provinzen des großen arabischen Reiches seßhaft wurden — als Jemeniten sahen und ausdrücklich gelten wollten.

Eines der berühmtesten Beispiele hierfür ist Abū Nūwās (geb. zwischen 747 und 762, gest. zwischen 813 und 815 n. Chr.), der persischer Abstammung war, sich aber in der Art eines Klientelverhältnisses dem jemenitischen Stamm Ḥakam angeschlossen hatte:

> O Bruder meiner Seele vom Stamme Hakam
> Mich hast du vergessen, doch ich vergaß dich nicht.

(Dīwān Abū Nūwās, hrsg. von Maḥmūd Kāmil Farīd, Kairo 1938, S. 33).

Wenn Abū Nūwās sich so ausdrücklich selber einem jemenitischen Stamm zugehörig fühlt — einem Stamm, zu dem übrigens von Geburt her auch der Schriftsteller ʿUmāra al-Yamanī al-Ḥakamī gehört, der Historiker und Dichter der ägyptischen Fatimiden-Dynastie — dann wollen wir ihm diese Loyalität nicht streitig machen, uns aber gleichwohl auf den folgenden Seiten auf diejenigen Dichter konzentrieren, die in unmittelbarer Weise mit dem Jemen verbunden waren und sich ihm verbunden fühlten.

Als solche müssen wir außer den im Jemen geborenen Dichtern die Angehörigen jener Stämme ansehen, die aus dem Jemen nach Nordarabien gezogen waren und sich dort niedergelassen hatten, ohne ihr jemenitisches Selbstbewußtsein aufzugeben.

Einen territorial verstandenen Staatsbegriff gab es bei den frühen Arabern nicht: Die Zugehörigkeit zu einem Gemeinwesen definierte sich personal durch die Abstammungsgemeinschaft.

Das berühmteste Beispiel für einen solchen im Norden aufgewachsenen jemenitischen Dichter ist natürlich Imruʾ al-Qais, gest. ca. 550 n. Chr., Verfasser eines jener sieben Gedichte, mit denen die arabische Literatur die Weltbühne der Dichtkunst betritt. Diese sieben Gedichte, die »Muʿallaqāt«, waren es, die die Araber als »Dichtwerke« überhaupt ausgezeichnet hatten, und die deshalb an der Kaʿba »aufgehängt« werden durften (»Muʿallaqāt« bedeutet »Die Aufgehängten«).

In einem Gedicht des Imruʾ al-Qais heißt es:

> Lang wird uns die Nacht in Dammūn
> Ja, Dammūn! Denn Jemeniten sind wir
> Und wahrlich, unsere Sippe lieben wir.

Dammūn ist ein Ort im Ḥaḍramūt; doch nicht nur wegen dieser Zeilen ist Imruʾ al-Qais für uns ein jemenitischer Dichter, sondern weil er vom Stamme Kinda war, der im Jemen unter der Herrschaft der Könige von Ḥimyar stand, bevor er nach Zentral- und Nordarabien auswanderte. Ein anderer Ritter und Stammesheld jener Zeit (etwa der Mitte des 6. nachchristlichen Jh.s) war al-Afwah al-Audī, einer der Scheichs des Stammes Madhḥīdsch (in englischer Umschrift Madhḥij). Von ihm stammen die folgenden berühmten Zeilen (nach dem Kitāb al-Aghānī):

> Ein Zelt kann man bauen nur
> Wenn es Zeltstangen hat zum Stützen,
> Und keine Zeltstange hält,
> Wenn die Zeltpflöcke nicht verankert werden.
> Nur wenn du die Zeltpflöcke zusammenbringst
> mit den Zeltstangen
> Dann erreichen seine Bewohner den Zweck,
> den sie erstrebten.
>
> So ist's auch mit den Menschen: wenn die Ordnung fehlt,
> Dann bringt dies den Menschen keine Wohlfahrt,
> Keine Wohlfahrt ihrer Sippe bringt es,
> wenn die Toren herrschen.
>
> Den Herren des Verstandes muß die Herrschaft zufallen,
> Damit es glücklich geht.
> Wenn sie die Herrschaft übernehmen,
> Dann wird vom Bösen Rechenschaft verlangt.

In die Gruppe der großen Dichter jener Zeit kurz vor dem Auftreten des Islam gehört auch ʿAmr bin Maʿadī Karib al-Zubaidī. Neben Imrūʾ al-Qais ist er vielleicht die berühmteste und zugleich am meisten von der Legende verklärte Gestalt des altarabischen Helden, der mit Pferd und Schwert die Lande durchstreift auf der Suche nach Ehre durch ruhmreichen Kampf und durch bewunderte Dichtkunst. ʿAmr bin Maʿadī Karib erreichte ein sehr hohes Alter: Schon in der Heidenzeit focht er in vielen Schlachten, 631 n. Chr. ging er nach Mekka und nahm den Islam an, um — nach des Propheten Tod — vorübergehend wieder abzufallen. Später kämpfte er in den vordersten Reihen der muslimischen Eroberer Persiens. Hier ereilte ihn auch sein Schicksal. Er fiel entweder im

Jahre 637 in der Schlacht von al-Qādisīya oder 641 in der Schlacht von Nihāwand.

Von ihm wollen wir zunächst einige Zeilen zitieren, die er noch in der Heidenzeit verfaßte. Diese Strophen galten den Arabern deshalb als so vollkommen, weil sie Schmerz und Wut über eine Niederlage, die Enttäuschung darüber, daß sein Stamm geflohen war, in poetisch maßvolle Worte brachten:

Und als ich die Reiterschar herandringen sah als ob
Zur Saatwäßrung losgelaßne Flutbäche wallten,
Da wollte der Mut mich verlassen, doch dann wandt nach vorn
Auf das, was er scheut, meinen Hengst ich; da stand er, gehalten.
Warum auch beschwerte meinen Arm, sprächest du, der Speer,
Wenn ich ihn nicht sollte brauchen, im Kampfgedränge mit ihm zu walten?

(Übersetzung von Friedrich Rückert; sprachlich leicht modernisiert).

Er wäre stolz gewesen, wenn er gesiegt hätte, doch sein Stamm war geflohen und hatte ihn zum Schweigen gebracht:

Oh, hätten die Lanzen meines Volks mich beredt gemacht!
Nun aber haben die flüchtenden Lanzen die Zunge mir gespalten!

Als eines der berühmtesten Gedichte ʿAmrʾs haben die Araber seine »Dāliya«, also ein Gedicht, bei dem jeder Vers mit dem Reim und dem Buchstaben »d« endet, angesehen (in der Übertragung von Friedrich Rückert):

Des Mannes Wert ist nicht im Kleide,
Und ob er geh in Gold und Seide.

Des Mannes Wert ist im Gemüte
Und in der angestammten Güte.

Ich rüste dem Geschick entgegen
Den Harnisch, und den Hengst, den regen,

Den raschen, und die streifge Klinge,
Die spaltet Hemd und Panzerringe;

Und bin bereit zu einem Tage,
Wo ich mit Kaab und Nahd mich schlage:

Ein Volk, die im Gewand von Eisen
Wie Leoparden sich erweisen:

Jedweder Mann wie Feuer lodert,
Und bringt zur Schlacht mit, was sie fordert.

Als unsrer Fraun versprengte Herde
Ich rennen sah auf harter Erde,

Und die Lamis war im Gewimmel
Entschleiert wie der Mond am Himmel,

Ihr sonst verhülltes Antlitz offen;
Da war der Notfall eingetroffen:

Da rannt ich an den Feindeswidder;
Ihn anzurennen half kein dritter.

Sie haben auf mein Blut gewettet;
Ich wette, daß mein Mut mich rettet.

Wie manchen Waffenbruder haben
Hier diese Hände schon begraben!

Nicht zittert ich und zagt und klagte;
Was hülf es, daß ich klagt und zagte?

Hin legt ich ihn, mich aufzuraffen,
So vest wie Gott mich hat geschaffen.

Die Hingegangnen laß ich gehen,
Und rüste mich dem Feind zu stehen.

Gegangen hin sind meine Lieben,
Ich einzig, wie mein Schwert, geblieben.

Das einzigartige Schwert, auf das im sprichwörtlich gewordenen letzten Vers angespielt wird, ist die Klinge al-Ṣamṣāma, die — wie das ebenso berühmte Dhū al-Fiqār — im Jemen geschmiedet worden war.

Neben diesen kriegerischen Gedichten des Ritters ʿAmr können wir aus anderen einen Dichter voller Weltweisheit kennenlernen, der eine sehr menschlich anmutende Distanz selbst zu den hehrsten der unverrückbaren Prinzipien erkennen läßt:

Wenn du eine Sache nicht zu bewältigen imstande bist,
Dann laß sie sein!
— und beschäftige dich mit dem,
was du bewältigen kannst!

Vielleicht war es dieser realistische Charakterzug, der ʿAmr dazu veranlaßte, der neuen sich mächtig ausbreitenden Religion beizutreten, dann jedoch wieder abtrünnig zu werden, um schließlich doch in vorderster Linie mit den Armeen des Islam gegen Persien zu ziehen.

Die Anhänglichkeit ʿAmrs an die Wertvorstellungen der Zeit vor dem Islam wird aus folgender Anekdote deutlich, die uns das Kitāb al-Aghānī überliefert:

Eines Tages, im Stadtviertel Zubaid in Kūfa, kam ʿUqaina bin Ḥuṣn al-Fazārī zu ʿAmr bin Maʿadī Karib. »Einen glückseligen guten Morgen« wünschte ihm ʿAmr mit der Formel, die in der Heidenzeit üblich gewesen war. Darauf ʿUqaina: »Du hast etwas vergessen, nämlich, daß Gott diesen Gruß durch ›as-salāmu ʿalaikum‹, ›Friede sei mit euch‹, ersetzt hat«! Darauf ʿAmr: »Laß doch beiseite, was wir nicht wissen — ich habe einen Hammel«. ʿAmr schlachtete den Hammel, steckte das Fleisch in einen Topf, kochte es, dann aßen sie. Mit dem Essen fertig, sagte ʿAmr zu ʿUqaina: »Und jetzt? Was willst du trinken? Milch oder das, was wir in der Heidenzeit miteinander zu zechen pflegten?« Darauf ʿUqaina: »Hast du denn vergessen, daß Gott dieses Getränk im Islam verboten hat«? Darauf ʿAmr: »Bist du der Ältere von uns beiden oder bin ich es?« ʿUqaina: »Du«! Und ʿAmr weiter: »Wer von uns ist schon länger Muslim, du oder ich«? ʿUqaina: »Du«! Und ʿAmr: »Ich habe alle Seiten des Koran gelesen und, das schwöre ich bei Gott, nichts gefunden, was das verbietet...«.

Wir kennen den Anlaß für diese Geschichte nicht — doch spiegelt sie wider, daß es der Hang ʿAmrs zur heidnischen Lebensweise war, der es erklärt, warum er in der Zeit des Islam keine Gedichte mehr schrieb.

Zum Abschluß sei dem Leser noch eine andere hübsche Anekdote nicht vorenthalten, die Friedrich Rückert in die folgenden Strophen faßte:

Amr war ein starker Schildzerbrecher,
Aber ein gewalt'ger Großsprecher.
Im Kamelstall saß er einst in Mitte
Von Zuhörern, um nach Vätersitte
Seine alten Kampfgeschichten
Ihnen zu berichten.

»Eh' zu uns der Islam kam«,
So erzählt er, »unternahm
Ich einst einen Beutezug,
Der mir reiche Beute trug,
Ich der eine, gegen die gesamten,
Die von Maliks Stamme stammten.
Die zum Führer damals den noch jugendglatten,
Aber tapferen Chalid, Sohn des Saakab, hatten;
Weit berühmt im Lande war sein Name.
Aber ich mit meinem Schwert Samsame,
Dem nie Stein noch Bein ganz blieb,
Stürzte auf ihn ein und hieb
Mit dem Hieb, den ich ihm gab,
Ihm den Kopf vom Wirbel ab;
Gleichwohl war der Hieb nur flach«.

»Halt, gemach«!
Rief ein Hörer: »Amr wach'
Über deine Worte!
Denn es ist am Orte
Dein Geschlagner, der dich hört«. —
Mit dabei saß, als er dies erzählte,
Chalid, dem der Kopf nicht fehlte.
Doch Amr sprach ungestört:
»Wenn du willst ein Hörer sein, so höre;
Wenn und willst ein Störer sein, so geh, und hier nicht störe«!
Dann, indem er gegen Chalid blickte,
Sprach er: »Beim Erzählen
Kann man wohl in Kleinigkeiten fehlen«.
Und er schickte
Sich, mit Anmut seine Kampfgeschichten
Weiter zu berichten.

Der bedeutendste Schriftsteller des hochmittelalterlichen Jemen, der Gelehrte und Historiker Abū Muḥammad al-Ḥasan ibn Aḥmad ibn Yaʿqūb al-Hamdānī, der im Jahre 334 H (945 n. Chr.) starb, hat in seinen Schriften zahlreiche Gedichte frühislamischer Dichter des Jemen bewahrt. Er selber hat in der Dichtung nur eine eher mittelmäßige Stufe erreicht.

In seinem Werk »Beschreibung der Arabischen Halbinsel« überliefert al-Hamdānī ein Gedicht eines Ritters vom Stamme Hamdān, das dieser wohl gegen Ende der Heidenzeit verfaßte. Es handelt sich um Mālik ibn Ḥarīm al-Wādiʿī al-Hamdānī, und das Gedicht geht über die Stadt Maʿīn im Dschauf, die antike Hauptstadt des Minäerreiches:

Wir führen die besten Pferde, die es gibt.
Hellstrahlende Panzer tragen wir
Und Schwerter, die wir von ʿĀd geerbt.

Jemenitischer Lederschild (19. Jh.).

Den Dschauf werden wir schützen, solange Maʿīn besteht
Drunten im Tal, gegenüber von ʿArda!
Der es uns nehmen wollte, den verfolgen wir
Bis zu den Anhöhen von Yamāma und Dscharāda!

Wenn es sein muß, dann schlafen wir mit den Füchsen
Da wo die Füchse schlafen,
Und aus den Resten ihrer Beute bereiten wir uns ein Mahl.

Aus der Vielzahl der jemenitischen Dichter jener Epoche wollen wir jetzt noch kurz Mufarrigh ibn Yazīd al-Ḥimyarī erwähnen. Von ihm ist folgender Spottvers über einen bärtigen Mann von der Familie der Āl Ziyād erhalten, über den er sich geärgert hatte:

Wären doch die Bärte aus Gras, dann könnten wir damit
Die Pferde der Muslime füttern!

Der Umaiyadenkalif al-Walīd (705—715 n. Chr.) hatte eine ob ihrer Schönheit berühmte Frau, Umm al-Banīn bint ʿAbd al-ʿAzīz ibn Marwān. Als der Dichter Waḍḍāḥ aus dem Jemen nach Damaskus kam, verfaßte er so intensive Liebesgedichte, die man zu Recht auf diese Fürstin bezog, daß die historische Wahrheit nur aus Andeutungen erkennbar bleibt. Waḍḍāḥ soll damals ›verschwunden‹ sein.

Wir wollen aber noch ein an seine jemenitische Geliebte Rauḍa im »Sie sagte — ich sagte«-Stil gerichtetes Gedicht bringen, welches uns wiederum im Kitāb al-Aghānī überliefert ist:

Sie sagte: »Gib acht! Du sollst unser Haus nicht betreten,
denn unser Vater ist ein eifersüchtiger Mann«.
Ich sagte: »Ich komme, um ihn um sein Schönstes zu bitten,
Und bei mir ist mein scharfes und schneidendes Schwert«.
Sie sagte: »Unüberwindbare Hindernisse gibt es zwischen dir und mir«.
Ich sagte: »Ich bin ein geschickter Schwimmer«.
Sie sagte: »Ich habe sieben Brüder«.
Ich sagte: »Ich bin stärker und ihr Bezwinger«.

Einige Literaturwissenschaftler haben bezweifelt, ob es Waḍḍāḥ wirklich gegeben hat, mit der Begründung, daß er mehr Geliebte besungen habe, als dies für eine Person möglich erscheinen könne! Aber wenn das ein Argument wäre, dann bliebe wohl kaum ein Dichter, an dessen Existenz nicht gezweifelt werden müßte.

Wenn wir uns jetzt der nächsten Epoche der arabischen Literatur zuwenden, dann könnten wir durchaus den größten Namen, den die arabische Dichtkunst hervorgebracht hat, nämlich al-Mutanabbī, für unser Land in Anspruch nehmen. Er war ein Dschaʿfī, gehörte also, wie Ibn Khallikān in seinem Werk Wafayāt al-Aiʿyān sagte, nach den Genealogen zur Stammesgruppe Saʿd al-ʿAschīra der Madhḥidsch (oder »Madhḥīj«). Doch wollen wir al-Mutanabbī nicht so einengen — sein großes Erbe hat ihn zum Besitz aller Araber gemacht. Erwähnen sollten wir hier allerdings noch den berühmten Satz Abū Tammāms, der zu al-Buḥtūrī sagte: »Gott wollte, daß die Dichtkunst jemenitisch sein sollte«.

Die beiden herausragenden Gestalten der jemenitischen Dichtkunst des hohen Mittelalters sind Naschwān al-Ḥimyarī und ʿUmāra al-Yamanī. Auf dem Weg zu ihnen möchten wir noch al-Ḥusayn bin ʿAlī bin al-Qam, den Hofdichter der Königin Arwā von Dschibla (die von 1050—1138 n. Chr. lebte) erwähnen, der über seine Herrin schrieb:

Der Höchste unter den Sterblichen war dein Vater,
Und dein Ursprung ist der beste Ursprung; dein sind
Die besten der Vorfahren und die herrlichste Herkunft.
Wenn man einen Menschen nach Gott anbeten sollte
Dann wärst du es und kein andrer.
Und wenn in ihren Kleidern Bilqīs steckte
Dann würde auch sie Sulaimān nicht fürchten
Und auch Dāwūd (= David) nicht!

Naschwān bin Saʿīd al-Ḥimyarī, der im Jahre 573 H (1178 n. Chr.) starb, ist ein eigenes Kapitel dieses Kataloges gewidmet. Die erste Ausgabe seiner »Ḥimyaritischen Qaṣīda«, verbunden mit einer Übertragung ins Deutsche, brachte Alfred von Kremer im Jahre 1865 heraus. Die ḥimyaritische Qaṣīda beginnt mit den Worten:

Das Geschick ist ernst und kennt keinen Scherz,
Drum erwirb dir, o Freund, das Verdienst frommer Werke...

Die andere bedeutende Gestalt jener Epoche ist ʿUmāra al-Yamanī (1120 oder 1121—1174 n. Chr.), der nach Ägypten auswanderte, wo er nicht nur der Hofdichter der Faṭimīden wurde, sondern ihnen auch — was in jener Zeit keinesfalls selbstverständlich war — treu blieb, als die Ayyubīden sie gestürzt hatten. Er wagte es sogar, die Ayyubīden in einer berühmten Strophe mit den »Firandscha«, den europäischen Christen, zu vergleichen:

Was meinst du,
Ob die Firandscha
Mit den Nachkommen ʿĀlī's,
Des Herrschers der Gläubigen,
So verfahren hätten wie sie es taten?

Zum »Lohn« wurde er von den Ayyubīden beschuldigt, eine Verschwörung angezettelt zu haben und wurde gehängt.

Im Jahre 655 H (1257 n. Chr.) starb in al-Yufrus bei Taiz der Ṣufī-Dichter Aḥmad ibn ʿAlwān. In seiner Jugend den Vergnügungen verfallen, wandte er sich später der Mystik zu. Er war der erste, von dem uns ein Dīwān in jemenitischer Umgangssprache erhalten ist, und einer der ersten, der den Herrscher des Landes (hier den ersten Rasulidenkönig, der den Namen ʿUmar trug) zu kritisieren wagte:

Du dritter ʿUmar, tu was die beiden vor dir taten,
Bei deinem Tun soll das Geheime mit dem gleich sein,
was die Öffentlichkeit sieht.
Dein Vater war gerecht, ein Mann von Grundsätzen,
Und wenn man von ihm sprach, so hieß es:
Welch ein König und welch ein Land, der Jemen!
Doch du hast riesige Paläste
Und das Volk hat Häuser, die nichts sind
als Reste von Ruinen.
Oh, welche Schande!

Jene Zeit war, zumindest was die Anzahl und das Ansehen der Dichter anbelangte, eine der Hoch-Zeiten jemenitischer Dichtkunst. Die Dichter äußerten sich auch zu den Auseinandersetzungen zwischen den Zaiditen-Imāmen und ihren Widersachern, den Rasuliden-Sultanen.

Unter den Rasulidenherrschern gab es einen Dichter besonderen Ranges, den Sultan al-Malik al-Mudschāhid ʿĀlī ibn al-Muʾayyad (1322—1363). Al-Khazraǧī hat uns sein »Fünfteiliges Gedicht« überliefert, aus dem wir hier einige Zeilen zitieren wollen:

Geld und Vermögen gebe ich weg
Und häufe es nicht auf.
Jeder Gast, und wen die Not herführt,
Kann bei uns Zuflucht nehmen.

Wenn auch das Jahrhundert wütet,
So werde ich doch stärker sein,
Und sollt es dennoch ihm gelingen,
Die Macht sich zu erringen
So wird es jedenfalls in mir
Einen willfähr'gen Folger niemals finden!
Doch sollt es schließlich selber meine Hilfe suchen,
So wird sie ihm gewähret werden!

Bevor wir die rasulidische Periode verlassen, müssen wir den dichterisch eher unbedeutenden Ismā'īl ibn Abī Bakr al-Maqrī (gest. 837 H = 1433/1434 n. Chr.) erwähnen, der Gedichte schrieb, die man im Arabischen vor- und rückwärts lesen kann:

Sie haben einen Wert, der wächst
Und von ihm lassen sie nicht ab.
Und ein Wort haben sie, woran du glaubst,
Denn sie lügen nicht.

Das ganze rückwärts gelesen, gibt folgenden Sinn:

Sie lügen, und
An ihre Worte sollst nicht glauben du,
Weniger und weniger wurde ihr Wert,
Einen Wert, der wächst, besitzen sie nicht.

In den folgenden Jahrhunderten nimmt die Menge des überlieferten Materials so zu, daß wir kaum eine Auswahl treffen können.

Bemerkenswert ist vor allem der starke Anteil von Ḥumainī-Dichtungen, Werken in der Volkssprache, deren Lieder heute noch zur Sana'ā'nī-Musik gesungen werden. Wir wollen sie alle hier übergehen — den Liebhaber kann ich auf mein inzwischen in vierter Auflage vorliegendes Buch hierüber verweisen — und uns al-Ḥusain ibn 'Ālī zuwenden, dem Enkel des Imāms al-Mutawakkil 'alā Allāh Isma'īl (dem Sohn des Imāms al-Qāsim der Große), also einem Angehörigen der Imāmsfamilie. Von ihm stammen nicht nur solch wunderbare Ḥumainī-Strophen wie

Fragt nach meinem Herzen
Es war in meiner Brust
Bevor ich mich verliebte...

sondern auch das früheste, wirklich sozialkritische und den Imām anklagende Gedicht (in der Hochsprache):

O mein Vetter, das Unrecht habt ihr zur Sitte gemacht,
Ohne nachdenken zu müssen, stellen wir uns gegen
euch.
Löwen seid ihr in eurem Mut
Die Armen auszuplündern,
Füchse in eurer Feigheit
Den Schwertern zu begegnen.

Das Plündern der Schützlinge habt ihr
Zur Gewohnheit gemacht —
Nur Gott noch finden sie als Zuflucht!
Darum hat Gott eure Gemeinsamkeit zerstreut
Und euch überall zerstreut!

Im gleichen Jahr wie al-Ḥusain ibn 'Ālī starb auch der im Jemen lebende Türke Scha'bān Salīm (1149 H = 1736/1737 n. Chr.), von dem wir hier aus einem lustigen Gedicht im Radschaz-Metrum zitieren wollen. Eine weiße Dame und eine schwarze Sklavin streiten darüber, welche von beiden betörender sein könne. Der Dichter beschließt den Streit mit folgenden Worten:

Der, der uns schuf und heranwachsen ließ
Hat in uns gepflanzt, was er für richtig hielt.
Die Nacht und der Tag sind dem Erkennenden Beweis,
Beide ergänzen sich und zusammen bilden sie
Ein Gleichgewicht, und jeder hat seinen Platz...

Damit sind wir mehr oder weniger am Ende der fast tausendjährigen mittleren Periode angelangt, die wir zwischen der älteren jemenitischen Dichtung, die noch vor dem Islam zu blühen begann und einige Jahrhunderte währte, und der hier ausgesparten allerjüngsten Epoche ansetzen. In der älteren Epoche, ebenso wie in der zeitgenössischen Dichtung, gelang es dem Jemen beidemale, einige der herausragendsten Schöpfungen der arabischen Dichtkunst überhaupt hervorzubringen. Dieser Glanz und diese Schaffenskraft waren ihm in der mittleren Epoche nicht vergönnt. Gleichwohl aber haben wir in diesem Aufsatz manche Zeile gelesen, die durchaus auch neue Gedanken in den klassischen Formen zu formulieren wußte, und haben einige Dichter kennengelernt, die man vielleicht nicht mit Imrū' al-Qais, 'Amr bin Ma'adī Karib und einigen der zeitgenössischen Dichter vergleichen kann, die aber zu Recht ihren Platz nicht nur in der Geschichte der jemenitischen Literatur, sondern der arabischen Poesie überhaupt besitzen.

Daneben aber gilt es, so glaube ich, auch noch die reiche volkstümliche Dichtung zu entdecken: die in der Umgangssprache abgefaßten Ḥumainī-Gedichte, von denen viele, ebenso wie hochsprachliche, zur Tradition des Sanaa-Gesanges wurden. Beide haben wir hier aus Platzgründen und weil ich dem Sanaa-Gesang mein Quellenwerk über die Lieder von Sanaa gewidmet habe, etwas vernachlässigt.

Man muß, wenn man die Dichtung liebt, alle Epochen und alle Stile jeweils in ihrer Eigenart schätzen, so wie es der 1294 H (1877 n. Chr.) gestorbene Dichter Aḥmad ibn Ḥusain al-Muftī in einem seiner Gedichte, die im Sanaa-Gesang bis heute weiterleben, sagte:

Wer die Weißen mit den roten Lippen liebt,
Der muß auch ihre Füße küssen!

Handel im Jemen in frühislamischer Zeit und im Mittelalter

R. B. Serjeant

Wie die arabische Tradition uns berichtet, vollzog sich der Handel in der vorislamischen Epoche in Form einer Rundreise. Die Kaufleute begannen ihre jährliche Handelsfahrt im nördlichen Hedschas, in Dūmat al-Jandal (Wādī Sirḥān) und zogen von da an nach dem Golf (Dabā, in den heutigen Vereinigten Arabischen Emiraten). Von dort segelten sie nach Oman, al-Shiḥr und Aden. Von Aden ging es nach Sanaa und als letzte Station nach ʿUkāẓ im Hedschas (bei Mekka). Der Zeitablauf dieses Handelsverkehrs dürfte vom Südost-Monsun bestimmt gewesen sein, so wie dies noch bis in unser Jahrhundert für die südarabischen Segelschiffe galt.
Mekka war damals, kurz vor dem Islam, die wichtigste Handelsstadt in Arabien. Der Stamm der Quraish, aus dem der Prophet Mohammed hervorging, nahm in Mekka die erste Stelle ein. Die von den Quraish im Winter unternommene Karawanenreise nach dem Süden der Arabischen Halbinsel, auf die auch der Koran anspielt, erfolgte, um mit der Flotte der aus Indien kommenden Schiffe zusammenzutreffen. Die Quraish transportierten sodann im Sommer die Waren aus Süd- und Ostasien nach Norden. Endstation war Ghaza. Der Prophet selber, in jungen Jahren ein Karawanenhändler, reiste einmal mit seiner Karawane noch weiter nach Norden bis Bosra in Syrien — dies scheint aber nicht die Hauptkarawanenstrecke gewesen zu sein. Die Quellen sagen uns nicht, an welcher Stelle der südarabischen Küste die Quraish-Karawane ihren Endpunkt hatte. Wir können jedoch daraus, daß Abū Mūsā al-Aschʿarī vom Kalifen Abū Bakr zum Gouverneur von Zabīd, Rimaʿ, Aden und »der Küste« (sāḥil) ernannt wurde, schließen, daß Aden und Zabīd die südlichen Endpunkte bildeten. Die arabischen Geographen sprechen von zwei Strecken zwischen Mekka und Aden, eine längere über das flache Küstenland der Tihāma — die also über Zabīd führte — und einer direkteren über Bīshah, Jurash, Ṣaʿdah und Sanaa. Doch wissen wir nicht, welche dieser beiden Strecken die Quraish vor dem Islam benutzten.
In den ersten drei Jahrhunderten der Hidschra sind unsere Nachrichten über Südarabien ziemlich spärlich. Später, im Mittelalter, sind die Informationen allein über den Handel Südarabiens so umfangreich, daß wir sie im nachfolgenden nur grob skizzieren können. Etwa in der Mitte des 3. Jahrhunderts (9. Jh. n. Chr.) bemerkt Ibn Khurdāḏbih, »Aden ist einer der bedeutenden Häfen..., dort gibt es Ambra und Moschus, sowie Waren aus Sind, Hind und China, von den Negern (Zanj), aus Fars (= Persien), Baṣrah, Jiddah und Qulzum (= Ägypten)«. Als Exporte des Jemen nennt er »gemusterte washy-(Seiden-) Stoffe, andere Stoffe, Ambra, Wars (ein gelber Farbstoff), Maultiere und Esel«. Umhänge (ḥullah) aus Aden oder Jemen werden in der arabischen Literatur schon sehr viel früher erwähnt, und auch in der persischen Literatur sind jemenitische Stoffe über die Jahrhunderte hin berühmt gewesen. Dabei handelte es sich in der Hauptsache um Seidenstoffe, um gestreifte Stoffe (burd) und um ʿaṣb, Stoffe, die geknotet oder gebunden und dann gefärbt wurden. Diese letztere Technik wird heute noch in Sanaa geübt.
Wenn wir Abū Makhrama Glauben schenken dürfen, war Aden ursprünglich eine Insel. Die Waren wurden von Aden in kleinen Booten hinüber nach Al-Maksar aufs Festland gebracht und dort auf Kamele und Esel verladen. Später dann wären die Schiffe an Aden vorbei ins Rote Meer gefahren, nach Ahwāb und Ghulāfiqah (dem mittelalterlichen Hafen von Zabīd). Dann habe ein gewisser al-Tilimsānī die inzwischen eingebrochene Brükke wieder aufgebaut, die ursprünglich in der Zeit vor dem Islam von den persischen Herren der Stadt errichtet worden war. Allem Anschein nach begann Aden jedoch erst wieder unter den Zurayʿiden im 3./4. Jh. (9./10. Jh. n. Chr.) aufzublühen. In der zweiten Hälfte des 4. (= 10.) Jh.s besuchte Maqdisī — der auch Al-Muqaddasī genannte Verfasser eines der berühmtesten geographischen Werke der Araber — Aden und den Jemen und bezeichnete auf Grund dieses eigenen Augenscheins Aden als »Das Eingangstor nach China, den Hafen des Jemen, das Lagerhaus (khizānah) des Westens, die Mine und Quelle der Güter«. ʿAththar war, so heißt es, der Hafen für Sanaa, mit den vielen Erzeugnissen seines Gewerbefleißes, und für Ṣaʿdah, berühmt für sein Leder und Eisen. Die Schlackenhaufen in der Stadt kann man bis heute sehen, und die Ghuthaymī-Vorhängeschlösser hängen heute noch an den Türen von Geschäften in Sanaa. Al-Shiḥr exportierte damals wie heute Trockenfisch nach Oman, Aden, Baṣrah und Jemen.
Im Jemen gab es, genau wie in den übrigen islamischen Ländern, khāns oder qayṣariyyahs. Die beiden Begriffe bedeuten das gleiche. In ihrer einfachsten Form handelt es sich um Karawansereien, in den Städten kann man sie jedoch manchmal als richtige Gasthäuser bezeichnen. Gelegentlich handelte es sich auch um Gebäude, in denen mehrere Kaufleute Läden oder Lager besaßen. Manchmal war ein solcher khān mit dem Markt für ein bestimmtes Produkt verbunden. Ibn Rustah, der im späten 3. Jh. (9. Jh.) lebte, erwähnt die zahlreichen khāns von Sanaa. Verschiedentlich wird von Historikern auch ein khān der Bāniyāns (Hindu-Kaufleute) erwähnt und zwar für Aden, für Al-Shiḥr, und — wie ich glaube — auch für Al-Makha. Im Jemen gibt es ein eigenes Wort für diese Lager und Rasthäuser, samsarah (vielleicht gar nicht alt und auf die Zeit der ersten türkischen Beset-

zung zurückgehend), das an die Stelle des Wortes »khān« getreten ist. Im Nordjemen fand ich viele solcher samsarahs; in der Regel bestehen sie aus Reihen einzelner Räume, die sich auf einen Innenhof öffnen. Die Anlage ist dadurch leicht gegen Räuber verteidigbar. In Sanaa stehen die samsarahs im Eigentum religiöser Stiftungen (waqf) und sind deshalb unveräußerlich. Die Samsarat al-Mīzān in Sanaa, heute der Wiegeplatz für Kaffee, dürfte vor ungefähr 600 Jahren aus vorislamischen Hausteinen errichtet worden sein. Die Samsarat al-Zabīb ist der Rosinenmarkt. Einige der samsarahs von Sanaa sind heute reine Lagerhäuser. Die berühmte und eindrucksvolle Samsarat Muḥammad bin Aḥsan im Suq von Sanaa (Ende des 11./17. Jh.s) diente bis 1948 als eine Art von Bank. Stammesleute hinterlegten dort bei dem amīn (einer Art Schatzmeister) Geld, der dafür die kleine Gebühr von einem Prozent erhielt. Ansonsten wurde Geld im Mittelalter, wenn man es sicher hinterlegen wollte, zum faqīh gebracht. Ich bin der Meinung, daß dieser Praxis auch eine gewisse kommerzielle Bedeutung zugekommen sein dürfte.

Vor der Zeit der Lastwagen kamen die Waren auf Kamelen nach Sanaa. Die Kamele wurden nach al-Mabrak (»Ort des Niederkniens«) geführt, in der Nähe von Bāb al-Ḥalaqah, wo sich die Marktverwaltung befand. Von da wurden die Waren zur Samsarat al-Mīzān gebracht, wo der Marktaufseher saß. Hier wurde gewogen, um die Höhe der Kamelmiete festzusetzen. Die Kamelmiete betrug eine feste Summe für je ein farāsilah (ca. 5 kg). Von dieser Samsarat aus wurden die Waren dann von Trägern zu den einzelnen Lagerhaus-Samsaras weiterbefördert. Ein ähnliches System dürfte in Zabīd zur Zeit der Rasūlīden bestanden haben, denn wir hören von Amtsträgern in al-Manākh (»Ort des Niederkniens«), neben dem sich der Weizenmarkt (miḥnāṭ) und das Bananenhaus befanden. Die Einnahmen aus dem Weizenmarkt und dem Bananenhaus wurden bis 842 H (1438 n. Chr.) verpachtet; al-Malik al-Ẓāhir schaffte diese Steuerpacht ab.

Für Aden wird eine qayṣariyyah mit Märkten und Läden erstmals unter al-Zinjīlī, dem ayyūbidischen Gouverneur, urkundlich erwähnt. Al-Zinjīlī machte die Anlage zu einem waqf-Besitz der dort von ihm errichteten Moschee. Der Geschichtsschreiber Abū Makhramah bezeichnet die Anlage auch mit dem Wort »khān«. Unter al-Malik al-Masʿūd wurde diese qayṣariyyah/khān wieder aufgebaut. Er »errichtete eine neue qayṣariyyah für die ʿaṭṭārūn« (Parfumhändler und Apotheker). Die qayṣariyyah hatte ein Tor, das in der Nacht geschlossen wurde. In Zabīd errichtete einer der rasūlīdischen Herrscher um die Mitte des 8. Jh.s H (14. Jh. n. Chr.) im Dorf al-Mimlāḥ (»Salzpfanne«) einen neuen khān. Noch in der Mitte des 11. Jh.s H (17. Jh. n. Chr.) befand sich in oder bei Zabīd eine qayṣariyyah. Seltsamerweise wird in der rasūlīdischen Steuerabhandlung von 1411/1412, dem Mulakhkhaṣ al-fiṭan, weder für Aden noch für Zabīd ein khān oder eine qayṣariyyah erwähnt.

Als ich Zabīd im Januar 1986 besuchte, fand ich eine mittelalterlich aussehende »Qayṣāriyah« (so ausgesprochen) in der Nähe der berühmten al-Ashāʿir-Moschee. Sie ist aus gebrannten Ziegeln errichtet und hat einen rechteckigen Innenhof, den man durch einen massiven, gewölbten Tunnel erreicht. Links von ihm öffnen sich Läden zur Straße; auf der rechten Seite der Qayṣāriyah sind ebenfalls Läden. Im Innenhof, gegenüber dem Eingang, befindet sich eine Reihe von (vermutlich) Lagerräumen. An den Außenseiten des gewölbten Eingangs sind links und rechts je ein sechseckiger Stern als Ziegelrelief angebracht; an der Wand rechts davon eine Verzierung in Form einer Sanduhr (vielleicht ein Wappen?), ebenfalls als Ziegelrelief. Das Gebäude gehört dem waqf.

Der Seeverkehr erfolgte in Konvois (wohl schon im Mittelalter als sanjarah — vom persischen zinjīr — bezeichnet). Wenn sich die Schiffe einem großen Hafen näherten, war es jedoch erlaubt, aus dem Konvoi auszubrechen und möglichst schnell dem Hafen entgegenzusegeln, um sich so den Markt und die besten Preise zu sichern. In Aden waren die üblichen Ankunftszeiten der Schiffe ziemlich genau bekannt; die mittelalterlichen Almanache bezeichnen die Ein- und Auslaufzeiteen nach dem christlichen Kalender (den Rūmī-Monaten). So sah man Ende Februar als letzten Zeitpunkt für die Fahrt von Indien nach Aden an, und die erste Augustwoche als letztmöglichen Zeitpunkt für die Fahrt nach Indien. (Ein Almanach nennt hierfür übrigens »Ende August«).

Weiter besitzen wir Angaben über die im Mittelalter so bedeutenden »kārimīs« (mehr zu ihnen weiter unten), über die Qaysīs (von der Insel Kīsh im Persischen Golf), die Ẓafārīs, die Mogadischer, Ägypter, Ḥaḍramīs, Hurmuzīs, Qalhātīs, die Ceylonesen, Somalis und andere. In Aden befand sich ein Ausguck auf dem Jabal al-Manẓar, und wenn der Ausguck irgendein sich näherndes Segel am Horizont erblickte, lief er — so schnell er konnte — mit der Nachricht in die Stadt. Auf dem Berg hinter al-Shiḥr fand ich ein Gebäude, dem ich den gleichen Zweck zuschreiben möchte, ebenso auf einem vorspringenden Felsen östlich der Stadt al-Sūq auf Soqotra, von wo aus man alle Schiffe, die sich von Ost oder West her näherten, sehen konnte.

Um die Handelsflotten vor Seeräubern zu schützen, rüstete Ṭughtakīn, der ayyūbidische Monarch, Galeeren (shawānī) aus, die in Aden auf Reede (manādikh) lagen. Deshalb nannte man die zur Unterhaltung dieser Dienstleistung eingeführte Steuer »shawānī«. Diese Steuer wurde von der Zeit des Sultans al-Malik al-Masʿud an zusätzlich zum Zehnten (ʿushūr) erhoben, der auf alle Güter, die in den Hafen gebracht wurden, fällig war. Im 8./9. Jh. H (14./15. Jh. n. Chr.) erwähnen die Historiker gelegentlich Schmuggler (mujawwirūn), die — um die Hafengebühren zu vermeiden — an Aden vorbeisegelten und unübliche Strecken benutzten. Wenn die rasūlīdischen Beamten ihrer habhaft wurden, verhängten sie schwere Strafen.

In der ersten Hälfte des 6. Jh.s H (12. Jh. n. Chr.) verfaßte ein persischer Jude, Khalaf al-Nahāwandī, einen Hafengebührentarif für die Zurayʿiden. Dieser Tarif ist uns durch Ibn al-Mujāwir überliefert. Erstes Gut ist die wichtige Handelsware »Pfeffer«. Auf ihn waren als ʿushūr (wörtlich: »Zehnter«) 8 Dīnār pro buhār (üblicherweise 300 Pfund, »raṭl«) zu zahlen, zuzüglich shawānī, und — bei Wiederausfuhr aus dem Hafen — noch einmal 2 Dīnār. Auf Kampfer wurde die außergewöhnlich hohe Steuer von 25⅔ Dīnār pro farāsilah (20—30 Pfund) erhoben. Unterschiedliche Sätze gab es für Kardamom, Gewürznelken, Teufelsdreck (asa foetida, ḥiltīt), für Maḥlab-Schalen (prunus mahaleb), für Indigo, Rohrzucker (ṭabāshīr), Safran, Flachs (kattān), Eisen, Lack, Krapp (ein im Jemen angebauter Farbstoff von erheblicher wirtschaftlicher Bedeutung), Tamarinden, und »Bündel« (ʿaqadāt). Welche Ware im letzteren gemeint ist, bleibt unklar. Ein viertel Dīnār wurde auf ein Mutterschaf erhoben; für ein Pferd waren 50 Dīnār bei der Einfuhr und 70 Dīnār für Ausfuhr über See zu zahlen. Pferde wurden in dieser ganzen Zeit regelmäßig aus Arabien nach Indien exportiert, 2 Dīnār wurden auf einen Sklaven, der nach Aden gebracht wurde, erhoben und ½ Dīnār, wenn er fortgebracht wurde. In der rasūlīdischen Epoche hatte die Regierung das Recht, sich die Sklaven auszusuchen, die sie selber für eigene Aufgaben verwenden wollte. Auf ein geheimnisvolles Produkt aus Sindabūr/Goa wurde ½ Dīnār bei der Ausfuhr aus Aden erhoben; diesen ½ Dīnar erhielt der Pächter des Dār al-Nabīdh, »Haus des Weines«. Bei diesem »Haus des Weines« dürfte es sich vermutlich um das gleiche Etablissement handeln, das sonst eher euphemistisch als »Dār al-khall — Haus des Essigs« bezeichnet wurde. Sultan al-Muʾayyad hob die Verpachtung dieses »Hauses des Essigs« auf. Die in dem Tarif genannten Textilien umfassen Seidenstoffe aus Zabīd, Ẓafārī-Stoffe (gemeint ist vermutlich Ẓafār-Dhofar, östlich von Ḥaḍramawt), Sūsī-Stoffe (Lendentücher, genannt »fūṭah« aus Sūsī-Stoff), subāʿī-Stoff (wörtlich: Siebener-Stoff, wie er noch bis vor kurzer Zeit hergestellt wurde). Ferner sind genannt maḥābis, von denen es heißt, das sei dasselbe wie das viereckige Kopftuch maqramah; indische Stoffe aus Rohseide, und linnene sawāsī. Wurde ein Schiff verkauft, so waren 10 Prozent vom Erlös zu entrichten. Der Ausdruck ʿushūr hatte seine eigentliche Bedeutung »Zehnter« ganz verloren.

Daneben gab es eine erhebliche Anzahl zollfreier Waren, die »aus Ägypten kamen«: Weizen, Mehl, Zucker, Reis, Seife aus Raqqāh (obwohl diese ja in Syrien hergestellt wurde!), Olivenöl und andere Lebensmittel. Kleinere Mengen Honig blieben ebenfalls zollfrei, obwohl die Rasūlīden auf jemenitischen Honig eine Steuer erhoben. Ferner waren bestimmte indische Stoffe und Nahrungsmittel zollfrei, Textilien aus Batticalà und al-Shiḥr, sowie entkernte Datteln (muqallaf — das Wort ist heute noch üblich) aus al-Shiḥr. Auf Fische mit Kopf war Zoll zu zahlen; Fische ohne Kopf waren zollfrei. Indische Sandalen mit einem Halteriemen an der Ferse waren zollpflichtig, solche ohne Halteriemen zollfrei. Ein sachlicher Grund für die seltsame Unterscheidung ist nicht ersichtlich. Ziegen aus al-Ḥabashah (womit vermutlich das heutige Somaliland gemeint war) waren zollfrei. Schmuckperlen (kharaz) aus Daybul und Knaben aus Indien waren zollfrei.

Aus dem Mulakhkhaṣ al-fiṭan vom Jahre 1411/1412 kann man entnehmen, daß sogar auf Landesprodukte, die nach Aden gebracht wurden, Zoll zu entrichten war, wenn auch vielleicht insgesamt nicht sehr viel. Ein interessanter Punkt aus dem Tarif des Mulakhkhaṣ ist der auf ḥashīshah festgesetzte Zoll, den es offenbar bis zum 7. Jh. H (13. Jh. n. Chr.) nicht gegeben hatte, da er in der zurayʿidischen Zoll-Liste nicht erwähnt wird. Ich vermute, daß mit »ḥashīshah« tatsächlich Haschisch gemeint ist. Für medizinische Zwecke wurde zu dieser Zeit im Jemen bhang (»banj«) verwendet.

Kaufleute hatten im Jemen eine geachtete Stellung. Sie waren als Gilde organisiert und hatten einen ausdrücklich ernannten oder auch informell anerkannten Vorsteher. Die Kaufleute wurden teilweise von den Sultanen richtiggehend verhätschelt — wegen der Einnahmen, die ihre Tätigkeit mit sich brachte — doch hatten sie gelegentlich auch sehr unter ungesetzlichen Forderungen der Beamten zu leiden. Manchmal wurde der oberste der Kaufleute sogar mit der Leitung des al-Matjar al-Sulṭānī beauftragt, des Handelsunternehmens des Sultans.

Die Regelungen, wie sie in den größeren jemenitischen Städten bestanden, dürften im wesentlichen denen im Qānūn Ṣanaʿā' für die Hauptstadt festgelegten entsprochen haben.

Die Vorgänger dieser Sammlung von Marktordnungen lassen sich jedenfalls auf die Zeit bis vor 1066 H (1665 n. Chr.) zurückverfolgen.

Nach diesem Marktgesetz ist jede auf ein bestimmtes Erzeugnis spezialisierte Gruppe von Händlern oder Handwerkern unter einem ʿāqil oder shaykh organisiert. Der ganze Markt steht unter Aufsicht eines Oberscheichs, des Shaykh al-Mashāyikh. Den Handel zwischen Groß- und Einzelhändlern vermittelt der dallāl, Mäkler. Zahltag ist Donnerstag. Auf einer anderen Ebene steht der muṣliḥ. Er tritt als Mittelsmann für die Landesprodukte, die die Stammesleute nach Sanaa bringen, auf: Tiere, Häute, Brennholz, Futter, Trauben, Getreide, etc. Die Festsetzung der Preise scheint von den zaiditischen Imamen selber »gebilligt« worden zu sein, die sich dazu auf ihr ijtihād, ihr unabhängiges Urteil, beriefen. Die Preise für über den Hafen Mokka importierte Textilien wurden festgesetzt. Wichtige Regeln betreffen die Silberschmiede, zumeist Juden. Ihre Erzeugnisse sollen gestempelt werden. Bestimmte Waren, die von Nicht-Sanaanis aus Syrien, Oman oder Persien eingeführt werden — z. B. Gold, Seide, Gewürze, Seiden- oder Baumwolltwist, Weihrauch — mußten erst den Handwerkern des Seidenmarktes und den Webern angeboten werden, da diese sie für ihre Arbeit benötigten. Der Qānūn enthält zahlreiche Regelungen für die verschiedensten Aspekte des Marktgeschehens.

Der verstorbene Professor Goitein hat so ausführlich über die jemenitischen Juden geschrieben, daß ich mich auf den Hinweis auf seine Veröffentlichungen beschränken kann. Vor allem ist hier sein Werk »A Mediterra-

nean Society« zu nennen, wo er die wirtschaftlichen und sozialen Bedingungen der mittelalterlichen islamischen Welt darstellt, in der die Juden ihre eigene kommerzielle Bedeutung hatten.
Jüdische Kaufleute scheinen in enger Verbindung zu den sogenannten Kārimī-Kaufleuten gestanden zu haben, die von den mittelalterlichen Historikern häufig erwähnt werden. Goitein beschreibt die Kārimī als Konvoi oder Gruppe von nākhudhāhs (Schiffseignern), mit deren Schiffen Kaufleute und Waren befördert wurden. »Maḍmūn, der Vertreter der Kaufleute in Aden« (und nicht bloß der Kārimī) »...traf ›Vereinbarungen mit den Beherrschern der Meere und der Wüsten‹, wodurch die ihm gehörenden (oder von ihm überwachten) Schiffe und Karawanen beschützt waren«. Ibn al-Mujāwir erwähnt einen Dāwūd bin Maḍmūn al-Yahūdī, bei dem es sich um den Sohn dieses Maḍmūn handeln könnte.
Der erste uns bekannte jemenitische Kārimī-Kaufmann wirkte in der zweiten Hälfte des 11. Jh.s n. Chr. Seine Familie stammte aus Alexandria. Zu dieser Zeit hatten die Kārimīs noch weniger Einfluß als einige Zeit später, was sich an folgender Begebenheit ablesen läßt: Als der erste rasūlīdische Sultan Aden im Jahre 624 H (1227 n. Chr.) besuchte, ließ er allen Pfeffer beschlagnahmen und zwang die Ahl al-Kārim, ihn zu kaufen — mit 50 Prozent des Gewinns für sich selber. Den Kārimīs kaufte er Messing ab, das er mit einem Gewinn von einem Drittel weiterverkaufte. Und wenn der Sultan Waren vereinnahmte, dann rechnete er 1¼ Buhār als eines; doch wenn er weiterverkaufte, dann rechnete er 1 Buhār und gab ¾ Buhār! Auf Waren, die in Aden angelandet wurden, waren ʿushūr, die Galeerenabgabe, Gebühren für das Lagerhaus (Dār al-Wakālah), für die religiöse Steuer (Dār al-Zakāt) sowie Maklergebühren zu bezahlen. Die Gewinnspannen mußten schon sehr erheblich sein, um alle diese Lasten tragen zu können.

Im 8. Jh. H (14. Jh. n. Chr.) stieg ein Kārimī-Kaufmann aus Ägypten zum Verwaltungsleiter des Rasūlīden-Sultans al-Mujāhid auf. Durch Ränke eifersüchtiger Kollegen verlor er jedoch seine Stellung wieder, wurde verhaftet und starb unter der Folter. Dennoch kann man den Einfluß der Kārimī-Kaufleute daraus ermessen, daß — als der Sultan al-Mujāhid bei der Pilgerfahrt des Jahres 751 H (1351 n. Chr.) von den Ägyptern gefangen genommen und nach Kairo gebracht wurde — seine Mutter den ägyptischen Kārimīs schrieb, sie sollten sich um ihren Sohn kümmern und ihm alles Nötige leihen. Zugleich ließ sie deren Vermögen in den Handelsniederlassungen (ṣinf al-matjar) in Aden, Zabīd und Taʿizz versiegeln. Am Ende des 15. Jh.s n. Chr. erwähnt der Seefahrer Ibn Mājid das »Rahnāmaj«, das Lotsenhandbuch der Kārimī-Kaufleute, die immer noch ihre Reiserouten befuhren, doch wird man annehmen müssen, daß die Organisation der Kārimīs die portugiesische Blockade des Roten Meeres nicht überlebt haben dürfte.
»Der Großteil seines (Adens) Reichtum«, schreibt al-ʿUmarī im 8. Jh. H (14. Jh. n. Chr.) »kommt von den Kaufleuten, zahlreich wie die Wogen des Meeres, aus Indien, Ägypten und Abessinien«. Die im Mulakhaṣ genannten indischen Häfen sind Gujarat, Diu, Surat, Bassein, Daybul, Cambay, Mangalore, Pattan, Somnath. Exportiert werden Pfeffer, Myrobalan (für Arzneimittel gebrauchte Früchte, in Latwergen verarbeitet) aus Kābul, Indigo, Sandelholz aus Java und Macassar, Kardamom, Kauri-Muscheln und zahlreiche andere Waren. Stoffe kommen aus Broach, Quilon, Goa, Delhi. In diesem Jahrhundert besaßen die Bāniyāns (Hindu-Kaufleute) bereits ihr eigenes Viertel (Ḥāfah) in Aden. Später werden Bāniyāns für Sanaa, Mokka, al-Shiḥr erwähnt und der französische Kapitän de la Roque berichtet zu Beginn des 18. Jh.s, daß der gesamte Handel Arabiens durch ihre Hände geht.

Chinesische Seide wurde in den Nahen Osten schon lange vor dem Aufkommen des Islam verhandelt. Der Kaufmann Sulaymān, der im Jahre 851 n. Chr. nach China reiste, berichtete sodann, daß die Schwierigkeit der weiten Seefahrt der Grund für die geringen Mengen chinesischer Waren in Basrah und Baghdad seien, doch — so schreibt er — die Winde würden die aus China kommenden Schiffe manchmal nach dem Jemen führen, wo dann die Ladung verkauft werde. Im Jahre 1941 fand ich in Abyan, Ḥabīl und Kawd am-Saylah, und 1948 innerhalb der Stadtmauer von al-Shiḥr, auf der Oberfläche zahlreiche Bruchstücke chinesischer Keramik. Ich erinnere mich jedoch nicht, als ich vor etwa zwölf Jahren in Zabīd war, dort chinesische Scherben gefunden zu haben, auch nicht in den Häfen von Zabīd, al-Fāzzah und al-Buqʿah, und nur ganz wenige in den Ruinen bei al-Khawkhah. In Taʿizz konnte ich einige Celadon-Fragmente sammeln, doch wesentlich mehr sollte sich bei Ausgrabungen in dieser Rasūlīden-Hauptstadt finden lassen. In Abyan wurde Celadon aus Yüeh-Cheu gefunden, und in Kawd am-Saylah das blau-grün-glasierte Celadon aus Lungchuʿan. Im Mulakhaṣ werden die Abgaben auf »al-Ṣīnī« (»Chinesisches«, also Porzellan) auf die großen »Zaytūnī-Schüsseln«, auf kleinere »Zaytūnī-Schüsseln« (sakārij), auf »halbe« Zaytūnīs und auf »viertel« vermerkt. Dies bezieht sich offenbar auf die Größe.
Die Deutung des Wortes »Zaytūnī« ist nicht ganz klar. Bezieht es sich auf die Stadt Quanzhou (arabisch Zaytūn, Marco Polo nennt es »Zaiton«) in der Provinz Fukien, oder meint es (arabisch Zaytūn = Olive) die olivenartige Farbe des Celadon-Porzellans? Ibn Baṭūṭah schreibt, Ṣīn-Kalān (Kanton, heute Guangzhou) habe einen großen Bazar, von dem aus Porzellan in alle Teile Chinas, nach Indien und dem Jemen exportiert werde.
Chinesische Archäologen haben hierzu eine aufregende Entdeckung gemacht: In Quanzhou (Zaytūn) gruben sie eine Gedenktafel zur Erinnerung an die Errichtung eines Moschee-Tores und einer Moscheemauer aus. Erbauer war Scheich Naynā ʿUmar bin Aḥmad bin Manṣūr bin ʿUmar al-Abyanī al-Yamanī, also ein Jemenite aus Abyan! Diese Tafel dürfte spätestens in den Beginn des 14. Jh.s n. Chr. zu datieren sein.

Die zwischen 1405 und 1433 unternommenen See-Expeditionen des Ming-kaiserlichen Groß-Eunuchen Cheng-Ho erreichten dreimal Aden, ferner Ẓafār und andere Orte. Rasūlīdische Quellen berichten, daß im Januar 821 H (1419 n. Chr.) Dschunken (znk) mit einem Gesandten des Kaisers von China eintrafen und dem Sultan ein prachtvolles Geschenk — goldgewebtes Gewand, Moschus, Storax-Balsam und zahlreiche Arten chinesischen Porzellans — überreichten. Bei einem anderen Besuch im Jahre 823 H (1420 n. Chr.) wurden 20 Laks Gold (also ein Wert von 20.000 Gold-Dinaren!) überreicht, doch betrachtete man den Ton, den der Kaiser von China anschlug, als etwas arrogant. Chinesisches Porzellan wurde weiterhin nach Südarabien exportiert, und wenn man an der Bucht von Holkat (Ḥuqqāt) in Aden spazierengeht, kann man die typischen blauen und weißen Bruchstücke von einigen Jahrhunderten Abfällen herumliegen sehen.

Dieser kurze Abriß kann natürlich nur einige wenige Aspekte des Handels in Südarabien anrühren. Mehr ergibt sich aus den im Anhang genannten Literaturhinweisen. Sehr viel mehr ist in noch unveröffentlichten arabischen Handschriften enthalten, und erst recht in manchen weiteren Quellen. Auf Grund all dessen wird es eines Tages möglich sein, eine Wirtschaftsgeschichte der Arabischen Halbinsel zu schreiben.

Literatur

Die Mehrzahl der benutzten Werke sind Arbeiten des Verfassers; sie beruhen auf eigener Feldarbeit und auf Quellentexten. Im nachfolgenden werden weder die in diesen Arbeiten zitierten Quellentexte noch Standardwerke (z. B. die arabischen Geographen) aufgeführt.

Serjeant, R. B.: Islamic Textiles-Material for a history up to the Mongol Conquest. Ars Islamica, Ann Arbor, IX—XVI (1942—1951) (Reprint: Beirut, 1972).

idem: The Portuguese off the South Arabian Coast, Oxford 1963 (Reprintt: Beirut 1974).

Serjeant, R. B. and Lewcock, Ronald: Ṣanʿāʾ, An Arabian Islamic City, London 1983.

Serjeant, R. B. and Lane, Arthur: Pottery and glass fragments from the Aden littoral, with historical notes, JRAS, London 1948, pp. 108—133 (Reprint in Aden, Dept. of Antiquities Bulletin, No. 5, 1965, and in: »Studies« — v. infra).

Serjeant, R. B.: The ports of Aden and Shihr, in: Les grandes escales, Recueils de la Société Jean Bodin (10ème Colloque d'Histoire maritime), Bruxelles 1974 (Reprint in »Studies« — v. infra).

idem: Maritime customary law off the Arabian coast, in: Sociétés et compagnies de commerce en Orient et dans l'Océan Indien, Paris 1970, pp. 195—207.

idem: Hadrami and Yemeni merchants. Paper delivered at Table Ronde »Les milieux marchands asiatiques de l'Océan Indien et de la mer de Chine«, Maison de l'Homme, Paris 1985 (im Druck).

Serjeant, R. B. and Cahen, Claude: A Fiscal survey of the mediaeval Yemen, in: Arabica (Leiden), IV (1957), pp. 23—33.

Serjeant, R. B.: Studies in Arabian history and civilization, Variorum Reprints, London 1981.

Goitein, S. D.: A Mediterranean Society, ... I, Economic foundations, Berkeley 1967.

Von Aden nach Indien und Kairo: Jüdischer Welthandel im 11. und 12. Jahrhundert

Werner Daum

Saladin: Da du nun
So weise bist: so sage mir doch einmal —
Was für ein Glaube, was für ein Gesetz
Hat dir am meisten eingeleuchtet?
Nathan: Sultan,
Ich bin ein Jud'.
Saladin: Und ich ein Muselmann.
Der Christ ist zwischen uns. Von diesen drei
Religionen kann doch eine nur
Die wahre sein. — Ein Mann, wie du, bleibt da
Nicht stehen, wo der Zufall der Geburt
Ihn hingeworfen: oder wenn er bleibt,
Bleibt er aus Einsicht, Gründen, Wahl des Bessern.
Wohlan! so teile deine Einsicht mir
Dann mit. Laß mich die Gründe hören...
Nathan: Vor grauen Jahren lebt' ein Mann im Osten,
Der einen Ring von unschätzbarem Wert
Aus lieber Hand besaß. Der Stein war ein
Opal, der hundert schöne Farben spielte,
Und hatte die geheime Kraft, vor Gott
Und Menschen angenehm zu machen, wer
In dieser Zuversicht ihn trug. Was Wunder,
Daß ihn der Mann im Osten darum nie
Vom Finger ließ; und die Verfügung traf
Auf ewig ihn bei seinem Hause zu
Erhalten? Nämlich so: Er ließ den Ring
Von seinen Söhnen dem geliebtesten;
Und setzte fest, daß dieser wiederum
Den Ring von seinen Söhnen dem vermache,
Der ihm der liebste sei;...

So wird also der Ring viele Generationen weitervererbt, bis ihn ein Vater dreier Söhne in Händen hält, dem alle drei gleich lieb und wert sind. Da läßt der Vater schließlich, weil er keinen auszuwählen vermag, zwei weitere Ringe, dem echten ganz und gar gleich, fertigen und hinterläßt einem jeden seiner Söhne einen Ring:

Nathan: Kaum war der Vater tot, so kömmt ein jeder
Mit seinem Ring, und jeder will der Fürst
Des Hauses sein.
Man untersucht, man zankt,
Man klagt. Umsonst, der rechte Ring war nicht
Erweislich;...Fast so unerweislich als
Uns itzt — der rechte Glaube.
Saladin: Wie? Das soll
Die Antwort sein auf meine Frage?...

Das haben wir in der Schule gelesen und dabei auch gelernt, daß Lessing im Nathan sich selber sah. Lessing hatte die Parabel bei Boccaccio gefunden (Giornata prima, Novella III), auch dort mit Saladin, der Jude heißt Melchisedech. Nun weiß aber die Geschichte aus der Zeit des großen Ṣalāḥ-ad-Dīn (regierte 1169—1193 n. Chr.), den die Europäer Saladin nannten, weder von einem Nathan noch von einem Melchisedech zu berichten — dafür aber lebte damals in Kairo die berühmteste Gestalt des nachtalmudischen Judentums, Moses Maimonides, von 1177 an Haupt, Nagid (»Patriarch«), der Juden Ägyptens, von 1185 an Leibarzt von Saladins Wesir. Lessing kannte die Werke des Maimonides — in dem Lustspiel »Der junge Gelehrte«, wo er ein ironisches Selbstporträt zeichnete, studierte der Jüngling bewundernd Maimonides. Maimonides war auch — bei aller Treue zu seinem Judentum — einer der ersten großen Vorkämpfer des Toleranzgedankens. Daß Christentum und Islam Religionen Gottes seien, wie das Judentum, ist einer der Grundaspekte seiner Philosophie. So wird man denn durchaus vermuten können, daß Lessings »Nathan« sich am historischen Maimonides inspiriert hat.

Maimonides in der Geniza von Kairo

Was hat das, so wird man sich fragen, mit der Wirtschaftsgeschichte und mit dem Jemen zu tun? Eines der Werke des Maimonides ist sein 1172 (natürlich in Arabisch, seiner Muttersprache) geschriebener Brief an die jemenitischen Juden, al-risāla al-yamanīyya. Im Jemen traf die Juden damals eine Verfolgung; dazu war auch noch ein falscher Messias aufgetreten. In ihrer Not bat die jemenitische Gemeinde um Rat und Tröstung. Maimonides' Brief war die Antwort.

Seine Beziehung zum Jemen hat sich jedoch auf anderem Gebiet in noch sehr viel unmittelbarerer Weise bis heute erhalten. In Kairo, in der »Geniza« (was das ist, wird später erläutert) fand man die zahlenmäßig größte Menge mittelalterlicher ägyptischer Papyri, darunter von besonderem Interesse zahlreiche Briefe von Großkaufleuten, die mit Aden und Indien handelten, aber auch Texte literarischen und religiösen Inhalts. Autographen des Maimonides selber waren ebenso darunter wie der in dieser Ausstellung gezeigte Brief seines Bruders, der mit seinem Schiff im Indischen Ozean unterging, und ein Responsum seines Sohnes Abraham, der die Rechtsfrage über den Tod eines Adener Kaufmannes auf Sumatra beantwortete.

Dies sind für unser mittelalterlich-europazentrisches Weltbild so unwahrscheinliche Zusammenhänge, daß wir sie hier ein wenig vertiefen wollen.

Moses Maimonides (1135—1204)

Mūsā bin Maimūn, wie er in arabischer Form heißt, wurde 1135 in Córdoba geboren. 1148 mußte die Familie flüchten, 1160 lebte sie in Fez, 1165 traf sie schließlich in al-Fusṭāṭ (Alt-Kairo) ein, wo Moses innerhalb weniger Jahre zum angesehensten Philosophen seiner Zeit, Rechtslehrer, Theologe und Arzt wurde.

Kairo als Zentrum des Welthandels

»Miṣr (gemeint ist al-Fusṭāṭ, Alt-Kairo) ist der große Handelsplatz für Mekka, Medina, Sanaa, Oman, Schiḥr, Indien und China«, schrieb ʿUmar al-Kindī im dritten Viertel des 10. Jh.s n. Chr. in seinem Kitāb faḍāʾil miṣr. Das war nicht immer so gewesen. Zentrum des islamischen Reiches, Hauptstadt der Abbasiden und Emporium der Waren, Schätze und Güter der Welt — Roms, Byzanz', Chinas, Indiens, Ägyptens und Arabiens — war bis ins 10. nachchristliche Jh. Bagdad. Hier ging Hārūn al-Raschīd nachts verkleidet durch die Straßen, um die Stimme des Volkes zu hören; hier verabschiedete er die reich mit Geschenken (u. a. mit einem Elefanten und »mit einem Wasseruhrwerk, in dem 12 Reiter waren, die am Ende der Stunden aus 12 Fenstern herauskamen«) versehene Gesandtschaft, die er nach Aachen zu Karl dem Großen schickte. In Einhards Vita Caroli Magni lesen wir dazu in cap. 16 für das Jahr 802: »Und der Elefant führte den Namen Abulabz«. Auf den Qais von Baṣra, der südlich gelegenen Hafenstadt, berichtete Sindbad der Seefahrer jedem, der es hören wollte, von seinen Abenteuern auf den sieben Meeren.

Die Hauptwelthandelsroute führte dementsprechend in jenen Jahrhunderten durch den Persischen Golf. Ibn Khurdādhbih (846—885 n.Chr.) beschreibt im Detail diesen Seeweg nach China, erwähnt aber bereits Aden als bedeutenden Hafen und deutet hierdurch die sich anbahnende Westverlagerung des Handels an.

Im 10. Jh. verschob sich der islamische Handel dann endgültig vom Golf nach dem Roten Meer und Ägypten, das die Faṭimīden vom Westen, aus dem Maghreb kommend, erobert hatten. Im Jahre 969 n. Chr. gründeten sie, einige Kilometer nördlich von al-Fusṭāṭ (Alt-Kairo) ihre neue Hauptstadt, Kairo — »al-Qāhira«, das sich bald zu einer der volkreichsten und blühendsten Städte der Welt entwickeln sollte. Der machtvolle und tolerante faṭimīdische Staat (die Faṭimīden als schiitische Linie im sunnitischen Ägypten, ließen — wenn vielleicht auch nicht aus Überzeugung, so doch aus Notwendigkeit — gerade auch Christen und Juden ihren Platz im Staat) griff bald nach Palästina und Syrien aus, nach Mekka und Medina. Auch die im Jemen herrschenden Ṣulayḥīden, deren berühmteste Vertreterin die Königin Arwā war (regierte von 1074 oder 1086—1138 n. Chr.), unterhielten enge Beziehungen zu den Faṭimīden.

So nimmt es nicht wunder, daß das neue Kairo, dessen beide Teile (al-Fusṭāṭ und die Residenzstadt, das eigentliche Kairo) bald zusammenwuchsen, nicht nur für die zwei Jahrhunderte der Faṭimīdenherrschaft (969—1171 n. Chr.), Hauptstadt eines mächtigen Reiches war, sondern auch zum wirtschaftlichen Zentrum des einen ungeheuren Aufschwung nehmenden Welthandels wurde, für den jetzt auch das Mittelmeer — Byzanz, Amalfi, Pisa, Genua und Marseille, bis dahin nur ein Anhängsel des Welthandels — mehr und mehr an Bedeutung gewann. »Kairo ist eine Metropole in jedem Sinne dieses Wortes. Denn in ihr befinden sich nicht nur alle Stellen des Staates, sie ist auch der Sitz des Herrschers der Gläubigen. Kairo liegt halbwegs zwischen dem Westen und dem Land der Araber...sie hat Bagdad ausgelöscht, ist der Ruhm des Islam, das Zentrum des Handels der Welt..., das Schatzhaus des Westens und das Lagerhaus des Ostens« schrieb al-Muqaddasī gegen 1000 n. Chr.

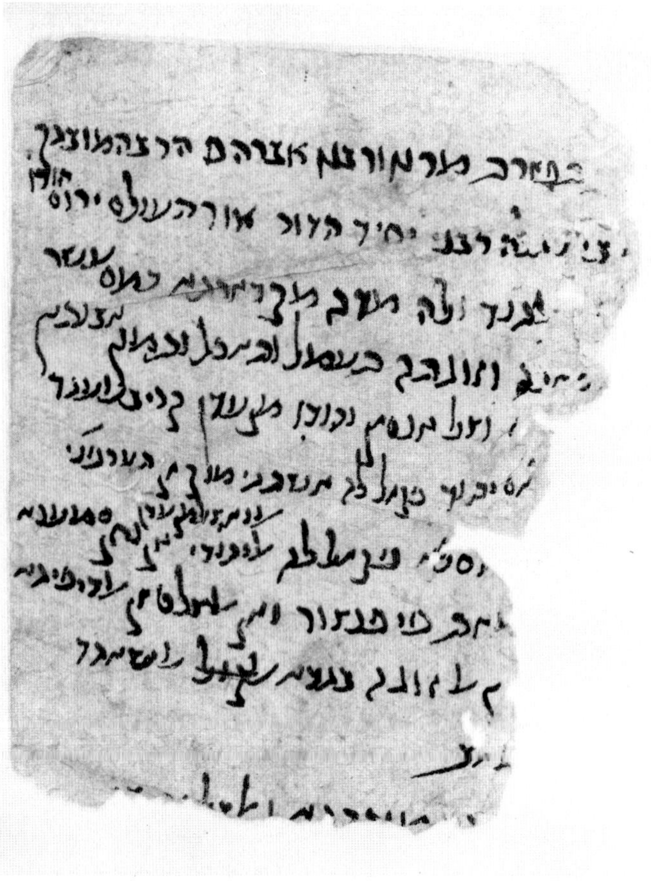

»Tod in Indonesien«; Responsum des Abraham Maimonides.

Die Rolle Adens

Der Aufschwung des Welthandels und seine Verlagerung zum Roten Meer brachte aber auch den Wiederaufstieg des seit der Spätantike zur Bedeutungslosigkeit herabgesunkenen Hafens Aden. Aden lag auf halbem Wege zwischen Kairo und Indien; der vorzügliche Naturhafen, die Monsune mit ihren zweimal jährlich fest zu planenden Schiffsrouten, und eine gleich noch zu erwähnende Eigenart des mittelalterlichen Seeverkehrs, machten Aden zum Hauptstapelplatz zwischen Indien und dem Mittelmeer. Die Handelsschiffahrt fuhr auch damals bereits eine Art von »Linie«. Es war ganz ungewöhnlich, daß ein Schiff von einem der ägyptischen Rotmeer-Häfen aus mehrere Zielorte in Südarabien oder Indien anfuhr, vielmehr gingen die Waren jeweils in bestimmte Zentren und wurden von dort weiterverfrachtet. Aden entwickelte sich so zum Zentrum des Handels am Indischen Ozean. So wie Kairo der Umschlagplatz zwischen Europa und dem Osten war, so war Aden das Emporium für den auf Ägypten ausgerichteten Indien- und Chinahandel, »das Eingangstor nach China, der Hafen des Jemen, das Lagerhaus des Westens, die Mine und Quelle der Güter«, um noch einmal al-Muqaddasī zu zitieren.

Die Rolle der jüdischen Kaufleute

Vor dem 11. Jh. dürfte der Fernhandel weitgehend in der Hand muslimischer, persischer und christlicher Kaufleute gelegen haben und auch für die Zeit danach müssen wir — trotz des Schweigens der Quellen — durchaus einen erheblichen Anteil islamischer Kaufleute am Aden- und Indienhandel annehmen. Gleichwohl aber scheinen jüdische Kaufleute — und nicht selten auch koptische — in jenen beiden Jahrhunderten die Hauptrolle gespielt zu haben. Dies läßt sich leicht erklären. Die Fāṭimīden waren — religiös gesehen — Fremdlinge in Ägypten; Toleranz gegen Juden und Christen war für sie eine schiere staatspolitische Notwendigkeit. Und ferner: Dem neuen Kairo gebrach es an aller Erfahrung im Fernhandel. Es gab, anders als in Bagdad, noch keine Klasse muslimischer Großkaufleute. Hier fanden die mit den Fāṭimīden aus dem Maghreb kommenden jüdischen Familien ein Betätigungsfeld. Dies alles ging mit der von Saladin begründeten neuen Dynastie, den Aiyubiden, langsam zu Ende. Im 12. Jh. n. Chr. bildete sich in Ägypten der Stand der sog. »Kārim«-Kaufleute heraus, die dann über etwa 300 Jahre hinweg, bis 1484, den Fernhandel Ägyptens, und hier besonders den Aden- und Indienhandel beherrschten. Als »Beginn« der Kārimīs nahm man lange das Jahr 1181 an — in diesem Jahr seien sie, so schreibt al-Maqrīzī, von Aden nach Ägypten gekommen. Vier Briefe und Schriftstücke aus der Kairoer Geniza machen jedoch deutlich, daß es die Kārims (ursprünglich wohl Bezeichnung für den jährlichen Schiffskonvoy) schon vom Beginn des 12. Jahrhunderts an gab. Die Wirtschaftsgeschichte kennt eben kein Monopol (hier das jüdische Fernhandelsmonopol), das nicht bald wagemutige Konkurrenz herausfordern würde!

Die Geniza von Kairo

Damit haben wir jetzt das geheimnisvolle Wort »Geniza« erwähnt, das den Schlüssel zu diesem Beitrag und zu den zugehörigen Ausstellungsobjekten bildet.

Die Völker des Orients haben von alters her eine große Scheu vor dem Namen Gottes. Ein Schriftstück, auf dem der Name Gottes steht, darf man nicht wegwerfen, auch wenn sein sonstiger Inhalt unbrauchbar oder unnütz geworden ist — es muß »begraben« werden — an einem heiligen Ort. Im Islam gilt das ebenso wie im Judentum, und da auch Briefe oder Geschäftsurkunden mit einer Anrufung des Allerhöchsten beginnen, hat man, neben religiösen Texten, so auch manch profanes Dokument gesammelt. Im Jemen gab es noch bis vor wenigen Jahren in vielen Dorfmoscheen einen schichtweise mit Sand bedeckten Platz, wo alte Dokumente oder Koranfragmente gesammelt wurden. Der bedeutendste koranische Handschriftenfund unseres Jahrhunderts — die Manuskripte der Großen Moschee von Sanaa, von denen ebenfalls eine Auswahl in dieser Ausstellung zu sehen ist — war ein derartiges »Handschriftengrab«. In Alt-Kairo gehörte eine solche — hebräisch »Geniza« genannte — Kammer zur Synagoge der Palästinenser. Das Gebäude, wohl vorislamisch, wurde nach einem Brand 1025 n. Chr. mit einem Geniza-Raum wieder aufgebaut. Als es 1890 renoviert wurde, kamen ungeheure Mengen — man schätzt etwa 250.000 — Schriftstücke zum Vorschein, die sich heute vor allem in der Universitätsbibliothek von Cambridge befinden, daneben u. a. auch in Oxford, im Britischen Museum, in Leningrad, in Budapest und im Jewish Theological Seminary of America in New York. Natürlich sind es zumeist religiöse oder literarische Texte, daneben aber bilden etwa 7000 umfänglichere Dokumente historischer Bedeutung ein sonst für den mittelalterlichen Orient nirgendwo vorhandenes Quellenmaterial zur Wirtschaftsgeschichte ihrer Zeit, und hier vor allem des 11. und 12. Jh.s.

Die wichtigsten dieser Dokumente sind Privat- und Geschäftsbriefe sowie Rechtsfragen, Anweisungen und Eheverträge der jüdischen Großkaufleute Kairos. Etwa 400 Quellentexte betreffen den Indienhandel. Geschrieben sind diese Dokumente in Arabisch, aber mit hebräischen Buchstaben (wie übrigens bei den jemenitischen Juden bis in unser Jahrhundert!). Mutter- und Umgangssprache der Kaufleute war natürlich Arabisch; die Verwendung der hebräischen Schrift beruht einmal wohl darauf, daß sie leichter zu schreiben ist als die arabische (keine Ligaturen), und vielleicht auch einen gewissen Schutz vor Einsichtnahme durch Dritte bedeutete.

In der Geniza fand man durchaus auch Briefe aus Amalfi, aus Sizilien, aus Genua; die Mehrzahl aber stammt aus dem Maghreb, vom Roten Meer, aus dem Jemen, aus Indien und sogar aus Indonesien.

Etwa 150 Handelswaren hat man bisher gezählt, wobei Textilien (Leinen, Flachs, Baumwolle, Seide), Farbstoffe, Gewürze, Arzneien, Aromaten (z. B. wird kretischer Thymian nach dem Jemen exportiert), Kupfer (zur Herstellung der meisten der in Küche und Haushalt verwendeten Geräte), Zinn und Blei den Schwerpunkt bilden. Daneben wurde in beträchtlichem Umfang mit Eisen, Olivenöl, Wachs, Seife, getrockneten Früchten, Rosinen, Zucker, Käse und Wein gehandelt. Papier, vor allem sol-

ches bester Qualität, war sehr begehrt, ging gerne als Geschenk an Handelspartner in Indien. Eine in Aden geschriebene Warenliste zum Versand von Gütern nach Kairo zählt neben Nelken, Pfeffer, Gewändern auch einen »Sack für den Juden aus Mallorca« (wohl eine milde Gabe) auf. Um 1130 n. Chr. reisen drei jüdische Silberschmiede (einer aus Marokko) auf einem Schiff von Aden nach Ceylon, offenbar um dort zu arbeiten. Auch zahlreiche Eheverträge blieben erhalten, in denen vor allem die Aussteuerlisten von Interesse sind.
Viele Briefe handeln — in einer staunenerweckenden Gelassenheit gegenüber dem Schicksal — von den Gefahren dieser manchmal um die halbe Welt führenden Unternehmungen, von Piraten, räuberischen Beduinen, und immer wieder von Schiffbrüchen. Eines der menschlich tragischsten Schicksale ist das des Bruders des Maimonides, dessen Brief wir später schildern werden.
Angesichts der Gefahren der langen Wege teilten sich in aller Regel mehrere Kaufleute Schiff und Ladung; auch mit muslimischen Kaufleuten und Würdenträgern ging man solche Handelsgesellschaften ein. Eines der ausgestellten Dokumente handelt von einem Schiffsuntergang am Bāb al-Mandab; von Aden ausgeschickte Taucher konnten einen Teil der Ladung bergen. Die häufigen Schiffsunglücke erklären die große Zahl von Rechtsstreitigkeiten, Schadensersatz- und Risikofragen, aber auch Erbregelungen. In einem Brief von ca. 1145 n. Chr. schreibt Maḥrūz ben Jacob, ein Schiffseigner, der regelmäßig die Strecke zwischen Aden und Indien fuhr, aus Mangalore seinem Schwager, einem Kairoer Kaufmann, der — von Piraten ausgeraubt — mittellos in der Nähe von Bombay saß, er solle sich mit ihm treffen und mit ihm nach Aden zurückreisen.
Die wenigen Beispiele zeigen, daß Aden in diesem System des hochmittelalterlichen Welthandels nicht bloß eine Etappe bildete, sondern neben Kairo den Hauptstützpunkt und Handelsplatz darstellte. Familienbande festigten diese Beziehungen. Aus einigen Briefen sehen wir beispielsweise, daß im zweiten Viertel des 12. Jahrhunderts der wakīl der Kaufleute von Alt-Kairo mit der Schwester eines nākhodā (Schiffseigentümers) aus Aden verheiratet war, und daß seine eigene Schwester die Frau eines wakīls der Adener Kaufleute war.
Abschließend noch ein Beispiel dafür, wie bereits zu jener Zeit Schritte vom bloßen Handel zum produzierenden und investierenden Gewerbe zu beobachten sind. Von etwa 1132 bis 1149 n. Chr. (danach lebte er drei Jahre im Jemen) betrieb der (studierte) tunesische Jude Abraham ben Peraḥyā ben Yijū (er stammte aus al-Mahdīya) an der Malabar-Küste in Indien eine offenbar sehr gut gehende Kupfer- und Bronzefabrik, in der er Haushalts- und Küchengeräte aller Art — auch auf Bestellung — für den Export herstellte. Rohmaterial (Kupfer, Blei, Rohmessing und gebrauchte Gefäße) importierte er aus Ägypten und vor allem aus Aden. Daneben führte er Eisen, Pfeffer, Ingwer und Betel nach Aden aus, von wo er wiederum Textilien, Zucker, Rosinen und »feines ägyptisches Schreibpapier, Regierungsqualität« bezog.

Bevor die in der Ausstellung zu sehenden Briefe erläutert werden, ist noch ein Wort über den Gelehrten zu sagen, der als der eigentliche Entdecker und Erforscher der Dokumente der Kairoer Geniza zu bezeichnen ist: S. D. Goitein. Ihm ist die Bearbeitung, Deutung und Veröffentlichung der wirtschaftlich wichtigsten Teile dieser überaus zahlreichen, über die ganze Welt zerstreuten und oft stark zerstörten, Dokumente zu danken. S. D. Goitein hatte es übernommen, in einem Beitrag für diesen Katalog auch über den jüdischen Welthandel des frühen islamischen Mittelalters zu berichten. Sein Tod hat dies verhindert. Sein Name, sein Fleiß, seine Gelehrsamkeit werden jedoch auf immer mit diesem einzigartigen Urkundenmaterial zur islamisch-jüdischen Wirtschaftsgeschichte verknüpft bleiben; seine Arbeiten bilden auch die Grundlage dieses Artikels.

Die in der Ausstellung gezeigten Briefe und Dokumente

1. 1139 n. Chr.: ein Geschäftsbrief von Aden nach Südwestindien

Dieser Brief ist an Abraham ben Yijū, den Eigentümer der oben bereits erwähnten Metallwarenfabrik in Indien, gerichtet:
Grußformeln —
»Ich freute mich, mein Herr, als ich euren Brief sah, noch bevor ich ihn las! Dann las ich ihn voller Glück und freute mich und war froh, als ich ihn studierte, da es doch beruhigend war, daß es euch gut geht und ihr zufrieden seid. Dann lobte ich Gott für all das und betete zu ihm, euch in seiner Gnade noch mehr vom Besten zu geben...
Euren Hinweis auf die Lieferung von eingeschmolzenem Eisen mit dem Schiff des Ibn Abī al-Katāʾib habe ich wohl ausgeführt. Die Sendung traf ein; ich erhielt von ihm, wie von euch geschrieben, zweieindrittel Bahār.
Auch der Schiffseigner Joseph traf ein aus Dahbottān (heute Valarapattanam) und ich erhielt zwei Kupferschalen, zwei Kannen und zwei Kerzenständer...
... für das Kardamom, 30 Pfund (raṭl), zahlte ich die Zollgebühren, wie von euch geschrieben... Doch von den Betelnüssen habe ich noch gar nichts gesehen... Aus der Ladung Pfeffer erhielt ich das für uns bestimmte 1⅜ Bahār. Das eine Schiff des Scheichs Abū al-Ḥasan bin Jaʿfar aber war in Richtung auf Berbera gesegelt, wurde aber gegen das Bāb al-Mandab geworfen, wo es sank. Der Pfeffer ist völlig verloren. ...Was das Eisen anbelangt, wurden Taucher von Aden hingeschickt. Sie bargen etwa die Hälfte des Eisens... Die Kosten für das Tauchen und den Transport werden vom Erlös abgezogen...
Ihr hattet mich um die Besorgung einiger Haushaltswaren gebeten. Ich habe besorgt: eine eiserne Pfanne, 68 Glasbecher, 10 Glaskannen, 5 Trinkgläser sowie 5 grüne Flaschen in ihren Körben ... Ich sende euch ... Seide, da

ich höre, daß sie in Malabar derzeit gute Preise erzielt...«

Cambridge, University Library, TS 24.64 (voller Text bei Goitein, Letters, Nr. 38)

2. Gegen 1140 n. Chr. Brief aus Aden an Abraham ben Yijū, Inhaber einer Metallwarenfabrik in Indien

»Die roten Betelnüsse sind eingetroffen, auch die beiden Waschschüsseln... Bitte sende mir keine roten Betelnüsse mehr... Wenn es weiße gibt, frische, das ist in Ordnung... Ich sende dir einen zerbrochenen Krug und eine tiefe Schüssel, Gewicht sechsdreiviertel Pfund. Bitte mach mir einen Krug, Gewicht genau fünf Pfund«.

In dem sehr langen Auftragsschreiben werden dann insbesondere noch Blei, Kupfer, Töpfe, etc. erwähnt, anschließend wird eine zu fertigende Lampe mit minutiösen Details beschrieben.

Cambridge, University Library, TS 12.320 (Goitein, Letters, Nr. 39)

3. 11. September 1149, Abraham ben Yijū, in Aden eingetroffen, schreibt seinen Brüdern und Schwestern in Tunesien

Abraham ben Yijū hatte viele Jahre keinen Kontakt mehr mit seiner Familie. Im Jemen (wo er auch im Binnenland reiste und von dort einen in der Geniza erhaltenen Brief schrieb) mußte er von der Eroberung seiner Heimatstadt al-Mahdīya durch Roger II. von Sizilien (1148) gehört haben. Angst und Sorge waren leider nicht unbegründet. In der Tat war seine gesamte Familie nach Sizilien gebracht worden, völlig mittellos. Yijū sorgte mit dem in Indien erworbenen Vermögen für sie.

»Mein Bruder, ich weiß nicht, was ich schreiben soll, so sehr sehne ich mich, so stark ist meine Sehnsucht. Ich bete zu Gott, er möge uns alle in guten Umständen wieder vereinen.

Hiermit will ich dir mitteilen, mein Bruder, daß ich Indien verlassen habe und sicher in Aden — Gott schütze es — eingetroffen bin mit meinem Vermögen, Leben, Kindern...

Wisse denn, daß ich genug besitze, daß wir alle davon leben können...

Bitte mache ausfindig, wer unter Bruder Josephs Söhnen oder unter denen deiner Schwester Berākhā der beste ist, damit ich ihn mit meiner Tochter verheiraten kann. Wenn ihr kommt, wollen wir hier in Aden oder in al-Fusṭāṭ oder in Alexandria wohnen, wenn wir nicht nach al-Mahdīya zurückgehen können.

Ich hörte, was den Küstengebieten von Ifrīqiya, Tripolis, Djerba..., Sfax, al-Mahdīya ... widerfuhr. Kein Brief ... Ich weiß nicht, wer umgekommen ist und wer noch lebt. Bei Gott, schreib mir genaue Einzelheiten und schicke deine Briefe mit verläßlichen Leuten, damit mein Verstand sich beruhigt...«

Cambridge, University Library, TS 10 J 10, f. 15 (Goitein, Letters, Nr. 41)

4. Der letzte Brief von David Maimonides an seinen Bruder Moses (1169 oder 1170)

Dieser Brief wurde natürlich wegen des illustren Empfängers ausgewählt, aber auch, weil er ein weiteres Zeugnis des Indienhandels und seiner Gefahren ist, und schließlich, weil er, als eines der menschlich erschütterndsten Dokumente aus der Geniza-Sammlung, uns von der abstrakten Behandlung dieser rund 800 Jahre zurückliegenden Geschichtsepoche unvermittelt in das wahre Leben der Menschen hineinführt.

Moses Maimonides liebte seinen Bruder David über alle Maßen. Der hatte seinerseits über viele Jahre hinweg (David handelte mit Edelsteinen, vermutlich, wie sich aus den Aussteuerlisten der Geniza ergibt, besonders auch mit jemenitischen Achaten) die Familie ernährt und so auch seinem Bruder das Gelehrtendasein ermöglicht. David kam bei dieser Reise um, er erlitt Schiffbruch. Dieses Ereignis hat Moses sehr schwer getroffen. Noch acht Jahre später schrieb er:

»Das größte Unglück, das mich in meinem ganzen Leben traf, schlimmer als alles sonst, war der Tod des Heiligen, sein Andenken sei gesegnet, der im Indischen Ozean ertrank...«

David schreibt aus ʿAydhāb, dem ägyptischen Rotmeerhafen. Offensichtlich zum ersten Mal auf einer solchen Handelsreise, hatte er sich zwischen Nil und ʿAydhāb, auf Grund seiner völligen Unerfahrenheit, mit einem Begleiter von der Karawane getrennt, ein geradezu abenteuerlicher Entschluß, hatte die Reise überstanden, während die Karawane ausgeraubt wurde und einige ihrer Kaufleute verdursteten. Dieses unglaubliche Glück veranlaßte ihn, das zum Schicksal werdende Schiff nach Indien zu besteigen, obwohl sein Bruder (Moses, der Ältere, war das Familienoberhaupt) ihm dies untersagt hatte.

»An meinen geliebten Bruder R. Moses ... David, dein Bruder, sehnt sich nach dir. Möge Gott mich in seiner Gnade wieder glücklich mit dir vereinen. Ich schreibe dir diesen Brief aus ʿAydhāb, mir geht es gut, aber mein Sinn ist völlig verwirrt, ich gehe im Sūq hin und her und weiß, bei Gott, nicht, wo ich bin ... Folgendes ist geschehen...«

Cambridge, University Library, ULC Or 1081 J 1 (Goitein, Letters, Nr. 42)

5. 7. Juli 1226: Ausstellung einer Todesurkunde für einen in Malaya Verstorbenen

Diese Urkunde ist vom Nagid Abraham Maimonides (Sohn des Moses, der nach ihm diese Stellung bekleidete, ebenso wie weitere Nachfahren bis zum Jahre 1374) selber geschrieben. Es handelt sich um eine auf Grund des Zeugnisses eines Mannes aus Aden ausgestellte Todesurkunde. Der Verstorbene war ein gewisser Abū al-Faḍl bin Mukhtār aus Alexandria, der in Maʿbar in Malaya gestorben war. Die Urkunde zeigt den Umfang und die Entfernung der von den Kairoer Kaufleuten unternommenen Fahrten.

Cambridge, University Library, TS Arabic Box 30, f. 42 (Goitein, Letters, Nr. 46)

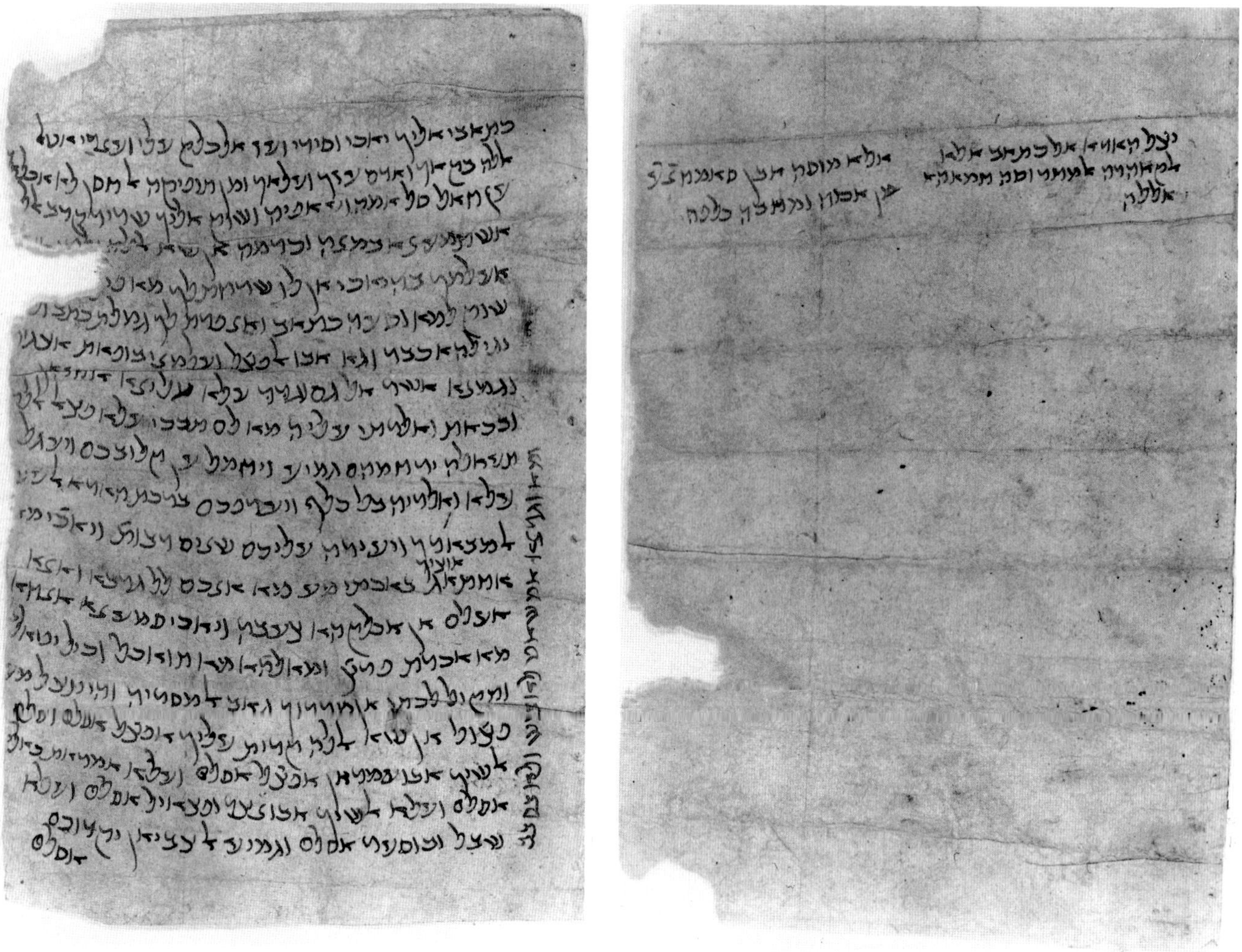

Brief aus Aden an die Ehefrau in Kairo.

6. ca. 1204: Ein Brief aus Aden an die Ehefrau in Kairo

»Deine kostbaren Briefe sind eingetroffen. Ich habe sie gelesen, ganz sorgfältig, und bin glücklich, daß es dir gut geht und ihr gesund seid... In deinen Briefen stößt du mich zurück oder beleidigst mich, oder sagst, ich solle mich schämen; sie sind voller harter Worte. Das habe ich nicht verdient! Ich schwöre bei Gott, daß ich nicht glaube, daß das Herz von irgendjemand, der soweit entfernt von seiner Frau reist, so geblieben ist wie mein Herz, die ganze Zeit, die ganzen Jahre über, vom Augenblick unserer Trennung bis zu diesem Augenblick, in dem ich diesen Brief schreibe, so sehr ständig an dich denkend und mich nach dir sehnend...

Du hast mich auch geschimpft wegen dem Ambra. Du armes Kleines! Hättest du gewußt, wieviel Mühe und Kosten ich auf mich genommen habe, um dir dieses Ambra zu schicken — alles hatte ich verloren, dann nahm ich einen Kredit auf und reiste in die Länder jenseits von al-Maʿbar (Südostindien). ... Dort habe ich alle meine Finanzen mit dem Abakus durchgerechnet. Dann habe ich es besorgen lassen...

So war es mit mir von dem Augenblick an, wo ich dich verließ, bis ich in Aden ankam, und dann bis Indien, und dann von Indien zurück nach Aden. Tag und Nacht war ich betrunken, doch nicht aus freiem Willen (= sondern wegen der Trennung), doch habe ich mich niemals unziemlich benommen; wenn einer schlechte Worte in meiner Gegenwart sagte, wurde ich wütend, solange, bis er aufhörte!

Also, wenn du das wirklich wünschst, die Scheidung, dann kann ich dir keinen Vorwurf machen. Denn das Warten hat lange gedauert... Wenn du frei sein willst, dann sieh dies als Trennungsbrief an und du bist frei.

Den ganzen Tag bin ich einsam und unsere Trennung schmerzt mich. Es schmerzt mich, dies niederzuschreiben. Doch die Wahl liegt bei dir.

(An Geschenken) sende ich dir ... und zwei fūṭa-Röcke für die Kinder...«

Jewish Theological Seminary of America, New York, E. N. Adler Collection, 2739, f. 16 (Goitein, Letters, Nr. 45)

7. Tod in Indonesien

Hier handelt es sich nicht um einen Brief, sondern um eine Rechtsfrage, die dem Nagid Abraham Maimonides (dem Sohn des Moses, der ihm von 1186 bis 1237 auch als Haupt der ägyptischen Juden nachfolgte), vorgelegt wurde. Diese Rechtsfrage ist in abstrakten Worten formuliert:

»...Ein Mann war nach Indien gereist und blieb dort etwa 15 Jahre. Zuvor hatte er seine Frau (in Kairo) zu seinem gesetzlichen Vertreter ernannt. Sie ernährte sich und die beiden Töchter durch ihre eigene Arbeit. Kürzlich traf hier ein Jude aus Aden ein und wurde befragt, was mit dem Mann, der nach Indien gereist war, wäre. Der Jude, der aus Aden gekommen war, sagte: Wir haben gehört, daß er nach Fanṣūr (auf Sumatra) gereist war und in Fanṣūr starb, und daß der Herrscher dieses Landes (sein Vermögen beschlagnahmte?)«.

Der Rest des Textes ist nicht klar erkennbar. Es ging offenbar um den Anteil der Frau am Erbe.

Jewish Theological Seminary of America, New York, E. N. Adler Collection, 4020 I, f. 55 (Goitein, Letters, Nr. 47)

Damit wollen wir die Beschreibung der ausgestellen Urkunden abschließen, aber nicht ohne dem Leser noch die beruhigende Mitteilung zu machen, daß man aus der Erhaltung des Briefes Nr. 6 in der Geniza schließen darf, daß die Kairoer Ehefrau ihrem Mann treu blieb, er mit ihr nach seiner Rückkehr wieder glücklich vereinigt war und sich so die langen Jahre der Entbehrung auf fernen Reisen schließlich doch im erhofften Sinn gelohnt hatten.

Literatur

Chauduri, K. N.: Trade and Civilisation in the Indian Ocean, Cambridge 1985.

Goitein, S. D.: A Mediterranean Society, 4 Bände, Berkeley and Los Angeles, 1967—1983.

Goitein, S. D.: From Aden to India, in: Journal of the Economic and Social History of the Orient, XXIII (1980), S. 43—66.

Goitein, S. D.: New Light on the beginnings of the Kārim Merchants, in: Journal of the Economic and Social History of the Orient I (1958), S. 175—184.

Goitein, S. D.: Letters of Medieval Jewish Traders, Princeton, N. J. 1973.

Labib, Subhi Y.: Handelsgeschichte Ägyptens im Spätmittelalter (1171—1517), Wiesbaden 1965.

Maimonides, Moses: Epistle to Yemen, The Arabic Original and the three Hebrew Versions, edited by Abraham S. Halkin, and an English Translation by Boaz Cohen, New York 1952.

Der Islam im Jemen

Wilferd Madelung

Der Islam hat noch zu Lebzeiten des Propheten Muḥammad im Jemen Fuß gefaßt. Im Jahre 628, sieben Jahre nach Muḥammad's Auswanderung von Mekka nach Medina, schloß sich ihm Abū Mūsā al-Aš'arī mit mehreren seiner jemenitischen Brüder und Stammesgenossen auf dem Seeweg an. Er wurde ein berühmter und einflußreicher Prophetengenosse. Aber erst die Eroberung von Mekka 630 öffnete den Weg für eine aktive Missionierung des Jemen. In den zwei Jahren vor Muḥammads Tod trafen zahlreiche Stammesdelegationen aus allen Gebieten des Landes in Medina ein, um ihre Bekehrung zum Islam zu bekunden. Muḥammad sandte andererseits mehrere seiner Genossen nach dem Jemen, um die neue Religion zu verbreiten und die Almosensteuer einzuziehen. Der hervorragendste unter ihnen war Mu'ādh b. Ǧabal, der damals in seiner Residenzstadt al-Ǧanad, 20 km nördlich von Ta'izz, eine Moschee baute. Auch die große Moschee von Ṣan'ā' soll damals auf Anweisung des Propheten errichtet worden sein. Später war umstritten, welcher der beiden Moscheen der Vorrang als der ältesten des Landes gebührte.

Die Islamisierung des Jemen war damals jedoch noch nicht weit fortgeschritten. Das zeigte sich bald in dem Auftreten eines einheimischen Propheten, al-Aswad al-'Ansī, der fast das ganze Land unter seine Gewalt brachte und die Abgesandten Muḥammads vertrieb. Auch nachdem er nach vier Monaten ermordert wurde, verblieb der Jemen überwiegend in Aufruhr gegen die islamische Herrschaft. Erst unter dem ersten Kalifen, Abū Bakr, unterwarf eine islamische Armee das Land endgültig der Macht Medinas. Der Islam wurde nun von der gesamten Bevölkerung, bis auf einige jüdische und christliche Gemeinden, angenommen.

Zunächst fand die Begeisterung für die neue Religion in einer massiven Auswanderungswelle Ausdruck. Jemenitiche Stammesverbände spielten eine bedeutende Rolle in den islamischen Eroberungsfeldzügen in Syrien, Ägypten, dem Maghrib, Irak und Iran und siedelten mit ihren Familien in den eroberten Städten. Ihre Nachkommen nahmen hervorragenden Anteil an der Entfaltung der islamischen Wissenschaften und Kultur. Für den Jemen mußte der Verlust eines so großen Teils gerade seiner politisch und kulturell aktivsten Bevölkerungselemente einen empfindlichen Aderlaß bedeuten. Das erklärt offenbar die relative Bescheidenheit des Beitrags des Landes zu der frühen Ausgestaltung islamischer Kultur im Vergleich zu seiner Bedeutung im vorislamischen Arabien.

Frühe Stätten islamischer Traditionswissenschaft entstanden in al-Ǧanad und Ṣan'ā'. In al-Ǧanad war ihr Gründer Ṭāwūs b. Kaisān, ein angesehener Überlieferer mit engen Beziehungen nach Mekka, wo er im Jahr 106 (724) über neunzigjährig starb. In Ṣan'ā' war zur selben Zeit Wahb b. Munabbih (34—114 = 654—732) tätig, eine Zeitlang auch als Richter der Stadt. Er hatte offenbar enge Beziehungen zu gelehrten Juden und Christen und galt als ein Kenner biblischer Überlieferung, die er zur Auslegung und Ergänzung der koranischen Prophetengeschichten heranzog. Daneben sammelte er legendäre Erzählungen über die vorislamischen Könige der Ḥimyariten und Nachrichten über Muḥammads Leben und Feldzüge. Auch drei von Wahbs Brüdern waren Traditionarier, und von Hammām b. Munabbih ist eine Sammlung von Worten Muḥammads, überliefert von dem Prophetengenossen Abū Huraira, erhalten. Sowohl Ṭāwūs als auch Wahb und seine Brüder gehörten zu den Nachkommen der Abnā', der persischen Statthalter und Verwalter des Jemen vor dem Islam, die sich unter den frühen islamischen Gelehrten des Landes stark hervortaten. Die Traditionsschule von Ṣan'ā' wurde wesentlich gefördert, als der bekannte Baṣrer Traditionarier und Koranexeget Ma'mar b. 'Abd ar-Razzāq (gest. 153—770) sich dort niederließ. Sein berühmtester Schüler war 'Abd ar-Razzāq b. Hammām al-Ḥimyari (126—211 = 744—827), Verfasser einer großangelegten Traditionensammlung. Zahlreiche auswärtige Traditionarier kamen nach Ṣan'ā', um bei ihm zu hören.

Nach dem Aufstieg der Ziyādiden, der ersten autonomen Dynastie im islamischen Jemen, im Jahr 204 (819), erstand auch in ihrer Hauptstadt Zabīd eine Traditionsschule. Als ihr Gründer ist Abū Qurra Mūsā b. Ṭāriq, Richter von Zabīd und Verfasser eines Kitāb as-Sunan, anzusehen. Zabīd stieg in späteren Zeiten zur führenden Stätte sunnitischer Gelehrsamkeit im Jemen auf.

Neben dem offiziellen sunnitischen Islam drangen jedoch auch schon früh oppositionelle und häretische Richtungen im Jemen ein, der ihnen mit seinen abgelegenen und teilweise schwer zugänglichen Gebirgsregionen ein günstiges Wirkungsfeld bot. Ḫāriǧitische Aufrührer gegen das Kalifat breiteten sich zuerst im Jahr 67/68, während des Gegenkalifats 'Abd Allāh b. az-Zubairs in Mekka, über weite Gebiete des Landes aus. Damals kam vermutlich auch 'Abd Allāh b. Ibāḍ, der etwas obskure angebliche Gründer der gemäßigt ḫāriǧitischen Ibāḍīya, nach dem Jemen, wo er gestorben sein soll. Ibāḍiten aus Ḥaḍramaut bemächtigten sich unter ihrem Imam Ṭālib al-Ḥaqq des Landes gegen Ende des Umaiyadenkalifats (129/746—7). Ibāḍitengruppen hielten sich im jemenitischen Bergland bis mindestens in das 6. (= 12.) Jahrhundert.

Der Gründer der theologischen Schule der Mu'tazila, Wāṣil b. 'Aṭā' (gest. 130 = 748), sandte von Baṣra einen Werber für seine Lehre, al-Qāsim b. al-Sa'dī, nach dem Jemen. Mehr Erfolg, jedenfalls in Ṣan'ā', hatte offenbar Wāṣils Schüler Ḍirār b. 'Amr, der um die Jahre 153 bis 159 (770—776) sich dort aufhielt. Die Lehren der radikalen Schiiten soll zuerst der Traditionarier Ibrāhīm b. ʿUmar b. Kaisān as-Ṣanʿānī von einem Besucher aus Kūfa in Ṣanʿāʾ übernommen haben. Ibrāhīm b. ʿUmar ist den Schiiten als ein Überlieferer der Lehren der Imame Muḥammad al-Bāqir (gest. 117 = 735) und Ǧaʿfar as-Ṣādiq (gest. 148 = 765) bekannt. Dies tat seinem Ansehen unter den sunnitischen Traditionsgelehrten jedoch nur wenig Abbruch. Auch ʿAbd ar-Razzāq b. Hammām neigte, von dem Baṣrer Überlieferer Ǧaʿfar b. Sulaimān aḍ-Ḍubaʿī beeinflußt, einer gemäßigt schiitischen Haltung zu.

Der Islam im Jemen nahm so im Laufe der Zeit vielerlei verschiedene Formen an. Auf lange Sicht waren es zwei Richtungen, die sich gegenüber den anderen durchsetzten und noch in der Gegenwart vorherrschen: Die sunnitischen Šāfiʿiten und die schiitischen Zaiditen. Daneben hat sich eine kleine Minderheit von ebenfalls schiitischen Ṭaiyibī Ismailiten erhalten, die jedoch in der Geschichte des Jemen zeitweise eine bedeutende Rolle gespielt haben.

Muḥammad b. Idrīs aš-Šāfiʿī (gest. 204 = 820), der Gründer der nach ihm benannten sunnitischen Rechtsschule, hat sich einige Zeit im Jemen aufgehalten. Das war jedoch lange bevor er seine eigene Rechtslehre entwickelte. Seine Schule, die sich dann von Bagdad und Ägypten aus verbreitete, faßte im Jemen erst mit einiger Verspätung und zunächst sehr beschränkt Fuß. Der Reisende und um 378 (988) schreibende Geograph al-Maqdisī bezeichnet die Rechtslehre und den Kultus Abū Ḥanīfas als vorherrschend unter den jemenitischen Sunniten und erwähnt ferner die Schulen Māliks, Sufyān aṯ-Ṯaurīs und Ibn al-Munḏirs. Abū Bakr Muḥammad b. al-Munḏir an-Naysabūrī (gest. 310 = 922) wurde zwar im allgemeinen als Šāfiʿit angesehen, vertrat aber offenbar auch eigene Lehren. Al-Maqdisī nennt als Verbreitungsgebiet seiner Rechtsschule al-Maʿāfir, die Gegend von Ibb bis zur Südküste, von wo sich später die šāfiʿitische Schule verbreitete. Als Begründer der šāfiʿitischen Vorherrschaft im Süden des Landes gilt al-Qāsim b. Muḥammad al-Ǧumaḥī al-Qurašī (gest. 437 = 1045—1046), der in Sahfana nördlich von Ḏū s-Sifāl, lehrte. Seine zahlreichen Schüler verbreiteten die šāfiʿitische Rechtslehre in den Gebieten von al-Ǧanad, Ṣanʿāʾ, Laḥj und ʿAdan. Die Herrschaft der ismailitischen Ṣulaiḥiden in Ḏū Ǧibla, dem Kerngebiet der Šāfiʿiten, seit 458 (1066) konnte ihren Aufstieg nicht wesentlich eindämmen. Im 6. (12.) Jh. lehrte der einflußreiche šāfiʿitische Gelehrte Yaḥyā b. Abi l-Ḫair al-ʿImrānī (gest. 558 = 1163) in Ḏū Ašraq und Ḏū s-Sifāl. Er vertrat die Schule des in Bagdad lehrenden Šāfiʿiten Abū Isḥāq aš-Šīrāzī (gest. 476 = 1083) und verfaßte ein Rechtskompendium Kitāb al-Bayān, das im Unterricht der Šāfiʿiten im Jemen lange ein bedeutende Rolle spielte.

In Zabīd und der Tihāma setzten sich die Šāfiʿiten nur allmählich gegen die früher vorherrschende Schule Abū Ḥanīfas durch. Im 6. (12.) Jh. trug die Gelehrtenfamilie der Banū Abī ʿAqāma, die auch lange das Richteramt in Zabīd innehatte, wesentlich zur Ausbreitung der šāfiʿitischen Lehre bei. Die ḥanafitische Rechtsschule blieb bis mindestens zum Ende der Rasūlidenzeit (854 = 1454) ein kräftiger Rivale, wurde dann aber allmählich weitgehend verdrängt. Das konnte auch die Herrschaft der osmanischen Türken, unter denen die ḥanafitische Rechtslehre offizielle Geltung hatte, nicht verhindern. Kleine Gruppen von Ḥanafiten haben sich jedoch, vor allem in Zabīd, bis in die Gegenwart erhalten. In neuerer Zeit hat auch die von Saudi Arabien ausgehende hanbalitische Reformbewegung der Wahhābiten einige Anhänger in der nordjemenitischen Tihāma gewonnen.

Wesentlich gefördert wurde der öffentliche Einfluß der sunnitischen Rechtsschule durch die Institution der Madrasa, einer religiösen Hochschule mit Stiftungsvermögen, einem daraus besoldeten Lehrkörper und Stipendien für Studenten. Zumeist wurde die Madrasa vom Stifter für den Unterricht des religiösen Rechts einer oder auch mehrerer der vier sunnitischen Rechtsschulen bestimmt. Seit der Seldschukenzeit (Salǧūq) (447 = 1055) wurde es üblich, daß Herrscher, Statthalter und mächtige Würdenträger große Madrasen bauten und mit reichen Stiftungen versahen. Im Jemen wurde diese Art der Madrasa zuerst von den Aiyūbiden (569—626 = 1174—1229) eingeführt. Die Rasūlidenherrschaft (626—858 = 1229—1454) war die Glanzzeit der Madrasa mit zahlreichen Neugründungen, und auch unter den Ṭāhiriden (858—933 = 1454—1526) und den osmanischen Statthaltern entstanden noch einige. Die meisten der Madrasen dienten der šāfiʿitischen Schule, aber auch nicht wenige der ḥanafitischen oder beiden Rechtsschulen gemeinsam. Besonders zahlreich waren sie in Zabīd, Taʿizz, Ibb, Ḏū Ǧibla, Aden (ʿAdan) und al-Ǧanad. Andere waren verstreut über viele kleinere Orte in den sunnitischen Gebieten.

In der Theologie neigten die jemenitischen Šāfiʿiten im allgemeinen zum Konservatismus. Die älteren bekannten sich zu der traditionalistischen, am Wortlaut des Korans und der Sunna festhaltenden Lehre Aḥmad b. Ḥanbals (gest. 241 = 855). Sie verwarfen den Kalām, die mit Vernunftargumenten arbeitende Theologie, einschließlich der Lehre al-Ašʿarīs (gest. 324 = 935—936), der versucht hatte, die Dogmatik Ibn Ḥanbals mit den Mitteln des Kalām zu verteidigen. Noch zu einer Zeit, als die ašʿaritische Theologie bei der Mehrheit der Šāfiʿiten anderswo Annahme gefunden hatte, griff al-ʿImrānī sie als ebenso häretisch wie die muʿtazilitische Theologie der Zaiditen an. Besonders lehnte man die ašʿaritische Ansicht, daß die Buchstaben und die Rezitation des Korans nicht, wie die Ḥanbaliten lehrten, die unerschaffene Rede Gottes selbst seien, sondern nur ein Ausdruck von ihr. Als in der ersten Hälfte des 7. (13.) Jh.s Šams ad-Dīn al-Bailaqānī von Persien, wo er bei den berühmten ašʿaritischen Šāfiʿiten Faḫr ad-Dīn ar-Rāzī dessen »moderne«, philosophisch ausgerichtete Theologie studiert hatte, nach dem Jemen kam und in Aden (ʿAdan) Logik und Rechtsmethodologie unterrichtete, sah er sich dem tätlichen Widerstand des Richters Muḥammad b. Asʿad al-ʿAnsī ausgesetzt. Dieser hielt ihm entgegen, daß jemenitische Rechtsgelehrte sich nicht mit Logik und nur wenig mit Rechtsmethodologie zu befassen pflegten. Das Vordringen der aš'aritischen Theologie ließ sich jedoch nicht auf die Dauer aufhalten. Zu Anfang des 9. (15.) Jh.s berichtet al-Ḫazraǧī, daß die meisten šāfi'itischen Rechtsgelehrten zur aš'aritischen Glaubenslehre bekehrt seien, dies aber aus Furcht vor den Nichtwissern im Lande nicht öffentlich zeigten. Ein Jahrhundert später schreibt Abū Maḫrama dazu, nunmehr seien alle Rechtsgelehrten Aš'ariten und bekennten dies auch öffentlich.

Auch gegen manche Formen der ṣūfischen Mystik, insbesondere die monistische Lehre des berühmten andalusischen Mystikers Ibn al-'Arabī (gest. 638 = 1240) von der »Einheit des Seins«, erhob sich heftiger Widerspruch bei den konservativen Rechtsgelehrten im Jemen. Die šāfi'itischen Juristen von Ta'izz konnten nur durch das Eingreifen des Rasūlidensultans al-Malik al-Muẓaffar (647—694 = 1250—1295) davon abgehalten werden, einen Scheich aus Jerusalem, der als erster die Mystik Ibn al-'Arabīs im Jemen einführte, vor der Moschee zu ermorden. Ein Jahrhundert späer verbreiteten die Sufis Ismā'īl al-Ǧabartī, Aḥmad ar-Raddād und Maǧd ad-Din al-Fayrūzābādī die Ideen des Andalusiers. Gegen sie wandten sich der šāfi'itische Richter von Zabīd, Aḥmad an-Nāširī, und andere prominente religiöse Häupter. Al-Ǧabartī, der auch durch seine Vorliebe für Musik und Tanz bei den Übungen der Ṣūfīs Anstoß erregte, wurde eine Zeitlang nach Indien verbannt. Die Rasūliden Ismā'īl al-Ašraf (778—803 = 1377—1400) und sein Sohn an-Nāṣir (803—27 = 1400—24) waren jedoch den Anhängern Ibn al-'Arabīs zugeneigt und unterstützten großzügig den Bau von Madrasen und Ribāt genannten Ṣūfīklöstern durch Mitglieder der Ǧabartīfamilie und durch Ismā'īl al-Ǧabartīs Schüler Muḥammad al-Mizǧāǧī in Zabīd und Ta'izz.

Im allgemeinen waren jedoch die Ṣūfīorden im sunnitischen Jemen seit dem 8. (14.) Jh. weit verbreitet. Der Qādirīya-Orden war in drei Zweigen, der Zaila'īya, der Yāfi'īya, gegründet von dem aš'aritischen Theologen, Geschichtsschreiber und Mystiker 'Afif ad-Dīn al-Yāfi'ī (gest. 768 = 1367), und der 'Urābīya vertreten. Daneben gab es Konvente der Šaḏilīya, Ibrāhīmīya, Badawīya und Naqsbandīya. Die Türken brachten den Orden der Ḫalwatīya mit sich nach dem Jemen. Der jemenitische Šāḏilī Scheich 'Alī b. 'Umar (gest. 821 = 1418) soll es gewesen sein, der als erster den Kaffee von Ethiopien in seinem Kloster in Mukhā einführte, um die Ṣūfīs bei ihren nächtlichen Übungen wach zu halten. Er galt später als der Schutzheilige der Kaffeehausbesitzer und Kaffeetrinker.

Die Zaiditen heißen nach Zaid b. 'Alī, einem Urenkel von Muḥammads Tochter Fāṭima und seinem Vetter 'Alī. Zaid wurde bei einem schiitischen Aufstand in Kūfa im Irak im Jahr 122 (740) getötet und gilt als der Gründerimam der Zaiditen, mit dem sie sich von den übrigen Schiiten trennten. Im Gegensatz zu diesen ist das Imamat, die geistliche und politische Leitung der Gemeinde bei den Zaiditen nicht erblich, sondern kann von jedem Nachkommen 'Alīs und Fāṭimas männlicher Linie, der die erforderlichen Voraussetzungen hat, in Anspruch genommen werden. Dazu gehören vor allem hervorragende Kenntnisse in den religiösen Wissenschaften. Außerdem muß der Imam einen öffentlichen Aufruf an alle Muslime zu seiner Gefolgschaft und zum Aufstand gegen die widerrechtlichen sunnitischen Herrscher erlassen.

Die frühe Geschichte der Zaiditen war eine lange Reihe fehlgeschlagener Aufstände. Erst im Jahr 250 (864) gelang es ihnen, einen dauerhaften Zaiditenstaat im Ṭabaristān, an der Südküste des Kaspischen Meeres, zu errichten. Im Jemen wurde das zaiditische Imamat durch Yaḥya b. al-Ḥusain al-Hādī ila l-Ḥaqq (gest. 298 = 911) gegründet. Al-Hādī hatte zunächst vergebens versucht, in Ṭabaristān Anerkennung als Imam zu finden. Dann wurde er von Stämmen im Gebiet von Ṣa'da, die von ihm eine Schlichtung ihrer Fehden erhofften, dorthin eingeladen. Von Ṣa'da aus dehnte er seine Herrschaft nach Naǧrān im Norden und zeitweise nach Ṣan'ā' und Ǧaišan im Süden aus. Sein Grab in der Moschee von Ṣa'da wurde ein Wallfahrtsziel für die Zaiditen, und die Stadt ist immer das eigentliche zaiditische Kerngebiet geblieben, selbst als die Vorherrschaft der zaiditischen Religion sich später über das ganze Hochland bis Ṣan'ā' und Ḏamār erstreckte.

Die Ablehnung eines Erbanspruchs auf das Imamat erschwerte dynastische Nachfolge unter den Zaiditenimamen. Nicht selten traten Gegenkandidaten auf, die Überlegenheit in religiösem Wissen für sich beanspruchten und die Rechtmäßigkeit von Entscheidungen ihres Rivalen bestritten. Andererseits gab es auch lange Zeiten, in denen kein Kandidat für das Imamat auftrat. Die »Regierung« lag dann praktisch nur in der Hand der jeweiligen einzelnen Stammesfürsten.

Trotz ihrer revolutionären Haltung vertreten die Zaiditen insofern den gemäßigten Flügel der Šī'a, als sie die religiöse Verfehlung der sunnitischen Mehrheit der Muslime in der Regelung der Nachfolge Muḥammads relativ mild beurteilen und ihre eigenen Imame, abgesehen von 'Alī und seinen Söhnen Ḥasan und Ḥusain, nicht als sündlos und unfehlbar ansehen. Das zaiditische Recht und Ritual weicht im allgemeinen nicht weiter von den verschiedenen sunnitischen Rechtsschulen ab als diese untereinander. So enthält zum Beispiel der zaiditische Gebetsruf die allgemein schiitische Formel »Auf zum besten der Werke«. Unter den jemenitischen Zaiditen ist immer die Rechtslehre al-Hādīs maßgebend geblieben, die ihrerseits auf der seines Großvaters, des Imams al-Qāsim b. Ibrāhīm ar-Rassī (gest. 246 = 860), aufbaute. Einige bedeutende Kommentare und Ergänzungen dazu wurden auch von Imamen der kaspischen Zaiditengemeinde verfaßt. Die Beziehungen zwischen den beiden Gemeinden waren zeitweise eng, doch stand die räumliche Entfernung politischer Einheit entgegen.

Größer waren die Unterschiede zwischen Zaiditen und Sunniten in der Theologie. Hier übernahmen die Zaiditen weitgehend die Lehren der Mu'tazila und bekannten sich, entgegen dem sunnitischen Prädestinationsglauben, zu menschlicher Willensfreiheit und zu einem betont antianthropomorphistischen, abstrakten Gottesbegriff. Die Theologie der Mu'tazila war im frühen Islam auch unter den Sunniten verbreitet, wurde aber später als häretisch unterdrückt. Besonders eng waren die Beziehungen zwischen den späten Muʿtaziliten und einigen der kaspischen Zaiditenimame im 4. (10.) und 5. (11.) Jh. Als im 6. = 12. Jh. ein großer Teil der religiösen Literatur der kaspischen Zaiditengemeinde im Jemen eingeführt wurde, waren darunter auch zahlreiche muʿtazilitische Werke. Sie sind so im Jemen erhalten geblieben, auch nachdem die kaspische Zaiditengemeinde im 11. (16.) Jh. unterging.

Die Institution der Madrasa fand bei den Zaiditen wenig Anklang. Ihre religiösen Bildungsstätten waren meist in den Moscheen und an Hiǧra genannten, unter besonderem Stammesschutz stehenden Orten, die religiösen Zwecken dienten und hauptsächlich von ʿAliden und Gelehrtenfamilien bewohnt waren. Erst der Imam al-Mutawakkil Šaraf ad-Dīn (912—965 = 1506—1558) errichtete Madrasen in mehreren Städten des zaiditischen Hochlands: Kaukabān, Ṣanʿāʾ, Ṯulā und Ḏamār. Aber auch sie waren eher Moscheen, in denen zaiditische Gelehrte freiwillig ohne Besoldung unterrichteten.

Auch die Zaiditen blieben nicht ganz von häretischen Spaltungen verschont. Als der Imam al-Ḥusain b. al-Qāsim al-Mahdī im Jahr 404 (1013) bei Reida fiel, leugneten viele seiner Anhänger seinen Tod und erwarteten seine Wiederkehr als »Mahdī«. Mehrere seiner Verwandten herrschten später, ohne das Imamat für sich in Anspruch zu nehmen, da er noch am Leben sei. Zu seiner Zeit lebte auch Muṭarrif b. Šihāb, nach dem die zaiditische Sekte der Muṭarrifiten genannt ist. Er interpretierte die Schriften al-Hādīs und anderer jemenitischer Imame im Sinne einer eigenartigen Naturlehre, die Gottes Eingreifen in das Weltgeschehen nach der Schöpfung auf gelegentliche Wunder, Gnaden und prophetische Botschaften beschränkte, entgegen der allgemeinen Auffassung islamischer Theologie, nach der Gott der unmittelbare Urheber allen oder des meisten Geschehens in der Welt ist. Die Muṭarrifiten wandten sich gegen den Einfluß der kaspischen Imame und ihrer muʿtazilitischen Theologie. Beide Sekten waren lange verbreitet, sind aber ausgestorben.

Die Ismailiten gehören dem radikalen Flügel der Šīʿa an. Ihr vom Vater auf den Sohn erbliches Imamat trennte sich mit Ismāʿīl, dem Sohn des Imams Ǧaʿfar aṣ-Ṣādiq (gest. 148—765), von der Linie der in Iran und Irak vorherrschenden Zwölferschiiten. Ihren Höhepunkt erreichte die ismailitische Bewegung im Kalifat der Fāṭimiden (297—567 = 909—1171), die den Maghrib, Ägypten, Syrien und Teile Arabiens unter ihre Herrschaft brachten und ismailitische Imame waren. Nach dem Jemen kamen noch in vorfāṭimidischer Zeit zwei ismailitische Werber (Dāʿī). Ibn Haušab Manṣūr al-Yaman (gest. 302 = 915) setzte sich am Ǧabal Miswar fest, und ʿAli b. al-Faḍl al-Ǧaišānī weiter südöstlich im Bilād Yāfiʿ, von wo aus sie bald die umliegenden Gebiete eroberten. Sie waren so erfolgreich, daß der Imam, der spätere Gründer des Fāṭimidenkalifats im Maghrib, zunächst nach dem Jemen kommen wollte. Daraus wurde nichts, da ʿAlī b. al-Faḍl von ihm abfiel. Bald nach dem Tode der beiden Missionare erlitten ihre Anhänger schwere Niederlagen und wurden weitgehend ausgerottet. Doch hielt sich eine kleine Gemeinde von Anhängern der Fāṭimidenimame, und im Jahr 429 = 1038 erhob sich ʿAlī b. Muḥammad aṣ-Ṣulaiḥī, fāṭimidischer Dāʿī und Gründer der Dynastie der Ṣulaiḥiden, in Masār im Ḥarāz-Gebirge. Er eroberte den ganzen Jemen und andere Gebiete Arabiens und herrschte als Vasall des Fāṭimidenkalifen von Kairo. Unter den Ṣulaiḥiden wuchs die ismailitische Gemeinde erheblich, und jemenitische Dāʿī gewannen Anhänger in Gujerat in Indien.

Nach dem Tod des Fāṭimidenkalifen al-Āmir (524 = 1130) lehnte die ṣulaiḥidische Herrscherin as-Saiyida ab, seinen Nachfolger ʿAbd al-Maǧid als Imam anzuerkennen. Sie berief sich darauf, daß al-Āmir nach der Geburt seines Sohnes aṭ-Ṭayyib diesen offiziell zu seinem Nachfolger ernannt hatte. Über das weitere Schicksal aṭ-Ṭayyibs ist nichts bekannt. Die Mehrheit der Ismailiten im Jemen und in Gujerat hielten an seinem Imamat fest. In Abwesenheit ihres Imams ist das geistige Oberhaupt unter den Ṭayyibī Ismailiten ein »unbeschränkter Werber«, Dāʿī Muṭlaq. Bis 947 = 1567 war die Residenz des Dāʿī Muṭlaq im Jemen, wurde dann aber nach Indien verlegt, wo die Gemeinde stark angewachsen war. Nach dem Tod des 26. Dāʿī Muṭlaq (999 = 1591), war die Nachfolge umstritten, und die Gemeinde spaltete sich in zwei. Der Dāʿī Muṭlaq des Dāwūdī-Zweiges hat seinen Sitz in Indien, während der des Sulaimānī-Zweigs zumeist in Naǧrān unter den Banū Yām, die die Mehrheit seiner Anhänger ausmachten, residierte. Im Jemen ist die ismailitische Gemeinde im Laufe der Zeit durch Verfolgungen von seiten der Sunniten und Zaiditen stark zurückgegangen. Die Mehrheit lebt im Ḥarāz-Gebirge und der Stadt al-Manāḫa.

Im religiösen Recht und Kultus stehen die Ṭayyibī Ismailiten im allgemeinen den Zwölferschiiten nahe mit einigen Ausnahmen, wie der astronomischen Kalkulation zur Bestimmung von Beginn und Ende des Fastenmonats anstelle der Sichtung des Neumonds und der Ablehnung der zwölferschiitischen Zeitehe. Die Ausübung der Pflichten unter dem religiösen Recht ist für die Ismailiten die äußere (ẓāhir) Seite ihrer Religion. Die innere (bāṭin) Seite ist eine esoterische Glaubenslehre gnostischen Charakters. Sie gründet auf einer aus der Fāṭimidenzeit stammenden, neuplatonischen Kosmologie, die von den jemenitischen Dāʿī teilweise mythologisiert wurde, und einer Heilsgeschichte mit sieben prophetischen Weltzeiten. Diese esoterische Lehre wurde bis vor einer Generation vor Außenstehenden strikt geheim gehalten. Die Geheimhaltung und allerlei falsche Beschuldigungen durch gegnerische Theologen trugen zu der extremen Verketzerung der Ismailiten bei anderen Muslimen bei.

Literatur

Arendonk, C. van: Les débuts de l'Imamat zaidite au Yémen. Leiden 1960.

Ibn Samura al-Ǧaʿdī: Ṭabaqat fuqahāʾ al-Yaman. Ed. F. Sayyid. Kairo 1957.

Madelung, W.: Der Imam al-Qāsim ibn Ibrāhīm und die Glaubenslehre der Zaiditen. Berlin 1965.
idem: Art. Ismā'īliyya, in Encyclopaedia of Islam, zweite Auflage.
Ar-Rāzī: Ta'rīḫ madīnat Ṣan'ā'. Ed. Ḥusain b. 'Abd Allāh al-'Amrī. Ṣan'ā', 1401/1981.
Šaraf ad-Dīn, Aḥmad Ḥusain: Ta'rīḫ al-fikr al-Islāmī fi l-Yaman. Kairo 1968.
Strothmann, R.: Das Staatsrecht der Zaiditen. Straßburg 1912.
idem: Kultus der Zaiditen. Straßburg 1912.

Meisterwerke islamischer Buchkunst: koranische Kalligraphie und Illumination im Handschriftenfund aus der Großen Moschee in Sanaa

Hans-Caspar Graf von Bothmer

Die Große Moschee in Sanaa, eine der ältesten in der islamischen Welt, hat vor fünfzehn Jahren einen aufsehenerregenden Schatz freigegeben: einen Hort ältester Schriften, der bei der Restaurierung des Westbaus zwischen Dach und innerer, abgehängter Decke zutage kam.

Er umfaßt etwa 40.000 Fragmente. Sie stammen aus mehr als tausend verschiedenen Koranhandschriften; nur vereinzelt gibt es außerdem Reste von Dokumenten, Amuletten und nichtkoranischen Handschriften. Mehr als 700 Korane waren auf Pergament geschrieben, weitere 350—400 auf Papier. Wenn auch Papier den Muslimen schon seit dem 2. Jh. (das ist das 8. Jh. n. Chr.) bekannt war, hat es sich doch nur allmählich verbreitet und die Buchproduktion erst seit dem Beginn des 5./11. Jh.s fast ganz bestimmt. So stellen in diesem Hortfund die Pergamente — und um sie geht es im folgenden allein — zweifellos die ältere Fundgruppe dar.

Die Bundesrepublik Deutschland konnte, gestützt auf eine 1980 geschlossene Vereinbarung mit der Arabischen Republik Jemen, durch Entsendung von Fachleuten und Bereitstellung der erforderlichen technischen Ausrüstung entscheidend zur Erhaltung dieses Fundes beitragen und seiner Erforschung die Wege ebnen.

Dieser Fund bestätigt frühe Nachrichten vom hohen Rang jemenitischer Buchkunst in frühislamischer Zeit und erweitert damit das Bild der jemenitischen Kultur um einen wichtigen Aspekt. Darüber hinaus begründen die große Zahl der Fragmente und ihr hohes Alter die besondere Bedeutung des Fundes für die Kenntnis der Anfänge der Koranschreibung und für das Verständnis der Entwicklung arabischer Kalligraphie und islamischer Buchkunst allgemein.

Es ist ein seltener Glücksfall, das Entstehen einer für die islamische Welt zentralen Tradition, die in der Folgezeit über mehr als ein Jahrtausend die Herstellung von Abschriften des Heiligen Buchs bestimmt hat, in der ihrer Konstituierung unmittelbar vorangehenden Phase ausgedehnten Experimentierens unvermittelt beobachten, und nicht nur in literarischer Überlieferung reflektiert und systematisiert erfahren zu können.

Der bestimmende Eindruck ist der einer staunenswerten Vielfalt. Schon ein flüchtiger Überblick, wie ihn z. B. die schöne interne Ausstellung im »Haus der Handschriften« in Sanaa ermöglicht, macht die breite Skala unterschiedlicher Formate von miniaturhaften Taschenausgaben bis zu monumentalen Folianten, oder die Vielfalt vorkommender Schriftarten deutlich. In beiden artikuliert sich der Anspruch des Auftraggebers, sei es an die repräsentative Wirkung des fertigen Korans oder an die Zuverlässigkeit und Genauigkeit der Textwiedergabe.

Das Experimentieren betraf nicht den koranischen Text selbst. Er hat schon unter dem dritten Nachfolger des Propheten, dem Kalifen ʿUṯmān (gest. 36/656) seine kanonische, bis heute verbindliche Gestalt gefunden. Geringe Abweichungen gibt es im Bereich der Orthographie, zumeist bei Plene- bzw. Defektivschreibung oder in der seltenen Verwendung eines Synonyms anstelle eines üblichen Wortes.

Eine breitere Skala unterschiedlicher Möglichkeiten findet sich im Bereich der Zeichen, die den ursprünglichen Konsonantenbestand mit dem Ziel unmißverständlicher Wiedergabe ergänzen: mit diakritischen Zeichen, die gleich gestaltete Buchstaben zu unterscheiden erlauben, und Vokalzeichen, die überwiegend als farbige Zusatzzeichen vorkommen.

Nicht festgelegt, und deshalb konkurrierenden Lösungen zugänglich, sind die den Text anschaulich gliedernden Zusätze: Verstrenner und -zähler, Surentrenner und Markierungen für die Unterteilung des ganzen Korans in zumeist sieben, dreißig oder sechzig Teile (ich habe aber auch Vierzehntel gefunden).

Durch die Stelle, die ein Verszähler einnimmt, oder durch die Verszahl, die eine Surenüberschrift für eine bestimmte Sure nennt, rücken sie die Handschrift womöglich in einen präzis bestimmbaren Zusammenhang mit einer der »Schulen« der Verszählung. Durch die Gestalt, die diesen Zeichen gegeben wurde, sind sie (günstigenfalls) kunsthistorischer Bestimmung zugänglich. Durch den Reichtum ihrer Dekoration lassen sie Einsicht in die Kunstfertigkeit des Illuminators gewinnen und vielleicht sogar den Rang des Auftraggebers erkennen.

Die vorkommenden Schriftarten fallen in zwei Gruppen: eine Kursive, das Ḥiǧāzī (und eng verwandte Spielarten), das in Papyri des 1./7. Jh.s nächste Parallelen hat, und eine Lapidarschrift, die traditionell Kūfī genannt wird, worunter aber z. T. weit voneinander entfernte Duktus subsumiert sind.

Das Ḥiǧāzī, das hier nur in wenigen Handschriften vorkommt, wird gelegentlich als reine Gebrauchsschrift angesehen. Beispiele in diesem Fund machen aber über allen Zweifel klar, daß der Schreiber kalligraphischen Ansprüchen genügen wollte und es auch tat. Diese Schrift wird mit schmal geschnittenem Schreibrohr geschrieben und vorwiegend auf hochformatigen Blättern verwendet; Querformate, die bei den kufischen Codices überwiegen, sind selten.

Charakteristisch für diesen Duktus sind die großen Ober- und Unterlängen sowie ihre Neigung aus dem Lot (s. Abb. 1, S. 186). Eine Vertikaltendenz ist unübersehbar. Dagegen wird oft übersehen, daß die zutreffend beobachtete Dominanz der Vertikalen erst dadurch zustande kommt, daß sie sich von ebenso eindeutig artikulierten Horizontalen absetzen: die Buchstabenkörper sind so stark gestaucht, daß sie, statt sich von der imaginären Grundlinie abzuheben, diese faktisch konstituieren. Zu horizontalen Pfeilen angeordnete Punktgruppen als Verstrenner können diese Tendenz noch verstärken.

Das Kufi ist, zumal in frühen, reichen Handschriften (s. Abb. 3 u. 6, S. 186), ältesten Inschriften in Stein und Mosaik nahe verwandt. Das Rohr ist breiter zugeschnitten. Je nachdem, wie die Feder vom Ansatz weggeführt wird, sind haarfeine oder breite Striche möglich; aus ihrem Wechsel lebt die Schrift. Die Buchstaben sind ähnlich gedrungen wie die gestauchten des Ḥiǧāzī, es fehlen aber die weiten Ausschläge der Hasten.

Weder im Falle der Ḥiǧāzī noch in dem des Kufi ist es bisher gelungen, geographische Unterschiede sicher zu benennen. Wenn al-Hamdani von einem eigenen san'anischen Duktus spricht, dann ist er vermutlich unter den Varianten des Kufi zu suchen. Auf der Suche nach ihm ist nicht nur auf eine — möglicherweise minimale — Abweichung von der (unzureichend bestimmten) Norm zu achten, sondern sinnvollerweise auch darauf, daß die favorisierte Variante unter den Fragmenten in Sanaa hinreichend häufig vertreten sein sollte.

Unter den großformatigen hochrechteckigen Koranen, die in Ḥiǧāzī geschrieben sind, verdient einer besondere Aufmerksamkeit: es ist ein Palimpsest (s. Abb. 1, S. 186). Unter der kräftig dunkelbraunen Schrift sind hellbraune Spuren einer älteren erkennbar. Diese Schrift ist vom Pergament abgewaschen worden, damit es abermals verwendet werden konnte. Deshalb, und wegen der weitgehenden Überlagerung beider Schriften, ist die ältere schlecht faßbar, und es wird besonderer Vorkehrungen bedürfen, damit sie gelesen und weiterer Untersuchung zugänglich gemacht werden kann. Soviel aber läßt sich erkennen: auch bei der getilgten Schrift handelt es sich um den Korantext.

Für diesen Palimpsest-Koran wurde eine Entstehung im 1./7. Jh. angenommen. Das erscheint plausibel, wobei offen bleiben kann, ob schon die erste Hälfte des Jh.s in Frage kommt. In jedem Fall ist es bei Annahme einer so frühen Entstehung besonders interessant zu wissen, welche Gründe zur Aufgabe der ersten Version geführt haben. »Natürlicher« Verfall der Handschrift innerhalb weniger Jahrzehnte ist unwahrscheinlich, umso mehr, als die Blätter abermals genutzt wurden. So liegt es nahe, daran zu denken, ob die Textfassung geeignet war, Anstoß bei Theologen zu erregen. Das müssen künftige Untersuchungen klären.

Hier steht das Äußere der Handschrift in Frage. Die Ähnlichkeit beider Schriften ist groß, aber doch nur eine desselben Duktus. Genaues Hinsehen zeigt Unterschiede der Buchstabenformen: z. B. des Lam-Alif, oder darin, daß das Alif der ersten Version stärker nach rechts geneigt und zugleich kräftiger gebogen ist. Außerdem hat der zweite Schreiber, anders als der erste, diakritische Zeichen verwendet. Und unterschiedlich ist auch die Markierung der Versenden: die erste Fassung verwendet vom Schreiber gesetzte Punktreihen aus 4—8 Punkten, die den Oberlängen der Buchstaben parallel geneigt sind; die zweite Fassung dagegen verwendet zu Dreiecken geordnete, ebenfalls vom Schreiber stammende Punktgruppen. Farbige Markierungen für die Zehner sind erst nachträglich in die zweite Fassung eingefügt worden; dabei sind Fünfziger und Hunderter durch eigene Formen ausgezeichnet. Die Hunderter verwenden ein charakteristisches, in himyaritischer Kunst vielfach vorkommendes Blütenmotiv. Farblich sind die Verszähler den beiden erhaltenen farbigen Surentrennern nahe verwandt. Da an anderen Stellen die Suren durch einfaches Freilassen einer Zeile voneinander abgesetzt sind, spricht auch das dafür, daß die Surentrenner nicht zur Erstausstattung der zweiten Fassung gehören: doch bleibt bemerkenswert, daß man auch dann eine einheitliche Behandlung der Abschnitt-Markierung nicht für nötig gehalten hat.

Die Forschung hat bisher angenommen, die Entwicklung koranischer Illumination habe mit kleinen, eher beiläufigen Ornamenten, wie Verszählern, begonnen und erst später zur Verwendung regelrechter Zierleisten geführt. Interessanterweise kann diese Fragmentgruppe zu dieser Frage einen wichtigen Beitrag leisten, der jener Annahme widerspricht. Denn während auf den rund zwei Dutzend erhaltenen Blättern Verstrenner in der ersten Fassung nur in der beschriebenen Art als Punktreihe zu finden sind, hat die abgewaschene erste Fassung schon Zierleisten besessen; drei sind erkennbar erhalten. Ihre Muster sind einfach und haben ihre nächste Parallele in einem von Grohmann bekanntgemachten Papyrusfragment, das er ins 1./7. Jh. datiert hat. Ob diese Leisten ehemals farbig waren, muß offen bleiben.

Etwa jeder achte Pergamentkoran war illuminiert: mit Zierleisten zwischen den Suren oder mit Ornamenten am Rand neben einer Surenüberschrift; mit Umrahmungen des Schriftspiegels dort, wo eine wichtige Zäsur war, oder mit ganzseitigen Ornamenten vor oder nach einer solchen Stelle.

Die Beschäftigung mit den illuminierten Fragmenten hat zu einer Reihe interessanter Ergebnisse geführt. Die wichtigsten sind die Unterscheidung zwischen jemenitischer und nicht-jemenitischer Illumination und die Erstellung einer relativen Chronologie. Darauf soll jetzt nicht eingegangen werden; ich beschränke mich vielmehr darauf, die Illumination knapp nach Gruppen zu charakterisieren.

Jemenitische Illumination der Frühzeit läßt sich in fünf Gruppen einteilen. Manche lassen sich genau definieren und abgrenzen; andere umfassen neben klar in ihrer Eigenart bestimmbaren Handschriften auch solche, die anderen Gruppen nahestehen. Insgesamt ist bei dieser Einteilung eine gewisse Randunschärfe hinzunehmen, die gerade aus einem wichtigen Faktum zu resultieren scheint:

einer die Gruppen überfassenden Verwandtschaft und Zusammengehörigkeit, die durch die Annahme zeitlicher und örtlicher Nähe der Entstehung verständlich wird. (Es ist verlockend, wäre angesichts völligen Fehlens historischer Nachrichten dazu aber verfrüht, aus den bisherigen Beobachtungen auf die Praxis der Buchherstellung im Jemen frühislamischer Zeit zu schließen.)

1. Nur wenige Ḥiǧāzī-Handschriften enthalten Illumination; keine von ihnen weist eine konstante Zeilenzahl auf. Die Surentrenner sind — z. T. zweifarbige — Zeichnungen, oder mit deckenden Farben gemalt. Geometrische Motive wie Kreise oder Rauten werden gereiht; oder Zickzackbänder bilden Dreiecke, können aber auch zu selbständigen Figuren verwandelt werden.

2. In der nächsten Gruppe überwiegt die Zeichnung. Typisch sind mit der Feder gezeichnete (gelegentlich zweifarbige) Surentrenner. Doch erscheint es sinnvoll, dieser Gruppe auch buntfarbene Beispiele zuzuweisen (die wie kolorierte Zeichnungen wirken): einmal wegen eng verwandter Motive hier und da, in denen die Unterteilung der Leisten in rechteckige oder quadratische Felder und deren Füllung und Belebung durch unterschiedlich kombinierte Bögen eine Hauptrolle spielen (vereinzelt sind auch architektonische Motive verwendet: siehe Abb. 4, S. 186); dann, weil sich in einer Handschrift, von der etliche Fragmente erhalten sind, neben graphischen Surentrennern auch zwei von Anfang an farbige befanden. Anders als in allen anderen Gruppen werden aquarellartig durchsichtige Farben verwendet. Nichtkonstante Zeilenzahl in neun Handschriften dieser Gruppe spricht, neben anderem, für die frühe Entstehung; die übrigen haben, von einer Ausnahme abgesehen, 13—19 Zeilen pro Seite.

3. Die meisten Codices der durch den Farbklang Gelb-Orange-Grün bestimmten Gruppe haben zwischen 14 und 17 Zeilen; nur eine hat — noch — wechselnde Zeilenzahl. Es werden vegetabile Motive und einfache Flechtbandornamente bevorzugt (s. Abb. 5, S. 186).

4. Am deutlichsten von den anderen unterscheidet sich die Gruppe von Illuminationen, die durch das Farbpaar Rot-Grün charakterisiert ist (s. Abb. 7—9, S. 187). Sie finden sich nur in Handschriften mit einer Zeilenzahl zwischen 13 und 16. Geometrische Muster überwiegen; Vegetabiles konzentriert sich in den Abschlußfiguren, den auf die Ränder reichenden »Ansae«. Auf dem inneren Rand findet sich bevorzugt eine Ansa in Form einer »Stufenvase mit Blättern«.

5. Die Gruppe der »Großen umayyadischen Korane« umfaßt nur drei Handschriften — 20zeilig alle drei —, die sich durch die außergewöhnliche Qualität ihres Kufi, das Hochformat (das sie von den übrigen Handschriften mit kufischer Schrift unterscheidet) und ihre monumentalen Ausmaße von allen anderen absetzen (siehe Abb. 3 u. 6, S. 186). In zweien dieser Codices wurde der Schriftspiegel durchgehend oder teilweise gerahmt, und sie beide sind im Motivbestand am offensichtlichsten dem spätantiken Erbe verpflichtet. Einer dieser Korane (s. u.) kann in das frühe 2./8. Jh. datiert werden.

Die Tatsache, daß es zwischen diesen Gruppen vielfältige Zusammenhänge gibt, und der Umstand, daß zu jeder dieser — von ihrer Illumination her definierten — Gruppen eine weitaus größere Zahl nahe verwandter nicht illuminierter Handschriften gehört, vor allem aber auch ihr anschaulicher Charakter, rückt sie ab von einer völlig anders gearteten Gruppe illuminierter Handschriften, die vermutlich außerhalb des Jemen entstanden sind. Die nicht-jemenitische Illumination, wie sie in diesem Fund erhalten ist, lebt aus dem Gold, ob es sich um einfache Rahmen, prächtige Surentrenner oder streng organisierte Ornamentseiten handelt. Auch bei größtem Motivreichtum und kompositorischer Dichte eignet diesen Werken eine Art unsinnlichen Glanzes, der der lebendigen Fülle der reichsten Werke jemenitischer Illumination fremd ist, mögen sie auch von gleichem Rang sein.

Unter den illuminierten Handschriften sind die nicht-jemenitischen mit über 40 Prozent stark vertreten; im Gesamtbestand ist ihr Anteil weitaus geringer, denn es fehlen weitgehend ihnen verwandte nicht illuminierte Manuskripte. Das überrascht nicht; im Gegenteil, es erscheint einleuchtend, daß vor allem durch ihre Ausstattung (das kann auch hervorragende Kalligraphie sein, s. Abb. 10, S. 187) ausgezeichnete Codices von weither nach Sanaa gekommen sind.

Wegen der nach wie vor geringen Kenntnisse über frühislamische Buchkunst ist es zu früh, über die Herkunft dieser Handschriften Vermutungen anzustellen.

Der abschließende Versuch, aus den rund 25 Fragmenten des größten der »großen umayyadischen Korane« seinen dekorativen Aufbau zu erkennen, soll zugleich das Außergewöhnliche dieser Handschrift verdeutlichen.

Wie alle jüngeren Korane beginnt auch schon dieser mit dem Text auf einer rechten Seite. Hier steht die 1. Sure, eine der kürzesten. Sie benötigt nicht die volle Größe des Schriftspiegels. So reduzierte ihn der Kalligraph und gewann damit Platz für einen 10 cm breiten Rahmen, bestehend aus hellem Flechtbandwerk zwischen goldenen Akanthusranken. Gegenüber stand der Anfang der 2. Sure; er ist verloren, war aber gewiß ebenso gerahmt. Die nächsten Öffnungen des Codex brachten den Text in ganzer Schriftspiegelgröße, zunächst noch in einer 1,5 cm breiten Rahmenleiste: schmaler als der erste Rahmen, aber kleinteiliger und farblich lebendiger. Im größten Teil der Handschrift bestand die Illumination nur aus prächtigen Surentrennern zwischen erlesen kalligraphiertem Text (s. Abb. 3, S. 186). Einmal dominieren geometrische Muster, ein andermal vegetabile; fast immer sind beide Elemente miteinander verquickt. Gegen Ende der Handschrift taucht eine schmale Rahmenleiste wieder auf, und schließlich werden die letzten Suren, die kurzen, wieder jede für sich vom breiten Rahmen gefaßt. Erstaunlicherweise ist vom Surentrenner vor Sure 100 bis hin zur letzten, der 114. Sure, eine Steigerung gewonnen, indem ein Motiv zu immer komplexerer Fülle geführt ist.

Schon durch sein dekoratives System steht dieser Koran allein, unterschieden von allem Überlieferten. Vollends offenbar wird seine Einzigartigkeit, sobald man sich den Seiten zuwendet, die dem Text unmittelbar vorausgehen.

Es gibt eine großartige, von einem achtstrahligen Stern beherrschte Titelseite; die erste vollständige Öffnung aber zeigt zwei ganzseitige Bilder: das einer Hofmoschee links (Abb. 2, S. 185), das einer vierschiffigen Gebetshalle mit zweigeschossiger Wandgliederung und ein auf den Mihrab hinführendes Querschiff auf der rechten Seite. Auf überraschende Weise sind Grund- und Aufriß miteinander kombiniert. Bei allem Detailreichtum, der auch das Interesse des Malers am »Funktionieren« dieser Bauten erkennen läßt, sind es doch entschieden Bilder, die ihren Sinn im Darstellen und zugleich im Auszeichnen der besonderen Bauten durch Reichtum der architektonischen so gut wie der dekorativen Details haben. Dem Versuch, im Vertrauen auf die offenbare Genauigkeit Rekonstruktionen der gemeinten Bauten zu unternehmen, stellen sich unerwartete Schwierigkeiten in den Weg; was nicht Bild wurde, ist nicht einmal andeutungsweise präsent.

Gegenüber der rechten Moschee vom Typ der Umayyadenmoschee in Damaskus, ist die Hofmoschee einfacher gebildet. In ruhigem Gleichmaß folgt Bogen auf Bogen, in jedem hängt eine Licht gebende Moscheeampel (eines monumental nicht überlieferten Typs), deren Funktionieren, auch hier, durch Zeigen ihrer Inneneinrichtung gewährleistet ist. Die Gebetsnische, flankiert und ausgezeichnet durch gekuppelte Säulen, bezieht sich über die Breite zweier Joche auf den Maß gebenden Hof, dessen denkmalartiges Blumenbukett — betont und ausgegliedert zugleich durch den inneren Flechtbandrahmen — sich mit den Blattmotiven der Arkadenzwickel ebenso in Beziehung setzt wie mit den Paradies-Assoziationen wekkenden Blüten- und Baumgruppen seitlich des Mihrab.

Das Motivrepertoire, aus dem der Maler schöpfen konnte, umfaßt alles, was in der Spätantike lebendig gewesen und der Kunst unter den Umayyaden zugekommen war. In ihr — ihrer Architektur so gut wie in ihrer Malerei (als Fresko und als Mosaik), in Stuck, Metallarbeiten und Stoffen — findet jedes Detail der Illuminationen dieser Handschrift ihre nächsten Verwandten.

Der Handschriftenfund von Sanaa gibt Anlaß, darüber nachzudenken, in welcher Weise Reformen unter den Umayyaden nicht nur dem politischen Gebilde ihres islamischen Reichs — durch Straffung seiner Organisation —, sondern auch seiner sinnlichen Vergegenwärtigung Grenzen gesetzt und, mutmaßlich, neue Richtungen gewiesen haben. Es bedarf weiterer Klärung, ob und wieweit sich dabei eine frühe schlichte Tradition gegenüber der in diesem Prachtkoran gegenwärtigen spätantiken Überlieferung durchsetzen konnte.

Literatur

1. allgemein

Bergsträßer, Gotthelf — Otto Pretzl: Die Geschichte des Korantexts (= Geschichte des Qorāns von Theodor Nöldeke, Bd. 3). Leipzig 1938 (Nachdr. Hildesheim 1981), bes. Kap. 3: Die Koranhandschriften, S. 249—274.

Grohmann, Adolf: The problem of dating early Qur'āns, in: Der Islam, 33, 1958, S. 213—231.

Endress, Gerhard: Die arabische Schrift, in: Grundriß der arabischen Philologie, Bd. I Sprachwissenschaft, hrsg. von W. Fischer. Wiesbaden 1982, S. 165—209.

Endress, Gerhard: Handschriftenkunde, a. a. O. S. 271—315.

Déroche, François: Les manuscrits du Coran. Aux origines de la calligraphie coranique (= Bibliothèque Nationale, Dépt. des manuscrits, Catalogue des manuscrits arabes, Deuxième partie, manuscrits arabes, tome I, 1). Paris 1983.

2. zum Handschriftenfund in Sanaa

Puin, Gerd-R.: Restaurierung und Katalogisierung arabischer Handschriften in Ṣan'ā': Das Kulturhilfeprojekt des Auswärtigen Amtes, in: Jemen-Report 16/1, 1985, S. 7—9.

Puin, Gerd-R.: Methods of research on Qur'anic manuscripts — a few ideas, in: Maṣāḥif Ṣan'ā' (= Ausstellungs-Katalog, Nationalmuseum Kuwait, März—Mai 1985), S. 9—18.

Dreibholz, Ursula: Conservation of manuscripts, a. a. O. S. 24—32.

Bothmer, Hans-Caspar Graf von: Frühislamische Koran-Illuminationen: Meisterwerke aus dem Handschriftenfund der Großen Moschee in Sanaa/Yemen, in: Kunst & Antiquitäten, 1986/1, S. 22—33.

Bothmer, Hans-Caspar Graf von: Koran-Illumination frühislamischer Zeit in Handschriftenfragmenten aus der Großen Moschee in Sanaa, 2 Bde. (Katalog und Kommentar), in Vorbereitung.

Jemenitische Architektur im Mittelalter

Ronald Lewcock

Als, wie es die Überlieferung besagt, noch zu Lebzeiten des Propheten Muḥammad die ersten islamischen Bauwerke im Jemen errichtet wurden, da fanden sich im Lande bereits jene wesentlichen Elemente, die man heute allgemein als die Grundlagen des islamischen Stils ansieht: hellenistischer, byzantinischer und persischer Einfluß einerseits, und daneben ein Element, dessen Bedeutung man gar nicht deutlich genug hervorheben kann, nämlich die einheimische alt-arabische Architektur-Tradition. Wenn man die bemerkenswerte Kontinuität im Stil südarabischer Wohnhausarchitektur zum Vergleich heranzieht, so ist es wahrscheinlich, daß diese südarabische Bautradition auch in den ersten Jahrhunderten des Islam, in denen sich der neue Stil entwickelte, noch in öffentlichen Gebäuden und im Wohnhausbau fortlebte.

Was den hellenistischen Einfluß anbelangt, so scheint er sich in der Architektur deutlich später durchgesetzt zu haben als in der plastischen Kunst. Die ältesten Architekturelemente, an denen wir spätgriechische Charakteristika erkennen können, liegen ungefähr gleichzeitig mit der Ausbreitung des Christentums im 3. und 4. Jahrhundert.[1] Christliche Kirchen wurden in Südarabien, wie die Überlieferung berichtet, im 4. Jahrhundert in Najrān errichtet; eine berühmte Kirche entstand im Jahre 354 in Ẓafār. Kein ihr mit Sicherheit zuweisbares Fragment hat sich erhalten. Stilistisch gesehen erscheint es zwar möglich, daß Säulen und Kapitelle in Ḥaddah Ghulays von dieser Kirche stammen, da sie jedoch keine christlichen Symbole zeigen, können sie ebensogut aus einer Synagoge oder einem profanen Gebäude herrühren[2]. Der Stil ist jedenfalls deutlich hellenistisch.

Im 6. Jahrhundert, von dem an man von einem byzantinischen Einfluß im eigentlichen Sinne sprechen kann, wurde er durch die — auch im Namen des Christentums erfolgte — abessinische Besetzung des Landes verstärkt.

Persischer Einfluß kann in Architektur und Kunsthandwerk der Sabäer durchaus eine Rolle gespielt haben, wirkliche Bedeutung dürfte er aber erst während der kurzen Besetzung des Landes durch die Sassaniden im späten 6. und frühen 7. Jahrhundert gewonnen haben.

Das 6. Jahrhundert: Die Kathedrale von Ṣanʿāʾ

Über die abessinische Besetzung Jemens (etwa 523—525) hat sich umfangreiches dokumentarisches und archäologisches Material erhalten. Der byzantinische Kaiser Justin I. hatte den Negus aufgefordert, den Jemen als Vergeltung für die Massentötung der Märtyrer von Najrān zu erobern.[3] Nach dem erfolgreichen Abschluß ihrer Kampagne erwählten die Abessinier Ṣanʿāʾ zu ihrer Hauptstadt und beschlossen, hier eine bedeutende Kathedrale zu errichten, die das Zentrum des Christentums in Arabien werden sollte, und — so hoffte man — auch die Anhänger der heidnischen Pilgerriten von Mekka[4] zu dem neuen Glauben führen sollte. Zu diesem Zweck sandte der Kaiser aus Konstantinopel griechische »Arbeiter und Mosaiken und Marmor«[5]. Man darf vermuten, daß mit dem Ausdruck »Arbeiter« die Architekten gemeint waren, die die Planung und den Bau der Kathedrale überwachen sollten. Die Legende, daß Christus selber nach Ṣanʿāʾ gekommen sei und an einer bestimmten Stelle sein Gebet verrichtet habe[6], diente dazu, die Errichtung eines Martyrions am östlichen Ende dieser großen Basilika zu rechtfertigen. Durch dieses Martyrion befand sich die Kathedrale von Ṣanʿāʾ in der Gesellschaft der berühmten Pilgerkirchen zum Heiligen Grab in Jerusalem (328—336) und der Geburtskirche in Bethlehem (vor 333).

Frühe islamische Texte haben uns eingehende Beschreibungen der Kathedrale von Ṣanʿāʾ überliefert[7]. Sie befand sich auf dem Gelände der (heutigen) Altstadt. Um die Kirche war ein freier Platz, der ihre Umkreisung nach dem äthiopischen Ritus erlaubte. Die Außenmauern besaßen zwischen den Steinen Balkenverstärkungen, die mit ihren Endstücken aus der Wand hervorragten. Diese Bautechnik, die auch für die frühen Kirchen in Äthiopien gebräuchlich war, läßt sich heute noch an den Stelen von

1 Vgl. P. Costa »Antiquities from Ẓafār«, in: Annali dell' Istituto Orientale di Napoli 33 (1973), S. 185—206, der sich auf Grohmann's Diskussion hellenistischer Säulentypen im Jemen (Adolf Grohmann, »Arabia«, in: Enciclopedia Universale dell' Arte, Venezia—Roma 1958, vol. I, col. 476 ss, besonders 546) stützt, sowie auf die hellenistischen Fundstücke, die an oder nahe der Oberfläche des antiken Ẓafār gefunden wurden.

2 P. Costa, op. cit. Abb. XXV.

3 Vgl. Procopius, »History of the Wars«, hrsg. von H. B. Dewing, London 1958, I, S. 188 f., S. 191—196 ff.; Photius, »The Library of Photius«, translated by J. H. Freese, London 1924; Chrysostomos Papadopoulos, »Church History of Alexandria«, Alexandria 1935, S. 443.

4 Aus einer verloren gegangenen Handschrift von al-Ṭabarī, aus der Abū Ṣāliḥ in seinem Werk »Churches and Monasteries of Egypt, and some neighbouring countries«, wörtlich zitiert (Übersetzung von B. T. A. Evvets, Oxford 1895), fol. 1106—1112, S. 300—301);
vgl. ferner den von al-Azraqī zitierten Brief Abraha's an den Negus — dazu unten.

5 Al-Ṭabarī, »Tāʾrīkh al-Rusul wa 'l-Mulūk«, hrsg. de Goeje, I, Serie 9312—9973.

6 Al-Azraqī, »Kitāb Akhbār Makkah«, hrsg. von F. Wüstenfeld, Leipzig 1895, S. 89 (diese Stelle übersetzt von R. B. Serjeant in: Serjeant and Lewcock, »Ṣanʿāʾ, an Arabian Islamic City«, London 1983).

7 Z. B. al-Azraqī; Yāqūt, Geogr. Wörterbuch III, S. 49; sowie al-Ṭabarī, nach dem oben genannten Zitat bei Abū Ṣāliḥ, und in seinem oben genannten Tāʾrīkh.

Axum beobachten. Nach der Beschreibung befand sich jeweils zwischen zwei Reihen von behauenen ashlar-Steinen eine Lage dreieckiger Steine unterschiedlicher Farbe, die auf diese Weise einen Fries bildeten. Oben endete die Mauer mit mehreren Reihen kontrastierend gefärbter Steine — weiß und schwarz, gelb und weiß — wodurch eine breite dekorative Brüstung gegen den blauen Himmel entstand.

Der Eingang der Kathedrale lag an ihrer Westseite, an der sich eine hohe Freitreppe aus Alabaster erhob, da das gesamte Gebäude auf einem mehr als 5 m hohen Sockel stand. Die Türen waren vergoldet und mit silbernen Beschlagnägeln geschmückt. Im Innern betrat man zuerst die dreischiffige Haupthalle, beinahe 50 m lang und 25 m breit. Getragen wurde sie von Säulen aus edlem Holz, mit Farben, Gold und silbernen Beschlagnägeln verziert. Daran schloß sich ein 12 m breites gewölbtes Querschiff an; seine Bogen waren mit Mosaiken ausgelegt, Bäume, Pflanzen und goldene Sterne darstellend. Schließlich gelangte man zu dem überkuppelten Martyrion, dessen Durchmesser fast 20 m betrug. Auch seine Wände waren mit einem Mosaik — ineinander verwobene goldene und silberne Kreuze — belegt. In der Mitte (oder in der östlichen Wand?) der Kuppel befand sich eine Alabasterscheibe, deren Licht die Augen blendete[8]. Der Fußboden des Bauwerks bestand aus farbigem Marmor. Das Querschiff scheint vom Hauptschiff durch Bögen auf marmornen Pfeilern getrennt gewesen zu sein, deren Öffnungen durch ein »wunderbar geschnitztes« Gitter aus Ebenholz und anderen wertvollen Hölzern, mit Elfenbein eingelegt, geschlossen waren. Vor den Altären befand sich offenbar eine Ikonostase mit vergoldeten Türen, geschmückt mit edlen Steinen »und in der Mitte eines jeden Türpaneels brachte er ein goldenes Kreuz mit einem roten Karfunkel in der Mitte an, und um diese Juwelen herum befanden sich erhabene Blumen verschiedener Farbe, so daß der Betrachter von Staunen ergriffen war«[9].

In der Geburtskirche zu Bethlehem entsprach die Einteilung von Schiff und Martyrion fast genau dem gleichen Plan. Aus Ausgrabungen wissen wir, daß das Martyrion in Bethlehem polygonal geformt war und der innere Durchmesser 16 m betrug.

Im ältesten Teil von Ṣanʿāʾ liegt das bis heute »al-Qalīs«, »Die Kirche«, genannte Viertel. Im Zentrum dieses Viertels befindet sich — etwa 75 m westlich der Zitadelle — ein tiefes Loch, dessen Ummauerung Grundmauern aus groben Steinen, von axumitischem Typ, sowie einen polygonalen Grundriß erkennen lassen. Der Durchmesser beträgt von Nordwest nach Südosten 12,45 m, und von Südwesten nach Nordosten 14,65 m. Die Grundmauern sind etwa 8 m stark. Da es im alten Ṣanʿāʾ nicht gut zwei polygonale Kirchen dieses Ausmaßes gegeben haben kann, haben wir hier wirklich die Grundmauern des Ostteils der Kathedrale vor uns. Von dem Martyrion aus erstreckte sie sich noch etwa 60 m weit nach Westen; an der Stelle, die wir als die ursprüngliche Westfassade der Kathedrale ansehen müssen, befinden sich heute einige Häuser, deren Front an einem kleinen Platz liegt, auf den vier Straßen aus vier verschiedenen Richtungen zulaufen. Diese Stelle lag nur etwa 50 m außerhalb des Sūqs, der sich damals noch am Rande der Stadt befand, etwa 250 m östlich des alten Königspalastes Ghumdān.

Al-Azraqi bemerkt in seiner Beschreibung der Kathedrale von Ṣanʿāʾ, sie sei rechteckig gewesen. Danach könnte das Oktogon in die weitergeführte äußere Umfassungsmauer eingeschlossen gewesen sein. Eine solche ebenmäßige Form für die Gesamtanlage findet deutliche Parallelen in späteren äthiopischen Bauten. Die Kuppel — oder vielleicht eher das über ihr errichtete Dach — scheint genau wie in Bethlehem über das übrige Bauwerk hinausgeragt zu haben. Zweifel könnte man allerdings haben, ob sie wirklich eine Höhe von 60 dhirāʿ erreichte, also 29 m, obwohl dies andererseits im Land der Turmhäuser nicht unmöglich erscheint.

Die Kathedrale blieb während der ersten Jahre des Islam bestehen. Noch für mehrere Jahrhunderte wird auch ein Bischof von Ṣanʿāʾ erwähnt[10]. Bereits im Jahre 684 wurden jedoch die schönsten der Mosaiken abgenommen, um den Neubau der Kaʿba in Mekka zu schmücken[11]. Wir lesen sodann, daß die Kathedrale zwischen 753 und 775 niedergerissen wurde. Im Jahre 753/754 fanden in der Großen Moschee umfangreiche Baumaßnahmen statt. Aus diesen Daten läßt sich schließen, daß damals die christlichen Spolien, die sich heute noch in der Großen Moschee befinden, in sie gelangten.

Neben einem umfangreichen Bestand vorislamischer heidnischer Antiken — von denen einige aus dem 5. Jahrhundert v. Chr. stammen — sind in der Großen Moschee neun christliche Kapitelle, Teile von drei Säulen und zwei Säulenbasen verbaut, sowie — wenn sich auch deren Herkunft nicht mehr bestimmen läßt — mehrere geschnitzte hölzerne Türpfosten, Teile von Balken und Verkleidungen aus einer hölzernen Decke. Der wichtigste Hinweis, den uns diese Spolien geben können, besteht darin, daß sie uns die christlichen Kirchen von Ṣanʿāʾ als eine vereinfachte Form des hauptstädtisch-byzantinischen Stils des 6. Jahrhunderts zu definieren erlauben. Die Kapitelle und Säulen haben die gleiche Form wie in Konstantinopel. In ihrer sehr massiven Form zeigen sie ein leicht variierendes Muster von jeweils zwei einander gegenübergestellten flachen Akanthusblättern, die einen halbkreisförmigen Bogen auf einer jeden Schauseite des Kapitells bilden. Üblicherweise umschließen diese Blätter ein griechisches Kreuz. Von einem anderen Kapitell-Typ mit einem traditionelleren Akanthus-Motiv haben sich zwei Beispiele in der Moschee erhalten. Die Säulen ha-

8 Al-Ṭabarī bei Abū Ṣāliḥ.

9 Der Sinn des arabischen Textes ist nicht klar.

10 Von Thomas von Marga (ca. 837—850 n. Chr.), »The Book of Governors«, translated by E. Wallis Budge, London 1893, II, S. 448. Noch im Jahre 911 n. Chr. werden die Christen in Ṣanʿāʾ als eine »beschützte Gemeinschaft« erwähnt (vgl. Serjeant and Lewcock, op. cit.).

11 Masʿūdī, »Prairies«, S. 192 f.

ben Zylinderform und sind mit ineinander verschlungenen Ranken von Weinstöcken in einem charakteristischen byzantinisch-späthellenistischem Muster verziert.

Die Ṣanᶜāʾ-Kapitelle des erstgenannten Typs sind den Kapitellen, die die deutsche Axum-Expedition von 1911 an der Stelle der Großen Zion-Kirche von Axum fand, außerordentlich ähnlich[12]; allerdings zeigen die erhaltenen Exemplare aus Axum keine Kreuze an den vier Schauseiten des Kapitells. Einer der Axum-Typen weist indes auf jeder Seite des Kapitells zwei Paare von Blättern auf, und über ihnen ein griechisches Kreuz (nicht in der Mitte wie in Ṣanᶜāʾ). Doch scheint es auch hierzu eine Parallele in der großen Moschee zu geben; man kann die entsprechenden Kapitelle aber nicht gut genug erkennen, da sie auf den Kopf gestellt und als Säulenbasen verwendet wurden.

Den gleichen Stil zeigen ferner eine Anzahl Fragmente, die man auf dem Gelände des antiken Ẓafār fand. Ein Steinrelief ist besonders interessant: Es stellt ein rechteckiges Fenster in einem gestuften Rahmen dar, begrenzt von einem byzantinischen Bogen mit Akanthusblättern, der auf gedrehten Säulen mit entgegengesetzt gedrehten Kapitellen ruht[13]. Diese Verbindung zeigt, wie der alte vorchristliche südarabische Stil neben dem neuen byzantinischen fortlebte.

Sollten die Sassaniden nach ihrer Besetzung des Jemen (ca. 574) bedeutendere Bauten errichtet haben, so haben sie sich jedenfalls nicht erhalten. Die hölzerne kuppelartige Konstruktion vor dem Miḥrāb der Großen Moschee von Ṣanᶜāʾ zeigt allerdings einen sassanidischen Typ. Daraus kann man schließen, daß sie möglicherweise nach einem ähnlichen Modell im Palast des sassanidischen Gouverneurs von Ṣanᶜāʾ erbaut wurde. Daß solche Paläste — oder zumindest Audienzhallen — im Jemen errichtet wurden, ergibt sich mit sehr großer Wahrscheinlichkeit aus der nahen architektonischen Verwandtschaft einiger früher Moscheen (beispielsweise der weiter unten behandelten Moschee von Shibām/Kaukabān) mit der sassanidischen »apadana« in ihrer traditionellen altertümlichen, achämenidischen Form[14].

Es gibt schließlich auch noch einige Säulen, Kapitelle und reliefierte Skulpturteile aus dem Jemen mit deutlich sassanidischem Einfluß, doch läßt sich bei ihnen schwer entscheiden, ob sie aus der Zeit der sassanidischen Besetzung des Landes oder erst aus frühislamischer Periode stammen.

Frühe islamische Architektur

Al-Hamdānī — nach einem von al-Rāzī überlieferten Zitat — schrieb im frühen 10. Jh. n. Chr., daß vier Moscheen im Jemen noch zu Lebzeiten des Propheten Muḥammad errichtet worden seien. Er zählt dann — offenbar in der Reihenfolge ihrer Erbauung — die Moschee von Al-Janad bei Taᶜizz, die Große Moschee von Ṣanᶜāʾ, die Jabbānah-Moschee bei Ṣanᶜāʾ und die Moschee von Farwah ibn Musayk, ebenfalls bei Ṣanᶜāʾ, auf[15]. Alle vier haben sich in der einen oder anderen Form bis heute erhalten.

Die Moschee von al-Janad bei Taᶜizz wurde von einem der Gefährten des Propheten errichtet, von Muᶜādh b. Jabal. Sein Bauwerk, »eine schöne Moschee«, war Zentrum einer Pilgerfahrt, die »dem Besuch der Heiligen Plätze von Mekka, und sogar den Riten der Pilgerfahrt als gleichwertig galt. Die Sitte, einmal im Jahr nach al-Janad zu wallfahrten, verbreitete sich mehr und mehr, bis sie schließlich als eine der religiösen Zeremonien galt, die zu einer Pilgerfahrt nach Mekka gehörten«[16]. Der nubische Sklave Ḥusayn ibn Salāmah, Wazīr von Zabīd (ca. 981—1011 n. Chr.) erneuerte das Bauwerk[17]. Seine Moschee wurde dann um 1105 von al-Muffaḍḍal ibn Abī ʾl-Baratāt, dem Minister der Königin Arwā bint Aḥmad, in Steinbauweise »vollständig neugebaut«, mit Ziegeln an ihrer Südseite. Wenig später, um 1130, wurde sie beim Angriff auf die Stadt in Brand gesetzt und weithin zerstört[18], um 1184 aber, nach der ayyūbidischen Eroberung, von Tughtakin, dem Bruder Saladins, wiederhergestellt: »Er stellte die Moschee wieder her und erhöhte sie um den sichtbaren Teil, aus Ziegeln errichtet«[19]. Diese Form behielt die Moschee im wesentlichen bis zum Jahre 1973/74, als sie in sehr unglücklicher Weise »renoviert« wurde. Dabei wurden zahlreiche Elemente vernichtet, die eine ernsthafte archäologische Untersuchung ermöglicht hätten.

Die Moschee von al-Janad besitzt einen weiten, von Arkaden umgebenen Innenhof, der, wie dies schon ᶜUmārah im 12. Jh. bemerkte, auf den ersten Blick dem Innenhof der Moschee des Ibn Ṭulūn in Kairo ähnelt[20]. Halb aus den Seitenflügeln ragten 2 Minarette empor, sehr ähnlich den beiden Minaretten der Großen Moschee von Ṣanᶜāʾ. In jüngerer Zeit ist davon nur noch eines bekannt: ein schlanker, oktagonaler Schaft mit einem herausragenden Balkon und einer ebenfalls achteckigen Laterne. Dieses Minarett läßt sich ziemlich sicher mit der ayyūbidischen Wiederherstellung der Moschee in Verbindung bringen, doch schließt seine Form nicht aus, daß es bereits auf die Moschee des Ḥusayn ibn Salāmah zurückgeht. Der zylindrische Schaft auf der Laterne mit seinem charakteristischen konischen Abschluß dürfte während einer der beiden osmanischen Besetzungen Jemens hinzugekommen sein.

Mehr und älteres hat sich bei der zweitältesten Moschee Jemens, der Großen Moschee von Ṣanᶜāʾ erhalten. Auch

12 E. Littmann, D. Krencker, Th. von Lüpke, »Deutsche Aksum Expedition«, 4 Bände, Berlin 1913, Band II, S. 106.

13 P. Costa (wie vor), Abb. XXII, Fig. 5.

14 Vgl. K. A. C. Creswell, »Short Accounts of Early Muslim Architecture«, London 1958, S. 158.

15 Vgl. al-Rāzī, »Tāʾrīkh Sanᶜāʾ«, Damaskus 1974, S. 232 f. Al-Rāzī dürfte etwa um 460 H = 1073 n. Chr. geschrieben haben.

16 ᶜUmārah al-Ḥakamī, »Yaman«, translated by H. C. Kay, London 1892, S. 10.

17 H. C. Kay, op. cit., S. 9 f.

18 Al-Janadī, »Kitāb al-Sulūk«, sowie al-Khazrajī, »al-ᶜUqūd al-lūʾlūʾiyyah; vgl. ferner H. C. Kay, op. cit., S. 294.

19 Vgl. al-Janadī bei H. C. Kay, op. cit., S. 259 f.

20 Vgl. H. C. Kay, op. cit., S. 10.

sie war ursprünglich von einem Gefährten des Propheten, vermutlich von Farwah b. Musayk, errichtet worden[21]. Die frühen islamischen Quellen betonen, daß der Plan der Moschee auf einer Weisung des Propheten beruhte, und daß der Prophet sowohl die Lage als auch die genaue Größe des Gebäudes angab. Trifft dies zu, so muß es sich bei dieser Moschee von Anfang an um ein sehr großes Bauwerk gehandelt haben, da sich die westliche Mauer der Moschee auch heute noch an der Stelle des ursprünglichen westlichen Grenzsteines befindet, einem natürlichen Felsen, der im Garten des Schlosses Ghumdān stand, dem Garten Bādhān's, des letzten persischen Statthalters. Obwohl die Ostwand der Moschee in späterer Zeit weiter nach außen verlegt wurde, um die Moschee zu vergrößern, muß die Entfernung vom westlichen Grenzstein bis zur ursprünglichen Ostwand von Anbeginn an wenigstens 55 m betragen haben. Außerhalb der nördlichen Qiblah-Mauer wurde das große Grab eines vorislamischen »Propheten« errichtet[22], wohl in der Tradition der an den Außenmauern der vorislamischen Tempelumfassungen des Jemen gelegenen Gräber.

Da in der Großen Moschee noch keine archäologische Grabung stattfand, läßt sich derzeit nicht mit Bestimmtheit sagen, ob irgendwelche heute noch vorhandenen Bauelemente auf dieses ursprüngliche Bauwerk zurückgeführt werden können. Andererseits müssen wir angesichts des Ausmaßes der Gesamtanlage davon ausgehen, daß sie von Anfang an einen Innenhof besaß und deshalb in gewissem Maße den vorislamischen Tempeln entsprach, die den Baumeistern damals noch in Ruinen vor Augen standen.

Wie die Moschee ursprünglich im einzelnen aussah, läßt sich nicht mehr genau feststellen, da sie um 707 n. Chr. auf Befehl des umayyadischen Kalifen al-Walīd »gebaut und erweitert« wurde. Sein Statthalter erweiterte sie — wie al-Rāzī[23] in der Mitte des 11. nachchristlichen Jahrhunderts schreibt — »von da, wo die Qiblah war, bis hin zu der Stelle, wo die Qiblah heute ist«. Dieser Neubau unter al-Walīd dürfte die Art von Außenansicht der Großen Moschee geschaffen haben, wie sie sich noch heute darstellt. Die ursprüngliche Moschee war dagegen kleiner gewesen. Deshalb wurde jetzt auch das Prophetengrab außerhalb der Nordseite der Moschee abgebrochen, um Raum für den Neubau der Qiblah-Mauer und die entsprechende Erweiterung der nördlichen Gebetshalle zu schaffen, wodurch auch die Fläche des Innenhofs mehr als verdoppelt wurde. Zugleich kann man annehmen, daß die westliche und südliche Außenmauer erhalten blieben.

Innen besaß die al-Walīd-Moschee einen Miḥrāb, einer der frühesten nachgewiesenen Miḥrābs[24]. Ferner besaß sie »Inschriften und wunderbare Stuckarbeiten«[25]. Das Dach der Moschee wurde von Arkaden getragen, die auf den verschiedensten Säulen und Kapitellen südarabischen Stils ruhten. Die Verwendung von Arkaden läßt sich vermutlich mit den byzantinischen und sassanidischen Arkadenbauwerken, die in den Jahren zuvor in Ṣan'ā' errichtet wurden, erklären. Der große Palast Ghumdān, der sich neben der Moschee erhoben hatte, und um 632 auf Befehl des Kalifen 'Uthmān zerstört worden war, lieferte zweifelsohne einen Gutteil der Steine, der vorislamischen Inschriften und Architekturelemente, die sich noch heute in der Großen Moschee verbaut finden. Nach einer alten Überlieferung soll auch die Türe in der Qiblah-Mauer, durch die der Imam die Moschee betrat, aus Ghumdān stammen und zu jener Zeit in die Moschee eingebaut worden sein. Sie ist mit Metall überzogen (heute bemalt); die unteren Paneele zeigen paarweise reliefierte Bögen, die oberen Inschriften in alt-südarabischer Schrift.

Als die 'Abbāsiden die Macht im arabischen Reich ergriffen, wurden die kufischen Inschriften auf den Außenmauern, die die umayyadischen Kalifen zur Erinnerung an ihre Bautätigkeit hatten anbringen lassen, entfernt oder verstümmelt[26]. Den 'Abbāsiden sind jedoch nicht nur diese Beschädigungen, sondern vor allem der bedeutsame Umbau des 8. Jh.s zu danken. Nach einer im Innenhof erhaltenen Inschrift gehörte die Große Moschee zu den Moscheen, die auf Befehl des 'abbāsidischen Kalifen im Jahre 753/754 renoviert wurden. Es ist davon auszugehen, daß die vorzüglichsten christlichen Kapitelle und Säulen aus der zu jener Zeit zerstörten Kathedrale bei diesem Umbau in der Moschee neue Verwendung fanden und an den Stellen, wo sie den alten Bau noch weiter verschönern konnten — eine Säule unmittelbar vor dem Miḥrāb — eingefügt wurden.

Eine Quelle aus dem Jahr 911/912 berichtet von einem Minarett der Großen Moschee[27]. Wann es errichtet wurde, wissen wir nicht, doch scheint es auf das 8. oder 9. Jh. zurückzugehen[28]. Al-Walīd's Moschee in Medina (ca. 707) weist ebenfalls Minarette auf.

875/876 wurde die Moschee durch ein großes Hochwasser stark beschädigt; umfangreiche Reparaturarbeiten waren erforderlich[29]. Wahrscheinlich wurde bei dieser Gelegenheit die Decke, die der in der Moschee von Shibām/Kaukabān ähnelt (dazu weiter unten), errichtet[30]. Für das

21 Ibn Rustah, »Kitāb al-A'lāq« (vor 903 n. Chr.). Seine Beschreibung Ṣan'ā's ist übersetzt von Serjeant, in: Serjeant and Lewcock, op. cit. Für eine ausführlichere Beschreibung und historischen Abriß der Großen Moschee vgl. das Kapitel von Lewcock, Rex Smith, Serjeant und Costa, in: Serjeant und Lewcock, op. cit.

22 Ibn Rustah, »Kitāb al-A'lāq al-Nafīsah«, geschrieben um 903 n. Chr., hrsg. von de Goeje, in: Bibliotheca Geographorum Arabicorum, Leiden 1892 VII.

23 Op. cit., S. 214.

24 Vgl. Encyclop. of Islam, Stichwort Mamar (III, 231).

25 Al-Rāzī, s. 214.

26 Dies schließt G. R. Smith aus dem Stil der Kalligraphie, sowie daraus, daß es keinen erkennbaren anderen Grund für die absichtliche Beschädigung dieser — gewiß aus der Zeit vor dem 10. Jh. stammenden — Inschriften gibt.

27 Al-Janadī, in der Übersetzzung bei Kay, S. 200. Auf Grund seiner Bauweise kann man schließen, daß das östliche Minarett älter ist.

28 Hugh Scott, »In the High Yemen«, London 1942, vermerkt, daß beide Minarette im Jahre 878 errichtet wurden, nennt dafür jedoch keine Quelle. Form und Bauweise beider Minarette sind unterschiedlich: das östliche aus Ziegeln und viereckig, das westliche aus Stein und im Innern zylindrisch.

29 Al-Rāzī, op. cit.

30 Al-Janadī, op. cit.; al-Ḥajarī, »Masājid Ṣan'ā'«.

Abb. 2: Koranseite mit ganzseitigem Bild einer Hofmoschee, aus einem umayyadischen Prachtkoran. Jemen (?), frühes 2./8. Jh. (quer betrachten).

Abb. 1: Koranseite (Sure 32 : 20 — 33 : 6) einer Palimpsest-Handschrift, im unteren Viertel Zierleiste der 1. Version. Jemen, 1./ 7. Jh. (?).

Abb. 3

Abb. 4

Abb. 5

Abb. 6

Abb. 7

Abb. 8

Abb. 3: Kufische Kalligraphie und illuminierter Surentrenner bei Sure 74, in einem Prachtkoran der Umayyadenzeit. Frühes 2./8. Jh. Sanaa, Haus der Handschriften.

Abb. 4: Gezeichneter Surentrenner mit architektonischen Motiven; vor Sure 29, 1.–2./7.–8. Jh. Sanaa, Haus der Handschriften.

Abb. 5: Farbiger Surentrenner zwischen Sure 45 und 46, in einem Koran des 2./8. Jh.s. Sanaa, Haus der Handschriften.

Abb. 6: Kufische Kalligraphie und illuminierte Trennleiste zwischen Sure 69 und 70, in einem der »Großen umayyadischen Korane«. Sanaa, Haus der Handschriften.

Abb. 7: Surentrenner der Rot-Grün-Gruppe, 3./9. Jh. Sanaa, Haus der Handschriften.

Abb. 8: Kufische Schrift mit reicher Illumination am Anfang von Sure 10, 2./8. Jh. Sanaa, Haus der Handschriften.

Abb. 10: Kufische Kalligraphie und illuminierter Verszähler. Nicht-jemenitisch, 3.–4./9.–10. Jh.? Sanaa, Haus der Handschriften.

Abb. 10

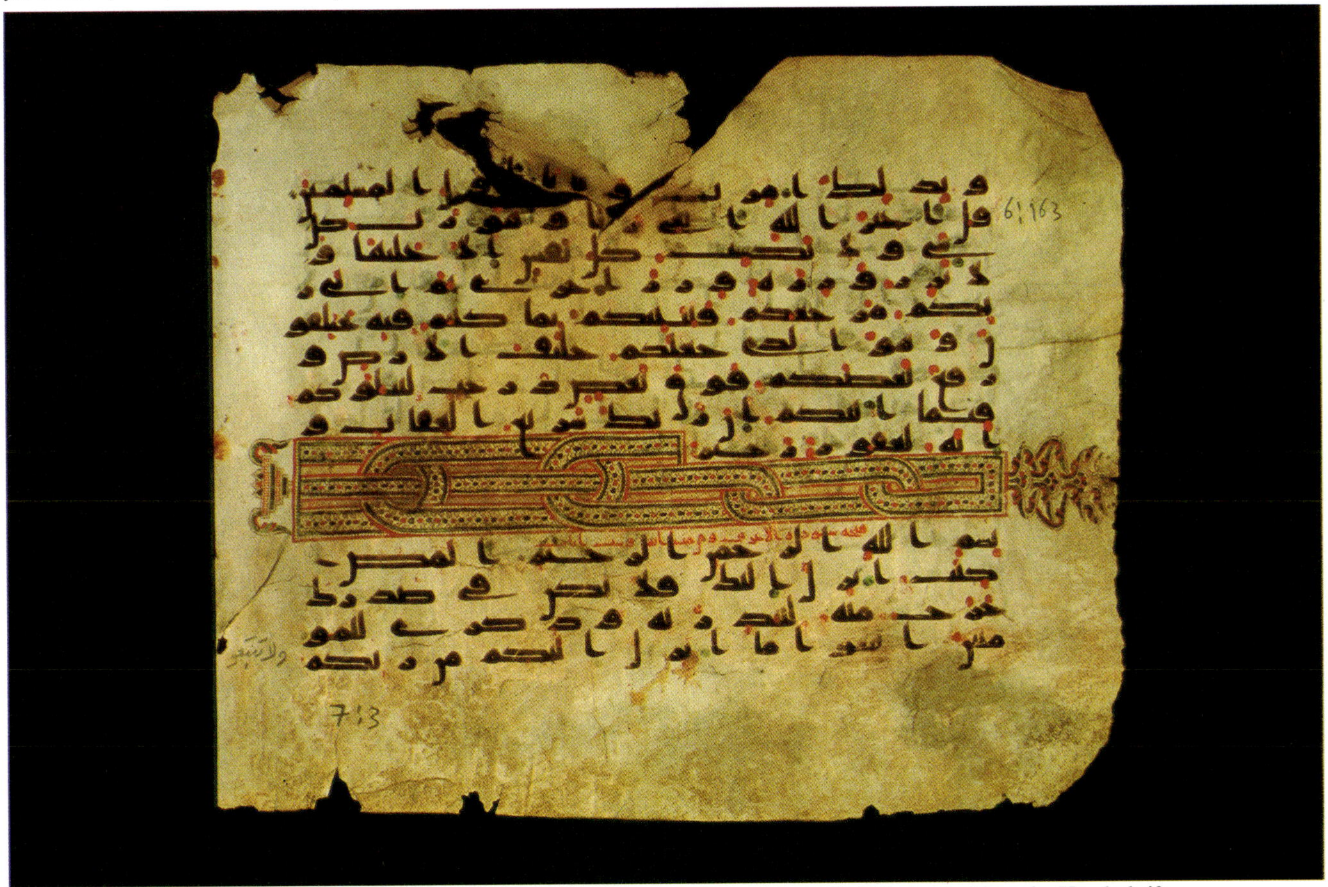

Abb. 9: Surentrenner der Rot-Grün-Gruppe, mit Stufenvase und Blättern am inneren Rand, 3./9. Jh. Sanaa, Haus der Handschriften.

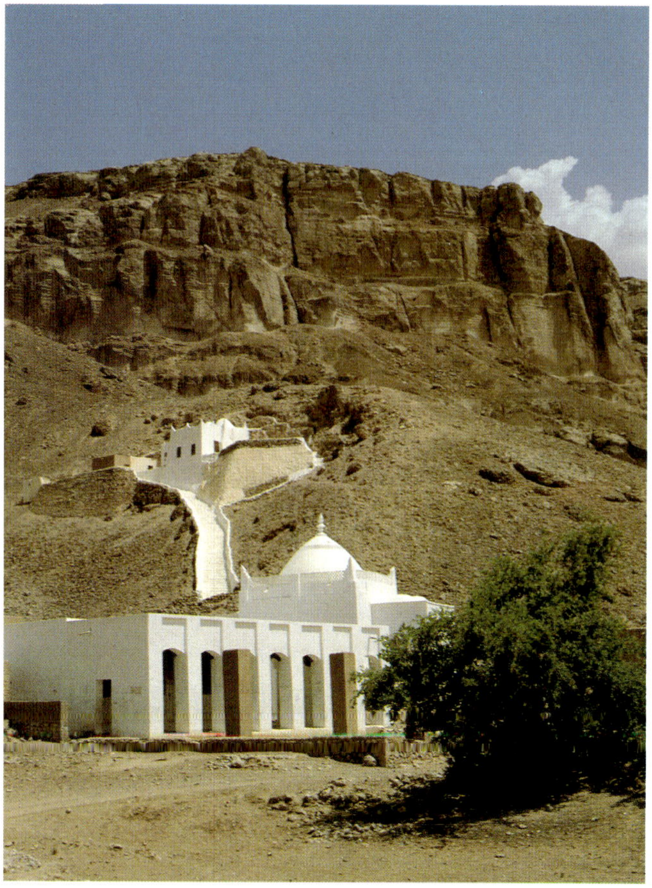

Grab des Saiyid Aḥmad bin ʿIsā al-Muhādjir (im Inneren Ḥaḍramūt, zwischen Saiʾyūn und al-Ghurfa), dem Stammvater der Saiyids des Ḥaḍramūt (4. Jh. H.). Die beiden Grabkapellen nehmen das Schema der vorislamischen Tempelanlagen auf.

Seite 189: Gelehrsamkeit und Religion gehören im Jemen eng zusammen.

Koranschule und Waschanlage (links) in Alt-Sanaa.

Vor der al-Miḥḍār-Moschee in Tarim (Ḥaḍramūt).

Geschnitztes Heiligengrab (Ghail ʿUmar, Ḥaḍramūt).

Maschrabīya-Fenster im Ḥaḍramūt. Seite 191: Koranleser in Schahāra.

Die Stadtfassade der Muẓaffarīya, darüber die Festung al-Qāhira.

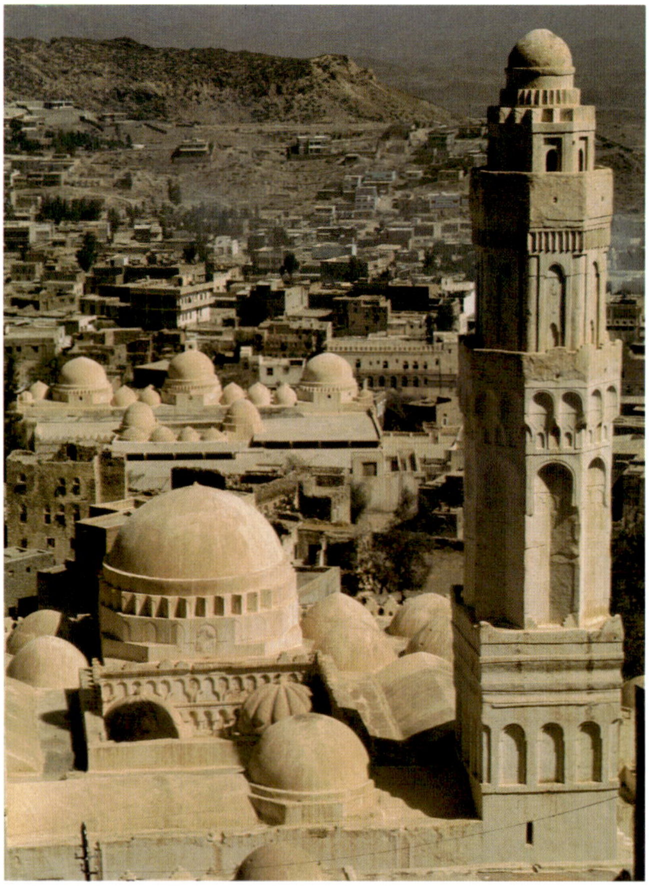

Links: Taiz, Blick von der Aschrafiya-Moschee über die Muẓaffarīya auf die Stadt.

Seite 193: In der Moschee al-Dschanad (al-Janad) bei Taiz, der noch zu Lebzeiten des Propheten — von Maʿād bin Dschabal gegründeten (wohl zweitältesten) Moschee des Jemen.

Die Stadt Ibb.

Tal bei Ibb — der »grünen Provinz«.

Seite 195: Bei Manācha

Altstadt von Taiz. Man erkennt die Fassade der al-Muẓaffarīya, und dahinter die beiden Minarette der al-Aschrafīya.

In der Arwā-Moschee in Djibla.

Seite 197: Sanaa — die Wunderstadt Arabiens.

Silberne Männer-(Gürtel-)Börse (maḥfaẓa).

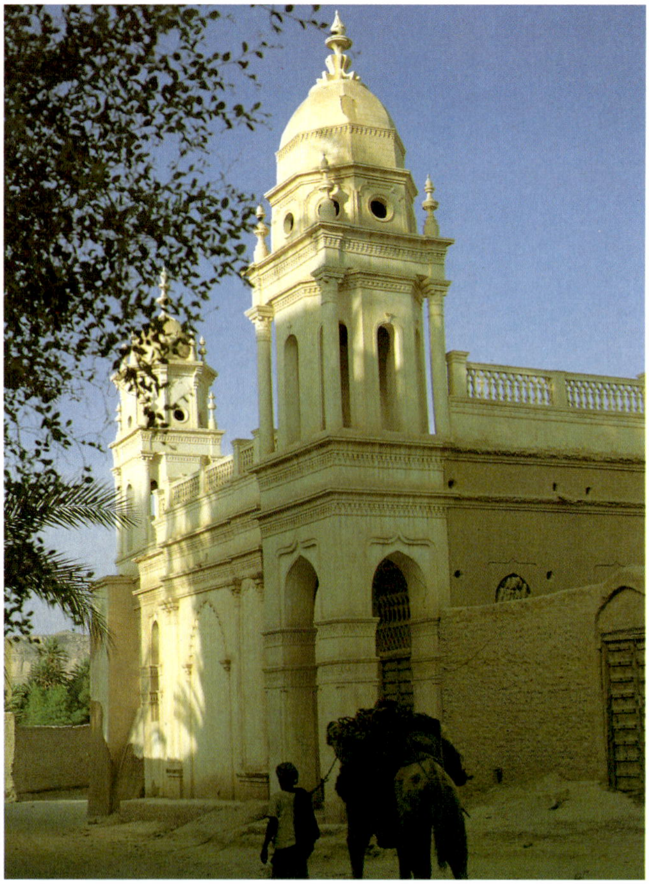

Links: Keine Kirche in Kolumbien — sondern feudaler Stadtpalast der al-Kaf in Tarīm (Ḥaḍramūt).

Seite 199 unten: Beit Schaʿr — ein Haus aus Haar, das schwarze Zelt der Wüste. (Āl-Schidschān — gehören zum Stamme Hamdān — bei al-Ḥazm). Im Hintergrund erkennt man die mit gewebten Borten verzierte Kamelsänfte (tūma), mit der die Braut nach der matrilokal gefeierten Hochzeit ins Zeltlager der Familie ihres Bräutigams gebracht wird.

Al-Ḥauṭa bei ʿAzzān (Provinz Schabwa).

Die Moschee von Jufrus (Straße Taiz—Turba).

Moschee des Imāms al-Hādī Yaḥyā in Saada (Außenansicht).

Jahr 911/912 wird überliefert, daß einer der ismailitischen Führer die Moschee absichtlich unter Wasser setzte und das Wasser so lange stehen ließ, »bis die Frische der Dekoration der Decke verblaßt war«. Diese Überflutung muß das gesamte Bauwerk erheblich beschädigt haben und könnte die unmittelbare Ursache für die weniger als ein Jahrhundert später erforderlich werdende Einziehung einer neuen niedrigeren Decke mit einer weniger aufwendigen Bemalung notwendig gemacht haben. Von der alten, höheren Decke haben sich lediglich vier Breiten am Westende erhalten, wo man alle unbeschädigten Deckenfragmente zusammenfügte[31].

Nach einer Quelle aus dem 17. Jh.[32] wurde der Ostflügel im Jahre 1130/1131 durch die Königin Arwā bint Aḥmad außerhalb des alten Baues vollständig neu errichtet, wodurch sich eine erneute Erweiterung des Innenhofes ergab. Die von den ʿAbbāsiden beschädigten Inschriften des 8. Jh.s wurden in der neu errichteten Ostwand an ihrer ursprünglichen Stelle wieder eingelassen. Auch wurde diese Wand in der gleichen Bautechnik wie ihre Vorgängerin errichtet. Arwā ließ jedoch die gesamte Decke im Ostflügel höher ansetzen und sie durch prachtvoll geschnitzte Tragebalken, dazwischen Paneele mit einer unendlichen Vielfalt zierlicher Dekorationen, schmücken. Zur gleichen Zeit wurde die im 10. oder 11. Jh. ziemlich roh wiederhergestellte Decke der nördlichen Gebetshalle in einer dazupassenden Weise ausgemalt. Schließlich wurde auch die Decke im Westen auf die Höhe der Ostdecke angehoben und erhielt eine ähnliche gemalte Dekoration.

Nun zu den Minaretten und den kleinen Bauwerken im Innenhof: Wie die auf den Minaretten angebrachten Inschriften bezeugen, wurden sie im Jahre 1206/1207 erneuert oder wiederhergestellt. Das überkuppelte Archiv für Moschee-Urkunden in der Mitte des Innenhofs wurde im Jahre 1603 während der ersten osmanischen Besetzung errichtet. Es ist nicht bekannt, ob sich an dieser Stelle vorher ein Gebäude befand, obwohl man annehmen kann, daß auch vorher hier ein ähnliches Schatzhaus über einem Brunnen stand, so wie es al-Walīd auch in den anderen von ihm erneuerten Moscheen errichtet hatte.

So haben also viele Jahrhunderte an der Großen Moschee von Ṣanʿāʾ gebaut, doch läßt sich ihre heutige Gestalt im wesentlichen auf das 8. und 9. Jahrhundert n. Chr. zurückführen.

Ein Wort noch zu der oben erwähnten kuppelartigen Holzkonstruktion vor dem Miḥrāb. Sie endet oben in Alabasterfenstern, die heute durch die Jahrhunderte schwarz geworden sind und von außen mit Gips überzogen wurden. Derartige Konstruktionen wurden in Persien von achämenidischer Zeit an über bedeutenden Hallen errichtet. Dieses Architektur-Element zur Erhellung eines Hallendaches könnte demnach unmittelbar vor dem Islam mit den Sassaniden in den Jemen gelangt sein[33].

Die alte Jabbānah-Moschee bei Sanaa war der Ort für das Gebet unter freiem Himmel für die beiden Festtage des muslimischen Jahres. Der Prophet hatte niedergelegt, daß dieser Gebetsplatz außerhalb der Stadt liegen sollte; für Ṣanʿāʾ wurde ein Ort nördlich der Stadtmauer gewählt. Die Jabbānah-Moschee bestand aus einer steinernen Umschließung mit einem gepflasterten Innenhof und einem Miḥrāb in der Mauer. Diese Mauer wurde verschiedentlich erneuert, vor allem im Jahre 1015/1016[34]. Zu Beginn des 20. Jahrhunderts wurde die Innenfläche durch Verschiebung der südlichen Umfassungsmauer verdoppelt und der Miḥrāb erneuert.

Die vierte noch zu Lebzeiten des Propheten errichtete Moschee, die des Farwah b. Musayk al-Murādī, wurde von diesem Prophetengefährten gebaut, während er den Bau der Jabbānah überwachte. Das kleine Gebäude wurde von dem osmanischen Statthalter Ḥasan Pasha im Jahre 1588 weitgehend erneuert; eine Renovierung erfolgte nach 1972, so daß kaum Anhaltspunkte für den früheren Bauzustand erhalten blieben[35].

Die hervorragendste frühe Moschee im Jemen und zugleich die am besten erhaltene ist die Moschee von Shibām/Kaukabān. Sie ermöglicht einen Eindruck davon, wie eine große südarabische Moschee im 9. Jahrhundert n. Chr. ausgesehen hat[36].

Umschlossen wird sie von einer gewaltigen Steinmauer mit nur ganz wenigen Öffnungen. Nur an einer Stelle — an der südöstlichen Ecke — ragte ein als Minarett dienendes Gebäudeteil ein wenig über diese Mauer hinaus. Innen befand sich ein quadratischer Innenhof, an allen vier Seiten von hohen Steinsäulen umgeben, die auf hölzernen Tragebalken eine flache Dachkonstruktion trugen. Irgendwann nach der Mitte des 9. Jahrhunderts wurden diese seitlichen Hallen durch Errichtung einer Schutzwand zum Innenhof vor den Unbilden des Wetters geschützt. Diese Wand ruht auf Bögen, über ihr befinden sich bogenförmige Alabasterfenster, und abgeschlossen wird sie durch eine krönende Arkade sassanidischen Typs.

Die nördliche Gebetshalle ist das größte Meisterwerk der Moschee. Die Beschreibung, die Ibn Jubayr im Jahre 670 n. Chr. für die Große Moschee in Kūfah gab, paßt sehr gut auch auf die Moschee von Shibām/Kaukabān: »Die Hallen werden von masthohen Säulen getragen, die aus Stück für Stück übereinandergesetzten steinernen Säulentrommeln bestehen ... und nicht von Bogen überwölbt werden, unendlich hoch, strecken sie sich bis zur Decke der Moschee«[37]. Die Säulen der Moschee von

31 Al-Janadī, op. cit., S. 200. Al-Janadī schrieb, man habe Spuren der Wasserlinie in der Moschee noch zu seiner Zeit (ca. 732 H. = 1331 n. Chr.) sehen können.

32 Sayyid Yaḥyā b. al-Ḥusayn, »Anbāʾ al-Zaman«.

33 Für eine eingehendere Diskussion dieses Problems, vgl. Serjeant and Lewcock, op. cit.

34 Vgl. die Übersetzung der Inschrift (G. R. Smith, in: Serjeant and Lewcock, op. cit.).

35 Al-Ḥajarī, op. cit., S. 89.

36 Eine eingehende Beschreibung dieser Moschee findet sich in R. B. Lewcock and G. R. Smith, »Two Early Mosques in the Yemen«, Art and Archaeology Research Papers, London IV (1973), S. 117—130.

37 Vgl. die Übersetzung durch de Goeje, S. 211.

Shibām/Kaukabān sind 8 m hoch und tragen Kapitelle mit einem Palmettenmuster, das letztlich auf hellenistische Vorbilder zurückgeht. Oben wurde bereits erwähnt, daß diese Moschee der persischen Königshalle vom »apadana«-Bautyp entspricht, deren Namen von der »Säulenhalle« der achämenidischen Herrscher abgeleitet ist[38]. Wie diese besitzt auch die Gebetshalle in Shibām/Kaukabān eine prachtvolle Decke mit reich geschnitzter und bemalter Holzarbeit, die aus 24 großen Paneelen, von denen keines dem anderen gleicht, 18 kleineren Paneelen, sowie einer Anzahl geschnitzter Tragebalken besteht.

Zwei vor dem Miḥrāb liegende Deckenpaneele besitzen quadratische, über das Dach hinausreichende Lichtöffnungen, mit Alabasterscheiben versehen. Heute sind sie, da schon lange schwarz geworden und von außen übergipst, kaum noch zu erkennen. Die gesamte Decke war, soweit sie nicht geschnitzt war, bemalt — überwiegend in roten, blauen und goldenen Tönen. Die Decke ist vorzüglich erhalten und stellt eines der hervorragendsten Beispiele früher islamischer Holzarbeiten dar.

Der Minbar ist in die Qiblahwand einbezogen, die an dieser Stelle nach außen auskragt, während die Wand hinter dem Miḥrāb keine Ausbuchtung zeigt. Die Paneele der Shibām/Kaukabān-Decke aus dem späten 9. Jh. entsprechen völlig den erhaltenen älteren Paneelen der Großen Moschee in Ṣanʿāʾ, die man deshalb der gleichen Epoche zuweisen kann. Eine Anzahl anderer kleinerer jemenitischer Moscheen besitzt ähnliche Decken. Deren hervorragendstes Beispiel ist die kleine Moschee von Ṣarḥah (etwa 15 km von Yarīm), die in das späte 10. oder in das 11. Jh. n. Chr. zu datieren ist[39]. Sie besitzt 5 erhöhte Lichtluken vom Typus der Lichtluken der Moschee von Shibām/Kaukabān, die symmetrisch in den quadratischen Grundriß der Moschee eingebaut sind.

Die Große Moschee von Ṣaʿda, die ehrwürdigste Moschee der Zayditen, muß noch in vertiefter Weise untersucht werden. Gegründet wurde sie nach dem Jahre 901 n. Chr. von al-Hādī Yaḥyā, dem ersten zayditischen Imam, der in der 6. Generation von Fāṭima und ʿAlī, Tochter und Schwiegersohn des Propheten Muḥammad, abstammte. Es handelt sich um eine Moschee mit Innenhof, mit einer sehr tiefen Gebetshalle, deren Außenwände vermutlich auf den Gründungsbau zurückreichen. Ein hohes Minarett, das man stilistisch in das 10. Jh. datieren kann, erhebt sich in der Mitte des Innenhofes, einer Stelle, die in anderen jemenitischen Moscheen völlig unbekannt ist und auch sonst nur ganz selten anzutreffen ist. Ein zweites, niedriges Minarett, erhebt sich in der Südostecke des Gebäudes. Eine Anzahl Grabstätten zayditischer Imame mit sorgfältig gerieften Kuppeln und reicher Innenausstattung befindet sich an der Südseite des ersten Innenhofs der Moschee. Deren älteste scheinen in ihrer heutigen Form auf das 13. und 14. Jh. zurückzugehen, doch könnten sie auch Neubauten älterer Grabanlagen sein. Die Moschee wurde im 17. Jh. nach der Vertreibung der Osmanen aus dem Jemen umfassend erneuert.

Zabīd, die wichtigste Stadt in der Tihāmah, wurde im Jahre 819/820 von Ibn Ziyād gegründet, der sie für eine kurze Zeit zur Hauptstadt des gesamten Jemen erhob. Die Freitagsmoschee und eine Reihe anderer Moscheen aus dem 9. und 10. Jh. wurden, als Zabīd Hauptstadt der Ayyubiden war, umfassend umgebaut, ebenso später, unter den Rasūliden.

Die Freitagsmoschee von Zabīd hat einen Innenhof-Grundriß mit dem Minarett auf der Seite, gleichen Typs wie bei der Moschee von al-Janad. Gekrönt wird das Minarett von einer facettierten Kuppel im ʿabbāsidischen Stil, die dem aus dem 12. Jh. n. Chr. stammenden Grabe von Jubayd in Baghdad entspricht. Wohl proportionierte Spitzarkaden gliedern die Moschee und umgeben den Innenhof. Ihre Innenbögen sind noch vielfach mit eleganten Stuckreliefs im Kairoer Stil des 14. Jh.s geschmückt. Tragebalken und Paneele der Decke sind in leuchtenden Farben mit dekorativen Mustern verziert. Der prächtige Stuck-Miḥrāb ist rasulidischen Stils.

Aden und die östlich davon gelegenen Küstenstädte besaßen ebenfalls frühe Moscheen, doch scheint sich dort fast nichts erhalten zu haben, was über das 15. und 16. Jh. n. Chr. hinausreicht — mit Ausnahme der Moschee von Shiḥr, auf die wir weiter unten noch zu sprechen kommen werden.

Die älteste heute noch stehende Moschee des Ḥaḍramaut ist vermutlich die Freitagsmoschee von Shibām. Es gibt Anhaltspunkte dafür, daß Teile des Gebäudes auf das frühe 10. Jh. zurückgehen, da sich gebrannte rote Ziegel — eines im Ḥaḍramaut völlig unüblichen Typs — ganz unten in den Ecken des Bauwerks fanden. Diese roten Ziegel passen zu der Legende, wonach die Moschee während der Regierungszeit des Kalifen Harūn al-Rashīd von Architekten aus dem Irak errichtet (oder erneuert) wurde. In ihrer heutigen Form dürften die Arkaden der Moschee aus dem 14. Jh. stammen. Das steinerne Minarett — wie man es noch in frühen Fotografien deutlich erkennen kann, heute jedoch mit jemenitischer Gipsdekoration verziert — könnte älter sein.

Die ʿAbd Allāh-Moschee in Būr soll die Überreste des ursprünglichen Bauwerks noch enthalten, das der Sohn des Saiyid Aḥmad ibn ʿĪsā al-Muhājir nach 955 n. Chr. errichten ließ. Das Gebäude ist jedoch weitgehend in die Grundmauern der späteren Moschee einbezogen, die im 15. Jh. über ihm errichtet wurde. Nur der sehr tiefe rechteckige Miḥrāb der ursprünglichen Moschee ist noch erhalten; aus ihm läßt sich wenig über Stil oder Charakter des ersten Bauwerks schließen.

Andere Ḥaḍramī-Moscheen, die als sehr alt gelten — etwa die des Sirjīs und die des Bā ʿAlawī in Tarīm — scheinen auf Grund stilistischer Merkmale Neubauten des 15. oder 16. Jh.s zu sein. Kein einziges ihrer Architekturelemente läßt sich ohne weiteres den frühen Jahrhunderten des Islam zuweisen.

38 Op. cit., S. 13.

39 Nach Qāḍī Ismaʿīl al-Akwaʿ stammt sie aus dem späten 10. Jh. Für Argumente, die für eine Datierung des Gebäudes auf ein Jahrhundert später sprechen, vgl. Barbara Finster, »Die Moschee von Ṣarḥa«, in: Baghdader Mitteilungen X (1979), S. 229—242.

Die Epochen der Ṣulayḥiden, Rasūliden und Ṭāhiriden

Dhū Jiblah war die Hauptstadt der späten Ṣulayḥiden. Die Freitagsmoschee des Städtchens wurde im Jahre 1088 von der Königin Arwā bint Aḥmad errichtet.[40] Die Moschee zeigt deutlich fāṭimidischen Einfluß, insbesondere in ihrer Kalligraphie und der Dekoration. Auch dies ist eine Innenhof-Moschee. Die Gebetshalle ist vom fāṭimidischen Typ, mit einem erhöhten Mittelschiff, das vom Innenhof auf die Mitte der Qiblah-Wand führt, rechtwinklig zu den Arkaden, die die Decke des Hauptteils der Gebetshalle tragen. Dieses höhere mittlere Schiff wird von bemalten Tragebalken gegliedert und von außen durch zwei Kuppeln betont, von denen sich eine vor dem Miḥrāb befindet und die andere vor dem Innenhof. In den Südecken erheben sich zwei Minarette unterschiedlichen Stils. Das südwestliche ist das ältere; in seiner heutigen Form geht es auf das 14. oder 15. Jh. zurück.

Der Miḥrāb und das in der nordwestlichen Ecke gelegene Grab der Königin Arwā sind in rein fāṭimidischem Stil, genau wie eine Anzahl der hölzernen Gitter und Türen der Moschee. Die Waschanlagen sind um ein großes Becken herum angelegt, das aber nicht nur für die rituellen Waschungen dient, sondern in dem auch geschwommen wird. Die für die Waschungen vorgesehenen Räume um dieses Becken sind von luxuriöser Eleganz.

Eine der prächtigsten Moscheen des Jemen ist trotz ihrer Kleinheit die jüngst wiederentdeckte Moschee von ʿAbbās in Asnaf. Diese im Jahre 1126 n. Chr. zur Aufnahme eines Heiligengrabes errichtete Moschee gehört zur langen Reihe der apadana-Moscheen, die von Shibām/Kaukabān (9. Jh.) über Ṣarḥah (spätes 10. oder 11. Jh.) bis Ẓafār Dhī Bīn (13. Jh. und 17. Jh.) reicht. Die Säulen nutzen Schäfte und Kapitelle eines vorislamischen Tempels, und in die Qibla-Mauer ist auf der Außenseite eine vorislamische Inschrift eingelassen. Vielleicht war dieser Ort auf einem Hügel schon viele Jahrhunderte vor Errichtung der Moschee geheiligt. Auch die Fenster sind innen im alten jemenitischen Stil gehalten. Sie ähneln ganz deutlich den gestuften Fensterumrahmungen der frühen jemenitischen Moscheen, die auf vorislamische Bauformen zurückgehen.

Das Prächtigste an dieser Moschee sind jedoch ihre Dekke und der Miḥrāb. Bei der Decke handelt es sich um eine mit unendlichen Variationen reich bemalte Kassettendecke, deren Muster sich auf zahlreiche ältere jemenitische Stile zurückverfolgen läßt und zugleich von der Malkunst beeinflußt war, die in den großen Hauptstädten jener Zeit in Mode war. Die Decke ist vorzüglich erhalten und wird nach Abschluß eines Restaurierungsprojekts noch eindrucksvoller sein.

Von den zahlreichen rasulidischen Moscheen, die einst die Stadt Taʿizz schmückten, haben sich vier erhalten. Deren hervorragendste sind die Muẓaffar-Moschee — bis heute die Freitagsmoschee — die Ashrafiyyah und die Muʿtabīyyah[41]. Sie alle sind Innenhof-Moscheen mit geschlossenen, überkuppelten Gebetshallen und mit kunstvollen Innen- und Außenverzierungen. Form und Außenverzierung zeigen erheblichen syrisch-türkischen Einfluß, während die stuck- und Holzarbeiten und die Malereien im Innern auf zeitgenössische ägyptische, persische und sogar andalusische Arbeiten weisen. Diese Innenverzierungen sind von herausragender Qualität. Bei den Minaretten handelt es sich um eine überaus elegante Fortentwicklung des ägyptischen spät-fāṭimidischen Stils mit herauskragenden Stalaktitbogen und einander kontrapunktisch zugeordneten Bogen in den Stockwerksgliederungen.

Die Muẓaffar-Moschee aus der zweiten Hälfte des 13. Jahrhunderts ist von den drei soeben genannten die älteste. Sie besitzt die größte Gebetshalle, über 53 m lang. Drei große Kuppeln erheben sich unsymmetrisch verteilt vor der Qiblah-Mauer: eine vor dem Miḥrāb und die beiden anderen an den Enden der Halle. In einer für den frühen türkischen Stil charakteristischen Form hat jede der Kuppeln die Breite zweier Balkenlagen und wird auf jeder Seite von einem Paar kleinerer Kuppeln flankiert. Alle Kuppeln sind innen in prachtvollst entwikkelter Weise ausgemalt; einige der Malereien sind Neubemalungen aus der Zeit der ersten osmanischen Besetzung.

Die Ashrafiyya wurde offensichtlich in zwei Abschnitten errichtet, der erste von al-Ashraf I. (1295/96) und der zweite von al-Ashraf II. (1377—1400). Der erste Entwurf sah wahrscheinlich nur eine Gebetshalle mit einer großen Zentralkuppel und acht kleinen Kuppeln vor. Das Ganze war mit außergewöhnlich feiner Stuckarbeit und Malerei verziert. Hinter der Gebetshalle befand sich ein quadratischer Innenhof mit einer königlichen Grabkammer auf der einen Seite und den Räumen einer Koranschule auf der anderen. In den Ecken der Südseite erhoben sich zwei subtil unterschiedlich gezeichnete Minarette, von denen eines dem der Freitagsmoschee entsprach. Später wurden in drei Ecken des Innenhofs drei königliche Grabkammern eingefügt, und es erscheint klar, daß auch der Bau einer vierten, die dann den Innenhof vollständig ausgefüllt hätte, geplant war. Eine Art oben offener Loggia mit Arkaden befindet sich an der Außenseite, von deren Endpavillons aus man, im Schatten sitzend, den Blick auf die zu Füßen der Moschee liegende Stadt genießen konnte.

Zwei Elemente dieser zweiten Baustufe verdienen besonders hervorgehoben zu werden. Einmal handelt es sich dabei um die Planung und Ausschmückung der königlichen Grablegen im Innenhof. Eine jede besitzt eine Faltkuppel über gefalteten Gewölbezwickeln über einem un-

40 Beschreibung bei R. B. Lewcock und G. R. Smith (oben FN 36).

41 Für eine Beschreibung aller drei Bauwerke, vgl. R. B. Lewcock and G. R. Smith, »Three Medieval Mosques in the Yemen — A Preliminary Survey«, in: Oriental Art, London XX (1974), S. 75—86 und S. 192—203.

endlichen, immer wieder ineinander übergehenden, Stuckmuster. Die Sarkophage sind geschnitzt und mit zierlicher Kalligraphie geschmückt. Die ungewöhnlichste Schöpfung dieser zweiten Baustufe ist jedoch die etwa gleichzeitig erfolgte Ausmalung der großen Kuppel in der nördlichen Gebetshalle, eines der größten künstlerischen Meisterwerke Jemens und von einzigartiger Bedeutung in der islamischen Welt überhaupt.

Bei der Muʿtabīyyah, die etwa um 1393—1400 errichtet wurde, handelt es sich um das Grab, das einer der Sultane für eine der Ehefrauen seines Vaters errichten ließ. Die Moschee entstand gleichzeitig mit der zweiten Baustufe der Ashrafīyyah und ähnelt ihr sehr.

Auch hier läuft um drei Seiten der kleinen Gebetshalle eine oben offene, von Arkaden gesäumte Loggia, die in zwei von Kuppeln gekrönten kleinen Vorhallen endet. In ihrem Schatten stehen gemauerte Bänke, die einen schönen Blick auf die Stadt erlauben.

Nach dem Niedergang der Rasuliden errichtete ʿAbdul Wahhāb ibn Ṭāhir etwa im Jahre 1512 eine große Moschee in einem mit den soeben genannten rasulidischen Bauwerken nahe verwandten Stil: die ʿAmarīyyah in Radāʿ. Das Besondere an dieser Moschee ist die Tatsache, daß sie auf einem hohen Sockel errichtet wurde, so daß ihre Qiblah und ihre Arkadenloggien der Stadt gegenüber eine ähnlich eindrucksvolle Schauseite bieten wie die rasulidischen Moscheen in Taʿizz, obwohl sich das flache natürliche Gelände in Radāʿ hierzu nicht anbot. Der Raum unterhalb dieser Plattform wird auf der Nordseite von einer hochgebauten Karawanserei und auf der Südseite von den Räumlichkeiten für die Waschungen und einer kleineren Moschee, die — wie es heißt — für die Frauen bestimmt war, eingenommen. Vier hohe Freitreppen führen zur oberen Moschee, auch bei der ʿAmarīyya findet sich eine Loggia an der Außenseite der Qiblah-Mauer. Hier sind die Pavillons jedoch im Gegensatz zu Taʿizz rundum geschlossen. Die Decke der Loggia und die mit sechs Kuppeln gekrönte Gebetshalle sind von prächtig gemalten Dekorationen überzogen, die in ihrer Schönheit und Qualität mit den Malereien der rasūlidischen Moscheen wetteifern, obgleich sie später entstanden und indischen Einfluß zeigen[42].

Die ältere Freitagsmoschee von Radāʿ wurde von den Ṭāhiriden erneuert. Insbesondere ist die Hinzufügung eines schönen gekuppelten Portals zu erwähnen. Ferner errichteten sie eine Anzahl kleiner Moscheen in der Stadt, Miniaturausgaben der ʿAmarīyya — auch diese wurden über einem Sockel von Läden und Lagerhäusern erbaut.

Rasūlidischer und ṭāhiridischer Einfluß prägte den Jemen weit über den Einzugsbereich der beiden Dynastien hinaus. So wurde beispielsweise die alte Freitagsmoschee von Thulā im 16. Jh. durch eine Reihe facettierter Kuppeln mit ṭāhiridischer Dekoration erweitert. Auch der Schmuck der Qiblah-Mauer und der gekuppelten Grabkammer, der al-Filayhī-Moschee in Ṣanʿāʾ mit prachtvollen Stuckornamenten, mit geometrischen und Arabeskenmotiven und mit kufischer und naskhī-Kalligraphie deutet auf das Vorbild von Taʿizz und Radāʿ. Von den zahlreichen mittelalterlichen Moscheen des Ḥaḍramaūt und seiner Küste sollte man wenigstens die schöne Moschee des Shaikh Ṣad b. ʿAlī Tāj al-ʿArafin in Shiḥr erwähnen. Sie stammt in ihrer heutigen Form wohl im wesentlichen aus dem späten 15./frühen 16. Jahrhundert und ist durch einen sehr breiten Bogen, der den Miḥrāb überspannt, gekennzeichnet.

Von den Moscheen des Inneren Hadramaut sollte man noch die Freitagsmoschee von Saiʾūn erwähnen (ursprünglich im 11. Jh. errichtet) mit dem schönsten Innenraum aller Sakralbauwerke im Wādī.

Die erste türkische Besetzung

Das bedeutendste erhaltene Bauwerk jener Epoche ist die von Ḥasan Pasha im Jahre 1597 erbaute al-Bakīrīyyah-Moschee in Sanʿāʾ. Dieser weithin sichtbare Komplex in der Nähe der Zitadelle von Sanʿāʾ besteht aus einer quadratischen Gebetshalle von 17 m Seitenlänge, von einer einzigen Kuppel gekrönt. Ein langer Innenhof trennt die Moschee mit ihrem überkuppelten Portal und den Nebenkuppeln von dem ebenfalls überkuppelten Bauwerk für die rituellen Waschungen. Im Osten befindet sich das ungewöhnlich hohe Minarett, und auf der Westseite der von einer Kuppel gekrönte Haupteingang mit zwei im 19. Jh. angefügten überkuppelten Grabkammern. Das Innere von Moschee und Kuppeln ist mit feinen Stuckarbeiten im osmanischen Stil überzogen. Der hohe marmorne Minbar stammt aus Konstantinopel; vor der Südwand befindet sich der freistehende königliche Dīwān des Statthalters, überdacht von einer von sechs Porphyrsäulen getragenen Plattform für die Koran-Rezitation.

Verzierte Ziegel-Minarette

Die für Ṣanʿāʾ so typischen Ziegelminarette mit ihrer Dekoration aus dem gleichen Material scheinen erst kurz vor der osmanischen Besetzung aufgekommen zu sein. Eines der besten Beispiele ist das osmanische Minarett der al-Bakīrīyyah selber. Weitere schöne Beispiele sind das Minarett der Ṣalāḥ al-Dīn-Moschee (um 1570) und dasjenige der al-Madrasah-Moschee, das 1519/1520 errichtet wurde und das früheste datierte Beispiel dieses Typs im Jemen darstellt. Der Ursprung dieser Minarette ist in der ostislamischen Architektur zu suchen: Sie ähneln älteren zentralasiatischen und persischen Ziegelminaretten.

42 R. B. Lewcock, »The Painted Dome of the Ashrafīyyah in Taʿizz, Yemen«, in: Essays Presented to R. B. Serjeant, eds. R. L. Bidwell and G. R. Smith, London 1983, S. 100.

Sehr zum Leidwesen von Verfasser und Herausgeber muß der Artikel ohne Abbildungen erscheinen; diese Unterlagen — darunter Unikate — sind auf dem Transport zwischen Cambridge/Mass. und Bonn verloren gegangen.

Naschwān Ibn Sa'īd al-Ḥimyarī und die geistigen, religiösen und politischen Auseinandersetzungen seiner Epoche

Al-Qāḍī Isma'īl bin 'Alī al-Akwa'

Das Geschick ist ernst und kennt keinen Scherz, drum erwirb dir, o Freund, das Verdienst frommer Werke.

Wie ist ein Fortbestand möglich bei dem Wechsel der Naturen und der unablässigen Wiederkehr der Nacht und des Morgens?

Der Mund der Zeit ist der beste Ermahner dem Manne, jeden Rat übertrifft er.

Richte deshalb deine Augen auf das Sich're und frage du nicht, o Trunkener, denn nur jener ist nüchtern!

Die Zeit trägt uns fort auf den Wogen eines Meeres, ohne Ufer, und von Untiefen voll.

Von der Anbetung ihres Herrn läßt die Menscheit sich abhalten durch Sorgen für ihre Welt und ihr Gezänk.

Und durch die Liebe zum Irdischen und seinen vergänglichen Tand, welche mit den Seelen in die Leiber gewandert.

Muß nicht die gesamte Menschheit den Becher des Todes leeren, durch natürliche Heimsuchung die einen, im strömenden Blut die anderen?

Verzweifle nicht ob der Schicksalsschläge und freu dich nicht allzusehr über frohe Ereignisse.

Wo ist der Prophet Hūd, der Mann der Gottesfurcht und frommen Ermahnungen, Ḳaḥṭan, der Samen des Prophetentums und der Heiligkeit?

Wo ist Ja'rub, der erste, der arabisch sprach? Unter den Menschen tat er die Rede mit Klarheit kund.

Wo ist Saba, der Sohn Jaschgub's, der erste, welcher im Kriege einst raubte jede Gürtelträgerin?

Wo ist Ḥimjar und wo sein Bruder Kohlan, welcher der alles vernichtenden Zeit als Opfer fiel?

Wo sind die Könige von Ḥimjar? tausend Könige sanken in den Staub und ruh'n unter Steinplatten und Grüften.

Doch ihre Denkmäler im Lande künden uns noch von ihnen, und die Bücher erzählen wahrhafte Sagen;

Darin sind ihre Geschlechter offenbar, und ihr Nachruhm wie weithin duftende Ambra...

Oder wo ist Bilqis, Herrin des hochberühmten Thrones, wo ihr Palast, der alle Paläste überragte?

Salomo, den Propheten, suchte sie auf in Tadmor, von Ma'rib kam sie aus Frömmigkeit, nicht mit Gedanken an Heirat.

Mit tausendmal tausend Gewappneten aus ihrem Volk, nicht nahte sie sich ihm mit abgemagerten Kamelen.

Sie kam den Islam zu bekennen, sobald sie empfangen hatte sein Schreiben, womit er sie einlud durch den sprechenden Wiedehopf...

Wo ist 'Abd-Kulāl, welcher die Religion Christi bekannte, des Reinen?...

Oder Dhū Nuwās, der in Naǧrān die Gruben machen ließ und nicht vor der Sünde zurückbebte,

Der die Christen ließ in Feuerglut werfen, entfacht durch den Brand glühender Kohlen.

Da rief Dhū Thu' luban die Abessinier herbei und sie bedeckten mit ihren Scharen die Lande.

Drauf stürzt sich Dhū Nuwās ins tiefe Meer, mit seiner Rüstung und seinem schnellfüßigen Renner.

Nach hoher Macht diente er nun zur Speise dem Hai und dem Krokodil...

Die Edlen von Ḥimjar sanken hin, und auch ihre Könige, in den Staub unter Grabgewölben und Platten.

Staub wurden sie und werden getreten, wie sie einst traten, und sie modern unter Grabhügeln und Niederungen.

Vor ihnen beugte sich die Welt, aber bald wandte sie sich ab und schlug sie mit schmetterndem Hufe.

Es beregnete sie nach der Wolke des Glückes die Wolke des Unheils mit strömendem Gusse.

Nicht scheute sich vor ihnen der Tod, und weder mit Schwertern noch mit Lanzen konnten sie vor ihm sich schirmen,

Nein, nicht mit Kriegslagern und Palästen, nicht mit Heeren und Schlössern und Waffen.

Sie ruhen in der Erde nun, nachdem sie Schlösser bewohnten und der Speisen, des Tranks und schöner Frauen sich freuten.

Die Zeit mischt Glück und Unglück, und läßt ihre Kinder Kummer kosten mitten unter Freuden.

So beginnt und endet die »Ḥimjarische Kasideh«, das Gedicht über Ḥimjar, das dem jemenitischen Volk bis heute als eines der großen Werke seiner Dichtkunst, ja, fast als eine Art von nationalem Epos gilt. Verfaßt wurde es von Naschwān al-Ḥimjarī, dem am 24. Dhū al-Hiǧǧa 573 H. (1117. n. Chr.) gestorbenen Gelehrten, Historiker, Dichter und Politiker, und zitiert wurde es hier (mit geringen Änderungen) in der schönen deutschen Übersetzung, die ihm der erste Herausgeber, Alfred von Kremer, im Jahre 1865 angedeihen ließ.[1]

Naschwān Ibn Sa'īd Ibn Sa'd Ibn Abī Ḥimyar Ibn 'Ubayd Ibn Abī al-Qāsim Ibn 'Abd al-Raḥmān Ibn Mufaḍḍil Ibn Ibrāhīm Ibn Salāma Ibn Abī Ḥimyar al-Ḥimyarī war ein hervorragender Gelehrter der klassischen arabischen Sprache, in der Koranauslegung (»Taf-

1 Alfred von Kremer, »Die Himjarische Kasideh«, Leipzig 1865.

sīr«) in der Grammatik und der Formenlehre, in den Prinzipien und einzelnen Zweigen der islamischen Rechtswissenschaft, in der Geschichte, in der Genealogie — kurz: er war in allen Wissenschaften seiner Zeit bewandert und bereicherte sie durch seine eigenen Werke. ʿUmāra al-Yamanī nannte ihn »einen vortrefflichen Dichter, voll der Wortkraft und der Genauigkeit des Ausdrucks.«

Seine Biographie hat ʿAli bin al-Ḥasan al-Khazradji in seinem Werk »al-ʿaqd al-fāchir al-ḥasan« wie folgt überliefert[2]: »Der Imām (Vorbeter) war ein hochgelehrter Anhänger der Muʿtazila-Lehrschule, als Grammatiker und Sprachgelehrter einzigartig unter seinen Zeitgenossen, einem jeden weit überlegen. Er war ein beredter Dichter, gewandt in der klassischen Sprache, voller Wortkraft und Genauigkeit, seine Gedanken logisch geordnet.«

Aḥmad bin Ṣālaḥ Ibn Abī Ridschāl betont, daß Naschwān Gelehrter und zugleich Richter war, Grammatiker und zugleich Imam, Philologe und zugleich Forscher.

Jugend und Entwicklung

Weder sein Geburtsort noch sein Geburtsjahr, noch die Stadt, in der er das Licht der Welt erblickte oder in der er aufwuchs, sind uns überliefert. Wir wissen nur das, was er selber in seinem Werk »Schams al-ʿUlum« (»Die Sonne der Wissenschaften«) berichet, wo er sich mit dem Satz vorstellt »in Ḥūth war der Ort von Naschwān ibn Saʿīd, dem Verfasser dieses Werks«. Er fährt dann mit folgendem Verse fort:

Nach der Ebene (»dem Strande«) von Ḥūth,
dem Wohnsitz der Banī Ḥarb,
Hat mein Herz Sehnsucht,
Sehnsucht, die es immerzu quält.

Vielleicht verfaßte er diesen Vers, als er Ḥūth aus uns unbekannten Gründen verließ und die Stadt seiner Jugend nur noch in seiner Erinnerung lebte. Es hat demnach durchaus den Anschein, als hätte er seine Kindheit in Ḥūth verbracht, als sei diese Stadt der Schauplatz seiner Entwicklung und seiner Ausbildung gewesen. Vielleicht darf man vermuten, daß er in Ḥūth sogar geboren wurde. Etwas mehr Informationen über ihn besitzen wir für seine späteren Lebensjahre: Nachdem er Ḥūth verlassen hatte, verbrachte er viele Jahre mit Reisen, bis er sich schließlich im Stammesgebiet der Khaulān ibn ʿAmir niederließ und dort lebte, bis ihn das Geschick traf, das uns alle eines Tages ereilen wird.

Auch über seine Abstammung wissen wir wenig. Im Kommentar zum naschwānschen Gedicht heißt es lediglich:

Oder ein Warenhändler war unser Großvater
Ein Scheich, Sohn der Zauberei
Vater der Könige Ḥimjars
Mann mit großzüg'gem Herzen.[3]

Sein wissenschaftliches Leben

Hierüber haben sich ebenfalls keinerlei Nachrichten erhalten. Auch Naschwān selber hat in seinen umfänglichen Werken keine Hinweise darauf hinterlassen, wo er sein Wissen erworben hatte, nicht einmal darüber, ob er von Lehrern oder auf sich selbst gestützt die Grundlagen seines Wissens sich aneignete. Ḥūth ist freilich von alters her ein bekanntes und besuchtes Wissenschaftszentrum, in dem auch heute noch einige verdienstvolle Gelehrte leben. Vielleicht darf man vermuten, daß Naschwān sich nach einer gewissen formalen Grundausbildung in der Tat selber den Quellen der verschiedenen Wissenschaften zuwandte und sich soweit fortbildete, daß seine Begabung es ihm ermöglichte, aktiv an der Fortführung aller Wissenschaftszweige seiner Epoche teilzunehmen. Dabei ging es ihm nicht nur um die bereits genannten Geisteswissenschaften, sondern darüberhinaus auch noch um Rhetorik, Astronomie und insbesondere die Lehren der verschiedenen Religionen und Sekten. Seine umfassenden Kenntnisse — als deren wichtigste Darstellung wir Naschwāns bekannte Enzyklopädie »Die Sonne der Wissenschaften« anzusehen haben — führten ihn dabei zu neuen Erkenntnissen, die seinen Zeitgenossen nicht vertraut waren. So kam es, daß er sich mit seinen Ideen und Weltanschauungen mehr und mehr von ihnen absonderte. Obwohl wir im einzelnen auf diese Ideen noch später zu sprechen kommen, soll hier bereits gesagt werden, daß viele ihn allein schon deshalb bekämpften, daß er aber

2 Biographische Notizen finden sich auch bei ʿAbd al-Bāqī bin ʿAlī in seinem Werk »Ischāra al-taʿīyīn ilā tarādschim al-nihāa wa-al-lughawiyīn«, fol. 56 der Handschrift Dār al-Kutub al-Miṣrīya, Nr. 1612;
bei Aḥmad bin ʿAbd a-Qādir bin Aḥmad bin Maktūm in seinem Werk »Talchīs achbār al-lughawiyīn«, dessen eigenhändige Handschrift sich im Dār al-Kutub al-Miṣrīya (Taimūr) unter der Nr. 3069 befindet;
ferner bei al-Qafṭī in »Anbāa al-rauwāa 3/342;
bei Yāqūt al-Ḥamawī in seinem »Muʿadscham al-buldān« im Kapitel über den Berg »Ṣabr«;
bei ʿImād ad-Dīn al-Iṣfahānī in »Kharīdat al-Qaṣr« 268/3;
bei al-Suiyūṭī in »Bughīa al-waʿāa« 312/2.
Auch jemenitische Gelehrte schrieben über ihn: ʿUmāra bin ʿAlī al-Yamanī in seinem »al-Mufīd fī achbār Ṣanʿāʾ wa Zabīd«;
ferner die Kommentatoren zu Basāma Ṣārim al-Dīn Ibrāhīm bin Muḥammad al-Wazīr, als da sind:
Aḥmad bin Muḥammad al-Scharrafī in seinem »al-laʾālī al-muḍīʿa« und al-Ziḥayf in »māthir al-abrār, sowie schließlich Muḥammad bin Aḥmad bin Muẓaffar in »al-turdschumān«..
Ferner gibt es biographische Notizen über Naschwān bei al-Ḥusayn bin ʿAbd al-Raḥmān al-Ahdal in »Tuḥfa al-zaman«; Ibrāhīm bin al-Qāsim in »Ṭabaqāt al-Zaidīya al-Kubrā«; Aḥmad Ibn Ṣalaḥ bin Abī al-Ridschāl in »Mutlaʿ al-budūr, Yaḥya bin al-Ḥusain in »Ṭabaqāt al-Zaidīya al-ṣughrā«; ferner in »al-mustaṭat« und in Anbāʾ al-zaman fī achbār sana 569«; Aḥmad bin ʿAbdallah al-Wazīr erwähnt ihn häufig in seinem »Tārīch Āl al-Wazīr«.

3 Einigkeit besteht in den Quellen nicht einmal über Naschwāns korrekten Namen:
bei al-Chazradschi und al-Suyūṭī heißt er ›Naschwān ibn Saʿid ibn Naschwān‹;
und bei al-Qāḍī Muḥammad ibn ʿAlī al-Akwaʿ (Kommentar zu ʿUmāra al-Yamanī's »Mufīd«) heißt er ›Naschwān ibn Saʿid ibn ʿAbd al-Raḥmān«.

auch durchaus Anerkennung und Unterstützung unter den Gelehrten seiner Epoche fand.

Naschwāns konfessionelle Richtung und religiöse Überzeugung

Naschwān lebte in einer Epoche, in der die verschiedensten politischen und religiösen Richtungen, Glaubenslehren und geistigen Strömungen nebeneinander bestanden. Besonders einflußreich war im nördlichen Jemen, in dem er aufwuchs, die Lehre, die der Imām al-Hādī Yaḥyā ibn al-Ḥusayn (gestorben in Saada im Jahre 298 H. = 911 n. Chr.) begründet hatte. Es war diese Richtung, die später unter dem Namen der Zaidīya bekannt war, deren Anhänger die Auffassungen des Imams al-Hādī anderen Lehrmeinungen vorzogen. Vielleicht sei ergänzend noch angefügt, daß die ursprünglich nach al-Hādī benannte Lehre sich zunächst in Saada und Umgebung ausbreitete, dann gegen Ende des 8. Jh.s H. unter dem Imam Ṣalāḥ al-Dīn die Gegend von Sanaa erreichte, im 9. Jh. Yarīm und schließlich im 11. Jahrhundert mit der Gegend al-Hadā) die größte Ausdehnung erreichte. Im Verlaufe dieser Entwicklung wurde diese ursprünglich al-Hadawīya genannte Lehre in »Zaidismus« umbenannt, um ihre Übereinstimmung mit den wichtigsten Grundsätzen des Islams — Gerechtigkeit, Monotheismus und Abgrenzung gegenüber denen, die Unrecht tun — zu unterstreichen.

Naschwān stützte sich in seinen Auffassungen unmittelbar auf das Heilige Buch Gottes und die Sunna des Propheten (Gott segne ihn und schenke ihm Heil), ähnlich, wie dies auch die übrigen Lehrmeinungen taten. Dabei bediente er sich jedoch der Methode der vorzüglichen älteren Gelehrten, nachdem er selber ein Meister in der Anwendung der Lehre von der Interpretation der Quellen geworden war, wie sie sich aus der Übereinstimmung (Idschtihād) der angesehensten Gelehrten und Ausleger ergab. Dagegen ließ er sich nicht von den Ansichten der Vertreter der sonstigen zeitgenössischen Sekten und Lehrmeinungen beeinflussen. Insbesondere setzte er sich ab gegen die Lehre von der Nachahmung (taqalīd) und begann damit, diejenigen seiner Zeitgenossen, die sich dieser Auffassung verschrieben hatten, mit den unmittelbaren Texten im Buche Gottes und in der Sunna zu konfrontieren. Auf diese Auseinandersetzungen bezieht sich sein folgender Vers:

Wie soll man unterscheiden
Zwischen einem Nachahmer (muqallid) in den Dingen der Religion
Der der Meinung seiner Führer folgt,
Unwissenden Führern und ratlosen Leitern,
Und einem stummen Kamel, auf unebnen Wegen,
Dessen Zügel ein blinder Reiter zu führen versucht?

Eine der Auseinandersetzungen dieser Art fand zwischen Naschwān und Muḥammad al-Ṭāmī (nach anderen: mit Muḥammad al-Dhabbā) statt. Als al-Ṭāmī sich auf das Konsensprinzip der Gelehrten berief, antwortete ihm Naschwān mit Belegen aus der Heiligen Schrift und der Sunna und verfaßte folgenden Spottvers[4]:

Muḥammad al-Ṭāmī, der gelehrte Oberbäcker (»Qāḍī al-machābiz«)
Wird von vielen gut geheißen
Doch seine Lehren sind nicht lecker
Was er erzählt von des Propheten Haus
Paßt auf ihn selber noch viel besser.

Einen ähnlichen Spottvers überliefert »Al-Turdschumān wa ṭabaqāt al-zaidīya al-ṣughrā«:

Wenn mit meinen Gegnern über den Koran ich sprach,
Da braucht' doch mancher von Yaḥyā ein Zitat!
Und ich drauf: Gottes Wort ist Offenbarung!
Und für dich solln's Yahyās Worte sein?

Wir wissen, daß Naschwāns Gedichte viele seiner Zeitgenossen in Zorn versetzten und daß sie ihn wegen seiner Meinungen angriffen. Leider hat sich jedoch davon nichts erhalten, mit Ausnahme einiger weniger späterer Überlieferer. Zum Beispiel ist von al-Hādī ibn Ibrāhīm al-Wazīr (757–822 H) folgender Vers voller böser Kritik an Naschwān überliefert:

Kundiger als du im Koran ist Yaḥyā,
Mehr Erfahrung besitzt er
Und einen volleren Bart hat er auch.
Und du — du sitzt da wie ein Gelähmter,
Der sich nicht mehr rühren kann
und doch beim Pferderennen
Mit den Pferden mitrennen will!

Ein bis heute sehr bekannter geistreicher jemenitischer Gelehrter des 11. Jh.s H., al-Qāḍī Aḥmad bin Sa'd al-Dīn al-Miswarī schrieb folgende Verse gegen Naschwān:

Langsam, Bruder aus dem qahṭan'schen Süden
Unfähig wie du bist
Hast uns mit Feindschaft und Ungerechtigkeit überhäuft!
Gar mancher Berg ist wegen deiner Unwissenheit
Immer länger geworden,
Und mancher Blinder tat Verbrechen
Wegen deiner dummen Worte.
Du Vaterloser, hast über al-Hādī's Wissen gelästert
Doch seine Lehre hat sich als richtiger erwiesen
Um den Weg zu Gott zu leiten!
Ihm und seiner Sippe galt der Koran als Erbe
Das war's, worauf sie ihre Lehre gründeten
Ihm sind sie verbunden
Ihm werden sie verbunden sein bis hin zu jenem Tage
An dem die Erde wird zusammengefaltet werden!
Sie hat Gott auserwählt,
Und das, nichts sonst, hat er uns auf Erden anvertraut.
Ihnen hat Gott Reinheit und Wissen geschenkt
Und ihnen gab er Wissen, sein Wort auszulegen
Ihnen hat er den Koran geschenkt, und einen Schatz,
Der bis ans Sternenzelt reicht, bis hin zu den Plejaden
Rechtschaffenheit ist ihr Ziel, und Gottes Wahrheit,

4 so 'Abdalla al-Wazīr in »Die Tugenden«, während der Vers in »Die Klassen der Zaidīya« auf Muḥammad al-Dhabbāḥ bezogen wird.

Und nicht Lüge und nicht Sünde.
Ist's nicht so, daß du ihnen Gottes Gabe neidest
Du Undankbarer,
Der du die Wahrheit nach Belieben wendest?
Gibt's denn überhaupt noch eine Vernunft
In deines Kopfes Eigenwilligkeit?
Gibt's denn überhaupt noch eine Religion
Die dich von deiner Tyrannei noch trennen könnte?
Kann es denn überhaupt eine andre Lehre geben,
Als jene, welche Gott geoffenbart?
Widersprichst du dem Propheten?
Verunglimpfst du Gott?
Du Naschwān, du Verunglimpfer
Am Jüngsten Tag wirst du dir wünschen
Gott zu erlangen,
In deiner Bedrängnis.
Von ihm wirst du abhängig sein
Und wirst es nicht verbergen können,
Wie sehr du ihn belogen hast.
Der einz'ge Ort für einen wie dich,
Das wird die Hölle sein!
Welch glückliche Ruhestatt für den,
Der den wahren Weg gemieden
Und mit aller Kraft
Ihn hat zurückgewiesen!
Hol sie dir doch, du Dummkopf, deine Hölle,
Damit sie den Reinen um so leichter ferne bleibt.[5]

Als sich aus der Hādāwīyalehre eine Sekte namens al-Muṭarrafīya (so nach Muṭarrif ibn Schihāb genannt) entwickelte, die zwar das angewandte Recht in deren Sinne beibehielt, jedoch im Hinblick auf das Imamat die Meinung vertrat, daß es jeweils dem Verdienstvolleren und Wissenderen vorbehalten sein müsse, schloß sich Naschwān dieser Auffassung an. Das war wohl auch der Grund dafür, daß der im Jahre 614 H. verstorbene Imām ʿAbdallah ibn Ḥamza sich an den Vertretern dieser Auffassung blutig rächte.

Eine andere Sekte, die sich ebenfalls von ihr abspaltete, war die al-Ḥusainīya, die ihren Namen von al-Ḥusain ibn al-Qāsim al-ʿIyānī erhielt. Die Anhänger dieser Lehre waren der Überzeugung, daß der zu erwartende »Mahdi« am Leben sei, und daß er weder gestorben sei noch sterben werde bis er die Erde mit Gerechtigkeit erfülle.

Der soeben genannte Al-Ḥusayn ibn al-Qāsim erhob nach dem Tode seines Vaters im Jahre 393 H. den Anspruch auf das Imamat, und galt seitdem als der ersehnte Mahdi. Seinen historischen Tod fand er jedoch in einem Krieg gegen den Stamm Hamdān, wo er im Monat Ṣafar des Jahres 404 H. in Dhī ʿArār in der Gegend von al-Baun fiel. Von al-Ḥusayn sollen Worte stammen wie z. B. jenes, er sei besser als der Prophet Gottes (Gott segne ihn und schenke ihm Heil) oder seine Worte seien prächtiger als der Koran[6]!

5 Dieses Gedicht fand ich in dem Werk »al-durra al-muḍīya fī al-sīra al-Qāsimīya« des Muṭahar bin Muḥammad bin Aḥmad al-Dscharmūzī, einer Handschrift der Auqāf-Bibliothek der Großen Moschee von Sanaa.

6 vgl. Aḥmad ibn ʿAbdallah al-Wazīr in seiner »Geschichte der Āl al-Wazīr«.

Über dieses Ereignis berichtet Aḥmad bin Ṣalaḥ bin Abī Ridschāl folgendes[7]:

Als al-Mahdī al-Ḥusain bin al-Qāsim von den Männern Hamdāns getötet worden war, da kamen die Aschrāf und die sonstigen angesehenen Männer Hamdāns nach Talḥa al—Mulk im Bezirk Dschirāf, im Gebiet von Ẓāhir Banī Ṣuraim. Sie sahen nun, daß al-Ḥusain bin al-Qāsim in Dhī ʿArār getötet worden war und sprachen seinem Bruder Dschaʿfar bin al-Qāsim ihr Beileid aus. Die Aschrāf entfernten sich erst, als sein Bruder Dschaʿfar aus Chaulān eingetroffen war. Sie spendeten ihm Trost, und er antwortete, nichts geschieht, ohne daß Gott es will. Dann nahm er seine Verwandten und die Aschrāf zur Seite, und tadelte sie wegen ihrer Feststellung, daß Ḥusain getötet worden sei, mit folgenden Worten:

»Mit solch wenig Verstand wollt ihr den Menschen gegenübertreten? Der Stamm Hamdān gehört zu uns. Wenn wir ihnen seinen Tod zuschreiben und Rache nehmen wollten, so wird es uns wenig nützen. Und wenn wir keine Rache nehmen, wird man uns für Feiglinge halten. Lasset darum sein Leben erscheinen!« Womit er meinte, daß man es so hinstellen solle, daß sein Bruder noch am Leben sei und gar nicht getötet wurde. Dieser Glaube verbreitete sich recht schnell, wurde aber durchaus bestritten. So kam es, daß in der nächsten Generation der Emīr al-Fāḍil al-Qāsim bin Dschaʿfar es vermied, formell seinen Anspruch auf das Imamat zu erheben, und statt dessen die Überzeugung immer weiter zu verbreiten versuchte, daß sein Onkel al-Husayn noch am Leben sei. So verbreitete sich dieser Glaube sehr schnell in Ober-Ẓāhir (Dschabal ʿAiyāl Yazīd, Banī Ṣuraim, Dhī Bīn) und Unter-Ẓāhir in den Bergen Hamdāns, Schaẓab, in Scharafayn, in Sanaa und im Gebiet von al-Ḥaima. Bald bekannten sich alle Rechtsgelehrten dieser Gebiete zur Lehre der Ḥusainīyya, die sich dann sehr schnell auch noch weiterverbreitete und Sanḥān, Madhḥīdsch und einige andere Gegenden noch erreichte, in denen sie allerdings nicht zur herrschenden Auffassung werden konnte.

Einer von denen, die an das Weiterleben des Imams glaubten, war der Emīr Fulaita ibn al-Qāsim:

Ich schwör bei Gott
Erkenne, oh Jüngling,
Die Tugenden des Mahdi an!

Das war der Emir, der den Imam Aḥmad ibn Sulaymān im Gebiet der Banī Ṣuraim gefangennahm. Als die Männer Hamdāns kamen, um ihn um die Freilassung des Imams zu ersuchen, trat einer der Aschrāf vor und sprach folgende Verse:

Haschimiden sind wir,
Aber eure Diener!
Unsere Liebe gehört ganz euch
Und ihr sind wir verpflichtet.
Ihr seid für uns die Kaʿba,
An der wir uns ergötzen
Euer Gebiet gilt als unser Heiliger Ḥaram

7 in: Muṭlaʿ al-budūr, im Kapitel mit der Biographie des Ibrāhīm bin al-Muḥsin bin al-Ḥusain.

So weise uns doch nicht zurück
Und wehr' uns nicht
Vor dir zustehn
Wo ich dich traf
Und du das Lächeln nicht verwehrtest!

Das Gedicht verfehlte seinen Zweck nicht, und der Emir ließ seinen Imam frei.

Eine andere Version überlieferte Yaḥyā ibn al-Ḥusain in seinen »Nachrichten vom Jahr 565«:

Eines Tages gelang es den Qāsimiyin von al-Ẓāhir unter ihrem Emir Fulaita, den Imam al-Mutawakil ʿalā Allah Aḥmad ibn Sulaimān in Uthāfit gefangenzunehmen. Daraufhin wandten sich die Kinder des Imams an dessen alten Gegner, den Sultan ʿAli ibn Ḥātim, einen anderen der sogenannten hamdanidischen Sultane. Sultan ʿAli verwandte sich für die Freilassung des Imams, der sich nach seiner Freilassung nach Ḥūth begab, Truppen sammelte, und sich mit Sultan ʿAli zusammentat. Beide zogen dann mit ihrer vereinigten Streitmacht am 16. Rabīʿ al-Thānī des Jahres 556 H. nach Uthāfit in al-Ẓahir, wo sie die Dörfer der Banī Qais und ihre Weingärten zerstörten und die Festung Uthāfit einnahmen.

Die Anhänger dieser Sekte wurden von vielen Gelehrten sehr heftig kritisiert. Einer von ihnen war al-Guʿaid ibn al-Ḥaggāg al-Wādiʿi, der Schwiegersohn Naschwāns, der folgenden Spottvers auf den angeblich noch lebenden Mehdi verfaßte:

Al-Ḥusayn, der war ein Ketzer
Und von der trügerischen Zeit ward er vernichtet
Begreift es doch, ihr Dummköpfe
Er ist entehrt
Und ihr laßt ihn als Märtyrer herrschen!

Seine Anhänger, die Qāsimiyūn, waren darüber natürlich überaus empört und glaubten, daß diese Worte von Naschwān selber stammten. Deshalb schrieb ʿAbdallah ibn al-Qāsim ibn Muḥammad ibn Dschaʿfar ein Gedicht, in dem er Naschwān schmähte und von dem uns nur der folgende berühmte Vers überliefert ist:

Wahrlich aus verdorbner Herkunft bist du
Und unser Lohn für dich
Kann nur ein Dolch sein oder Säbel!

Überliefert ist ferner noch ein ähnlicher Vers aus einem anderen Gedicht:

Uns gilt al-Ḥusain als wunderbarer voller Mond,
Ein Mond, der aufgeht und dem zum Siege alles wird
Was er vesprochen hat!

Naschwān antwortete auf diesen Angriff mit folgendem Gedicht:

Woher soll ich verdorben sein?
Ich hab' nur edle Vorfahren
Wie man sie nur unter Arabern findet
Ich habe unter den Ungläub'gen
Und unter bösen Römern
Keinen blauen Großvater,
Und unter den Schwarzen keinen schwarzen Onkel
Ich bin von echten Arabern
Doch der, über den Nichtaraber herrschten
Der wird zum Mischling.
Die Herkunft der Sklavinnen entehrt mich nicht
Noch der, der sie besuchte!
Quraysch ist gestorben.
Und jedes Lebewesen ist sterblich
Jeder Neugeborene ist für den Tod bestimmt
Ich sagte euch: Das Erbe des Prophetentums ist unserer nicht würdig
Und ihr wollt behaupten, daß das Prophetentum ewiges Leben hätte?
Von euch stammt der Prophet, und der ist auch gestorben
Und jetzt, da soll von euch ein Prophet kommen, der vergöttert wird!
Hört doch auf, mit euren Dummheiten
Die keiner billigen kann
Löblicher ist's, von Dummheit sich zu wenden!
Oh, bei Gott, ich habe keine neue Ordnung aufgestellt
Ihr habt al-Ḥusain erhoben, diesen Ketzer,
Und ich war der erste, der sein Papier zerriß
Ihr habt den Glauben verbreitet, daß sein Erscheinen unter den Menschen
Eine edle Tat sei, die man beneiden müsse
Wütend seid ihr geworden, wenn es hieß
Gestorben ist euer Imam.
Ein Imam ist nicht unsterblich
Es ist doch keine Schande, wenn ein Imam getötet wird
Töten für eine gute Tat ist ein Brunnen zum Trinken.
Mit Muḥammad war das Prophetentum beendet
Und selbst Muḥammad ist gestorben
So laß doch die Drohung mit dem Schwert
Denn dein scharfes Schwert hat keinen Griff
Das Schwert, mit dem du schon getötet hast
Vermochte mich noch nicht zu treffen.
Wenn ich nur von deinem Schwerte sterben sollte
Dann darf ich mich ew'gen Lebens bald erfreuen!
So schweig, wenn's nicht bloß ein Traum war,
Der dich zum Sprechen brachte
Einen Felsblock könnten deine Worte zum Schmelzen bringen
Da würden unglaubliche Geheimnisse ans Licht kommen
Aber noch viel erhabener für dich ist die Güte meines Mitleids
und meiner Verzeihung!

Der Streit über dieses Thema beschränkte sich nicht auf jene Episode. Eine Quelle überliefert folgenden Ausspruch Naschwāns: Als ich aus Tarīm im Lande Ḥadramūt zurückkehrte, da erhielt ich 300 Gedichte an einem Tage. Lauter wunderbare und klare Gedichte. Die Söhne des Imams al-Qāsim waren wirklich Leute von Beredsamkeit und schöner Wortwahl. 300 Gedichte konnte ich nicht beantworten. Darum schrieb ich zur Antwort nur ein einziges:

Jedesmal, wenn die Hunde jaulten
Gab ich ihnen zur Antwort:
Bei Gott, ich bin kein jaulender Hund!
Wenn ich aber gezwungen wäre, zu antworten

Dann würde ich nur einem Gleichen antworten
Einem Manne!

Die Auseinandersetzungen dieser Art hielten sich, auch wenn sie, wie man sieht, sehr heftig geführt wurden, immer noch in einem gewissen Rahmen, den jedoch der folgende Vers des Imams Aḥmad ibn Sulaimān völlig überschritt:

Schiit ist Naschwān, wenn du mit ihm disputierst,
Doch wenn ihm seine Maske du entreißest,
Dann ist er Jude!

Darauf erwiderte ihm Naschwān:

Wenn du, mein Sklave, sagst
Daß ich von denen bin
Dann bist du der Sklave meiner Großväter geworden:
War nicht Hagar eure Mutter ebenso wie unsre?
Was lügst du da und sprichst und
Hast für nichts Beweise?

Das Imamat

Naschwān war der Auffassung, daß ein jeder Imam werden könne. Er stützte sich dabei auf die Formulierung von Ibrāhīm bin Saiyār al-Naẓẓām: »Derjenige, der unter den Leuten am frömmsten, am edelsten bei Gott, am wissendsten über Gott und Gott gegenüber am gehorsamsten ist, ist der würdigste für das Imamat. Ob er Araber ist oder nicht, darauf kommt es nicht an ... Der Edelste vor Gott ist derjenige, der am frömmsten ist.«

Al-Naẓẓam führte dazu als Beispiel den Kalifen Abu Bakr (Gott möge an ihm Wohlgefallen haben) an: Eigentlich gehorchen die Menschen nur demjenigen, der eine große Sippschaft hat, mit der er sie bändigt oder dem, der Geld besitzt, mit dem er sie unterjocht oder eine Religion besitzt, die sie zu ihm führt. Abu Bakr war der ärmste von Quraysch, derjenige der die kleinste Sippschaft hatte — und doch waren sie alle einer Meinung über ihn und seine Berufung zur Herrschaft wegen seiner Frömmigkeit und seiner Güte. Der Prophet (Gott segne ihn und schenke ihm Heil) sagte: Gott bringt meine Gemeinschaft nicht im Irrtum zusammen! Nach einer anderen Überlieferung heißt es, daß ihn die Gemeinschaft bevorzugte wegen seiner Güte und weil der Prophet (Gott segne ihn und schenke ihm Heil) ihn kurz vor seinem Tod an seine Stelle treten ließ und vorbeten ließ. Als der Prophet (Gott segne ihn und schenke ihm Heil) ebenfalls zum Gebet erschien, während Abu Bakr vorbetete, stellte sich der Prophet hinter ihnen auf und betete dort.

Naschwān billigte diese Auffassung des al-Naẓẓām:

Oh, der du mir Fragen stellst,
Ich will dir von meiner Lehre zeigen,
Das, was verheimlicht wurde
Denn meine Lehre
Ist der Glaube an die Einheit Gottes
Und die Gerechtigkeit
Das ist's, was sich als klarer Weg erweist!

Ein anderer Ausspruch Naschwāns lautet:

Der ist am würdigsten der Herrschaft
Der der frömmste ist von allen und ihr Vertrauter
Einer, der den nicht übersieht,
Der das Rechte tut und dem Gesetze folgt
Nicht darauf kommt es an
Ob er von weißer Haut ist oder schwarz
Ob er ein Loch im Ohr hat oder in der Nase.
Wach endlich auf, Schiit! Komm her!
Schon lange hat dein Schlummer dir gedauert
Und wenn ihr bei den Nordarabern
Verdickung im Glauben seht
Dann sagt ihr einfach:
Das ist Korpulenz.

Ein anderer Spruch Naschwāns:

Flucht nicht über den, der euch widerspricht
Gottes Fluch über den, der flucht.

Den Versuch, das Imamat auf die (nordarabischen) Abkömmlinge des Stammes Quraysch zu beschränken, kritisierte Naschwān mit folgendem Vers:

Da gibt es eine Sippe
Die das Imamat auf Quraysch beschränkt
Dem Anschluß an die Juden wär' sie würdiger
Aufgrund der Torheit
Die der Juden Torheit völlig gleicht,
Die das Prophetentum auf Isaaks Söhne zu beschränken wünschten.

Naschwān in den Machtkämpfen seiner Zeit

Naschwān begnügte sich aber nicht bloß damit, diese Auffassung von der Auserwähltheit der Angehörigen des Stammes Quraysh zu kritisieren, sondern versuchte auch selber, Imām zu werden! Er warb für sich im Osten des Landes und versuchte, über seinen Ruhm in der Wissenschaft, Gefolgschaft für seine Bewerbung als Imam zu finden. In der Wissenschaft erreichte er sein Ziel, doch die Herrschaft auch in weltlichen Dingen konnte er nicht erringen, weil neben ihm noch drei andere Bewerber um die Herrschaft über den Jemen kämpften.

Der wichtigste war vielleicht Sultan Ḥātim ibn Aḥmad al-Yāmī, dessen Führerschaft der Stamm Hamdān anerkannt hatte. Sultan Ḥātim zog mit 700 Reitern von Hamdān nach Sanaa, wo er seine Herrschaft errichtete, die bei seinem Tode im Jahre 550 H. bis nach Naqīl al-Ghābira im Nadschd reichte. Der zweite Bewerber um die Herrschaft war der Imam Aḥmad ibn Sulaimān (gestorben 566 H.), dessen Herrschaftsgebiet den Dschauf, Saada, Nadjrān und die Gegend al-Ẓāhir umfaßte. Der dritte war ʿAli ibn Mahdī al-Ruʿainī, der vom Jahre 545 H. an Zabīd und Umgebung beherrschte, nachdem er den letzten Fürsten der Familie Nadschāḥ beseitigt hatte. Seine Herrschaft umfaßte auch den südlichen Jemen mit Ausnahme von Aden (das unter der Herrschaft der Āl Zurayʿ blieb) und des Michlāf (»Provinz«) al-Sulaimānī, wo der Scharīf Ghānim ibn Yaḥyā ibn Ḥamza regierte.

Wir wissen nicht, wie lange Naschwān als »König« oder »Sultan« oder »Fürst« über ein bestimmtes Gebiet herrschte. Wir wissen auch nichts darüber, wie die von ihm errungene Machtstellung wieder zu Ende kam. Nicht einmal darüber besteht Einigkeit, wo Naschwān seine Anhänger für seine Bewerbung zum Imam zu sammeln suchte. Nach ʿUmāra al-Yamanī soll es in Baiḥān gewesen sein.

Yāqūt al-Ḥamawī schreibt dagegen im Kapitel »Ṣabir« seines berühmten geographischen Handbuchs Muʿadscham al-Buldān:

Der hohe und große Berg, der auf die Festung von Taiz herabblickt, besitzt mehrere Burgen und Dörfer. Der Name dieses Berges kommt von Abū al-Khayr al-Naḥwī al-Ṣabir, dem Scheich von al-Ahnūm und von Naschwān. Naschwān besaß hier mehrere Burgen und Festungen.

Man wird jedoch sagen müssen, daß Yāqūt hier ein Fehler in der Vokalisierung unterlaufen ist, daß vielmehr Naschwān Anhänger im Tale Ṣabar (in dem sich ein gleichnamiges Dorf befindet) in der Gegend Sihār bei Saada hatte, und Yāqūt Ṣabar mit Ṣabir verwechselte.

Was auch immer die Gründe gewesen sein mögen, die Naschwāns politische Karriere beendeten — von da an begnügte er sich mit der Herrschaft des Wissens. Die Geschichte berichtet von ihm nicht als König oder Fürst, sondern bewahrt seinen Ruhm als Wissenschaftler und Geschichtsschreiber.

Die Tatsache, daß Naschwān Anspruch auf die Herrschaft, auf das Imamat, erhoben hatte, versetzte die zaiditischen Imame und ihre Anhänger in Zorn. Noch lange nach seinem Tode war Naschwān deswegen ein Opfer ihres Tadels, ihrer Mißbilligungen, ihres Zorns und ihrer Beschimpfungen. Besonders ist hier der Imam ʿAbdallah ibn Ḥamza mit seinem Gedicht im Ragaz-Metrum zu nennen, das auch die Wurzeln der Glaubensgrundsätze der Zaiditen beinhaltet:

Lob und Preis dem Herrn, dem Wohltäter
Dem Allmächtigen, Ruhmreichen, dem Herrscher...

Lob dem, der uns mit seiner Unfehlbarkeit unterstützte
Und uns die Güte gab und auch die Gnade.

Dank der Herrschaft Gottes, des Einen
Sind uns die Köpfe der Gläubigen unterworfen,
Und wer uns den Gehorsam weigert
Der bleibt in Pharaos Joch
Und im Joche Hamans!

Wer fastet und betet und gläubig sich müht,
Wer an Gottes Einheit glaubt und Gott verehrt,
Wer die Kleidung rein hält und seinen Körper,
Wer demütig ist, wie Gott es befahl,
Und dabei unserer Führung den Gehorsam weigert,
Sich nicht als ihr Untergebner sieht
Und ihrem Befehl nicht Folge leisten will,
Der ist verdammt und hat
Sich selber schon zugrund' gerichtet.

Er gehört zur Familie der Hölle
In deren Glut er seine Mutter treffen wird.
Der Dummkopf weiß nur nicht,
Wie sehr ihn drin des Teufels Schergen
Brennen lassen werden.

Muhammads Nachfahr'n sind die Herren jeden Staates,
Ihnen hat des Himmels Herr die Herrschaft zugewiesen!
Wer diesen Vorzug taub verneint,
Wem Perlen sind und Asche gleich,
Wer der Auserwählten Vorzug leugnet,
Wer des Propheten Haus so sehr verleugnet,
Der versetzt den Allmächt'gen selber
In Zorn, da ein Leugnen
Von dem, was Gott entschied,
Nur Sünde sein kann.

Wer so leugnet, der will sich selber höhen,
Und wenn er klagt und tadelt, dessenthalb,
Dann brauchen wir ihm nur zu sagen,
Daß Kopf und Schwanz noch niemals gleich gewesen.

Dann folgten einige Strophen, in denen der Dichter eine Art Dialog mit den Vortragenden dieses Gedichts führte, um dann ganz unmißverständlich sein Gedicht auf Naschwān und seinen vergeblich erhobenen Anspruch auf das Imamat zu beziehen:

Was sagt ihr über einen Gläubigen,
Der fastet, Gottes Einheit treu bekennt
Sich müht und betet?
Gelehrter ist er und weiß alles
Was unklar ist, zu deuten!
Sein Name ist bekannt
Und allen Menschen ist er wohl bekannt.
Keine Kunst gibt es,
Und keine Wissenschaft,
Die er nicht erkennen könnte.
Dem wahren Glauben hängt er an
Mit gesundem Denken und mit gesundem Körper.

Von Ḥasan stammt er zwar nicht ab
Und auch von Ḥusain nicht,
Doch stammet er aus edlem Haus im Jemen.

Das Geheime und das Offenbare
Sind ihm beide gleich.
Beworben hat er sich um's Imamat,
Mit seiner Feder schrieb er die Gesetze,
Mit seinem Schwert setzt' er sie durch,
Dem Dieb ließ er die Hand abschlagen
Aufrührern nahm das Schwert er weg.
Gegen gegnerische Reiterschar
Führt er die seine an
Und ließ auf dieser Erde
Des Hasses Truppe zieh'n.

Woher kann denn seine Macht
Bei Wohlgesinnten kommen —
Bei solcher Herkunft?
Sind denn wir nicht die,
Die in des Propheten Gewande
Eingewickelt sind?

Und wenn es danach geht
Was meine Ahnen angeordnet
Dann muß man ihm die Zunge
Aus seinem Munde reißen!
...
Gott hat den Hund und Löwen
Nicht gleich geschaffen!

Naschwān und der Streit zwischen Südarabern und Nordarabern

Qaḥṭān, der mythische Stammvater der Südaraber, und ʿAdnān, der mythische Stammvater der Nordaraber, sind über lange Zeit hinweg literarisches Symbol für einen von manchen behaupteten Gegensatz zwischen Nordarabern — und hier insbesondere den Nachfahren des Propheten (Gott segne ihn und schenke ihm Heil) — und Südarabern gewesen. Auch Naschwān hat sich an diesem Streit aktiv beteligt.

Als Grund für seine sehr überzeugt ausgesprochene »qaḥṭānische« Parteinahme können wir vermuten, daß er den Eindruck hatte, die Aschrāf — die Nachfahren des Propheten — hätten sich über sein Volk erhoben, ihm Unrecht getan, und achteten es, insgesamt gesehen, gering. So begann er, sich zu rächen, indem er die ruhmreichen Eigenschaften und die großen Taten der südarabischen Stämme und deren Oberhäupter verherrlichte. Dabei beschränkte er sich jedoch nicht nur auf die Rolle der jemenitischen Stämme im Islam, auf die Unterstützung, die sie dem Islam gewährt hatten und ihren Beitrag zur Ausbreitung der neuen Religion in all jenen Ländern, die bald zur Welt des Islam wurden; vielmehr pries er auch die vorislamischen Könige Jemens, prahlte mit ihnen und ihrer Macht und verherrlichte dabei auch jene, die in ihrer Epoche nicht zu besonderem Ruhm gelangt waren. Naschwān schilderte ihre Feldzüge, Kämpfe, Siege, Taten und ihre kulturellen Leistungen. Er überlieferte auch Gedichte, die er einzelnen dieser Herrscher zuschrieb.

Solche Verse des Preises auf den alten Jemen finden sich in Naschwān's Gedichten recht häufig. Hier wollen wir eines herausgreifen, das sich mit diesem Thema, dem »Qaḥṭānismus« ganz ausschließlich befaßt. Es handelt sich um Naschwāns berühmtes Epos »al-Dāmigha«, »Das Zeugnis«, bei dem sich jeder Vers auf »r« reimt:

Nicht nachlässig ist der Liebende
zu der Geliebten
Nein, nicht — fürwahr! Und müd' ist er
nicht der Liebe.
Wer liebt, dem häufen die Sorgen sich
im Herzen
Und er verschließt sein Herz.

Ein Traumbild erschien mir, als die Nacht zu Ende ging
Während der Morgen
noch nicht sich enthüllte.
Seltsam, wie es den Weg nur mocht'
gefunden haben
Trotz der Ferne der Liebsten, trotz der
Gefahren der wilden Wüste.
Es grüßte mich, bis meine Sehnsucht
und mein Warten starben
Und die Liebe erwachte.
Mit dem schwarzen Kohel der Schlaflosigkeit
Hatt' ich mir die Lider geschwärzt.

Wer sorglosen Sinnes wandelt unter den Menschen,
Dem geht es nicht wie dem Betrübten
Der die Tage der Vereinigung erträumt,
Die schönen Tage des Lebens,
die jedem Lebenden Leben sind!

Ein Gazellenjunges, geliebt, schön und schlank
O wie sehr verjüngt es das Herz
mit dem Blick seiner großen Augen!

So schön war das Traumbild, und wer es sah,
der glaubte, niederfallen zu müssen vor ihm
Voller Scheu und voller Ehrfurcht
vor solch herrlichem Anblick.

Einem schlanken Zweig auf einem Hügel
Ähnelt ihr Körper im hellen Kleid.
Wie der Regen ist ihr Anblick, der die Blüten weckt.

Die zarten Winde, mit dem Duft der Geliebten,
Die vom Naschd herüberwehen.

Fühltest du, wie ihr Duft eindringt in meine Brust?
— oder fühltest du nichts?
Aber ich, ich fühlte!
In meiner Brust, da glüht's und lodert's!
Du hast mein Herz gefangen mit Liebe.
Doch, bei Gott, wie kann ich ein Gefang'ner sein?
Ich, der ich doch aus einem Volke stamm'
Mit hocherhob'nen Häuptern
und zahllos auf Erden!

Mein Volk, das waren Könige
und Mächt'ge auf Erden
Zu Zeiten, noch bevor zum König wurde Alexander.
Sie waren es, die noch vor Alexanders Heldentaten
Gog und Magog mit erzner Mauer,
die keiner überwinden konnt', umschlossen.
Sie waren es, die jeden fernen Hafen,
der jedem Erob'rer getrotzt, nahmen.
Sie waren es, die die Erde und all ihre Länder
Ihr eigen nannten, und die in jede
unbekannte Dunkelheit kühn vorwärts stürmten.
Sie waren es, die gegen Herakles
mit ihren Lanzen fochten
Und gegen Hormuz und seinen Stamm,
Und über Aṣfars Herrscher herrschten.

Wenn's Kampf gab mit den Lanzen,
da stachen sie,
Die in jede Bresche sprengten,
die der Staub der Rosse freigab.
Des Feindes Helden griffen sie an
am Tag des Kampfes.
Wo Lanzen waren, warfen sie sich dagegen.

Und an jedem Tag sprachen sie Worte von Dauer,
Worte voll Vernunft und Weisheit.

Sie schlugen aus den Bergen Burgen
Klug, stark und mit Gewalt.
Sie waren es,
Die auf jede Felswand in musnad
eine Inschrift setzten,
Die nach der Eroberung eines jeden Auge sah.
Das Stadttor von Merw ist Zeuge
Und auch Wādī al-Raml steht noch wie damals!

Wieviel, wieviele Ruhmestaten,
wieviel hat Himjar vollbracht
Die währen werden bis zum Jüngsten Tag!

Sie brachten die Horizonte zum Wanken
Bis sie der Mächt'gen Macht,
Der Hochmüt'gen Hochmut brachen.
Mit dem Maschrafīya-Schwert
und dem schmalhüft'gen Pferde
Eroberten sie aller Länder Städte.

Samarkand gründeten sie, und Afrikas Provinz,
Und, urlang ist's her, Tibet, das ferne.
Auch auf Indiens Boden
Taten sie rühmliche Taten,
unvergessen bis heute.
Wie oft mußten Tribut ihnen zahlen
Adra und der Schah in alten Zeiten,
und Cäsar später!
Wie oft traten die Hufe ihrer Pferde
In China jeden nieder, der gegen sie sich erhob!
Auch die Leute von Ghana und vom Irak
Und die Berber leisteten ihnen Tribut.

Ihr Gesetz galt überall
Jedem Herrscher, jedem Untertan.
ʿAmrū's Mutter rief zu Hilfe sie
Als im Lande der Türken sie unterdrückt ward.

Da wandten sie sich gegen die Tyrannen
hinter den sieben Meeren
Und kein Entkommen mehr gab es für diese:
Abū Karib überfiel sie mit seinem Heer
Das die Erde bedeckte — welch ein Heer!
Unser Ahn, der war von edler Rasse
Wir Könige stammen ab von ihm.
Von unsrer Linie sind die ersten achtzig Könige
von Himjar
Die auf der Erde herrschten.
Frag — und du bekommst die Antwort!
Alle fürchteten sie, wenn sie,
Die Krone auf dem Haupt
Die Heere Jemens führten!
Die Köpfe neigten sich vor ihrer Krone
und ihren Helmen,
Und die Gesichter vor ihren Schwertern
und vor ihren Lanzen!

Da gibt's so manchen Stolzen in dieserWelt
Doch hätten wir seinen Großvater nicht gestützt
Dann wär' er ohne Ruhm!

Drum sei du stolz über wen du willst
Doch was Himjar angeht, laß den Stolz
den Himjaren selber!
Denn wenn man ein Volk in Zorn versetzt,
Kann keine Macht ihm wehren
Ins Dunkle, Ungewisse vorzustürmen!
Das sind Männer, wenn einer sie zu Hilfe ruft,
Dann ist ihr eignes Land schnell unbewohnt
und Wüste!

Sei stolz auf den Fürsten von Quḍāʿa,
Ḥimjars Tochtervolk,
Die Jäger aus Khaulān und seinen Bergen,
Auf Kurab, Mahra und Ṣaiʿār,
Auf Wāʾil und Schumm und ihre Länder,
Auf Tanūch und Qubayl,
Und all die anderen Stämme
Zahlreich wie die Steine, deren Namen zahllos sind.

Der Prophet selber hat für sie gezeugt
ein wahres Zeugnis
Indem er ihnen den größ'ren Anteil an der Beute gab.

Sei stolz auf die Männer von Kahlān, die edlen
Schützer der Schwachen,
Auf die Kön'ge von Ghassān
und von Āl al-Mundhir die Fürsten,
Auf die Kön'ge Kinda's und
die Fürsten von Madhḥīg,
Die Kön'ge von Hamdān, die stolzen,
Und auf Ṭayʾ, die Großmüt'gen, Edlen,
Und auf Ṣurāa, die leopardengleichen,
Und die Männer von Aschʿār
Mit ihren Festungen aus vormal'ger Zeit,
Zahlreich an Lanzen und gewandet in grüne Seide.

Ohne Yaʿrub's Schwerter und ohne Yaʿrub's Lanzen
Hätt' kein Ohr den Ruf »Allahu Akbar«
je gehört!

Uns're Schwerter waren es,
die des Propheten Muhammad Sieg erfochten
Am Tag von Badr und Naḍīr
und in der Schlacht von Chaibar
Und in all den andern berühmten Treffen.
Und mit dem Stamme Azd
Stieg der Islam zum höchste Ruhm
aus kleinem Anfang
Und wurd' zum Prediger der Menschen.

Den Nachfolgern der Nachfolger des Propheten,
Den Kalifen allen
Sind wir die Stütze ihres Reiches.
Und wenn der Statthalter wir
Einen abzusetzen wünschen — tun wir es,
Genauso, wie wir tun, wenn von den Kalifen selber
Einen zu ermorden uns beliebt
So wie al-Amīn und al-Walīd
Und Ibn al-Zubayr, den Zwingherrn!

Soll'n wir die beklagen, die uns nicht kennen,
Nicht wissen, wer ʿUthmāns Mörder waren?
Und wer Ḥaidar erschlug?

Wenn uns jemen'scher Zorn erzürnen läßt,
Dann tröpfeln uns're Schwerter einen roten Tod,
Mit Blut füll'n sich der Erde Täler
Die Geier können ihren Hunger stillen.
So ist jeder Stamm zu uns gekommen
Freiwillig oder der Not gehorchend.

Doch, wie auch immer: Gäste aufzunehmen
Ist uns höchste Pflicht, ein Weg zum Glück.
Die Schutzbefohlenen zu achten,
das ist uns're Ehre.
Wer das mißachtet, dem wird nicht verzieh'n.
Unsre Sitte ist: Geschenke geben, Gäste zu bewirten,
Dem Opfer des Verbrechens beizusteh'n
Und dem Armen, was er braucht, zu geben.

Unsre Sitten sind ohne Beispiel heutzutage,
Die Ersten und die Letzten unsres Volkes
befolgen sie in gleicher Weise.

Wieviel Männer unsres Schlages gibt's denn noch
Unter den Sterblichen?
Wieviel Männer solcher Sitten?
Wieviele, die — wie wir —
Gewalt zu lösen haben und Gewalt zu binden?
Wieviel Gelehrte, wieviel Forscher
an denen unser Volk so reich?

Drum sei stolz auf Qaḥṭān, mehr als auf
jeden andren Sterblichen.
– Denn die Menschen sind Muscheln
und Qaḥṭāns Söhne sind die Perlen!

Der Dichter al-Ḥasan bin Idrīs bin ʿAlī bin Idrīs bin al-Ḥasan bin ʿAbdallah bin ʿAlī, bekannt unter dem Namen al-Ānif, antwortete auf dieses Gedicht. Al-Ḥasan bin Idrīs stammte aus Wādī Ḍahr, war aber einer der fatimidischen Missionare, die die Ismāʿilīya im Jemen zu verbreiten suchten:

Auf Qaḥṭān ist Naschwān stolz
Doch von Adnān weiß er nichts,
Dem Hohen und des Ruhmes Würdigen!
Die achtzig alten Ḥimjar-Könige
hat er erwähnt.
Herrschten sie nicht kurze Zeit nur?
Und wurden von den Abessiniern dann
Unter Abraha, dem Elenden, unterworfen?
Wären nicht Persiens Könige gewesen,
So wären sie weiterhin im Unglück
und unter abessin'schem Joch geblieben!
Habt ihr den Anhängern des Propheten
Wohltaten erwiesen,
Wenn der wahren Religion ihr halft?
Wie wagst du zu sagen,
ohne euch
Hätte Gott seinen Propheten im Stich gelassen? ...

Naschwān als Dichter

Wir hatten schon bisher Gelegenheit, zahlreiche Gedichte von Naschwān zu erwähnen. Wir wollen aber noch einiges bringen, was sich nicht auf seine Ideen, Politik oder Religion bezieht, sondern auf sein Verhältnis zu Freunden und Mitmenschen.

Das folgende Gedicht hat Bā Machrama in seinem Werk »Qilāda al-Naḥr« erwähnt, wo er die Biographie des Imām ʿAlī bin Muḥammad bin Abī Ḥāmīd al-Tarīmī darstellt. Dort heißt es: »Als der Schriftsteller Naschwān al-Ḥimjari nach Tarīm kam, lernte er dort (den gerade erwähnten) Imām ʿAlī kennen, sowie den Imām Ibrāhīm bin Yaḥyā bin Abī Ḥāmīd, ferner den Imām Faḍl bin Ibrāhīm bin Abī Ḥauwāsch, und den Imām Muḥammad bin Aḥmad bin Abī al-Ḥubb und eine Reihe anderer hervorragender Gelehrter. Nach seiner Abreise sandte er ihnen Verse, in denen er sie und ihren Sultan ʿAbdallah bin Rāschid bin Abī Qaḥṭān pries:

Gott schütze meine Brüder, die ich kannte.
Sterne des Universums in Tarīm,
ʿAlī, voller Hilfsbereitschaft, und Ibn Muhammad
Und seines Bruders Söhne, die Söhne Ḥātims:
Der vorzüglichste Gelehrte aus Tarīm
Von der Familie des Wissens ist Yaḥyā bin Sālem.

Leute der Wohltat, im Schatten eines Wohltäters
Groß unter den Herrschern, mit besonnenen Ratgebern.
Sie leisteten mir Gesellschaft
Und die Nächte waren wie Träume eines Schlafenden.
...

Gibt es eine Rückkehr zu der Zeit der Vereinigung?
Welch ein Irrtum!
Gibt es eine Rückkehr zu Tagen, die vergangen sind?
Darüber weine ich strömende Tränen.
Doch wenn wir jetzt auch einander fern sind,
Sind unsre Herzen aus Zuneigung
Und im Willen fest vereint.

Friede über euch von einem Freund
Dessen durch die Trennung verletztes Herz
Kein Heilmittel findet.

Über die Menschen seiner Zeit, die ihn kränkten, schrieb er:

Was nützt die Freundschaft mit Leuten,
die wenig taugen?
Was voller Fehler ist, das finden sie schön.
Verlegen bin ich über sie und über mich selber.
Ich werd vom Zorn verzehrt — doch sie werden
nie vernünftig.
Wenn ich mit ihnen disputiere,
Bring' ich ihr Ansehen zu Fall.
Verschließe ich mich, so werfen sie's mir vor.
Wenn ich mit ihnen streite, so sagen sie »er stottert«.
Und wenn ich ihnen verzeih', so sagen sie »er ist verrückt«.
Wenn ich Geld ausgebe, sagen sie »er ist verschwenderisch«.
Und wenn ich sorgsam mit dem Gelde walte, dann heißt's
»er ist geizig«.
Wenn ich die Ding' beim Wort nenne, sagen sie
»er ist neidisch«.
Wenn ich die Wissenschaft verbreite, heißt's
»er sucht den Streit«.
Wenn ich vor Zorn nicht glühe, heißt's
»die Schwäche hat ihn gelähmt«.
Wenn ich meine Gegner angreife, sagen sie
»vorschnell ist er und jäh«.
Wenn ich mich bescheiden gebe, heißt's »er ist dumm«.
Wenn ich mit Sorgfalt wäge, sagen sie »er ist schlau«.
Wenn ich ihnen näherkommen möchte, heißt's
»er hat Absichten«.
Wenn ich mich von ihnen trenne, sagen sie
»er hat Langeweile«.
Wenn ich auf Reisen gehe, sagen sie
»seine Begierden haben ihn fortgezogen«.
Und wenn ich unter ihnen weile, heißt es »er ist faul«.
Wenn ich Mut zeige, heißt's »er ist unbedacht«.
Und wenn ich zurückstehe, sagen sie
»alles ist ihm mißglückt«.
War ich freigiebig, heißt es »Almosen will er«.
Legt' ein Gewand ich an, hieß es »eitel ist der Mann«.

Woher soll den Charakter ich nehmen,
der den Männern gefällt?
Gott verdamm' sie, diese niedren Wesen!

In einem anderen Gedicht zeichnet er ein sehr skeptisches, vielleicht auch ein weises Bild der Menschen:

Der Mensch, der keine Freundschaft kennt
und keinen Haß,
Der kennt auch Liebe nicht, die dauert.
Wer Freund und Feind nicht weiß zu unterscheiden,
Dem fehlt der Geist sowohl wie der Verstand.

Ich geb' dir einen Ratschlag:
Laß' dich nicht täuschen von den Menschen über das,
was sie in Händen halten.
Von den Sterblichen lebt jeder nur seiner
eig'nen Angelegenheit.

Such die Freundschaft dessen, der die Leute reich macht
und nichts Böses tut.
Meide die, die Falsches tun,
Laß die Menschen so, wie du sie findest,
Verlange von ihnen nicht mehr, als was sie
schon gewohnt sind.

Keinen Freund gibt's, der vollkommen wäre.
Der Freundschaft vieler Menschen habe ich vertraut,
Doch wußt ich nicht, daß ihre Zuneigung
nur ein Scherz war,
Lang war ich mit ihnen befreundet,
Doch als ich sie auf die Probe stellen mußte,
Da wünscht' ich mir, sie nie gekannt zu haben.
Jetzt wollte ich sie nicht mehr kennen
Nachdem ich sie erkannt hatte.
Den Menschen erkennt man in der Stunde, in der man
ihn nicht mehr kennen will.
Es gab die Zeit, die das Band
der Freundschaft flocht
Doch die Flechtung war schwach
und das Band ward zerschnitten.
Will ich wirklich wissen, wie's um einen Freund
zu stehen scheint
Dann ist mein Herz gerechter Zeuge.
Die Löwen versuchten, mich zu packen,
doch es gelang ihnen nicht,
Wie sollt es da den Wanzen gelingen und den Ameisen!

Schließen wollen wir mit folgendem Gedicht:

Wie vieles, was dir nicht gefällt
Zeigt dir die Zeit
Und ihr Fortschreiten verbrennt dein Herz.
Und das Leben geht dahin wie die Nacht nach dem Tag.
Jeder Tag rollt ein Stück des Lebens ein.
Reite die Geduld,
denn wer die Geduld reitet
Den führt der Weg zum Sternenhimmel der Plejaden.

Wenn du also zum Herrschen findest
die Gelegenheit
Dann nutze sie!
Denn nicht in jeder Stunde
Wird sich dir solche Möglichkeit ergeben!
Rang und Anseh'n erreicht nur der
Der entschlossenen Herzens vorangeht und
heiteren Gesichts.
Seine Leidenschaft ist der Angriff,
jeden Tag von neuem,
Er gibt den Soldaten die Befehle.

Wer an träge Gleichgültigkeit sich hat gewöhnt,
Dem scheint, wer fehl geht, Verstand zu besitzen.
Wer das Leben liebt, stirbt gedemütigt
Sein Gift hat er sein Leben lang getrunken.

Hast du je gesehen, daß Gottes Vorbestimmung
Dem Feigen irgendetwas in den Schoß gelegt?

Naschwāns Tod

Naschwān starb am Nachmittag des Freitag, 24 Dhū al-Hijja des Jahres 573 in Chaulān ibn ʿAmir, und wurde in dem Ort al-Dschahafāt (heute al-Schāhid), etwa eine Meile nördlich von Ḥaidān begraben. Ich besuchte den Ort am Mittwoch, dem 23. Rabīʿ al-Thānī 1402 H und sah sein Grab am Eingang der nach ihm benannten Moschee. Es gelang mir jedoch nicht, die Schrift auf dem Grab zu lesen.

Daneben befinden sich zwei weitere Gräber, die diejenigen seiner Söhne Muḥammad und ʿAlī sein sollen — doch ob es wirklich so ist, das weiß nur Gott allein.

Schlußwort

Das also war Naschwān ibn Saʿīd al-Ḥimyarī, dessen Vorstellungen ich ebenso geschildert habe wie das, was seine Gegner gegen ihn vorbrachten. Dabei enthielt ich mich jeden Kommentars über Naschwāns Meinungen und über die seiner Gegner. Der Leser selber soll sein Urteil fällen.

Naschwān war von seinen Auffassungen sehr überzeugt. Mit Feder und Zunge kämpfte er für sie, und er starb nach einem langen Leben voller geistiger, religiöser und politischer Auseinandersetzungen. Er war ein zäher Kämpfer und sein Echo hat bis heute keine Schmälerung gefunden.

Ich kann mir nicht vorstellen, daß Naschwān diese Auseinandersetzungen ohne starke Anhänger und Helfer führte, die ihn und seine Ideen vor den Anfeindungen und Verleumdungen seiner Gegner schützten. Er war gefürchtet — denn sonst wäre es seinen Gegnern leicht gefallen, ihn zu töten und so seine Feder zum Schweigen zu bringen. Darauf dürfte sich die Schlußstrophe des oben als vorletztes gebrachten Gedichtes beziehen:

Die Löwen versuchten, mich zu packen,
doch es gelang ihnen nicht,
Wie sollt' es da den Wanzen gelingen und den Ameisen!

Bis heute ist Naschwān ein Stein des Anstoßes bei vielen geblieben. Gottes Gnade für Naschwān, weil er den Zungen so viel Anlaß zum Streit bot! Und dennoch war er eine der ganz herausragenden Gelehrtengestalten des Jemen und wird immer als solcher gelten!

Naschwāns Schriften

Die meisten Werke Naschwāns haben sich bis heute erhalten:

a) Al-Tabṣira fī al-Dīn lil-Mubṣirīn fī al-Radd ʿalā al-Ẓalāma al-Munkirīn.
In den Ṭabaqāt al-Zaydīya al-ṣughra heißt es dazu, das Werk schildere das Leben des Imam Aḥmad ibn Sulaimān und die schiitische Bewegung seiner Zeit. Die Abhandlung beinhalte aber auch viel Falsches, Beschimpfungen und Spott über die Imame und ihre Familie.
b) Al-Tibyān fī Tafsīr al-Qurʾān. Der dritte Band hiervon hat sich (bis auf die ersten beiden Seiten) in der Bibliothek der Moschee des al-Hādī erhalten. Er beginnt mit: »Und zu den Thamūd sandten wir ihren Bruder Ṣaliḥ« und endet mit »Und sie geben weder eine kleine noch eine große Spende, und sie überqueren im Kampf gegen die Ungläubigen kein Tal, ohne daß es ihnen gutgeschrieben würde (al-Tauba, 121).
Weitere Teile des Werkes befinden sich in der Ambrosiana, in den Bibliotheken von Tübingen, Wien und Berlin (West).
c) Al-tadhkira fī Aḥkām al-Gauwāhir wa al-Aʿrāḍ.
d) Seine Gedichtsammlung (Dīwān).
e) Risālat al-hūr al-ʿīn wa-tanbīh as-sāmiʿīn, gedruckt in der Saʿāda-Druckerei 1948.
f) Seine Maqāma (Die Handschrift scheint vor wenigen Jahrzehnten verloren gegangen zu sein).

g) Schams al-ʿUlūm wa dawāʾ Kalām al-ʿArab min al-Kulūm. Dieses Werk wurde im Jahre 570 H in vier Bänden abgeschlossen. Im Jahre 1951 wurde ein Teil im Druck herausgegeben. Imām Aḥmad hatte den Qāḍī ʿAbdallah ibn ʿAbdul Karīm al-Garāfī beauftragt, das Werk herauszugeben. Diese Ausgabe gedieh nur bis zum 2. Band (Buchstabe ›sch‹). Naschwāns Sohn, Muḥammad ibn Naschwān, gab eine auf zwei Bände gekürzte Fassung heraus unter dem Titel »Dhiyāʾ al-Ḥulūm«. ʿAẓīm al-Dīn Aḥmad stellte die in dem Werk enthaltenen Länder- und Gelehrten-Namen zu seinem Buch »Muntachabāt Schams al-ʿUlūm« zusammen.
h) Ṣaḥīḥ al-iʿtiqād wa Ṣarīḥ al-Intiqād.
i) Al-Faraʾīd wal-Qalaʾīd. Die Auqāf-Bibliothek der Großen Moschee von Sanaa besitzt eine Handschrift.
k) Al-Qaṣīda al-Naschwānīya: Dies ist die eingangs erwähnte »Ḥimjaritische Qaṣīde«. Der Kommentar dazu wurde 1378 H im Verlag al-Salafīya mit einem Kommentar von al-Qāḍī Ismāʿīl ibn Aḥmad al-Garāfī und al-Saiyid ʿAlī ibn Ismāʿīl al-Muʾayyid veröffentlicht. Es ist zweifelhaft, ob er wirklich, wie manche annehmen, von Naschwān selber stammt.
l) Mask al-ʿAdl wal Mīzān fī Muwāfaqa al-Qurʾān.
m) Bayān Muschkil al-Rawī wa Ṣaraṭa al-Sawwī.
n) Mīzān al-Schiʿr wa Tathbīt al-Niẓām: eine Handschrift in der Taymūr Bibliothek (Kairo).
o) Kitāb al-Naqāʾiḍ bainahu wa bain al-Qāsimīyīn.
p) Aḥkām Ṣanʿāʾ wa Zabīd.
q) Urğūza Muchtaṣara fī al-Aschhur al-Rūmīya wa Matāliʿ al-Nugūm wa Maghāribiha wa mā yuḥsann fīhā min al-maʾkūl wa al-maschrūb wa al-malbūs: Dies ist ein Gedicht im Rağaz-Metrum über die Monate nach dem griechisch-römischen Kalender.

Benutzte Literatur

Anbāʾ al-Ruwāt ʿalā Anbāʾ an-Nuḥāt, von ʿAlī ibn Yūsuf Al-Qafṭī (gest. 646), mit einem Kommentar von Muḥammad Abū al-Faḍl Ibrāhīm. Verlag Dār al-Kutub al-Miṣriyya.

Bughya al-Wuʿāt fī Ṭabaqāt al-Lughawiyīn wa al-Nuḥāt, von Ğalāl al-Dīn as-Suyūṭī, mit einem Kommentar von Muḥammad Abu al-Faḍl Ibrāhīm; Verlag ʿĪsā al-Bābī al-Ḥalabī, 1964.

Tārīkh Āl-Wazīr, von Aḥmad ibn ʿAbdallāh al-Wazīr (gest. 985), handgeschrieben.

Tārīkh al-yaman, von ʿUmara ibn ʿAlī al-Yamanī.

At-Turğumān al-Muftiḥ li Thamarāt Kamāʾim al-Bustān, von Muḥammad ibn Aḥmad ibn Muẓaffir, handgeschrieben.

Kharida al-Qaṣr wa Ğarida al-ʿAsr, von al-ʿImād al-Iṣfahānī, Dritter Band: Šuʿarāʾ al-Ḥiğāz wa al-Yaman.

Dīwān al-Habal (Qalāʾid al-Ğawāhir min Šiʿr al-Ḥasan ibn ʿAlī ibn Ğābir), handgeschrieben.

Dhawb al-Dhahab bi Maḥāsin ma šāhadta fī Ahl ʿAṣrī min Ahl al-Adab, von Muḥsin ibn al-Ḥasan ibn al-Qāsim ibn Aḥmad (1103—1170), handgeschrieben.

Risāla al-Ḥūr al-ʿAyn, von Našwān ibn Saʿīd al-Ḥimyarī, mit einem Kommentar von Kamāl Muṣṭafā, Verlag as-Saʿāda 1367 (1948).

Šarḥ Muqaddima al-Athmār, von al-Imam Šaraf ad-Dīn, handgeschrieben.

Ṭabaqāt az-Zaydiyya aṣ-Ṣughrā, von Yaḥyā ibn al-Ḥusayn ibn al-Qāsim, handgeschrieben.

Ṭabaqāt az-Zaydiyya al-Kubrā, von Ibrāhīm ibn al-Qāsim, handgeschrieben.

Al-ʿIqd al-Fākhir, von ʿAlī ibn al-Ḥasan al-Chazraği (gest. 812), handgeschrieben.

Qilāda an-Naḥr fī Waqāʾiʿ ad-Dahr, von Bā Makhrama, handgeschrieben.

Al-Laʾālī al-Muḍīʾa al-Muttaqaṭa min al-Lawāḥiq an-Nadiyya fī Akhbār Aʾimma az-Zaydiyya, von Aḥmad ibn Muḥammad al-Šarafī, handgeschrieben.

Maʾāthir al-Abrār fī Tafṣīl Muğmalāt Ğawāhir al-Akhbār, von Muḥammad ibn ʿAlī ibn Yūnis ibn Fanad aṣ-Ṣaʿdī, handgeschrieben.

Maṭlaʿ al-Budūr wa Mağmaʿ al-Buḥūr, von Aḥmad ibn Ṣāliḥ ibn Abī al-Riğğāl, handgeschrieben.

Nihāya at-Tanwīh fī Izhāq at--Tamwīh, von al-Hādī ibn Ibrāhīm al-Wazīr, handgeschrieben.

Seite 217: Teil eines rasulidischen Prunkgefäßes, Bronze mit gravierter und eingelegter thulūth-Kalligraphie vor einem Hintergrund von Vögeln und Blattwerk. »Ruhm unserem Herrn, dem Sultan al-Malik al-Mujāhid Saif al-Islām ʿAli, dem Sohn unseres Herrn, des Sultans al-Malik al-Muʾaiyad« (regierte 1321—1363 n. Chr.). Zwischen den Schriftbändern erkennt man das rasulidische Wappen, die fünfblättrige Rosette.

Oben: Große (Durchmesser 35 cm) emaillierte und vergoldete Glasschale mit dem rasulidischen Wappen, 2. Viertel des 14. Jh.s. Courtesy of the Freer Gallery of Art, Smithonian Institution, Washington, D.C. (Acc. no. 33.13).

Links: Emaillierte und vergoldete Glasflasche mit Namen und Wappen des Rasuliden-Sultans al-Malik al-Mujāhid (reg. 1321—1363). Courtesy of the Freer Gallery of Art, Smithonian Institution, Washington, D.C. (Acc. no. 34.20).

Seite 219: Kanne des Rasulidensultans al-Malik al-Muẓaffar Yūsuf (1250—1295), Kupfer mit Silber eingelegt. Signiert ʿAlī bin Husayn bin Muḥammad al-Mauṣilī (wohl Kairo, 1275/1276) (Paris, Museé des Arts décoratifs).

Dorf südlich von Saada im typischen Lehmbautenstil des Nordens.

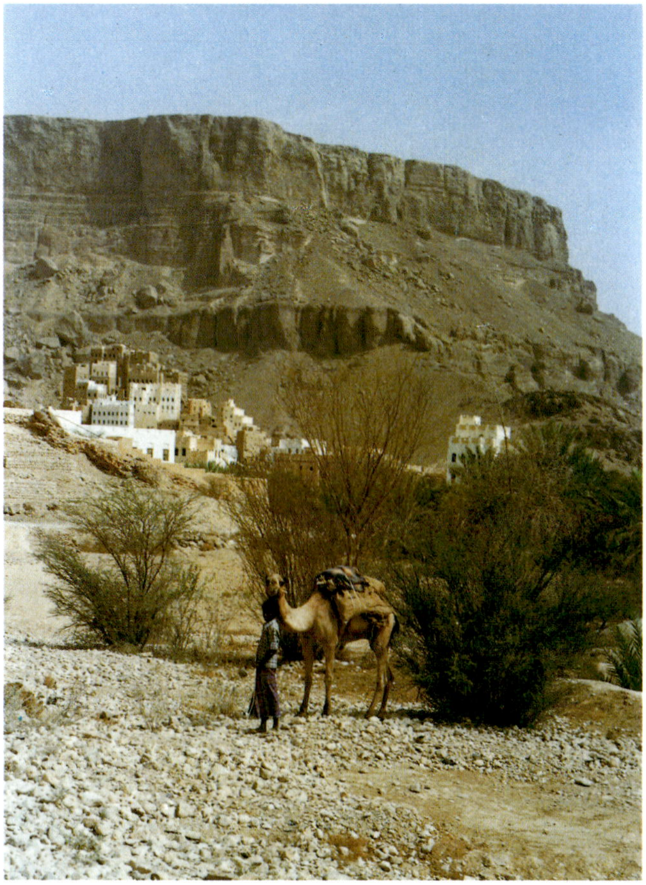

Links: Sif im Wādī Doʿān: bis hierher gelangte im Jahre 1843 Adolph von Wrede, der erste europäische Entdeckungsreisende im Ḥaḍramūt.

Seite 221: Braut vom Stamm der Murād.

Männer des Stammes ʿAkābir (Provinz Ḥaḍramūt).

Kinder vor prächtig geschnitztem Haustor in Khuraiba (Wādī Doʿān). Provinz Ḥaḍramut.

Der Imamspalast in Wādī Dhahr.

Baumwollverladung in Zabīd.

In al-Rauḍa — der Gartenstadt im Norden Sanaas mit ihren berühmten Weingärten.

In einem Tihāma-Dorf (al-Mahjam) — im Vordergrund ein Doppelpflug.

Die Kunst der Rasuliden

Venetia Porter

Bei der Betrachtung der Kunst der rasulidischen Sultane des Jemen muß man zwischen den Objekten, die für die Rasuliden in den mamelukischen Gebieten Syriens und Ägyptens hergestellt wurden, und den Kunstobjekten, die im Jemen selber während dieser Zeit entstanden, unterscheiden. Für die erstere der beiden Gruppen können wir uns auf die Objekte selber stützen. Es sind insgesamt mehr als 40 Stücke: eingelegte Metallarbeiten von hoher Qualität und Glasarbeiten, alle mit den Namen und Titeln rasulidischer Sultane und mit ihrem Wappen, der fünfblättrigen Rosette. Unser Wissen über die zweite Gruppe ist sehr begrenzt, da wir auf Hinweise in zeitgenössischen Texten und auf archäologisches Material angewiesen sind. Im folgenden wollen wir die verschiedenen Hinweise auf eine eigene künstlerische Produktion im Jemen zusammenstellen. Was die Gruppe der mamelukischen Objekte angeht, wollen wir die Umstände, die zum Erwerb dieser Objekte durch die Rasuliden führten, beleuchten.

Metallarbeiten

Der einzige Unterschied zwischen den rasulidischen Arbeiten und den der mamelukischen Kunst im allgemeinen zuzurechnenden Metallarbeiten besteht in den darauf angebrachten Titulaturen der Rasuliden und in der fünfblättrigen Rosette, ihrem Wappen. Die Herrschaftszeit der fünf Kunstsammler unter den Rasuliden-Sultanen umfaßte die Jahre 647 H—778 H (1250—1377 n. Chr.), ein Zeitraum, der ziemlich genau mit den Gipfelleistungen mamelukischer Metallkunst zusammenfällt.
In Ägypten lebte der ayyubidische Stil mit seinen reich eingelegten Messingarbeiten bis in das 14. Jh. fort. Jagdszenen und Darstellungen höfischer Lustbarkeiten erscheinen vor einem Hintergrund reicher Verzierungen und Arabesken. Ein häufiges Motiv sind auch mythische Tiere und personifizierte Tierkreiszeichen.
Diesen frühesten Stil finden wir bei unseren rasulidischen Objekten auf denen, die den Namen des Sultans al-Muẓaffar Yūsuf tragen. Es handelt sich um Objekte höchster Qualität mit einzelnen kleinformatigen Darstellungen und großzügiger Verwendung der Silbereinlege-Technik. Auch die Formen — Tabletts, Becken, Kohlenpfanne, Kerzenständer und eine Kanne — sind für ihre Zeit typisch. Von etwa 1320 n. Chr. an (720 H), also etwa ab der Regierungszeit des rasulidischen Sultans al-Muʾayyad Dāʾūd, wandelt sich, während die Qualität der Objekte gleich bleibt, der Stil: Die kleinformatigen figürlichen Darstellungen werden jetzt durch großflächig gestaltete Kalligraphie ersetzt, meistens in der Schriftform thuluth. Zugleich erscheinen Motive chinesischen Ursprungs, wie etwa Lotusblüten.

Daß diese Stücke in mamelukischer Zeit und im mamelukischen Herrschaftsgebiet entstanden sind, wird durch zwei signierte Objekte bewiesen. Es handelt sich um zwei auch aus anderen Quellen bekannte mamelukische Künstler, ʿAlī bin Ḥusayn bin Muḥammad al-Mawṣilī und Ḥusayn bin Aḥmad bin Ḥusayn al-Mawṣilī. Beide Signaturen vermerken ausdrücklich, daß die Arbeiten in Kairo entstanden. Diese Objekte genossen schon zu ihrer Zeit außerordentliche Wertschätzung, und dies nicht nur seitens ihrer rasulidischen Eigentümer, sondern auch ihrer Rivalen, den zayditischen Imamen. Diesen gelang es offenbar, eine Anzahl zu erbeuten, denn einige unserer Objekte tragen spätere Eigentümervermerke, bei denen es sich wahrscheinlich um Zayditen handelt.
Ein kurzer Abstecher in die Beziehungen zwischen Ägypten und Jemen zur Zeit der Rasuliden läßt uns verstehen, wie es dazu kommen konnte, daß die rasulidischen Sultane mamelukische Kunstwerke erwarben. Obgleich Jemen unabhängig war, erkannten die Rasuliden an, daß sie eigentlich in einer Art von Nachordnung zu den Mameluken standen und deshalb verpflichtet waren, ihnen regelmäßig Geschenke als Zeichen ihrer Lehenstreue zu senden. Mehrfach wurden die Geschenke von den Mameluken zurückgesandt, weil sie nicht für ausreichend angesehen wurden.
Unsere Quellen — sowohl die jemenitischen wie die ägyptischen — berichten ausführlich über die Ankunft und Abreise dieser Gesandtschaften. Mit den Gesandt-

Mit Silber eingelegtes Kohlebecken des Sultans al-Malik al-Muẓaffar Yūsuf (1250—1295) Metropolitan Museum of Art, New York).

Mit Silber eingelegter großer Messingteller des Rasulidensultans al-Malik al-Muẓaffar Yūsuf (1250–1295). (Museum für Islamische Kunst, Kairo).

schaften war ein sorgfältiges Zeremoniell verbunden. Bei seinem Eintreffen am Mameluken-Hof wurde der Botschafter des Jemen willkommen geheißen und erhielt ein Ehrengewand (khilʿa) überreicht. Bei seiner Abreise erhielt er die Geschenke, die er dem rasulidischen Sultan bringen sollte. Beispielsweise wissen wir von dem sehr guten Verhältnis zwischen dem Rasuliden-Sultan al-Muẓaffar und dem Mameluken-Sultan Baybars (1260–1277 n. Chr. = 569–676 H): Al-Muẓaffar sandte wenigstens sieben Gesandtschaften nach Kairo, wenigstens zwei Gesandtschaften gingen von Kairo in den Jemen. Gegen Ende seiner Regierungszeit verschlechterten sich die Beziehungen zwischen Al-Muẓaffar und dem neuen Mameluken-Sultan al-Ashraf Khalīl, der sogar damit drohte, eine Streitmacht in den Jemen zu entsenden, wenn al-Muẓaffar ihm nicht mehr Ehrerbietung erweise. Während der Regierungszeit des Rasuliden-Sultans al-Muʾayyad gab es drei ägyptische Gesandtschaften nach dem Jemen und acht jemenitische Gesandtschaften nach Kairo. Eine dieser letzteren, im Jahre 1304 n. Chr. (703 H) wird von dem Historiker Khazrajī als »umfangreiche Sendung in zwei Schiffen ... mit Becken, Kannen, Tabletts, chinesischem Porzellan, Jade und Stoffen« geschildert. Khazrajī fährt fort: »Solche Geschenksendungen werden wenigstens jedem zweiten oder dritten Sultan gesandt, um gute Beziehungen und Freundschaft zu sichern«. Unter der Herrschaftszeit des Rasuliden al-Mujāhid gingen fünf Gesandtschaften vom Jemen nach Ägypten; der Sultan selber war ein Jahr lang in Kairo in Haft. Unter al-Afḍal, dem letzten Sultan, von dem sich

Mit Silber eingelegter großer Messingteller des Rasulidensultans al-Malik al-Muẓaffar Yūsuf (1250–1295) – Detail.

Kunstwerke mit seinem Namen erhalten haben, gab es vier Gesandtschaften nach Kairo.

Aus diesem Überblick ergeben sich zwei Dinge: Wenn jede jemenitische Gesandtschaft in Ägypten bei ihrer Rückreise mit Geschenken für den rasulidischen Sultan bedacht wurde, dann muß es am Rasuliden-Hof im Lauf der Zeit eine große Anzahl mamelukischer Objekte gegeben haben. Es ist deshalb durchaus möglich, daß die Mehrzahl der Metall- und Glasarbeiten mit den Namen der Rasuliden-Sultane von ihnen nicht bestellt wurde, wie man dies bisher annahm. Vielmehr dürfte es sich um diplomatische Geschenke gehandelt haben, auf denen die Mameluken bereits in passender Weise die Titel und das Wappen der Rasuliden hatten anbringen lassen. Ferner lassen unsere Quellen erkennen, daß eine umfangreiche Menge von Objekten zwischen den beiden Ländern ausgetauscht wurde.

Worin aber bestanden dann die jemenitischen Geschenke? Einen Anhaltspunkt bietet uns folgender Hinweis: Im Jahre 1330 n. Chr. (731 H) wurde eine Gesandtschaft mit Geschenken des Sultans al-Mujāhid in Kairo mit der Begründung zurückgewiesen, daß es sich bei einem Teil dieser Sendung um Objekte handle, die von einer von den Jemeniten in Aden überfallenen (und für Kairo bestimmten!) indischen Gesandtschaft stammten. Ein anderer Hinweis sagt, daß eine Geschenksendung für den Mameluken-Sultan Qalāwūn (im Jahre 1285 = 684 H) Gegenstände aus »Hind, Sind und Jemen« enthielt. Leider erfahren wir nichts darüber, was nun wirklich von diesen Geschenken im Jemen selber hergestellt worden

Mit Silber eingelegter großer Messingteller des Sultans al-Malik al-Muẓaffar Yūsuf (1250—1295). (Museum für Islamische Kunst, Kairo).

Mit Silber eingelegter großer Messingteller des Sultans al-Malik al-Muẓaffar Yūsuf (1250—1295) — Detail.

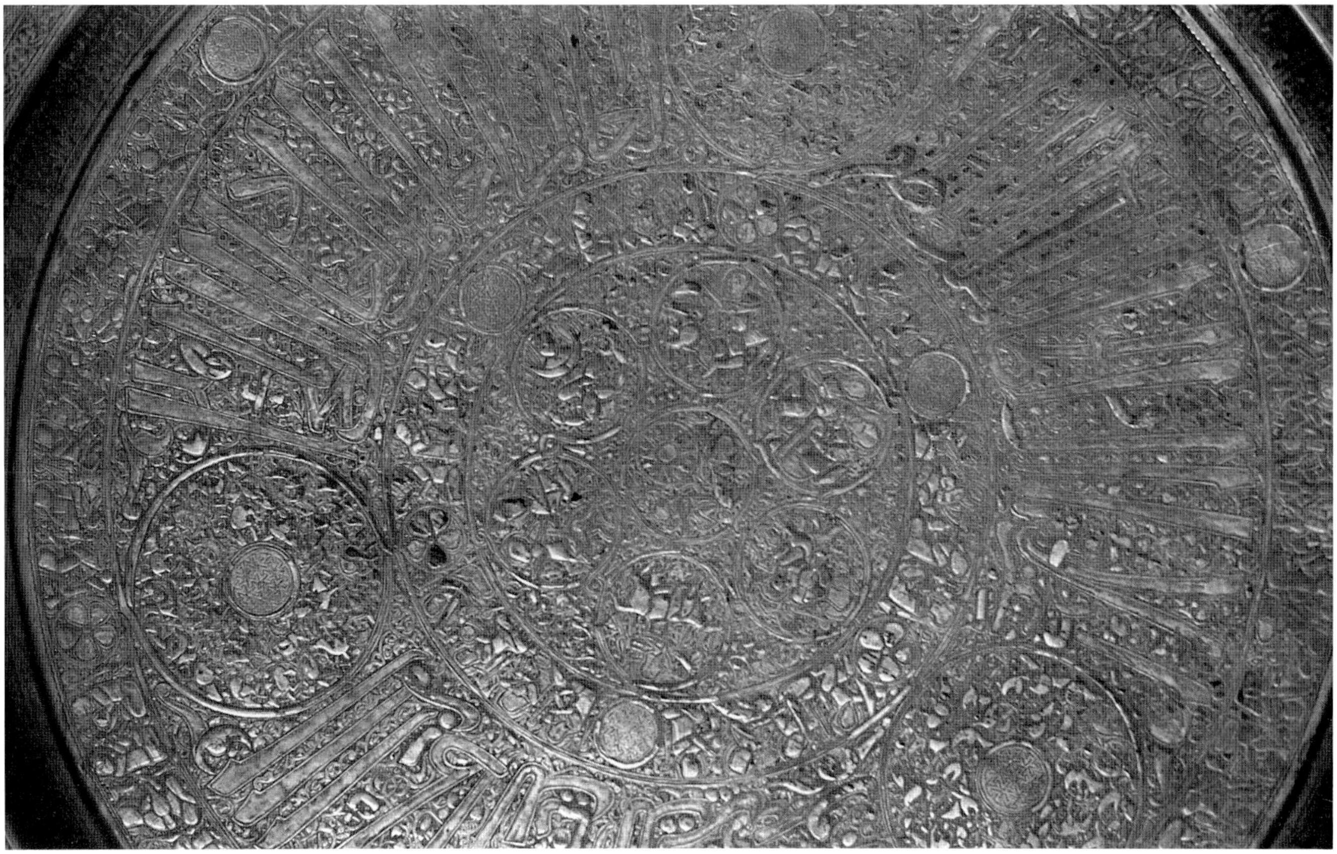

Mit Silber eingelegter großer Messingteller des Sultans al-Malik al-Mu'aiyad Dā'ūd (1296—1321). (Metropolitan Museum of Art, New York).

war. Wir müssen deshalb nach anderen Anhaltspunkten suchen.

So finden wir etwa für das Jahr 1234 n. Chr. (632 H) den Hinweis, daß der erste rasulidische Sultan Nūr al-Dīn ʿUmar silberne und goldene Lampen nach Mekka sandte, die dort in der Kaʿba aufgehängt wurden. Im Jahre 1267/1268 n. Chr. (666 H) wurde die Türe der Kaʿba von einem Ibn al-Taʿizzī (»Sohn eines Mannes aus Taiz«) mit Silber und Gold verziert. Der Sultan al-Ashraf I. trieb, bevor er im Jahre 1295 n. Chr. (694 H) die Regierung antrat, intensive astronomische Studien, schrieb ein astronomisches Werk und verfertigte selber ein Astrolab aus eingelegtem Messing.

Aus diesen wenigen Hinweisen ergibt sich, daß es im Jemen eine eigenständige Produktion wertvoller Metallarbeiten gab und daß wahrscheinlich auch Einlegearbeiten gefertigt wurden. Wir wissen jedoch nicht, wie umfangreich diese Produktion war und wie weit sie auf importierten Talenten beruhte. Einige Hinweise ergeben sich aus der Beschreibung, die uns Khazrajī über die im Auftrag des Sultans al-Muʾayyad (1308 n. Chr. = 708 H) erfolgte Errichtung des Maʿqily-Pavillons in Thaʿbāt bei Taiz gibt. Diese Beschreibung ist für uns aus zwei Gründen interessant: Einmal heißt es, daß zu dem Pavillon ein Wasserbecken gehörte, »an dessen Seiten sich aus gelbem Kupfer oder Messing gefertigte Vögel und wilde Tiere befanden, aus deren Mund sich Wasserstrahlen ergossen«. Ferner berichtet uns Khazrajī, daß ausländische Handwerker am Bau des Pavillons beteiligt waren. Jeden Tag hätten 70 Maultiere die Maler, Rohmetall-Arbeiter, Gießer, Maurer, Marmorarbeiter, Vergolder und Künstler zum Palast gebracht. Zu diesen 70 Handwerkern seien noch einmal doppelt so viele einheimische gekommen.

Dieser Hinweis auf ausländische Handwerker im Jemen wird von Qalqashandī bestätigt: »Die Könige des Jemen bringen ständig aus Ägypten und Syrien Kunsthandwerker sowie Händler mit ihren verschiedenartigen Waren«. Er fügt hinzu, daß der Sultan eine große Vorliebe für Ausländer habe.

Die Frage, inwieweit ausländische Kunsthandwerker in Südarabien tätig waren, stellt sich auch bei drei aus dem 14. Jahrhundert stammenden Grabsteinen aus Ẓafār (Dhofar) am Indischen Ozean. Zwei der Grabsteine gehören zu dem Grab des rasulidischen Gouverneurs von Ẓafār, al-Wāthiq Nūr al Dīn Ibrāhīm, dem Sohn des Sultans al-Muẓaffar, der im Jahre 1311 n. Chr. (711 H) starb. Der dritte Grabstein gehörte einem im Jahre 1314 n. Chr. (714 H) gestorbenen Scheich. Bereits bei der ersten Publikation dieser Grabsteine wurde vermutet, daß sie von nicht-jemenitischen Kunsthandwerkern gefertigt worden waren. Der Stil der Grabsteine weist m. E. auf das westliche Indien. Sehr ähnlich ist ein Grab in der Jamiʿ (Moschee) in Cambay, das einem bekannten Großkaufmann gehörte (Ibn Baṭṭūtah bezeichnet ihn als »König der Kaufleute«). Alle diese Grabsteine sind in einem etwas eklektischen, indisch-islamischen Stil gehalten, wie er für die Kunst von Gujerat im frühen Mittelalter typisch war. Für diese Verbindung sprechen nicht nur die engen Handelsbeziehungen, sondern die ebenfalls von Ibn Baṭṭūtah erwähnte große indische Bevölkerungsgruppe in Ẓafār.

Kehren wir nunmehr zu den Metallarbeiten zurück. Wir haben schon einige literarische Hinweise zusammengestellt, wonach Metall — einfaches und kostbares — im

Mit Silber eingelegter großer Messingteller des Sultans al-Malik al-Mu'aiyad Dā'ūd (1296—1321), signiert von Ḥusayn bin Aḥmad bin Ḥusayn al-Mauṣilī in Kairo. (Metropolitan Museum of Art, New York).

13. und 14. Jh. im Jemen bearbeitet wurde. Haben sich Beispiele davon erhalten?
Das einzige bekannte und mit Sicherheit im Jemen entstandene Metallobjekt dürfte im 16. Jh. gefertigt worden sein; Wiet hatte dieses Stück allerdings in das 14. Jh. datiert. Es handelt sich um ein Kästchen, das ein gewisser ʿAfīf al-Dunya wa-l-Dīn in Auftrag gegeben hatte und dessen Inschrift besagt, daß es in Sanaa hergestellt wurde. Am Ende der Inschrift befindet sich eine sechsblättrige Rosette. Bei ʿAfīf al-Dīn dürfte es sich um den Sohn des zayditischen Imams Sharaf al-Dīn (gestorben 1557 n. Chr. = 965 H) handeln. Eine Datierung dieses Kästchens in das 16 Jh. ergibt sich auch aus seinem Stil. Wiet hatte auf Grund der Form der Inschrift angenommen, daß es im 14. Jh. entstanden sei, bemerkte aber, daß die Buchstaben für diese Zeit ungewöhnlich steif erscheinen. Dieses Problem wird durch die Datierung ins 16. Jh. gelöst. Die Übernahme eines mamelukischen Vorbildes würde auch die sechsblättrige Rosette erklären, die sich sonst in der Regel auf Metallarbeiten findet, die für den Mameluken-Sultan Qalāwūn und seine Nachfolger hergestellt wurden.
Auf Grund dieses Kästchens und eines Schreibutensilien-Behälters kann man davon ausgehen, daß sich im 16. Jahrhundert — und vielleicht auch schon vorher — eine Metallbearbeitungsschule in Sanaa befand. In einer neuen Veröffentlichung kommt James Allan sogar zu dem Ergebnis, daß sich eine solche Metallbearbeitungsschule bereits vom 14. Jh. an in Sanaa befand. Er stützt sich dabei auf eine Anzahl von in den letzten Jahren vom kuweitischen Nationalmuseum im Jemen erworbenen Stükken, auf einige Gefäße im Nationalmuseum in Sanaa und auf Stücke in der Sammlung Aron. Auf allen diesen Objekten finden sich jedoch keine Inschriften, die zweifelsfrei auf ihre Entstehung im Jemen hindeuten. Allan stützt seine Auffassung auf die seltsame Verbindung von mamelukischen und iranischen Stilelementen auf diesen Metallarbeiten. Er erklärt diesen Mischstil mit den zahlreichen ausländischen Objekten, die sich in dieser Zeit im Jemen befanden, und damit, daß sich ein eigener jemenitischer Stil noch nicht ausgebildet hatte.

Emaillierte Glasflasche des Sultans al-Malik al-Muʾaiyad Dāʾūd (1296—1321). (Institute of Arts, Detroit).

Glas

Elf emaillierte Glasobjekte mit einer eindeutigen Verbindung zu den Rasuliden sind bekannt. Es handelt sich um zwei Lampen für al-Ashraf I.; eine Flasche und ein Bekken für al-Muʾayyad; zwei Schalen, eine Flasche und eine Vase für al-Mujāhid, sowie drei weitere Objekte, auf denen sich lediglich die fünfblättrige Rosette befindet.
Die mamelukische Email-Glaskunst erreichte etwa zwischen 1300 und 1350 n. Chr. ihren Höhepunkt. Danach gingen die technischen und künstlerischen Fähigkeiten zurück; um 1400 n. Chr. war diese Kunst völlig untergegangen. Stilistisch entwickelten sich die Glasarbeiten parallel zu den Metallarbeiten: In einer ersten Epoche beruhten sie noch stark auf ayyubidischen Formen und bildlichen Darstellungen. In einer zweiten Epoche, um die Wende des 14. Jh.s, wurde auch beim Glas dieser Stil durch im wesentlichen epigraphische und florale Motive ersetzt. Genau wie bei den Metallarbeiten unterscheiden sich die rasulidischen Gläser von den Mamelukengläsern im allgemeinen lediglich durch die Titel der Sultane und durch die fünfblättrige Rosette.

Wurde in jener Zeit im Jemen Glas hergestellt? In dem grundlegenden Artikel von Lane und Serjeant über Tonwaren und Glas von der südarabischen Küste wird eine chinesische Quelle (Chou' K'u-fei, aus dem Jahre 1178 n. Chr.) angeführt, wo es heißt, daß »opakes Glas« eines der Erzeugnisse der Ḥaḍramī-Küste Arabiens war. Eine

Braun- und elfenbeinfarbiger doppelt gewebter Seidenstoff mit dem Titel des Sultans al-Malik al-Muʾaiyad (1296—1321). (Metropolitan Museum of Art, New York).

andere chinesische Quelle berichtet, daß die Araber dieser Region ähnliche Methoden wie die Chinesen selber zum Glasschmelzen anwenden, daß sie jedoch »südlichen Borax« hinzufügen, um es elastischer zu machen.
Auf dem Ruinenfeld von Kawd am-Sailah in der Ebene von Aden fanden Lane und Serjeant, ohne graben zu müssen, große Mengen von Glas. Darunter befanden sich Luppen von grünlicher Glasfritte und Hinweise auf Öfen, womit die Herstellung von Glas bewiesen ist. Es handelte sich dabei allerdings nur um eine sehr beschränkte Anzahl von Formen und Stilen. Bei den besten der Fundstücke handelte es sich um sorgfältig dekorierte Armreifen, offenbar eine Spezialität der Adener Glasindustrie. Auf Grund dieser Funde kann man davon ausgehen, daß im Mittelalter hier und wohl auch anderswo in Südarabien Nutzglas produziert wurde. Nachweise für die Herstellung emaillierten Glases im Jemen fehlen. Auch diese Kunstwerke dürften deshalb, genau wie die Metallarbeiten, überwiegend als diplomatische Geschenke aus Ägypten gekommen sein.

Die rasulidische Rosette

Bei der rasulidischen Rosette handelt es sich um ein Wappen. Das ergibt sich auch aus folgender Bemerkung von Qalqashandī (gestorben 1418 n. Chr.): »Es ist aufgezeichnet, daß das Emblem des jemenitischen Sultans eine rote Blume auf weißem Grund ist. Al-Maqar al-Shihābi bin Fudayl Allah sagte: »Ich selber sah die jemenitische Flagge, als sie auf dem Hügel ʿArafāt im Jahre 738 H (= 1337 n. Chr.) aufgepflanzt war, sie ist weiß mit vielen roten Blumen«.

Daraus ergeben sich jedoch zwei Fragen: Läßt sich aus dem Vorhandensein der fünfblättrigen Rosette stets auf eine Verbindung zu den Rasuliden schließen? Und, da Qalqashandī die Zahl der Blütenblätter nicht ausdrücklich nennt, ob die rasulidische Rosette auch eine andere Zahl als fünf Blätter haben kann? Diese Fragen sind im Hinblick auf drei Gruppen von Objekten von Bedeutung: solche mit fünfblättrigen Rosetten und rasulidischen Titeln, jedoch ohne den Namen eines Sultans; ferner im Hinblick auf Objekte, die nur Rosetten und überhaupt keine Inschrift tragen; und schließlich solche mit sechsblättrigen Rosetten.

Die erste Gruppe kann man auf Grund des mit anderen rasulidischen Stücken vergleichbaren Stils und der Rosette auf jeden Fall als rasulidisch bezeichnen. Die fünfblättrigen Rosetten ohne sonstige Inschriften sind schwieriger zu erklären. Die Stücke könnten z. B. für hohe Würdenträger am Hof der Rasuliden bestimmt gewesen oder, bei der in China gefundenen Vase, als Geschenk für einen chinesischen Potentaten gefertigt worden sein. Bei dem Objekt mit sechsblättrigen Rosetten handelt es sich um eine Moscheelampe, die ein gewisser Kāfūr al-Rūmī in Auftrag gegeben hatte. Van Berchen nahm dieses Objekt in sein Verzeichnis der rasulidischen Objekte auf, weil einige rasulidische Münzen eine unterschiedliche Anzahl von Rosettenblättern zeigen. Da jedoch alle unsere übrigen Kunstwerke entweder eine fünfblättrige Rosette oder gar keine besitzen, sollte man dieses Stück nicht allein auf Grund sonstiger stilistischer Merkmale in die Gruppe der rasulidischen Glasarbeiten aufnehmen.

Schon bevor die Rasuliden die Rosette zum Wappen nahmen, gab es Rosetten als Dekorationselement auf ayyubidischen und nordirakischen Metallarbeiten, auf mamelukischen Münzen und Architekturelementen. Es ist nicht bekannt, wann die Rasuliden die fünfblättrige Ro-

Emaillierte Glasschale des Rasulidensultans al-Malik al-Mujāhid ʿAlī (1321—1363). (Toledo Museum of Art, Toledo/Ohio).

Silbereingelegtes Messingbecken des Rasulidenherrschers al-Malik al-Mujāhid ʿAlī (1321—1363). (Metropolitan Museum of Art, New York).

sette zu ihrem Wappen erkoren, doch erscheint sie bereits auf den Objekten mit dem Namen al-Muẓaffar. In der Rasuliden-Architektur finden wir Rosetten auf den Decken der drei Moscheen von Taiz: der Muʿtabiyyah, der Muẓaffariyyah und der Ashrafiyyah. Die Rosetten sind hier meistens rot. In der wohl spätrasulidischen Iskandariyyah Moschee in Zabīd ist die Rosette meist in Medaillons enthalten und öfters von weißer Farbe. Im frühen 16. Jh. finden wir sie sogar in der von den Nachfolgern der Rasuliden, den Tahiriden, gegründeten ʿAmariyyah-Moschee in Radāʾ. Offenbar war die Rosette gegen Ende der Rasulidenzeit zu einem rein dekorativen Zierelement geworden.

Bei der sechsblättrigen Rosette dagegen handelt es sich um das Wappen des Mameluken-Sultans al-Nāṣir Muḥammad bin Qalāwūn und seiner Nachfolger. Braun-auf-rosa-Untergrund könnte sie vielleicht sogar den Gedanken einer mamelukischen Oberherrschaft über die Rasuliden ausgedrückt haben.

Ob es sich, wie van Berchem vermutete, bei den in einem Kreis angeordneten schwarz-rot-weißen-Dreiecken auf den beiden Glasflaschen des Sultans al-Ashraf I. um ein persönliches Wappen handelt, ist unklar.

Textilien

Textilien, insbesondere Seide, spielten eine bedeutende Rolle am mamelukischen und am rasulidischen Hof. Die Ehrenkleider, die als Zeichen königlicher Gunst verliehen wurden, waren von besonderem Luxus. Maqrīzī berichtet im Jahre 1267 n. Chr. (666 H), daß dem jemenitischen Sultan al-Muẓaffar in Kairo ein Gewand (»khilʿa«), eine Fahne und eines der Gewänder des ägyptischen Sultans überreicht wurden. Zugleich erhielt er eine Rüstung mit den Worten: »Wir sandten Euch ein Gewand des Friedens und ein Gewand des Krieges, dieses letztere haben wir selber auf dem Schlachtfeld getragen«. In welchen

Silbereingelegte Messingschale des Sultans al-Malik al-Mujāhid ʿAlī (1321—1363). (Metropolitan Museum of Art, New York.)

Großer silbereingelegter Messingteller des Sultans al-Malik al-Mujāhid ʿAlī (1321—1363). (Louvre, Paris.)

Mengen die Rasuliden Seide verwendeten, kann man den folgenden Zitaten aus Khazrajīs entnehmen: Im Jahre 686 H (1286/1287 n. Chr.) heißt es von einem königlichen Pavillon, daß sein Boden »mit seidenen Teppichen, in die goldene Figuren gewirkt waren«, belegt war; ferner: Als die Kasernen von Taiz im Jahre 1312 n. Chr. (712 H) niederbrannten, hätten sie »vollständige Schlafzelte aus goldgewebtem Stoff enthalten, eines in gelb und eines in rot«.

Bisher ist nur ein Stück rasulidischer Seide bekannt. Es handelt sich um ein Fragment in brauner und elfenbeinener Farbe mit dem Titel »al-Muʾayyad«, bei dem es sich aus stilistischen Gründen um den Rasulidensultan Muʾayyad Dāʾūd handeln dürfte.

Im Mittelalter bestand ein reger Handel zwischen Indien, China und dem Nahen Osten. Jemenitische Kaufleute und der Hafen Aden spielten dabei eine bedeutende Rolle. Importstoffe waren daher durchaus verfügbar. Wir wissen deshalb nicht, ob die reichgewebten Brokatstoffe, die Seidengewänder und Turbane der Herrscher und der Reichen importiert oder im Jemen selber gewebt wurden. Literarische Quellen bezeugen, daß der Jemen von frühislamischer Zeit an bis ins Mittelalter für seine Textilien berühmt war und daß diese Stoffe auch exportiert wurden. Fragmente jemenitischer Iqat-Stoffe mit ihren charakteristischen blauen und beigen Streifen wurden u. a. auch in Ägypten gefunden. Umgekehrt könnte es sein, daß in rasulidischer Zeit ägyptische Weber auch eine Rolle in der jemenitischen Textilfertigung spielten, da Khazrajī für das Jahr 1386 n. Chr. (788 H) die Ankunft von »Seiden-Handwerkern« aus Alexandria vermerkt.

Textilien waren nicht nur Symbole für Luxus, sie spielten auch eine wichtige politische Rolle: Im 13. und 14. Jh. war die Souveränität über den Hedschas immer wieder zwischen Ägypten, das über das Rote Meer hinweg auf die Arabische Halbinsel ausgriff, und dem Jemen umstritten. Welcher der beiden Staaten die Kontrolle über die Heiligen Stätten ausübte, wurde öffentlich dadurch zum Ausdruck gebracht, wer im jeweiligen Jahr das maḥmal nach Mekka sandte.

Keramik

In der Tihama, im Ḥaḍramūt und an der Küste von Aden fand man Bruchstücke importierter islamischer Keramik. Khazarajī erwähnt bei der Beschreibung des Festes der Beschneidung des Sohnes von al-Ashraf II. im Jahre 1392 n. Chr. (795 H), daß es bei diesem Fest Gefäße aus Persien, aus Kairo und aus Shayzar (einer Stadt bei Ḥama in Mittelsyrien) gegeben habe. Scherben chinesischen Porzellans wurden in Mocha und in der Gegend von Aden gefunden. Drei vollständig erhaltene Gefäße aus Annam (Mitte des 15. Jh.s) sollen im Jemen gefunden worden sein. Zu rasulidischer Zeit bestand ein intensiver Handel zwischen China und dem Jemen und die Quellen berichten häufig vom Gebrauch chinesischen Porzellans bei Hof. Bei dem oben erwähnten Beschneidungsfest soll der Sultan zusätzlich zu dem am Hof bereits im Gebrauch befindlichen Porzellan 500 neue Stükke benutzt haben.

Die zahlreichen Scherben, die das »Zabīd-Project« des Royal Ontario Museum in der Tihāma fand, sowie die Ausgrabungen in der alten Hafenstadt Quseir al-Qadīm an der ägyptischen Küste des Roten Meeres beweisen, daß im Jemen sowohl in rasulidischer wie in tahiridischer Zeit glasierte und unglasierte Keramik hergestellt und zum Teil sorgar exportiert wurde.

Die gefundenen Bruchstücke glasierter und unglasierter irdener Ware umfassen alle Arten von Qualität und Stil. Die typischste Form der glasierten Stücke ist dabei die

Behälter — Kupfer — mit dem rasulidischen Wappen. Wahrscheinlich für einen Angehörigen des Rasulidenhofes gefertigt (Metropolitan Museum of Art, New York).

Grabstein des rasulidischen Gouverneurs von Dhofār, des 1311 gestorbenen al-Wāthīq Nūr al-Dīn Ibrāhīm (Victoria and Albert Museum, London).

Rückseite des gleichen Grabsteines.

sogenannte »blaue Tihāma-Ware«, deren Muster leichtes Blau vor einem dunkelblauen Hintergrund zeigt. Eine andere Gruppe mit blauer und weißer Färbung soll offenbar chinesisches Porzellan imitieren. Eine dritte Art von Keramik kommt aus der Stadt Ḥays, die möglicherweise schon im 14. Jh. Tonwaren, die in der Technik mamelukischen Typen ähneln, produzierte. Meistens sind sie einheitlich grün oder gelb, eher grob gearbeitet. Ein Becher mit Fuß ist eine typische Form.

In dieser Übersicht haben wir versucht, ein Bild der

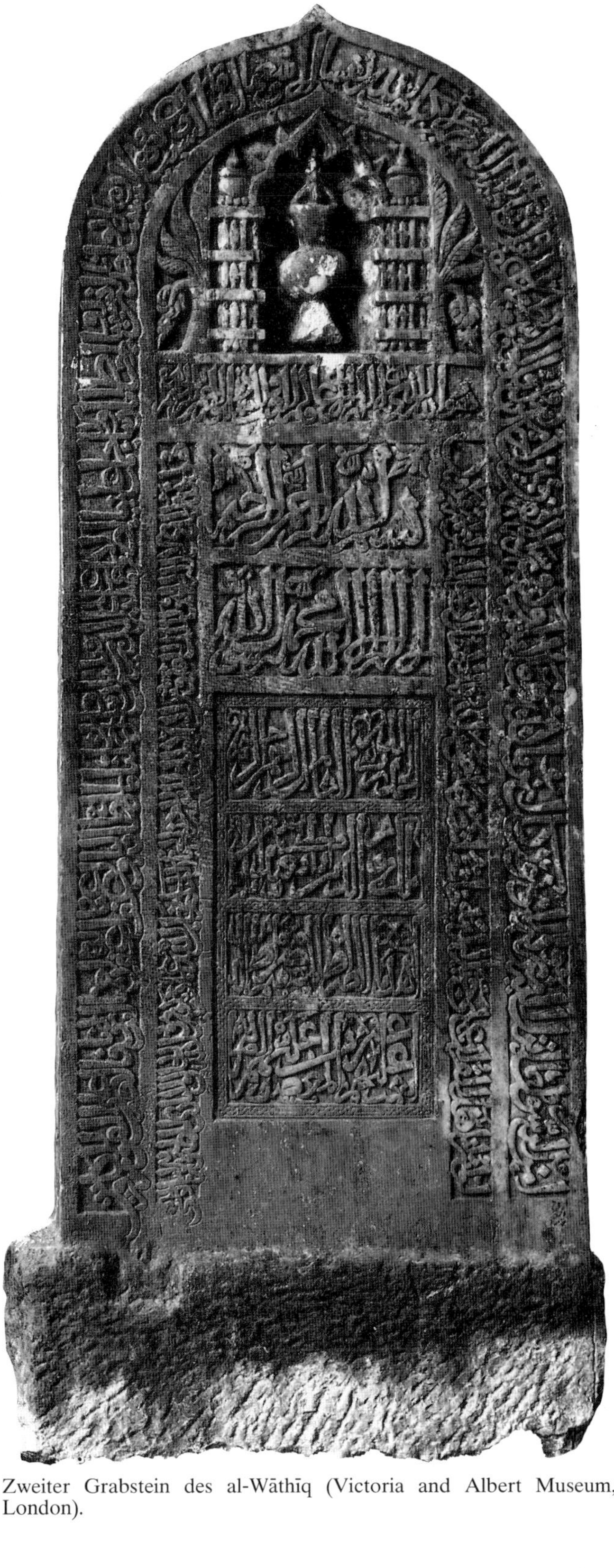

Zweiter Grabstein des al-Wāthīq (Victoria and Albert Museum, London).

Rückseite des gleichen Grabsteines.

Kunst in der Rasulidenzeit zu zeichnen. Die historischen Quellen berichten von Jemens Ruhm als Hersteller wertvoller Textilien, von Tonwaren aus Zabīd, vom offensichtlichen Reichtum der Sultane, die sich mit ihren mamelukischen Nachbarn maßen, Zelte aus goldgewirktem Stoff und große Mengen chinesischen Porzellans besaßen. Wir wissen auch um die Wertschätzung, die die Rasulidensultane diesen Luxusgütern ebenso wie den eigens für sie gefertigten prachtvollen, eingelegten Metallarbeiten und Emailgläsern entgegenbrachten. Die Beziehung der

Grabstein des Scheichs Muḥammad ibn Abū Bakr ibn Sa'd ibn 'Alī al-Damrīnī, gestorben 1315 (Victoria and Albert Museum, London).

Rasulidenkunst zu der der Mameluken läßt sich an den erhaltenen Objekten erkennen. Es steht auch fest, daß mamelukische Kunsthandwerker von Zeit zu Zeit im Jemen tätig waren, doch hat sich insgesamt so wenig erhalten, daß eine klare Aussage über den Einfluß der mamelukischen Kunst noch nicht möglich ist.

Literatur

Abd El Aal, Ahmed: The history of Yemen and its foreign relation during the reigns of the Rasulites and Tahirids, Cairo 1980.

Allan, J. W.: Islamic metalwork: The Aron Collection, London 1986.

idem: Mamluc sultanic heraldry and the numismatic evidence, in: Journal of the Royal Asiatic Society 1970, 104.

Atil, E.: Art of the Arab World, Washington 1975.

idem: Renaissance of Islam, Art of the Mamluks, Washington 1981.

Baldry, J.: Textiles in Yemen, British Museum Occasional Papers, London 1982.

Berchem, M. van: Notes d'Archéologie arabe, in: Journal Asiatique, 1904, p. 5—96.

Eastwood, G.: Textiles, in: D. S. Whitcomb and J. S. Johnson, Quseir al-Qadīm, chapter 14, Malibu 1982.

Guest, R.: Zufar in the Middle-Ages, in: Islamic Culture 1935, p. 402—410.

Ibn Baṭūṭa: Voyages d'Ibn Batoutah, édités et traduits par C. Defrémery et B. R. Sanguinetti, 4 tomes, Paris 1853—1858.

Keall, E.: The dynamics of Zabid and its hinterland: The survey of a town on the Tihama plain in North Yemen, World Archaelogy, Vol. 14, 3, 1983.

King, D. A.: Mathematical Astronomy in Medieval Yemen, Malibu 1983, and his paper in this catalogue.

Lane, A. and Serjeant, R. B.: Pottery and glass fragments from the Aden littoral, in: Journal of the Royal Asiatic Society 1948, p. 108—133.

Leaf, W.: Developments in the System of armorial insignia during the Ayyubid and Mamluk periods, in: Palastine Exploration Quarterly 1983, 67.

Lewcock, R. and Smith, G. R.: Three medieval mosques in the Yemen, in: Oriental Art, (XX), 1974, p. 75—86 and 192—203.

Mackie, L.: Towards an understanding of Mamluk silks, in: Muqarnas 2, 139.

Mackintosh-Smith: Yemeni textiles-types, influences and production. Unpublished thesis, Oxford 1984.

Porter V. and Smith, G. R.: The Rasulids in Dhofar, Journal of the Royal Asiatic Society, 1988.

Al-Qalqashandī, Ahmad: Ṣubh al-A'shā', Cairo, 1914—1928 (the quotation are in V, p. 36 and V, p. 34).

Quatremère, E. M.: Histoire des Sultans Mamlouks de l'Egypte, Paris 1845.

Redhouse, J. W. and Asal, Muhammad: El-Khazreji's history of the Resuli Dynasty of Yemen, Leiden und London 1906—1918, 5 vols.

Serjeant, R. B.: Islamic textiles: Material for a history up to the Mongol conquest, Beirut 1972.

Smith, G. R.: The Yemenite settlement of Tha'bāt: Numismatic and Epigraphic notes, in: Arabian Studies I (1974), p. 119—134, and his paper in this catalogue.

Whitcomb, D. S.: Archeology in Aden and the Ḥadramawt, in: Cardi-Festschrift (forthcoming).

Wiet, G.: Catalogue du Musée Arabe du Caire: Objets en cuivre, Le Caire 1932.

Yahya b. al-Husayn b. al-Qasim: Ghayat al-Amani fi Akhbar al-Qutr al-Yamani, ed Ashour, Cairo 1968, 2 vols.

Hinweis:

1. Die Rasulidensultane, aus deren Regierungszeit sich Kunstwerke erhalten haben:
   al-Muẓaffar Yūsuf, 647—694 = 1250—1295
   al-Ashraf 'Umar, 694—696 = 1295—1296
   al-Mu'ayyad Dā'ūd, 696—721 = 1296—1321
   al-Mujāhid 'Alī, 721—764 = 1321—1363
   al-Afdal Dirhām al-'Abbās, 764—778 = 1363—1377

Beispiele aus der Regierungszeit anderer Sultane sind nicht bekannt.

2. Eine Liste der erhaltenen und inschriftlich den Rasuliden zuweisbaren Kunstwerke kann vom Staatlichen Museum für Völkerkunde, München, Maximilianstraße 42, D-8000 München 22, angefordert werden.

Die Architektur der Rasūliden

Barbara Finster

Einführung

Die Frage, ob die rasulidische Architektur tatsächlich den Höhepunkt islamischen Kunstschaffens im Yemen darstellt, läßt sich schwer beantworten. Denn nur wenige Bauten dieser Zeit sind uns erhalten. Doch lassen sich zwei Punkte feststellen: Die rasulidische Architektur ist — zumindest in ihren sakralen Werken — trotz verschiedener Übernahmen durchaus eigenständig und originell und sie bedeutet für den Jemen eine Modernisierung des Überkommenen und damit auch eine neuerliche Einbindung in die allgemeine islamische Koiné.

Man wird wohl jene Zeit nicht ganz mit der heutigen vergleichen dürfen. Dennoch muß der Einbruch der Ayyūbiden und in ihrer Nachfolge die rasulidische Herrschaft eine entschiedene Neuerung für das Land bedeutet haben. Abgeschlossen von den Kunstströmungen anderer islamischer Länder war der Jemen nie. Gerade in der Ornamentik lassen sich immer wieder Anregungen und Importe aus den nördlichen Ländern (Ägypten, Syrien, Irak etc.) beobachten, aber die sakrale Architektur zumindest blieb konservativ.

Die erste Welle neuer Architektur kam mit den Aufträgen der Ayyūbiden ins Land, die in den Jahren von 1173 bis 1228/1229 die Herrschaft innehatten und bestrebt waren, wie auch andernorts, als großzügige Bauherren aufzutreten. Dabei bedeutete die Einführung der Madrasa (Lehrstätte) nicht nur eine großzügige Stiftung, sondern ebenso wie in Syrien und Ägypten ein Politikum. Im Jemen galt es im Gegensatz zur Zaidīya und zur šiʿītisch orientierten Dynastie der Ṣulaihiden die Orthodoxie wieder einzuführen und Lehrstätten zu schaffen, die die Orthodoxie wahrten und verteidigten. Nach unserem jetzigen Wissensstand — diese Prämisse muß vor alle Aussagen gesetzt werden — hat sich keine der ayyūbidischen Madrasen bewahrt, so daß wir ihre Architektur nicht kennen. Aber in der Literatur erfahren wir, daß der erste Iwan im Jemen von Atabek Sunqur mit der Madrasa ibn Dahmān in Zabīd etwa um 1200 eingeführt worden ist. Auch ist anzunehmen, daß die Madrasa al-Asadīya in Ibb, deren Moschee bis heute steht, auf ayyūbidische Vorbilder zurückzuführen ist. Die einzigen uns bekannten Reste ayyūbidischen Schaffens sind mit dem Minarett der Großen Moschee von Zabīd überliefert, mit den beiden Türmen der Großen Moschee von Ṣanʿāʾ und mit dem Miḥrāb der Großen Moschee von Ǧanad. Das schön gegliederte Backsteinminarett in Zabīd, dessen achteckiger Schaft von Blendarkaden gegliedert und dessen Spitze von einer Stalaktitenkuppel bekrönt wird, bezeugt die Kenntnis und die Einführung von Architekturelementen, die im Irak und in der Ǧazīra geläufig waren, auch wenn sich ein direktes Vorbild nicht ohne weiteres finden läßt. Und dieser Turm diente wiederum dem wohl größten Rasūlidenherrscher al-Muẓaffar als Vorbild für sein Minarett in der Moschee von al-Mahǧam.

Das Hoheitsgebiet der orthodoxen Herrscher erstreckte sich vor allem auf den Süden des Landes und die Tihāma, während die Gebiete nördlich von Ṣanʿāʾ in wechselnder Folge dem zaiditischen Imām unterstanden. Das Land war, abgesehen von den Städten, vor allem durch eine Unzahl von Burgen geprägt, die den Besitz eines Landstriches bedeuteten. So gab es sehr große und bedeutende Burgen, wie z. B. Ḏū Marmar im Norden von Ṣanʿāʾ, Dumluwa bei Ibb usw., die wahrscheinlich auch architektonisch interessant waren. Aber nach unserem heutigen Forschungsstand können wir uns von der Ausstattung dieser Burgen kein Bild machen, da sie weder erfaßt noch erforscht sind.

Ebensowenig kennen wir die Häuser und Paläste jener Zeit, nicht die Bäder, die unter Umständen erst unter den Ayyūbiden im Jemen eingeführt worden sind. Wir kennen lediglich die Schilderung eines Palastes, den der Sultan al—Muʾayyad im Jahre 708 H in Ṯaʿbat, einem Ort an den Abhängen der Berge von Taʿizz errichten ließ und der unvergleichlich schön gewesen sein soll.

Profane Architektur

Im Grundriß beschrieb der Thronraum, den eine doppelte Decke überspannte, ein Rechteck von 10×12,50 m. Dabei galt als Besonderheit, daß keine Stütze diese vergoldete und verzierte Decke trug, d. h. daß es sich möglicherweise um ein Tonnengewölbe handelte. Vier Aussichtstürme, die vielleicht ähnlich wie bei der Cuba in Sizilien in der Mitte der Wand saßen und so den Raum erweiterten, waren mit jeweils vier Fenstern aus Marmor und Goldgittern verziert. Das Wunderbarste waren aber die Gartenanlagen, die für den Jemen neu und einzigartig waren und die ihre Vorbilder in den kalifalen Gärten von Bagdad und Cordoba besaßen. Vor dem Thronraum erstreckte sich nämlich ein Wasserbecken von 50×25 m, das von bronzenen Tierfiguren umstanden wurde. Diese Tiere, Vögel und wohl auch Löwen, spien Wasser in das Becken, ähnlich wie dies noch heute im Partal der Alhambra in Granada zu sehen ist. Außerdem stieg aus der Mitte des Beckens eine Fontäne auf und ein Šādirwān (Wandbrunnen) führte frisches Wasser zu.

Ein anderer Palast, den der Sultan im Jahre 712 H (1312/1313) errichten ließ, entsprach offensichtlich einer Vieriwananlage. Der Thronraum, ein Iwan von etwa 22 m Länge, umschloß den Herrschersitz.

Wie vor ihnen die Ayyūbiden, so zeichneten sich die Rasūliden als großzügige Bauherren aus, wobei der erste Rasūlidenherrscher Nūr ad-Dīn in der Tradition früherer jemenitischer Herrscher auch die Wege mit Brunnen und Moscheen versah. Vor allem die Städte der Tihāma erhielten neue Moscheen, die wahrscheinlich als Kuppelmoscheen das Landschaftsbild prägten und in ihren späten Nachfahren bis heute fortwirken. Nicht nur die Herrscher selbst waren großzügige Stifter, sondern ebenso ihre Frauen und Schwestern, ihre Untergebenen und Befehlshaber, ähnlich wie in den übrigen islamischen Ländern dieser Zeit. Dabei gehörten zu den beliebtesten Stiftungen die Madrasen, die nicht nur als Lehrstätte für die orthodoxen Richtungen dienten und somit der Herrscherpolitik, sondern auch als Grabstätten für die Familien. Damit nahmen die Rasūliden eine Sitte auf, die die Ayyūbiden pflegten. Davon abgesehen scheint es aber auch einfach Mode gewesen zu sein, Madrasen und nicht nur Moscheen zu stiften.

Sakrale Architektur

Von den großen Moscheen rasūlidischer Zeit ist uns keine erhalten. Nur in al-Mahǧam zeugt das schöne Minarett von der einst berühmten Moschee, die noch C. Niebuhr gesehen hatte. Das Minarett erhob sich in der Südostecke der Anlage, die sehr umfangreich gewesen sein muß. Wir erfahren aus den Quellen, daß der ganze Koran an den Wänden geschrieben stand und daß 300 Stützen die Überdachung, d. h. vermutlich die Kuppeln, trugen.

Sehen wir die Madrasa al-Asadīya in Ibb, so wie sie heute noch steht, als vereinzelte Moschee an, nicht als Madrasakomplex, haben wir wohl eine für die Zeit typische Moschee vor uns. Der breitgelagerte Ḥaram (Gebetssaal mit Nische) mit seinem großen zentralen Kuppelraum und den jeweils im Westen und Osten anschließenden überkuppelten Doppeljochen bildet zusammen mit dem vorgelegten Hof und seinen umlaufenden Arkaden ein langgezogenes Rechteck. Der Eingang lag in der Achse und führte über Stufen in den Hof. Die Moschee erhebt sich über einer Sockelzone — ähnlich wie schon in der fāṭimidischen Moschee des Ṣāliḥ aṭ-Ṭalā'i' in Kairo (555 H = 1160) — die mehrere Geschäfte umfaßt und als Stiftung für die Madrasa dient. Die Räume der Madrasa bzw. bestimmte Einrichtungen müssen sich im Osten der Moschee befunden haben, sind aber heute zerstört. Der Grundriß der Moschee gehört einem Typ an, der im iranischen Bereich geläufig war, mit einigen Variationen jedoch auch von den Ayyūbiden im syrischen Raum verwendet wurde. Dort weisen die seitlich an die Zentralkuppel anschließenden Joche häufig eine andersartige Wölbung auf. Für den jemenitischen Kultbau völlig neu ist dabei das Aufbrechen der Wände mit z. T.

Minarett der Moschee des Sultans al-Muẓaffar I. in al-Mahjam (Tihāma).

großen Fenstern und Arkaden, die bei der Madrasa al-Asadīya heute wie wohl auch damals auf den Sūq führten. Dabei öffnete sich nicht nur der Hof an der Westseite mit einer großen Arkade nach außen, sondern ebenso der Ḥaram mit rechteckigen Fenstern, die an der West- und Nordwand den hochgezogenen Blendnischen unten eingeschnitten sind. Damit fällt ungewöhnlich viel Licht in den Raum, der zudem durch die Fenster im Kuppeltambour erhellt wird. Der Schmuck dieser einfachen und harmonischen Architektur bestand aus bunter Wandmalerei, die vermutlich alle Flächen bedeckte. Spuren eines kleinteiligen, geometrischen Musters zeugen im Hof von der Farbenfreudigkeit der Zeit. Ebenso waren die Kuppeln mit Medaillons ausgemalt, die tropfenförmig vom Scheitel ausstrahlten. Ein Minarett ist nicht vorhanden. Für die rasūlidische Architektur typisch ist der an der Qiblawand vorspringende, turmartige Aufbau, der den Miḥrāb auch an der Außenfassade deutlich kennzeichnet.
Als schönste uns erhaltene Moschee rasūlidischer Zeit darf wohl die heutige Ǧāmiʿ al-Muẓaffar in Taʿizz angesehen werden, die jedoch ursprünglich als Madrasa erbaut und konzipiert ist. Der Ḥaram mit seinen verschiedenen Kuppeljochen wird betont in die Breite gezogen und bildet mit seiner Qiblawand eine prunkvolle Fassade gegen die Stadt Taʿizz. Akzente setzen die drei gleich großen Kuppeln, die in der Mitte des Ḥaram und an seinen beiden Enden aufragen. Dabei sind im Osten zwei überkuppelte Doppeljoche eingeschoben, im Westen drei. Damit erhält die Moschee nicht nur eine ungewöhnliche Gliederung, sondern auch Wertigkeit, die erst im Inneren durch besonders reiche Malerei in der Miḥrābkuppel aufgehoben wird. Der Ḥaram stellt also eine Variation des Motivs Zentralkuppel mit angehängten Jochen dar, übernimmt aber mit der Verteilung der Hauptkuppeln eine Idee, die bereits in der Moschee des al-Ḥākim in Kairo vorgegeben war. Im Süden schließen sich an die Kuppeljoche zwei flachgedeckte Schiffe an, deren Arkaden einen unregelmäßigen Rhythmus aufweisen und einer späteren Restauration angehören. Gleichwohl ist in diesen beiden Schiffen die Madrasa zu erkennen, die unmittelbar neben dem Kultraum lag. Den nächsten Schritt in der Entwicklung der rasūlidischen Madrasa stellt die um 1400 erbaute Madrasa al-Ašrafīya in Taʿizz dar, deren durchdachter und ausgefeilter Grundriß selbst in der arabischen Literatur rühmend erwähnt wird. Allerdings entspricht dann die Qualität des Baus in der Ausführung nicht den Ansprüchen, die der Grundriß impliziert. Das Neue dieser Architektur besteht in der Durchgliederung der Anlage und der klugen Verteilung der benötigten Räume. Dabei formt die Moschee mit den anschließenden Lehr- und Bibliotheksräumen einen inneren Komplex, der von einem Gang U-förmig umschlossen und erschlossen wird. An der Ost- und Westseite öffnet sich dieser Korridor, der dem Palastbau entlehnt scheint, mit weiten Arkaden auf die Außenwelt und mündet im Norden jeweils in einem überkuppelten Kiosk. Die Idee war zwar in der Asadīya vorgegeben, doch ist sie hier bis zur

Taʿizz, al-Muʿtabīya, Miḥrāb-Kuppel.

letzten Konsequenz ausgestaltet. Damit öffnet sich die Madrasa zur Umwelt — groß angelegte Portale führen im Süden, Osten und Westen in den Umgang — die Moschee und die Lehrstätten bilden aber dennoch eine in sich geschlossene Einheit, wobei die Lehr- und Bibliotheksräume keine direkte Kommunikation zur Außenwelt besitzen. Die Front beherrschend bildet auch hier die breitgelagerte Moschee die Schaufassade zur Stadt hin und ist im Gegensatz zu den Innenräumen von Licht erfüllt. Das Motiv der Zentralkuppel mit angehängten Jochen wird mit jeweils zwei überkuppelten Doppeljochen variiert. Den zentralen Innenhof fassen im Osten und Westen zwei tonnenüberwölbte Lehr- und Bibliotheksräume ein, die vom Gang und von der Moschee her zu betreten sind. Ein überkuppelter Durchgangsraum, der leicht aus der Achse verschoben ist, leitet im Süden von dem äußeren, aufwendig gestalteten und achsial gesetzten Hauptportal in den Hof. Bis vor kurzem dienten die beiden großen Räume neben dem Hauptportal als Qur'ān-Schule für Kinder, die somit offensichtlich von dem eigentlichen Lehrzentrum ferngehalten wurden. Die Südecken der Kernanlage bezeichnen zwei reich gegliederte Minarette.
In den Ausmaßen reduziert, weist die zeitlich frühere Madrasa al-Muʿtabīya in Taʿizz dieselbe kluge Planung wie die Ašrafīya auf, scheint sogar noch harmonischer und ausgewogener in den Proportionen. Vermutlich stammt sie von demselben Architekten, der mit diesem Bau eine Grundrißmöglichkeit für kleinere Madrasen entwirft. Die längsrechteckige Anlage unterteilt sich deutlich in zwei Abschnitte: die sechsjochige Kuppelmoschee, die von einem Arkadengang U-förmig umfaßt wird, und den Hof mit den seitlichen Lehrräumen und dem achsial geführten, vorgelegten Eingangsportal. Dabei sondert ein

schmaler, tonnenüberwölbter Gang das überkuppelte Vestibül mit den flankierenden Tonnengewölben vom Hof ab und schafft eine Situation, die an die Ašrafīya erinnert. Dabei wird die Architektur mit ihren kubischen Formen, ihren Kuppeln und Arkaden zu einem Meisterwerk, das allein von den Gesetzen der Ästhetik diktiert zu sein scheint. Waschanlagen schließen auch hier wie bei der Ašrafīya in der Südostecke an. Dieser wohlausgewogene Grundriß der Muʿtabīya, deren Dekoration nur in Wandmalerei besteht, sollte dann auch für die Bauten späterer Zeit vorbildlich werden.

Von den übrigen religiösen Bauten größerer Dimension ist wahrscheinlich nur noch ein Ḫānqāh (das ist eine Unterkunft für eine geistliche Bruderschaft) in der Großen Moschee von Ḥais erhalten. Die Anlage ist für den Yemen ungewöhnlich und findet wohl deshalb keine Nachfolge. Obwohl quadratisch im Grundriß, ist der Bau nicht symmetrisch konzipiert, denn der Eingang, ein vorgelegter »Pīštāq«, führt in der Südostecke in das Innere des Baus. Auffallend ist die Abgeschlossenheit des Komplexes, dessen Betreten durch die Knickachsigkeit des Zuganges erschwert wird. Der breitgelagerte, tonnenüberwölbte Eingangsraum mit der Zisterne leitet zum Hof, der vollkommen abgeschlossen und streng wirkt. Nur im Süden öffnet sich ein breiter und hoher Iwan, der ursprünglich mit einer Arkade Ausblick auf die Stadt bot. Der Ḥaram entspricht in seiner Breite dem Hof, setzt sich aus zwei parallel zur Qiblawand verlaufenden, tonnenüberwölbten Schiffen zusammen. Zwei weitere tonnenüberwölbte Räume nehmen die Ostseite des Hofes ein, Kuppeljoche, die einer späteren Restauration entstammen, die Westseite. Ein zusätzlicher Eingang ermöglicht an der Nordostseite einen direkten Zugang zum Ḥaram. Die Waschanlagen sind der Südwestecke angefügt. Die Vielzahl der Räume und Nebenräume, wie auch die Kuppeljoche in der Nordost- und Südwestecke der Moschee, machen es wahrscheinlich, in diesem Bau einen Ḫānqāh zu erkennen. Die Bauelemente, wie die tonnenüberwölbten, relativ schmalen Räume, der Eingang in Form eines Pīštāq mit aufgesetztem Türmchen (Guldasteh) und der Iwan sind dabei der iranischen Architekturtradition entlehnt. Allerdings lassen die Ausführung

Taʿizz, al-Ašrafīya, Laibung.

Turmhaus im Dorf Lamāṭir (Provinz Schabwa).

Wādī Nuʿīma (nördlich Mukallā) – fruchtbare Oase im Hochland des Dschol.

Jüdische Familie im Wādī Amlāḥ beim Korbflechten.

Nacht in Sanaa.

Jüdische Familie beim Mittagessen in Wādī Amlāḥ (Provinz Saada).

Seite 242 rechts: Blüten des Ṭunub-Baums (Cordia Abyssinica), dem wertvollsten Holz des Jemen (Türen, Fenster, Meßgefäße); Linolschnitt Renate Strasser.

Jüdisches Mädchen bei Saada.

Die Turmhäuser von Ḥabbān (Provinz Schabwa).

Jüdische Familie bei Saada.

Labba Abū Ṭuiyūr, Silber, vergoldet, Sanaa (jüdische Arbeit), getragen in den vornehmen Familien Sanaas, erstes Viertel des 20. Jh.s.

Mit Silberfaden bestickter Abschluß einer Frauenhose (sirwāl), sowie eine Tasdscha (mit Silberfaden gewebtes Band), das in der Frauentracht um Kinn und Kopf gewickelt wurde und in der Männerkleidung (Sada) als Dschanbīya-Gürtel diente. Jüdische Arbeiten, Sanaa, vor 1949.

Bäume im Jemen: eine Acacia negri bei Bainūn.

Blüten und Früchte von Calotropis procera (ʿUschirra).

Seite 247: Flaschenbaum (Adenium obesum Forsskāl).

Taʿizz, al-Ashrafīya, Kuppeln.

Sanaa, Bab al Jemen.

und auch der Grundriß vermuten, daß eine Übernahme aus dem anatolischen Gebiet vorliegt. Als Dekoration finden sich hier nur — abgesehen von den typischen Zwillingsarkaden am Eingang — flache Stuckmuster und Schriftbänder.

Charakteristika der Architektur

Die beiden großen, uns erhaltenen Madrasen, die heutige Ǧāmiʿ al-Muẓaffar und die Ašrafīya, gehören zu den Großaufträgen der rasūlidischen Herrscher und zeichnen sich daher durch ihren besonders repräsentativen Charakter aus. Die Muʿtabīya wirkt dagegen bescheidener und einfacher, wenngleich auch harmonischer. Gemeinsam ist ihnen, daß die Moschee stets die Hauptkomponente des Komplexes bildet, der sich die Lehrstätten ein- und unterordnen. Damit unterscheiden sie sich von den Madrasen in Syrien und Ägypten ebenso wie von den Vieriwanlagen der iranischen Madrasen. Allerdings stellen kleine Anlagen, wie z. B. die Madrasa in D̲ū ʿUqaib oder die Šarafīya in Ǧibla nicht immer einen wohlabgewogenen Grundriß dar, sondern setzen sich aus Einzelelementen zusammen, die nicht harmonisch miteinander verbunden sind. So liegt einer meist würfelförmigen Moschee eine flachgedeckte Halle gegenüber, die sich je nach Größe mit einer oder mit mehreren Arkaden zum Hof öffnet, wie z. B. bei der Šarafīya in Ǧibla oder bei der Farḥānīya in Zabīd.
Die Grabstätten der Familienangehörigen finden innerhalb des Madrasakomplexes keinen aufwendigen Raum wie in den ayyūbidischen Madrasen, sondern werden im Hof oder in einem der Räume eingefügt.
Die glückliche Lösung, die in den beiden späten Madrasen, in der Ašrafīya und in der Muʿtabīya gefunden wurde, ist ohne greifbares Vorbild, wird aber selbst für spätere Bauten vorbildlich. Dies gilt auch für Elemente der Dekoration.
Die Qiblawand der Muẓaffarīya z. B. besticht durch ihre klare rhythmische Gliederung, da jedes Fenster von einer Blendnische mit Zwillingsarkaden umrahmt wird. Über dieser Zone verläuft — die Horizontale hervorhebend — ein breites Flechtband, das nur in Abständen von kleinen Fenstern unterbrochen wird. Mit einem Zahnschnittfries und einem Zinnenband schließt die Fassade ab. Ohne Kenntnis der Architektur in der Ǧazīra, in Anatolien und Syrien, die auch Elemente der Kreuzritterarchitektur beinhaltet, läßt sich der Bau nicht denken. Das Flechtband gehört dabei zum Hauptdekor ayyūbidischer Architektur, vermutlich auch wegen seiner (einst) magischen Bedeutung. Völlig neu für die jemenitisch-islamische Architektur ist die Verwendung von Kehle, Sima, die Rahmung eines Portals mit aufgelegten Stäben und mit Profilen, wie beispielsweise am Nordportal der Ašrafīya. Dabei soll vielen dieser Architekturelemente ein langes Fortleben beschieden sein, wenngleich in abgekürzter, bzw. verstümmelter Fassung, wie etwa die Zwillingsarkaden, die in einer profilierten Konsole münden oder die Blendnischen im Eingang der Muẓaffarīya, die gleichfalls über Konsolen aufsteigen. Auch die Vielpässe, als Dekor an den Haupteingängen der Muẓaffarīya verwendet oder im mittleren Kuppelraum, leben bis heute als fernes Echo rasūlidischer Kunst in den Moscheen der Tihāma fort. Neu sind die Faltkuppeln über dem Entrée der Portale, neu ist die Verwendung von Tonnengewölben, wie in der Moschee von Ḥais, wo wir Iwan, Pīštāq, Guldasteh und Tonnengewölbe zusammen vorfinden. Neu ist alles was eine solide Steinmetztradition voraussetzt, die Kenntnis antiker und spätantiker Architektur und Elemente iranischer Architekturtradition. Dabei finden alle Formen eine eigenwillige Ausdrucksmöglichkeit, die zu einer der Rasūliden eigenen Architektur führt. Bezeichnend für den rasūlidischen Kultbau ist beispielsweise der reich dekorierte Miḥrābturm an der Qiblawand, der in einer Kuppel mündet oder die mit vielen Blendarkaden geschmückten und untergliederten Minarette, deren achteckiger Schaft zweimal gegeneinander versetzt über einen hoch gezogenen, quadratischen Sockel aufsteigt. Als schönster Turm in der arabischen Literatur gilt das Minarett der Madrasa von Ǧubail bei Taʿizz, dessen einer Schaftabschnitt im Grundriß dreieckig gewesen sein soll. Den Abschluß der Türme bildet jeweils ein pavillonartiger Kuppelkiosk.
Ebenso erscheint die Dekoration im Inneren der Kultbauten originell, denn das Hauptdekor besteht aus Wandmalerei. Kuppeln, Laibungen und z. T. auch die Wände sind bedeckt mit leuchtend bunten Mustern (Abb.). Abgesehen von geometrischen Formen werden vor allem im Kuppeldekor Palmettenranken verwendet, deren elegante, lilienförmige Blattblüten zu Sternen angeordnet werden können. Bestechend sind die eleganten Nasḫīschriftbänder im Scheitel der Kuppeln, die aber auch Schildbögen rahmen können. In den rasūlidischen Bauten wird die Fläche offensichtlich mit Farben und Formen übersponnen, die durch das einfallende Licht der vielen Fenster denn auch zum Leuchten kommen. Dagegen wirkt die Dekoration ayyūbidischer Madrasen in Syrien sparsam und prägnant.
Stuckdekor gelangt ebenfalls zur Anwendung, scheint aber hinter der Malerei zurückzustehen. Wir finden schön gearbeitete Stuckpaneele in den Blendnischen der Trompen oder auch in den Bögen des Minaretts von al-Mahǧam. Schriftbänder, die mit fein gearbeiteten Rosetten abwechseln, ziehen um die Arkaden und um die Orthostatenzone, wie auch in anderen Bauten dieser Zeit. In der Moschee von Ḥais kleiden Stuckornamente die Laibungen der Arkaden im Ḥaram aus, bedecken mit feinen geometrischen Mustern die Schildbögen der Tonnengewölbe oder säumen als Zierbänder den oberen Wandabschluß im Hof. Auch an den Fassaden erscheint Stuckdekor, wie z. B. an der Moschee der Fātinīya in Zabīd, wo sich ein feines Gitter über die Backsteine legt und ein reiches geometrisches Ornament den Tympanon des Eingangs auskleidet.

Bedeutung der rasūlidischen Architektur

Die rasūlidische Architektur und vor ihr die ayyūbidische war für den Yemen — wie bereits angeführt — eine Neuerung. Die Öffnung des Raumes, die Rolle, die nunmehr das Licht in der Architektur spielt, die Schaffung eines homogenen Raumes, wie er in der Kuppelmoschee gegeben ist, war grundlegend neu für den Yemen. Denn die traditionelle Moschee besteht aus einem würfelförmigen Bau mit quadratischem oder längsrechteckigem Grundriß, oft mit zwei Reihen von je drei Stützen, aber auch mit nur einer Stütze. Dieser Kubus ist in der frühen Zeit vollkommen geschlossen und nur durch eine Türe zu betreten. Es handelt sich bei diesem Kultbau um die Übernahme eines vorislamischen Architekturtyps, der offensichtlich in den ersten Jahrhunderten n. Chr. im Yemen und im Ḥiǧāz verbreitet war, wobei die Frage nach dem Ursprung und der Verbreitung noch offen bleiben muß. Zu diesem Typ gehört als berühmtester Bau auch die Kaʿba in Mekka. Daneben wurde die Hofmoschee eingeführt mit mehrschiffigem Ḥaram und umlaufenden Säulengängen, wobei die überdachten Räume mit dem Hof kommunizierten. Eine solche Moschee ist z. B. die Große Moschee von Ṣanʿāʾ oder die Moschee von Šibām-Kaukabān. Doch scheint dieser Moscheetyp selten gewesen zu sein, denn Ibn Rustah schreibt im 10. Jh., daß außer der Großen Moschee in Ṣanʿāʾ keine weitere Moschee einen Hof besessen habe.

Die Decke ruht direkt auf den Kapitellen der Säulen, wie z. B. in der Moschee von Šibām-Kaukabān oder wird von Arkaden gestützt wie in der Großen Moschee von Ṣanʿāʾ. Die Kassettendecken dieser Bauten gehören dabei zu den Kostbarkeiten der islamischen Kunstgeschichte, da sie sich sonst in keinem Kultbau der Frühzeit bewahrt haben. So weist die Große Moschee in Ṣanʿāʾ in ihrem Westriwāq Malereien und Schnitzereien auf, die in ihrem Ursprung zumindest auf die umayyadische Anlage zurückzuführen sind.

Besonders prachtvoll und in den Farben auf das schönste erhalten haben sich die Kassettendecken des Ostriwāq, die in das Jahr 864 n. Chr. zu datieren sind.

Ebenso kostbar und reich ist die Kassettendecke der

Masjid al-ʿAbbās, Kassettendecke.

Seite 251: Taiʿzz, Madrasa al-Muʿtabiya.

San(ā), Große Moschee, Kassettendecke im Ostriwāq.

Moschee von Šibam-Kaukabān, bei der außerdem deutlich wird, daß eine in ihrem Grundriß kaum differenzierte Moschee durch die Deckenverzierung eingeteilt wird. So setzt sich dort z. B. der Raumabschnitt vor dem Miḥrāb durch seine Dekoration von dem übrigen Ḥaram ab, wird das Miḥrābjoch durch eine kuppel- oder baldachinartige Überhöhung hervorgehoben.

Bei den späteren Hofmoscheen dominiert der Ḥaram, ist wesentlich höher als die umlaufenden Riwāqs und besitzt mit diesen meist keine Verbindung. Es handelt sich dabei eher um einen Ḥaram mit vorgelegtem Hof, wobei der Ḥaram, wiederum häufig mit querrechteckigem Grundriß, ein geschlossenes Bauwerk bildet. Heute ist praktisch jeder Ḥaram gegen den Hof abgeschlossen und stellt das eigentliche Gotteshaus (bait Allāh) dar, das der Ungläubige nicht zu betreten hat. Wir treffen hier im Grunde wieder auf einen Tempeltyp vorislamischer Zeit, der jedoch nicht übernommen worden sein muß, sondern einem ähnlichen Gefühl für den Kultbau entsprungen sein kann.

Auch in rasūlidischer Zeit bleiben die traditionellen Moscheetypen lebendig, wie z. B. der kubusförmige Kultbau von Ṣarḥa/Yarīm mit seiner reichen Kassettendecke zeigt. Dabei wird wiederum deutlich, wie eine Raumgliederung durch die Deckenaufteilung erfolgt: Demnach haben wir hier ein Quadrat, das sich kreuzförmig untergliedert und durch ein Eingangsschiff betreten wird. Im Zentrum befindet sich eine Art Kuppelaufbau, der wie auch die anderen Kassetten der Kreuzesform mit einer Alabasterscheibe abgedeckt war. Durch diese allein sickerte etwas Licht in den Raum, ähnlich wie in der Ka(ba, die im Jahre 65 H (684/685) errichtet wurde. Eine Neuerung für diesen Bautyp bedeutete die Einführung kleiner Fenster unterhalb der Decke wie z. B. in der Masǧid al-Abbās im Ḫaulān (Südosten von San(ā)), die im Jahr 519 H (1126) erbaut wurde. Auch diese Moschee weist eine besonders schöne und reich geschnitzte Decke auf, deren Gliederung die Wertigkeit des Raumes andeutet.

So werden die Joche an der Qiblawand reich dekoriert, erhält das Miḥrābjoch eine baldachinartige Überhöhung. Die Wände all dieser Bauten bleiben weiß, nur ein Schriftband kann unterhalb der Decke rings um den Raum ziehen.

Die Kuppelmoschee, die sicher bereits von den Ayyūbiden eingeführt wurde, bedeutet nicht nur eine Neuerung, sondern ist gleichzeitig ein Zeichen der Orthodoxie. Denn die zaiditischen Imāme bewahrten den traditionellen Kultbau mit seinem geschlossenen Ḥaram und dem vorgelegten Hof, der später um Arkaden und zeitgenössische Ornamente bereichert wird. Mit ihrem Kultbau dokumentierten sie ihren Traditionalismus, der gleichbedeutend ist mit der Wahrung des überkommenen Erbes. Zu den bedeutendsten Moscheen des zaiditischen Bereiches gehören die Moscheen von Ẓafār D̲ībīn, die als Palast-

Moschee des Imāms al-Hādī Yaḥyā in Saʿda (Hofansicht).

moschee des Imām al-Manṣūr anzusehen ist (aus dem beginnenden 13. Jh), die Moschee von Hūṯ (um 1200) und die Moschee des Hādī in Ṣaʿda mit ihren Grabkuppeln. Hier entfaltet sich vor allem in der Dekoration ein Reichtum und eine Pracht, so daß diese Bauten als Höhepunkt traditioneller Architektur gelten können. Die Bereicherung besteht dabei in der Fülle von Schmuck, Stuckdekor, Malerei, Schnitzereien, die der Architektur beigegeben werden, nicht in der Bereicherung der Architektur selbst. Aus dem Dekor kristallisiert sich allmählich ein bestimmtes Repertoire heraus, das in der zaiditischen Baukunst für Jahrhunderte seine Gültigkeit bewahrt. Ähnliches läßt sich von Architekturelementen wie dem Minarett oder dem Miḥrāb feststellen. Natürlich waren nicht alle Moscheen derart reich und kostbar ausgestattet und es ist sogar anzunehmen, daß die zurückhaltende Dekoration in einigen zaiditischen Moscheen durchaus bewußt erfolgt ist, wie z. B. in der Moschee des Hādī aus dem beginnenden 14. Jh. oder auch in der schön proportionierten Moschee in Rauḍa aus dem 17. Jh.

Aus dieser Entwicklung läßt sich erklären, weshalb die rasūlidische Architektur im Süden auch unter der nachfolgenden Dynastie der Ṭāhiriden fortlebte. Wir finden nicht nur in der Architektur ein Weiterbestehen gefundener Lösungen, sondern auch in der Malerei. So ist die Madrasa al-Manṣūrīya in Ǧūbān (südlich von Ridāʿ) aus dem Jahre 1482 eine Replik der Muʿtabīya in Taʿizz, die in der ʿAmirīya in Ridāʿ eine Vollendung erreichte.

Die Tihāma ist — wie angedeutet — bis heute von der Architektur rasūlidischer Zeit geprägt, wobei die oft drei- oder sechsjochigen Kuppelmoscheen mit Motiven rasūlidischer Architekturdekoration versehen sind. Erst mit den Osmanen erreicht ein neuer Strom von Ideen den Jemen, eine andersartige Architektur, deren Grundlagen auf der Tradition mittelmeerischer Formen beruhen. Diese Architektur bleibt jedoch die Sprache der Eroberer und findet kein Fortleben im Volk.

Bauten der Rasūliden (die mit * bezeichneten Bauten stehen noch)

vor 638 (1240/1241) läßt der Amīr Badr ad-Dīn al-Ḥasan ibn ʿAlī ibn Rasūl über dem Grab seines Vaters, des Amīr Šams ad-Dīn in ʿUkār eine Moschee bauen (Ḥazraǧī 67); nach dem Ġāyat in ʿUkād bei Zabīd (452, Qurrat 37). Seine Tochter Ḥabība stiftet eine Madrasa im Dorf al-Maʿyan bei Ḏū Ǧibla (Madāris 100) und die Tochter Zahrāʿ baut eine Madrasa in Ḥabālī (ebda.).

641 H (1243/1244) baut Manṣūr Nūr ad-Dīn die Madrasa Manṣūrīya in Mekka (Ġāyat 426, Qurrat 12).

626—647 (1229—1250) baut er zwei Madrasen in Taʿizz, die Wazirīya und die Gurābīya, zwei Madrasen in Zabīd*, eine Madrasa in Ḥadd al-Mansakīya im Wādī Sihām, baut in jedem Dorf der Tihāma eine Moschee, gründet aber auch neue Orte mit einer

Moschee (Qurrat 18, Hazraǧī 82 f.), nach dem Aḫbār baut er eine Moschee an-Nūrī zwischen Zabīd und Ḥais (Zabīd 86); zwischen Mekka und Medina stattet er den Weg mit verschiedenen Bauten aus (Hazraǧī 83, Qurrat 18).
Die Schwester von Nūr ad-Dīn, ad-Dār an-Naǧmī, baut die Madrasa an-Naǧmīya in Ǧibla (*?), die Madrasa aš-Šarafīya (*?) und Šahābīya.
Ihr Diener errichtet die Fāḫirīya in Ḏūʾ s-Sufāl und die Madrasa az-Zātīya in Ǧibla und die Madrasa al-Barḥa (Madāris 59 ff.).
vor 654 H (1256/1257) läßt der Eunuch Tāǧ ad-Dīn Badr ibn ʿAbd Allāh al-Muzaffarī die Madrasa at-Tāǧīya in Zabīd bauen, die Madrasa al-Qurrā, ein Gästehaus, eine Madrasa im Dorf al-Waḥīz bei Taʿizz (Ḫazraǧī) 113, Madāris 135 ff.).
vor 658 H (1259/1260) baut der Eunuch Niẓām ad-Dīn Muḫtaṣṣ al-Muẓaffarī eine Madrasa Niẓāmīya in Zabīd, eine Masǧid as-Sābiq an-Niẓāmī, eine Niẓāmīya in Ḏū Huzaim/Taiʿzz, eine Madrasa in Ǧibla und eine in al-Waḥṣ, sowie die Waschanlagen der Moschee von Ḏū Ašraq (Ḫazraǧī 152, Qurrat 49, Ḫazraǧī 116, 123, Madāris 77, 84),
baut Asad ad-Dīn Muḥammad ibn ʿAlī ibn Rasūl eine Asadīya in Ibb*, eine in al-Ḫabālī und einen Damm im Dorf Qarafa (Gāyat 462, Ḫazraǧī 179, Madāris 99).
659 H (1260/1261) läßt der Sulṭān Muẓaffar im Ḥarām aš-Šarīf ein Minarett bauen (Ḫazraǧī 120).
vor 664 (1265—1266) wandelt der Amīr Šuǧāʿad-Dīn ʿAbbās ibn ʿAbd al-ǦalīlʿAbd ar-Raḥman at-Taġlabī sein Haus in Zabīd in eine Madrasa um, baut die Moschee ʿAbbās im Dorf as-Salāmat, eine Madrasa in Abyāt Ḥusain, sowie in Balad Ḏaḫr und in al-Ḥubail (Ḫazraǧī 140).
vor 667 (1268/1269) baut der Amīr Naǧm ad-Dīn ʿUmar, der Bruder des Muẓaffar, eine Madrasa al-ʿUmarīya in Maġraba/Taʿizz (Madāris 92), läßt Šaraf ad-Dīn Mūsā ibn ʿAlī ibn Rasūl eine Madrasa aš-Šarafīya in Ǧibla bauen*? (Ḫazraǧī 214).
vor 681 (1282/1283) stiftet Muḥammad ibn Naǧāh, Amīr des Sulṭān Muẓaffar, eine Madrasa an-Naǧāhīya bei Maġraba/Taʿizz und eine in Ǧanad (Ḫazraǧī 196, Madāris 133).
693 oder 696 (1293/1294 oder 1296/1297) baut der Amīr ʿAlī ibn ʿAbdallāh eine Stützmauer (maṣnaʿa)* in Tanʿam (Qurrat 47, Gāyat 474, Ḫazraǧī 229).
647—694 H (1250—1295) baut der Sultan al-Muẓaffar die Madrasa in Maġraba*/Taʿizz und die »Neue Moschee«, die Große Moschee in Ḏū ʿUdaina und ein Gästehaus, die Moschee al-Muẓaffarī in al-Mahǧam, eine Moschee in Wāsiṭ al-Maḥālib, eine Madrasa in Ẓafār al-Ḥabūḍī (Gāyat 475, Ḫazraǧī 233, Qurrat 48, Aḫbār 91).
Seine Frau baut die Madrasa Dār al-Asad in Taʿizz (Qurrat 49, Aḫbār 91, Madāris 106).
677 H (1278/1279) baut die Tochter des Šaraf ad-Dīn Muḥammad ibn al-Ḥasan ibn ʿAlī ibn Rasūl, eine Madrasa in Ḍarās as-Suflā (Madāris 164).
vor 687 H (1288) läßt der Eunuch Iftiḫār ad-Dīn Yāqūt ibn ʿAbdallāh al-Muzaffarī die Madrasa Yāqūtīya in Manṣūrat ad-Dumluwa/Maʿāfir aufführen (Madāris 101)
baut der Diener des Ṣulṭān Muẓaffar, Tāǧ ad-Dīn Badr al-Muẓaffarī, drei Madrasen in Zabīd und ein Gästehaus (Qurrat 49, Ḫazraǧī 233).
694—696 (1294/1295—1296/1297) baut Ašraf ʿUmar ibn al-Muẓaffar die Ašrafīya in Taʿizz, in der er begraben ist (Aḫbār 94, Madāris 141).
vor 695 H baut ad-Dār aš-Šamsī, Schwester des Sulṭān Muẓaffar, eine Šamsīya in Taʿizz und Zabīd (Qurrat 49, Ḫazraǧī 246).
702 H (1362/1363) baut die Frau des Muẓaffar, Miryam, eine Madrasa Miryam in Zabīd (Aḫbār 91, Ḫazraǧī 288, Madāris 123).
vor 712 (1312/1313) läßt sie eine Madrasa in al-Maġraba/Taʿizz errichten, die as-Sābiqīya in Zabīd und eine in Ḏū ʿUqaib*, wo sie auch begraben ist (Aḫbar 91, Ḫazraǧī 288, Zabīd 84).
Der Amīr Šihāb ad-Dīn Abū Muḥammad Ġāzī ibn al-Miʿmār stiftet einen Minbar für die Masǧid al-Ašāʿir (Aḫbār 91).
Die Frau des Sultan Muẓaffar, Mutter des Mu'ayyad, baut die Madrasa Midya im Wadi Ẓubā, sich selbst ein Schloß (Madāris 129).
Der Amīr Badr ad-Dīn ibn ʿAlī ibn Muḥammad ibn ʿAbdallāh Muḥammad al-Hakkārī, der dem al-Muẓaffar und dem al-Mu'ayyad diente, stiftet die Madrasa al-Hakkārīya* in Zabīd (Madāris 162).
Der Amīr ʿAbbās ibn ʿAbd al-Ǧalīl at-Taġlabī baut im Wādī Surdud die Madrasa ʿAbbās (Madāris 130).
702 H (1302/1303) baut der Sulṭān Mu'ayyad eine Madrasa in Maġraba/Taʿizz und wird dort später begraben (Ġāyat 495, Ḫazraǧī 285, Qurrat 66, Aḫbār 94); nach dem Madāris im Jahre 672 H (1273—1274) (154), außerdem die Madrasa Umm ʿAfīf und die Muẓaffarīya in Taʿizz (161).
vor 704 H (1304/1305) baut die Frau des Mu'ayyad, al-Huǧǧat al-Mansūna bint Asad ad-Dīn, eine Madrasa in Taʿizz (Ḫazraǧi 300).
706—708 H (1306/1307—1308/1309) 712 (1312/1313) baut al-Mu'ayyad ein prächtiges Schloß in Ṯaʿbat, al-Maʿqili, anschließend ein Schloß mit einer Vieriwananlage (Ḫazraǧi 329, Aḫbār 95, Qurrat 65).
716 H (1317) läßt der Sulṭān Mu'ayyad die Moschee der Madrasa al-Muẓaffar in Taʿizz — laut Inschrift — bauen, d. h. im Süden erweitern.*
vor 712 H (1312/1313) baut Muẓaffar ibn as-Sulṭān Mu'ayyad eine Madrasa in Maḥārib mit einem Wasserbecken (Ḫazraǧī 330).
vor 718 H (1318/1319) baut Dār ad-Dumluwa Nabīla, die Tochter des al-Muẓaffar, eine Madrasa Ašrafīya in Zabīd, eine Madrasa in Taʿizz, eine Moschee auf dem Berg Ṣabir (Ḫazraǧī 350, Madāris 149); nach Madāris eine Madrasa Wāṯiqīya in Zabīd (153) und eine Madrasa in Zafār al-Ḥabūḍī (Qurrat 66).
734 H (1333/1334) führt der Ṣulṭān Muǧāhid eine Mauer um Ṯaʿbat auf und macht den Ort zur Stadt. Er baut eine Große Moschee und sich selbst Paläste (Aḫbār 99).
739 H (1338/1339) läßt er die Straße in Zabīd anlegen, Tore und Gräben um die Stadt erneuern (Aḫbār 97, Qurrat 84).
740 H (1339/1340) läßt er die Madrasa Muǧāhidīya in Mekka bauen (Qurrat 84).
721—764 H (1322—1363) baut der Ṣulṭān Muǧāhid eine Madrasa Muǧāhidīya in Taʿizz mit seinem Grab, eine Dār al-ʿUdaib in Taʿizz, die westliche Erweiterung der Moschee al-Muẓaffarīya in ʿUdaina, eine Moschee in Ǧubail, eine Moschee in an-Nuwaidra/Zabīd und die eine Moschee im Bustān ar-Rāḥa in Zabīd; außerdem ließ er die Burg von Taʿizz wiederherstellen; ihm wird eine Moschee in al-Maḥālīb zugeschrieben und in al-Maḥārīb, sowie die Madrasa im Dār al-ʿAdl in Taʿizz (Qurrat 94, Aḫbār 99, Madāris 174).
um 730 H (1329/1330) seine Mutter Āmina bint aš-Šaiḫ Ismāʿīl aṣ-Ṣāliḥ baut: eine Muǧāhidīya aṣ-Ṣalāḥīya im Dorf al-Muǧallīya/Taʿizz, eine Madrasa in as-Salāma, eine Madrasa in Zabīd, einen Ḫānqāh in Zabīd, einen Ḫānqāh aṣ-Ṣalāḥīya im Dorf al-Musallab im Wādī Zabīd, eine kleine Moschee im Dorf al-Mimlāḥ, eine im Dorf at-Turaiba im Wādī Zabīd und drei Moscheen in Zabīd (Aḫbār 99, Madāris 166).
vor 768 H (1366/1367) baut Mā'as-Samā', die Tochter des al-Muẓaffar, eine Moschee in ar-Rabaḍ im Wādī Zabīd und eine kleine Moschee in Zabīd (Aḫbār 100); nach Madāris auch die Madrasa Fātiniya* in Zabīd (178), die Wāṯiqīya und eine Moschee in Taʿizz (153).
771 H (1369/1370)—779 H (1377/1378) ließ Ibn Mikāʾīl Madrasen und Moscheen in Zabīd restaurieren, die Häuser mit Backstein aufführen, die vorher aus Lehmziegeln bestanden, und Straßen anlegen (Aḫbār 101 f.), die Madrasa ibn Mikāʾīl aufführen (Madāris 188).
764—778 H (1362—1376) baut Malik al-Afḍal die Madrasa al-Afḍalīya in Taʿizz und eine Madrasa in Mekka; er läßt die Mauern von Zabīd erneuern und macht einen neuen Graben; baut im Gebiet von Ǧubail eine Madrasa mit einem wunderbaren Minarett, dessen einer Stock quadratisch ist, der folgende dreieckig und der nächste sechseckig (Qurrat 104, Madāris 183, Aḫbār 102).
779 H (1377/1378) baut Abū Ḥafṣ ʿUmar ibn Abī'l-Qāsim Mu'ayyad as-Ašʿarī, Wazīr des Sulṭān Ašraf, die Madrasa Taqīy ad-Dīn ibn Muʿaibid in Taʿizz (Madāris 196).
779—780 H (1377/1379) läßt Sulṭān Ašraf das Schloß Dār an-Naṣr bei Zabīd bauen (Qurrat 105, Aḫbār 103).
786 (1384) läßt Sulṭān Ašraf die Moschee der Madrasa al-Muẓaffar in Taʿizz — laut Inschrift — wohl an der Südostseite erweitern und errichtet dabei das Minarett.
789 (1387) die Moschee al-Mimlāḥ in Zabīd (Qurrat 110).
vor 796 H (1374/1375) baut die Frau des Sulṭān Ašraf, Šihat Muʿtab, die Muʿtabīya* in Taʿizz (Madāris 208 ff.).
798 H (1395/1396) läßt Sulṭān Ašraf die Ašrafīya al-Kubrā* in Taʿizz bauen und die östliche Erweiterung der Ǧāmiʿ ʿUdaina in Taʿizz, eine weitere Madrasa in Taʿizz, die Moschee al-Haǧmadīya auf dem Weg nach Ǧanad, den Garten Saryāqūs al-Aʿlā mit herrlichen Bäumen im Wādī Zabīd anlegen und verschiedene Straßen bauen (Qurrat 110, 119, Aḫbār 104, Madāris 197 ff.).
vor 804 H (1401) baut die Tochter des Muǧāhid ʿAlī ibn al-Mu'ayyad die Madrasa Salāma in Maġraba/Taʿizz (Madāris 191).

803—827 H (1400—1424) läßt Malik an-Nāṣir die Ḥuṣn al Faṣṣ in Qawarīr bauen und gründet Ortschaften dort wie at-Turunǧa, al-Qāhira, eine Dār in Baiḥara, zwei in Baidaḥa mit Gärten und Wasserläufen, die Dār an-Nāṣirī (Aḫbār 108).

vor 836 die Frau des Sulṭān Ašraf, Hurra Ǧihat aṭ-Ṭawāšī Ǧamal ad-Dīn Farḥān, stiftet ein Wasserbecken in der Masǧid al-Ašā'ir in Zabīd, die Farhānīya* in Zabīd, außerdem soll sie Bauten in Mekka, Lahǰ und Ta'izz errichtet haben (Aḫbār 111, Madāris 213 f.).

832 H (1428/1429) läßt der Sultan aẓ-Ẓāhir die Straße von Zabīd erneuern und befestigen, die Dār aṣ-Ṣalāḥ bauen (Aḫbār 110).

Läßt der Amīr Barqūq aẓ-Ẓāhirī die Masǧid al-Ašā'ir in Zabīd erweitern, indem er West-, Ost- und Südriwāq anfügt und die Maqṣūra für die Frauen; er gibt der Moschee ein Schatzhaus und läßt die Qiblawand verzieren und vergolden und stiftet einen Minbar (Aḫbār 112).

835 H (1431/1432) baut Sultan aẓ-Ẓāhir die Dār al-'Uḏaib im Wadi Zabīd (Aḫbār 111); über dem Grab seiner Mutter errichtet er eine große Madrasa, gibt die Madrasa aẓ-Ẓāhirīya in Ta'izz mit seinem Grab in Auftrag. Dieser Bau besitzt zwei Minarette, von denen das eine zweistufig ist »wie es nur noch in Ṣan'ā' gibt«. Außerdem baut er eine Madrasa in 'Aden (Aḫbār 112) und läßt das eingestürzte Minarett der Großen Moschee von Ǧanad wiederaufführen (Aḫbār 112, Madāris 219 ff).

Seine Frau aṭ-Ṭāhira Ǧihat aṭ-Ṭawāšī Iḫtiyār ad-Dīn Yāqūt läßt die Madrasa Yāqūtīya in Zabīd bauen (Aḫbār 112).

842—845 H (1439—1442) gibt Malik al-Ašraf II ein Wasserbecken in der Großen Moschee von Zabīd in Auftrag (Aḫbār 115).

Literatur

Aḫbār: 'Abd ar-Raḥmān ibn 'Alī ad-Daiba', al-Faḍl al-muzīd 'alā buġyat al-mustafīd fī aḫbār Madīnat Zabīd, ed. J. Chelhod (Bairut 1983).

al-Ḫazraǧī: 'Alī ibn al-Ḥasan al-Ḫazraǧī, al-'Uqd al-lu'lu'īya fī tarīḫ ad-daulat ar-Rasūlīya, ed. Muhammad ibn 'Alī al-Akwa' (Bairut 1983).

Madāris: Ismā'īl ibn 'Alī al-Akwa', al-Madāris al-islamīya fī'l-Yaman (Damaskus 1400 H = 1980).

Qurrat: 'Abd ar-Raḥmān ibn 'Alī ad-Daiba', Kitāb qurrat al-'uyuñ bi aḫbār al-Yaman al-maimūn, ed. Muḥammad ibn 'Alī al-Akwa' (O. J.).

Die Juden im Jemen

Aviva Klein-Franke

Zur Geschichte Jemens gehören auch die jemenitischen Juden, die man vielleicht richtiger — da sie früher genau wie heute Jemeniten waren — als jüdische Jemeniten bezeichnen sollte. Juden lebten im Jemen seit Jahrtausenden und nahmen am geistigen ebenso wie am wirtschaftlichen Leben des Landes regen Anteil.

In der Geschichte der Juden Südarabiens kann man drei Hauptepochen unterscheiden:

— Bis zum Auftreten des Islam gehörten die Juden oft zur Oberschicht: als Kaufleute, im Militär, als Minister und im Geistesleben trugen sie zur Kultur des Landes bei; es gab einen nicht unerheblichen jüdischen Teil der Bevölkerung.

— Mit dem Aufkommen des Islam änderte sich die soziale und rechtliche Stellung. Dennoch haben sie auch im Mittelalter zur islamischen Kultur ihren Beitrag geleistet; dies gilt insbesondere für die Epoche der Ismā'īlīya und der Mu'tazila, etwa zwischen dem 9. und 12. Jahrhundert, als Juden an den philosophischen Fragen und Reformbewegungen ihrer Zeit teilhatten.

— Die dritte Epoche kann man zwischen dem 17. Jahrhundert und der Auswanderung der meisten jemenitischen Juden nach Israel ansetzen. In dieser Zeitspanne waren die Juden vor allem als Handwerker und Kaufleute tätig und bildeten einen wichtigen Faktor der jemenitischen Wirtschaft.

Die Überlieferungen über die Ansiedlung der Juden in Südarabien

Die jüdischen Gemeinden Südarabiens sind nicht homogen in ihrer Herkunft. Neben dem wichtigen einheimischen Element gab es immer wieder auch jüdische Einwanderer aus Eretz Israel selber, aus Babylonien, Persien, Ägypten und Syrien, aus Spanien und Nordafrika. Man findet sogar gewisse Gebräuche, die sonst nur den italienischen Juden spanischer Herkunft zu eigen sind.

Die mündlichen Überlieferungen über den Beginn der jüdischen Niederlassungen in Südarabien sind nicht eindeutig. Eine Überlieferung berichtet, daß sich zur Zeit des Königs Salomon Vertreter aller Stämme Israels in Arabien ansiedelten. Diese Überlieferung gründet sich auf Genesis 15,19[1]. Eine andere Überlieferung knüpft an den Besuch der Königin von Saba an: Sie habe von ihren jüdischen Untertanen — insbesondere von Kaufleuten — von der Weisheit Salomons Kunde erhalten[2]. Als sie wieder in ihr Land zurückgekehrt sei, habe Salomon ihr eine Gesandtschaft aus Soldaten und Lehrern für den gemeinsamen Sohn mitgegeben[3]. Die dritte Überlieferung besagt, daß Einwanderung und Siedlung in Arabien über einige Jahrhunderte hin in Wellen stattfanden[4].

Eine frühe historische Nachricht kann man Strabo entnehmen. Bei ihm heißt es, daß die Armee, mit der Aelius Gallus im Jahre 24 v. Chr. Südarabien erobern wollte, auch 500 jüdische (von König Herodes gestellte) und 1000 nabatäische Soldaten (vom König von Petra gestellt) umfaßte. Manche nehmen an, die Aufgabe der jü-

1 Das ist eine verbreitete Überlieferung, die auf dem 1. Buch der Chronik, Kap. 5/10, 19 beruht. Diese Orte befinden sich im Wādī Jauf und im Wādī Sirhān; vgl. Tabib A, Golat Teiman (hebr.), Tel Aviv 1931, S. 20; und die Chronik von Yihye Saleh (18. Jh.), veröffentlicht bei Sasson, David: Megilat Teiman (hebr.) in: Hazofeh Nr. 7, S. 1. Nach Gamliel: Diese Tradition stützt sich auf den Vers in Genesis 15/19, wonach HA-KAINI das Land, das Gott Abraham versprochen hat, Jemen sei. Siehe auch im Vorwort von Shalom Gamliel: A gateway to the lives of the Yemenite Jews, in: Yemenite Paths (hebr.); eds. Sh. Gamliel; M. Maswari-Caspi; Sh. Avizemer; Jerusalem 1964, S. XI.
Eine interessante Erscheinung im Zusammenhang mit dieser Tradition ist, daß die Juden im Jemen Asylstätten (›Arei Miglat‹ (Exodus 21/13, 4. Buch Moses 35/11—28) besitzen, wie sie es eigentlich nur in Eretz Israel gab (und zwar drei auf der westlichen und drei auf der östlichen Seite des Jordans). Saphir hatte bei einem seiner Besuche im Jemen (1856) solche Stätten gesucht; siehe in seinem Buch: Sefer mas'a Teiman (hebr.) A. Yaari, ed.) Tel Aviv 1945, S. 139—140.

2 Die Juden Jemens stützen sich auf das, was in der Bibel 1. Könige 10/7 steht.

3 Tabib, S. 21.

4 Diese dritte Überlieferung besagt, daß Juden nach Arabien in Wellen einwanderten und zwar zwischen dem Verfall des Königreiches Israel nach 722 v. Chr.; dann wieder 42 Jahre vor der Zerstörung des Ersten Tempels im Gefolge der Prophezeiung des Propheten Jeremias (Jeremias 36/2, 38/2); dann wieder mit der Vertreibung der Juden nach Babylonien durch Nebuchadnezar. Mit dieser letzten Welle seien Juden von Babylonien nach Jemen gekommen. Jacob Saphir hatte diese Überlieferung gehört: »Nachdem sie Jeremias' Ansage gehört haben, machten sich 1.000 Soldaten vom Stamm Jehuda mit Priestern und Leviten, mit ihrem ganzen Hab und Gut auf den Weg, überschritten den Jordan und zogen durch die Wüste der Edomäer nach Nord-Arabien«. Saphir (1) hatte sogar eine Liste der Stämme gesehen, die auf diese Weise nach Arabien gewandert waren.
Aber nicht nur in der Zeit des Ersten Tempels kamen Juden nach Arabien. Als Beweis dafür geben die Juden Jemens ihren Brauch im Tet be Av (dem neunten Tag des Monats Av, das ist der Tag, an dem der Zweite Tempel zerstört wurde) an; in einer Trauerode heißt es: Wegen unserer und unserer Väter Sünden rechnen wir jetzt die Zeit von der Zerstörung unseres Gotteshauses und der Zerstreuung unseres Volkes aus unserem Land bis heute. Seit der Zerstörung des Zweiten Tempels, den unser Führer Ezra gebaut hat, sind 1881 Jahre des Leidens vergangen, und seit dem Ersten Tempel und der Zerstreuung unseres Volkes sind bis heute 2371 Jahre vergangen wegen unserer Sünden«. Diese Ode besaß Amram Qorah (der letzte Oberrabbiner der Juden Jemens) in einem mehrere hundert Jahre alten Tiklāl (ca. 400 Jahre alt). Die Ode ist zitiert in seinem Buch »Se'arat Teiman (hebr.), Sh. Greidi, ed. Jerusalem 1954, S. 3. Auch Jacob Saphir hatte in Sanaa gehört, daß auch nach der Zerstörung des Zweiten Tempels im Jahre 70 n. Chr. Juden nach Arabien ausgewandert waren und in Siedlungen im Norden und im Süden der Halbinsel lebten. Dazu siehe auch Zadok, M.: »History and Customs of the Jews in the Yemen« (hebr.), Tel Aviv 1967, S. 18.

dischen Soldaten könnte es gewesen sein, Verbindung zu den Juden in Sabāʾ aufzunehmen[5].

Ein wichtiger Beweis für die frühe Anwesenheit von Juden in Südarabien ist die von Walter W. Müller 1970 in Bait al Ḥādir bei Tanʿim (östlich Sanaa) entdeckte und im folgenden Jahr von dem russischen Forscher Grjaznevič vollständig fotografierte Inschrift. Sie wird in das 4. oder 5. Jahrhundert n. Chr. datiert und enthält eine Liste der 24 Priesterklassen Judäas (»Mishmarōt ha-Cohanīm)[6].

In den ersten Jahrhunderten der christlichen Zeitrechnung, vor dem Islam, standen die Juden Ḥimjars in engem Kontakt mit Tiberias und Galiläa. Bei den Ausgrabungen in Bēt Sheʿārīm wurden aus dem 3./4. Jahrhundert stammende Grabstätten von Juden aus Ḥimjar gefunden. Sollten Juden aus Ḥimjar ihre vornehmen Toten zur Beerdigung nach Eretz Israel gebracht haben? Auf einem Grabstein ist in griechisch zu lesen, daß der Tote »Vorsteher von Ḥimjar« gewesen sei; auf einem anderen Grabstein steht »Menachem Kol Ḥimjar«.

Eine südarabische Inschrift dieser Epoche, von Garbini in Bait al-Ashwal entdeckt, besagt: »Jehuda hat gebaut und gegründet und vollendet sein Haus Jakrub«, womit wohl eine Synagoge gemeint sein dürfte. Diese Inschrift enthält neben dem sabäischen Text auch einen hebräischen Satz, eine bisher ganz einzigartige Sache für Südarabien: »Geschrieben von Jehuda zākhūr laṭ-ṭōv — Amen, Friede, Amen«.

Nach dieser Inschrift hatte Jehuda die Vollmacht zum Bau dieser Synagoge von seinem König Dharaʾ Amar Aiman, König von Sabāʾ und Dhū Raidān und Ḥaḍramaut und Yamnat, erhalten[7].

Wir wissen nicht, ob dieser König bereits selber Jude war und beschränken uns deshalb, darauf hinzuweisen, daß nach Ibn Hischām erst der spätere König Asʿad zum Judentum übertrat.

Trotz der nun wachsenden Anzahl monotheistischer Inschriften aus Ḥimjar ist nicht im einzelnen klar, wann das jüdische Königtum in Südarabien begann und wie groß die Zahl der zum Judentum übergetretenen Südaraber war.

Von 518 bis 525 stand der König Dhū Nuwās an der Spitze Ḥimjars, der das Judentum zur Staatsreligion machte. In dieser Zeit unterstützten die Juden von Tiberias den König von Ḥimjar in seinem Kampf gegen die von Byzanz unterstützten Abessinier. Die Religionsstreitigkeiten mögen schon vorher begonnen haben, denn bereits im 4. Jahrhundert hatte Kaiser Konstantius II. den Inder Theophilus mit einer Gesandtschaft zu den Ḥimjaren gesandt: Sie gaben dem König Pferde und viele andere Geschenke, und »obwohl in Ḥimjar nicht wenige Juden lebten ... verstand es der Gesandte Theophilus, der Inder, ihren Einfluß stillzulegen«. In der Folge wurden drei Kirchen gebaut. Bei dieser Auseinandersetzung ging es nicht nur um Judentum oder Christentum, sondern auch um politische Fragen und um die Beherrschung der Handelswege zu Lande und von Ḥimjar weiter nach Indien und dem Fernen Osten. Folge dieser Auseinandersetzung war schließlich der Krieg des Dhū Nuwās gegen die Christen in Nadschrān und ihre Verbündeten, die Abessinier[8]. Zu diesem Krieg — den Dhū Nuwās verlor, worauf erst die abessinische und später die persische Besetzung Jemens folgte — fand sich vor kurzem auch eine jüdische Quelle, die freilich inhaltlich in vielen Einzelheiten der arabischen Tradition, wie sie Ibn Hischām aufgezeichnet hat, fast gleicht[9].

Die Beziehungen der Juden Jemens zu den übrigen jüdischen Gemeinden

Während des Mittelalters war die Verbindung der jemenitischen Juden zu den Gemeinden in Babylonien und Ägypten besonders eng, doch gab es auch rege Kontakte mit Syrien, Palästina, Nordafrika und Spanien.

Wichtige spirituelle Wegweiser waren in jener Zeit Saʿadiya al-Fayūmi, genannt Saʿadiya Gaon (882—942), dem in Ägypten geborenen Haupt der Yeschiva in Babylon, und Moses Maimonides. Von Saʿadia Gaon übernahmen die Jemeniten seine arabische Übersetzung der Fünf Bücher Moses, der »Fünf Schriftrollen = Megilot«, sowie die Megila Ha-Haschmonaim (= die Makkabäer-Rolle). Auch seine Gebete und Gedichte für Sabbath und Feiertage gingen in die jemenitische Tradition über. Für die Vokalisierung benutzten die jemenitischen Juden das babylonische Punktierungssystem, das man auch »die obere Punktierung« nennt — eine Tradition, die sich bis ins 20. Jahrhundert erhalten hat[10].

Mit Geld und Spenden unterstützten sie die babylonischen Talmudschulen (yeschīwot) in Sura und in umgekehrter Richtung wurden bedeutende Persönlichkeiten

5 Ben Zvi, I.: »The origin of the Settlement of Jewish Tribes in Arabia« (hebr.), in: Eretz Israel Book, vol. 6, 1960, S. 135.

6 Rainer Degen, »Die hebräische Inschrift DJE 23 aus dem Jemen«, in: Neue Ephemeris für Semitische Epigraphik 2 (1974) S. 111 ff.; darin auch (S. 117 ff.): Rainer Degen und Walter W. Müller, »Eine hebräisch-sabäische Bilinguis aus Bait al-Ašwal; s. ferner: E. E. Urbach, »Mishmarot and ma'amadot« (hebr.), in: Tarbitz, vol. XIII (1973), S. 304; im gleichen Band (S. 301—303) eine hebräische Fassung des Aufsatzes von R. Degen.

7 Hirschberg, H. Z.: »The Jewish Kingdom of Himyar« (Yemen) (hebr.) in: The Jews of Yemen, Studies and Researches, eds. Y. Yesha'yahu/Y. Tobi, Jerusalem 1975, S. 21—24; und Hirschberg, H. Z.: »Israel in Arabia«, Tel Aviv 1946, S. 60.

8 Zu diesem Thema siehe z. B. Moberg, Axel: »The Book of the Himyarites«, London 1924; Ryckmans, Jacques: »La persécution des Chretiens Himyarites aux sixième siècle«, Istanbul 1956.

9 Joseph Wolff brachte die Original-Chronik nach Europa mit, die aber verloren ging; erhalten hat sich nur die deutsche Übersetzung.

10 Goitein, S. D.: »The support by Yemenite Jews of the Academies of Iraq and Palestine and the School of Moses Maimonides« (hebr.), in: Hatemanim Book (M. Ben-Sasson, ed.), Jerusalem 1983, S. 19—32.

unter den jemenitischen Juden von babylonischen Talmudschulleitern mit dem Titel »Nagid = Fürst« geehrt[11].
Im 12. Jahrhundert trat im Jemen ein falscher Messias auf, an den jedoch viele Juden und Muslime glaubten. Als er sich als falscher Messias (nicht ben David, sondern ben Jussuf) herausstellte, wurden viele Juden gezwungen, zum Islam überzutreten. Viele, die sich widersetzten, wurden bestraft und getötet.
In ihrer Not wandten sich die Juden an Maimonides, den berühmtesten Gelehrten jener Zeit, und baten ihn um Aufklärung und Zeichen für den echten Messias. Die Antwort, die Maimonides im Jahre 1172 von Kairo nach Jemen sandte, ist unter dem Titel »Brief nach Jemen«, Iggeret Temān, bekannt[12].
Die in der Geniza in Kairo gefundenen Dokumente geben uns für jene Epoche einen umfassenden Einblick über die Verbindung der Juden Jemens mit den Gemeinden rund ums Mittelmeer und im gesamten Nahen Osten. Damals nahmen die Juden Jemens teil am Welthandel zwischen Spanien und Indien[13]. Wir erfahren auch, daß viele Juden aus dem Jemen ausgewandert waren und in Aram-Zoba (Aleppo), in Eretz Israel, Ägypten, Babylonien und Spanien kleine Gemeinden gegründet hatten, gleichzeitig aber weiter ganz engen Kontakt mit ihrer Heimat pflegten. Umgekehrt kamen in dieser Zeit auch Juden aus anderen Ländern in den Jemen und bildeten hier eigene Gemeinden[14].

Die rechtliche Stellung der Juden im Jemen

Als der Kalif Omar im Jahre 643/44 die Juden und Christen aus dem Hedschas, Nadschd, aus der Yamama und aus Khaibar vertrieb, flohen viele, die nicht konvertierten, nach Südarabien. Ihnen wurde — wie in allen islamischen Ländern — die Fremden-Steuer, al-ǧizya[15] auferlegt, wofür sie als »geschützte« Bürger, ahl al-dhimma galten: »Kämpft gegen die, die nicht an Gott und den Jüngsten Tag glauben und nicht für verboten erklären, was Gott und sein Gesandter verboten haben und nicht der wahren Religion angehören, die, die die Schrift erhalten haben, kämpft gegen sie, bis sie demütig die Kopfsteuer entrichten«, heißt es in Sure 9,29.
Die ǧizya war eine progressive Steuer: Die Reichen bezahlten 4 Dinar im Jahr, der Mittelstand 2, und die Armen 1 Dinar[16].
Daneben wurden im Lauf der Zeit noch weitere diskriminierende Bedingungen eingeführt, von denen viele freilich glücklicherweise zumeist nicht beachtet oder durchgesetzt wurden. Man führte sie schließlich auf den Kalifen Omar zurück, wodurch sie die Bezeichnung »Die 28 Omar-Bedingungen« erhielten. Danach durften die Juden keine neuen Synagogen bauen, die alten nicht renovieren, nicht laut beten, ihre Kinder nicht den Koran lehren; Juden, die zum Islam übertreten wollten, sollten von ihren Verwandten nicht abgehalten werden, Juden sollten sich nicht wie Muslime kleiden, sondern z. B. blaue oder gelbe Bänder oder Stoffe zum Unterschied tragen, durften keinen Gürtel tragen; Frauen und Mädchen mußten ebenfalls ein solches Zeichen tragen, damit man sie beim Baden von einer Muslimin unterscheiden könne. Juden durften kein eigenes Tauchbad (»miqweh«) haben, ihre Häuser nicht höher als die der Muslime bauen, nur auf Eseln — nicht auf Pferden — reiten, ohne Sattel, kein Schwert tragen. Die Frauen durften keinen Ring aus Gold oder Silber tragen — nur aus Eisen oder Zinn; die Männer sollten nicht für die Regierung arbeiten, ein Jude sollte keine muslimischen Untergebenen haben, und im Erbfall galt islamisches Recht.
Durch Zahlung der Schutzsteuer erkauften sich die Juden jedoch insgesamt ein — von Zeiten der Bedrückung abgesehen — verhältnismäßig unabhängiges Leben: Sie konnten sich im ganzen Lande frei bewegen, sie durften ihren religiösen Kult ausüben, sie konnten ihre Gemeinden organisieren und ihre eigene Rechtsprechung haben, soweit es sich um innerjüdische Angelegenheiten handelte.

Das 17. Jahrhundert

Das 17. Jahrhundert war politisch im Jemen durch den langen blutigen Abwehrkampf des Imams al-Qāsim der Große gegen die Türken gekennzeichnet. Diese Zeit — die mit dem Sieg Al-Qāsims endete — ging auch an der jüdischen Bevölkerung des Jemen nicht spurlos vorüber. Von vielen Gegenden des Jemen zogen Juden wegen der Zeitläufte (es herrschten Hunger, Mißwachs und Pest im Lande) nach Sanaa, wo der Sitz der Landesherrschaft war. Imam al-Qāsim erließ Gesetze, die die Juden in ihren Rechten sehr stark einschränkten. Ihre Lage verschlechterte sich mit dem Regierungsantritt des Imams Aḥmad bin Ḥasan ibn al-Imām al-Qāsim, genannt al-Mahdī, im Jahre 1676 noch weiter. Er zwang viele Juden, zum Islam überzutreten und verbot den Juden nicht

11 Goitein, S. D.: »The Jews of Yemen between the Palestinian (residing in Fatimid Cairo) and the Babylonian Exilarch« (hebr.), in: FN 10, S. 53—58.
12 Nachdem Saphir von seiner Reise aus dem Orient zurückgekehrt war, hörte er von der messianischen Bewegung (Shukri el-Kuhail und Abdallah) im Jemen und schrieb einen Brief im Stil von Maimonides, den er »Igeret Teiman ha-Shenit« nannte (erschienen Wilna, 1873).
13 Goitein, S. D.: »Yemenite Jewry and the India Trade« (hebr.), in: FN 10, S. 33—52.
14 Goitein, S. D.: »Yemenites in Jerusalem and Egypt in the times of Moses Maimonides and his son Abraham« (hebr.), in: FN 10, S. 120—134.
15 Maswari-Caspi, Mishael: »Introduction to The Poll Tax in Yemen — An Historical Essay« (hebr.), in the book of Gamliel, Sh.: »The Jizya-Poll Tax« (M. Maswari-Caspi, ed.), Jerusalem 1982, S. 15—75.
16 Gamliel, Sh.: »The Jews and the King in the Yemen« (hebr.), vol. I, Jerusalem 1986, S. 17.

nur den öffentlichen Handel mit Wein und Arrak, sondern vor allem auch, Synagogen zu errichten und gemeinsam zu beten. Er erklärte schließlich den Jemen als »heilige Erde«, so wie es der Hedschas war, und daß zwei Religionen nicht auf arabischem Boden leben könnten. Der Hinweis, daß sie schon vor dem Auftreten des Islam in Arabien gelebt hätten, nützte den Juden nichts[17].

Das schwere traumatische Ereignis dieser Zeit war für die Juden das Auftreten des falschen Messias Schabbatai Tzwī (1626—1676) aus Smyrna, der später nach Palästina zog. Gehört hatten die jemenitischen Juden von ihm durch die jüdischen Gemeinden in Ägypten. Nunmehr glaubten sie, der Messias sei gekommen und erhoben sich offen gegen die Landesgesetze. In einer Chronik heißt es dazu, daß der Vorsteher der Gemeinde von Sanaa und die angesehenen Bürger mit den Thora-Rollen auf der Straße tanzten und dabei sangen, manche sollen sogar betrunken gewesen sein. Als sie erfuhren, daß Schabbatai Tzwī zum Islam übergetreten sei, brach eine Krise aus. Der Imam versuchte, die Juden zwangsweise zum Islam zu bekehren und als sie sich widersetzten, trieb er sie aus der Stadt und verbannte sie nach Mauza', in die glühend heiße Gegend am Roten Meer. Der Hauptauszug der Verbannten fand im Jahre 1679 statt.

Der Verbannungsbefehl des Imams traf aber nicht nur die Juden von Sanaa, sondern auch anderer Städte und Bezirke des zentralen und südlichen Hochlandes bis Taiz — jedoch nicht die Gegend von Saada und Ḥabbān, wohin die politische Gewalt nicht reichte. Qorah berichtet, daß die Scheichs und Statthalter verschiedener Regionen bemerkten, wie schwer es der Bevölkerung fiel, ohne die jüdischen Handwerker auszukommen, daß keine Arbeitsgeräte mehr gefertigt, ja nicht einmal mehr repariert wurden, und daß auch der Schmuckbedarf der Aristokratie nicht mehr befriedigt wurde. Schließlich versammelten sich die Scheichs beim Imam und baten ihn, er möge den Juden verzeihen. Der Imam rief die Juden nach Sanaa zurück. Da jedoch ihre ehemaligen Wohnhäuser inzwischen von Muslimen bewohnt waren, wies er der Gemeinde das Viertel Bi'r al-'Azab, außerhalb der Stadtmauer, als neuen Wohnort an. Dieses jüdische Viertel war z. Zt. Niebuhrs noch nicht ummauert.

Nach ihrem Exilort Mauza' nannten die Juden des Jemen diese Verbannung »Galut Mauza'«, Exil in Mauza'[18]. Nach dem Auszug der Juden aus Sanaa wurde die Große Synagoge in eine Moschee umgewandelt — bis heute trägt sie den Namen Masǧid al-Ǧala, Moschee der »Verbannten«, jener, die ins »Galut« gingen. Bei den Juden hatte diese Synagoge den Namen Kanīssa al-'Ulamā' getragen. Das jüdische Ritualbad, die Miqweh, wurde (als waqf) zu einem öffentlichen Ḥammām, dem Ḥammām al Ǧala[18]. Von dieser schweren Zeit kündet die Dichtung der jüdischen Jemeniten, insbesondere die von Sālim Schabbazī[19].

Die Juden in Aden

Man kann annehmen, daß es in Aden — entsprechend seiner Bedeutung in der Antike — Juden ebenso wie in anderen Städten des Jemen gab. Zur Zeit der »Gaonim« (Weisen) war Aden ein wichtiger geistiger Mittelpunkt, und jüdische Gelehrsamkeit strahlte auf den gesamten jüdischen Kulturkreis von Babylon über Ägypten bis Syrien und Eretz Israel aus. Vom 11. bis zum 13. Jahrhundert war Aden der große Austauschmarkt zwischen Ost und West. In dieser Zeit erfüllten Juden wichtige Aufgaben in der Administration, wie etwa Khalfon bin Bandar, Beamter der Kaufleute des Hafens und zugleich Oberzollaufseher des Sultans. In den folgenden Jahrhunderten nahm die Bedeutung Adens aus wirtschaftlichen Gründen immer mehr ab, vor allem, seit die Portugiesen den Seeweg um das Kap der Guten Hoffnung entdeckt hatten. Als die Briten 1839 Aden eroberten, war die Stadt zum armen Fischerdorf mit etwa 600 Einwohnern herabgesunken. Die Hälfte von ihnen waren Juden.

In den folgenden Jahrzehnten nahm Aden (1850 Freihafen, vor allem aber seit der Eröffnung des Suez-Kanals 1869) einen sprunghaften Aufschwung.

Bis 1839 hatte Aden zum Sultanat Laḥidsch gehört, in dem die Juden ihre Kopfsteuer zahlen mußten und all den schon genannten Beschränkungen unterworfen waren. Jetzt, unter britischer Herrschaft, galten für Araber und Juden gleiche Rechte. Auch wirtschaftliche Beschränkungen fielen weg. So hören wir von großen jüdischen Handelsfamilien, etwa der Familie Benin Messa, der bedeutendsten Kaffee-Exportfirma des Jemen, die nach Amerika und England lieferte, und deren Oberhaupt »Kaffee-König« genannt wurde. Captain Haynes, der Aden der britischen Herrschaft unterstellt hatte, wies den Juden ein eigenes Viertel zu und erkannte Eheschließungen des Rabbinats ebenso an wie Eherechts-Entscheidungen des Rabbinats-Gerichts[20].

Die Juden unter Imām Yaḥyā

Als Imām Yaḥyā im Jahre 1904 Imām wurde, empfing er wenig später — im Frühjahr 1905 — bei seinem Weg nach Sanaa in der Vorstadt Ar-Rauḍa die Delegationen der jemenitischen Stämme. Eine jüdische Gesandtschaft, die auch kam, um ihm Glück zu wünschen, empfing er jedoch nicht. Statt dessen ließ er ihnen die »28 Omar-

17 Ratzaby, Y.: »The Revolt of al-Qāsim« (hebr.), in: Zion Nr. 20, 1965, S. 32—46.

18 Ratzaby, Y.: »The Exile to Mauza'« (hebr.), in: Sefunoth, Nr. 5 (1961), S. 339—395. Nach Qorah (siehe oben FN 4), S. 10 f., befindet sich in der Moschee al-Ǧala eine Stuckinschrift aus dem Jahre 1091 H = 1681 n. Chr., die an das Ereignis erinnert. Vgl. ferner S. 227, 353 und 433 in Serjeant/Lewcock, »San'ā'«, London 1983.

19 Dieses Lied ist zum Teil übersetzt bei Erich Brauer in seinem Werk »Ethnologie der jemenitischen Juden«, Heidelberg 1934, S. 36—37.

20 Klein-Franke, Aviva: »The Jewish Community in Aden in the 19th Century« (hebr.) in: Pe'amim Nr. 10, 1981, S. 36—60.

Bedingungen« vorlesen und kündigte an, daß diese wieder streng einzuhalten seien. In Sanaa bestätigte er die Vorsteher der jüdischen Gemeinde und ernannte einen ʿĀqil, der die »ǧizya« einsammeln sollte. Das Dokument wurde am 25. Rabīʿ al-auwal 1324, der dem 19. Mai 1906 entspricht, ausgestellt[21].

Imām Yaḥyā führte eine neue progressive Kopfsteuer ein: Jeder männliche Jude über 13 Jahre war verpflichtet, sie zu zahlen. Sie betrug für den Reichen 3 3/4 Rial im Jahr, für den Mittelstand die Hälfte davon, und für die Armen 1 Rial und siebeneinhalb Achtel[22].

Außer den sog. »Omar-Bedingungen« erließ Imām Yaḥyā noch folgende Verbote:

- Juden durften in Gegenwart von Muslimen nicht laut sprechen
- einen Muslim beim Vorbeigehen nicht berühren
- mit der gleichen Ware handeln wie die Muslime
- nur im Damensitz reiten
- durften kein Geld auf Zinsen verleihen, weil das zum Weltuntergang führt
- und schließlich mußten die Juden vor Muslimen stets aufstehen und ihnen bei jeder Gelegenheit Ehre bezeugen[23].

Ferner erneuerte Imām Yaḥyā das sog. Latrinengesetz, das im Jahre 1846 eingeführt worden war, während bis dahin Muslime die Latrinen gesäubert hatten. Ḥayyim Ḥabschūsch berichtet dazu, daß in diesem Jahr Minister Yaḥyā al-Sahūlī einem seiner Verwandten begegnete, der die Latrinen reinigte. Da schämte er sich und diese Pflicht wurde den Juden durch Gesetz auferlegt[24].

Am bedrückendsten aber war für die Juden die Erneuerung des alten Gesetzes, wonach jedes jüdische Waisenkind von den Muslimen »aufgelesen« werden mußte. Dies steht nicht im Koran, sondern galt als — vor allem jemenitische — Tradition[25]. Danach ist jeder Neugeborene »fitra«, d. h. im natürlichen Glauben (= dem Islam) geboren und wird erst später durch seine Eltern und deren Erziehung zum Juden oder Christen gemacht. Die Waise ist somit Muslim[26].

Das Waisengesetz war das schwerste von allen und die jemenitischen Juden taten alles, um es zu umgehen. Kinder wurden manchmal mit sieben oder acht Jahren verheiratet, damit sie als Familie galten; trotz schwerer Strafen wurden Waisenkinder in andere Siedlungen oder nach Aden gebracht. Mosche Zadok zitiert in seinem Buch »Die Juden des Jemen« einen Brief aus den 40er Jahren unseres Jahrhunderts:

> »Ich erzähle meinem lieben Sohn, was uns in Dhamār passiert ist, was für ein böser Feind im Monat Elul in die Stadt kam und von Sulaiman Meudha verlangte, daß er die Waisenkinder, die keinen Vater und keine Mutter hatten, suche. Und als uns das zu Ohren kam, fingen wir an zu zittern und verloren alle Hoffnung. Und wer ein Waisenkind im Haus hatte, floh mit ihm und dein Vetter Israel auch und Yaḥyā Ben Mussa Ḥaddād flohen, und am 25. Elul nahmen die Soldaten neun Menschen gefangen und ich war dabei. Und sie sprachen sehr streng mit uns und verlangten, daß wir ihnen die Waisenkinder, die wir herausgeschmuggelt hatten, ausliefern sollten. Wir sagten, daß wir von nichts wissen. Wir saßen im Gefängnis, wurden an den Füßen gefesselt und gequält. An Rosch Haschanna (Neujahrsfest), Yom Kippur und Sukkot (Laubhüttenfest) saßen wir im Gefängnis. Am Sukkot-Vorabend flehten wir den Gefängnisaufseher an, daß er uns ein eigenes Zimmer gebe, damit wir das Fest zusammen begehen können. Außer uns wurden noch fünf Juden verhaftet, sodaß 14 Leute wegen der Waisenkinder im Gefängnis waren. Später kam der Scheich in die Stadt und erklärte, daß er gekommen sei, die Waisen in Empfang zu nehmen. Nicht nur das, sondern die Dinge gingen so weit, daß die Araber sogar unseren Lehrer, den Rabbi Dāūd Cohen bei dem Herrscher denunzierten, daß er in einem Hungerjahr seinen Glauben gewechselt habe. Zwei Soldaten brachten ihm zum Scheich und der sagte zu ihm, wenn er bis zum Sabbat-Ausgang nicht Muslim wäre, werde er ihm den Kopf abschneiden lassen. Vor lauter Angst nahm der Rabbi den Islam zum Schein an und wurde so ein ›Anus‹ (= Marrane)[27].

Trotz aller schweren Gesetze des Imām Yaḥyā gegen die Juden haben viele Juden ihn geliebt. Oft hört man von ihnen, daß die Juden im Jemen in keiner Epoche sicherer waren als unter seiner Herrschaft. Insgesamt gesehen hatte er zum ersten Mal Gerechtigkeit und Sicherheit für alle Bürger seines Landes zu gewährleisten vermocht. Die meisten Juden konnten während seiner langen Herrschaft in Sicherheit leben und in ihren Vierteln auch ihr religiöses Leben führen.

Die jemenitischen Juden als Handwerker und Händler

Wie in den meisten islamischen Ländern waren die Juden Jemens mehrheitlich Handwerker und nur ein Teil war als Händler tätig. Einige Familien in Mocha (al-Makhā), Manācha, Sanaa und Taiz importierten Waren aus Indien und Fernost, wo sie z. T. (in Kalkutta, Bombay und Cochin) Handelsniederlassungen unterhielten. Mit der britischen Besetzung Adens ging der Handel Mochas stark zurück. So verlagerten auch die Juden mehr und mehr ihre Aktivitäten nach Aden.

Die früheste Nachricht über die Rolle der Juden im Wirtschaftsleben Jemens in der Neuzeit finden wir bei Carsten Niebuhr. Er berichtet für das Jahr 1763 von berühmten Silberschmieden, und daß die Juden Münzmei-

21 Gamliel bat ʿĀlī, den Sohn des Imām, das Dokument über die Gesetze, die sein Vater, Imām Yaḥyā, den Juden auferlegt hatte, zu kopieren; siehe darüber in seinem Buch FN 16, S. 18.

22 Infolge der Auswanderung wurde die Anzahl der Gemeindemitglieder immer geringer, dennoch mußten sie weiterhin die gleichen Summen zahlen, was eine große finanzielle Last war. Siehe Qorah, FN 4, S. 47.

23 Qafih, Y.: ›Jewish Life in Sana‹ (hebr.), Jerusalem 1961, S. 284—292.

24 Zadok, FN 4, S. 82—83; auch bei Qorah, FN 4, S. 26—27.

25 Da es nicht in anderen islamischen Ländern vorkommt, meint Qorah, daß es Teil der zaiditischen Lehre ist.

26 Klein-Franke, Aviva: ›The Orphans, their flight and their immigration to Palestine — A study of rescue-operation‹, in: Yemenite Path, FN 1, S. 85—111.

27 Zadok, FN 4, S. 108.

In der Synagoge (Sanaa 1902 oder 1907), Fotos von Hermann Burchardt (Museum für Völkerkunde, SMPK, Berlin).

ster der Imāme waren. Berühmt in seiner Zeit war Sālim al-ʿIrāqī, der den beiden Imāmen al-Manṣūr und al-Mahdī ʿAbbās insgesamt 31 Jahre gedient hatte. Ihm oblag es, alle Zölle, Steuern sowie die ǧizya einzuziehen[28]. In der Mitte des 19. Jahrhunderts besuchte Jakob Saphir den Jemen und Aden. Er berichtet:

> »Die Araber im Jemen üben kein Handwerk aus ... Sie haben Felder, Weinberge und Landgüter und betreiben Handel. Die Juden üben fast alle Gewerbe aus: Silberschmiede, Schmiede, Blechschneider, Schneider, Weber, Lederverarbeitung, Töpferei, Schießpulverherstellung u. a.«[29].

Yomtob Sémach (1910) und Jawneli (1911) berichten ähnliches[30]. Jawneli fertigte eine Statistik über die jüdische Gemeinde in Dhamār. Dort lebten 150 Familien, die 26 verschiedene Handwerke betrieben. Ein Drittel davon waren — ähnlich wie in anderen Städten — Silberschmiede[31].

Während bis zur Vertreibung nach Mauzaʿ noch zahlreiche Juden in der Landwirtschaft tätig waren, entwickelte sich danach ein gewisses gegenseitiges wirtschaftliches Abhängigkeitsverhältnis zwischen Juden und Arabern: Die Juden lieferten während des ganzen Jahres ihre Handwerksprodukte und erhielten dafür zwei- oder dreimal im Jahr die Bezahlung in Form landwirtschaftlicher Erzeugnisse. In Dürrejahren war das nicht möglich — daher versuchten viele Juden, ihre Erzeugnisse auch auf den Märkten, als herumziehende Händler, gegen bares Geld zu verkaufen. Not, Dürre und Krieg zwischen den Stämmen förderten diese Mobilität noch weiter. Die Juden waren etwa über 1000 Siedlungen im Lande verstreut und von den über 100.000 Juden, die es zu Beginn des 20. Jahrhunderts im Jemen gab, lebten etwa vier Fünftel in Dörfern.

Die jemenitischen Wochenmärkte — jeweils an einem bestimmten Wochentag, nach dem sie auch genannt wurden — waren ein wichtiges Ereignis nicht nur für die Muslime, sondern auch für die Juden. Der Markt diente zum Austausch von Nachrichten aus weit entfernten Siedlungen, von Briefen, Gerichtsbescheiden aus Sanaa, etc.

Als vor etwa 100 Jahren die jüdische Auswanderung nach Palästina begann, fehlten in manchen Großfamilien einzelne Mitglieder, die bisher einen bestimmten Produktionsschritt des Familienhandwerks geleistet hatten. In kleinen Dörfern reichte oft die Zahl der Männer nicht mehr zu einem »Minjan« (zehn Männer, die für ein gemeinsames Gebet nötig sind) — so zog die Familie in die Stadt oder in die nächste größere Siedlung. Auch die muslimische Bevölkerung zog als Folge von Unruhen und Dürre in die Städte. Als Imām Yaḥyā Berufsschulen (für muslimische Jemeniten) einrichtete und zugleich das Landbesitzverbot für Juden stärker durchsetzte, wurde das Gleichgewicht zwischen dem jüdischen Handwerker und dem arabischen Bauer immer mehr durchbrochen. Das traditionelle Handwerk des Jemen ging dann mit der jüdischen Massenauswanderung Ende der 40er Jahre fast ganz verloren. Aber auch in Israel konnten viele jemenitische Juden ihr traditionelles Handwerk nicht mehr ausüben: So sind etwa von den rund 20.000 jüdischen Silberschmieden des Jemen heute in Israel nur noch etwa zwei Dutzend in ihrem angestammten Beruf tätig[32].

Die Massenauswanderung von Südarabien nach Israel betraf vor allem den zentralen Jemen, Südjemen, Aden und Ḥabbān, während im nördlichen Teil der Arabischen Republik Jemen bis heute eine Reihe jüdischer Siedlungen bestehen. Viele dieser Juden sind als Silberschmiede tätig. Die Gesamtzahl könnte zwischen 3000 und 5000 betragen. Viele von ihnen haben Verwandte in Israel, von denen sie getrennt sind und von denen sie keine Nachricht erhalten können.

Die Juden werden im heutigen Jemen nicht verfolgt; der jemenitische Staat legt vielmehr ausdrücklich Wert darauf, sie als jemenitische Staatsbürger mit den gleichen Rechten und Pflichten wie die übrigen zu behandeln. Ein typisches Beispiel hierfür ist die jährlich im Herbst aus Anlaß des Nationalfeiertages (26. September) veranstaltete »Nationale Ausstellung«, die schwerpunktmäßig dem Gewerbe, Handwerk und der Landwirtschaft gewidmet ist. An der 7. Nationalen Ausstellung (1986) nahmen auch 15 jüdische Handwerker aus Raida (vier Schmiede, vier Tischler, zwei Silberschmiede, Mantelmacher, Korbflechter) teil. Auch die Juden selber — von denen viele heute einen landesüblichen, bescheidenen Wohlstand erreicht haben — sehen sich als jüdische Jemeniten. Sie können ihr eigenes autonomes religiöses Leben führen, aber zum ersten Mal in ihrer dreitausendjährigen Geschichte leben heute Juden in Südarabien völlig getrennt von den außerjemenitischen Gemeinden und von ihren geistigen Zentren. Dies bedeutet eine ernsthafte Gefahr für ihr Überleben als jüdische Gemeinde.

Die Juden von Ḥabbān[33]

In mancherlei Hinsicht unterscheiden sich die Juden von Ḥabbān (von den Juden Ḥabben ausgesprochen) und einigen umliegenden Siedlungen (halbwegs zwischen Aden und Ḥadramaut) von den übrigen Juden Südarabiens:

Diese Unterschiede betreffen die Gebräuche, die Gebete, die Kleidung und sogar die äußere Erscheinung. Im Ge-

28 Niebuhr, Carsten: ›Beschreibung von Arabien aus eigenen Beobachtungen und im Lande selbst gesammelten Nachrichten‹, Kopenhagen 1772, S. 209; siehe dazu auch meinen Artikel: ›The First Scientific Mission to Southern Arabia as a source for the History of the Jews in Yemen‹, in: Pe'amim Nr. 18, 1964, S. 81—101.

29 Saphir, FN 4, S. 230—244.

30 Yomtov, Semach: ›Une Mission de l'Alliance au Yemen, Paris 1911, S. 67;
Yavnieli, Sh.: Sefer masa' Teiman, Tel Aviv 1963, S. 17.

31 Klein-Franke, Aviva: ›Jewelry among the Jews of Yemen‹ (hebr.), in: Pe'amim, Nr. 11, 1982, S. 62—88; siehe auch bei Kafih, FN 23, S. 230—244.

32 Klein-Franke, Aviva: ›Economic conditions, Commerce and Crafts of the Jews of Yemen‹ (hebr.), in: Se'i Yona, ed. Sh. Seri, Tel Aviv 1983, S. 47—70.

33 Ma'atuf, S.: ›Habban (Hadramaut), Jewry in the last generation‹ (hebr.), M. A. Thesis, 1984, Bar-Ilan University, Ramat Gan, S. 7—20.

Ansicht der Stadt Ḥabbān (Provinz Schabwa).

gensatz zu den übrigen Juden Jemens ließen sie Kopfhaar und Bart wachsen, rasierten jedoch ihren Schnurrbart. Nur sie durften einen Gürtel und einen Dolch tragen. Während die Juden sonst, wenn sie einander begegnen, sich umarmen, umschlingen die ḥabbānischen Juden die Hände und heben sie verschränkt in die Höhe. Dann fragt einer und küßt die Hand seines Bekannten und umgekehrt, ein paar Mal. Unter den ḥabbānischen Juden sind keine Cohaniten und Leviten. Sie bilden eine kleine homogene Gemeinschaft, die jedoch nicht von den übrigen Gemeinden Südarabiens abgeschnitten lebt. Einige Historiker behaupten, daß das Fehlen von Priesterfamilien (Cohanim) und Leviten darauf hinweise, daß die ḥabbānischen Juden Nachkommen der zehn Stämme Israels seien. Bei den ḥabbānischen Juden selber bestehen zwei verschiedene mündliche Überlieferungen. Nach der einen hatten sie vor langer Zeit im Hedschas gelebt und waren unter König Salomon nach Ḥabbān gekommen. Sie hätten dann ein Geschichtsdokument, ein manqaba besessen, aus dem hervorgegangen sei, daß sie die ganze Gegend gekauft hätten. Einer der Alten von Ḥabbān berichtet, ʿUmar, ein Wezir von Ḥabbān, habe den Juden Yusuf bin Sémach nach diesem manqaba gefragt und nicht glauben wollen, daß die Juden keines besaßen. Er habe hinzugefügt: »Ihr müßt ein manqaba haben, denn einst wart ihr die Herren dieses Landes«! Daraufhin hätten die Juden versucht, Eigentumsrechte auf das von ihnen gepachtete Land geltend zu machen, und stellten einem islamischen Rechtsgelehrten folgende Frage: »Wenn jemand einen Vertrag findet, aus dem sich ergibt, daß er Erbe von Land oder Vermögen ist, von dem er bis dahin nichts wußte — was sind seine Rechte«? Der Faqīh Muḥammad antwortete: »Ein Vertrag, von dem man keinen Gebrauch gemacht hat, ist ungültig, so wie jemand, der sein Land nicht bebaut und nicht darauf sät, sein Recht als Besitzer verliert«.

Die zweite Überlieferung besagt, die Juden von Ḥabbān stammten ursprünglich aus Babylon und seien über den Golf, Dhofar und Ḥaḍramaut gekommen. Sie hätten ihre Nachbarn, die Ḥimjariten, bewogen, zum Judentum überzutreten. Im 16. Jahrhundert diente ein Jude — Sulaimān al-Ḥakīm — dem Gründer der wāḥidischen Dynastie von Ḥabbān als Wezir. Zum Dank wies ihm der Herrscher ein Gebiet in unzugänglicher Gegend zu, wo er seine jüdische Gemeinde ansiedeln konnte. Die Gegend habe ursprünglich Ḥaffat Bā-Biʿār geheißen, später Ḥaffit il-Yahūd; dies sei Ḥabbān. Die Häuser waren in Form eines Halbkreises angelegt und standen auf der Höhe der Felsen mit der Rückseite zum Abgrund. Diese jüdische Siedlung lag deshalb sehr geschützt. Auch auf Grund des Briefwechsels der ḥabbānischen Gemeinde mit dem Dichter Rabbi Schalom Schabezzi (17. Jahrhundert) steht — entgegen der Behauptung einiger Gelehrter, Juden hätten sich in Ḥabbān erst im 19. Jahrhundert angesiedelt — fest, daß die Gemeinde schon alt sein muß.

Dies wurde auch Schmuel Jawneli im Jahre 1912 berichtet. Ḥabbān sei, so hieß es, »Resch-Galuta«[34], genauso wie Ṣanaa. In Ḥabbān fand Jawneli 30 Familien jeweils mit 6—8 Söhnen. Sie lebten in 11 burgartigen Häusern mit jeweils drei oder vier Stockwerken. Jawneli fand Juden auch in anderen Städten Südjemens: in Lahidsch 15 Familien, in al-Ḥauṭa ein paar, ebenso in al-Hidna und Ḥaura. Die Juden Ḥabbāns waren alle Silberschmiede und bearbeiteten auch einiges gepachtetes Land[35].

Die Beziehungen zur muslimischen Bevölkerung waren im allgemeinen gut. Gegen Zahlung der Kopfsteuer und einer Abgabe von »Maʿaser wa-Ḥetzi« (»ein Zehntel und halb« = 15%) von Ernte und Verdienst lebten sie unter dem Schutz der Obrigkeit.

Die ḥabbānischen Juden unterteilten sich in fünf Hauptfamilien (Maʿtuff, Mifʿii, Samach, Hillel und ʿAdani), hatten zwei Synagogen, Ritualbad, einen religiösen Gerichtshof und natürlich eine Schule: Wie üblich unter den arabischen Juden gab es unter der männlichen Bevölkerung keine Analphabeten. Ein Teil von ihnen wanderte schon 1945 über Aden nach Palästina aus, und dann in einer zweiten Welle 1948 bis 1950, die letzten verließen Ḥabbān 1952, wohl weniger aus Verfolgung oder gar aus wirtschaftlichen Gründen, sondern weil sie seit 3000 Jahren von der Verheißung im Lande Israel geträumt hatten und nun davon hörten, daß es einen realen Weg dorthin gab.

Das geistige Erbe der jemenitischen Juden

Im Gegensatz zur geringen Anzahl von Chroniken hat sich das schriftliche Erbe der jemenitischen Juden auf

34 Es gäbe im Jemen mehrere so bezeichnete Plätze, z. B. Dhamār, Habbān, Sanaa, Ǧibleh, Tane'm und Sa'da. Rosch-Galuth war neben Nagid ein Titel, der hohen Persönlichkeiten und auch Orten von den Oberhäuptern der babylonischen Schule verliehen worden ist. Orte, die Rosch-Galuth heißen, weisen auf sehr alte Siedlungen im Yemen hin.

35 Yavnieli, FN 29, S. 222—226.

den Gebieten der Philosophie, der Sprache, der medizinischen Wissenschaften und der verschiedenen Aspekte jüdisch-religiöser Überlieferung größtenteils erhalten. Handschriften dieser Gebiete sind ein Schatz aller großen Bibliotheken der Welt. Man kann durchaus sagen, daß das jemenitische Judentum mehr als alle anderen jüdischen Gemeinden in Ost und West die Nachwelt durch seine Schriften bereichert hat. Diese Werke zeugen von der Kultur der jemenitischen Juden im allgemeinen; vor allem aber davon, womit sich sehr viele von ihnen tagtäglich beschäftigten — nämlich der Thora und ihrem Studium. Überwiegend ist deshalb die Literatur der jemenitischen Juden religiösen Inhalts. Diese spezifisch jüdischen Themen umfassen alle Gebiete von Religion und Tradition, z. B. Mischna, Talmud, Halacha, Schächtgesetze, religiöse Gebote, Schriften des Maimonides und Kommentare zu seinen Werken, Gebetbücher, Kabbala und sog. »Fragen und Antworten«, die die religiösen Vorschriften in einfacher Form zum Memorieren darbieten. Daneben gibt es auch zahlreiche weltliche Schriften, vor allem Literatur, Dichtung in hebräischer und arabischer Sprache, philosophische und ethische Werke, Arbeiten zu Astronomie und Medizin.

Das geistige Leben und die Geschichte der Juden des Jemen lassen sich aus drei großen Archiven rekonstruieren: Als erstes ist hier die »Geniza« von Kairo zu erwähnen, in deren Tausenden von Dokumenten, Briefen, Wechseln und Rechtsurkunden jüdische Jemeniten häufig erwähnt werden. Die überraschenden Funde dieses das gesamte Mittelalter umspannenden Archivs beleuchten wichtige Seiten der Geschichte der jemenitischen Juden aus einer Periode, über die bis dahin — mit Ausnahme der Berichte Benjamins von Tudela und Briefen des Maimonides — fast nichts bekannt war. Die historisch gesehen wichtigsten Dokumente aus der Geniza von Kairo stammen aus dem 11.—13. Jahrhundert. Aus ihnen erfahren wir, daß die jüdischen Gemeinden im Jemen finanziell gut gestellt waren und daß der Ruf ihrer Gelehrten, ihrer Vorsteher und angesehenen Mitglieder weit über die Grenzen Südarabiens hinausreichte. Unter anderem lesen wir, daß sie die Talmud-Schulen in Ägypten und Babylonien finanziell unterstützten, und daß sie als Kaufleute und Reisende im gesamten Mittelmeerraum, im Nahen und Fernen Osten tätig waren. In jener Zeit erwarben jemenitische Juden bei ihren weltweiten Reisen Bücher und Handschriften von bedeutenden Rabbinern und jüdischen Denkern, die sich durch die Generationen bis in unser Jahrhundert weitervererbten[36]. In erster Linie handelte es sich dabei um Schriften des »Rambam« (Rabbi Moses ben Maimon = Maimonides), Jehuda Halevi, Ibn Ezra (1055—ca. 1135), Ibn Gabirol (1021—1056), Al-Fāsī (1013—1103) sowie wertvolle alte Handschriften der Thora.

Als nächstes ist das Archiv von Jehuda Levi Nahum zu nennen. Dabei handelt es sich um die erstaunliche Leistung eines einzelnen Menschen, die man wirklich als »the revelation of Ancient Yemenite Treasures« bezeichnen kann. Es begann damit, daß er alte gebundene Handschriften restaurierte. Dabei stellte sich heraus, daß in den Einbänden oft Schriften oder Teile von Schriften — sehr häufig aus der »Fragen- und Antworten«-Literatur der jemenitischen Juden — mit einem Leim auf Mehlbasis zusammengeklebt waren, und dann, in Leder gebunden, als Einbanddeckel verwendet worden waren. So fanden sich insgesamt wiederum mehrere tausend Dokumente aus einer Epoche, über die ebenfalls bis dahin kaum Quellen vorlagen. Diese Schriften aus der Zeit des 14.—18. Jahrhunderts machen ebenfalls den Reichtum des geistigen Erbes der Juden des Jemen deutlich.

Das dritte Archiv ist das des Rabbi Gamiel. Es enthält hauptsächlich Dokumente des 20. Jahrhunderts, aus der Regierungszeit des Imām Yaḥyā, dem Rabbi Gamliel als Berater diente. Gamliel war dem König gegenüber für die Zahlung der »Schutzsteuer« der Juden (»ǧizya«) an die Schatzkammer verantwortlich. Auch das Archiv von Rabbi Gamliel umfaßte Tausende von Dokumenten, die vor allem das Leben der Juden in Sanaa beleuchteten, ihre geistig-philosophischen Bewegungen und ihren Kampf gegen die Kabbala. Das waren philosophische Auseinandersetzungen, die die Gemeinde entzweiten und Feindschaft zwischen den Vertretern der verschiedenen Auffassungen säten.

Neben den genannten drei Archiven findet man zahlreiche historische Daten und Hinweise in Briefen, Kolophonen, Geschichtswerken aller Art (u. a. Auswanderungsgeschichten), in Gedichten und literarischen Nachlässen. An eigentlichen Chroniken haben sich seit dem 18. Jh. etwa 40 erhalten.

Historisch gesehen kann man in der erhaltenen Literatur der jemenitischen Juden drei Hauptperioden unterscheiden: einmal, bis etwa zur Mitte des 15. Jahrhunderts, sodann vom Erscheinen der Kabbala im Jemen an gerechnet (ungefähr vom Ende des 16. Jahrhunderts an, wobei man sagen kann, daß sie etwa in der Mitte des 17. Jahrhunderts ihren Höhepunkt erreichte)[37], und schließlich von der britischen Besetzung Adens (also ungefähr seit der Mitte des vorigen Jahrhunderts) bis zur Massenauswanderung in der Mitte unseres Jahrhunderts.

Die Sprache

Bevor wir die Literatur im eigentlichen Sinne behandeln, wollen wir der Sprache der jemenitischen Juden einige Worte widmen. Dazu ist vorauszuschicken, daß die hebräische Sprache bis zur Zeit des Nasī (»Fürsten«) Jehūda, der im 2. Jahrhundert die Mischne edierte, eine gesprochene Sprache gewesen war, dann aber für fast 1500 Jahre nur noch Gebets- und Lernsprache, bis sie im 19. Jahrhundert wieder zu einer lebendigen Alltagssprache

36 S. z. B. Bannet, D. Z.: »A letter from Yemen from 1202, sent to Egypt in the list of Books of a Yemeni physician's Library«, in: Tarbitz, vol. 20 (1950), S. 205—214.

37 Hallamish, Sh.: »The Kabbalah in Yemen at the beginning of the 17th Century« (hebr.), M. A. Thesis, Bar-Ilan University 1984, S. 9—40.

wurde. Dies gilt für alle jüdischen Gemeinden — mit Ausnahme der jemenitischen Juden. Sie bewahrten das Hebräische ununterbrochen als gesprochene und als Schriftsprache. Diese Sprachtradition ist die direkte Fortsetzung der Sprache der (babylonischen) »Geonim«. Es erscheint deshalb wichtig, festzuhalten, daß es die jemenitischen Juden waren und nicht das babylonische Judentum, welche diese babylonische Sprachtradition bewahrten, deren Wurzel ihrerseits wiederum die Sprache von Eretz-Israel ist[38].

In der hebräischen Sprachforschung unterscheidet man drei Sprachtraditionen: die aschkenasische, die sephardische und die jemenitische. Dabei ist die jemenitische die reinste und älteste. Sie ist z. B. die einzige, in der sich die Unterscheidung zwischen einfachen und verdoppelten Konsonanten (b, g, d, k, p, t) erhalten hat.

Die jemenitischen Juden bewahrten jedoch nicht nur das Hebräische, sondern lehrten ihren Kindern auch noch eine Reihe anderer Sprachen: nämlich zwei verschiedene aramäische Sprachüberlieferungen (die der Schriftübersetzungen und die — aramäische — Überlieferung des Babylonischen Talmud) und Arabisch. Arabisch war nicht nur ihre Umgangssprache, vielmehr lasen sie auch die Thora in der »Tafsīr« genannten arabischen Übersetzung des Saʾadya Gaon (882—942).

Natürlich gibt es unter den jemenitischen Juden auch regional unterschiedliche Sprachgruppen. Man kann deren fünf unterscheiden: Sanaa und Umgebung, Saada und Najrān, Taiz und Umgebung, Aden und Ḥabbān[39].

Größten Wert legten die jemenitischen Juden auf das Studium der Grammatik. In der Synagoge lernte man ein ganzes Leben lang hebräische Grammatik. Das von den Jemeniten dabei zugrunde gelegte Grammatikbuch »Tiğān« ist überhaupt das älteste seiner Art im Jemen; es stammt aus dem Jahre 1390. Obgleich es sich seinerseits auf das »riqma« genannte Werk des Ibn Ğannāḥ (Rabbi Yonah ibn Ğannāḥ lebte im 10. Jahrhundert in Córdoba) und auf das Vokalisierungsbuch des Ḥayūğ (Jehūda ben David Ḥayūğ, Verfasser der ersten wissenschaftlichen Grammatik des Hebräischen, lebte ebenfalls im 10. Jahrhundert in Córdoba) stützte, nimmt man an, daß ein Jemenite es verfaßte. Es ist in drei Teile unterteilt:

Die Lehre von den Konsonanten, den Vokalen und den Betonungszeichen der Bibel. Es gibt ein arabisches und ein hebräisches Tiğān-Heft.

Ein jemenitischer Knabe lernte von klein auf in der Schule (dem »kenis saghīr«) und in seinem Elternhaus bis ins Jünglingsalter und hörte auch als Erwachsener und Hausvater nie auf, zu studieren und sich fortzubilden. Zu dieser Arbeit gehörte natürlich auch eine umfangreiche Abschrifttätigkeit. Von seinem dritten Lebensjahr an wurde jeder jüdische Junge im Jemen in Hebräisch, Arabisch, sowie dem aramäischen Targum unterrichtet. Diejenigen, die sich besonders zu den Studien hingezogen fühlten, widmeten sich der Philosophie, den Wissenschaften und der Grammatik. Im Vergleich zu jüdischen Kindern in anderen arabischen Ländern sind die jüdischen Knaben im Jemen deshalb als gebildet zu bezeichnen — und als solche wurden sie auch von der lokalen muslimischen Bevölkerung angesehen.

Bis zum 15. Jahrhundert war das klassische Arabisch die Umgangssprache aller orientalischen Juden. Freilich war das Niveau im Laufe der Jahrhunderte so sehr gesunken, daß im allgemeinen nur noch der jeweilige lokale Dialekt beherrscht wurde. Bei den jemenitischen Juden, von denen manche auch arabische Philosophie studierten — wenn auch in hebräischer Umschrift — erhielt sich dagegen auch das klassische Arabisch auf einer hohen Stufe. Die dreihundert Jahre vom 15.—18. Jahrhundert nennt man das Goldene Zeitalter ihrer Literatur. Wenn ein Knabe Schreiben gelernt hatte, kopierte er selber die wichtigsten Bücher. Die am meisten verbreiteten Werke, die sich in jedem jüdischen Haus im Jemen befanden, waren der »tädsch« (tāğ) (= Keter Torāh), also der Pentateuch mit dem Tafsīr (= Kommentar), sodann das Tiklāl, das Gebetbuch, und ein Buch mit Gedichten, »dīwān«. Daneben gab es auch häufig ein Buch über die Schächtgebote, wissenschaftliche und medizinische Literatur und Schriftauslegungen. So baute sich der Knabe im Laufe der Jahre seine eigene Bibliothek auf. Vom 16. Jahrhundert an wurden auch gedruckte Bücher in den Jemen eingeführt, waren jedoch so teuer, daß nur die Reichen sie erwerben konnten.

Die vorkabbalistische Literatur

Bei vielen Schriftauslegungen dieser Epoche handelt es sich um Sammlungen alter Quellen. So fand man hierunter Werke aus aramäischer und tanaitischer (vor dem 3. Jh. n. Chr.) Epoche, die überall sonst verloren gingen, sich jedoch bei den jemenitischen Juden in ihren antiken Fassungen erhalten hatten.

Aus Dokumenten der Geniza von Kairo wissen wir von den engen Beziehungen der jemenitischen Juden zu Babylonien und dem großen Einfluß der Häupter der babylonischen Thora-Schulen auf die Gemeinden der jüdischen Jemeniten. Es ist bekannt, daß die jemenitischen Juden deren Schulen mit großzügigen Spenden unterstützten. Vom Auftreten des Maimonides in Kairo an und der Verbreitung seiner Schriften »Die starke Hand« und »Der Führer der Verirrten« aber richtete sich der Blick der jemenitischen Juden stärker nach Ägypten.

Als maßgebende Autorität für die Auslegung und Anwendung der religiösen Gesetze galt den jemenitischen Juden Saʾadya, auch Saʾadya Gaon (882—942) genannt. Die jemenitischen Juden lernten und legten seine Entscheidungen allen Gebieten des täglichen Lebens zugrunde, den Beziehungen der Menschen untereinander, den Beziehungen zwischen Mensch und Gott und zwischen

38 Morag, Sh.: »The Hebrew Language Tradition of the Yemenite Jews« (hebr.), Jerusalem 1963, S. 11—36;
Ratzaby, Y.: »Dictionary of the Hebrew Language by Yemenite Jews« (hebr.), Tel Aviv 1978, S. 11—37.

39 Morag, FN 37, S. 36—40.

Jude und Nichtjude — all den Fragen, für die das Judentum Antworten zu finden hatte.

Die jemenitischen Juden kannten auch die allgemeine arabische Philosophie, und einige ihrer Vertreter beteiligten sich an den Streitfragen ihrer Zeit und verfaßten wissenschaftlich-medizinische, philosophische und astrologische Aufsätze im Geiste der muʾtazila[40]. Medizinische Arbeiten von Al-Birūnī und Al-Kindī haben sich bei den jemenitischen Juden auf hebräisch erhalten, während sie in den muslimischen Quellen für verloren gelten[41]. Auch Aufsätze über Plato und Aristoteles, Galen und Hippokrates erhielten sich bis heute: Sie waren in arabischer Sprache, aber mit hebräischen Buchstaben geschrieben.

Die umfangreiche Beschäftigung mit wissenschaftlichen und philosophischen Themen unterscheidet die jüdischen Jemeniten von anderen jüdischen Gemeinden, in denen zu dieser Epoche Philosophie deshalb wenig betrieben wurde, weil die Juden in ihr keine befriedigenden Antworten für ihre wirklichen Probleme — Frage der Diaspora, der Erlösung oder ihrer politischen Schwierigkeiten — fanden. Die Jemeniten beschäftigten sich mit Philosophie jedoch nicht um der Diskussion willen, sondern aus ihrem Interesse an einer allegorischen Auslegung der Schrift und der biblischen Sagen[42].

Die allegorische Auslegung fand große Verehrer und ebenso scharfe Widersacher. Meinungsverschiedenheiten entzweiten Städte und Gemeinden. Beispielsweise ist überliefert, daß man in Dhamār für die allegorische Methode war und in Saada dagegen. Wir wissen von einer scharfen Auseinandersetzung über die allegorischen Schriftauslegungsmethode im 14. Jahrhundert: Gelehrte aus Saada, von denen einer das Kitāb al-haqāʾiq (Buch der Wahrheiten) im Geiste der Allegorie verfaßt hatte, standen gegen die Juden von Sanaa, die die Gegenposition vertraten. Die Juden von Saada richteten einen Brief mit philosophischen Fragen an die Juden von Sanaa und Dhamār, der mit den Worten beginnt: »Die Fragen, die wir an Euch richten, werden uns Eure Kenntnisse aufdecken«. Rabbi David Ben Saʾad Ben Schlomo Zaʾadi, ein bekannter Gelehrter, der einen wichtigen Aufsatz zur Logik verfaßt hatte, antwortete auf die zehn philosophischen Fragen, die ihm ein Gelehrter namens Rabbi Jehuda Ben Schlomo vorgelegt hatte. Darauf reagierte dann wieder Rabbi Choter von Dhamār, indem er Rabbi David Ben Saʾad angriff und seine Begründungen in dem Werk »Ǧauwab masaʾil Ben Saʾad« aufzeichnete.

Rabbi Choter und Rabbi Zacharya ha-Rofe (der Arzt) und Yaḥyā Ben Suleimān Al-Ṭabīb, die an dieser Diskussion lebhaften Anteil nahmen, drückten dem geistigen Leben der jüdischen Jemeniten des 15. Jahrhunderts den Stempel ihrer Persönlichkeit auf. Rabbi Choter lehnte die allegorische Methode nicht von vornherein ab, sondern bejahte sie in dem Umfang, wie sie vom Sohne des Maimonides, Rabbi Abraham, formuliert worden war, während Yaḥyā Ben Suleimān Al-Ṭabīb die allegorischen Kommentatoren aufs schärfste angriff[43]. Als die wichtigsten Arbeiten, die von gelehrten jemenitischen Juden im hohen Mittelalter geschrieben wurden, sind die des Nathanael al-Faiyūmī (12. Jahrhundert) zu nennen, vor allem sein Werk Bustān al-ʿuqūl« (»Garten des Wissens«). Dieses Buch wurde noch zu seinen Lebzeiten auch außerhalb des Jemen bekannt. Geschrieben auf arabisch mit hebräischen Buchstaben, handelt dieses Werk von der Einzigartigkeit des Schöpfers und vom Menschen als Juden, wie er sich in das universale menschliche Erbe einfügt. Nathanaels Sohn, Jakob al-Faiyūmī, war es, der dem Maimonides vom Auftreten eines falschen Messias im Jemen und den Verfolgungen, die die Gemeinde zu erdulden hatte, schrieb, worauf Maimonides im Jahre 1172 seinen berühmten Antwortbrief »Iggeret Tehiyat Ha-metim«, das »Schreiben über die Wiedererlebten«, richtete, welches allgemein unter dem Namen Al-risāla al-yamaniya bekannt ist[44].

Dieser »Jemenitische Brief« eröffnete für die jemenitischen Juden eine 300 Jahre währende schöpferische Periode, angezogen und beeinflußt von Lehre und Geist des Maimonides. Sie verehrten ihn so sehr, daß einer ihrer großen Philosophen, Choter Ben Shlomo Ben al-Muʿalim ihn »Das mächtige Genie, Licht des Volkes, das uns die Finsternis erhellt« nannte. Des Maimonides Werk »Mischne Thora« gelangte noch zu seinen Lebzeiten in den Jemen und wurde hier sehr populär. In diesen Jahrhunderten wurde auch die Dichtung der spanischen Juden, die vermutlich über Ägypten in den Jemen gelangte, sehr einflußreich. Insgesamt gesehen kann man sagen, daß Maimonides und Saʾadya Gaon den bedeutendsten Einfluß auf das Denken der jemenitischen Juden besaßen. Wo freilich ein Gegensatz zwischen beiden erkennbar wurde, bevorzugten die jemenitischen Juden die Auffassung des Maimonides.

Als das vielleicht wichtigste Buch überhaupt, das von einem jemenitischen Juden geschrieben wurde, ist das zu Anfang des 13. Jahrhunderts verfaßte »Ha-midrasch hagadol« (»Der Große Kommentar«) des David Ben ʾAmram, genannt Al-ʿAdani, zu bezeichnen. Der Verfasser bezieht hier das meiste der mündlichen Lehre ein und sammelt aus verschiedensten alten Quellen Auslegungen von Lehre und Legende. Gerade in diesem Werk haben sich sonst verloren gegangene antike Kommentare teilweise erhalten[45]. Das Buch ist hebräisch geschrieben —

40 Blumenthal, D.: »The Philosophic Question and Answer of Hoter b. Shelomo«, Leiden 1981, S. 9—24.

41 Klein-Franke, Felix: »A Jewish Yemenite Manuscript of al-Biruni's Elements of Astrology«, in: Kiryat-Sepher, Jerusalem, vol. 47, 4 (1972), S. 720;
Klein-Franke, Felix: »Die Ursachen der kritischen Tage — Eine wiederentdeckte Schrift al-Kindi's«, in: Israel Oriental Studies, vol. 5, 1985, S. 161—188.

42 Levi-Nahum, Y.: »Hasifat Genuzim Miteman« (hebr.) = »Revelation of Ancient Yemenite Treasures« (ed. Sh. Greidi), Holon, 1971, S. 238—285.

43 Tobi, Y.: »Hoter b. Shelomo, His Life and Times« (hebr.) in: FN 38, S. 388—396.

44 Halkin, S. Sh. (ed.): »Moses Maimonides Epistle to Yemen«, New York 1952, S. 4—106. ʿAbd al-Nabi ibn Mahdi erklärte sich als Messias im Jahre 1165.

45 Levi Nahum, siehe FN 41, S. 337—346.

sehr ungewöhnlich für diese Epoche, in der die Schriftsprache der jüdischen Gemeinden vom Orient bis nach Spanien Arabisch war.

Die Literatur der Juden vom 16. Jahrhundert an

Vom Zeitpunkt des Eindringens der Kabbala in den Jemen wurden nur noch wenige Werke weltlichen Inhalts geschrieben. Dagegen entstanden buchstäblich Hunderte, deren Inhalt Teil der geistigen Welt des Judentums geworden ist. Fast jede Generation brachte bedeutende Gelehrte hervor, von denen sich wichtige Werke erhalten haben.

Für die 300 Jahre seit dem Galut Mauza(sind vor allem fünf Persönlichkeiten zu nennen, die den größten Einfluß auf die Juden Jemens ausgeübt haben:

Für das 17. Jahrhundert Salem Schabbazi, dann für das 18. Jahrhundert Salem (Iraqi-Hacohen und seine Söhne Yiḥye und Yiḥye Ṣāliḥ, sowie schließlich für das Ende des 19. und den Anfang des 20. Jahrhunderts Yiḥye Qāfiḥ.

In einer Gesellschaft, in der die Thora-Gelehrsamkeit eine bedeutende Rolle spielte, und deren Gesellschaftsleben und Zeremonien ihren Ausdruck größtenteils in Gedichten und Liedern finden, konnte ein Dichter nur dann Anerkennung finden, wenn er zugleich auch Gelehrter war, ein »Talmid Chacham«. Der Dichter galt als ein Schreibrohr, das Gedanken über Glauben und Weltanschauung zum Ausdruck brachte, das die Hoffnung auf bessere Tage in Worte faßte, und über die Normen der Gesellschaft sprach.

Schabbazi war ein solcher Dichter. Schabbazi war der größte Dichter der Juden Jemens und zugleich ein angesehener Kabbalist. Er war freilich nicht der erste in dieser Reihe: Als frühester ist der Kabbalist Yiḥye al-Dhahiri, auch Zacharia ben Sa(adiya genannt, aus Kaukabān zu erwähnen. Es scheint, daß durch ihn gegen Ende des 16. Jahrhunderts die ersten Spuren der Kabbala in den Jemen eindrangen. Al-Dhahiri war ein weitgereister Mann: Das Reisen war damals insofern nicht allzu schwierig, da weite Teile des Nahen Ostens, u. a. Jemen und Palästina, unter der gleichen osmanischen Herrschaft standen.

Al-Dhahiri besuchte u. a. Indien, Persien, Babylonien, Syrien und vor allem Palästina, wo er sich lange Zeit in Ṣafet, der Stadt der Kabbalisten, aufhielt, und setzte dann seine Reise nach Rom, Ägypten und Abessinien fort, bis er wieder in den Jemen zurückkehrte. In Sanaa wurde er von denTürken ins Gefängnis geworfen.

Al-Dhahiri war der erste, der kabbalistischen Inhalt in seine literarischen Werke einbezog, wofür sein Maqamen-Buch »Sefer hamussar«, herausgegeben von Yehudah)Ratzabi, Zeugnis ablegt. Darüberhinaus brachte al-Dhahiri aus Europa auch zahlreiche gedruckte Bücher über Halacha und Kabbala in den Jemen.

In dieser Zeit reisten zahlreiche jemenitische Juden nach Eretz Israel, besonders viele Kabbalisten (»Mekubba-

Fotografie einer von Giovanni Garbini 1969 in Bait al-Ashwal bei Ẓafār, der Hauptstadt des ḥimjarischen Reiches, entdeckten sabäischen Inschrift mit einer hebräischen Beischrift. Dieses kalligraphisch wunderschöne und inhaltlich bedeutsame Dokument dürfte um 385 n. Chr. gesetzt worden sein. Der sabäische Text lautet in der Übersetzung von Walter W. Müller:

1 Yehūdā Yakkaf hat gebaut
und gegründet und vollendet
sein Haus Yakrub von seinem
Grund bis zur Höhe
2 mit der Hilfe und durch
die Heilstat seines
Herrn, der seine Seele
erschaffen hat, des Herrn
über Leben und Tod,
des Herrn des Himmels
3 und der Erde der
alles erschaffen hat
und durch das Gebet seiner
Gemeinde Israel und durch
die Macht seines Herrn Dhara) –
)amar Aiman, des
Königs von Saba) und
4 Dhū-Raidān und Hadramaut
und Yamnat, und durch die
Macht seiner (Söhne)
5 und seiner Sippenangehörigen.
Und daß nicht geschehe
seiner Wohnung und als
Stätte des Königs dem
Heiligtum Ahlak…

Die drei großen Monogramme bedeuten: Yehūdā/Yakrub/Yakkaf.
In das mittlere Monogramm ist folgende hebräische Inschrift eingemeißelt:

es hat (dies) geschrieben Yehūdā
– es sei seiner zum Guten gedacht –
Amen, Frieden (Schalom),
Amen.

Die Inschrift berichtet also vom Bau eines Hauses durch einen offenbar sehr hochstehenden Ḥimjaren jüdischen Glaubens, der sich der besonderen Wertschätzung des Königs erfreute.
Lesung und Text nach Garbini, Degen und Müller.

lim«). Beispielsweise ließ sich Rabbi Schlomo, genannt al-ʿAdani in Jerusalem und später in Hebron nieder. Rabbi Schlomo al-ʿAdani war ein großer Mischna-Gelehrter und sein monumentales Werk »Melecht Schlomo« gilt bis heute als einer der besten Kommentare zur Mischna. Ein anderer Mekubbal verließ den Jemen am Ende des 18. Jahrhunderts, Rabbi Schlomo Scharʿabi. Nur kurze Zeit nach seinem Eintreffen in Jerusalem wurde er zum Haupt der wichtigen Kabbala-Schule (»Mekubbalim Yeschiva«) »Beit El« ernannt. Von seinen zahlreichen Werken kabbalistischen Inhalts sind vor allem »Rehovot ha-nahar« (»Die Wege der Flüsse«), »Nehar Schalom« (»Der Fluß Schalom«) und »Emeth Schalom« (»Schalom-Wahrheit« oder »Fluß der Wahrheit«) zu nennen.

Ein weiterer großer Kenner der Halacha war Mischriki ben Schlomo, der im 18. Jahrhundert in Sanaa lebte und wirkte. Seine beiden Werke »Revid ha-Zahav« (»Der goldene Schal«) und »Stilei Zeitim«) (»Junge Olivenbäume«) waren grundlegende Rechtswerke für jeden Juden im Jemen, besonders für Rabbiner und Schächter.

Yiḥye ben Joseph Ṣaliḥ, genannt Maharitz, faßte in seinem dreibändigen Werk »Peʿl Zadik« (»Werk eines Gerechten«) die gesamte Halacha-Literatur zusammen. Er sammelte zahlreiche Fragen und Antworten, die in den Jahrhunderten in den Schriften des Beit Dīn von Sanaa zusammengetragen worden waren. Daneben schrieb er ein Werk über die Schächtgebote nach dem Ritus der Juden von Sanaa, mit dem Titel »Zeva Toda«, sowie ein »Scheʿari Thora« oder auch »Scheʿari Keduscha« genanntes Werk über die Reinheitsgebote.

Von ihm stammt auch eine neue Edition des Tiklāl, der Gebetsordnung der jemenitischen Juden für das ganze Jahr, den er mit dem Kommentar »Etz Hayyim« versah. In diesem Tiklāl trennte er neueingeführte Bräuche von den herkömmlichen alten, um diese alten wiederzubeleben und zu erhalten, da durch die Einfuhr gedruckter Bücher auch zahlreiche neue Bräuche in den Jemen gelangt waren. Dieser Streit zwischen den Alten und den Neuerern brach bald sehr heftig aus. Die einen waren gegen jede Veränderung, während die anderen sich der neuen Form des Betens, der »nördlichen Art« (Nusah Schāmi) zuwandten, wie sie in Eretz Israel und Ägypten gepflegt wurde. Der neue Nusah Schāmi begann im 17. Jahrhundert einzudringen, und sich langsam gegenüber dem alten Brauch, dem Nusah Baladi, durchzusetzen; seinen Höhepunkt erreichte der Streit aber dann im Laufe des 18. Jahrhunderts. Gegen Ṣaliḥ (Maharitz) stellten sich als angesehenste Vertreter der Neuerer Scheich Salem ʿIrāqi-hacohen und sein Sohn Yiḥye. Alle Gelehrten der Gemeinde von Sanaa beteiligten sich auf einer der beiden Seiten an dem Streit. Als der Streit schließlich bis an das Ohr des Imam gelangte, erklärte er, daß die meisten der Synagogen von Sanaa illegal errichtet worden seien und befahl, 28 von den 30 Synagogen der Stadt unbenutzbar zu machen. Erst 30 Jahre später wurde es den Juden von Sanaa wieder gestattet, diese Synagogen zu renovieren.

Bis heute beten die Juden Jemens nicht einheitlich, und bis heute gibt es Synagogen, die nach dem Schāmi-Ritus beten, und andere, die nach dem Nusah Baladī beten.
An der Spitze der Gemeinde und im Beit-Dīn standen vom 19. Jahrhundert bis zur großen Auswanderung in der Mitte des 20. Jh.s Rabbiner der Familie Qora. Auch von ihren Angehörigen haben sich eine Anzahl gelehrter Werke erhalten. Besonders erwähnenswert sind die Bücher des Yiḥye ben Schalom Qora, etwa sein »Marpae Laschon«, ein Kommentar zum Onkelos (aramäische Übersetzung der Thora) und das »Maskil Doresch« über die Punktation — also die Art, die Thora zu lesen — in den Taʾamai Hanikra. Außerdem verfaßte Yiḥye auch Kommentare zu Gedichten des Schabbazi.
Nur wenige von jemenitischen Juden verfaßte Werke wurden auch gedruckt. Selbst von den soeben genannten Büchern sind bis heute nicht alle gedruckt worden. Als erstes jemenitisches Buch wurde 1842 das Werk »Zevah Todah« des Yiḥye ben Joseph Ṣaliḥ in Indien gedruckt. Auch in der Folgezeit wurden die Werke der jemenitischen Juden in Indien und — nach Einrichtung einer Druckerei in Aden — auch dort veröffentlicht.

Der Streit um die Kabbala

Die zweite türkische Besetzung Jemens verstärkte die Kontakte der jemenitischen Juden mit ihren Glaubensbrüdern in den übrigen Teilen des osmanischen Reiches und insbesondere in Palästina. In ähnlicher Weise entwickelten sich die Kontakte zu jüdischen Gemeinden innerhalb des britischen Empire über die jüdische Gemeinde von Aden. Beide Kontakte bedeuteten für die jemenitischen Juden eine Bereicherung. So sandte z. B. der türkische Gouverneur den Oberrabiner der Juden in der Türkei nach Sanaa.
Unter den Juden in Sanaa entwickelte sich eine Aufklärungs- und Reformbewegung, die vor allem auf eine bessere allgemeine Bildung — also nicht nur Studium der Thora — abzielte. Die Kinder sollten auch etwas von Algebra lernen, die türkische Sprache erlernen und Unterricht in naturwissenschaftlichen Fächern, wie Astronomie, Physik und Chemie erhalten. Da die Lehrer dafür fehlten, wandte sich die Leitung der Gemeinde von Sanaa — und auch Ḥayyim Ḥabschusch, der den Forscher Joseph Halévy bei seiner Reise im Jemen begleitet hatte — an die Alliance Israélite Universelle in Paris. Viele der besten Köpfe der jüdischen Gemeinde in Sanaa setzten sich für dieses Ziel ein und nutzten dazu auch die Kontakte zu den wenigen Europäern, die in diesen Jahren den Jemen bereisten. Einer davon war Yiḥye Qāfih, ein guter Freund Eduard Glasers, den Eduard Glaser im Sinne hatte, als er sagte, im Jemen gebe es einen jüdischen Gelehrten der Astronomie, der mehr von dem Fach verstehe als viele seiner Kollegen in Europa. Yiḥye Qāfih war auch außerhalb Jemens sehr bekannt und korrespondierte u. a. mit Moses Buber, dem Vater von Martin Buber, sowie mit dem Oberrabiner in Palästina, Zvi Kuck.

Gleichzeitig mit dieser Reformbewegung entstand jedoch auch eine fundamentalistische Gruppe innerhalb der Gemeinde von Sanaa, die sich gegen alles Fremde wandte, und sich gegen alles stellte, was nicht zum alten jüdisch-jemenitischen Gedankengut gehörte. Besonders wandte sich diese Gruppe gegen den Zohar. Auch an der Spitze dieser Gruppe standen Yiḥye Qāfih und sein Sohn David. Yiḥye Qāfih war von Joseph Halévy sehr beeindruckt worden und übernahm deshalb dessen Einstellung gegen den Zohar. Qāfih predigte daraufhin in der Gemeinde in Sanaa, man solle nicht etwas beten, dessen Sinn und Inhalt man nicht verstehe. Solch ein Werk aber sei der Zohar und sein Gedankengut widerspräche den wahren Werten des Judentums. Qāfih, den man vielleicht als den größten jüdischen Philosophen des Jemen bezeichnen kann, arbeitete die Unterschiede zwischen dem Talmud und dem Zohar heraus und bezeichnete als Ergebnis dieser Untersuchung den Zohar als eine ʿAvodat Elillim (»Heidnisches Werk«). Der Streit für und gegen die Kabbala, also für und gegen den Zohar, verschärfte sich zu Beginn des 20. Jahrhunderts. Die Gruppe, die sich gegen die Kabbala wandte, nannte sich »Dor Deʾa« (»Generation der Aufklärung«). Ihre Gegner veränderten diesen Namen in »Daradei«. Diejenigen, die für den Zohar Partei ergriffen, nannten sich »Ikeschim«, »Die Hartnäckigen«. Dieser Streit wurde sehr bitter geführt. Väter standen gegen ihre Söhne, Synagogen teilten sich in zwei Parteien, Familien wurden getrennt, gute alte Freunde wurden zu Feinden. Die ganze Gemeinde war wie gelähmt. Seinen Höhepunkt erreichte dieser Streit im Jahre 1914, als er auch den Muslimen und sogar dem Imam zu Ohren kam. Der Imam ließ sich den Zohar bringen und von beiden Parteien ihre Überzeugung darlegen. Danach ließ der Imam den Qaḍi Yaḥyā bin Moḥammad bin ʿAbbās zu sich kommen und beauftragte ihn, die Angelegenheit zu prüfen und ihm darüber Bescheid zu erteilen. Drei weiteren Qaḍis wurden die Argumente der beiden Parteien ebenfalls noch vorgelegt und ihr Urteil dem Imam Yaḥyā unterbreitet.

Der Bescheid des Qaḍi Abbās war, daß jede der beiden Parteien ihre Auffassung vertrete dürfe und das Recht habe, nach ihr zu beten und zu lernen. Jede solle die andere achten und ihr nichts Böses tun. Außerdem dürften die Juden ihr Äußeres nicht verändern. Sie dürften ihr Haar und ihre Schläfenlocken nicht abschneiden und ihre Bärte nicht rasieren, damit man sie von weitem erkennen könne. Die Frauen sollten außerhalb des Hauses nicht unverschleiert gehen. Ferner befahl der Imam, daß der Richter die Synagogen beider Parteien zählen sollte. Neue Synagogen durften nicht gebaut, die alten nicht renoviert werden. Die modernen Schulen wurden ebenfalls auf Befehl des Imam geschlossen, allerdings war es nicht verboten, die modernen Fächer zu lehren — sie konnten auf freiwilliger Basis in den alten traditionellen Schulen unterrichtet werden.

Zum Abschluß hatte der Imam erklärt, wenn der Streit noch einmal ausbreche, würden die Parteien vor ein islamisches Gericht gestellt.

Diese Maßnahmen hatten zwar die Gemeinde beruhigt, aber dennoch die Spannungen zwischen den beiden Parteien nicht gemindert. In den 30er Jahren brach der Streit erneut aus, als es um die Wahl eines neuen Oberrabbiners und neuer Vorsteher (ʿAqil) ging. Jetzt hatte Rabbi Isḥāq Halevi die Oberhand gegen die Partei von Qāfih gewonnen. Daraufhin erkannte nunmehr auch der Imam die Trennung der Parteien an, und sogar die Nicht-Muslim-Steuer (Ǧizya) wurde von jeder der beiden Gruppen getrennt eingezogen. Auch der Tod von Yiḥye Qāfih brachte den Streit nicht zu Ende. Und bis heute kann man eine gewisse Zurückhaltung der Anhänger der einen Partei gegenüber der anderen feststellen — und dies bis zu ihren Kindern.

Die Dichtung der jemenitischen Juden

Jedes jüdische Haus im Jemen besaß mehrere Gedichtbücher. Meist ein schmaler länglicher Band, hat sich hier eine reiche, vielseitige Dichtungsart erhalten. Die Dichter unter den jemenitischen Juden sind sehr zahlreich. Bis heute gibt es unter ihnen Dichter, die im klassischen hebräischen Stil der Juden Jemens schreiben, ohne daß man hierbei von bloßer Nachahmung sprechen könnte. Diese Gedichtsammlungen — Dīwāne — enthielten jedoch nicht nur jemenitische Gedichte, sondern auch Poesie von babylonischen und spanischen Poeten. Neben Gebetbüchern und Thora war der jeweilige Dīwān das populärste Buch in einer jemenitischen Familie. Ein heranwachsender Knabe lieh sich die Dīwāne anderer Familien aus und schrieb seine Lieblingsgedichte ab. So kommt es, daß die erhaltenen Bände ein breites Maß an Überlieferung enthalten. Die meisten enthielten Lieder und Lobgesänge für Sabbat und Feste, für die jährlich wiederkehrenden Ereignisse, für Hochzeiten und Geburten. Bis jetzt hat man schon über 15.000 Gedichte gesammelt, ohne daß man dies bereits als vollständige Sammlung betrachten könnte. Der Dichterfamilie Maschta, zu der der große Poet Schalom Schabbazi gehört, werden Tausende von Gesängen zugeschrieben — fast kein Dīwān, der nicht mehrere von ihnen enthält.

Die Namen vieler Lyriker sind unbekannt, doch oft ist der Name des Verfassers in einer der Zeilen oder den Anfangsbuchstaben versteckt. Namentlich kennen wir rund 150 bedeutende Dichter für die letzten etwa 500 Jahre. Die Dichtung der jemenitischen Juden ist in hebräisch, arabisch oder aramäisch geschrieben. Dies hängt nicht mit bestimmten Regionen zusammen, sondern mit dem jeweils eigentümlichen Stil. Gelegentlich verwendet ein Dichter alle drei Sprachen im gleichen Gedicht, etwa aus Reimgründen, wobei er, trotz des Wechsels der Sprache, den Rhythmus wahrt. Es gibt Gedichte, in denen der erste Halbvers auf hebräisch geschrieben wurde und der zweite auf arabisch, wodurch erstaunlicherweise weder die dichterische Ausdruckskraft noch die zu übermit-

telnde Botschaft gemindert werden. Erfunden wurde dies freilich nicht im Jemen, sondern in Spanien, bei Abraham Ibn Ezra (hebräisch mit arabisch) und bei Jehuda al-Harīzi (Toledo, 12./13.Jh.) auch noch mit aramäisch vermischt.
Die Dichtung der jemenitischen Juden bildet in gewisser Weise eine Art Fortsetzung der mittelalterlichen hebräischen Dichtung. Sie entwickelte sich im wesentlichen seit dem 14. Jahrhundert und hat höheren literarischen Wert als ihre Prosa. Der früheste uns bekannte Dichter ist Abraham Ben Chalfon, der zu Anfang des 14. Jahrhunderts lebte und wirkte. Ihren Höhepunkt erreichte die Dichtung der jemenitischen Juden im 17. Jahrhundert mit Rabbi Schalom Schabbazi. Für das 17. Jahrhundert gibt es überhaupt hebräische Dichtung nur bei den jemenitischen Juden! Das Versmaß in der Dichtung der jemenitischen Juden entspricht dem der mittelalterlichen hebräischen Dichtung in Spanien. Die jemenitischen Dichter benutzten alle 15 Grund-Versmaße der Spanier, an erster Stelle deren drei wichtigste, Wafir, Ğaz und Rağaz.
Dichtung und Melodie bildeten meistens eine einheitliche Schöpfung. Gesang und Dichtung sind organisch verbunden, Dichtung ohne Gesang galt nach dem Motto »Es gibt kein Gedicht, das nicht gesungen wird« als ein Körper ohne Seele. Die Melodien wurden nicht aufgeschrieben, die Sänger kannten sie auswendig und gaben sie mündlich von Geschlecht zu Geschlecht weiter, so daß sich Melodie und Gesangsrhythmus genau erhalten haben.

Die Themen der jüdischen Dichtung im Jemen

Hier kann man neun verschiedene Formen unterscheiden: Als wichtigste ist natürlich die religiöse Dichtung zu nennen. Der Glaube ist die Festung des Juden in der Diaspora und die Basis seiner nationalen Existenz. Im allgemeinen diente die hebräische Dichtung im Jemen der Synagoge und der Familie, die beide zusammen den Mittelpunkt des Lebens bildeten.
»Galut« und »Geula«, Diaspora und Erlösung: Dies sind zwei Themen, die zusammengehören. Wenn das eine aufhört, fängt das andere an und umgekehrt. Die Mehrzahl der Gesänge behandelt die Themen des Endes der Knechtschaft und die Hoffnung der Erlösung zusammen mit der Ankunft des Messias und der Rückkehr nach Zion. Viele dieser Gebete um Heil und Erlösung enthalten allegorische und symbolische Schilderungen, die aus der Mystik stammen. Die Erlösung wird realistisch und konkret dargestellt. Die Sehnsucht nach Zion und Jerusalem wird besungen, die Erlösung schließt Volk, Land und den Geist Gottes mit ein. Mit der Erlösung wird sich alles erneuern: der Tempel, in den der Geist Gottes zurückkehrt, die Priester dienen im Heiligtum, das Prophetentum kehrt zu Israel zurück und das Synhedrion entsteht von neuem. Eretz Israel wird aufgebaut, um seine heimkehrenden Söhne aufzunehmen.
Die Handlungsdichtung beschäftigt sich mit Themen aus der Geschichte des jüdischen Volkes, wie etwa dem Auszug aus Ägypten. So wie Gott damals das Volk von seinen Leiden erlöste, so wird er es später wieder erlösen. Ein anderes beliebtes Thema sind die Geschichten von Josef, die den Lohn verheißen, den auch der Gerechte im Jenseits finden wird.
Lehre und Ethik: Diese Dichtungsart wird durch ihren didaktischen Inhalt gekennzeichnet. Durch sie soll die jüdische Eigenart in der Diaspora erhalten werden. Sie soll das Individuum in seinem Glauben bestärken. Sie ist voll von Lobpreisungen Gottes und seiner Größe, des Schöpfungswunders und der Kraft der Lehre, die die Juden behütet. Es gibt auch Gedichte lehrhaften Inhalts, vor allem für die Kinder und die Jugend: Kinder werden aufgefordert, sich von den Nichtigkeiten der Zeit abzuwenden, sich an die Lehren der Weisen zu halten, ihren religiösen Pflichten nachzukommen, gute Werke zu tun und jegliche Sünde zu vermeiden. In dieser Poesie erscheinen die Motive Körper und Seele, Sünde und Verbrechen, Jenseits und Jüngstes Gericht, Paradies und Verdammnis, Lebende und Tote. Sehr häufig sind Sprichwörter und Gleichnisse eingefügt, eine Erscheinung, wie sie in der gleichzeitigen arabischen Literatur ebenfalls vorkommt (»Adab«).
Vom 16. Jahrhundert an entsteht eine Dichtungsart, die mit kabbalistischen Elementen gesättigt ist. Sie erreicht mit Josef ben Israel und Schalom Schabbazi im 17. Jahrhundert ihren Höhepunkt. Salem (= Schalom) Schabbazi wurde 1619 in Schabez bei Taiz geboren und war Weber von Beruf. Wenn auch sein Nachruhm auf seinen Gedichten beruht, so sollte man gleichwohl nicht vergessen, daß er auch ein bedeutender Kabbalist war. Außer den Gedichten sind zwei solcher Werke bekannt: Hemdat Yamim — ein Midrasch über die Thora, die fünf Bücher Mose, sowie das Werk »Turāb al-raml« (»Die sandige Erde«), ein Losbuch, das auf hebräisch »Sefer goral ha-Hol« heißt. Diese Schrift, in der erklärt ist, wie man mit einem Stöckchen Figuren in den Sand zeichnet, um daraus das Schicksal zu lesen, wurde zu einem einflußreichen Zauberbuch jüdischer und muslimischer Zauberer.
Von Salem Schabbazi bringen wir sein der sogenannten »Rangstreit-Dichtung« zugehöriges Gedicht vom Qāt und vom Kaffee — das vielleicht heute im Jemen aktueller ist als je zuvor! Übrigens wurden über Salem Schabbazi schon zu seinen Lebzeiten allerhand Wundergeschichten berichtet. Bekannt ist die mündliche Überlieferung, nach der Schabbazi einen geheimen Weg nach Zion kannte, der vom Berge Nuqum über Sanaa durch einen unterirdischen Gang in drei Tagen ins Gelobte Land führen sollte. Er selber soll — nach dieser Überlieferung — öfters diesen geheimen Weg benutzt haben. Begraben ist Schabbazi in Taiz; sein Grab ist Juden und Muslimen heilig und Ziel einer jährlichen Wallfahrt.
Durch ihre Beschäftigung mit Kabbala und Geheimwis-

senschaften versuchten die Dichter der Wirklichkeit zu entkommen, fanden sie im freien Symbolismus Auswege aus manchmal feindlich gesinnter Umwelt. Beliebte Motive dieser kabbalistischen Theorie sind die zehn Ziffern, Tierkreis und die symbolische Bedeutung der Buchstaben des Alphabets.
Die Weisheits- und Wissenslieder sind mit ähnlichen arabischen Schöpfungen verwandt. Hier geht es nicht nur um Themen wie das Schicksal der Seele nach dem Tod oder um die Auferstehung, sondern auch etwa um die Schächtgesetze.

Schließlich kann man noch Freundschaftslieder, Liebeslieder und die sehr beliebten Rätsel- und Diskussionslieder (»Rangstreitliteratur«) unterscheiden, z. B. die Diskussion zweier Städte über ihre geschichtliche Bedeutung (etwa Aden gegen Sanaa oder Taiz gegen Sanaa). Viele dieser Lieder, die besonders der lustigen Unterhaltung dienen, sind teils arabisch und teils hebräisch geschrieben, etwa das Lied vom Wein und vom Glas oder das Lied vom Kaffee und dem Qāt oder ein Streitgespräch zwischen einem Junggesellen und einem Verheirateten.

Die Formen der jüdischen Dichtung im Jemen

Die jemenitische Dichtung kennt eine sehr deutliche Unterteilung ihrer Liedformen: naschīd, schira, hedhwuya, saffeh und hallel. Die beiden ersten sind am wichtigsten. Sie kennzeichnen auch die hebräische Dichtung in Spanien und lassen sich mit der klassischen arabischen qasīda zusammenstellen. Ein naschīd ist ein Lied, das im selben Versmaß und Reim von Anfang bis zum Ende geschrieben ist. Den naschīd singen zwei Mitglieder aus einer Gruppe — die anderen antworten ihnen. Es ist ein ernster, oft etwas trauriger Gesang. Sein Inhalt ist mehr geistlich als weltlich, die Melodie ruhig und monoton, meistens hebräisch geschrieben. Der naschīd (maskulin) bezieht sich auf den Vater, die schira (feminin) auf die Mutter. Daß die beiden Formen bei festlichen Zusammenkünften nebeneinander gebraucht werden, ist symbolisch zu verstehen.
Die schira (Plural: schirot) wechselt dagegen oft Versmaß und Reim, ähnlich wie die muwaschahāt in der arabischen Dichtung. Wegen ihrer Flexibilität läßt sie sich leicht singen, spielen, tanzen. Übrigens musizieren bei den jemenitischen Juden nur Männer, vorwiegend durch Schlagen auf Blech, weil die jemenitischen Juden der Auffassung sind, seit der Zerstörung des Tempels sei ihnen das Spielen auf anderen Instrumenten verboten. Es gibt auch keine gemischten Tänze. Die volkstümliche Dichtung der jemenitischen Juden ist im allgemeinen in der Form von schirot verfaßt.
Die qasīda ist in der arabischen Umgangssprache geschrieben, die auch Frauen und Mädchen verstehen. Es handelt sich um weltliche, unterhaltende Volkslieder, oft, wie schon bemerkt, Diskussionen zwischen gegensätzlichen Paaren, Kaffee und Tabak, Auge und Herz, oder zwei Städten, es geht um ein gestohlenes Glas, den Fuchs, der einen Hahn geholt hat oder eine zerbrochene Vase mit Rosenwasser. Inhalt der Lieder und Schlauheit des Ergebnisses amüsieren die Teilnehmer.
Verschieden von den Gesängen der Männer sind die der Frauen. Sie haben, vor allem auf dem Land, in Sprache, Inhalt und Melodie vieles mit den Liedern der arabischen Frauen gemein. Es geht um die Beziehung zwischen Mann und Frau, böse und gute Nachbarinnen, erotische und weltliche Themen, Baden, Mahlen und Backen. Im Gegensatz zu den Liedern der jüdischen Männer, deren Form und Inhalt im ganzen Jemen sich gleichen, sind die Lieder der jemenitisch-jüdischen Frauen von Gegend zu Gegend verschieden und stimmen mit den Liedern ihrer muslimischen Nachbarinnen überein, nicht mit denen der jüdischen Frauen in anderen Städten und Dörfern.

Über den gestohlenen Weinkrug

(Dichter unbekannt, Jemen, vor dem 19. Jahrhundert)

Ich hebe an mit Gott,
Der schuf den Eichenbaum
Im reichen Blätterkleid,
Das, wenn der Frost es nimmt,
Stets neu und frisch gedeiht.

Doch was geschah dem Krug?
Wer ihn vom Platz genommen,
Der soll durch's Schwert umkommen!
Der zieh' durch manches Tor
Als heimatloser Wand'rer
Von Krankheit heimgesucht!
Der so mit Willkür stahl,
Dem soll's der Herr vergelten:
Auf's Lager sei gebannt er,
Daß er sich nie erhebe.
Sein Weib soll mannlos leben,
Und er soll zum Gelächter werden,
Wie es in der Bibel steht,
Mit blödem Sinn geschlagen!

Der Krug, der war voll Wein,
Der süß und würzig roch.
Wer hat ihn wohl entwendet,
Wo ist er wohl verborgen?

Der Chor der Krüge meinte:
Wie sollen wir ihn bringen?
Wir rennen nicht wie's leichte Pferd
Mit Gold gekauft aus Indien!

Der Wein jedoch will nicht erscheinen.
Ihr sollt nicht — sagt er — meine Gaben
Aus einem ird'nen Topfe haben.
Ich wiege Gold, und kein Gericht
Hat meinen Ruf und mein Gewicht!

Königssohn und Heeresherr,
Am Diwan liebt man auch mich sehr
Vor'm Seidentuch am Fürstenbett.

Die mich beneiden, die mich lieben
Bezeugen, daß von alters her
Stammt meine Kraft. Ein Liederheer
Hat man von je auf mich gesungen.

Ob voll Vernunft und gradem Sinn,
Ob voll Passion und heißem Blut,
Sie alle streben zu mir hin,
Für jeden bin ich höchstes Gut.
Ich brauche weder Trost noch Rat,
Denn nur im Schlafe find ich Ruh.
Wie doch die Lust den Trinker packt,
Der jederzeit mir gern spricht zu!
Nicht Speere und kein Feindesheer
Trennt von der Sucht nach mir ihn mehr.
Hier gibt's nicht Lüg noch Vorbehalt
Dem Dieb seid auf den Spuren bald,
Und gebt ihm die verdienten Strafen!
Sonst hab ich nichts mit euch zu schaffen.
Denn der, so solches Übel tat,
Die ganze Zunft beflecket hat.
Entfernet ihn aus unserer Mitte
Daß unsre Festesfreud nicht litte!

Der Ärger hat mich aufgefressen,
Sich im Innern festgesessen.
Wer unter euch ist der Poet,
Der Rede mir und Antwort steht?

Lauf schnellen Fußes du, mein Bote,
Bring meine Bittschrift dem Sultan!
Liest al-Asfari meine Note
Weiß ich, daß er mir helfen kann
Den gleichen Krug mir zu verschaffen.
Er bringt gewiß aus Adens Hafen
Mir ein Gefäß aus Porzellan
Aus fein'rem Stoff als aus Teman.
Der volle Lohn sei dir gewiß:
Ein Schirm, der vor der Sonne Biß
Dich schützt, und eine Münz' von Gold
Auch ein Maß Weizen sei dein Sold.

Nimm diesen Stock nun noch zur Hand,
Verscheuch die Hunde vom Wegesrand,
Und hüte dich vor Strolchen nur,
Die sind dem Wand'rer auf der Spur!

Am zweiten Abend kehr zurück!
Geringe Müh, doch reicher Lohn!

So sei gesegnet, du mein Sohn!
Ich ende nun in Seinem Namen,
Dem einzigen, dem keiner gleicht.
Gelobt sei Er, der alle Macht hat.
Von Seinem Worte niemals weicht!

Und, wie steht es nun um den Krug?

Übersetzt zusammen mit Ruth Pincus.

Das Gedicht aus einem handschriftlichen Dīwān von Razon-Halevi ist alt; die Handschrift selber stammt aus dem 19. Jahrhundert[46]. Meinem Mann danke ich für die Niederschrift der Melodie.

Der Qāt und der Kaffee

Gedicht von Salem Schabbazi (17. Jahrhundert)

Der Kaffee und der Qāt
Sie fragten mich: Sag du
Wem spricht man lieber zu?
Wer wohl den Vorzug hat?

Meint der Qāt: Auserlesen
Bin ich gewesen
Und kostbar auch.
Mein stolzer Strauch
Ragt hoch hervor
Vom Berg Sabor.
Dort hat die Nachtigall ihr Nest.
Ins Burggemäuer
Legt sie ihre Eier.
In meinen Zweigen
Setzt sie sich nieder
Läßt fröhlich steigen
Die schönsten Lieder.

Erwidert der Kaffee:
Ich bin die erste Morgenfreude
Mit der der Tag stets eingeweiht.
Der Schazlī[47] ist's
Der mir den hohen Ruf verleiht!

Der Qāt spricht:
Noch weit berühmter bin doch ich,
Da ich ein Schmuck bin jedem Fest.
Des schönsten Strauches rühm ich mich
Der seine Blätter leuchten läßt.
Der Edle von dem höchsten Stand
Dient, wie der Weise mir im Land!

Wieder sprach der Kaffee:
Wer mehr wiegt von uns beiden,
Das sollen die entscheiden
Die täglich mich genießen.
In Rom und Syrien wissen
Die, die sich an mir ergötzen
Mich ebenfalls zu schätzen.
Aus China und aus Indien fern
Holt man mich zu Schiffe gern.

Antwortete der Qāt:
Ich bin die Festeskrone
Und geb den Stimmen Kraft
Im lauten Männerchor.
Von Ibb bis Taiz reichen
Sprüch' und Verse ohnegleichen
Zu meinem Lob und Ruhm.
Und so in ganz Teman
Erkennet man mich hoch an.

46 siehe dazu Bacher, W.: »Die hebräische und arabische Poesie der Juden Jemens«, Straßburg 1910;
Idelsohn, A. Z.: »Gesänge der jemenitischen Juden«, Leipzig 1914;
Ratzaby, Y.: »Yalkut Shire Teman« (hebr.), Yemenite Poems, Jerusalem 1968, S. 11—40;
Ratzaby, Y.: »Yemenite Qasid Songs« (hebr.), in: Yuval vol. V. (eds. I. Adler/B. Bayer/E. Schleifer, Jerusalem 1986, S. 169—191; Sharvit, U.: »The Music and its Function in the singing of the Qasid ›abda' birabbi di kalaq‹, in: Yuval, vol. V, S. O., S. 192—234.

47 Nach Abu al-Hasan al-Schazlī von Mokka, dem die ›Erfindung‹ und Verbreitung des Kaffeegenusses zugeschrieben wird.

Der Kaffee fuhr fort:
Geh' mir doch!
Muß ich dir wiederholen noch,
Daß meine Frucht die erste ist
Am Morgen — die man nie vergißt!
Du wächst da oben auf der Höh'
Daß dich ja niemand seh!
Doch meine Früchte sind bewacht,
Daß keiner sich darübermacht!

Sagte der Qāt:
Ein jeder singt sein eignes Lob.
Wer hätte je mein Blatt verschmäht,
Das wenn die Dämmrung sich erhob
Nur desto schöner vor uns steht?

Erwiderte die Schazliyah[46]:
Mir huldigt man in jeder Lage,
Denn nüchtern bleibt, wer mich genießt.
Ich bring nicht Dumpfheit und nicht Plage
Ob's Laie oder Richter ist.

Sagte der Qāt:
Ich diene vornehm dem Genuß,
Wohn Edlen und auch Fürsten bei.
Die Jungfer blickt mit süßer Lust
Mich an, und Jünglinge, wer es auch sei
Berühren meine Blätter zart
Ein jeglicher nach seiner Art.

Der Kaffeestrauch spricht:
Kein Reden mehr und keine Worte
Man nimmt am Mittag dich und Abend,
Doch glänze ich am Festesorte,
Die Hochzeitsgäste stets erlabend.

Da sagte ich:
Ich schätz' euch beide hoch
Mein Sehnen gilt euch zwei'n.
Füllt ihr mein Herze doch
Mit stillen Dankesweihen.
Doch wünsch ich obendrein
Mir auch den Traubenwein
Und munt're Freundesrunde!
Und den, des Herzenswunde
Ihn schmerzt, mach ich gesunde.

Gefährten nun, ihr weisen,
Laßt uns die Freundschaft preisen!
Und bei munt'rem Singen
Zu viert die Zeit verbringen!
Die Zwietracht ist vorbei.
Der Herr gesegnet sei!
Bring seinem Salem Frieden
Kein Leid sei ihm beschieden!

Auch dieses Gedicht wurde zusammen mit Ruth Pincus übersetzt. Die Melodie hat mein Mann aufgezeichnet. Der als Faksimile abgebildete Text ist einem handschriftlichen Dīwān, im Besitz von Razon-Halevi, entnommen, der im 19. Jahrhundert geschrieben wurde und vollständig mit einem (kalligraphisch allerdings weniger ansprechenden) Text in einem aus dem 18. Jahrhundert stammenden Dīwān (ebenfalls im Besitz von Razon-Halevi) übereinstimmt.

Frau Agnes Eisenstadt hat mir bei der Fassung des deutschen Textes dieses Aufsatzes geholfen. Ihr gilt mein herzlicher Dank.

Der Qāt und der Kaffee

Der Weinkrug

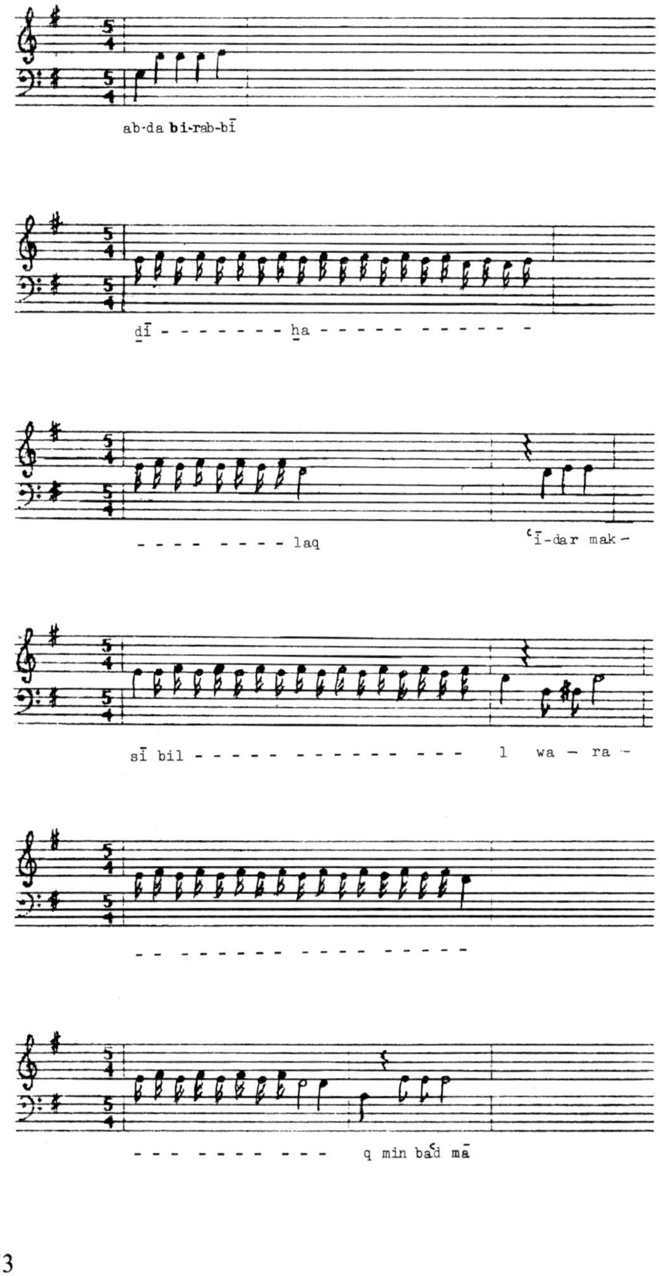

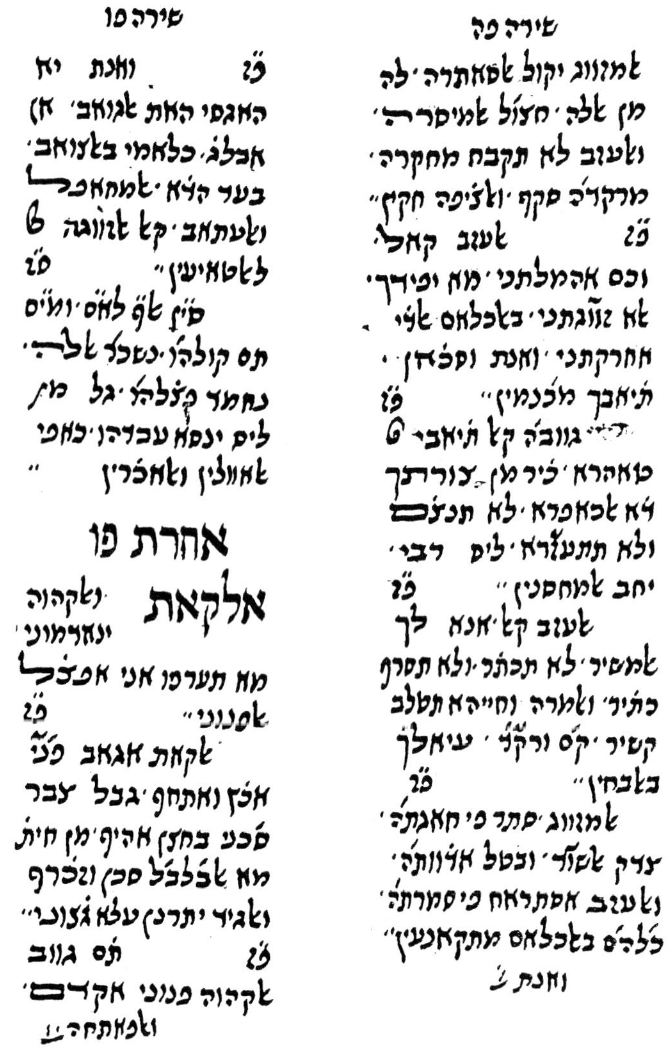

Abb. rechts: Salem Schabbazi's Gedicht »Der Qāt und der Kaffee« aus einem jemenitischen Dīwān des 19. Jahrhunderts (textgleich mit einer Handschrift des 18. Jahrhunderts).
Das Gedicht ist arabisch — im jemenitischen Dialekt — geschrieben, jedoch mit hebräischen Buchstaben, ebenso wie beispielsweise die Dokumente, die in dem Katalogbeitrag zum jüdischen Welthandel abgebildet sind.

שירה פג

גוובת גמעכס עג׳ז
ענ׳די · ומטלבי פי [...] וסר
קצ׳די · ואשכר לג׳לה דאימן
וחמדי · ואכל יא אחבאבי
תעגבוני ·· פג
וסידכם כמר חביב
עאמי · מזהי אמקאם ציק
קלוב שחי · נמפי עלא
רנה ורזק ואפי · ולכברת
אחבאר יגאדמוני ··
פג תם קולנא
פי מא נטיק נכלם · ואקול
יא עלה יא מלאם מלם ·
תגפר לעבדך סאלם
אמעלם · תגלי מהמתי
וסר גבוני ··

אחרת פג

יא טאיר אבאן ורתת
פי קלבי
אשגאן · דכרתני אעלאם
אלביב · די פאז ערכאן ·
ואדרך לפרדוס אגנאן ·
מן חית אדואח תסתטיב ·
ואמסית תעבאן · ואדמע
פג

שירה פג

פי [...] שנאן · תהמל
בטרפי כמא אסכיב · יא
פקד אחבאן · חין תפרק
דוח ותהתאן · ותסכן
אלחד ואכתיב ··
ואנפס תסלא ··
פי מוטן אעלא ··
תנחב לעקלא ··
פעל רוחאן · לא תדרכה
למח אעיאן · מן גשיית
אכוח ואלהיב · מוסא ן
עמראן : דיאדרך אסר
בברהאן · וגירהו חי ולא
יציב ·· פג
שר הממונה · גנת
אגוז קום פתח נא · לקראת
ידידי ומהרה · ימצא
לעדנה · עם בעלי סוד
ואמנה · עם מלאכי חן
וטהרה · חבר ותנא · שונה
הלכות ומשנה · סודו
לבי · יעוררה · ישאל
עני · תוכף טבעי ואופן ·
עניו בלי תחרות וריב ··
בקי בעניין ··
דרשה

שירה פג

ואפאתחה פי כל צבח
תנלס · אשאדלי שיכי
אעפיף אאכרס · ואטלב
אהל אפן יעאדלני ··
פג אקאת
אגאב · שרחי יפוק אכתר ·
אנא אדי אזהי לכל מחצר ·
שיכי אכצאר גבני רעץ
ואכיאר · דיאעלאם ג
ואאשראף יכרמוני ··
פג פעאוד
אקהוה וקא אסמע · יחכו
אתגאר איין אעג ואדפע ·
אשאם וחד אדום בי ס
מוולע · ואסנד ואיצא
אכנד יוזלוני ·· פג
אקאת אגאב ואנא
זהא ארואתב · לי עז ונאמוס
באמראתב · תחכי אמלן
מן חד תעג אא אב · ואדץ
זימן אכל יערפוני ··
פג אגאבת ע
אקהוה תקול פרוח לך · פני
יקרב כל צבח קבלך ·
סכנך

שירה פג

סכנך גבל מן גור כוף
אהלך · ואנא דולת אחרב
יחרסוני ·· פג
אקאת אגאב כלין
יליק נפסה · ואנא גזוע
מן יקול בבאסה · הוא
זינת אבסתאן בוקת נעסה ·
וגמעת אסאדה יגאסוני ··
פג אשאדלי
גוובת וקאת · אפן עאדתי
בכל חאה · לא סכר פי
שרבי ולא בטאה · חתא
קצאת אשרע ישרבוני ··
פג אקאת א
אגאב ואנא חלא פני ·
מא בין אאשראף ואמלוך
סכני · ואביץ תתשוף בזין
חסני · וגמלת אאפנאן
יסאעדוני ·· פג
אשאדלי גווברת
פלא באס · אנתה רפיק
אזהר בוקת אאגלאס ·
גמע אמקאם חית אפנון
ואאערם · ואהל אמחאצר
לא יפארקוני ·· פג
גוובת

Astronomie im mittelalterlichen Jemen

David A. King

Einführung

Schon in vorislamischer Zeit besaßen die Bewohner der Arabischen Halbinsel genaue Kenntnisse über die Sonne, den Mond, den im Laufe des Jahres wechselnden Nachthimmel und über das mit den einzelnen Jahreszeiten zusammenhängende Wetter und Klima. Und da im Koran Sonne, Mond, Sterne und Winde ausdrücklich erwähnt werden, führte dies bereits in der frühen islamischen Gemeinschaft im Hedschas zu einem erheblichen Interesse an den Gestirnen. In den folgenden Jahrhunderten verbreitete sich dieses Interesse über die ganze islamische Welt, vom Maghreb bis nach Indonesien.

Die volkstümliche Astronomie der Araber bezog sich nur auf beobachtbare Himmelsphänomene, ohne entsprechende wissenschaftliche Theorie. Dieses traditionelle Wissen wurde erstmals im 8. und 9. Jh. aufgezeichnet und in der Folgezeit auch wissenschaftlich ausgewertet. Bei diesen Texten handelt es sich um Werke, die sich nur mit der volkstümlichen Astronomie befassen, ferner um kosmographische Abhandlungen, um Lexika, um Enzyklopädien und um Korankommentare.

Die Anwendung des volkstümlichen astronomischen Wissens auf gewisse Aspekte des religiösen Lebens bildet ebenfalls eine eigene Literatur-Kategorie; ebenso wird dieses Thema in Werken über religiöses Recht abgehandelt.

Im 8. und 9. Jh. begegnete der Islam der wesentlich höher entwickelten mathematischen Astronomie der Inder, der sassanidischen Perser und der Griechen. Die muslimischen Astronomen beschäftigten sich infolgedessen mit Fragen wie etwa der Lagebestimmung von Sonne, Mond, Planeten und Fixsternen, der Vorhersage von Planeten-Konjunktionen, Mondfinsternissen und dem Erscheinen des Neumondes; sie trieben Zeitmessung mit Hilfe der Sonne und der Sterne, stellten Horoskope auf und untersuchten Planetenkonfigurationen mit astrologischer Bedeutung. In den folgenden Jahrhunderten (also ab etwa

Zwei Schemata Heiliger Geographie: Die Welt, unterteilt in 12 Sektoren, mit der Kaʿba im Mittelpunkt, und Anweisungen, wie in jedem der 12 Sektoren die qibla (Richtung auf Mekka) zu finden ist (aus MS Milano Ambrosiana, Sup. 73 = Griffini 37).

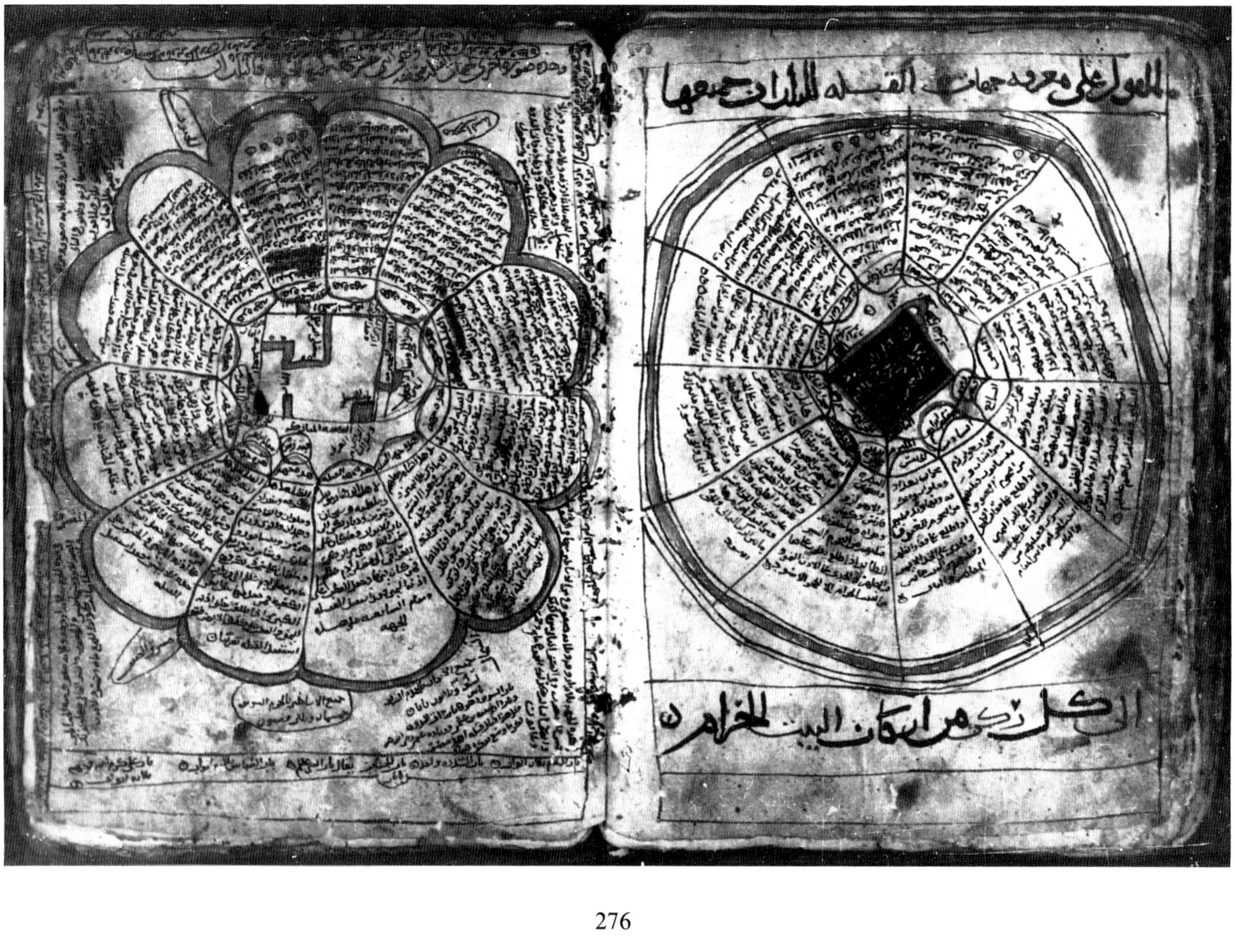

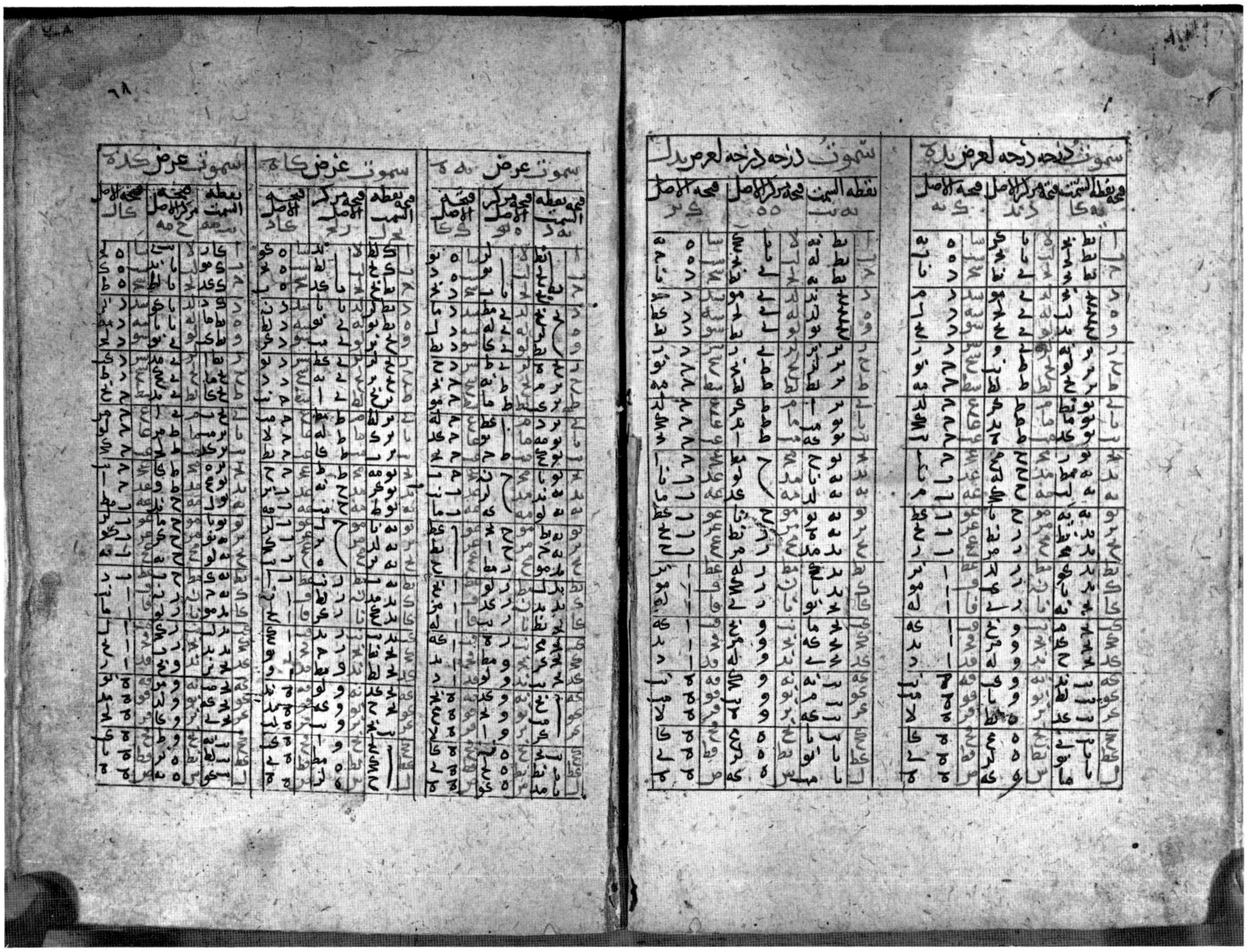

Tafeln für die Anfertigung der Kurven auf einem Astrolab: Doppelseite aus dem vom jemenitischen Sultan al-Aschraf verfaßten Handbuch über wissenschaftliche Instrumente. Aus der Handschrift Kairo, Taymūr riyāda 105.

dem 8. Jh. n. Chr.) beschäftigten sich auch die islamischen Wissenschaftler mit diesen Themen und lieferten — bis etwa zum 15. Jh. — wichtige neue Beiträge. Sie machten neue Beobachtungen, entwickelten neue Instrumente, stellten neue astronomische Tafeln zusammen und verbesserten die Theorien der Bewegung von Sonne, Mond und Planeten. Die von ihnen verfaßte astronomische Literatur ist bemerkenswert reich und vielseitig. Dabei handelt es sich um Abhandlungen zur theoretischen Astronomie, um Handbücher (»zīj« genannt) mit ausführlichen Tafeln und Gebrauchsanweisungen, um Tafeln für die Zeitmessung mittels Sonne und Sternen, Tafeln zur Feststellung der (astronomisch definierten) Zeiten für die Gebete, Abhandlungen über die Herstellung und den Gebrauch von Instrumenten und schließlich um astrologische Schriften.

Ein Teil dieser Literatur hat sich in den Handschriften-Sammlungen im Nahen Osten, in Indien, in Mittelasien, in Europa und in den Vereinigten Staaten erhalten. Die Museen dieser Gebiete bewahren eine große Zahl von Instrumenten, die von muslimischen Astronomen gefertigt wurden. Ein vergleichsweise kleiner Teil der astronomischen Schriften der Araber wurde bereits im Mittelalter bekannt und ins Lateinische übersetzt. Unser Wissen über die mittelalterliche islamische Astronomie stammt freilich ganz überwiegend aus den Untersuchungen der letzten beiden Jahrhunderte.

Quellen zur Geschichte der jemenitischen Astronomie

Im Jemen gab es vom 10. Jh. bis in unsere Gegenwart eine eigene astronomische Tradition. Hier im Jemen blühten — mehr als in jeder anderen Region der islamischen Welt — mathematische und volkstümliche Astronomie nebeneinander und beeinflußten sich gegenseitig. Dieses jemenitische Interesse an der Astronomie spiegelt sich in den etwa 100 mittelalterlichen astronomischen Handschriften, die in den vergangenen Jahren in verschiedenen Bibliotheken Europas und des Nahen Ostens festgestellt werden konnten. Die umfangreichste einzelne Sammlung ist die der Biblioteca Ambrosiana in Mailand, doch auch die Bibliotheken in Berlin, Kairo, Oxford und

Paris enthalten wertvolle wissenschaftliche Manuskripte aus dem Jemen. Die Bibliotheken im Jemen selber, insbesondere die Bibliothek der Großen Moschee in Sanaa, besitzen keinen großen Bestand an wissenschaftlichen Werken. Einige bedeutsame Handschriften finden sich jedoch in verschiedenen Privatbibliotheken des Landes. Der Umfang des Erhaltenen deutet darauf hin, daß mehr geschrieben wurde, aber vieles verloren ging.

Es muß betont werden, daß eigenständige astronomische Beobachtungen im Jemen offenbar nicht sehr häufig waren. Die jemenitischen astronomischen Werke sind deshalb nicht so sehr wegen neuer Beobachtungen, sondern wegen ihrer Methoden und der Art und Weise des Umgangs mit dem Material von Interesse; darüberhinaus auch deshalb, weil einige von ihnen älteres (ʿabbassidisches oder fāṭimīdisches) Material enthalten, das uns in seiner ursprünglichen Form nicht erhalten blieb.

Al-Hamdānī

Der früheste jemenitische Astronom, über den uns verläßliche Informationen vorliegen, ist der berühmte Gelehrte al-Hamdānī (spätes 10. Jh.). Eines seiner wissenschaftlichen Werke war ein zīj, Handbuch, das im Jemen wenigstens bis zum 13. Jh. im Gebrauch blieb. Leider ist uns dieses Handbuch nicht überkommen. Wir wissen jedoch aus einem erhaltenen Fragment al-Hamdānīs über mathematische Astrologie, daß er die älteren astronomischen Handbücher (der Astronomen des ʿabbasidischen Irak und des fāṭimīdischen Ägypten) kannte. Auch diese sind zum größten Teil verloren gegangen; al-Hamdānīs Text ist allerdings im Hinblick auf diese Überlieferungen noch nicht ausgewertet worden.

Ibn Surāqa und die ›Heilige Geographie‹ des Islam

Es war ein jemenitischer Gelehrter namens Ibn Surāqa, der etwa um das Jahr 1000 die sogenannte »Heilige Geographie« des Islam entwickelte. Gemeint ist damit die Vorstellung der Welt mit Mekka als ihrem Mittelpunkt. Dabei handelt es sich nicht etwa um eine vom wissenschaftlichen Betrachter nur als naiv zu bezeichnende Vorstellung, sondern um eine kluge und praktische Lö-

Tafeln für die Kurven auf flachen Sonnenuhren, sowie Zeichnung der Kurven. Aus dem Handbuch über wissenschaftliche Instrumente des Sultans Al-Aschraf (Kairo, Taymūr riyāḍa 105).

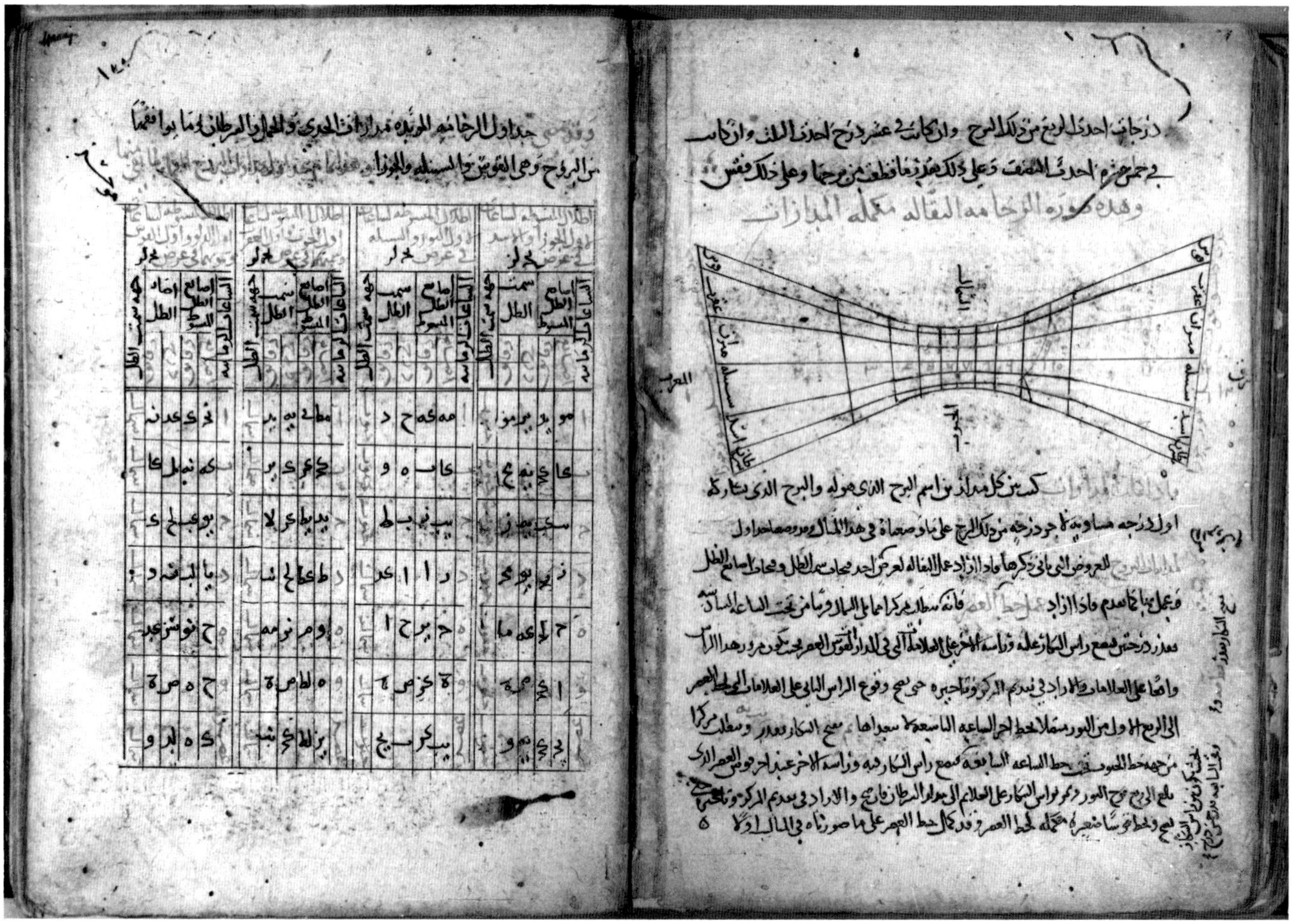

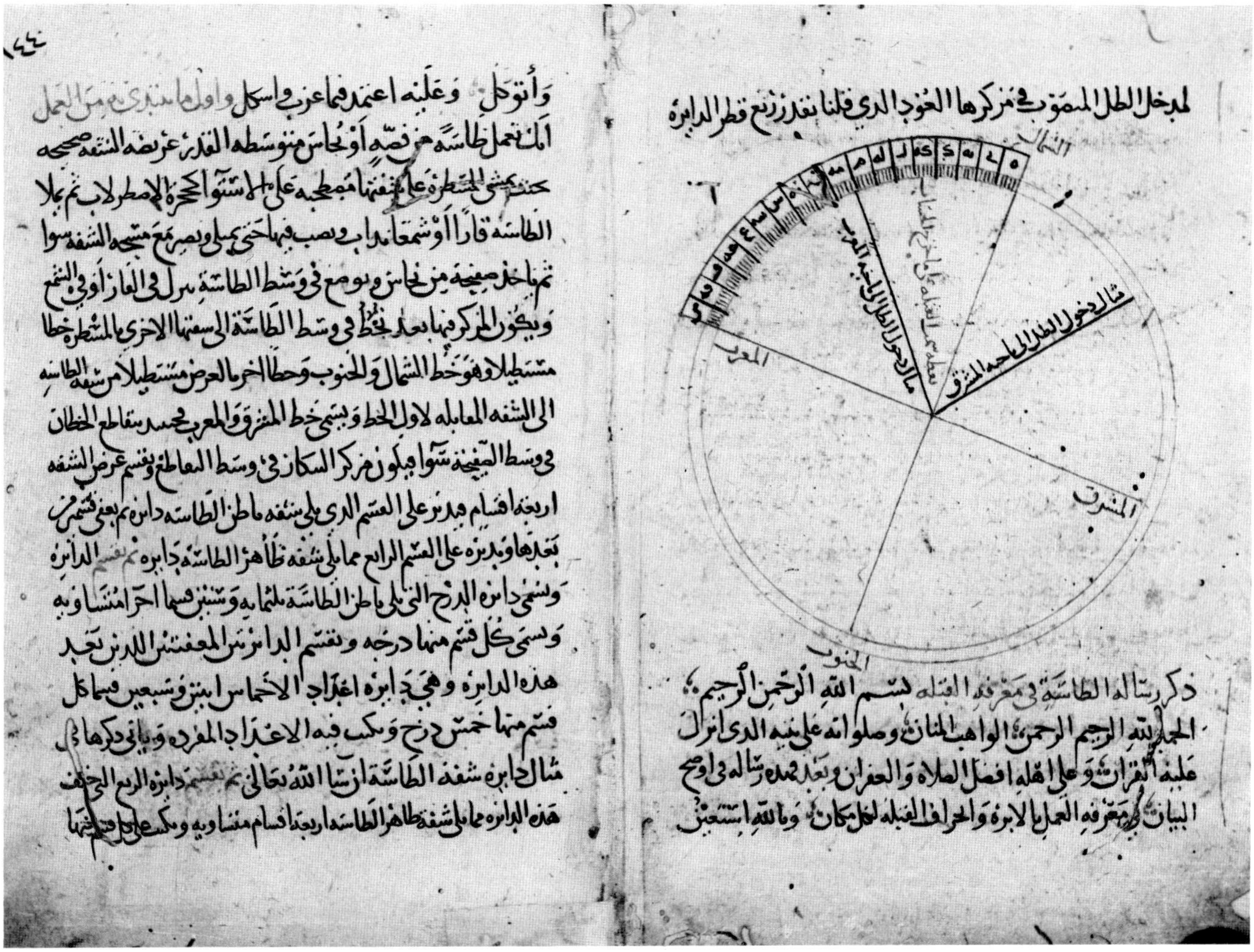

Darstellung eines magnetischen Kompasses in der Handschrift des jemenitischen Sultans al-Aschraf (Kairo, Taymūr riyāḍā, 105).

sung für eine religiöse Pflicht. Der Muslim muß sich — etwa beim Gebet — in Richtung zur Kaʿba in Mekka verneigen. Die Einhaltung der geheiligten Richtung (»qibla«) ist einer der auffälligsten Aspekte des Islam.

Vom Leben Ibn Surāqas ist wenig mehr bekannt, als daß er in Basra studierte. Zwar haben sich seine eigenen Werke nicht erhalten, doch wird er in späteren Quellen zitiert. Aus diesen Quellen wissen wir, daß er drei verschiedene Systeme entwarf, in denen er jeweils bestimmte Regionen der Welt bestimmten Abschnitten der äußeren Kaʿba-Mauer zuordnete. Auf diese Weise legte er die Richtungen fest, die die Gläubigen einzunehmen hatten, um sich in Richtung der qibla verneigen zu können. Ibn Surāqa entwickelte dazu ein System mit acht Kreissegmenten, ferner eines mit elf und schließlich eines mit zwölf, jeweils mit der Kaʿba als Mittelpunkt. Für die genaue Feststellung der qibla innerhalb eines solchen Sektors gibt Ibn Surāqa astronomische — und zwar solche aus der volkstümlichen Astronomie — Anhaltspunkte. Als Beispiel wollen wir dazu (aus Ibn Surāqas Acht-Sektor-Schema) seine Hinweise für Irak und die dahinterliegenden Gegenden geben: »Die Einwohner von al-Qadisiya, Kufa, Baghdad, Hulwan, Hamadhan, Rayy, Nishapur, Marwarudh, Khwarazm, Bukhara, Tashkent, Farghana und den in der gleichen Richtung liegenden Ortschaften stehen gegenüber (der Sektion) der Kaʿba, die zwischen dem Betplatz (Muṣallā) Adams — Friede über ihn — und der Türe der Kaʿba liegt. Deshalb sollte jeder, der sich in diesen Ortschaften oder auf ihrer Linie befindet und wissen will, wo die qibla liegt, die Sterngruppe Banāt Naʿsh hinter seinem rechten Ohr aufsteigen lassen; die Mondstationen al-Hanʿa (ähnlich den 12 Tierkreiszeichen für die jährliche Sonnenbahn arbeiten die islamischen Astronomen auch mit den 28 Stationen der monatlichen Mondbahn) sollten direkt hinter ihm aufgehen, der Polarstern sollte sich zu seiner rechten Schulter befinden, der Ostwind zu seiner linken Schulter, der Nordwind zwischen der rechten Seite seines Nackens und dem Genick, der Westwind auf seiner rechten Wange und der Südwind auf seiner linken Wange. Jeder, der

Seiten 280 und 281: Astrolab, gefertigt vom Herrscher der Jemen, dem Sultan al-Aschraf Umar II (reg. 1295/1296 n. Chr.), einziges Beispiel der Weltgeschichte für ein hervorragendes wissenschaftliches Instrument, das von einem bedeutenden König gefertigt wurde, datiert 690 H = 1291 n. Chr. (Metropolitan Museum of Art, New York).

Am Strand von al-Chaucha am Roten Meer.

Bau eines ʿibri in al-Luḥaiya (hier Fiedelbogenbohrer).

Seite 283 links: Baumwoll-Ikat. Jemen 11.–12. Jh., 35×34 cm.

Seite 283 rechts: Baumwoll-Ikat. Jemen 11.–12. Jh., 60×43 cm (Museum für Islamische Kunst, SMPK, Berlin).

Rotes Meer — eine »Dhau« (das Wort ist nur in den europäischen Sprachen üblich; dieser Schiffstyp heißt in Jemen za'īma).

Schnurflechter auf dem Freitagsmarkt in Bait al-Faqīh. Die Schnüre werden aus Fasern der Daum-Palme geflochten.

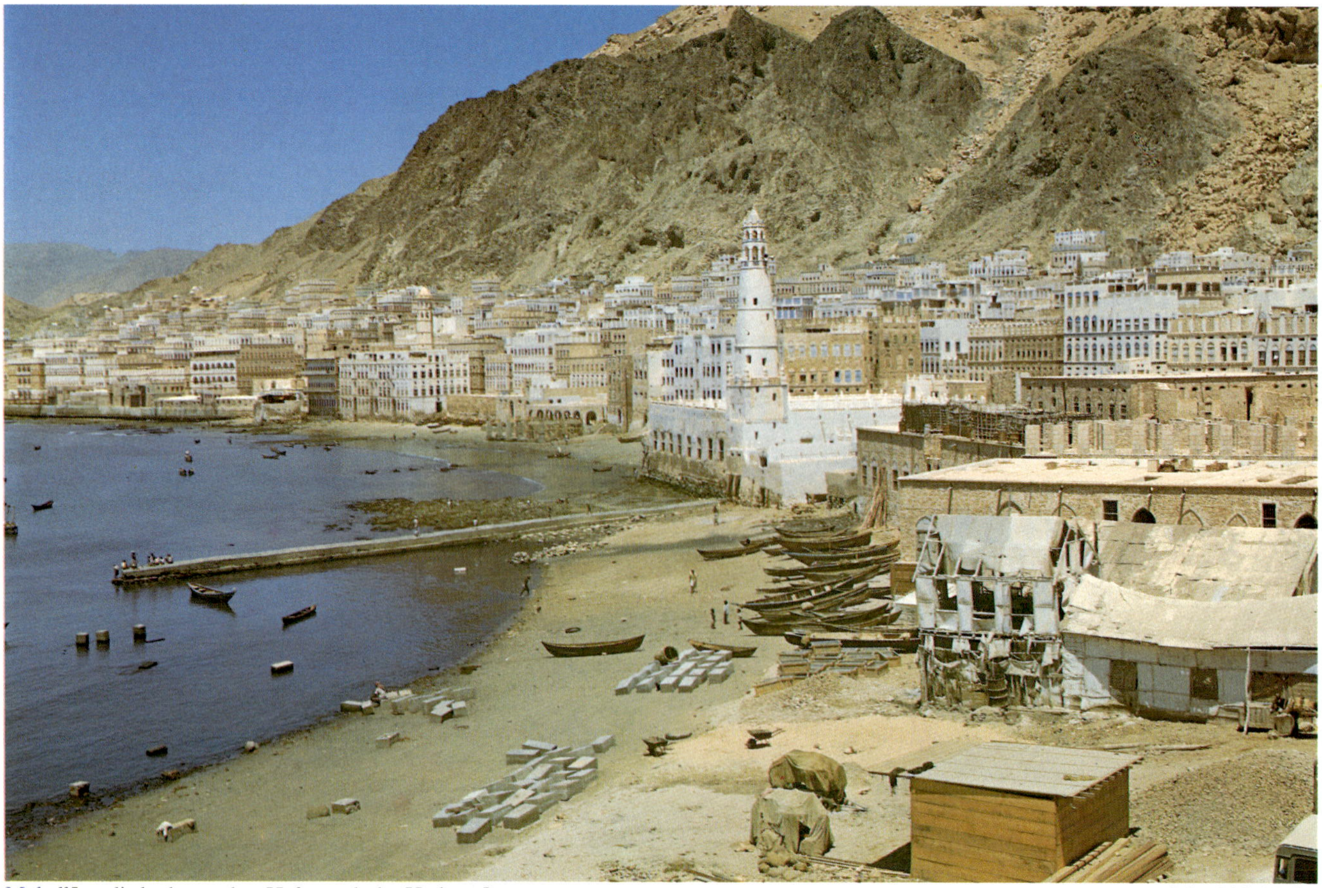
Mukallā — die bedeutendste Hafenstadt des Ḥaḍramūt.

Seite 285: Muße.

Kaffeeverkäufer im Sūq von Sanaa.

Gewürzsūq von Sanaa.

Kaffeeverkäufer mit den traditionellen Säcken (»Schamla«).

»Qischr« (Kaffeeschalen) in Sanaa.

Die Stadt Yarim.

Die alten Wassertanks von Aden mit Blick auf Crater.

Ein Kaffeestrauch (bei al-Maḥwīt).

Die Öltanks in Aden.

Seite 289: Weiler zwischen Ibb und Jiblah, im »Grünen Herzen« des Jemen.

Siedlung bei Ibb.

Terrassenfelder im Gebiet von Benī Maṭar.

Heiliger Ibis. Aquarell von Keith Brockie (Tihāma-Expedition).

In der Rubʿ al-Khālī.

Junge Frauen aus Taiz.

Seite 293: Die Brücke von Schahāra, dem Zufluchtsort des Imāms al-Qāsim der Große, von dem aus er die Rückeroberung des Jemen begann.

Traditioneller Karawanenweg durch den westlichen Dschol (Provinz Ḥaḍramūt).

Scheich Ḥamīd bin Faiṣal (vom Stamme Kurab) in Schabwa (1968)

Seite 295: Bei Kaḥlān.

Auf dem Freitagsmarkt von Bait al-Faqīh.

Freitagsmarkt von Bait al-Faqīh.

sich in den genannten Ortschaften oder auf ihrer Linie an eine oder mehrere dieser Vorschriften hält, steht der (für ihn zutreffenden) Seite (»jiha«) der Kaʿba gegenüber«.

Auffällig ist, daß bei diesen Angaben die Richtung, in die der Gläubige schauen soll (im konkreten Fall wäre es der Winter-Sonnenuntergang) nicht angegeben wird!
Ibn Surāqa stellte seine Anweisungen in Worten zusammen. Einige spätere Autoren zeichneten sie als Diagramme, mit der Kaʿba im Mittelpunkt und den geographischen Informationen und Anweisungen im Kreis darum geschrieben. Abb. S. 276 zeigt zwei solche Zwölfsektor-Schemata. Diese beiden Schemata sind in einer von al-Fārisī (dazu weiter S. 301) verfaßten Abhandlung über volkstümliche Astronomie enthalten. Eines der beiden Diagramme beruht auf Ibn Surāqa. Die vereinfachten Diagramme »Heiliger Geographie«, die sich in den geographischen und kosmographischen Werken berühmter späterer Gelehrter wie Yāqūt, al-Qazwīnī und Ibn al-Wardī befinden, beruhen letztendlich auf den Arbeiten dieses weniger bekannten jemenitischen Rechtsgelehrten.

Astronomie unter den Rasuliden — Erster Teil

Im Jemen der Rasuliden-Sultane wurde mathematische Astronomie in erheblichem Umfang betrieben, teilweise sogar von den Sultanen selber. Die Arbeit der beiden Astronomen al-Fārisī und al-Kawāshī wurde offenbar vom Sultan al-Muẓaffar unterstützt. Al-Fārisī arbeitete ein zīj — Handbuch — mit Tafeln für den Jemen aus, bei dem er einen irakischen zīj des 12. Jh.s als Grundlage benutzte. Al-Kawāshī fertigte seinen zīj mit Tafeln für Aden und Taiz. In ihm vermerkte er Beobachtungen, die er selber in Ägypten gemacht hatte. Dieser zīj enthielt ebenfalls Material aus älteren irakischen und ägyptischen Handbüchern.
Etwa im Jahre 1295 verfaßte der Sultan al-Ashraf selber ein ausführliches Lehrbuch über die Herstellung von Astrolabien und Sonnenuhren. Offenbar hatte der Sultan dazu auch eine Reihe älterer andalusischer und ägyptischer Schriften zu dem Thema studiert. Die einzige Handschrift dieses Traktats hat sich in der ägyptischen

Tafeln für die Sonnenhöhe, die Aszendenz für die Mittagszeit und die Zeit des Nachmittagsgebets, nach al-Aschrafs Lehrbuch der Astrologie.

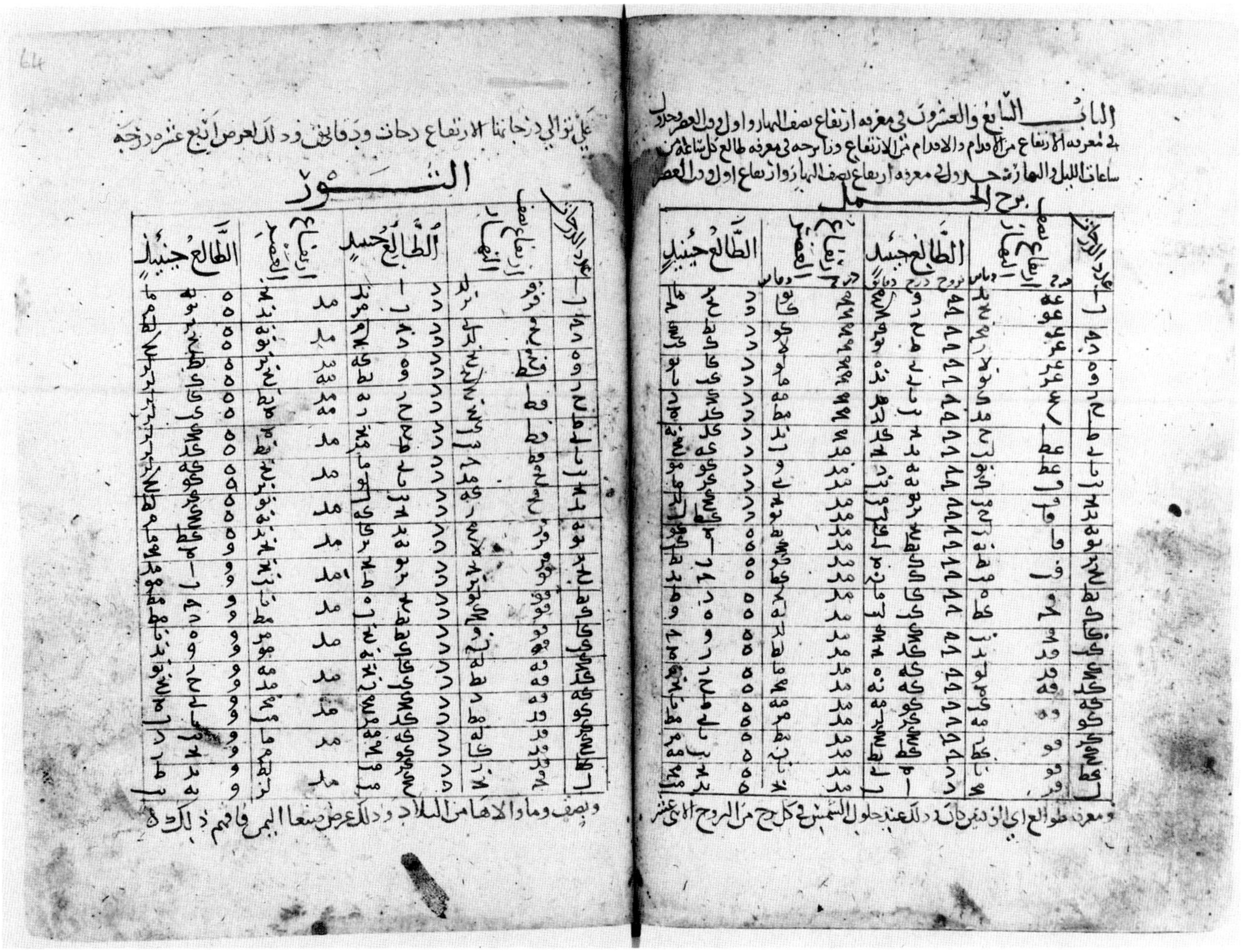

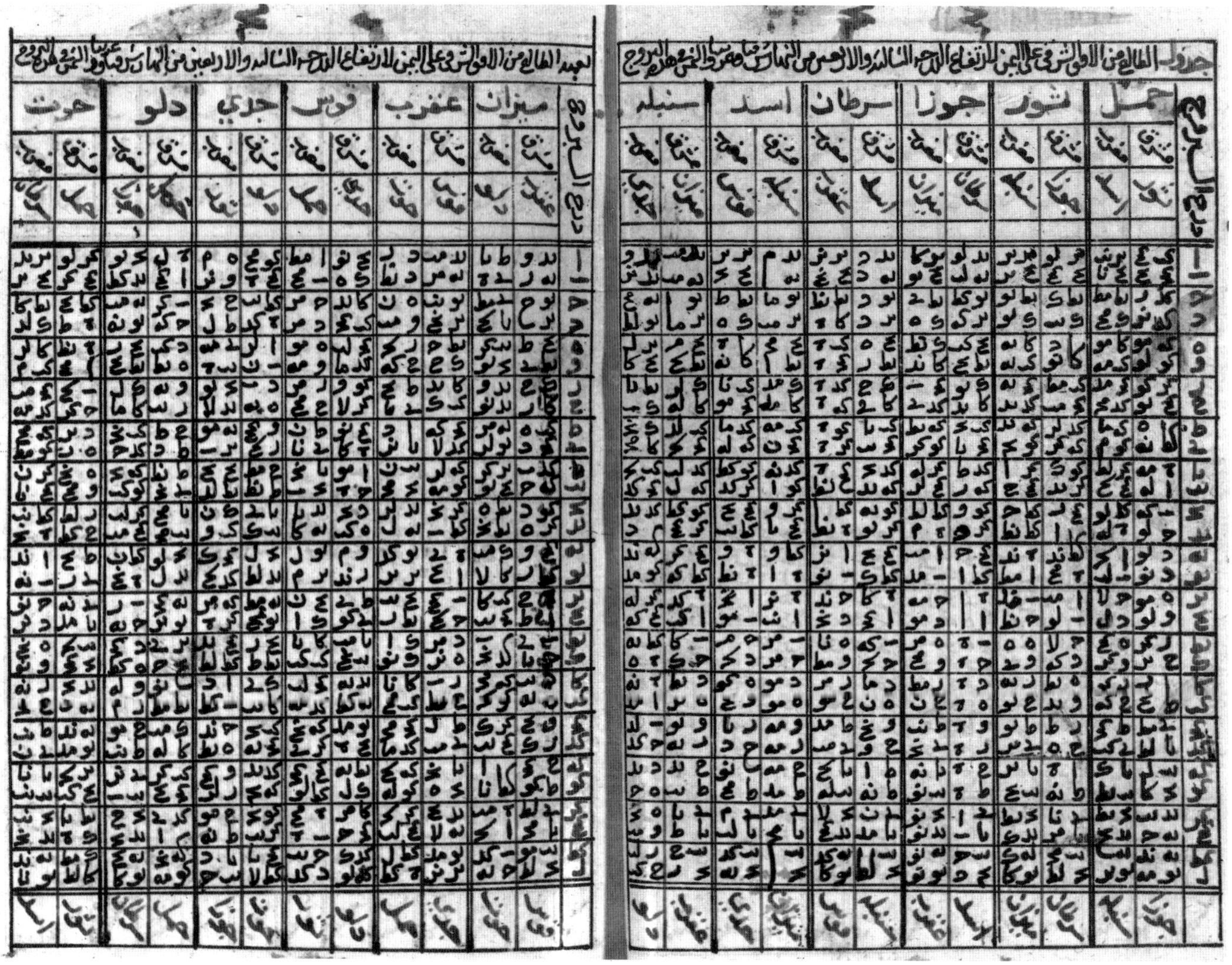

Tafeln für Zeitmessung für den Breitengrad von Taiz, ausgearbeitet von Abu al-ʿUqūl (Staatsbibliothek Preußischer Kulturbesitz, Berlin).

Nationalbibliothek in Kairo erhalten. Al-Ashraf hatte seiner Untersuchung auch neue Koordinaten-Tafeln für die auf den Astrolabien und auf flachen Sonnenuhren zu zeichnenden Kurven beigegeben. Diese Tafeln hatte er für die Breitengrade der wichtigeren Städte des Jemen und des Hedschas neu berechnet (Abb. S. 277 u. S. 278). Einer der interessantesten Aspekte von al-Ashrafs Abhandlung ist ihr Anhang: eine Diskussion über den magnetischen Kompaß. Es handelt sich um die früheste bekannte Erwähnung des Kompasses in einem arabischen astronomischen Text (Abb. S. 279). Al-Ashraf behauptet natürlich nicht, den magnetischen Kompaß erfunden zu haben. Obwohl wir davon ausgehen dürfen, daß andere arabische Wissenschaftler bereits vorher darüber schrieben, haben sich solche Texte nicht erhalten. Al-Ashraf verfaßte ferner einen ausführlichen astrologischen Traktat mit astrologischen Tafeln und Tafeln für die Zeitberechnung, die er eigens für den Breitengrad von Sanaa berechnet hatte (Abb. S. 297). Die einzige bekannte Handschrift befindet sich in der Bodleian-Library in Oxford.
Am Ende der Kairoer Handschrift von al-Ashrafs Abhandlung über Instrumente befinden sich einige Notizen seiner Lehrer. Diese Notizen beziehen sich auf eine Reihe von Astrolabien, die der Sultan selber angefertigt hatte und die von seinen Lehrern gebilligt worden waren. Eines dieser Astrolabien befindet sich heute im Metropolitan Museum of Art in New York (Abb. S. 280). Im Aufbau entspricht es anderen Astrolabien. Durch den Rang seines Herstellers und die Informationen, die wir über ihn besitzen, ist es jedoch unzweifelhaft eines der interessentesten unter den wenigen erhaltenen mittelalterlichen Astrolabien.

Wie funktioniert ein Astrolab?

Ein Astrolab ist ein zweidimensionales Instrument, das die Darstellung der scheinbaren täglichen Rotation des Himmels um den Beobachter (also einer dreidimensionalen Wirklichkeit) ermöglicht. Es besteht aus zwei Teilen: Unterlage ist die jeweilige aus einer Reihe von Platten (»Tympanon«) für einen bestimmten irdischen Breitengrad, und darüber — drehbar angeordnet — befindet sich ein »Netz« (»Rete«) mit Anzeigern für die Stellungen der wichtigsten Fixsterne und einem kreisförmigen Anzeiger für die Ekliptik. »Ekliptik« nennt man den scheinbaren Weg, den die Sonne im Jahresverlauf am Himmelszelt vor dem Hintergrund der (tagsüber natürlich wegen der Helligkeit der Sonne nicht sichtbaren) Fixsterne nimmt. Das »Netz« kann auf der jeweiligen Grundplatte rotiert werden. Auf den einzelnen Grundplatten sind der Horizont, die Meridianlinie und eine Reihe von Kurven für Himmelshöhen und Azimuthe angegeben.

Das Instrument wird folgendermaßen benutzt: Mittels eines Visierlineals (»Alhidade« oder »Diopterlineal«) und eines Maßstabes, der auf der Rückseite des Astrolab angegeben ist, wird die Höhe der Sonne oder eines Sternes über dem Horizont (und zwar dem Horizont, so wie er dem Beobachter erscheint) gemessen. Der nächste Schritt besteht darin, den zu diesem Stern (oder der Sonne) gehörenden Anzeiger so auf dem Netz zu verschieben, daß er genau auf die Spitze der zugehörigen Längengradslinie zu liegen kommt und zwar für den Breitengrad, auf dem die Messung stattfindet. Das Instrument zeigt jetzt die Position der Gestirne über dem Horizont. Durch Drehen des Netzes über der Grundplatte kann man die scheinbare tägliche Umdrehung des Himmels nachvollziehen. Auf diese Weise läßt sich, unter Zuhilfenahme einer Skala am Außenrand des Instruments, die jeweilige Tageszeit (als verflossene oder noch bevorstehende Stunden bis Sonnenaufgang, Mittag, Sonnenuntergang oder Mitternacht) feststellen. Man kann das Astrolab also auch als einen praktischen Analog-Computer zur Zeitmessung bezeichnen.

Mathematisch gesehen beinhaltet ein Astrolab also die Projektion der dreidimensionalen Himmelssphäre (die imaginäre Halbkugel, die sich über dem Beschauer und der flach erscheinenden Erde befindet, und an der die Gestirne sich zu bewegen scheinen) auf zwei Dimensionen. Diese sogenannte stereographische Projektion wurde zuerst von Hipparchos (etwa 150 v. Chr.) ersonnen. Das auf diesem Prinzip beruhende Instrument wurde in den ersten nachchristlichen Jahrhunderten von griechischen Astronomen entwickelt. Dies ist das Astrolab. Das Astrolab wurde zum beliebtesten Instrument der muslimischen Astronomen; sie ersannen zahlreiche verschiedene Formen und zusätzliche Feinheiten. Am gebräuchlichsten war jedoch die Standardform. Ihr entspricht auch das von Sultan al-Ashraf gefertigte Instrument.

Auszug aus einer Ephemeris für Sanaa, die die Stellungen von Sonne, Mond und den fünf mit bloßem Auge erkennbaren Sternen für jeden Tag des Jahres 727 H (= 1326/1327 n. Chr.) verzeichnet.

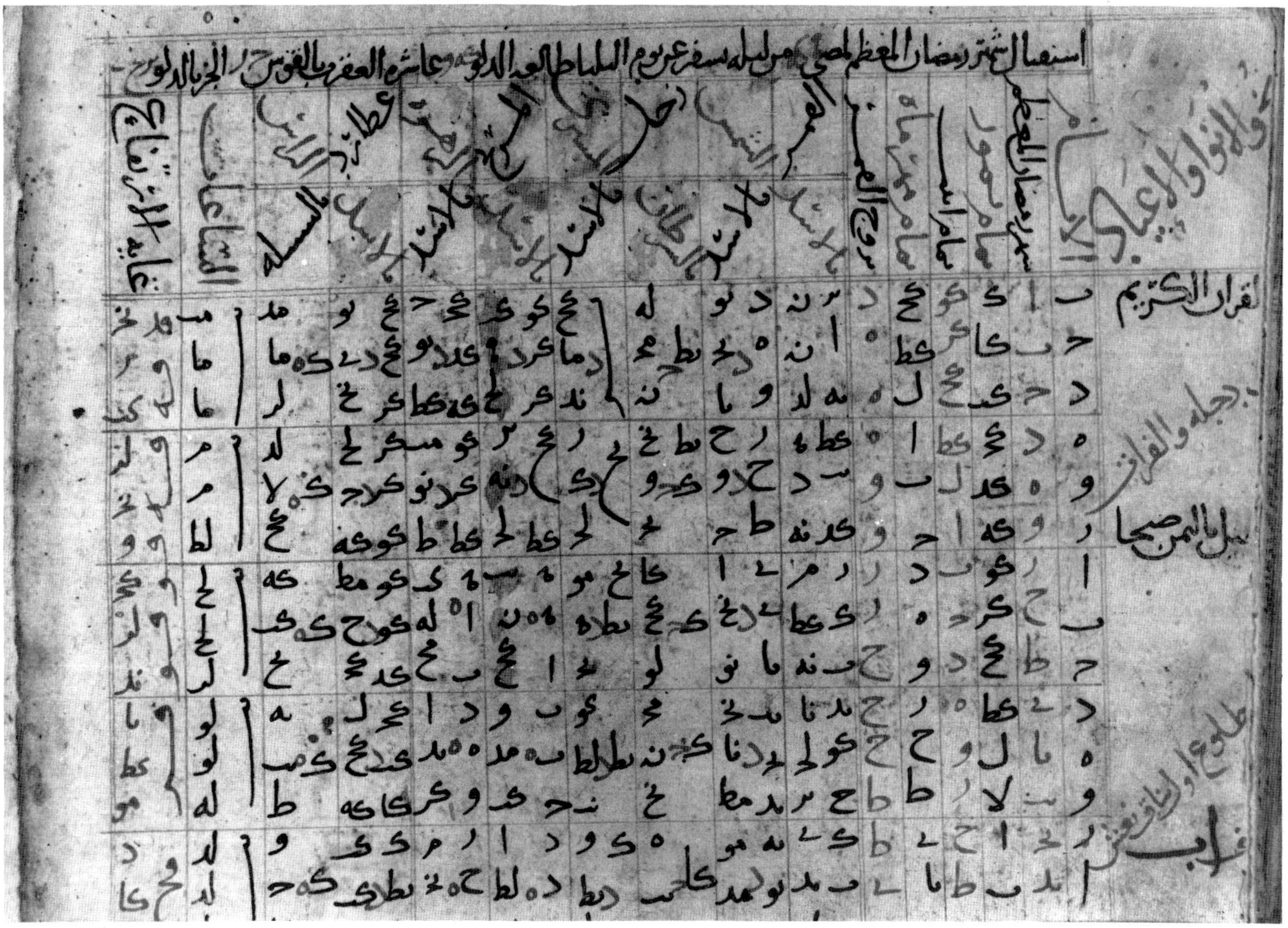

Ausschnitt aus der der vorhergehenden Abb. gegenüberliegenden Seite, mit astrologischen Voraussagen, die auf die tägliche Mondbahn gegründet werden.

Astronomie unter den Rasuliden — Zweiter Teil

Der Astronom Abū ʾl-ʿUqūl arbeitete um das Jahr 1300 für den Sultan al-Muʾayyad. Er verfaßte einen zīj auf der Grundlage verschiedener solcher Handbücher des berühmten Kairoer Astronomen Ibn Yūnus (10. Jh.). Abū ʾl-ʿUqūl berechnete auch spezielle Tafeln für die Breitengrade von Aden, Taiz, Zabid und Sanaa. Einiges von dem Material, das Abū ʾl-ʿUqūl von Ibn Yūnus übernahm, hat sich in keiner der uns bekannten Handschriften des Ibn Yūnus erhalten.

Sehr viel eigenständiger ist Abū ʾl-ʿUqūls Tafelsammlung zur Zeitbestimmung mittels Sonne und Sternen, die er für den Breitengrad von Taiz berechnete. Solche Werke entstanden im Mittelalter für zahlreiche islamische Städte. Die von Abū ʾl-ʿUqūl erstellte Tafelsammlung ist von allen diesen die umfangreichste überhaupt, umfangreicher sogar als die Tafeln, die im 13. und 14. Jh. für so bedeutende Zentren astronomischer Gelehrsamkeit wie Kairo und Damaskus gefertigt wurden. Vom Werk des Abū al-ʿUqūl hat sich eine einzige Handschrift erhalten, die sich in der Staatsbibliothek Preußischer Kulturbesitz, Berlin (West), befindet (Abb. S. 298). Dagegen besitzen wir buchstäblich Dutzende von Handschriften der Tafeln für Kairo und Damaskus. Für Sanaa wurde ein vergleichbares Tafelwerk offenbar nicht hergestellt.

Jeweils für ein Jahr erstellen die jemenitischen Astronomen für ihren Sultan einen Almanach. Diese Almanache enthielten umfangreiche kalendarische und astrologische Informationen für das jeweilige Jahr; für jeden Tag des Jahres gaben Tafeln die Stellungen von Sonne, Mond und Planeten an. Daneben enthielten die Almanache für jeden Tag auch astrologische Voraussagen. Zwei Handschriften solcher Almanache (da sie Angaben für jeden Tag machen, handelt es sich um sog. »Ephemeriden«) haben sich erhalten. Der erste wurde für das Jahr 727 H (1326/1327 n. Chr.) für Sanaa aufgestellt, und der zweite für das Jahr 808 H (1405/1406 n. Chr.) für Taiz (Abb. S. 299 und 300). Beide Handschriften befinden sich heute in Kairo. Es sind dies die ältesten vollständig erhaltenen Beispiele islamischer Ephemeriden, eine Wissenschaftsgattung, deren Tradition in der islamischen Welt vom 9. bis zum 19. Jh. reicht.

Sultan al-Afḍal (gestorben 1376) verfaßte ein umfangreiches Kompendium astronomischer Abhandlungen und Tafeln. Die Mehrzahl davon übernahm er allerdings unmittelbar aus älteren ägyptischen, syrischen und jemenitischen Quellen. Das einzige Manuskript dieses Werkes befindet sich in einer Privatbibliothek im Jemen. Solch eine Zusammenstellung ist für Wissenschaftshistoriker von erheblichem Interesse, da wir dadurch Informationen über ältere Werke, die selber verloren gegangen sind, besitzen. Verschiedene spätere jemenitische Werke eklektischer Natur liegen als vollständige (und teileise als Bruchstücke von) Handschriften vor. Darunter sind zīj-Handbücher für Sanaa, Zabid und Taiz.
Die letzten jemenitischen zīj-Handbücher wurden um die Mitte des 17. Jh.s von den Brüdern al-Ḥasan und ʿAbdallah al-Sarḥī für Sanaa verfaßt. Sie stützen sich ausschließlich auf älteres jemenitisches Material. Insgesamt kennen wir etwa 16 im Jemen zwischen dem 10. und dem 17. Jh. verfaßte zīj-Handbücher, ein vergleichsweise hoher Anteil der etwas über 200 Werke dieser Art, die in jener Epoche im gesamten Nahen Osten entstanden sind.

Aspekte volkstümlicher jemenitischer Astronomie

Neben der mathematischen Astronomie interessierten sich die jemenitischen Astronomen auch für die traditionelle volkstümliche Sternkunde ihres Landes und für die einfachen Zeitmeßmethoden mittels der Schattenlänge bei Tag und der Mondstationen bei Nacht. So schrieb etwa al-Fārisī (13. Jh.) neben seinem zīj auch Abhandlungen über diese Themen. Gelegentlich enthalten mittelalterliche jemenitische Almanache auch einfache Tafeln, mit denen die Zeit während der Nacht mit Hilfe der Mondstationen ermittelt werden kann.

Der Gnomon im Innenhof der um 630 n. Chr. errichteten Moschee von al-Janad bei Taiz.

Oben hatten wir erwähnt, daß sich al-Fārisī mit »Heiliger Geographie« befaßt hatte. Sein Werk enthält auch einen Abschnitt über die astronomische Ausrichtung der Kaʿba, ein mehrere Jahrhunderte lang vergessenes Merkmal des Heiligtums. (Der Text wurde von G. S. Hawkins und D. A. King im Journal for the History of Astronomy 13 1982, pp. 102—109 veröffentlicht).
Heutige Messungen haben die von al-Fārisī gegebenen Informationen (die übrigens in den letzten Jahren auch in einigen anderen mittelalterlichen Texten gefunden wurden) im wesentlichen bestätigt.
Im Innenhof der Moschee von al-Janad (nördlich von Taiz) befindet sich ein Gnomon, ein steinerner Sonnenuhranzeiger, von ungefähr Mannshöhe (Abb. u.). Dieser Gnomon wird hier als ʿaṣā, als »Stock« des Muʿādh ibn Jabal bezeichnet, des berühmten Prophetengenossen, den Mohammed in den Jemen entsandt hatte. Mit diesem Gnomon konnte die Uhrzeit mittels der Schattenlänge in einfacher Weise gemessen werden. Dieses ursprünglich von indischen Astronomen entwickelte Verfahren erlaubte auch die Festlegung der Zeit des Mittags- und Abendgebetes. Al-Aṣbaḥī, ein Rechtsgelehrter des 13. Jh.s, fügte seinem Handbuch über volkstümliche Astronomie eine Liste der Schattenlängen bei, die er in der Moschee von al-Janad gemessen hatte — vermutlich mit eben diesem Gnomon.

Schlußwort

Wie auch sonst in der islamischen Welt verfiel die mathematische Astronomie im Jemen etwa ab dem 15. Jahrhundert. Dies bedeutet nicht, daß das Interesse an dieser Wissenschaft geringer wurde, sondern daß neue Werke kaum noch neue Gedanken enthielten. Die Schriften der älteren jemenitischen Astronomen wurden mehr und mehr vergessen, in manchen Fällen gingen sie ganz verloren. In Sanaa gibt es allerdings heute noch eine kleine Gruppe älterer Leute, die in den zīj-Handbüchern der Brüder al-Sarḥī unterrichtet wurden. Glücklicherweise haben sich jedoch genügend jemenitische astronomische Handschriften erhalten, die uns die Dokumentation eines Großteils der jemenitischen astronomischen Tradition vom 10. bis zum 20. Jh. erlauben.
Der Dank des Verfassers gilt den folgenden Institutionen, die seine Arbeit förderten:
Die Forschungen über mittelalterliche jemenitische Astronomie am American Research Center in Egypt (1972—1974) — Teil eines längerfristigen (1972—1979) Projekts über islamische Astronomie — wurden vor allem von der

Smithsonian Institution und der amerikanischen National Science Foundation, Washington, D. C., unterstützt.
Die Forschungen in den Bibliotheken im Jemen und in Europa, besonders in der Biblioteca Ambrosiana in Mailand, wurden durch einen Zuschuß des Penrose Fund der American Philosophical Society erleichtert (1972—1974).
Unterstützung für jüngere Arbeiten zur volkstümlichen Astronomie im Jemen kam vom amerikanischen National Endowment for the Humanities (1983—1985).

Literatur

Encyclopaedia of Islam: Anwā', Asturlāb, 'Ilm al-hay'a (Astronomy), Kibla (direction of Mekka), Makka (Center of the world), Manāzil, Matāli', Mikat (timekeeping).
»Astrology« (in the 1st edition of the E I).

Brieux, A. and Maddison, F.: Répertoire des facteurs des astrolabes et leurs oeuvres (to appear).

Brockelmann, C.: Geschichte der arabischen Literatur, 2nd. ed., Leiden 1943—1949 and Supplementbände, Leiden 1937—1942.

Gingerich, O. and King, D. A.: Some Astronomical Observations from Thirteenth-Century Egypt, in: Journal for the History of Astronomy 13 (1982), pp. 121—128, reprinted in King, »IMA«.

Kennedy, E. S.: A Survey of Islamic Astronomical Tables, in: Transactions of the American Philosophical Society, N. S., 46 (1957), pp. 123—177.

King, D. A.: A Survey of the Scientific Instruments in the Egyptian National Library (Publications of the American Research Center in Egypt), Winona Lake, Ind., 1986.

King, D. A.: Ethnoastronomy in the Medieval Near East, in: Proceedings of the Symposium on Ethnoastronomy, Washington, D. C., 1983 (in press).

King, D. A.: Islamic Astronomical Instruments, (»IAI«), London 1987.

King, D. A.: Islamic Mathematical Astronomy (»IMA«), London 1986.

King, D. A.: Mathematical Astronomy in Medieval Yemen, Malibu, Ca., 1983.

King, D. A.: On the Astronomical Tables of the Islamic Middle Ages, in: Studia Copernicana, 13 (1975), pp. 37—56, reprinted in King, IMA.

King, D. A.: The Medieval Yemeni Astrolabe in the Metropolitan Museum of Art in New York, in: Zeitschrift für die Geschichte der Arabisch-Islamischen Wissenschaften, 2 (1985), reprinted in King, IAI.

King, D. A.: The Sacred Geography of Islam, in: Islamic Art, 3 (1986).

Sezgin, F.: Geschichte des arabischen Schrifttums, VI. Astronomie, Leiden 1978 and VII. Astrologie, Metrologie und Verwandtes (enthält auch volkstümliche Astronomie!), Leiden 1979.

Suter, H.: Die Mathematiker und Astronomen der Araber und ihre Werke, Abhandlungen zur Geschichte der mathematischen Wissenschaften 10 (1900).

Rasūlidische Landwirtschaft und traditionelle Almanache

Daniel Martin Varisco

Jemen gilt seit jeher als ein grünes Land mit vielfältiger landwirtschaftlicher Produktion, vor allem Getreide. Überwiegend handelt es sich um regenbewässerte Landwirtschaft.

Unsere früheste Quelle für die Landwirtschaft des islamischen Jemen ist das geographische Werk des jemenitischen Gelehrten Abū Mohammad Al-Ḥasan Al-Hamdānī (10. Jh.). Al-Hamdānī beschreibt die — so wörtlich — »Wunder« der regenbewirtschafteten Landwirtschaft im jemenitischen Hochland und der an den Quellen gelegenen Felder. Hauptsächlich angebaut wurden Sorghum-Hirse, Weizen und Gerste, und in üppigen Tälern — etwa Wādī Ḍahr bei Sanaa — Obst der verschiedensten Art.

Detaillierte Angaben über die mittelalterliche Landwirtschaft im Jemen stammen erstmals aus der Rasulidenzeit. Es sind verschiedene wissenschaftliche Texte sowie wenigstens sechs noch erhaltene landwirtschaftliche Almanache. Der älteste landwirtschaftliche Text wird dem Sultan Al-Malik al-Ashraf ʿUmar ibn Yūsuf (gestorben 1296) zugeschrieben (»Milḥ al Malāḥa fī maʿrifa al-filāḥa«). Der gleiche Herrscher verfaßte auch ein astronomisches Werk und in diesem einen Almanach, den er nach dem christlichen Sonnenkalender ordnete. Der wichtigste Text stammt jedoch von Al-Malik al-Afḍal al-ʿAbbās (gestorben 1377). Die Ausgabe seines »Bughyat al-fallāḥīn fī al-ashjār al-muthmira wa al-rayāḥīn« wird z. Zt. von R. B. Serjeant vorbereitet. Dieser rasulidische Herrscher stellte ferner einen wichtigen Almanach zusammen, der sich an den Tierkreiszeichen orientiert. Alle rasulidischen landwirtschaftlichen Texte zeigen das breite Wissen der Verfasser, vor allem auf astronomischem Gebiet. Diese Texte stützen sich auf ältere arabische landwirtschaftliche Traktate sowie auf Übersetzungen aus dem Griechischen und Lateinischen. Al-Malik al-Afḍal al ʿAbbās zitierte gern und viel aus dem Kitāb al-Filāḥa al-nabaṭiya des Ibn al-Waḥshīya (9. Jh.). Ibn al-Waḥshīya bezieht den Ablauf der landwirtschaftlichen Tätigkeiten in der Regel auf astrologische Phänomene. So heißt es z. B., daß, wenn es blitzt und der Mond im Krebs steht, die Gerstenernte des Jahres zerstört wird. Wenn es aber blitze, wenn der Mond im Löwen stehe, dann werde die Gerstenernte gut und reiche Traubenernte sei zu erwarten. Während die mittelalterlichen Schriftsteller sich sehr intensiv mit solchen magischen Voraussagen befaßten, dürfte diese Esoterik für die jemenitischen Bauern kaum Bedeutung gehabt haben. Gelegentlich stützen sich die rasulidischen Texte auch auf praktisches Wissen, etwa die Kommentare des Ibn al-Baṣṣāl zur Gartenwirtschaft.

Die Wissenschaftler der Rasulidenzeit waren besonders an der Verbindung astronomischer Beobachtung mit bestimmten landwirtschaftlichen Tätigkeiten — etwa der Aussaat — interessiert. Einer der wichtigsten Hinweissterne in der jemenitischen Tradition ist Sirius, der hellste Fixstern. Im klassischen Arabisch heißt dieser Stern al-shiʿra al-ʿabūr oder al-shiʿra al-yamānīya. Unter den jemenitischen Bauern des Hochlands wurde er ʿalib genannt, in der Küstenzone bājis und von den Seeleuten tīr. Die morgendliche Aszendenz des Sirius zu Anfang Juli galt als Zeichen für die Sommerregenzeit im Gebirge und die daraus folgende Flutwelle für die Landwirtschaft in der Küstenzone. Al-Malik al-Ashraf ʿUmar verband dieses Aufsteigen des Sirius mit der Mondstation dhirāʿ (dem Vorderfuß des Sternbildes Löwe). Diese Mondstationen stehen in der vorislamischen Tradition einer Reihe von 28 Tierkreiszeichen des Mondes. Ein anderes wichtiges Sternbild für den jemenitischen Bauern waren die Pleijaden, besonders ihr abendlicher Aufgang Mitte Oktober. Eine Hirseart hieß ʿshwī, weil sie in den Tagen des abendlichen (ʿishāʾ) Aufgangs der Pleijaden ausgesät wurde. So entwickelte sich im Hochland des Jemen ein landwirtschaftlicher Kalender, der auf der monatlichen Stellung des Mondes zu den Pleijaden beruhte. Dichtung und Sprichworte nennen die einzelnen daraus sich ergebenden landwirtschaftlichen Tätigkeiten.

Sterne und Schattenlängen wurden beobachtet, um die für die Landwirtschaft wichtigen beiden Regenzeiten des Jahres vorauszusagen. Der erste Regen des Jahres, Mitte Februar, hieß nach Al-Malik al-Ashraf ʿUmar »wasmī«. Es ist das gleiche Wort, das bereits die Araber vor dem Islam für diesen Regen benutzt hatten, weil er den Boden mit Pflanzen ›markierte‹ (yasimu). Im Norden des Jemen bezieht sich der Name jedoch überwiegend auf die sommerliche Regenzeit. Dieser Regen fällt, wenn die Sterngruppe ṣawāb (Pegasus) am Morgen aufgeht. Die Zeit der stärksten Regenfälle begann mit dem morgendlichen Aufgang von Canopus (suhayl) gegen Ende Juli und dauerte bis Ende August, wenn der vierte Stern des Großen Wagen morgendlich aufging. Al-Malik al-Ashraf ʿUmar verzeichnet dazu das Sprichwort: »Wenn der Canopus aufgeht, dann freue dich über die Fluten« »Idhā ṭalaʿ suhail fa-abschar bi-sail baʿd sail«. Ein anderes jemenitisches Sprichwort lautet: »Wenn die vier Sterne des Großen Wagen erkennbar sind, dann binde deine Pflanzen irgendwo an« »Idhā ṣaghayta al-arbaʿa, wakī al-zirāʿ ʿalā mā maʿhu« — gemeint ist, daß so ihr Wegschwemmen durch die heftigen Regengüsse verhindert werden soll.

Die rasulidischen Texte zeichnen auch ein genaues Bild des landwirtschaftlichen Jahreszyklus in der Küstenzone und dem südlichen Hochland des Jemen. Der vollständigste und früheste rasulidische Almanach, von Al-Malik al-Ashraf ʿUmar, etwa um 1272 verfaßt, beginnt mit dem Monat Oktober (Tishrīn al-awwal) des julianischen Kalenders. Die Daten liegen also ungefähr 8 Tage früher als nach unserem heutigen gregorianischen Kalender. Der Almanach enthält neben Hinweisen zu Aussaat, Ernte und Nutzpflanzen astronomisches Wissen, Hinweise auf das Wetter, Pflanzen und Tiere, den Flutstand von Nil und Euphrat, Navigationshinweise für den Schiffsverkehr von und nach Aden, dem bedeutendsten mittelalterlichen Hafen des Jemen. Hauptgetreidesorte im Jemen war von jeher Sorghum-Hirse (Dhura). Aus Hirsemehl wurde Brot gebacken und Brei (ʿaṣīd) bereitet. Die Halme dienen als Futter und als Brennmaterial. Die rasulidischen Quellen unterscheiden mehr als 25 Sorten Hirse; die Hauptgruppen sind jedoch nach der Farbe der Körner — rot, weiß oder gelb — benannt. Einige Hirsesorten wurden nach dem Sternbild benannt, unter dem sie ausgesät wurden, so z. B. sābiʿī, nach dem siebten (sābiʿ) Stern des Großen Wagen. Der Name ist noch heute üblich.

Diese Art weiße Hirse war typisch für die Küstenzone und wurde dort bereits nach 90 Tagen geerntet, sodaß weitere Ernten möglich waren. Im Hochland wurde die Hirse meist während der sogenannten 10 »auserwählten Tage« (al-ʿashr al-mukhtāra) Ende März/Anfang April ausgesät und im Oktober geerntet.

Eine andere wichtige Getreidesorte im Küstenland war Pennisetum-Hirse (dukhn), besonders auf regenbewässertem Land. Zuckerrohr wurde im Winter ausgesät. Reis wurde auf einzelnen königlichen Domänen gepflanzt; Wassermangel machte jedoch Reisanbau in größerem Umfang unmöglich. Weizen (burr oder birr) und Gerste (shaʿīr) waren im Hochland wichtiges Brotgetreide. Sommerweizen wurde zur Zeit der Rasuliden zwischen Ende Mai und Mitte Juli ausgebracht und im September geerntet. Wintergetreide, qiyāḍ, wurde im Dezember gesät und von Mitte März an geerntet.

Sesam wurde in der Küstenzone zur Herstellung von Speiseöl angebaut. Die Arbeiten begannen entweder im Mai oder Dezember und die Sesamkörner konnten etwa 50 Tage später geerntet werden. Saubohnen (dijr), Erbsen (ʿatar), dicke Bohnen (bāqillāʾ oder fūl) und Lablabohnen (kishd oder hurṭumān) wurden zwischen die Hirse gepflanzt. Al-Malik al-Ashraf ʿUmar nennt für das Hochland drei Sorten von Linsen (adas): lange, mittlere und kurze. Die langen wurden zusammen mit der Getreidesorte wasmī gepflanzt, die mittleren zusammen mit der Gerste und die kurzen nach der Gerste. Al-Malik al-Afḍal al-ʿAbbās zitiert seinen Vater dafür, daß der Boden für Linsen weniger stark zu pflügen sei als der für Getreide.

Grünes Gemüse war im Jemen selten und wurde in rasulidischer Zeit im wesentlichen nur für den Bedarf des Sultanshofes angebaut. Der Bauer zog für seinen Eigengebrauch im wesentlichen nur Zwiebeln (baṣal), Porree (kurrāth) und Rettiche (fijl). Die meisten in der damaligen Zeit bekannten Obstsorten wurden im Jemen angebaut. Einige exotische Früchte, etwa die Kokosnuß (nārjīl) hatten die Rasuliden ins Land gebracht, vor allem aus Indien, mit dem ein reger Handelsaustausch bestand.

Die Dattelpalme war von alters her im Jemen heimisch, besonders in der Küstenregion und in der Gegend von Nadjrān. Im präislamischen Nadjrān galt die Palme als Gottheit, im Islam wurde sie zum Baum des Paradieses. Al-Malik al-Afḍal al-ʿAbbās beschreibt zwei Hauptsorten von Dattelpalmen im Jemen. Die Sorte thaʿl/thuʿl, ursprünglich aus Mekka, trug Früchte bereits nach drei Jahren, die Sorte muwallad trug nach vier oder fünf Jahren, und die Datteln wechselten während des Reifeprozesses ihre Farbe. Der grüne Kolben (ṭalʿ) der Blüte entwickelte sich etwa Mitte Dezember. Ende April sei das unreife Stadium der Datteln (busr) erreicht, die Dattel (ruṭāb) sei ab Anfang Juni reif. Die 10prozentige zakāt-Steuer wurde auf Datteln in der gesamten Küstenregion im Monat Juni erhoben. Die Hauptdattelernte im Jemen begann Mitte Juli.

Die erste Ernte der frischen Datteln wurde von den rasulidischen Sultanen mit einem Fest in der Stadt Zabīd gefeiert. Dieses Fest hieß sabt al-subūt und fand am ersten Samstag des Monats Mai statt. Ibn al-Mujāwir, der Reisende des 13. Jh.s, beschrieb dieses Fest, das nach ihm mehrere Monate gedauert haben soll. Männer und Frauen hätten Dattelwein (faḍīkh) getrunken und sich wenig erlaubten Vergnügungen hingegeben. Nach Al-Khazrajī, dem bedeutendsten Geschichtsschreiber der rasulidischen Dynastie, habe Al-Malik al-Ashraf ʿUmar das Fest sabt al-subūt im Jahre 1296 dadurch gefeiert, daß er sich mit 300 Kamellasten an Nahrungsmitteln und zahlreichen Tänzerinnen unter die Palmen begeben habe.

Die wichtigste Frucht im Hochland waren Trauben. Nach Ibn Rusta soll es mehr als 70 Traubensorten im Jemen gegeben haben. Al-Malik al-Ashraf ʿUmar berichtet, daß die Traubenernte in Nadjrān Anfang August begonnen habe, ab dem 19. August östlich von Sanaa und ab dem 13. September in Sanaa. Trauben für Rosinen wurden ab September geerntet, außer an den Tagen des Aufsteigens des 6. Sternes des Großen Wagen, wo man darauf verzichten sollte.

Während uns relativ viele Einzelheiten über den Anbau landwirtschaftlicher Erzeugnisse aus rasulidischer Zeit bekannt sind, wissen wir relativ wenig über ihre wirtschaftliche Bedeutung. Getreide wurde im wesentlichen für den Eigenbedarf angebaut. 10 Prozent gingen als zakāt an die königliche Kasse. Erst zu späterer Zeit wurden Kaffee und Qat im Hochland eingeführt. In den rasulidischen Quellen wird Qat noch nicht erwähnt.

Baumwolle und Flachs wurden in gewissem Umfang ebenfalls im Jemen angebaut. In Al-Mahjam am Wādī Surdud in der Tihāma wurde Baumwolle Ende Mai geerntet, während die Erntezeit in Abyan östlich von Aden im Dezember lag. Nach Al-Malik al-Ashraf ʿUmar wurde Flachs im Juni und Juli ausgesät. Flachs diente nicht nur zur Herstellung von Leinen, seine Samen wurden auch als Heilpflanze verwendet. Die Quellen berichten, daß Krapp (fuwwah) — seine Wurzeln sind Ausgangsprodukt für rote Farbe — ein jemenitisches Exportprodukt war. Krapp wurde im Dezember und Januar gepflanzt und nach einem Jahr geerntet. Die besten Sorten erntete man nach 2½ Jahren.

Die landwirtschaftlichen Traktate der Rasuliden geben aromatischen Pflanzen und Blüten viel Raum. Die Rose kommt im Jemen wild vor, doch importierte man eine weiße Form aus Syrien und pflanzte sie in Gärten. In Ta'iz konnte man sie bereits im Januar blühen sehen, üblicherweise jedoch erst im April. Neben der wilden Narzisse ('abhar) gab es eine domestizierte Form (maḍā'if), deren Zwiebel im Dezember gepflanzt wurde und die nach 50 Tagen blühte. Der weiße Jasmin war im Jemen wohl bekannt, die gelbe Sorte (full oder zanbaq) wurde von den Rasuliden eingeführt. Mohn (für Opium) wurde im Mai oder Juni gesät. Ursprünglich aus Indien stammte auch eine besonders beliebte Duftpflanze, die Pandanus- (pandanus tectorius Sol.) oder Schraubenpalme (pandanus, arabisch kādhī), die in ihrer Form einer Bananenstaude ähnelt. Nach Al-Hamdānī soll ihr Duft begehrter gewesen sein als der aller anderen Aroma-Stoffe.

Die zahlreichen rasulidischen Texte bieten uns einen einmaligen Einblick in die mittelalterliche Landwirtschaft im Jemen. Anbauratschläge verbinden sich mit einer wissenschaftlichen Tradition, die in die Zeit vor dem Islam zurückreicht. In den königlichen Gärten pflanzten die Sultane exotische Pflanzen; Gartenbau war ein königlicher Zeitvertreib. So wissen wir etwa, daß Sultan Al-Malik al Muẓaffar Yūsuf sich auf seine königlichen Gärten in Tha'bāt bei Ta'iz zurückzog und seinem Sohn die Herrschaft über das Reich übertrug. Al-Malik al-Afḍal al 'Abbās beschreibt mehrere Pflanzenzüchtungen der Sultane.

Landwirtschaftliche Almanache entstanden auch in späteren Jahrhunderten, stützten sich aber stark auf die rasulidischen Beispiele. Die Tradition der Almanache reicht bis in unser Jahrhundert, in dem sie verschiedentlich sogar gedruckt wurden. In den letzten Jahrzehnten des Imamats erschien z. B. der jährliche Almanach des Muḥammad al-Ḥaydara mit Angaben über die landwirtschaftlichen Sternkonstellationen. 1959 erschien von Muḥammad Ṣāliḥ al-Sirājī ein Almanachblatt mit den 28 Mondstationen und ihren jemenitischen Gegenstücken.

Abschließend sei betont, daß die überlieferten Texte, so wichtig sie auch zur Beschreibung der angebauten Produkte sind, eher Frucht wissenschaftlicher Betrachtung als die Darstellung der tatsächlichen Anbaumethoden der jemenitischen Bauern im Mittelalter sind. Es ist anzunehmen, daß in der Praxis erhebliche Unterschiede von Region zu Region bestanden. Ethnographische Untersuchungen legen es nahe, solche unterschiedlichen Anbaumethoden sogar für benachbarte Dörfer anzunehmen. Während wir durch die rasulidischen Texte einen sozusagen »königlichen Blick« auf die wesentlichste wirtschaftliche Aktivität ihrer Epoche werfen können, wissen wir recht wenig über das Leben des einfachen jemenitischen Bauern.

Literatur

Meyerhof, M.: Sur un traité d'agriculture composé par un sultan yéménite du XIVe siècle, Bulletin de l'Institut d'Egypte (Cairo), XXV: 1942/43, p. 55—63, XXVI: 1943/44, p. 51—65.
Serjeant, R. B.: The cultivation of cereals in medieval Yemen, Arabian Studies, I (1974), p. 25—74.
Serjeant, R. B.: Star calenders and an almanac from south-west Arabia, Anthropos, 49 (1954), p. 433—459.
Varisco, D. M.: The production of Sorghum (dhurah) in highland Yemen, Arabian Studies, VII (1985), p. 53—88.

Arzneikunde und Heilpflanzen im mittelalterlichen Jemen

Daniel Martin Varisco

Traditionelle Heilkunst — vor allem die Nutzung von Heilpflanzen — ist im Jemen bis heute lebendig geblieben. Ein Teil dieses Wissens geht zurück auf die sogenannte »Heilkunst des Propheten« (al-ṭibb al-nabawī), Kenntnisse, die sich um dem Propheten Mohammed zugeschriebene Aussprüche ranken. Die jemenitischen Gelehrten kannten die wichtigsten mittelalterlichen Herbarien, etwa die berühmte materia medica des Ibn al-Bayṭār. Der jemenitische Gelehrte Abū Muḥammad al-Ḥasan al-Hamdānī (10. Jh.) bezog sich auf verschiedene arabische Übersetzungen griechischer medizinischer Traktate. Überhaupt stützte sich die islamische Medizin stark auf die Schriften des Hippokrates und seiner Schule, und auf die Werke Galens.

Unter den Rasuliden-Herrschern fanden medizinische Texte aus Ost und West Verbreitung im Jemen. Al-Malik al Muẓaffar Yūsuf, Sohn des Begründers der rasulidischen Dynastie im Jemen, wird ein Werk über Arzneipflanzen mit dem Titel »Al-Muʿtamad fī al-adwīya al-mufrada« zugeschrieben. Allerdings handelt es sich bei diesem Werk nicht um eine eigenständige Schöpfung, sondern um eine Zusammenstellung verschiedener älterer Texte, insbesondere solcher von Ibn al-Bayṭār, Ibn Jazla, Ḥasan ibn Ibrāhīm al-Taflīsī, Al Zahrāwī und Ibn al-Jazzār. Die einzelnen Wirkpflanzen sind in alphabetischer Reihenfolge aufgezählt; besondere Hinweise auf den Jemen werden kaum gegeben.

Eines der von Al-Malik al Muẓaffar Yūsuf erwähnten Kräuter ist amīr bārīs, die Berberitze (Berberis vulgaris). Der Verfasser zitiert Ibn al-Bayṭār, der diese Pflanze mit der griechischen »Barbārīs« und der persischen »zirrishk« gleichgesetzt habe. Im jemenitischen Dialekt nenne man die Pflanze »ʿarm«. Al-Hamdānī seinerseits vermerkte, daß die Femininform ʿarma im Jemen auch ein Frauenname sei. Nach Al-Malik al-Muẓaffar soll die Berberitze starke Schwellungen lindern und innere Blutung zum Stillstand bringen. Ferner sei sie stopfend, durstlöschend, helfe bei Magenbeschwerden, verhindere Magengeschwüre und mache die Galle »gelb«. In dem von den Griechen übernommenen Feuchtigkeitssystem der Arzneimittel galt diese Pflanze als kalt und trocken. Am Jabal Ṣabir oberhalb von Taʿiz werden Berberitzenstengel heute noch zur Abdeckung von Wunden verwendet. Der Almanach des Sohnes und Nachfolgers von Al-Malik al-Muẓaffar Yūsuf, Al-Malik al-Ashraf ʿUmar, vermerkt, daß die Berberitze im September reife und bis zur Getreide-Ernte am Strauch stehe.

Unter den Rasuliden entstand eine große Anzahl medizinischer Texte, von denen sich leider nur wenige erhielten. Die umfassendste Sammlung findet sich in einer Sammelhandschrift aus der Zeit von Al-Malik al-Afḍal al-ʿAbbās. Die Texte betreffen Arzneipflanzen, Wundheilkunst, verschiedene Krankheiten sowie magische Aspekte der Medizin. Ein medizinischer Text des Muḥammad ibn Abī Bakr al-Fārisī — eines Zeitgenossen von Al-Malik al-Muẓaffar — behandelt Krankheiten der einzelnen Körperteile; angefügt ist ein in der Hindutradition stehender Abschnitt über den Gebrauch von Talismanen.

Eines der berühmtesten jemenitischen medizinischen Werke verfaßte Ibrāhīm ibn ʿAbd al-Raḥmān ibn Abī Bakr al-Azraq (15. Jh.). Dieses Lehrbuch mit dem Titel »Tashīl al-manāfiʿ fī al-ṭibb wa al-ḥikma« behandelt alle Aspekte der medizinischen Wissenschaft. Ibn Abī Bakr al-Azraq beginnt mit einer Beschreibung der vier Flüssigkeitszustände des Körpers. »Gelbe« Galle (al-mirra al ṣafrāʾ) sei heiß und trocken; sie sei aus Feuer geschaffen und dominiere im Sommer. Man nahm an, daß diese gelbe Galle sich im Kopf befinde. »Phlegma« (balgham) sei kalt und feucht, sei aus dem Wasser geschaffen und habe seinen Sitz in der Lunge. Dieser Feuchtigkeitszustand regiere den Menschen im Winter. Der Feuchtigkeitszustand des Blutes (dam), heiß und feucht, stamme aus der Luft und sei im Frühling vorherrschend. Der Feuchtigkeitszustand der schwarzen Galle (al-mirra al sawdāʾ), kalt und trocken, stamme von der Erde und habe seinen Sitz in der Milz.

Diese Lehre von den Feuchtigkeiten stellt eine ganzheitliche Sicht der menschlichen Gesundheit dar. Einmal wird die Gesundheit mit dem Wetter korreliert: der Wechsel der Jahreszeiten bedeutet somit auch Veränderungen im menschlichen Körper. Zweitens erlaubt dieses System, alle Krankheiten in vier Prinzipien aufzuteilen (heiß, kalt, feucht und trocken). Und schließlich wird Krankheit als ein Abweichen von einem von Natur aus ausgeglichenen Zustand definiert. Prävention und Behandlung von Krankheiten sollen somit diese natürliche Ausgeglichenheit wieder herstellen, etwa, indem geraten wird, im Sommer Nahrungsmittel mit den Eigenschaften »kalt und feucht« zu sich zu nehmen.

Präventive Diät war der wesentlichste Aspekt mittelalterlicher islamischer Medizin. Die meisten Almanache stellen deshalb Nahrungsmittel für die einzelnen Jahreszeiten und Monate zusammen. So empfiehlt Al-Malik al-Ashraf ʿUmar heiße, feuchte und fette Nahrungsmittel für den Monat Oktober, auch Fleisch — jedoch kein Ochsenfleisch; keine Linsen, keine Sumach-Früchte (Rhus coriaria), keine sauren Trauben, keine trockenen Hülsenfrüchte oder sonstige stopfende Nahrungsmittel. Dafür sollte man im heißen Monat Juni weniger essen. Hier vor allem

»kalte« und »feuchte« Nahrungsmittel, z. B. Fisch, Milch, Gurken.
In der mittelalterlichen medizinischen Theorie galt auch Geschlechtsverkehr als eine Form von Präventivmedizin. Er wird häufig als Heilmittel für gewisse Krankheiten bezeichnet, insbesondere Geistesgestörtheit. Die rasulidischen Almanache nennen die für Geschlechtsverkehr geeigneten Monate, und die ungeeigneten. Insbesondere für den Monat Juli wird wegen der starken Hitze abgeraten. Schon der Prophet Mohammed hatte zu weniger Sex im Sommer geraten, wie bereits Jahrhunderte vor ihm Hesiod. Die Arzneipflanzen-Verzeichnisse führen auch Aphrodisiaka auf (z. B. Trauben, Honig, Ingwer und Gewürznelken), sowie die das Gegenteil bewirkenden Pflanzen (Rosen, Dillsamen, Saubohnenmehl, Lattich).
Heilkunst im Jemen beruht heute noch auf einer literarischen Tradition, auch auf dem Lande. Oft gilt schon das richtige Wort als Heilmittel, etwa indem man den Koran über einen Kranken rezitiert. Ein Vers auf einem Stück Papier, in ein silbernes Amulett gerollt, schützt vor dem bösen Blick. Auch gewisse Pflanzen gelten als Schutz gegen unsichtbare Mächte. Eine der wichtigsten ist shadhāb (Ruta chalepensis), eine Rautenform. Ein Büschel wird bei Hochzeiten, Geburtsfeierlichkeiten und sonstigen Feierlichkeiten getragen. In manchen Gebieten Jemens weiß man um Heilwirkungen fast jeder Pflanze — das Wissen darüber geht jedoch in den jüngeren Generationen ganz verloren. Die zahlreichen Heilpflanzen, etwa im Suq von Sanaa, werden heute überwiegend aus Indien importiert.

Literatur

Ganora, R.: Flora medicinale dello Yemen, Archivio Italiano di Scienze Mediche, 12 (1931), p. 288—309.
Fleurentin, J. and Pelt, J.-M.: Repertory of drugs and medicinal plants of Yemen, Journal of Ethnopharmacology, 6 (1982), p. 85—108.
Ibn al-Bayṭār: Große Zusammenstellung über die Kräfte der bekannten einfachen Heil- und Nahrungsmittel, von: Abu Mohammed Abdallah ben Ahmed aus Malaga, bekannt unter dem Namen Ebn Baithar. Aus dem Arabischen übersetzt von Joseph von Sontheimer, 2 Bände, Stuttgart 1840 und 1843.
Schopen, Armin: Traditionelle Heilmittel in Jemen, Wiesbaden 1983.

Kleine Wirtschaftsgeschichte des Jemen in der Neuzeit (1500—1948)

Manfred W. Wenner

Nur wenigen Ländern gelingt es, in der Weltgeschichte mehr als einmal eine bedeutende Rolle zu spielen. Jemen — in unserer heutigen Terminologie Nord- und Südjemen — gelang es zweimal. Bei beiden Gelegenheiten wurde der Jemen durch diese seine von den übrigen Staaten keineswegs ohne weiteres akzeptierte Rolle zum Objekt heftiger Handelsrivalitäten, die mit politischen und wirtschaftlichen Mitteln diese Stellung zu erschüttern versuchten. Gleichzeitig aber ermöglichte diese Rolle es dem Land, sich in bedeutendem Umfang Wohlstand zu erwerben — wenn auch nur für jeweils kurze Zeit.

Die erste dieser beiden Epochen bildeten die Jahrhunderte vor und nach Christi Geburt, als die Stadtstaaten in der südwestlichen Ecke der Arabischen Halbinsel (d. h. das sabäische, minäische und ḥimyaritische Reich) den Weihrauchhandel und den Myrrhehandel kontrollierten, und darüberhinaus eine Monopolstellung im Transit-Handel mit einer Anzahl anderer hochbewerteter Güter (Gewürze, Elfenbein, Federn, Edelsteine, exotische Tiere und ähnliches) besaßen, deren Ursprungsland anderswo lag.

Den Beginn der zweiten Epoche kann man im 15. Jh. ansetzen. Sie hängt mit der Entdeckung des Kaffees zusammen und mit den Versuchen verschiedener europäischer und nahöstlicher Mächte, Jemens Rolle bei dieser neuen und wertvollen Ware zu beschränken, und zugleich Anteil an dem gewinnbringenden Gewürzhandel zu gewinnen, der seit jeher von Indien über die arabischen Häfen nach Europa lief. Gleichzeitig damit gab es — wenn auch nur sekundär — Bemühungen, neue Absatzmärkte für europäische Fertigwaren zu finden.

Beide Gelegenheiten beleuchten Jemens Funktion während dieser und der jeweils folgenden Jahrhunderte: Quelle einiger weniger wertvoller Waren, sowie als Zwischenhandelsplatz auf den Handelswegen von Südostasien zum Mittelmeer. Obwohl also die Chroniken und Reiseberichte durchaus auch einige im Lande hergestellte Erzeugnisse erwähnen, beruhte Jemens historische Rolle auf einer Verbindung seiner geographischen Lage mit der Fruchtbarkeit und Vielfältigkeit seines landwirtschaftlichen Erbes.

Die Wirtschaft Jemens

Für eine Beschreibung und Analyse der jemenitischen Wirtschaft gilt es, zwischen der einheimischen Wirtschaft und der auf dem Fernhandel beruhenden zu unterscheiden. Für den ersteren Bereich haben wir es mit den Gütern und Dienstleistungen für den Eigenbedarf des Landes zu tun, und, sofern uns darüber Daten vorliegen, mit den Preisen, Produktionsmöglichkeiten und den sonstigen ökonomischen Faktoren dieser Gewerbe. Hier lassen sich dazu nur ein paar allgemeine Bemerkungen machen:

Die regionale Gliederung des Landes, die verschiedenen Mikroklimata und seine Geographie, erlauben dem Jemen die Erzeugung einer erstaunlichen Vielfalt landwirtschaftlicher Produkte: von Zitrusfrüchten und anderen tropischen Pflanzen in der Tihama bis hin zu den Früchten und Gemüsen der gemäßigten Zonen, wie sie auf den Hochebenen und im Gebirge gedeihen (etwa Äpfel, Birnen, Kartoffeln).

Einen zweiten wichtigen Faktor bildeten die beinahe ständigen Unruhen, dynastischen Gegensätze, die Eroberungsabsichten seitens verschiedener nahöstlicher und europäischer Mächte, sowie die traditionellen Konflikte zwischen den Stämmen. Dies blieb nicht ohne Einfluß auf die Stabilität im Innern und auf die Möglichkeiten des Handels. Der jemenitische Landwirt beschränkte sich deshalb bei den meisten Produkten auf seinen Eigenbedarf. Obgleich also theoretisch durchaus die Möglichkeit einer landwirtschaftlichen Überschußproduktion bestand, war dies in der Wirklichkeit nur selten der Fall. Gerade während der in diesem Aufsatz betrachteten Jahrhunderte hatte der Jemen nur sehr selten das Glück, in innerem Frieden und in Sicherheit zu leben.

Als dritten Aspekt sollte man auch den technologischen Wandel und den Wettbewerb aus dem Ausland beachten: Beide erschütterten eine Anzahl traditioneller jemenitischer Handwerkstechniken. Beispielsweise hatte noch im Mittelalter die Stahlerzeugung aus den — allerdings bescheidenen — lokalen Eisenerzvorkommen ihre Bedeutung. Als jedoch in Europa und anderswo hergestellte

Hausfassade in Zabīd, Zeichnung von John Nankivell.

Gouverneurspalast in Hodeida, 1849/50, Zeichnung aus Muṣṭafā Ḥāmī Pascha, Serq el-ʿasker el-djedīd. Handschriftlicher Bericht über die türkische Eroberung Jemens 1849 (Staatsbibliothek Preußischer Kulturbesitz, Berlin).

Fertigwaren eingeführt wurden, beendeten sie damit tatsächlich die Rolle Sanaas als einer Quelle für besonderen oder besonders begehrenswerten Stahl.

Das gleiche kann man für die Textilherstellung sagen. Lediglich den Bootsbauern in der Tihama gelang es, diese Periode durchzustehen — wohl vor allem deshalb, weil die von ihnen gebauten Schiffe besonders gut zur Navigation in den verräterischen Wassern des Roten Meeres geeignet waren.

Der Außenhandel betraf, wie in den meisten Ländern, nur eine geringe Anzahl von Gütern, nämlich jene, die wegen ihrer Seltenheit und ihres Wertes auch in fernen Ländern nachgefragt wurden. Produktion und Handel mit diesen Gütern lagen in den Händen eines vergleichsweise kleinen Teiles der Gesamtbevölkerung. Nehmen wir als Beispiel den Kaffee: Der durchschnittliche Landbesitz eines jemenitischen Kaffee-Erzeugers ist sehr klein. Obwohl Kaffee in zahlreichen Orten angebaut wird, ist deshalb die Gesamtmenge des erzeugten Kaffees gering. Dies erklärt die Knappheit des jemenitischen Kaffees während der hier betrachteten Jahrhunderte.

Nachfrage und Handel wandeln sich im Lauf der Zeit. Beispielsweise wurde oben erwähnt, daß Jemen im Altertum den Handel mit Weihrauch und Myrrhe beherrschte. Auch im 16. Jh. gab es noch eine Nachfrage nach diesen beiden Baumharzen; gleichwohl aber bildeten sie nicht mehr die Eckpfeiler des jemenitischen Außenhandels. Heute ist ihre Bedeutung völlig marginal.

Nach der Entdeckung des Kaffees gewann er schnell eine wirtschaftlich beherrschende Rolle im Jemen. Zu gleicher Zeit erzeugte das Land aber auch noch einige andere Produkte, für die sich die Händler aus Europa und Indien interessierten. Dabei handelte es sich, neben Weihrauch und Myrrhe, vor allem um weitere Arten von Räucherwerk, um Parfümrohstoffe, z. B. Aloe, oder das an den Stränden der Insel Sokotra gesammelte Ambra, einige Heilpflanzen (z. B. Tamarinde und Opium) sowie Farbstoffe, etwa das ebenfalls von Sokotra stammende Drachenblut. Hinzu kamen noch eine Anzahl von Nahrungsmitteln oder Tand. Eine ausführliche Liste derjenigen Waren und Güter, mit denen die arabischen und indischen (Banyan) Händler in den Häfen am Roten Meer und in Aden handelten, ist als Anhang beigefügt.

Jemen und seine Rolle beim Rotmeer- und Indienhandel

Es fällt uns manchmal schwer, Inhalt und Komplexität des Lebens in früheren Jahrhunderten voll zu erfassen. Noch schwieriger fällt uns das Verständnis dafür, warum die Menschen früherer Zeiten einen solch ausgeprägten Bedarf an Gütern hatten, die aus unserer heutigen Sicht und Erfahrung als belanglos erscheinen, oder die für uns deshalb geringe Bedeutung haben, weil wir sie jederzeit in der gewünschten Menge und zu beinahe absurd niedrigen Preisen im Supermarkt um die Ecke kaufen können. Nur schwer können wir uns deshalb vorstellen, wie es über solche Dinge wie Myrrhe, Pfeffer, Nelken und zahllose andere ähnliche Produkte zu Streit, zu Schlachten und sogar zu langwierigen Kriegen kommen konnte. So galt beispielsweise im alten Ägypten und in Rom Weihrauch soviel wie Gold. Weihrauch war ein unverzichtbarer Bestandteil in Gesellschaft und Religion der meisten Länder rund um das Mittelmeer. Heute kann man Naturweihrauch auf jedem Markt Südarabiens in gewünschter Menge erwerben, und in größeren Quantitäten in jeder Stadt Südjemens und Omans. Die Preise liegen so niedrig, daß die Kaufleute der Antike, würden sie sie heute erleben, zu weinen begännen: Unter 200 Dollar pro Tonne, verglichen mit etwa 650.000 Dollar pro Tonne vor 2000 Jahren! Zu Beginn des 19. Jahrhunderts zahlten britische Händler knapp 24 Pfund für 154 kg Myrrhe, die sich in London für etwas über 71 Pfund verkaufen ließen. Der Gewinn betrug also rund 200 Prozent. Heute kostet Myrrhe immer noch ungefähr den gleichen Preis, doch liegt die Gewinnmarge deutlich niedriger.

Mit anderen Worten: Will man Jemens Rolle zwischen dem 16. und dem 20. Jh. wirklich verstehen, so erfordert dies eine gewisse Kenntnis jener Gewürze, Duftstoffe, Drogen, Arzneien, Salben und Farbstoffe, die den Menschen während dieser Zeit als wichtig und unersetzlich galten. Ferner muß man etwas von denjenigen Nahrungsmitteln wissen, die den Gegenstand des Fernhandels bildeten — und hier, allem voran, dem Kaffee.

Es wurde bereits erwähnt, daß nicht alle diese Waren im Jemen selber hergestellt oder, soweit es sich um landwirtschaftliche Produkte handelte, erzeugt wurden. Man kann sogar sagen, daß die meisten Waren in den Geschäften der Rotmeer-Kaufleute von irgendwo anders herstammten und nur als Teil des traditionellen Handels zwischen Mittelmeer und Indischem Ozean in den Jemen gelangten.
In der Antike führten die Handelsrouten über See von Indien zur Arabischen Halbinsel und von hier über Land nach Norden. Nach der Entdeckung der Monsunwinde zwischen Arabien und Indien versuchten die europäischen Mächte, Anteil an diesem Handel zu gewinnen. Als es schließlich auch noch gelang, die Gezeiten, Sandbänke und Riffe des Roten Meeres zu meistern, verlagerte sich auch hier die alte Landhandelsroute auf die See. So kam es, daß sich der wirtschaftliche Schwerpunkt Jemens von der Osthälfte des Landes nach Westen verschob.
Die größere Leichtigkeit und die deutlich niedrigeren Kosten des Seehandels führten dazu, daß sich mehr und mehr Mächte für die indischen Häfen, die wie Calicut und Diu zu Sammel- und Weiterverteilungszentren der Waren aus weiter entfernt liegenden asiatischen Ländern geworden waren, interessierten.

Die türkische Flotte vor Kamarān, von Hodeida aus gesehen, Zeichnung aus Muṣṭafā Ḥāmī Pascha, Serq el-ʿasker el-djedīd. Handschriftlicher Bericht über die türkische Eroberung Jemens 1849 (Staatsbibliothek Preußischer Kulturbesitz, Berlin).

Sanaa, Große Moschee (Ostminarett); Zeichnung von Renate Strasser.

In der Vergangenheit waren es vor allem die arabischen Häfen und ihre Kaufleute gewesen, die diesen Indienhandel beherrschten und die die großen Häfen des Mittelmeers — allen voran Alexandria — mit den Gütern Südasiens belieferten. Die Gewinne aus diesem Handel lagen selten niedriger als 100 Prozent, und meist zwischen 200 und 400 Prozent. Besonders gut gelungene Einkäufe, die zum richtigen Zeitpunkt eintrafen, brachten durchaus Gewinne von 2000 bis 10.000 Prozent. So kam es, daß die arabischen Kaufherren für ihr Heimatland zur Hauptquelle wirtschaftlichen Wohlstandes und politischer Macht wurden. Bis heute kann man an ihren Häusern im Nord- und Südjemen den Erfolg dieser Handelsgeschlechter erkennen.
Es war wohl unvermeidlich, daß dieser Erfolg die mittelmeerischen und europäischen Stadtstaaten und Länder dazu veranlaßte, selber an diesem einträglichen Handel teilhaben zu wollen. Mit dem wirtschaftlichen Aufstieg Europas stieg auch die Nachfrage nach vielen dieser Güter. So kam es zur Errichtung fester Handelsniederlassungen und dem Wunsch, diesen Handel nach Möglichkeit sogar in seiner Gänze zu kontrollieren. Mit dieser Epoche gleichzeitig — und natürlich nicht unbeeinflußt von diesen Handelsrivalitäten — beobachten wir die großen europäischen Entdeckungsfahrten.
Zu Beginn des 16. Jh.s war Portugal die erste europäische Macht, die sich, nachdem portugiesische Seefahrer den Weg um das Kap der Guten Hoffnung entdeckt hatten, in die vergleichsweise unbekannten Gegenden um das Arabische Meer vorwagte. Dieses Ereignis kann man vielleicht als das bedeutendste in der neueren Geschichte der Arabischen Halbinsel ansehen, da es unvermeidlich zum wirtschaftlichen Niedergang der Staaten, Städte und Klassen führte, die bis dahin von diesem Handel abhingen. Dieser Niedergang hatte seinerseits wiederum Auswirkungen im politischen Bereich. Vermutlich führte der scharfe Einkommensabfall zu einer Verschärfung des Kampfes um die verbleibenden Ressourcen. Meiner Meinung nach kann man die jahrhundertelangen Konflikte im jemenitischen Hochland durchaus — jedenfalls zum Teil — mit dieser Verringerung von Einkommen und Ressourcen in Verbindung bringen.
Die Seewege, die die arabischen Händler während langer Jahrhunderte benutzt hatten, erforderten bestimme Typen von Schiffen, die Kenntnis der jeweiligen Häfen, der Winde, Möglichkeiten zur Kontrolle bestimmter Proviantplätze an Land, Kenntnisse der Gezeiten und der verschiedenen Gefahren der Strecke. Zugleich war eine gewisse Verbindung zu den entsprechenden, zu den Seehandelswegen gehörenden Verkehrsstrecken zu Lande (z. B. von Djidda nach Mekka) erforderlich. Kurz gesagt, bestand der Fernhandel also aus zahlreichen Umladungs- und Stapelplätzen, an denen sowohl staatliche Behörden als auch sonstige Machthaber den Waren Tarife und Zölle auferlegen konnten. Schätzungen gehen davon aus, daß bis zur Hälfte des Endpreises der Güter auf solche Abgaben zurückzuführen war.
Die Portugiesen hatten diese Kosten nicht zu tragen, wenn sie die Waren beispielsweise direkt von Calicut oder Diu zu dem europäischen Verbrauchsland (bis hin nach Nordeuropa, etwa Antwerpen) transportierten. Ihre Schiffe waren größer, mußten daher seltener zwischenlanden und hatten deshalb deutlich weniger Zwischenkosten für das Umladen, für Vermittler und Zölle. So konnten sie nicht nur in Europa selber ihre Waren billiger anbieten, sondern zugleich auch dem Produzenten in Indien höhere Preise bezahlen.
Dies führte zu heftiger Konkurrenz zwischen den arabischen und indischen Kaufleuten einerseits und den neu am Markt teilhabenden Portugiesen und den übrigen Europäern andererseits. Der Konkurrenzkampf nahm oft sogar die Form bewaffneter Auseinandersetzungen an, Schiffe wurden verbrannt, Häfen gesperrt, Kaufleute, die sich an den kollektiven Maßnahmen nicht beteiligen wollten, wurden eingeschüchtert und gelegentlich ermordet. Hinzuzufügen ist, daß die beiden Seiten in diesem in erster Linie wirtschaftlichen Streit zugleich auch unterschiedlichen Glaubensgemeinschaften angehörten, wodurch diese Konflikte nur noch bitterer und grausamer werden konnten.
Mit dem Niedergang des portugiesischen Staates versuch-

ten andere europäische Mächte einen Teil dieses Handels für sich zu gewinnen: das waren jetzt vor allem Niederländer, Briten und Franzosen; später kamen noch die Amerikaner hinzu.

Man sollte freilich nicht glauben, daß die Muslims diesen Wechsel ohne Widerstand hinnahmen. Gewiß hatten die Mamelucken kein besonderes Augenmerk auf den Rotmeer-Handel, doch als das osmanische Reich zu Beginn des 16. Jh.s die Macht übernahm, änderte sich dies. Obgleich man oft behauptet hat, die Osmanen hätten sich wegen der kulturellen und sprachlichen Unterschiede nicht für ihre arabischen Territorien interessiert, erscheint eine solche Feststellung doch keineswegs korrekt. Es gibt im Gegenteil viele Anzeichen dafür, daß die Osmanen einen sehr intensiven Blick auf die islamischen Wirtschaftsinteressen im Roten Meer warfen, und daß es ihnen sehr wohl bewußt war, wie der Wohlstand Ägyptens — wenigstens teilweise — davon abhing. Auch in jener Zeit war nämlich der alte Gewürz-Zwischenhandelsplatz Alexandria immer noch für das gesamte Mittelmeer der hauptsächlichste Hafen zum Weiterverkauf der Güter Indiens. Die Osmanen waren also durchaus gewillt, den Portugiesen die Kontrolle über die Seeverbindungswege zu entreißen, mußten aber bald erkennen, daß letztere über die besser bewaffneten und schnelleren Schiffe und über mehr Erfahrung auf der Hohen See verfügten. So sandten sie ihre Kriegsflotten in das Rote Meer und in den Indischen Ozean, um die Portugiesen im Kampf zu stellen. Zum Unglück für das Osmanische Reich waren jedoch seine Admirale, Heerführer und Verwalter durchwegs mittelmäßig, bestechlich, käuflich, unfähig und häufig regelrechte Verräter. Selten gab es ein Reich, dessen Führer so wenig für es zu leisten vermochten, besonders, wenn man die osmanische Rolle im Roten Meer und im Jemen betrachtet. So war es unausweichlich, daß die Anstrengungen keinen oder nur geringen Erfolg hatten, und daß die Provinzen, die die Osmanen zeitweise zu kontrollieren vermochten — beispielsweise Jemen — beinahe ständig gegen die osmanische Präsenz im Aufstand waren.

Jemens Fernhandel

Diejenige Ware, die in der hier betrachteten Epoche, also vom 16. bis zum 20. Jh., Jemen zu einem bedeutenden Anziehungspunkt für die europäischen Interessen in der Region machte, war der Kaffee. Er bildete die mit Abstand bedeutendste Devisenquelle des Landes, und darum lohnt es sich, auf seine Geschichte und Bedeutung kurz einzugehen.

Der Ursprung des Kaffees ist von zahlreichen Mythen und Ungewißheiten, ja sogar von Propaganda, umgeben. Einer der Gründe dafür mag durchaus der anfangs zweifelhafte Ruf des Kaffees gewesen sein, der in seinen frühen Tagen sogar immer wieder zum Verbot des neuartigen Genußmittels führte.

Den Beginn des Kaffeetrinkens setzt man heute allgemein um die Mitte des 15. Jh.s an. Gewiß ist er mit den Sufis des Shadhiliyya-Ordens in Südwestarabien zu verbinden. Kaffeetrinken war offensichtlich ein Teil gewisser Riten, die es erlauben sollten, mit der Gottheit in Kommunion zu treten, und zugleich länger wach zu bleiben, um an

Fort al-Ḍaḥī in der Tihāma. Zeichnung von John Nankivell (Tihāma-Expedition).

Der Gewürzsūq von Sanaa (im Vordergrund ein traditionelles Hohlmaß).

Die Gewürze Arabiens (Gewürzsūq in Sanaa).

Bauer aus der Tihāma mit typischer Kopfbedeckung.

Frauen in der Tihāma (bei Bājil) mit dem traditionellen Strohhut maẓalla (gesprochen: maḍalla).

Links: Frauen im Ḥaḍramūt.

Seite 315: Gehöft in Ḥāschid.

Auf dem Weg nach Schabwa — Beduzelt der Labīdh.

Sūq in Khurayba (Wādī Doʿān), Provinz Ḥaḍramūt.

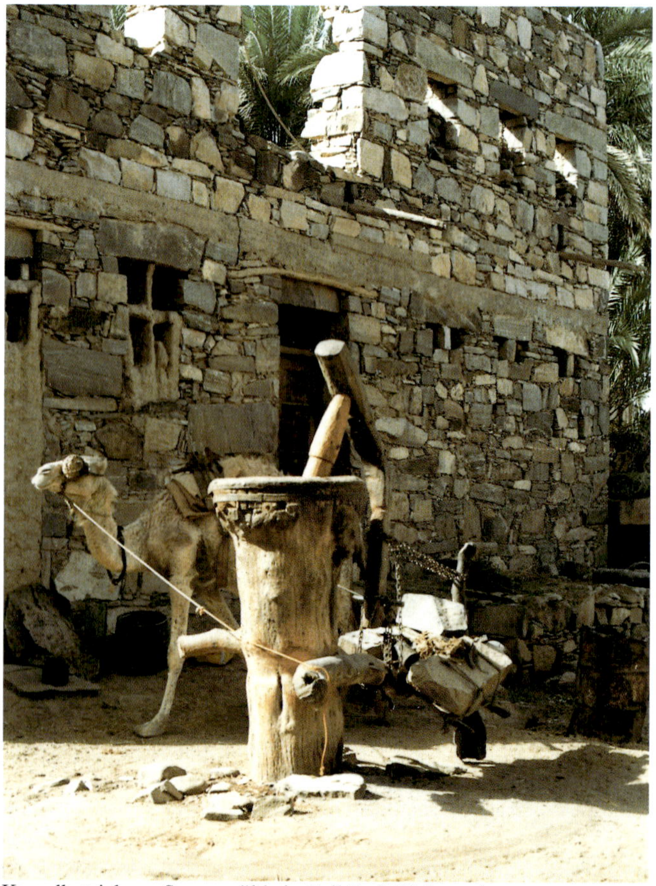

Kamelbetriebene Sesammühle in Baiḥān (DV Jemen).

Holztransport vom Jabal Şaber nach Taiz.

Auf dem Weg von Taiz auf den Jabal Şaber.

Im alten Silbersūq von Sanaa.

Im Sūq von Sanaa.

al-Luḫaiya — wo Carsten Niebuhr erstmals jemenitischen Boden betrat.

Wādī Dhahr: Der Palast auf dem Felsen.

Ein Bā Kāzim an der heißen Quelle von Al-Ḥāmī (DV Jemen).

Im Bergland des östlichen Jemen.

Eine Schleiereule (al-Mahjam, Tihāma).

Im Oberlauf des Wādī Doʿān (Provinz Ḥaḍramūt).

Tihāma-Jemeniten auf dem Weg zum Markt in Badschil.

Wohnraum eines Hauses in Zabīd. Zeichnung von John Nankivell (Tihāma-Expedition).

den Riten des Ordens teilhaben zu können. Wohl noch gegen Ende des 15. Jh.s verbreitete sich der Gebrauch des Kaffees im ganzen Jemen. Übrigens wurde er erst dann zum Objekt theologischen Streits, als man zu Anfang des 16. Jh.s begann, ihn auch außerhalb des Jemen zu trinken. Einige Aspekte des Kaffees verdienen ebenfalls noch Erwähnung: Nach jemenitischer Tradition liegt sein Ursprung in der Gegend von al-ʿUdayn (»die beiden Zweige«), wo nach der Überlieferung auch der Qāt-Strauch herstammen soll. Nach Auffassung der Botaniker dürfte der Kaffee jedoch vermutlich ursprünglich im äthiopisch-kenianischen Hochland beheimatet gewesen und von dort in den Jemen gebracht worden sein. Man muß sich bei dieser Erklärung natürlich die Frage stellen, warum jemand — Kaffee wurde in Afrika nicht getrunken, jedenfalls gibt es keine Überlieferung darüber — eine solch nutzlose und schwierig zu bewahrende Pflanze über das Rote Meer verfrachten sollte, um sie im Jemen anzubauen.

Wie auch immer die Frage nach dem Ursprungsland des Kaffeestrauches zu beantworten ist, fest steht jedenfalls, daß die Nachfrage nach Kaffee während eines Zeitraums von weniger als einem Jahrhundert ins Astronomische stieg. Da der Jemen das einzige Produktionsland war, zog er zahllose Händler an, die hier aus der Nachfrage ihren Gewinn zu machen suchten. Wenn man die geringen Qualitäten des Hafens Mokka (Al-Mukha) und die Tatsache bedenkt, daß die hauptsächlichsten kaffeeproduzierenden Regionen nicht im unmittelbaren Hinterland der Stadt lagen, ist es erstaunlich, daß dieser Ort gleichwohl zum Hauptexporthafen wurde. Vielleicht läßt sich das mit der historischen Verbindung zu dem Scheich Shādhilī erklären, dem Entdecker der Eigenheiten des Getränks Kaffee, der ihm auch seinen Namen gab. Jedenfalls wurde der Kaffee wenig später nach der Stadt selber benannt.

Von einiger Bedeutung für den Handel ist es noch, daß die Jemeniten selber aus der Frucht des Kaffeebaumes zwei verschiedene Getränke brauen: Einmal das »bunn« genannte Getränk aus der Kaffeebohne und ferner den »qishr« aus der Kaffeeschale. Weder das eine noch das andere Wort aber bildet den Ursprung des Namens des Getränks in den meisten europäischen Sprachen, wo der Name vielmehr von »Qahwa« abgeleitet ist, und so zu Kaffee, Coffee, Café etc. wurde.

Im 16. Jh. war der Kaffee das Hauptexportgut Jemens geworden. Die Jemeniten versuchten, den Export von Samen und Bäumen zu verbieten, um ihr Monopol halten zu können. Es gelang nicht, und Bäume bzw. Samen konnten nach Niederländisch-Indien, nach Afrika und vor allem nach Südamerika gebracht werden, wo hinfort Kaffee erzeugt wurde.

Auch heute noch gibt es eine erhebliche Nachfrage nach jemenitischem Kaffee. Dies beruht einmal auf seinem Aroma, das sehr viel kräftiger ist — beinahe schokoladenartig — als das anderer Kaffeesorten, und auf seiner ungewöhnlichen Fähigkeit, sich leicht mit Kaffeesorten geringeren Aromas mischen zu lassen, wodurch sich eine solche Kaffeemischung zu höheren Preisen verkaufen läßt.

Eines der Probleme des jemenitischen Kaffeehandels war seine saisonale Natur. Dies beruhte weniger auf der Produktion — Kaffee wird im Jemen das ganze Jahr über geerntet — sondern vielmehr auf den Transportwegen: die Schiffe konnten nur mit dem Monsun Richtung Europa segeln. Oft bedeutete dies, daß ein Schiff so lange warten mußte, bis es eine genügende Menge von Kaffee laden konnte, was wiederum dazu führte, daß alle Kaufleute praktisch zur gleichen Zeit eintrafen. Diese saisonale Nachfrage führte zu starken Preisschwankungen und zu erheblichen Schwankungen in den Einnahmen des Gouverneurs von Mokka und des Imāms. Die Schwierigkeiten des Handels, die Zufälligkeiten des Angebots, die gefährliche Schiffahrt im Roten Meer, das wenig angenehme Klima und die wenig gradlinige Natur der Gouverneure von Mokka, machten die Stadt zu einem der unangenehmsten Hafenplätze für die Kaufleute. Daß sie gleichwohl immer wieder hier vor Anker gingen, beweist den Wert der Ware.

Die handeltreibenden Staaten und Kaufleute versuchten mit dem unregelmäßigen Angebot durch die Errichtung sogenannter Faktoreien zurande zu kommen. Wie auch anderswo, handelt es sich dabei um eine Mischung aus Lagerhaus und einem Verfahren, das bei diesem jahreszeitlichen Geschäft den Nachschub der Ware und die Kreditierung der Bezahlung umfaßte. Alle Nationen, die solche Faktoreien einrichteten, hatten Schwierigkeiten mit den lokalen und mit den nationalen jemenitischen Obrigkeiten. Die Beschreibungen der Konflikte mit dem Ha-

Ansicht von Mokka, gestochen von Jean Peeters, Antwerpen 1692.

fengouverneur oder dem Imām erlauben uns zahlreiche Einblicke in die inneren Konflikte und Entwicklungen Jemens während dieser Jahrhunderte.
Kann man das 16. Jh. überwiegend als das Jahrhundert Portugals bezeichnen, so war das 17. Jh. das Jahrhundert der Briten. Sie interessierten sich für das Land, weil Jemen und besonders Mokka zu jener Zeit »der große Umschlagplatz für den Handel zwischen Indien und Ägypten war«, wie wir in einer zeitgenössischen Chronik lesen. Im 17. Jh. erscheinen auch die Niederländer. Wenig später verloren die Osmanen ihr Interesse an der weiteren Verteidigung dieser aus ihrer Sicht nur Kosten und Ärger bringenden Provinz, zumal ohnehin der meiste Handel in europäischen Schiffen rund um Afrika herum nach Europa ging.
Im frühen 18. Jh. traten die Franzosen auf den Plan. Natürlich interessierten auch sie sich für den Kaffeehandel, aber ihr Erscheinen zeigt doch eher den Beginn der sich entwickelnden anglo-französischen Rivalität im Nahen Osten an. Beide Mächte versuchten, die Kontrolle über das Rote Meer zu erreichen, insbesondere über den Küstenstreifen Jemens und die Insel Kamarān.
Für den Jemen selber komplizierte sich die Situation durch das Auftauchen völlig neuer Mächte. Dabei handelte es sich einmal um die Wahhabiten, denen es gelang, weite Teile Jemens, einschließlich der Hafenstädte (jedoch ohne Mokka), zu erobern. Die andere neue Macht war Ägypten unter Muḥammad ʿAlī und seiner Dynastie. Hinzu kamen erneut die osmanischen Türken, die wegen ihrer Schutzfunktion für die Arabische Halbinsel mit Ägypten in Konflikt gerieten und schließlich wiederum den Jemen besetzten. Vor allem aber waren die Osmanen über die wachsende und schließlich sogar ständige Präsenz Großbritanniens in der Region besorgt, wie sie sich in der britischen Besetzung Adens im Jahre 1839 dokumentierte. Der osmanische Versuch, die Souveränität über die Tihāma 1849 wieder zu begründen, erscheint wie eine Vorahnung der neuerlichen Bedeutung des Rotmeer-Handels, den dieser mit der Eröffnung des Suez-Kanals im Jahre 1869 gewinnen sollte.
Keine dieser Mächte unternahm irgend einen ernsthaften Versuch, die wirtschaftlichen Grundlagen Jemens zu verbessern oder das Land in irgendein regionales oder imperiales Handelsnetzwerk einzugliedern. Als Ergebnis blieb der Jemen ökonomisch unerschlossen, ein Land, das sich selbst mit Nahrungsmitteln versorgte und nur geringe Mengen einiger ganz weniger landwirtschaftlicher Produkte ausführte (insbesondere Kaffee). Die zahlreichen verschiedenen landwirtschaftlichen Erzeugnisse, die der Jemen in früheren Jahrhunderten produziert hatte, gab es nicht mehr; seine Landwirtschaft beschränkte sich auf den Eigenbedarf des einzelnen Bauern.
Der Abzug der Osmanen nach dem Ersten Weltkrieg brachte dem Jemen seine Unabhängigkeit, doch in ökonomischer Hinsicht keine oder nur geringe Veränderungen. Der in anderer Hinsicht durchaus bemerkenswerte neue Herrscher, Imām Yaḥyā, interessierte sich nicht für eine Veränderung der Wirtschaft des ererbten Territo-

riums — etwa durch Entwicklungs- oder Modernisierungsprogramme. Wenn überhaupt, so verfolgte Yaḥyā als Wirtschaftspolitik nur das Ziel, das Land autark zu machen. Ironischerweise paßte dies durchaus gut mit einer Reihe historischer, politischer und wirtschaftlicher Faktoren der Zwischenkriegszeit zusammen, die wir noch kurz betrachten wollen.

Den ersten dieser Faktoren bildete die Tatsache, daß keine Kolonialmacht daran interessiert war, den Jemen in ihr Imperium einzugliedern. So kam es, daß das Land zu einem unabhängigen Staat wurde, obwohl es während des ersten Jahrzehnts seines Bestehens nur von wenigen Nationen als solcher anerkannt wurde.

Weiter hatte der Jemen gerade wieder ein gutes halbes Jahrhundert unter der wenig positiven türkischen Verwaltung zu leiden gehabt. Die türkische Besetzung hatte u. a. bewirkt, daß es nicht zu engen Bindungen mit der Außenwelt gekommen war, und ferner, daß sich für die wenigen traditionellen Erzeugnisse des Landes keine festen Handelsbeziehungen zu einem bestimmen Handelspartner entwickelten.

Als dritten Faktor gilt es zu bedenken, daß es nur ganz wenige Produkte gab, die dem Jemen und den Jemeniten wirklich unverzichtbar waren. Mit anderen Worten: Der Großteil der Bevölkerung in den zehntausenden winzigen Siedlungen des Landes hatte sich als Folge der nicht endenwollenden dynastischen Streitereien, der inneren Kriege und der schlechten türkischen Verwaltung mit einer Art von Subsistenzwirtschaft mehr oder weniger abgefunden. Die überwältigende Mehrheit der Jemeniten hatte entweder keinen Bedarf oder keine Mittel für den Erwerb irgendwelcher ausländischer Waren. In Jahren großer Trockenheit im Hochland litt das Volk häufig unter Unterernährung. Zum Teil war dies allein darauf zurückzuführen, daß es so wenige Verbindungen mit der Außenwelt gab und daher keine Nahrungsmittel eingeführt werden konnten und daß häufig nicht einmal Nachrichten über die schwierige Lage im Land in die Welt hinausdringen konnten.

Hinzu kam, daß der Imām auch selbst entschlossen war, die Außenwelt fernzuhalten. Er fürchtete die nicht-muslimische, die nicht-jemenitische Welt draußen, jenseits der Grenzen, und zugleich schmähte er sie. Gleichwohl aber gab es durchaus Familien, Sippen und sogar einzelne Stämme, deren Einkommen, jedenfalls teilweise, von Handelswaren abhing, die ihre Märkte nur außerhalb des Landes finden konnten, oder die sich in dem begrenzt vorgegebenen wirtschaftlichen Rahmen des Imports bestimmter nicht im Lande vorhandener Güter betätigten — etwa Zucker, Tee; Materialien wie Bauholz oder Papier; oder Luxuswaren für diejenigen, die sie zu bezahlen vermochten. Es läßt sich leicht nachvollziehen, daß die Opposition gegen Imām Yaḥyā in diesen Kreisen entstand und ihre Stütze fand.

Fassen wir zusammen, so läßt sich sagen, daß sich in der Zwischenkriegszeit wenig im und um den Jemen, seine einheimische und seine Außenwirtschaft, änderte. Der kontinuierliche Abstieg von der früheren Prosperität setzte sich fort; die überwältigende Mehrheit der Bevölkerung lebte auf dem Subsistenzniveau, während die kleine Klasse von Kaufleuten, Händlern und Gebildeten unter den ihnen auferlegten Einschränkungen stöhnte.

So nimmt es denn auch nicht wunder, daß der hauptsächlichste Anstoß für eine grundlegende, jeden Aspekt dieser Gesellschaft umfassende Reform des Systems in jener Gruppe der Bevölkerung seine wichtigste Stütze fand, die mit dem Außenhandel des Landes (Kaffeehandel und Export der wenigen sonstigen noch vorhandenen Ausfuhrgüter) verbunden war. Trotzdem dauerte es bis zur Regierung des Imāms Aḥmad, daß erste echte Schritte zur Diversifizierung und Entwicklung unternommen wurden, und bis zur Revolution von 1962, daß die jemenitische Wirtschaft in die moderne Welt einzutreten begann.

Anhang

Ausfuhren aus den Häfen Jemens (1500—1948)

Bei den mit einem + gekennzeichneten Waren handelt es sich um Produkte, die im Jemen selber erzeugt wurden.

I. Gewürze

1. Schwarzer Pfeffer
2. Gewürznelken
3. Ingwer
4. Zimt
5. Muskat und getrocknete Muskatschalen
6. Kardamom
7. Teufelsdreck (asa foetida) (schmeckt und riecht ähnlich wie Knoblauch.Im Orient als Gewürz geschätzt; auch Heilmittel bei Nervenleiden und nervösen Verdauungsbeschwerden).
+8. Bockshornklee (foenum graecum)
9. Fenchel

II. Arzneistoffe

1. Myrrhe
2. Tamarinde (auch als Würz- und Nahrungsmittel)
3. Opium
4. Kampfer
5. Tutty (Zinkweiß; rohes Zinkoxyd)
6. Sandelholz (adstringierend)
7. Benzoëharz (schmerzstillend)
8. Turbith (purgativ wirkende Wurzel von Ipomea turpethum)
9. Kubebe (bei uns auch »Schwanzpfeffer« genannt; sieht aus wie schwarze Pfefferkörner mit »Stielchen«; antikatarrhalisch und als Aphrodisiakum)
10. Betel (gegen Gelbsucht und als Aphrodisiakum)
11. Bezoar (im Magen von Säugetieren entstehende steinharte Haarballen)
12. Alaun

III. Aromastoffe, Parfum, Salben

+1. Aloe
+2. Rosenwasser
+3. Ambra (aus Soqotra von Walen)
+4. Zibet (aus Soqotra von Zibetkatzen)
+5. Weihrauch
6. Nardenöl
7. Sandelholz
8. Moschus (von Moschusochsen)
9. Balsamharz

IV. Nahrungsmittel und Speisezusätze

+ 1. Kaffee
+ 2. Tamarinde (siehe auch oben unter II.)
+ 3. Salz
4. Betelnuß
5. Kaschunuß
+ 6. Mandeln
+ 7. Rosinen

+ 8. Datteln
+ 9. Honig
10. Safran
+11. Sesamöl und Sesamsamen

V. Verschiedenes
+1. Gummi arabicum
+2. Fullererde
+3. Drachenblut (aus Soqotra = ein Harz)
4. Bernstein (auch für medizinische Zwecke)
5. Ebenholz
6. Myrobalan (für Arzneimittel genutzte Früchte, in Latwerg verarbeitet)
+7. Indigo
+8. Pferde

VI. Fertigwaren bzw. bearbeitete Produkte
+ 1. Baumwollstoffe
+ 2. Klingenstahl
+ 3. Felle und Häute (roh und gegerbt)
+ 4. geschliffene Halbedelsteine (Onyx, Achat u. a.)
+ 5. Silber- und Goldschmuck
+ 6. Roheisen
7. Rohblei
8. Rohkupfer
+ 9. Korallen (Perlen, Schmuck)
+10. Haifischzähne (aus Soqotra)
+11. Schildpatt

Literatur

Bury, G. Wyman: Arabia Felix. London: Macmillan and Co., 1915.
Cook, M. A., ed.: Studies in the Economic History of the Middle East. Oxford: Oxford University Press, 1970. (See esp. the articles by Ralph Davis and Halil Inalcik).
Goitein, S. D.: »From the Mediterranean to India«. Speculum, XXIX, No. 2, Pt. 1 (April 1954), 181—197.
Great Britain. Admiralty. Naval Intelligence Division. A Handbook of Arabia. Volume I: General. London: HMSO, 1916.
Goitein, S. D.: Western Arabia and the Red Sea. London. HMSO, 1946.
Grohmann, Adolf: Südarabien als Wirtschaftsgebiet. 2 vols. Vienna: Forschungsinstitut für Osten und Orient, 1922—33.
+Kammerer, M. Albert: La Mer Rouge, l'Abyssinie et l'Arabie. Vol. I. Cairo: Société Royale de Géographie d'Egypte, 1929.
Kay, Henry Cassels: Yaman: Its Early Medieval History. London: Edward Arnold, 1892.
+Magalhàes-Godinho, Vitorino: L'Economie de l'Empire Portugais. Paris: Editions S. E. V. P. E. N., 1969.
Niebuhr, Carsten/Hansen, Thorkild: Arabia Felix. New York: Harper and Row, 1964.
Parry, John W.: The Story of Spices. New York: chemical Publishing Co., 1953.
Playfair, Capt. R. L.: A History of Arabia Felix or Yemen. Bombay: Education Society's Press, 1859.
Pruth, J. S.: Spices and Condiments: Chemistry, Microbiology, Technology. New York: Academic Press, 1980.
+Serjeant, R. B.: The Portuguese off the South Arabia Coast. Oxford: The Clarendon Press, 1963.
+Stirling, George W. F.: The Ottoman Turks and the Arabs 1511-1574. Urbana, Il: University of Illinois Press, 1942.
Stookey, Robert W.: Yemen. Boulder, Co: Westview Press, 1978.
Stuhlmann, Franz: Der Kampf um Arabien zwischen der Türkei und England. Hamburg: Georg Westermann Verlag, 1916.
Valentia, George Viscount: Voyages and Travels to India, Ceylon, The Red Sea, Abyssinia and Egypt. (3 vols.) Vol. II. London: William Miller/W. Bulmer and Co., 1809.
Wenner, Manfred W.: Modern Yemen 1918—1966. Baltimore: Johns Hopkins Press, 1967.

Die zeitgenössische Dichtung im Jemen – Von der Nachahmung des Alten zu den Anfängen der Moderne

ʿAbd al-ʿAzīz al-Maqāliḥ

Manch einer, der sich für Literatur interessiert, glaubt, es sei nicht allzu schwer, über eine bestimmte literarische Epoche zu sprechen. Jedenfalls, so meint man, sei das einfacher, als etwa seiner eigenen literarischen Erfahrung Ausdruck zu verleihen. Dabei wird übersehen, daß man eine literarische Entwicklung nicht schildern kann, ohne sie in ihre soziale, kulturelle und wirtschaftliche Umwelt einzuordnen. Deshalb habe ich in meiner anfangs der 70er Jahre erschienenen Arbeit »Die zeitgenössische Poesie im Jemen« viele Seiten darauf verwandt, den Begriff des Zeitgenössischen anders als bloß historisch zu definieren: Nicht jedes in unserer Zeit geschriebene Gedicht kann man nämlich auch als »zeitgenössisch« ansehen – hinzukommen muß ein inhaltlicher Bezug auf die Zeit, in der wir leben.

Am Anfang der neueren Dichtung im Jemen stand die Nachahmung von Formen und Themen der Dichtkunst entwickelter arabischer Staaten: Der Dichter im Jemen verkündete seine Auffassung von der Zeit und seine Träume von Entwicklung und Fortschritt, indem er auf die Gattungen des arabischen Gedichts in Ägypten, Syrien und dem Irak blickte und sie in seinen historischen Rahmen einzuordnen versuchte. Man kann den Ausgangspunkt dieser Bewegung – noch als ein stilles Beben – in den 30er Jahren unseres Jahrhunderts ansetzen; während der 70er Jahre hatte es sich in einen heftigen Erdstoß verwandelt, der die zeitgenössische Poesie im Jemen zu einer Moderne mit experimentellen Stilen und zukunftsweisenden Formen hin orientierte.

»Zeitgenössisch« möchte ich demnach aus der Sicht des Dichters definieren, und zwar inhaltlich mit den folgenden Stichworten:

– Der Dichter bindet sich in Form und Inhalt an die Seele seiner Zeit.
– Er begnügt sich nicht damit, sich am Ausdenken und Erfinden von Ereignissen zu beteiligen; er will mitwirken, läßt sich ins Gefängnis sperren, stirbt am Galgen.
– Er sieht sich selber in der vordersten Reihe aller Intellektuellen seines Landes, ausgehend von der realen Kultur seiner Zeit und mit ihr zusammenarbeitend.
– Er verbindet seine persönlichen Interessen mit den neuen sozialen Werten und Zielen, wobei er die Erfahrungen des Menschen im Jemen und außerhalb des Jemen zugrundelegt.
– Er versucht, offen zu sein gegenüber den Problemen des zeitgenössischen Menschen in aller Welt.
– Er nimmt teil an der Suche der passenden Form für seine Gedanken, einer Form, die sich jedenfalls von der hergebrachten unterscheidet.
– Er bemüht sich, die Zeichen und den Charakter der Zeit mit allen ihren kulturellen, sozialen und politischen Dimensionen auszudrücken[1].

Wann aber beginnt denn nun die zeitgenössische Dichtung im Jemen? Auf diese schwierige und natürlich nicht mit einem Datum zu beantwortende Frage kann man heute durchaus mit Bestimmtheit sagen, daß die ersten Jahre des Zweiten Weltkrieges das, was man unter zeitgenössischer Poesie versteht, hervorbrachten. 1944 hatten Ansätze dieser Poesie bereits dazu geführt, daß sie den Herrschern als Gefahr erschien, so daß sich der Thronfolger Aḥmad drohend gegen den »Modernismus«, der sich in der modernen Literatur ausbreitete, stellte[2].

Versucht man, die Jahrzehnte dieser Entwicklung etwas zu untergliedern, lassen sich fünf Abschnitte erkennen:

1939–1948	Etappe des Erwachens
1948–1955	Etappe des Protestes
1955–1962	Etappe des Widerstandes
1962–1972	Etappe der Revolution
seit 1972	Etappe der Schöpfung und Neuerung

Den einzelnen Abschnitten entsprechen auch jeweils bestimmte dichterische Vorlieben: Ehrgeiz, Versuch des Ausbruchs aus der Isolation, Stil der Neo-Klassik – in der ersten Epoche. Nach 1948 dann: Sieg der romantischen Richtung als Folge des Scheiterns der Revolution. Von 1955 bis 1962: Mischung aller klassischen und romantischen Formen mit dem Beginn des Realismus, und seit 1962 eine Periode der Aufgeschlossenheit mit einer deutlichen Vorliebe für den Realismus[3].

Politisch gesehen erscheint der Hinweis wichtig, daß es den wenigen revolutionären Dichtern der 40er und 50er Jahre gelang, sich zweimal gegen ein tyrannisches, scheinbar siegreiches Regime zu behaupten. Daß das aber überhaupt möglich war, und daß zugleich Werke außerordentlichen Ranges entstehen konnten, beruhte wiederum darauf, daß sich diese Dichtung der nationalen Frage zuwandte und dem Zorn über die Starrheit des Regimes und die Rückständigkeit des Landes Ausdruck verlieh[4].

1 ʿAbd al-ʿAzīz al-Maqālih. Al-abʿād al-maudū ʿaīa wa al-fannīa li-haraka al-schiʿr al-muʿāsir fī al-Yaman, S. 43.
2 ʿAbd al-ʿAzīz al-Maqālih S. 45.
3 ʿAbd al-ʿAzīz al-Maqālih S. 46 und 47.
4 ʿIzz al-Dīn Ismāʿīl. Al-schiʿr al-muʿāṣir fī al-Yaman, al-ruʾīa wa al-fann, S. 9.

In jenen Jahrzehnten war die Stimme des Dichters die einzige, die in ferne Landesteile eindringen konnte, da es keine Presse gab und keine politischen oder kulturellen Organisationen. Dies erklärt — zum Teil jedenfalls — die Bedeutung, die den Dichtern für die nationale Bewußtwerdung unseres Landes zukam. Wir können hier nicht auf alle Stimmen eingehen — eine aber müssen wir erwähnen, den Märtyrer Muḥammad Maḥmūd al-Zubayrī, den Dichter der Freiheit und des Kampfes, dessen Name am Beginn der zeitgenössischen Poesie des Jemen steht. Al-Zubayrī verknüpfte machtvoll Dichtung und nationale Frage. Als Beispiel bringen wir sein bei Intellektuellen und im Volk gleichermaßen berühmtes Gedicht aus dem Jahre 1945 mit dem Titel »Schrei an die Schlafenden«. Die »Schlafenden«, die das Gedicht anspricht, sind die Söhne des Jemen.

Der erste Teil des Gedichts ist eine Art Schelte für das Volk, er enthüllt und entblößt die dramatische Realität, unter der das Volk leidet und benennt sie mit Worten. Der zweite Teil vereint Spott und Hohn über die Millionen, die sich ohnmächtig knechten lassen — natürlich im Sinne eines Stilmittels, um diese Millionen zu provozieren und aufzuwecken:

Schrei an die Schlafenden

Ich frage dich, Feder: Hast du die Welt erschüttert,
Als wir noch schliefen?

Steh auf! Stell dich dem Rufe deines Landes
Wenn du eine Botschaft hast für die Völker!

Wie lange schon hast du Poesien abgebrannt,
Über das Volk hinweg, Feuer und Flammen von
Reimen!

Aufgeweckt hast du es, und wieder eingeschlafen ist es,
Und seine Träume lachten es aus mit blinzelnden Wimpern.

In seine Ohren hast du hineingeschrien, und —
Es hat sich bewegt ... so wie sich im Schlafe ein jeder
bewegt.

*

Angst haben wir vor den Schwertern der Tyrannei —
die doch müde geworden sind,
Götzenbilder beten wir an —
die doch schon gestürzt sind;

Unterworfen hat sich unsere Nation einem einzigen
Mann —
Nicht einmal das Vieh läßt sich so führen wie unser
Volk!

Unser Gut geben wir ihm und unsere Seele —
Und er — für schmutzige Verräter hält er uns.
Einen Thron haben wir ihm zum Herrschen errichtet —
und er
Läßt ein Gefängnis bauen, in dessen Dunkel wir die Folter erleiden.

Voll Demut und Verehrung neigen sich ihm die Häupter
Und sinken die Knie nieder ... vom Gewicht der Fußeisen.

Wieviele Zungen haben ihn verherrlicht —
und dann getrunken
Den bitteren Geschmack des Todes?

Soviel als Beispiel aus dem ersten Teil des Gedichts. Im zweiten wird dann die Stimme des Spottes lauter, versucht, das Volk mit Zorn zu erfüllen und aufzuhetzen:

O Volk, wach auf zu Kampf und Widerstand
Sünde ist's zu schlafen, wenn draußen Unsicherheit
herrscht.
Grausamen und Unbarmherz'gen unterwerft ihr euch,
Sitte kennen sie nicht, Gesetze nicht und Recht.

Ein Dritteljahrhundert lang duldet ihr schon,
Doch weder Geduld noch Unterwerfung haben euch
genutzt:
Die Lust zur Unterdrückung verläßt den hungrigen
Wolf nicht
Solange er weiß, daß ihr Schafe seid.

Drum sprecht! Damit er merkt,
Daß ihr Menschen seid! Drum laßt ihn endlich fühlen,
Daß er die Dunkelheit ist.

Bewegt euch, damit er merkt,
Daß ihr keine Toten seid!
Laßt ihn spüren, daß ihr die Götter seid!

Die ganze Menschheit hat sich zum Fliegen erhoben,
Doch ihr habt weder Flügel noch Füße,
Um beim Wettlauf mitzuhalten:

Wenn ihr nicht zum Himmel fliegen wollt
Dann bleibt euch nur,
Mit Schaf und Strauß zu laufen![5]

Mit diesen zornigen und direkten Worten wuchs auch die Bedeutung des Gedichts im allgemeinen im Jemen. Überhaupt blieb das nationale Engagement das wirkliche Tor zur zeitgenössischen Dichtung, auch wenn es daneben Dichter gab, die sich mehr der romantischen Strömung verpflichtet fühlten. Jene Dichter gehörten meist der südlichen Hälfte des Jemen an, wo sie mehr Gelegenheit zu Kontakten mit der übrigen arabischen und westlichen Dichtung hatten. Muḥammad ʿAbduh Ghānim war dort der Anführer jener Dichter, die für Kontakte mit den modernen dichterischen Experimenten plädierten. Er selber schrieb in diesen Jahren wenig, aber seine Schüler Muḥammad ʿĀlī Luqmān und Luṭfī Dschaʿfar Amān ließen sich tief beeindrucken von der modernen Dichtung, die neben zeitgenössischem Inhalt jetzt auch neue Formen jenseits der bereits anerkannten suchte.

Im 19. Jahrhundert wurde die Trennung unseres jemenitischen Heimatlandes in zwei Staatsgebilde besiegelt. Der südliche Teil wurde von fremder Macht besetzt, der nördliche litt unter autokratischer und rückständiger Alleinherrschaft. Um die Mitte unseres Jahrhunderts begannen die Jemeniten im Süden, ihre Brüder im Norden um das Glück der Unabhängigkeit zu beneiden, und die des Nordens glaubten, daß die Jemeniten im Süden ein Maß

5 Dīwān al-Zubayrī S. 298.

an Freiheit und Kontakte mit der übrigen Welt besaßen, wie es ihnen selber vorenthalten wurde. Die Kolonialherrschaft verstand es, den Eindruck zu vermitteln, als ob sie Kunst und Literatur ihre Freiheit lasse und Bildung, Presse und Kinowesen fördere. Diese begrenzte kulturelle Großzügigkeit, die dem Kolonialinteresse diente, genügte zwar nicht, eine eigenständige literarische oder kulturelle Bewegung entstehen zu lassen, erlaubte aber doch einigen Begabten, den Anschluß an die zeitgenössische arabische Realität zu gewinnen. So konnte etwa Muḥammad ʿAbduh Ghānim Anfang der 30er Jahre an der Amerikanischen Universität Beirut studieren; sein Schüler, ʿAlī Muḥammad Luqmān, konnte zum Studium an die Amerikanische Universität Kairo gehen.

Im folgenden Gedicht von Muḥammad ʿAbduh Ghānim, »Die verblühte Rose«, sehen wir, wie er mit der alten Ordnung des traditionellen Gedichts bricht, indem er (natürlich kann dies nicht für die Übersetzung gelten) in drei Strophen vier Reime in kunstvoller aber neuartiger Wiederholung setzt:

Sie hing an einem feuchten zarten Zweig
Schwankend im reinen Kleid der Jugend
Und obgleich viele oftmals sie besangen,
Ließ sie sich nicht entrücken
Von den hellen Klängen.

Wieviele Tänze wurden ihr getanzt
Im Licht des Mondes,
Als die Winde der Verzauberung wehten,
Mit den Zweigen der Bäume scherzten
Und den baldigen Morgen kündeten?

Doch als dann über den Dünen
Das Licht erschien
Aus dem Osten voller Glanz
Sah ich, wie sie den Tau abschüttelte
Und wie Perlen auf der Erde verstreute[6].

Dieses Gedicht symbolisiert die Erfahrung des Exils: die Anbetung der Revolution, die der Dichter jedoch nur als eine ferne, unberührbare Blume zu denken wagt.

Auch bei ʿAlī Muḥammad Luqmān führten die Erfahrungen, die er in Kairo sammelte, zu einer neuen Form. Es sind sehr kurze Zeilen, nicht mehr in die herkömmlichen arabischen Doppelverse gegliedert:

Eine Nachtigall singt
Näher und ferner, die Weise
Klagend im Tal.

Wo bin ich mit ihr verabredet?
Auf welchem Baum werd' ich sie treffen?
Wo in mondheller Nacht?

Wo steh'n die Gläser, die wir beim Zusammentreffen leeren?
Wo sind die Lieder, die wir singen wollen?
Wo ist der Glanz schöner Wangen?
Wo sind die Jungfrauen des Paradieses?
Wo ist das Flüstern der Sehnsucht?
Wo die Schlaflosigkeit?
Wo das Fragen, ob die Botschaft ihr Ziel erreicht?

Meine Rose ist die zarteste
Mit ihr erwache ich, atme ihren Duft,
Warte auf eine edle Perle
Wie keine Muschel sie birgt!

Ein Dichter umsorgt sie
Seine Liebe ist rein[7].

Diese Art von Dichtung, die sich sehr stark an der Person des Dichters ausrichtet, gefiel den Dichtern im nördlichen Teil des Jemen nicht, da sie weit jenseits des Lebens, das die Menschen in der Realität von Sklaverei, Elend und Angst führten, schwebte. Nur ein einziger Dichter im Norden fühlte sich von diesem Stil angezogen, Aḥmad Muḥammad al-Schāmī. Seine nach dem Scheitern der Februar-Revolution 1948 im Gefängnis geschriebenen Gedichte — vor allem in der Sammlung »Die erste Seele« — machte ihn schnell zum Anführer und Vorbild seiner eigenen Schule, der er dann später, in den 60er Jahren, ebenso wie überhaupt allen dichterischen Neuerungsversuchen, wieder den Rücken kehrte. Aus dem wichtigsten Gedicht dieser Sammlung »Das Licht des Märtyrers«, in dem er den Untergang der Revolution schildert und ihre Märtyrer beklagt, bringen wir die folgenden Zeilen:

Meine Freude ließ ich fahren.
Die Sonne, die sich dem Untergang zuneigt,
Und das Meer mit seinen stillen Wogen
Fürchten die Dunkelheit der zähen Nacht,
Fließen hin zum verwundeten Licht,
Strecken das Licht, das geopferte, nieder.

Auf allen Horizonten liegt Abendrot
Voller Sehnsucht, als wär's ein schöner Traum.
Und ich, niedergedrückt von der Finsternis,
Ratlos, kenne keinen Ausweg.

Was wird auf die Nacht folgen?
Die Morgendämmerung?
Nein...
Die Morgendämmerung wurde zum Tod verurteilt
Wurde erwürgt von der Hand des Schreckens
Nachdem sie kaum geboren ward[8].

Wenn es also, um im Bilde zu bleiben, der ›Hand des Schreckens‹ gelang, die neugeborene Morgendämmerung zu erwürgen, so gelang es ihr jedoch nicht, die Stimme des Volkes zu erwürgen, und ebensowenig gelang es ihr, die Stimme der Poesie zu erwürgen. Vielmehr läßt sich sogar sagen, daß das Gedicht von den Träumen der Revolution bereichert wurde, seinerseits das wahre, fruchtbare Leben des Landes pflügte, und sich dabei der Methoden und Formen des Gedichts in den entwickelteren arabischen Ländern bediente. In diesem Zusammenhang ist darauf hinzuweisen, daß das zeitgenössische Gedicht

6 Dīwān. »ʿAlā al-schāṭī al-masḥūr«, S. 14.

7 Dīwān. »Al-watar al-maghmūr«, S. 14.

8 Dīwān. »Al-nafs al-auwal«, S. 25.

im Jemen generell sich mit den Veränderungen der Poesie in der arabischen Welt fortentwickelte. Die hauptsächlichen Anstöße kamen dabei aus Ägypten, Syrien und Irak, und zwar sowohl für die Erneuerung des sozialen Bewußtseins als auch dessen, was die Künste und die Literatur dazu beitragen können.

Der Dichter im Jemen drängte auf Grund der neuen dichterischen Experimente diejenigen Formen zurück, die bloße Schilderungen oder Beispiele, bloße Wortspiele auch, enthielten, in Richtung auf eine konkrete Sinngebung. Aber auch die von einer Reihe von Dichtern weiter gepflegte klassische Form übernahm vieles von der neuen Dichtung: Auch sie wurde ein Abbild der Revolution und der von ihr versprochenen Neuerungen. Insgesamt wird man sagen können, daß es den Dichtern in den 50er Jahren gelang, ihre Werke inhaltlich im Zentrum der Epoche anzusiedeln, in ihren Gedichten der Rückständigkeit des Landes und der Angst vor einer Fortdauer des Imām-Regimes Ausdruck zu verleihen, daß sie aber die neuen Techniken und Formen des arabischen Gedichts noch nicht zu übernehmen wußten. Der Ruf nach mehr formalen Experimenten, nach Absage an die klassischen Regeln, konnte sich erst nach der glorreichen Revolution vom 26. September 1962 wirklich Gehör verschaffen. Grund dafür war vor allem, daß mit der Revolution die Zäune der Isolation, die den Jemen bis dahin umgeben hatten, niedergerissen wurden und auf allen Lebensgebieten tiefgreifende Veränderungen eintraten. Vor der Revolution übersprang dagegen auch das sogenannte »neue« Gedicht noch nicht die Phase des Zögerns.

Für diese Jahre haben wir drei Namen zu nennen, denen wir die Ansätze für den sich später als richtig und zukunftsträchtig erweisenden Weg zu danken haben. Es sind Luṭfī Dscha'far Amān, Muḥammad An'am Ghālib und 'Abduh 'Uthmān.

Besonders schön erscheinen mir die Arbeiten des ersten der drei Genannten:

Als ich noch ein Kindchen war
Ein kleines Mädchen,
Noch im Vergnügen reiner Unschuld schwamm,
Als Liebe mir bedeutete
Von meinen Eltern einen Kuß —
Damals waren meine einz'ge Sorge
Die Pflichten in der Schule.

Ich wurde größer
Öffnete mich der Welt der Dichtung,
In meinem Schoß war eine Sammlung von Liebes-
gedichten.
Jeder Buchstabe darin
Wohin auch mein Blick fiel,
Leuchtete![9]

Die Ansätze Luṭfī Amāns waren durch Befreiung vom bisher üblichen Stil gekennzeichnet; seine Gedichte sind ein fortwährender Appell zu neuen dichterischen Experimenten. Die gerade gebrachten Verse stammen aus seinem Gedicht »Pubertät«, einer Art Antwort auf die Dichtung Nizār Qabbānī's, des wohl berühmtesten und zugleich populärsten zeitgenössischen arabischen Dichters. Man wird kaum behaupten wollen, daß die Gedichte Luṭfī's dieses Niveau gefühlsbetonten Aufbrausens besaßen, wie es Nizār Qabbānī erreichte, man muß vielmehr herausstellen, daß Luṭfī — ebenso wie die anderen jemenitischen Dichter — seine Verse in erster Linie inhaltlich in den Dienst der Vorbereitung der Revolution stellte. Andererseits gibt es viele Beispiele, in denen es ihm und seinen Zeitgenossen gelang, Stil und schöpferische Form der neuesten arabischen Poesie nachzugestalten — und nur so läßt es sich erklären, wie sich die jemenitische Dichtung nach 1962 nahtlos in die Entwicklung der zeitgenössischen arabischen Poesie einbinden konnte.

Diese Tendenz einer Überwindung der hergebrachten Form setzte sich nach dem Sieg der nationalen Revolution verstärkt durch. Das bedeutet nicht, daß die klassische Versform oder das ihr noch verpflichtete sogenannte 'amūdī-Gedicht jetzt mit einem Schlag verschwunden wären — im Gegenteil: Ihrer hatte sich ein Meister wie Muḥammad Maḥmūd al-Zubayrī bedient und sie dadurch geadelt. Ihrer bedienten sich deshalb auch die Dichter der ihm nachfolgenden Generation, von denen Muḥammad Sa'īd Dscharāda, 'Abdallah al-Baradūnī, 'Ālī Ṣabra und Yaḥyā 'Ālī al-Baschārī als die wichtigsten zu nennen sind. Die hervorragendste Figur unter ihnen, sowohl was das dichterische Abenteuer als auch was die aktive Teilhabe an der zeitgenössischen Realität betrifft, ist zweifellos 'Abdallah al-Baradūnī:

Wie der Duft des Schweigens nach dem Lärm,
Wie ruhige Trauer nach den Tränen,
Wie das Schönste, was es unter allem Schönen gibt,
Erscheinest du an jenem Abend, dem wonnevollen.

Du strahlst ... wunderbar ist deine Farbe,
Du strahlst im Wohlgeruch des Festes!

Aus ihrem Mund hört man Lieder,
Erregende, die zum Erregen keine Worte brauchen.
Aus dem Tosen wurde grüne Au,
Die Äste stehen still, die Tauben sitzen ruhig,
still geworden ist das Tosen.

Was in der Dürre lebte
Erhob sich wie ein Sommer,
Der die Reben reifen ließ
Einem reifen Herzen.
So mischte sich wunderbar
Der Kummer des Erwartens
Mit dem Aufwallen des Verborgenen.

So, wie wenn ein Weinen plötzlich zu Ende geht,
Wie wenn ein loderndes Feuer endlich erstickt wird,
So ist es, wenn ich dich endlich treffe.
Ein langer Herbst voller Frohmut steht uns bevor,
Ein langer warmer Frühling, wie der Frühling von
Sanaa,
Ein langer Frühsommer, wie der Frühsommer am Golf.

9 Dīwān. »Al-darb al-akhḍar«, S. 112.

Hier wollen wir unsere Wünsche nicht mehr weiter-
spinnen
Sonst müßte neue Wünsche das Weiterspinnen schaffen.
Es ist gut, daß die Freude das Unmögliche in Verse
brachte
Und das Schweigen durch Verse vergessen machte[10].

Für dieses Gedicht aus der Sammlung »Zeit ohne Qualität« wählte der Dichter den Titel »Das Erstrahlen«. Man bemerkt, wie es — trotz Beibehaltung der Versordnung — viele formale Elemente des »neuen« Gedichts übernimmt. Seine, natürlich nur beim arabischen Original voll zu würdigende, lautmalerische Gestaltung läßt sich ebenso wie die Wahl der poetischen Bilder wohl kaum noch übertreffen. Ohne Übertreibung und ohne jede nationale Voreingenommenheit kann man sagen, daß das arabische Versgedicht mit al-Baradūnī eine Vollkommenheit erreicht hat, wie sie keinem anderen zeitgenössischen arabischen Dichter geglückt ist. Technisch gesehen steht dieser Gedichttyp trotz seiner Versform — genauer pflegt man von ʿamūdī, »vertikaler Versordnung«, zu sprechen — im Widerspruch zum traditionellen Versgedicht. Vom Leser wird es als einfach zu rezitieren empfunden; es ist eine Art von Gedicht, die in ihrer Wortwahl sich mit nur geringen Vorbehalten der sich wandelnden Welt gegenüber öffnet und sich einer gebildeten, modernen Alltagssprache annähert. Der Dichter fühlt sich gedrängt, gegen die alten Formen zu revoltieren, die die Lage der Zeit nicht mehr auszudrücken vermögen, wirft aber gleichzeitig die formalen Mittel der Überlieferung nicht völlig über Bord.

In der arabischen Welt wurde in den vergangenen Jahrzehnten viel darüber diskutiert, ob die Dichtung heute überhaupt noch eine Existenzberechtigung habe. Diese Diskussionen machen jedenfalls eines deutlich, nämlich, daß die zeitgenössische arabische Dichtung sich in einer Krise befindet und versuchen muß, die Veränderung und das Verlassen des Gewohnten mit dem Bewahren jener dichterischen Prinzipien zu vereinbaren, auf deren Grundlage Dichtung überhaupt erst Dichtung werden kann.

Man kann unter denen, die sich der neuen Aufgabe stellen, vielleicht zwei Strömungen von Dichtern unterscheiden. Die einen verändern den Wortschatz, suchen nach neuen Bildern und Gleichnissen für ihre Aussagen, während die anderen sich ganz radikal dem Experiment zuwenden und die dichterische Struktur ganz auf die Erfahrung des Lebens und unserer völlig veränderten tatsächlichen Umwelt abzustellen versuchen. Die Trennung zwischen Form und Inhalt des Gedichts wollen sie überwinden. Die letztere Richtung hat sich heute durchgesetzt — obwohl sich ihrer leider zahlreiche Schreiber mit wenig Begabung und durchaus auch solche, die ganz ohne Begabung sind, bedienen. Den besten aber gelang der Nachweis, daß die neue Erfahrung integriert werden kann, daß sie mit dem Hergebrachten zu harmonieren vermag, daß sie altes Erbe zu würdigen und einzugliedern versteht. Dichtung kann nicht nur ein Mittel zur Entdeckung und Bloßlegung der sich verändernden Realität unserer Welt sein; zu ihr gehört auch die Dimension des Schönen, gehören auch Verse, die sich den Bedingungen der Zeit entziehen und die Sehnsucht im Leser und Hörer anzurühren vermögen.

Wir verweilten bei den neueren Dichtern länger, als es vielleicht ihrem Platz, den sie auf Dauer in der jemenitischen Dichtung einnehmen werden, entspricht. Man darf jedoch die Bedeutung und den Mut dieser Dichter, mit den jahrhundertelang überlieferten Formen und Inhalten zu brechen, gar nicht hoch genug einschätzen. Dies macht auch ihr bleibendes Verdienst aus.

Seit den 70er Jahren besitzen wir in beiden Teilen unseres Vaterlandes eine feste und breite dichterische Tradition. Ich will keine Prognosen wagen, wie man diese Generation in einigem Abstand beurteilen wird; es scheint mir aber doch, daß einige Stimmen einen Beitrag zur Weiterentwicklung des arabischen Gedichts leisten. Die festen Maßstäbe von früher haben für diese Generation keine Bedeutung mehr. Die Ausweitung des Bildungswesens hat ein neues und urteilsfähiges Publikum geschaffen. Diese Dichter geben der Sprache neue Bedeutungen und Zeichen, die die Veränderungen auch des modernen Bewußtseins erfassen können.

In der arabischen Literatur insgesamt können wir heute — in Parallele zur technischen Entwicklung unserer Gesellschaften — eine Wegwendung von Rhetorik und brüllender Melodie hin zu eher musikalischen und realistischen Tendenzen erkennen. Dies gilt auch für den Jemen. Überhaupt läßt sich die gesamte Geschichte der Entwicklung der arabischen Poesie in Parallele zur allgemeinen historischen Entwicklung setzen. Wenn also heute — so wie unsere Völker sich schrittweise von politischer und sozialer Gewalt befreien — auch die Dichtung sich von Vorschriften und Konventionen löst, so ist dies nicht das erste Mal, daß die Araber ihre Dichtkunst den veränderten Lebensumständen angepaßt haben. Für den heutigen Jemen können wir mit Bestimmtheit sagen, daß die Zahl der wirklichen Dichter, mit ihren scharfen und ganz unterschiedlichen Zungen, wuchs und daß es auffällt, daß am ehesten diejenigen die Herzen erreichen, die die Fähigkeit besitzen, zwischen unserer Zeit und dem Erbe der Vergangenheit eine Brücke zu schlagen.

Zum Abschluß will ich versuchen, noch einmal an drei Beispielen Typisches für die Poesie der 50er, 60er und 70er Jahre zu verdeutlichen.

Für die 50er Jahre, in denen das Warten auf den Sturz der Monarchie den Inhalt der Dichtung bildete, wählen wir einen Auszug aus dem langen Gedicht von Muḥammad Anʿam Ghālib, in dem er den Schmerz des Dichters im Exil schildert. Es ist eine einfache Sprache, eine Sprache, die verstanden werden will:

O Straße!
Weit fort hast du unsere Schritte getragen,
Hast du unser trauriges Lied gehört.
Wirst du unsere Schritte ertragen
Wenn wir zurückkehren?

10 Dīwān. »Zamān billā nauʿaīa«, S. 97.

In einer Luft, die Luft vom Jemen ist,
Und unser Lied, wenn es zurückklingt, von Trauer
schwer?

O Straße!
Wirst du's ertragen.
Wirst du's ertragen?[11]

In den 60er Jahren war die Dichtung — nach dem Sieg der Revolution in Sanaa — von nationalen und vaterländischen Tönen erfüllt. Als Beispiel bringen wir ein Gedicht des südjemenitischen Dichters ʿAbduh ʿUthmān, der seine Freude anläßlich des »Ersten Schusses« (im Radfān-Gebirge) schildert, der die südjemenitische Revolution gegen den britischen Kolonialismus einläutete:

Es war um ...
Ich weiß nicht mehr, wie spät es war,
Doch
Aus der Ferne wurde die Stimme vom Minarett lauter.
Das Schweigen verwunderte sich
Und die Dunkelheit der Nacht brach zusammen wie
eine dunkle Mauer.
In meinem Blut begann die Liebe zu meinem Volk zu
wallen.
Rote Buchstaben blickten herab in großer Zahl
Geheimnisvolle Männerköpfe,
Ein Meer begann sich auszudehnen, grenzenlos
Herz und Wirklichkeit erfüllten es.
Und es, mit Haß erfüllte es alles, was gestern war,
Nie mehr wird es zur Ruhe kommen!
Ich frug nicht, aus welcher Wildnis dies alles kommt,
Wieviele es getötet hatte.
Ich wußte
Was im Radfān geschehen war[12].

Und schließlich wollen wir mit einem Gedicht von ʿAbd al-Raḥmān Fakhrī ein Beispiel für die 70er Jahre bringen, das sehr deutlich die bis dahin üblichen Formen und Inhalte ablehnt:

Ich mach' jetzt Schluß mit dem Schweigen
Und den Selbstergüssen
Und mit den Schattenergüssen!

Ich geh' raus
Kleb' mich an die Gummibäume
Im Gedränge.
Kleb' mich an die langen Nasen
Und an die salzigen Blätter.

Ich geh' rein ...
Ich geh' raus.
Ich helf' mir mit den Dornen des Lorbeerbaumes
Auf den Mauern,
Auf den Häusern.

Aufsteh'n tu ich in der letzen Minute,
Vielleicht schaff' ich's noch bis zum Abend,
dem mondbeleuchteten
Auf jungfräulicher Erde!
Da mal' ich dann drauf den Kreis des Lichts
Mit 'nem Stück Kohle
Und dann ... dann komm' ich bei euch rein![13]

Diese Art von sehr entschieden moderner Dichtung, wie sie auch in anderen arabischen Ländern zu finden ist, bildet für alle Gegner des Neuen und des Experiments eine Quelle der Beunruhigung. Sie sehen in dem völligen Verzicht auf formale und auf logische Regeln eine Gefahr, die die Dichtung, wenn sie zu leeren Formen ohne Bedeutung wird, als solche bedrohen könnte.
Am Schluß dieser kurzen Studie möchte ich betonen, wie schwer es ist, die dichterische Erfahrung des Jemen für die letzten etwa 50 Jahre auf wenigen Seiten abzuhandeln. Ein ganzes Buch würde nicht ausreichen. Hier habe ich mich deshalb darauf beschränkt, die wichtigsten Phasen der Entwicklung darzustellen, den Leser mit den wichtigsten Elementen bekannt zu machen, die in dieser Zeit die Poesie im Jemen ausmachten, und beides in seinem soziologischen und historischen Rahmen zu erörtern.

11 Dīwān. »Gharīb ʿalā al-tarīq«, S. 24.
12 Dīwān. »Maʾrib yatakallam«, S. 19.
13 Dīwān. »Nuqūsch ʿalā ḥadschar al-ʿaṣr«, S. 59.

Traditionelle Wirtschaft und Gesellschaft

Walter Dostal

Die arabischen Geographen des Mittelalters bezeichnen mit dem Landschaftsnamen »al-Yaman« den gesamten südlichen Teil der Arabischen Halbinsel, der sowohl den bergigen Südwesten als auch die Landschaften Ḥaḍramaut und ʿOmān einschloß. Heute bezieht sich dieser Name jedoch auf jenes Gebiet im Südwesten, das von der Arabischen Republik Yemen und der Volksrepublik Südyemen umfaßt wird.

Diese Region weist unterschiedliche Landschaftsräume auf, die nach Höhenlage, Oberflächengestaltung, Boden, Klima und natürlichem Wasserhaushalt verschiedenartige ökologische Potentiale bewirken und dadurch ebenso differente Möglichkeiten für die wirtschaftliche Entwicklung vorgeben. Um dieses Landschaftsgefüge zu beschreiben, gehe ich von einer Einteilung in sechs Öko-Zonen aus: 1. die Küstenebene (Tihāma); 2. das westliche Hochgebirge; 3. das zentrale Gebirgsareal; 4. die östliche Hochfläche; 5. die Südarabische Sandwüste und 6. die Kalktafel des Ḥaḍramaut.

Die 20—70 km breite Küstenebene am Roten Meer, die Tihāma, umfaßt nicht nur das eigentliche Küstengebiet, sondern auch die bergige Landschaft, die sich ostwärts bis zu dem Steilabfall des Hochgebirges erstreckt. An der Küste bestreiten die Bewohner ihren Lebensunterhalt durch Fischfang, in den Häfen von al-Mukbā und al-Ḥudaya durch Handel und diverse Gewerbe. Im Landesinneren finden wir verstreut liegende Oasen, in deren künstlich bewässerten agrarischen Nutzungsarealen Hirsearten, Mais, Baumwolle — seit dem 13. Jh. durch historische Quellen gesichert nachgewiesen —, Zuckerrohr, Wassermelonen, Tabak u. a. angebaut werden. Der Viehbestand besteht aus Ziegen, Schafen, Buckelrindern, Kamelen und Eseln. In den Siedlungen des Landesinneren sind auch handwerkliche Produktionsstätten beheimatet, wie z. B. die Weberei-Zentren in Zabīd, Bayt al-Faqīh, al-Marawaʿa und al-Durayhmī.

In den Gebirgsstöcken des westlichen Hochgebirges — dessen höchste Erhebung der Nabī Shuʿayb (3.670 m) bildet — liegen weithin sichtbar und durch die Steile der Bergkämme schwer zugänglich die zahlreichen Siedlungen mit ihren kunstvoll angelegten Feldterrassen. Die starken Regenfälle im Frühjahr und Sommer, bedingt

Melkschüsseln, durchstechendes Wulsthalbgeflecht aus Palmblattstreifen, mit Leder überzogen (Museum für Völkerkunde, Wien).

Der österreichische Südarabienforscher Wilhelm Hein (1861—1903) und seine Frau Marie Hein in arabischer Tracht, Aden 1902 (Museum für Völkerkunde, Wien).

durch die große Höhe, ermöglichen den Regenfeldbau. Im Gegensatz zur Tihāma zeigt sich hier ein unterschiedliches Inventar an Kulturpflanzen. Neben Hirsearten werden Weizen, Gerste, Emmer gebaut, ferner pflanzen die Bauern Qāt (catha edulis Forsk.), Trauben, Kaffee, Tabak, Obstbäume und verschiedene Gemüsesorten. Im Tierbestand finden sich Ziegen, Schafe, Rinder und Esel.

In der zentralen Gebirgszone (1.800—2.500 m) mit den eingeschlossenen Becken und den weiten Hochflächen, verändern sich die natürlichen Voraussetzungen für die Landwirtschaft gegenüber dem Hochgebirge insofern, als neben dem Regenfeldbau der Bewässerungsfeldbau notwendig wird. Die Felder werden mit Brunnenwasser und mit dem von den Bergen herabströmenden und gestauten Regenwasser versorgt. Mit Ausnahme von Kaffee und Tabak finden sich die gleichen Kulturpflanzen wie im Hochgebirge. Im Hochflächenareal liegen die berühmtesten Städte des Jemen, die Hauptstadt Ṣanʿāʾ und weiter nördlich, gegen die Grenze Saudi-Arabiens zu, Ṣaʿda.

Die östliche Hochfläche geht stufenartig in die Südarabische Sandwüste über. In der Übergangszone zur Wüste hin, dem Lebensraum der semi-nomadischen Gruppen und der Beduinen, prägen kleine Oasen mit geringer Dattelpalmkultivation das Landschaftsbild.

Die Südarabische Sandwüste (Rubʿ al-Khālī, »Leeres Viertel«) bedeckt eine mit feinen Kalksteinkörnern gefüllte Senke, die das zentralarabische Hochland von der Südarabischen Randschwelle trennt. Im Westen schiebt sich die Wüste, schmäler werdend, zwischen Yemen und Hadramaut. In diesem Teil liegen bei Ṣāfir, Shabwa und östlich von Ḥarīb bedeutende, z. T. abgebaute und noch abzubauende, Salzlager. Mit ihren Vegetationsinseln bietet die Rubʿ al-Khālī den Nomaden spärliche Winterweiden für ihre Viehherden.

Einen weiteren und letzten markanten Landschaftsraum in Südarabien repräsentiert die Kalktafel des Ḥaḍramaut. Im Norden reicht sie bis an die Rubʿ al-Khālī, im Süden wird sie von einem bis an die Küstenlinie reichenden Randgebirge begrenzt. Auffallend für diesen Landschaftstypus sind die in die Kalktafel tief eingelassenen Wādīs (Täler); ein west-östlich verlaufender Talzug, das Wādī Ḥaḍramaut, das sich östlich als Wādī Masīla bis zur Küste des Indischen Ozeans fortsetzt, stellt ein bestimmendes Element dieser Landschaft dar. Weite Teile des Wādī Ḥaḍramaut mit seinen Seitentälern sind mit Sand und Geröll gefüllt. Die kleinen Ortschaften, meist an den Abhängen der Kalktafel entlang erbaut, liegen weit voneinander entfernt und verfügen über ein nur geringes landwirtschaftliches Nutzungsareal. Nur im östlichen Abschnitt des Wādī Ḥaḍramaut, wo durch den höheren

Grundwasserspiegel die Bedingungen für die Landwirtschaft günstiger beschaffen sind, ist eine höhere Besiedlungsdichte feststellbar. Hier konnten sich daher städtische Zentren, wie Sayūn und Tarīm, entwickeln.
In den Tälern kann nur Bewässerungsfeldbau betrieben werden. Die landwirtschaftliche Produktion beschränkt sich neben der Dattelpalmenkultivation auf den Anbau von Hirsearten, Weizen und Gemüsesorten. Eine intensive Bodenversalzung führt zu einer stetig zunehmenden Reduktion der an sich schon kleinen Feldflächen, ein Umstand, unter dem die Landwirtschaft in diesem Gebiet schwer zu leiden hat.
Der Aufweis dieser sechs grob umrissenen Öko-Zonen diente lediglich dazu, um einerseits die Koexistenz unterschiedlicher Wirtschaftsformen in diesem Teil Südarabiens plausibel zu machen, andererseits um auch die Varianten innerhalb einer Wirtschaftsform, wie z. B. der der Bodenbauer, zu verdeutlichen. Es gilt nun, an einigen Beispielen die unterschiedlichen sozio-ökonomischen Ausformungen aufzuzeigen: die Beduinen (Kamelnomaden), eine bäuerliche Gesellschaft aus dem Hochland des Jemen, die städtischen Gesellschaften von Ṣanʿāʾ und Tarīm.

Eduard Glaser (1855—1908, hier gegen 1890). Originalfoto im Eigentum seines Großneffen Dr. Peter E. Glaser, Lexington, Mass. Reproduktion dank freundlicher Vermittlung von Prof. Dostal.

Die Beduinen

Die Grundlage nomadischer Lebensweise bildet der Viehbestand. Er rekrutiert sich aus Dromedaren und Ziegen; Schafe sind nur selten vorhanden. Der Größenordnung nach, dürfen wir den Viehbestand dieser Nomaden als einen Kleinherdenbetrieb qualifizieren.
Die Kleintierzucht bildet die Grundlage der Subsistenzökonomie; den Kamelen fällt außer ihrer wirtschaftlichen Bedeutung (Milch-, Haar-, selten Fleischlieferant, Reit- und Transporttier) ein hoher sozialer Prestigewert zu.
Es scheint nun nützlich, kurz auf die Milchverwertung einzugehen, um damit einen Einblick in das planmäßige Wirtschaftshandeln der Beduinen zu gewähren. Infolge des zu geringen Fettgehaltes der Kamelmilch ist nur die Ziegenmilch zur weiteren Verarbeitung geeignet; sie wird größtenteils zu Butter verarbeitet, die zwecks Konservierung zu geklärter Butter verkocht wird. Die Buttermilch dient weiters zur Gewinnung von Trockenmilch, indem man die Buttermilch ebenfalls verkocht, die Masse in kleine Klumpen formt und an der Sonne trocknet. Durch diese Verfahrensweise werden einer Wirtschaftseinheit lebenswichtige Subsistenzmittel, unabhängig von der täglichen Milchproduktion der Tiere, bereitgestellt; die geklärte Butter sorgt für das notwendige tierische Fett, durch die Trockenmilch vermag man eventuell auftretende Engpässe in der Milchversorgung, die durch die zeitliche Begrenzung der Laktationsperiode der Ziegen entstehen können, auszugleichen. Die gesäuerte Kamelmilch, vermischt mit Wasser, ergibt lediglich ein rasch zu verbrauchendes durstlöschendes Getränk.
Es sollte überflüssig sein, zu betonen, daß hier nicht der Versuch gemacht werden soll, die sozio-ökonomischen Verhältnisse der Beduinen im Detail nachzuzeichnen. Vielmehr geht es um die Charakterisierung dieser Lebensweise. Daher ist es wichtig, unter dem hier verfolgten Aspekt, kurz auf die supplementären wirtschaftlichen Aktivitäten zu verweisen. Der Jagd kommt z. B. keine ökonomische Bedeutung zu, da sie infolge des spärlichen Wildbestandes mehr dem Zufall überlassen bleibt. Hingegen erscheint das Einsammeln von Holz für den Verkauf auf den ländlichen Wochenmärkten und städtischen Märkten wichtig. Auch die Gewinnung von Weihrauchharz, die sich einige im Osten des Ḥaḍramaut lebende Stämme erschlossen haben, bedeutete eine zusätzliche Einnahmequelle, die allerdings durch die stark rückläufige Entwicklung des südarabischen Weihrauchhandels seit dem Ende des 2. Weltkrieges zunehmend versiegte.

Den wichtigsten supplementären Wirtschaftszweig bilden die Karawanendienste. Diese marktgebundenen Dienstleistungen betreffen den Warentransport, der im Auftrag von Kaufleuten auf der Grundlage eines Vertragsabschlusses erfolgt. Der zwischen einem Kaufmann und einem Beduinen getroffenen Vereinbarung gemäß, bürgt der Nomade für den Transport und für die Sicherheit der ihm anvertrauten Güter gegen eine vereinbarte Summe als Entlohnung.
Abschließend ist es geboten, die Maßnahmen zur Minimierung der wirtschaftlichen Risiken zu erwähnen, deren Effizienz für die Existenz der Wirtschaftseinheiten von zentraler Bedeutung ist. Die dafür vorgesehenen Verfahren werden auf drei Ebenen realisiert: 1. im Viehzuchtsbetrieb durch die Steuerungsmaßnahme der Laktationsperiode bei Kleintieren (Verhinderung der Böcke am ungewünschen Bespringen durch Anlegen einer Penisschnur) und durch die Erzeugung von Trockenmilch; 2. auf der sozialen Ebene der Verwandtschaftsgruppe durch die verpflichtenden reziproken Hilfeleistungen zwischen den Wirtschaftseinheiten einer Verwandtschaftsgruppe und 3. auf der Ebene der Marktbeziehungen.

Die Wirtschaftseinheit

Bevor ich auf die Frage eingehe, worin die Eigenart dieser nomadischen Wirtschaftseinheit besteht, ist es notwendig, sich den Sachverhalt zu vergegenwärtigen, daß das patrilineare Abstammungssystem das konstitutive Element der Gesellschaft dieser Stämme bildet. Nur in diesem Zusammenhang läßt sich die zu erörternde Wirtschaftseinheit voll verstehen. Neben der Kernfamilie bildet die patrilokale, erweiterte Familie die häufigste Familienform. In diesem Typus sind die Familien der verheirateten Söhne in die väterliche Familie inkorporiert. Der Gründer eines solchen Familienverbandes fungiert gleichzeitig als Leiter dieser Wirtschaftseinheit und hat, patrilinearen Regeln folgend, das Eigentums- und Verfügungsrecht über die Produktionsmittel seiner Familie inne, also über das Vieh und die technische Ausrüstung. Das persönliche Eigentum der einzelnen Familienmitglieder, z. B. die Mitgift der Frau und der Kamelbesitz der Söhne, der ihnen anläßlich der Geburt zum Geschenk gemacht wird, ist jedoch dem Verfügungsrecht des Vaters entzogen. Seine Kontrolle über die Produktionsmittel kommt symbolisch in den Eigentumszeichen zum Ausdruck, das an allen Tieren und wichtigen Sachgütern angebracht ist.
Die Organisation der Arbeit folgt dem Prinzip der geschlechtlichen Arbeitsteilung. Diese ist ein System der Kooperation und Funktionsteilung zwischen Mann und Frau, hängt doch die Abwicklung wirtschaftlicher Erfordernisse von der Übernahme bestimmter Verpflichtungen seitens der Partner einer Wirtschaftseinheit ab.
Die Frau trägt die eigentliche Hauptlast im subsistenzwirtschaftlichen Bereich und in der Sachgüterproduktion. Im Auftrag des Mannes obliegt ihr die Durchführung der Güterzirkulation reziproker Struktur, denn diese Transaktionen finden in der Ebene der Frauen der Verwandtschaftsgruppen statt. Es handelt sich hierbei um eine Maßnahme der Risikominimierung, die im Kodex der verwandtschaftlichen Beistandsverpflichtungen verankert ist. Die Frau des Leiters einer Wirtschaftseinheit hat das Recht, im weiblichen Kompetenzbereich ihren Töchtern und Schwiegertöchtern die von ihr als notwendig erachteten Arbeiten zuzuweisen.
Dem Mann obliegen die Kamelzucht, die Schaf- und Ziegenschur, die Behandlung erkrankter Tiere, die Verteidigung und die Wahrung externer Beziehungen. An zwei Beispielen aus dem Kompetenzbereich des Mannes sollen die gesellschaftlichen Rahmenbedingungen seines Rollenhandelns veranschaulicht werden. Das erste verdeutlicht die rechtliche Bedingung für die Abwicklung des Markttausches; das zweite, der Viehraub, berührt die normative Dimension dieses Handelns.
Der Markttausch vollzieht sich nach folgendem Ablaufschema: Die Nomaden setzen ihre Güter nicht direkt auf den Märkten ab, sondern durch die Vermittlung eines Kommissionshändlers (dallāl), wodurch sie in Notsituationen auch die Möglichkeit haben, von diesem Vorschußzahlungen für den Erwerb von Marktgütern zu erhalten. Ein Dallāl kann jedoch nur mit rechtsfähigen Partnern verhandeln, vor allem mit solchen, deren Rechtsfähigkeit auch das Verfügungsrecht über die Produktionsmittel einschließt oder die im Auftrag des Eigentümers auf Grund ihrer Rechtsfähigkeit agieren können. Dies gilt naturgemäß auch für die Vereinbarungen mit einem Kaufmann bezüglich der Karawanendienste. Die Rechtsfähigkeit des Handelnden, besonders im Hinblick auf die Wahrnehmung externer Beziehungen, setzt eine soziale Qualifikation voraus, die in einer patrilinearen Gesellschaft ausschließlich dem Manne zusteht. Seine Rechtsfähigkeit kann aber nur durch seine Verwandtschaftsgruppe wirksam werden, denn diese gewährt ihm die für sein Handeln notwendigen Schutzgarantien. Man sollte hierbei nicht übersehen, daß Verwandtschaft als ideologisches Konstrukt einen Deutungscode für die Mitglieder einer Gruppe vorgibt, die sich durch einen gemeinsamen Ahnen verbunden glauben. Aus der Gemeinsamkeit der durch einen genealogischen Gründungsakt zusammengeschlossenen Gruppe wird die gesellschaftliche Rückverbundenheit der Rechtsfähigkeit eines Individuums verständlich.
Eine mit dem Kompetenzbereich des Mannes verknüpfte Tätigkeit stellt der Viehraub (ghazū) dar, der insoferne einer Erklärung bedarf, weil man irrtümlicherweise diese Handlungen aus dem »ökonomischen Denken« der Nomaden abzuleiten bemüht war. Ein wichtiger Aspekt des Ghazū, der Raub von Kamelen, ist aber der Umstand, daß man die Raubzüge individuell durchführt oder in Zusammenarbeit mit Blutsverwandten des gleichen Abstammungssegmentes. Im letzteren Fall werden die erbeuteten Kamele an die Wirtschaftseinheiten der an diesem Unternehmen beteiligten Männer zu gleichen Teilen verteilt. Bei einem Ghazū wird lediglich darauf geachtet, nur bei solchen Stammesgruppen Kamele zu rauben, mit denen sich der eigene Stamm nicht in einem Friedenszu-

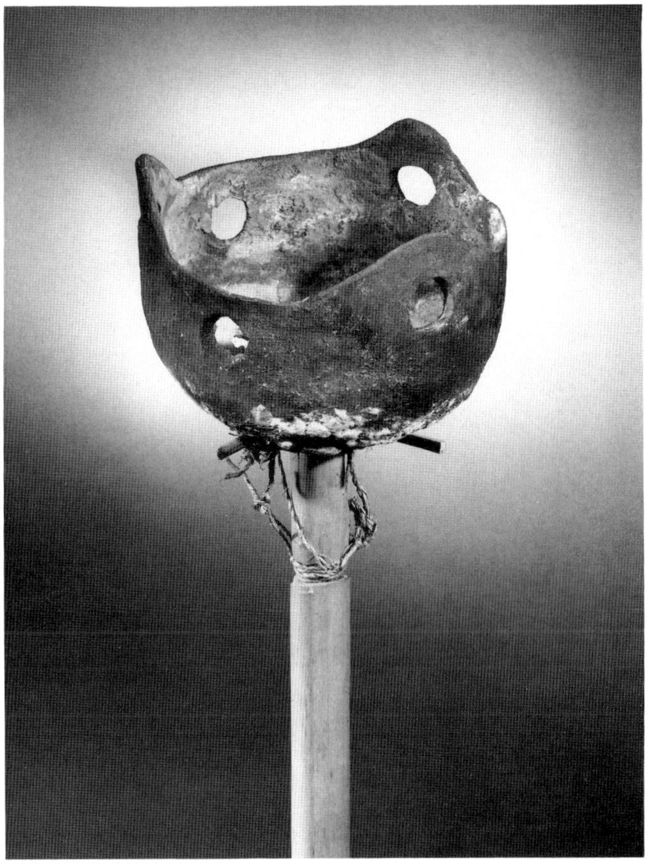

Fackel, Schale aus Töpferware, Stiel aus Palmblattrippe. Wurde vom Sohne des Sultans ʿAbdāllāh von Schut, sôd ben ʿAbdāllā, bei den Abendumzügen der Knaben vor dem großen Fest verwendet (Museum für Völkerkunde, Wien).

stand befindet. Die Zuweisung der Viehraubunternehmungen auf die Entscheidungsebene der Individuen oder kleiner Blutsverwandtschaftsgruppen wurzelt in der Vorstellung, derzufolge die Anzahl der Kamele für die Bemessung des sozialen Prestiges eines Mannes innerhalb des Stammes von entscheidender Bedeutung ist. Das Kamel ist in diesen Gesellschaften soziales Statussymbol, woraus die Vergesellschaftung von sozialem Prestige und Reichtum an Kamelen begreiflich wird. Mit anderen Worten: der Mann nimmt u. a. auch solche Tätigkeiten wahr, die im Kontext mit gesamtgesellschaftlichen Werten hoher Rangordnung stehen.

Wirtschaftseinheit und Stamm

Die Beziehungen der Wirtschaftseinheit zum Stamm sind durch die Tatsache vorgezeichnet, daß die für die Nomaden unentbehrlichen Produktionsmittel, die Weidegründe und Brunnen, als kollektives Eigentum des Stammes rechtlich bestimmt sind.

Grundsätzlich steht die Nutzung des Stammesgebietes allen Stammesmitgliedern gleichmäßig zu, ausgenommen die Winterweiden, von denen einige bestimmte Gebiete einzelnen Segmenten vorbehalten sind. Diese räumliche Zuweisung wird von den Ältesten der Linien mit dem Muqaddam, dem Stammesführer, gemeinsam vereinbart.

Die demokratische Verfassung der tribalen Organisation stützt sich auf das Wahlrecht zur Bestimmung des Stammesführers, das in der Egalität der Stammesmitglieder begründet ist; wenn auch bei einigen Stämmen die Muqaddam-Würde innerhalb der gleichen Linie erblich ist, bedarf die Übernahme dieses Amtes der Bestätigung durch die Stammesmitglieder. Konkret besagt dies, daß die Stammesmitglieder die erbliche Nachfolge bestätigen oder sich für einen anderen geeigneteren Kandidaten aus der Muqaddam-Linie entscheiden. Damit ist die Kontrolle über die politischen Entscheidungen der gewählten Vertreter gewährleistet, denn bei erwiesener Unfähigkeit und Unzufriedenheit mit der Politik kündigen die Stammesmitglieder ihre Loyalität dem Muqaddam auf. Einen zusätzlichen Schutzmechanisus bilden die Ältesten der Linien und Segmente, die nach dem Senioratsprinzip ihre Autoritätsfunktion ausüben. Der Muqaddam des Stammes kann keine wichtige Entscheidung treffen, ohne sich auf den Konsens der Ältesten zu stützen.

Es wäre jedoch naiv anzunehmen, daß die Egalität in der gesellschaftlichen Wirklichkeit eine lämmergleiche Gesellschaft bewirkt, ebenso auch, daß die Wahlvorgänge reibungslos ablaufen. Die permanenten, stammesinternen Konflikte zwischen den wirtschaftlich verschieden starken Gruppen, man denke an die Relation: Reichtum an Kamelen und soziales Prestige, bedingen im realpolitischen Bereich einen größeren Einfluß der wirtschaftlich Stärkeren.

Halsschmuck für Mädchen, Glasperlenbänder und Perlmuttscheiben (Museum für Völkerkunde, Wien).

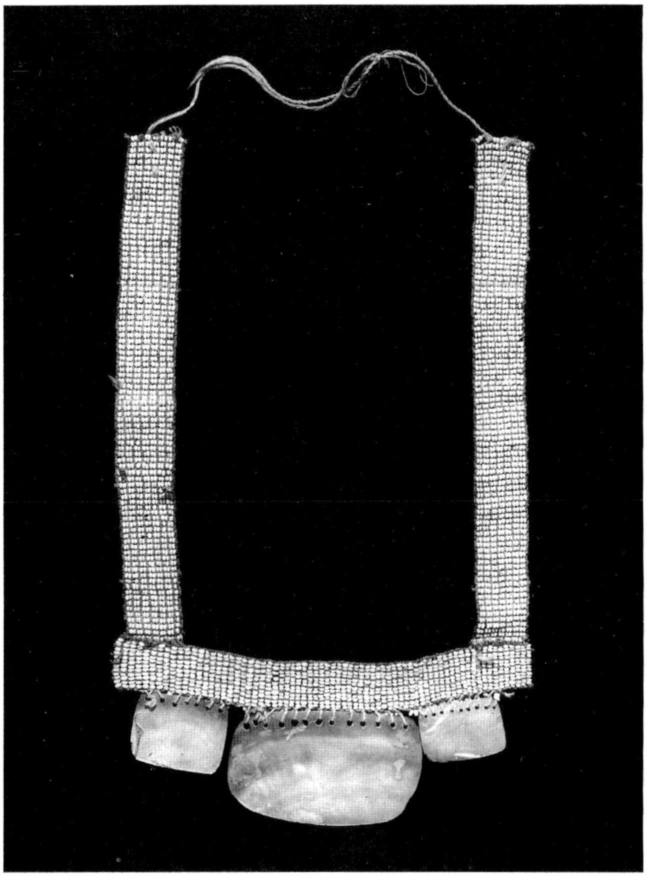

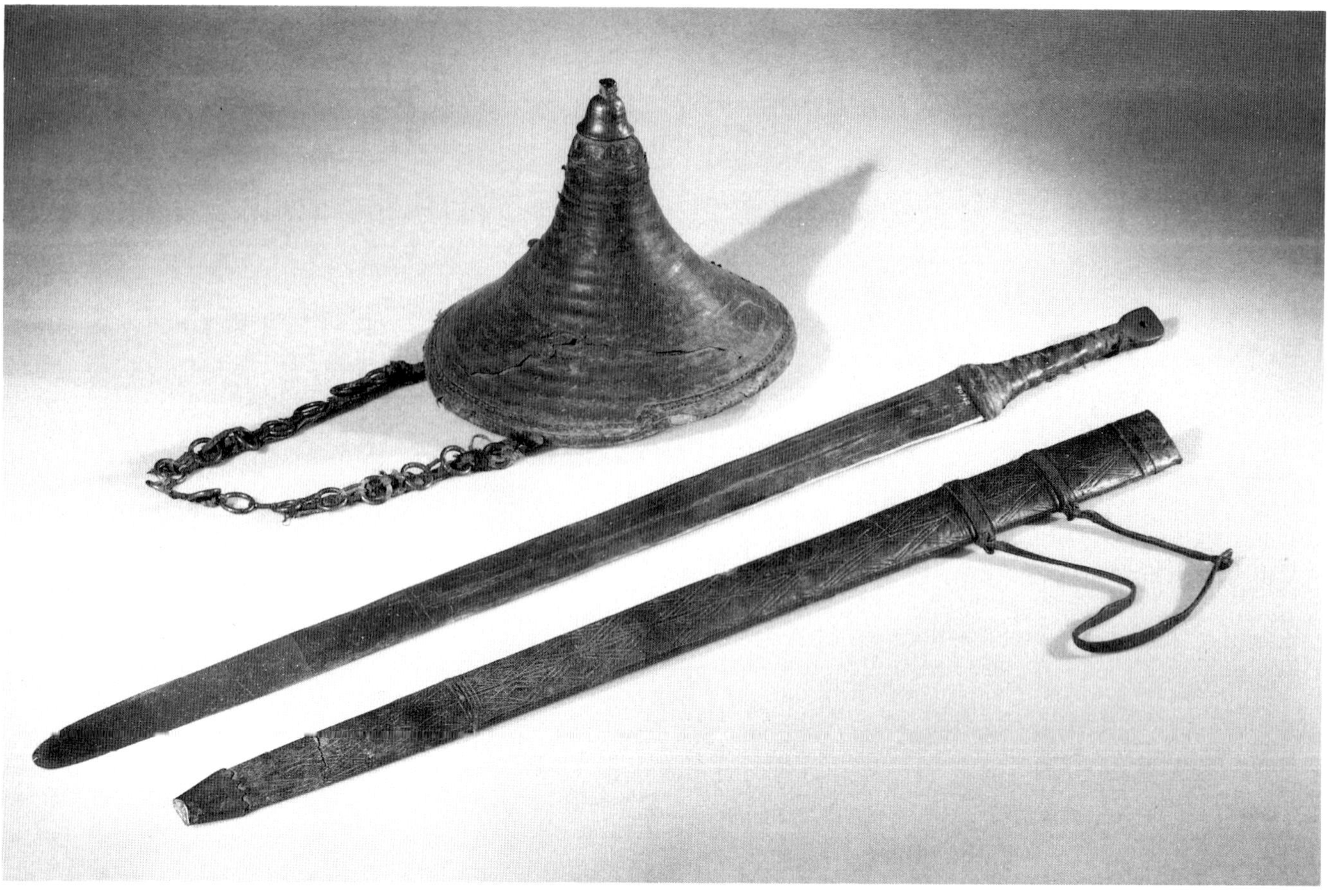

Schild und Schwert, Schild wurde auch als Sitz benützt (Museum für Völkerkunde, Wien).

Der Stamm als der gesellschaftliche Eigentümer des Streifgebietes, ist als eine Kooperationsform zum Schutze dieses Eigentums aufzufassen. Den Leitern der Wirtschaftseinheiten bietet er darüberhinaus den notwendigen politischen Rückhalt bei der Abwicklung des externen Güterverkehrs. Dieser wird, wie ich schon erwähnt habe, über die Dallāl-Institution reguliert. Ein Dallāl, ein Kommissionshändler, nimmt den Nomaden ihre Produkte ab und verkauft diese auf dem Markt. Jeder Stamm wählt nun einen Händler als Dallāl in den frequentierten Marktorten. Der Vorteil für die Nomaden besteht vornehmlich darin, daß sie zur Anschaffung notwendiger Güter (Hirse, Reis, Zucker, Datteln etc.) Vorschüsse vom Dallāl erhalten, die sie zu einem späteren Zeitpunkt zurückerstatten können. Der Dallāl garantiert ihnen also den Erwerb lebenswichtiger Güter, unabhängig von ihrer jeweiligen wirtschaftlichen Situation. In diesem Zusammenhang müssen wir daran denken, daß die Möglichkeit des externen Güterverkehrs durch die Befriedigung gesellschaftlich motivierter Bedürfnisse wie z. B. Brautgabe, Hochzeitsfeiern, Totenopfern, Blutgeld etc. vielfach gravierend reduziert werden kann. Die Gefahr, vom Dallāl in solchen Zwangssituationen benachteiligt zu werden, wird dadurch vermindert, daß der Dallāl gleichzeitig auch als Vermittler in stammespolitischen Angelegenheiten fungiert. Aus dieser Vertrauensposition wird er seinerseits keine Schritte unternehmen, um dieses Verhältnis zu belasten, hängt doch sein soziales Prestige in seiner Gesellschaft von dem Stamm ab, den er vertritt.

Das Bauerntum im Hochland des Jemen

Für die Darstellung einer bäuerlichen Gesellschaft wähle ich die Bānī Ḥushaysh, die das nordöstlich von Ṣan'ā' gelegene Hochland bewohnen. Zwei Täler, das Wādī al-Sirr und das Wādī Ridjām, bilden mit den sie umgebenden Bergzügen die markantesten Landschaftselemente ihres Stammesgebietes. Beide Täler sind dicht besiedelt; infolge des relativ hohen Grundwasserspiegels sind hier optimale Voraussetzungen für eine intensive landwirtschaftliche Nutzung gegeben. Das Gebiet der B. Ḥushaysh liegt in der Zone mit reichlichen Niederschlagsmengen, ein Umstand, der zusätzlich zu der durch Brunnenbewässerung versorgten Landwirtschaft auch Regenfeldbau ermöglicht.

Die Gesellschaft

Die Gliederung in Klassen kennzeichnet das Gesellschaftssystem der B. Ḥushaysh, die die gesellschaftliche und politische Macht ausüben, obgleich diese Funktion nicht auf den ersten Blick aus dem hierarchischen Aufbau ersichtlich ist. In ihm sind integriert:

Sāda

Herstellung von Stuckfenstern (qamarīya).

Herstellung von Stuckfenstern.

Herstellung von Stuckfenstern.

Herstellung von Stuckfenstern.

Schibām im Inneren Ḥaḍramūt: das »Chicago der Wüste«.

Altstadt Sanaa.

Schibam — Stadt der Hochhäuser im Wādī Ḥaḍramūt.

Im Wādī Ḍahr.

Hirtin mit Spindel bei Umm Laila (nördlich von Saada).

Bedu im Inneren Ḥaḍramūt.

Seite 341: Sūq in Khurayba (Wādī Doʿān, Provinz Ḥaḍramūt).

Bauer beim Pflügen.

Männerkuffias: vier neuere aus Bait al-Faqīh, zwei alte mit Goldfadenstickerei aus Sanaa.

Dreschen im Hochland bei al-Maḥwīṭ.

Aufbewahren von Stroh (bei Dschibla).

Kaffee-Ernte in der Provinz al-Maḥwīṭ.

Die Burg der früheren Sultane von ʿAzzān (Provinz Schabwa).

Riḥāb im Wādī Doʿān (Provinz Ḥaḍramūt).

Fuqahā
Gabā'il (B. Ḥushaysh)
Muzayyinīn
Dawshān

In der muslimischen Gesellschaft finden wir übereinstimmend die Auffassung, daß den Nachkommen aus dem Hause des Propheten (ahl-al-bayt) mit ʿAlī b. Abī Ṭālib als Genitor, eine gesellschaftlich bevorzugte Stellung gebühre. Dieser Anschauung zufolge ist der hohe soziale Status der Sāda begründet, die ihre Abstammung von ʿAlī b. Abī Ṭālib geltend machen. Es ist aber notwendig, sich darüber klar zu werden, daß diese Begründng für die hier zu erörternden Sāda nicht ausreicht, um ihre soziale Geltung innerhalb der B. Ḥushaysh vollständig zu erklären. Als zusätzlichen Erklärungsfaktor muß man die Zaydīya berücksichtigen, die von ʿAliden getragen wurde. Im Yemen konkurrierten daher nicht nur die verschiedensten Sāda-Familien um die Imām-Würde, sondern die Sāda übernahmen auch die wichtige politische Funktion der Loyalitätskontrolle. Schon der erste zayditische Imām im Yemen, al-Hādī Yaḥyā, delegierte Sāda als Vertrauensmänner in die Gebiete der ihm untergebenen Stämme. Eine Maßnahme, die auch von seinen Nachfolgern praktiziert wurde. Von den zayditischen Stämmen wurde den Sāda der ihnen adäquate Status eingeräumt und infolge ihrer Herkunft und offiziellen Funktion gewissermaßen als neutrale Instanzen in inter-tribalen Konflikten bewertet. Aus dieser für die Stammespolitik wichtigen Funktion leitet sich ihr Einfluß auf die Stämme ab.

Ein annähernd ähnliches Verhältnis zum Stammesverband der B. Hushaysh haben die Fuqahā; von den Sāda abstammungsmäßig unterschieden, fungieren sie als Sachverständige für das Sharīʿa-Recht. Um ihre Funktion zu erklären, muß man kurz auf die Rechtssituation unter den B. Ḥushaysh eingehen. Dem islamischen Recht (Sharīʿa) steht in dieser Gesellschaft das tribale Gewohnheits-

Sultans-Palast in Tarīm (Wādī Ḥaḍramawt).

recht (ʿurf) gegenüber, das auf die konkreten gesellschaftlichen Bedürfnisse der Stammesgemeinschaft zugeschnitten ist. Konzentriert sich die Rechtssprechung auf der Basis der gewohnheitsrechtlichen Regelungen auf die gewählten Stammesvertreter und die Ältesten, so zeigt sich die Gesetzesanwendung der Sharīʿa an juristisch geschulte Richter gebunden. Mit der Zielvorstellung der imamitischen Verwaltung, in ihrem Hoheitsbereich das Sharīʿa-Recht durchzusetzen, hängt die Anwesenheit der Fuqaḥā in den Stammesgebieten zusammen.
Der Begriff »Muzayyinīn« umfaßt in seiner gegenwärtigen Bedeutung einen weiten Variationsspielraum von verschiedenen Berufsgruppen. Er reicht von Schlächtern und Gerbern, Webern, Töpfern bis zu Barbieren und Achatschleifern. Die Produktion der Achatschleifer orientiert sich ausschließlich an der Nachfragesituation auf dem Markt von Ṣanʿāʾ, so daß sie für die tribale Wirtschaft bedeutungslos sind. Ebenso sind die Barbiere von marginalem wirtschaftlichem Interesse; ihr Dienstleistungsrepertoire schließt auch Blutschröpfen, das Beschneiden von Knaben ein, sie erfüllen aber auch bestimmte Funktionen bei den Hochzeitsfesten. Im Gegensatz dazu bean-

Brustschmuck von Frauen, Kamelknochen, Portenschnüre und -quaste, Holzstäbchen, Blechblättchen und Stofflappen (Museum für Völkerkunde, Wien).

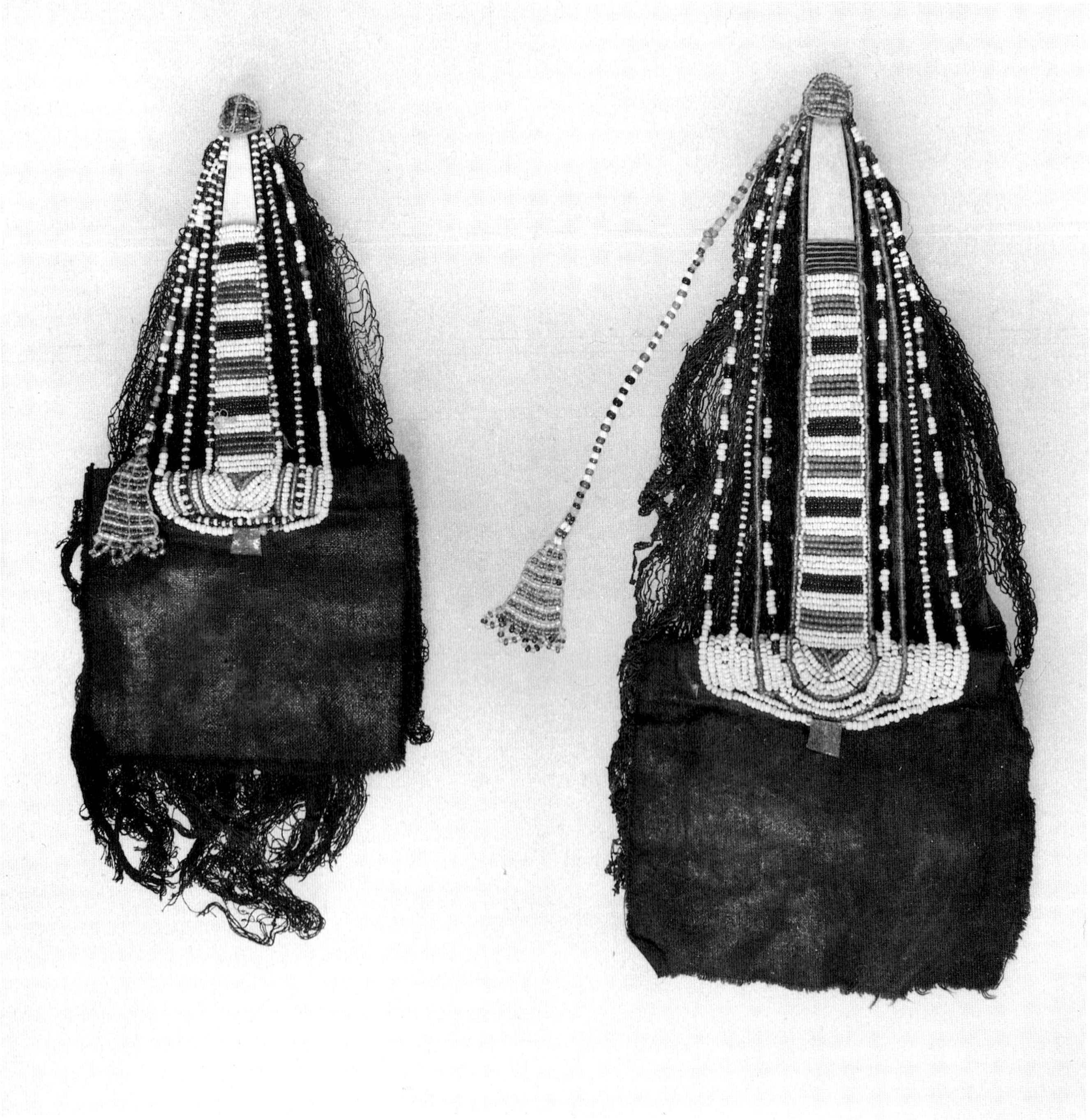

Mutter und Sohn beim Eggen (Umgebung von al-Ṭawīla).

spruchen die Schlächter, welche auch die Gerberei ausüben und Leder verarbeiten, unsere Aufmerksamkeit. Ihre Bedeutung resultiert aus der Tatsache, daß die spärliche Viehhaltung der Bauern die Selbstversorgung mit Fleisch gravierend einschränkt. Daher obliegt es den Schlächtern, die bäuerliche Bevölkerung mit frischem Fleisch zu versorgen. Die Beschaffung der Rinder ist folgendermaßen organisiert: Mehrere Schlächter schließen sich genossenschaftlich zu einer Gemeinschaft zusammen, um Rinder in der Tihāma einzukaufen und in das Stammesgebiet zu importieren. An den wöchentlich stattfindenden Markttagen werden die Tiere zum Markt gebracht; die konkrete Nachfragesituation nach Fleisch bestimmt an jedem Markttag, wie viele Rinder geschlachtet werden. Bezüglich der Ausübung der Gerberei, Lederverarbeitung und Weberei wäre zu vermerken, daß die Bauern die Rohprodukte den zuständigen Handwerkern übergeben.

Gegenüber diesen Gruppen sind die Töpfer, die in der Ortschaft Ṣurāb wohnen, in der Bestimmung des Produktionsumfanges völlig unabhängig von der Nachfragesituation im Stammesgebiet, denn sie setzen ihre Erzeugnisse auf den umliegenden Wochenmärkten und auf dem Markt von Ṣanʿāʾ ab, wo das Angebot der sogenannten »Sirr-Waren« seit dem 18. Jh. nachzuweisen ist. Darin läßt sich deutlich die sozio-ökonomische Lage dieser sozial unterprivilegierten Handwerker in dieser tribalen bäuerlichen Gesellschaft illustrieren: Der Stamm trifft keinerlei Maßnahme für eine Kontrolle der Produktion, denn sein primäres Interesse gilt ausschließlich der als notwendig erachteten Anzahl von ansässigen Handwerkern, das in der tribalistischen Motivation, die gewünschte Autarkie des Stammes zu gewährleisten, wurzelt. In der Perspektive der angestrebten Autarkie des Stammes erweisen sich die Muzayyinīn deshalb als so wichtig, weil sie wirtschaftliche Tätigkeiten ausüben, die die B. Ḥushaysh selbst nicht ausführen. Dadurch tragen die Muzayyinīn konkret zur Verwirklichung der politischen Zielsetzung des Stammes, die Souveränität zu bewahren, bei, wie immer auch diese Bestrebung in der Realität erfüllt werden kann.

Dem Dawshān kommt nur eine marginale Rolle im tribalen Wirtschaftsleben zu. Der Name »Dawshān« bezeichnet eine in Südwest-Arabien weit verbreitete Gruppe von Wandersängern, die von Stammesgebiet zu Stammesgebiet ziehen und sich während der Erntezeit als Taglöhner verdingen. Sie erhalten $\frac{1}{40}$ der Ernteerträge von der Siedlungsgemeinschaft, in der sie bei der Ernte mithelfen.

Die Stammesorganisation

Der Stamm stellt eine patrilineare Abstammungsgemeinschaft dar, die sich als politischer Verband begreift und die Souveränität über das von dieser Gemeinschaft besiedelte Territorium ausübt. Das Stammesgebiet ist in Stam-

Zerkleinern der Erde für die Trockenbestäubung von Rebstöcken (B. Ḥushaysh).

Frauen beim Worfeln (B. Ḥushaysh).

Ölpresse zur Gewinnung pflanzlicher Öle (salīṭ) aus Sesamkörnern (Ṣanʿāʾ).

mesbezirke gegliedert, die bei den B. Hushaysh der Einteilung nach dem Achtel-Prinzip folgen. Danach unterteilt sich der Stammesverband in acht politisch-administrative Einheiten, jede Einheit als Thumen benannt. Ein Thumen kann man als eine Lokalgruppe umschreiben, die eine oder mehrere Linien in einem relativ geschlossenen Siedlungsgebiet umfaßt.

In der politischen Organisation sind folgende Entscheidungsebenen vorgesehen:

1. der *Stammesverband,* angeführt vom Shaykh al-Qabīla, der aus dem Kreis der Shaykh's der Stammesbezirke für die Wahl nominiert wurde. Das Entscheidungsverfahren auf dieser Ebene gründet sich auf der Versammlung der Shaykh's der Stammesbezirke.

2. der *Stammesbezirk,* ihm steht der Shaykh al-Thumen vor, den die Dorfvorsteher nominieren. Seine Entscheidungen trifft er gemeinsam mit dem Rat der Dorfvorsteher.

3. das *Dorf;* man unterscheidet zwischen einer aus mehreren Segmenten einer Verwandtschaftsgruppe bestehenden Siedlung und einer, deren Bewohner einem Segment entstammen. Im ersteren Typus steht der Gemeinde ein Shaykh al-Qarīya vor; er wird aus dem Kreis der Ältesten der Segmente gewählt und trifft seine Entscheidungen gemeinsam mit den Ältesten. Im zweiten Fall untersteht die Dorfgemeinschaft dem ʿAyn, dem Ältesten, der die Entscheidungen allein auf Grund seiner Seniorität fällt.

Aus dieser schematischen Zusammenstellung werden die Wesenszüge, die die Eigenart dieser politischen Organisationen bestimmen, deutlich erkennbar:

1. Mit der steigenden Komplexität der Entscheidungsebenen reduziert sich die Bedeutung der Ältesten als Entscheidungsinstanzen zugunsten der gewählten Funktionäre (Dorfvorsteher, Vorsteher der Stammesbezirke und Oberhaupt des Stammesverbandes).

2. Beratungsgremien legen die Entscheidungsspielräume der gewählten Vertreter fest und schmälern auf diese Weise substantiell das autonome Handeln dieser Stammesfunktionäre.

Angesichts der Konfliktanfälligkeit bei politischen Entscheidungen, bedingt durch die gesellschaftliche Diskrepanz zwischen wirtschaftlich schwächeren und stärkeren Gruppen, hält man die Wahlen an solchen Plätzen ab, die mit dem Ḥaram-Status belegt sind, demzufolge die körperliche Schadenszufügung bei Streitigkeiten an dieser Örtlichkeit untersagt ist. Daher ist es den Teilnehmern an einer Wahlversammlung geboten, ihre Waffen vor dem durch Steinsetzungen markierten Versammlungsplatz abzulegen. Wahlberechtigt sind alle rechtsfähigen Stammesmitglieder auf der Basis der aus der gemeinsamen Abstammung resultierenden sozialen Egalität. Für den

Nivellieren eines Feldes mit dem Streichbrett (Wādī al-Sirr).

Trockenbestäubung (Schädlingsbekämpfung) der Rebstöcke (B. Ḥu<u>sh</u>ay<u>sh</u>).

Plangi-Färber beim Abbinden eines Tuches für einen Gesichtsschleier (Ṣanʿāʾ).

Plangi-Färber beim Einfärben (Ṣanʿāʾ).

Wahlentscheid ist die einfache Stimmenmehrheit maßgebend. Das Wahlergebnis wird von allen Stammesmitgliedern akzeptiert, weil die mehrheitliche Willensbildung gewohnheitsrechtlich verbindlich ist.
Die Amtszeit der gewählten Stammesfunktionäre ist zeitlich nicht limitiert. Dieser Umstand bewirkt durch die Unbestimmtheit der Dauer der Funktionsperiode einen Zwang auf die Stammesautoritäten, sich in ihren Entscheidungen um einen Konsens mit der mehrheitlichen Auffassung der Stammesmitglieder zu bemühen, andernfalls ihnen die Loyalität aufgekündigt wird. Auf diese Weise versucht man, den gruppenspezifischen Interessen, die von wirtschaftlich stärkeren Linien über die Stammesfunktionäre geltend gemacht und durchgesetzt werden könnten, entgegenzuwirken.

Die Haushaltsgemeinschaft

Den verbreitetsten Familientypus bildet die patrilokale erweiterte Familie; des weiteren findet sich auch die Kernfamilie und ein Familientypus, den man als »fraternal joint family« bezeichnet. Unter dem letzten Begriff versteht man eine Haushaltsgemeinschaft, die sich aus den Kernfamilien zweier Brüder rekrutiert. Die Bildung solcher »brüderlicher Haushaltsgemeinschaften« zeigt sich ausschließlich wirtschaftlich bedingt. Durch die ungleiche Aufteilung der Erbmasse infolge des Erstgeborenenrechts wäre die Existenz des Zweitgeborenen gefährdet, so daß sich dieser nach dem Ableben des Vaters mit dem Erstgeborenen zu einer Haushaltsgemeinschaft zusammenschließt, um auf diese Weise der Armut zu entgehen.
Die Patrilinearität gibt die Wesenheiten vor, in denen die soziale Macht des Mannes zum Ausdruck kommt: die hohe soziale Geltung der männlichen Nachkommen (Agnaten) als Garanten für den Fortbestand der väterlichen Linie; die Bevorzugung der Agnaten im Erbrecht; der Zugang zu den Produktionsmitteln und das Verfügungsrecht darüber; die obligatorische Mitwirkung an dem politischen Leben und die Wahrung der auswärtigen Beziehungen (Marktbesuche etc.). Diese Merkmale, ableitbar aus den Normen des patrilinearen Verwandtschaftssystems, umreißen aber auch die fundamentalen Kennzeichen des sozialen Status der Frau: Ausschließung aus dem politischen Leben der Gesellschaft und Verweigerung der Verfügungsrechte über die Produktionsmittel der Haushaltsgemeinschaft. Der Frau wird lediglich die Partizipierung an dem tribalen Wochenmarkt zugestanden, wo sie die Erzeugnisse ihres Produktionsbereiches — es handelt sich um Gemüse, wohlriechende Pflanzen, Hühner, Eier und Stickereien — feilbietet. Die Frau kann über den Verkaufserlös frei verfügen, verwendet ihn aber in der Regel für notwendige Anschaffungen im Haushalt (Küchengeräte etc.).

Röster (Ṣanʿāʾ).

Sattler beim Stopfen eines Brotmodels (Ṣanʿāʾ).

Kamelbetriebene Sesammühle in der Tihāma; Zeichnung Renate Strasser.

Allerdings zeigt sich das Verfügungsrecht des Genitors über den der Haushaltsgemeinschaft eigenen Landbesitz gravierend eingeschränkt, insoferne als das Land gewohnheitsrechtlich als Gemeineigentum des Stammes aufgefaßt wird. Unter diesem Gesichtspunkt greift der Stammesverband regulierend in die Verfügungsgewalt des Genitors durch das Verbot ein, Grund und Boden an Stammesfremde zu verpfänden oder zu verkaufen. Auf diese Weise verteidigt der Stamm seinen Rechtstitel über das Land.
Zur geschlechtlichen Arbeitsteilung innerhalb der Haushaltsgemeinschaft bezüglich der Herstellung von Sachgütern finden wir ein nahezu gleichgewichtiges Verhältnis zwischen dem Anteil von Mann und Frau. In der landwirtschaftlichen Produktion (Cerealienanbau, Weinbau, Qāt-Pflanzung, Gemüseanbau und Viehzucht) beträgt jedoch der Anteil der vom Mann zu verrichtenden Tätigkeiten 61 Prozent, der von der Frau zu leistenden Arbeiten 25 Prozent und der von Mann und Frau zu bestreitenden Aktivitäten 14 Prozent. Als geschlechtsspezifische Tätigkeitsbereiche des Mannes erweisen sich die Qāt-Pflanzung, als der der Frau der Gemüseanbau. Ausgenommen die Viehzucht, die weitgehend dem Kompetenzbereich der Frau zufällt, ist der Mann für die übrigen Produktionsbereiche größtenteils zuständig.
Es gehört zum Pflichtenkreis des Mannes, die lebensnotwendigen Tauschaktionen, sei es auf dem Markt von Ṣan'ā' oder auf dem tribalen Wochenmarkt, vorzunehmen. Dadurch kontrolliert er sowohl den intra-tribalen als auch den auswärtigen Tauschverkehr.

Die Wirtschaft

Die wirtschaftlichen Grundlagen dieser bäuerlichen Gesellschaft bilden der Cerealienanbau, der Weinbau, die Qāt-Pflanzung, der Gemüsebau und die Viehzucht.

Gipsbrennereien vor Mukallā (als Brennmaterial dienen Palmstämme).

Kupferschmied (Ṣan‘ā’).

Schuster beim Anfertigen von Sandalen (Ṣan‘ā’).

Getreideanbau: Von den Cerealienarten sind Gerste, Weizen und drei Dhura-Varietäten bevorzugt. Gerste und Dhura werden in größeren, Weizen hingegen in kleineren Mengen angebaut. Praktiziert wird der Pflugbau, wobei man die Arl und einen Säpflug verwendet. Gerste und Weizen werden sackweise im Hause aufbewahrt. Dhura hingegen wird in mit Steinen bedeckten Erdgruben magaziniert.

Weinbau: Die Rebstöcke findet man auf offenen Feldern und in kleineren, von Steinmauern umgebenen Weingärten gepflanzt. Von den insgesamt elf Traubenarten weisen folgende Sorten die größten Häufigkeitswerte auf: Rāziqī, ‘Aṣimī, Aswad und Bayāḍ. ‘Aṣimī-Trauben werden zum größeren Teil unmittelbar nach der Lese auf den städtischen Markt gebracht, wo sie infolge ihrer guten Qualität gerne gekauft werden. Die anderen genannten Traubensorten eignen sich vorzüglich für die Erzeugung von Rosinen.

Qāt-Pflanzung: Die Kenntnis des Qāt, eines strauchartigen Gewächses, dürfte vermutlich erst im 13. Jh. von Äthiopien aus in den Jemen gelangt sein. Die jungen Triebe und Blätter sind unmittelbar nach der Pflückung ein begehrtes Genußmittel. Die Pflanze ist außerordentlich genügsam — meist erfolgt die Pflückung und Bündelung täglich, und wird unmittelbar danach in frischem Zustand auf den Markt von Ṣan‘ā’ einem für den Qāt-Handel zuständigen Großhändler angeboten. Infolge der zunehmenden Nachfrage nach Qāt in Ṣan‘ā’ und der daraus gebotenen Möglichkeit, höhere Einnahmen zu erzielen, scheint es nicht verwunderlich, daß die B. Ḥushaysh dazu neigten, das Pflanzen von Qāt-Sträuchern anstelle anderer agrarischer Produkte zu intensivieren. Allerdings erwachsen dem Land gegenwärtig ernsthafte wirtschaftliche Probleme aus der allgemeinen Steigerung der Qāt-Produktion, da sich die Regierung gezwungen sieht, für den Import an Cerealien einen beträchtlichen Teil der Devisenvorräte aufzuwenden.

Gemüseanbau: Die Gemüsebeete, vielfach von einer Steinmauer umgeben, sind meist in der Nähe der Häuser oder Weingärten gelegen. Angebaut werden folgende Gemüse- und Gewürzsorten: Bohnen, Bockshornklee, Karotten, Tomaten, Knoblauch, Zwiebel und Basilikum.

Viehzucht: In der Viehwirtschaft der B. Ḥushaysh nehmen Rinder, Schafe, Ziegen, Esel und Hühner hinsichtlich ihrer wirtschaftlichen Verwertbarkeit einen unterschiedlichen Stellenwert ein. Ökonomisch am bedeutendsten sind die beiden Rinderarten, die Buckelrindrasse und eine buckellose Rinderrasse. Das Buckelrind, meist als Zugtier verwendet, gilt infolge seiner guten Fleischqualität als das bevorzugte Opfertier für Sühneopfer, die gewohnheitsrechtlich bei der Lösung von Konflikten vorgeschrieben sind. Das buckellose Rind wird als Milchtier gehalten. Als Besonderheit muß erwähnt werden, daß die Herstellung von Käse unbekannt ist.

Plangi-Färber in Ṣanʿāʾ (Herstellung des Gesichtsschleiers al-mughmuq). Zeichnung Renate Strasser.

Das Handwerkertum

Von den 151 ermittelten Sachgütern in einem bäuerlichen Haushalt beträgt der Anteil der bäuerlichen Eigenerzeugnisse 25,2 Prozent; der Anteil der von den Handwerkern im Stammesgebiet angefertigten Erzeugnisse beziffert sich mit 42,2 Prozent, während die Menge der auf dem städtischen Markt erworbenen Sachgüter 32,4 Prozent erreicht. Daraus ergibt sich ein wichtiger Sachverhalt, nämlich der, daß die B. Ḥushaysh zu einem beträchtlich großen Teil in der Lage sind, sich unabhängig vom städtischen Markt mit den notwendigen Gebrauchsgütern zu versorgen. Diese Einsicht koinzidiert zweifellos mit der tribalistischen Attitüde zur wirtschaftlichen Autarkie. Gleichzeitig bezeugt dieser Befund die wirtschaftliche Bedeutsamkeit der Handwerker im Stammesgebiet, die entweder der Stammesgemeinschaft (Bauernhandwerker) oder den sozial unterprivilegierten Muzayyinīn angehören.

Die Bauernhandwerker sind als Tischler, Schmiede, Steinmetze und als Hausbau-Spezialisten tätig. Ihre Produktion zeigt sich abhängig von der lokalen Bedarfssituation; zeitlich ist sie daher als kurzfristig ausgewiesen, da sie in unregelmäßigen Zeitabständen abläuft. Diese risikoreiche Bedingung der handwerklichen Tätigkeit wird

Körbe für Weihrauch und dergleichen sowie zur Aufbewahrung von Schmuck, Schminke u. a. kleinen Besitztümern der Frau. Durchstechende Wulsthalbgeflechte aus Palmblattstreifen (Museum für Völkerkunde, Wien).

durch den Umstand ausgeglichen, daß diese Handwerker aus der Landwirtschaft ihren Lebensunterhalt zu sichern vermögen. In einer weitaus ungünstigeren Situation befinden sich hingegen die Muzayyinīn-Handwerker, wie die Gerber, Lederverarbeiter, Weber und Töpfer, da nur sehr wenige von ihnen über ein bescheidenes landwirtschaftliches Nutzungsareal verfügen.

Der Wochenmarkt

Betrachten wir das Phänomen »tribaler Markttausch« in Südarabien, so finden wir generell das System der periodischen Wochenmärkte. Jeder Stamm hält mindestens einen Wochenmarkt an einem bestimmten Tag der Woche in seinem Territorium ab; so spricht man z. B. von einem Montagmarkt oder einem Dienstagmarkt etc. Auf diese Weise etablierte sich ein Ring tribaler Wochenmärkte, eine unabdingbare Voraussetzung des inter-tribalen Markttausches.

Die Institution der ḥokmaal-Sūq, der Marktorganisation, garantiert die Einhaltung des Marktfriedens und stellt die für den Markttausch erforderlichen Vermittler bei. Sie rekrutiert sich aus dem gewählten Shaykh al-Sūq, als dem hauptverantwortlichen Marktfunktionär und aus den ihm beigegebenen Vermittlern. In der Marktorganisation der B. Hushaysh sind vier Vermittler integriert. Den drei Muṣāliḥ, sie sind Stammesangehörige, ist ein eigener Kompetenzbereich zugewiesen: für Rinder, Kleintier- und Holztausch. Für den Absatz von Körnerfrüchten ist der Kayyāl, ein Muzayyin, zuständig. Der durch Vermittler geregelte Tausch vollzieht sich folgendermaßen: Die Bauern übergeben die oben genannten Güter dem zuständigen Vermittler, der einen 10prozentigen Anteil für seine Tätigkeit sowohl von den Anbietern als auch von den Käufern erhält. Nach Abschluß des Marktes übergibt der Vermittler die erzielte Summe den Bauern abzüglich der ihm zustehenden Vermittlungsgebühr. Die Vermittler sind angehalten, die Hälfte ihrer eingenommenen Anteile an den Shaykh al-Sūq als Entschädigung für seine Amtsausübung abzuführen.

Der Marktfrieden ist gewohnheitsrechtlich dadurch gesichert, daß man auf Grund einer gemeinsamen Willensbildung durch die Stammesmitglieder das Markt-Areal auf die Dauer des Marktes zum Ḥaram-Distrikt erklärt. Durch die Ḥaram-Qualität ist rechtlich festgelegt, daß auf dem Marktareal alle tätlichen Auseinandersetzungen zwischen Marktbesuchern und allen auf dem Markt Tätigen strikt untersagt sind. Gesellschaftlich wirksam wird die Ḥaram-Qualität durch die kollektive Bürgschaft, die jenes Ṭhumen übernommen hat, in dem das Marktareal liegt. Gestützt auf diese Garantieerklärung für den Marktfrieden, übt der Shaykh al-Sūq seine Kontrollfunktion aus.

Ein zweiter mit dem Marktfrieden verknüpfter Aspekt ist das Anreise- und Angebotsrecht Stammesfremder. Grundsätzlich ist der Zutritt zum Markt nur den Ange-

Töpfer bei Scheich ʿUthmān (bei Aden).

Tischler: Herstellung eines Fensterdekors (Ṣanʿāʾ).

hörigen solcher Stämme gestattet, mit denen die B. Ḥushaysh friedliche Beziehungen pflegen. Der Friedenszustand als die wichtigste Voraussetzung für die Gewährung des Anreise- und Angebotsrechts wird allerdings nicht als ausreichend erachtet; gefordert wird die Mitnahme von Tausch- bzw. Handelsgut, wodurch der Anreisezweck sichtbar wird. Die im Anreise- und Angebotsrecht implizierte Schutzgarantie über Leben und Gut des Stammesfremden gilt für den Tag der An- und Abreise und den Markttag.

Die wirtschaftlichen Beziehungen der B. Hushaysh zum städtischen Markt von Ṣanʿāʾ

Das tribale Grundmuster des Tausches, die Vermittlung, bestimmt auch hier diese Beziehungen, allerdings angepaßt an die Verhältnisse des städtischen Marktes, d. h. an sein spezifisches Handelssystem und an die Angebots- und Nachfragesituation. Als Bezugspersonen für die Bauern fungieren hier Großhändler (Wakīl), die sich auf den Handel mit agrarischen Produkten spezialisiert haben, wie z. B. Getreide-, Trauben-, Rosinen- und Qāthändler. Bei der Verkaufsmodalität ergibt sich ein bemerkenswerter Unterschied zwischen den drei erstgenannten Produkten und Qāt. Cerealien, Trauben und Rosinen werden von dem jeweils zuständigen Großhändler auf der Basis eines vorher ausgehandelten Betrages übernommen, der sogleich an den Produzenten ausbezahlt wird.

Im Gegensatz zu diesen Produkten ist der Absatz von Qātblättern, die nur im frischen Zustand verkauft werden können, von der täglichen Nachfrage-Situation abhängig. Daher erhält der Bauer erst nach Abschluß des Verkaufcs seiner Ware die erzielte Kaufsumme. Von diesem Pauschalbetrag muß er einen 10-Prozent-Anteil an den Großhändler abführen. Allerdings wurde die Grundregel — Tausch durch Vermittler — vor mehr als 10 Jahren infolge allgemeiner Veränderungen von einzelnen Bauern durchbrochen, die ihre Produkte (Weintrauben und Qāt) direkt auf dem städtischen Markt anzubieten begannen.

Die städtische Gesellschaft von Ṣanʿāʾ

Inschriften aus dem 3. Jh. n. Chr. bezeugen Ṣanʿāʾ als ein Maḥram, als einen Ḥaram-Bezirk, und als ein militärisches Zentrum der Sabäer. Anzunehmen ist, daß diese Institutionen mit einer Siedlung verbunden waren, über deren Umfang und Aufbau wir keine Kenntnis besitzen. Dieses vor-islamische Gemeinwesen bereitete jene Grundlagen vor, aus denen sich die städtische Struktur entfaltete, ein Prozeß, der durch die in islamischer Zeit

Ṣan'ā': Eingang zum Rosinen-Karawanserail (»Samsara al-Zabīb«); Zeichnung von Renate Strasser.

veränderten sozio-ökonomischen Verhältnisse bewirkt wurde.

Die Gesellschaft

Der Aufbau dieser städtischen Gesellschaft ist durch eine soziale Stratifikation charakterisiert, die die Gliederung der Bevölkerung in folgende Klassen vorgibt:

1. Sāda
2. Quḍā
3. Manāṣib
4. Bānī Khumis
5. Akhdām

Die Sāda beanspruchen ihre privilegierte gesellschaftliche Stellung mit der Begründung, vom Hause des Propheten abzustammen. Sie nehmen in der Verwaltung die Schlüsselpositionen ein, die sie mit der zweiten privilegierten Gruppe, den Quḍā, teilen. In ihrer genealogischen Herleitung von den Sāda verschieden, stellen sie aus ihren Reihen vornehmlich die Richter, obgleich nicht jeder Qādī dieses Amt ausübt. Die Angehörigen beider elitärer Gruppen erfüllen darüberhinaus eine wichtige soziale Funktion als Gelehrte, die die Tradition islamischer Wissenschaft fortsetzen und nachhaltig das kulturelle Leben der Gegenwart bestimmen.

Die Manāṣib machen einen genealogischen Zusammenhang mit den freien Stämmen des Hochlandes geltend, mit denen sie sich abstammungsmäßig als ebenbürtig betrachten. Sie üben folgende Berufe aus: Händler, Gold-, Silber-, Kupfer- und Eisenschmiede, Spengler, Klingenpolierer, Dolchgriffmacher, Tischler, Drechsler, Hersteller von Schläuchen für Wasserpfeifen, Matratzenstopfer, Plangifärber, Inschriftenmaler, Steinmetze, Maurer und Lastenträger. Die wehrbaren Männer der Manāṣib waren zu militärischem Dienst verpflichtet, im Falle die Stadt angegriffen wurde. Aus ihren Reihen wurde ein 'Aqil al-Ḥarb gewählt, der die Verteidigung zu organisieren hatte.

Der Gruppe der Bānī Khumis gehören die Schuster, Dolchscheidenverkleider, Gürtler, Sattler, Gerber, Ziegelhersteller, Barbiere, Bademeister, Schröpfer, Cafetiers, Fleischer und Landarbeiter an. Die letzteren sind für die Landwirtschaft in den Gärten der Stadt verantwortlich.

Die Akhdām stellen zahlenmäßig eine kleine Gruppe in Ṣan'ā' dar und sind vielfach als Straßenkehrer beschäftigt. Im Gegensatz zu den Angehörigen der anderen Klassen dürfen sie keine Waffen tragen.

Die städtische Organisation

Ṣan'ā' war 1975 in 54 ältere Stadtviertel (ḥārāt) und 12 neuere Stadtviertel (manāṭiq) gegliedert. Ein Stadtviertel kann als eine Lokalgruppe bezeichnet werden, die aus abstammungsmäßig verschiedenen und größtenteils nicht miteinander verwandten Familienverbänden besteht. Die Stadtviertelorganisation konstituiert sich auf dem Prinzip nachbarschaftlicher Beziehungen, d. h. der reziproken Hilfeleistungen. Die Mitglieder eines Stadtviertels sind zu dieser Beistandsgewährung verpflichtet. Sie inkludiert im wesentlichen materielle Gaben an Arme oder in Not geratene Angehörige des Stadtviertels, ferner Spenden für Hochzeitsfeiern und die Bestreitung von Begräbniskosten. Diese Hilfeleistungen werden nicht direkt den Betroffenen übergeben, sondern durch den gewählten 'Aqil des Stadtviertels verteilt. Die Zugehörigkeit zum Stadtviertel, die durch Geburt erworben wird, ist keine dauernde. Gegenüber den Regelungen in anderen südarabischen Städten dürfen in Ṣan'ā' die Mitglieder eines Stadtviertels ohne Genehmigung des 'Aqil wegziehen und sich in einem anderen Stadtviertel niederlassen.

Der Markt

Der Markt von Ṣan'ā' gehört zum Typus der ungedeckten Märkte; die Werkstätten und Geschäftsstraßen bilden einen Kern, um den die peripheren Märkte gruppiert sind. Die gegenwärtige Marktgliederung ist das Ergebnis mehrerer zeitlich verschiedener struktureller und räumlicher Veränderungen. Diese Wandlungen sind im engen Zusammenhang mit dem Aufkommen neuer Bedürfnisse, z. B. Qāt-Kauen, Gebrauch von Feuerwaffen, mit der Erweiterung des Importhandels und der Ausdehnung der wirtschaftlichen Beziehungen mit dem ländlichen Hinterland zu sehen.

Der Marktkern hebt sich scharf getrennt von den ihn umgebenden Wohnvierteln ab und ist in 45 Märkte mit spezifischen Produktionsstätten und einem reichhaltigen Handelswarenangebot unterteilt. In dieser Branchengliederung sind Produktionszonen und Handelszonen zu unterscheiden, deren Grenzen allerdings voneinander nicht scharf getrennt verlaufen. Das Marktareal darf während der Nacht nicht betreten werden.

Der Sūq von Ṣan῾ā᾿, 1902 oder 1907. Foto Hermann Burchardt (Museum für Völkerkunde, SMPK, Berlin).

Innerhalb des Marktkerns sind auch die für das wirtschaftliche Geschehen eines Marktes wichtigen Institutionen lokalisiert, die Zollämter und das gegenwärtig nicht mehr verwendete Gelddepot (Samsara Muḥammad b.Ḥasan). Heute bedienen sich die Kaufleute für den Geldverkehr der Bankhäuser, die außerhalb des Marktareals liegen.

Zu den weiteren wirtschaftlich wichtigen Einrichtungen zählen die 38 Warenlager; 14 befinden sich innerhalb des Marktareals, die restlichen wurden entlang der Zufahrtswege zum Markt erbaut.

Die peripheren Märkte liegen an den Einfallsstraßen zum Marktkern, sie sind Orte des ambulanten Handels, wenn sich auch heute schon verschiedene Geschäftslokale dort etabliert haben.

Die Marktorganisation

Die einzelnen Branchen bilden, sozial gesehen, Allianzgruppen, deren Zusammenhalt aus den gemeinsamen sozio-ökonomischen Interessen resultiert. Terminologisch werden die einzelnen Branchen nach dem jeweiligen Handwerkszweig oder nach dem betreffenden spezifischen Warenangebot unterschieden, z. B. Tischlermarkt oder Stoffmarkt etc... Die Allianzgruppen werden z. B. als »Leute des Stoffmarktes« (al sūq al-bezz) umschrieben.

Alle Mitglieder einer Allianzgruppe sind bezüglich ihrer Rechte und Pflichten gleichgestellt; sie finden sich zu Versammlungen ein, in denen für alle Mitglieder als verbindlich erachtete Beschlüsse gefaßt werden. Jeder Allianzgruppe steht ein ῾Aqil vor, der von den Mitgliedern gewählt wird.

Die Resolution einer Tischlerversammlung als Beispiel vermag die Funktion einer Allianzgruppe auf dem Markt zu veranschaulichen. Der Hauptakzent dieser Resolution liegt auf den Regelungen des Holzimports und der gerechten Verteilung des Holzes an die Mitglieder dieser Vereinigung. Die Einfuhr des Holzes wird durch die Unterbindung des individuellen Holzeinkaufs kollektiv kontrolliert. Eine eingesetzte Kommission wacht über die Verteilung des Holzes, das in zwei Magazinen, die Gemeineigentum der Allianzgruppe sind, gelagert wird. Durch die kontrollierte Verteilung des Holzes werden die gleichen Voraussetzungen für alle Tischler bezüglich ihrer Konkurrenzfähigkeit geschaffen.

Die übergeordnete Instanz aller kaufmännischen Allianzgruppen bildet heute die Handelskammer (ghurfat al-tidjāra), die seit 1963 die Versammlung der Kaufleute (madjlis al-tidjāra) abgelöst hat. Jedes zweite Jahr versammeln sich die Kaufleute, um die Vertreter in die Kammer zu wählen. Diese nominieren dann aus ihrer Mitte den Vorsteher der Kammer.

Außer der Interessensvertretung fallen folgende Aufgaben in den Zuständigkeitsbereich der Kammer: Preis-

überwachung ausländischer Waren, Einheben der Zakat-Steuer und schließlich die Wahl und Bezahlung des Shaykh al-Layl, der für die Sicherheit im Handelssektor des Marktes während der Nacht verantwortlich ist.
Der Shaykh al-Layl muß für dieses Amt folgende Voraussetzungen besitzen: In der Beurteilung der Kaufleute muß er als vertrauenswürdig gelten, da ihm Güter anvertraut werden; er muß aber auch in der Lage sein, die Bürgschaft für diese Güter zu übernehmen. Die letztere Forderung leitet sich aus seiner Verpflichtung ab, den Schaden, der durch einen Diebstahl verursacht werden könnte, zu ersetzen. Aus diesem Grund wird die Vermögenslage jedes Bewerbers, der für dieses Amt kandidiert, überprüft, inwieweit sie die Übernahme einer solchen Haftung erlaubt. In der Regel haben dieses Amt, das mit einem hohen sozialen Prestige verbunden ist, Persönlichkeiten inne, die solchen Familien entstammen, die über ein hohes gesellschaftliches Ansehen verfügen.
Die vom Shaykh al-Layl ausgesuchten Wächter rekrutieren sich ausnahmslos aus dem Berufsstand der Lastenträger. Sie erhalten für ihre Wachdienste keine separate Entlohnung, denn diese ist in der Bezahlung für die Transportdienste enthalten. Es handelt sich dabei um eine Ausweitung ihrer Verantwortung als Lastenträger, in der gleichzeitig auch die Sicherheit der Waren — während des Transportes und der Zufuhr zum Warenlager und vom Warendepot zum Geschäftslokal — eingeschlossen ist. Die Lastenträger setzen sich ausnahmslos aus freien Stammesmitgliedern zusammen und es werden nur solche Individuen aufgenommen, die einen Bürgen erbringen können. Angehörigen der sozial unterprivilegierten Gruppen ist daher der Eintritt in diese Berufsgruppe verwehrt.
Das Überwachungssystem findet seine rechtliche Verankerung in dem für alle Ladeninhaber geltenden Verbot, das Marktareal nach dem Abendgebet und während der Nacht zu betreten. Sichtbar wird es durch das Netz der Wächterhäuschen, die auf den Dächern von Geschäftslokalen aufgebaut sind und einem Mann gerade genügend Raum für seinen Aufenthalt während seines Wachdienstes gewähren. Sie liegen so nahe aneinander, daß sich die Wächter miteinander durch Zurufe verständigen können.

Tarīm — ein städtisches Gemeinwesen in Ḥaḍramaut

An dem Beispiel Tarīm läßt sich eine von Ṣanʿā' unterschiedliche urbane Gesellschaft vorweisen, deren sozioökonomische Verhältnisse durch den »Rentenkapitalismus« determiniert sind. In diesem, von dem Geographen H. Bobek herausgestellten Wirtschaftssystem, erweisen sich folgende Verhaltensweisen der wirtschaftlichen Rollenträger als signifikant: Abschöpfen und Horten der Er-

Der Sūq von Ṣanʿā', 1902 oder 1907. Foto Hermann Burchardt (Museum für Völkerkunde, SMPK, Berlin).

Innenansicht von al-Qamaʿa (Wādī al-Sirr); rechts die Überreste des zerstörten Wehrturms, in der Mitte die Dorfmoschee.

träge, verbunden mit einer Abneigung, sie in die Produktion zu investieren; Notwendigkeit einer Lohn-Bevorschussung infolge der niedrigen Entlohnung und damit Verschuldung der von den »Rentenkapitalisten« abhängigen arbeitenden Gruppen; eine allgemeine Neigung zur Stagnation, vergesellschaftet mit einem Desinteresse an Innovationen. Sie sind Ausdruck einer bestimmten Ausbildung der Klassengesellschaft, die durch das Eindringen europäischer Großmächte ausgelöst wurde. Darüberhinaus illustriert die urbane Gesellschaft Tarīms einen wahrscheinlich frühen Typus durch die Funktion und Struktur der Stadtviertel-Organisation.

Die Gesellschaft

Vor der Errichtung der Demokratischen Volksrepublik Yemen wurde der gesellschaftliche Aufbau der Tarīmer Bevölkerung durch die folgende Schichtung bestimmt:

1. Sāda
2. Ma<u>sh</u>āyī<u>kh</u>
3. Qabāʾil
4. Masākīn, unterteilt in: Masākīn Ḥaḍar, Masākīn Duʿafā
5. ʿAbīd

Von diesen genannten Gruppen werden die Qabāʾil und ʿAbīd von der weiteren Darstellung ausgeklammert, da sie infolge ihrer geringen Anzahl keine große Bedeutung hatten. Die Qabāʾil sind seßhafte Stammesangehörige der Āl Ka<u>th</u>īr; diese waren seit dem 15. Jahrhundert ein politisch bestimmendes Element im Ḥaḍramaut, woraus sich ihre sozial privilegierte Stellung ableitet. Die ʿAbīd bildeten die kleine Gruppe ehemaliger Sklaven.

Der soziale Status der Sāda gründet sich auf ihre Abstammung vom Hause des Propheten durch ihre Abkunft von Saiyid Aḥmad b. ʿIsā, einem Ḥusayniden, der im 9. Jahrhundert nach dem Ḥaḍramaut eingewandert war. Viele Sāda waren aber auch die Träger wirtschaftlicher Macht, die sie als Großgrundbesitzer und Großhändler ausübten. Es waren Sāda, die für die Hervorbringung jener sozio-ökonomischen Verhältnisse verantwortlich zeichnen, die dem vorhin beschriebenen »Rentenkapitalismus« zuzuordnen sind. Für den Werdegang der Sāda zu »Rentenkapitalisten« war das Auftauchen der Portugiesen im 15. Jh. und die Etablierung ihrer wirtschaftlichen Vormachtstellung im Indischen Ozean ausschlaggebend. Die Gründung portugiesischer Niederlassungen an der ostafrikanischen Küste, die Eroberung der Insel Soqoṭra und des ʿomānischen Küstengebietes und das Aufkreuzen der Portugiesen vor der arabischen Hafenstadt al-Djidda, dem Pilgerhafen, erschreckte die damalige muslimische Welt. So sah sich die Hohe Pforte 1536 veranlaßt, den Yemen zu okkupieren, um die heiligen Stätten des Islam strategisch vor portugiesischen Zugriffen zu schützen. Im Ḥaḍramaut lösten die neuen Kräfteverhältnisse im Indischen Ozean Krisen aus, die den An-

laß für die Auswanderung vieler Ḥadramiter, besonders aus der Gruppe der Sāda, nach Ostafrika, Indonesien und Südostasien boten.
Im Ausland erwiesen sich vor allem die Sāda als außerordentlich erfolgreich im Handel, wobei ihnen sicherlich auch ihr hohes soziales Prestige zugute kam; doch haben sie niemals ihre Verbindungen zum Mutterland gelöst, einige kehrten wieder in ihre Heimat zurück. Beträchtliche Einkünfte des im Ausland erworbenen Vermögens flossen auf diese Weise in den Ḥadramaut zurück. Durch Landkäufe konnten die Sāda ihre wirtschaftliche Vormachtstellung erlangen und ausbauen, ebenso vermochten sie auf Grund ihrer kommerziellen Erfahrungen und Verbindungen allmählich den gesamten Fernhandel unter ihre Kontrolle zu bringen. Nicht alle Sādafamilien hatten an diesen materiellen Wachstumsprozessen Anteil; die Bildung großen Reichtums blieb nur auf wenige Familien beschränkt. Allerdings verfügte diese Minderheit über einen beträchtlichen Einfluß auf die politischen Verhältnisse. So verlieh z. B. 1897 der damalige kathīrische Sultan an die Āl Kāf-Familie das Prägerecht für Kupfer- und Silbermünzen in seinem Hoheitsbereich.
Die im hierarchischen Aufbau nächste Gruppe der Mashāyīkh umfaßt die Nachkommen lokaler Heiliger. Im Gegensatz zu den Sāda sind sie stark mit der islamischen Volksreligion verbunden. Als Vermittler in Streitfällen und als Träger der Gabe der Weissagung (karāma) spielen sie im Alltag der Bevölkerung eine wichtige Rolle.
Die Masākīn bilden den Großteil der städtischen Bevölkerung. Sie sind in zwei Gruppen gegliedert: in die Masākīn Ḥaḍar und Masākīn Ḍuʿafā. Den Masākīn Ḥaḍar gehören Kaufleute und Händler sowie die sozial geachteten Handwerker wie Silberschmiede, Tischler, Drechsler und Schneider an. Sie repräsentieren innerhalb der Masākīn die sozial höher bewertete Schicht. Die unterste Stufe dieser sozialen Hierarchie ist den Masākīn Ḍuʿafā zugewiesen; zu ihnen zählen die sozial verachteten Berufe wie Weber, Indigofärber, Töpfer, Maurer, Steinmetze, die Bā Selme (Grabsteinmetze und Beschneider), Barbiere, Schlächter, Gerber, Pflüger und schließlich die Landarbeiter. Aus den letzteren rekrutiert sich die Mehrheit der Masākīn Ḍuʿafā.
Die Sāda, als Landeigentümer und Kontrolleure des Fernhandels, zeigen sich zwei völlig verschiedenen Gruppen konfrontiert: erstens, den eigentumslosen Landarbeitern, die in einem gänzlichen Abhängigkeitsverhältnis zu ihnen stehen, und zweitens der Gruppe der Kleinsteigentümer, wie sie durch die Händler und Handwerker repräsentiert ist. Da dieser Gruppe eine sehr starke Eigentumsdifferenzierung eigen ist, sind ihre Angehörigen in ein Wechselgefälle zwischen partieller Unabhängigkeit und Abhängigkeit von den Sāda gedrängt. Unter diesen sozio-ökonomischen Verhältnissen übernahm die Stadtviertel-Organisation die Funktion eines Schutzmechanis-

Der Sūq von Sanʿāʾ im Jahre 1902 oder 1907. Das rechte Gebäude (mit der Bogendekoration) ist die Samsara al-Majja, deren Modell die Ausstellung zeigt. Foto Hermann Burchardt (Museum für Völkerkunde, SMPK, Berlin).

Eingang in das Dorf al-Qamaʿa (Wādī al-Sirr).

mus gegenüber dem Übergewicht der Sāda. Diese Wirksamkeit wird durch den Sachverhalt enthüllt, daß diese Organisation nur von den Masākīn Ḥaḍar und Masākīn Ḍuʿafā getragen wurde. Insgesamt gibt es 12 Stadtviertel. Folgende Wesensmerkmale charakterisieren die Stadtviertel-Organisation: 1. ein Stadtviertel wird als territorialer Zusammenhang mit genau festgelegten Grenzen begriffen; 2. die Zugehörigkeit zu der in einem Stadtviertel wohnenden Lokalgruppe (ahl al-ḥāfa) erwirbt man durch Geburt, sie bleibt auch dann weiterbestehen, wenn ein Mitglied mit Genehmigung der Stadtviertel-Vertretung seinen Wohnsitz an einem anderen Ort aufschlägt; 3. die Mitglieder eines Stadtviertels sind zur Kooperation verpflichtet und sind in Bezug auf die Einhaltung und Erwartung der Beistandsverpflichtungen gleichgestellt; 4. Die Gemeinschaft eines jeden Viertels drückt ihre Identität durch bestimmte Lieder aus, durch die sie von anderen unterschieden werden kann; 5. jedes Stadtviertel verfügt über eine Vertretungsinstanz; sie besteht aus je einem gewählten Vorsteher der in diesem Viertel ansässigen Masākīn Ḥaḍar und Masākīn Ḍuʿafā. Der Spielraum der Entscheidungen der Vertretungsinstanz ist durch die gegebene Interessenslage der Mitglieder des Stadtviertels vorgezeichnet: Zuweisung und Koordinierung der Beistandsverpflichtungen, Schlichten von Streitfällen, Wahrnehmung der kollektiven Interessen gegenüber anderen Stadtvierteln und der Regierung, ferner Entscheidung darüber, ob ein Angehöriger sich außerhalb seines Viertels ansiedeln darf.

Die sozialen Beistandsverpflichtungen umfassen die gegenseitige Unterstützung vor allem bei Katastrophen (Feuer und Hochwasser), bei Veranstaltungen von Hochzeiten, ferner auch bei Begräbnissen. Die Zuteilung der Pflichten erfolgt nach der Klassenzugehörigkeit. So ist den Masākīn Ḥaḍar die Beistandsverpflichtung bei Hochzeitsfesten obligat, ebenso das Trommeln anläßlich desʿArafat-Festes (Pilger-Monat), die Durchführung der Kaffeezeremonie beim Bau eines Hauses und die Weihrauchzeremonie, bei der sie das Weihrauchgefäß herumreichen. Den Masākīn Ḍuʿafā obliegen folgende Aufgaben: Reinigen der Brunnen und Säuberung der Bewässerungskanäle nach einem Hochwasser, die Beförderung von gebrechlichen Teilnehmern an der Wallfahrt zur Grabstätte des Propheten Hūd. Nur anläßlich der einmal jährlich stattfindenden gemeinschaftlichen Steinbockjagd schließen sich die Angehörigen beider Masākīn-Gruppen eines Stadtviertels zu einem Jagdverband zusammen.

Schlußwort

Diese Skizze begnügte sich mit dem Aufweis ausgewählter Gesellschaften, um einerseits die ökologisch bedingten Lebensformen in diesem Raum Südarabiens herauszustellen, andererseits die unterschiedlichen historischen Prozesse anzudeuten, die diese gesellschaftlichen Strukturen bewirkt haben. In ihrer Gesamtheit gehören die beschriebenen sozialen Strukturen schon größtenteils der Vergangenheit an. Heute stehen die traditionellen Gesellschaften gleichermaßen in Frage, da sie den vielfältigsten Einflüssen der Industriegesellschaft konfrontiert sind. Die Aufgabe, der sie sich gegenüber sehen, ist die Bewältigung der umfassenden Kulturwandelprozesse, deren Tendenzen und Implikationen existentielle Probleme berühren. Der Ausbau des Schul- und Gesundheitswesens, die Errichtung von Museen und Zentren, die sich der Erforschung des kulturellen Erbes widmen, die Gründung neuer Industrien und die Modernisierung der Landwirtschaft, sind die Zeugen einer neuen Ära. Auf privater Ebene sind es die vielen yemenitischen Gastarbeiter in den arabischen Erdölländern, besonders Saudi-Arabien, die mit großem Fleiß beträchtliche Geldsummen erwirtschaften und dadurch Innovationen in ihren Heimatorten stimulieren. Sichtbar werden sie in den neuen Häusern, in der Vielzahl an Geschäftslokalen, in der zunehmenden Anzahl moderner Transportmittel u. a. m.; im gesellschaftlichen Bereich hat dieses Mehreinkommen z. B. zur Erhöhung der Brautgaben geführt. Das Total dieser Vorgänge beinhaltet zugleich eine Wiederentdeckung überkommener Werte, um dadurch eine eigene Identität in dieser Auflösung alter Traditionen zu sichern. Grundsätzlich handelt es sich um eine Neuorientierung der Menschen, die aus den sozio-ökonomischen Umwälzungen und politischen Reformen zwingend erwächst.

Weiterführende Literatur

Dostal, W.: Die Beduinen in Südarabien. Wiener Beiträge zur Kulturgeschichte und Linguistik, Bd. XVI. Horn — Wien 1967.

Dostal, W.: Interpretation der sozio-ökonomischen Verhältnisse südarabischer Beduinen. In: Beiträge zur Südasienforschung. Bd. 86: 112—127, Wiesbaden 1983.

Dostal, W.: Egalität und Klassengesellschaft in Südarabien. Wiener Beiträge zur Kulturgeschichte und Linguistik, Bd. XX. (1983) Horn — Wien, 1985.

Dostal, W.: Der Markt von Ṣan'ā'. Österreichische Akademie der Wissenschaften, Phil-Hist. Klasse, Sitzungsberichte, Bd. 354. Wien 1979.

Dostal, W.: Handwerker und Handwerktechniken in Tarīm (Südarabien, Hadramaut). Publikationen zu wissenschaftlichen Filmen. Sektion Völkerkunde — Volkskunde, Ergänzungsband 8. Göttingen 1972.

Gingrich, A., Heiss, J.: Beiträge zur Ethnographie der Provinz Ṣa'da (Nordjemen). Österreichische Akademie der Wisenschaften, Phil.-Hist. Klasse, Sitzungsberichte, Bd. 462. Wien 1986.

Kopp, H.: Agrargeographie der Arabischen Republik Jemen. Erlanger Geographische Studien, Sonderband 11. Erlangen 1981.

Meyer, G.: Arbeitsmigration, Binnenwanderung und Wirtschaftsentwicklung in der Arabischen Republik Jemen. Jemen Studien, Bd. 2. Wiesbaden 1986.

Schopen, A.: Das Qāt. Arbeiten aus dem Seminar für Völkerkunde der Johann Wolfgang Goethe-Universität Frankfurt am Main, Bd. 8. Wiesbaden 1978.

Die Landwirtschaft des Jemen
Vom Mokka zum Qāt

Horst Kopp

Als Carsten Niebuhr 1762/1763 den Jemen bereiste, wurde er überall mit Kaffee bewirtet. In seiner Reisebeschreibung berichtet er recht ausführlich über den Anbau und die Vermarktung des Kaffees; hingegen erwähnt er das Qāt-Kauen nur kurz bei seinem Besuch in Taʿizz. Wie anders liegen die Verhältnisse heute! Selbst bei einem kurzen Aufenthalt im Land ist nicht zu übersehen, daß sich nahezu alles um Qāt zu drehen scheint, doch in vielen Restaurants wird man vergeblich einen arabischen Kaffee suchen. Kaffee und Qāt sind zweifellos die bekanntesten Produkte der jemenitischen Landwirtschaft, allerdings wurde und wird ihre Rolle stets überschätzt. Zusammen nahmen sie zu keiner Zeit mehr als 10 Prozent der Nutzflächen des Landes ein. Dafür waren und sind vor allem natürliche und sozioökonomische Gründe verantwortlich.

Die natürlichen Bedingungen der jemenitischen Landwirtschaft

Der Jemen liegt auf der gleichen geographischen Breite wie die Sahel-Länder Afrikas, also im Bereich der Randtropen. Das bedeutet, daß der jahreszeitliche Wandel weniger durch Temperaturschwankungen als vielmehr durch einen Wechsel von Regen- und Trockenzeiten charakterisiert ist. Im Jemen kennt man zwei Regenzeiten (Frühjahr und Spätsommer), die übrige Zeit des Jahres ist nahezu regenlos. Die Niederschläge fallen vorwiegend in Form kurzer, starker und lokal eng begrenzter Gewittergüsse. Daraus resultiert eine große Unsicherheit für die Bauern, die nie sicher sein können, wann und in welcher Menge das lebenspendende Naß bei ihnen niedergeht. Wie die Sahel-Zone ist der Jemen darüber hinaus auch von längeren Dürreperioden betroffen, in denen der Niederschlag über Jahre hinweg fast ganz ausbleibt. Die letzte derartige katastrophale Dürre fiel zusammen mit dem Ende des Bürgerkrieges ausgangs der 60er Jahre.
Die Gebirgsnatur des Jemen führt zu einer starken Differenzierung der Höhe mittlerer Jahresniederschläge. Begünstigt sind vor allem die westlichen Gebirgsstöcke, wo das Zusammentreffen feucht-heißer Tieflandsluft mit trocken-kühler Bergluft verstärkt zu Gewittern führt. In 1000—2000 m Höhe bilden sich hier auch in der Trockenzeit häufig Nebel aus. Innerhalb dieser Gebirgszone nehmen die Niederschläge von Süd nach Nord deutlich ab, am höchsten sind sie im Gebiet von Ibb mit nahezu 1500 mm (München 930 mm). Im Küstentiefland, der Tihāma, herrscht zwar ganzjährig große Luftfeuchtigkeit, doch sind die Niederschläge gering. Sie sinken vom Gebirgsrand mit ca. 300 mm auf nahezu 0 mm an der Rotmeerküste. Auch die Hochbecken mit der Städtereihe von Yarīm über Sanaʾa bis Ṣaʿda erhalten meist weniger als 300 mm Regen, und von hier nach Osten wird es ebenfalls trockener.
Die Temperaturschwankungen sind zwischen Tag und Nacht größer als zwischen Sommer und Winter. Oberhalb von etwa 2000 m kommen nachts kurze Fröste vor, was z. B. dem Kaffeeanbau eine natürliche Grenze setzt. Für viele Kulturpflanzen ist es andererseits in der Tihāma mit Jahresdurchschnittstemperaturen von 30 Grad und mehr zu heiß, z. B. für Qāt.
Die Produktion von Nutzpflanzen ist außer vom Klima auch von den Böden und vom Relief abhängig. Da im Jemen in weiten Landesteilen vulkanische Gesteine vorkommen, die einen sehr mineralreichen Boden liefern, sind der Landwirtschaft hierdurch kaum deutliche Grenzen gesetzt. Anders ist es mit dem Relief. Gerade dort, wo die Niederschlagsverhältnisse am günstigsten sind, treffen wir ausgesprochen steile Berge an; und in den flachen Landesteilen (Tihāma, Hochland) sind die Regenmengen zu gering, um eine sichere Ernte erzielen zu können. Insgesamt erscheinen die natürlichen Bedingungen für die Landwirtschaft also keineswegs so günstig, wie uns das Schlagwort vom »Arabia Felix« suggerieren möchte.

Gekonnte Anpassung: traditionelle Agrartechnologie

In den niederen Breiten sind mindestens 400 mm Jahresniederschlag erforderlich, um eine sichere Getreideernte einbringen zu können. So große Regenmengen fallen höchstens auf 3 Prozent der Fläche des Jemen, und trotzdem sind 13 Prozent des Landes kultiviert. Wie erklärt sich dieser Unterschied?
Die Jemeniten haben es — wohl ausgehend von den frühen Hochkulturen am Ostrand des Hochlandes — verstanden, mit einfachen Mitteln eine sehr effektive und den ökologischen Verhältnissen hervorragend angepaßte Agrartechnologie zu entwickeln. Entscheidend für eine Landnutzung war dabei vor allem die optimale Nutzung des Regenwassers. Grundlage jeden Anbaus ist überall im Land die Terrassierung und damit sozusagen das Ausschalten des Faktors Relief. Alle Felder sind vollkommen horizontal angelegt und an ihrer Talseite mit einem kleinen Wall umgeben. So können selbst Starkregen aufgefangen und gestaut werden; das Regenwasser durchfeuchtet anschließend auch tiefere Bodenbereiche. In den

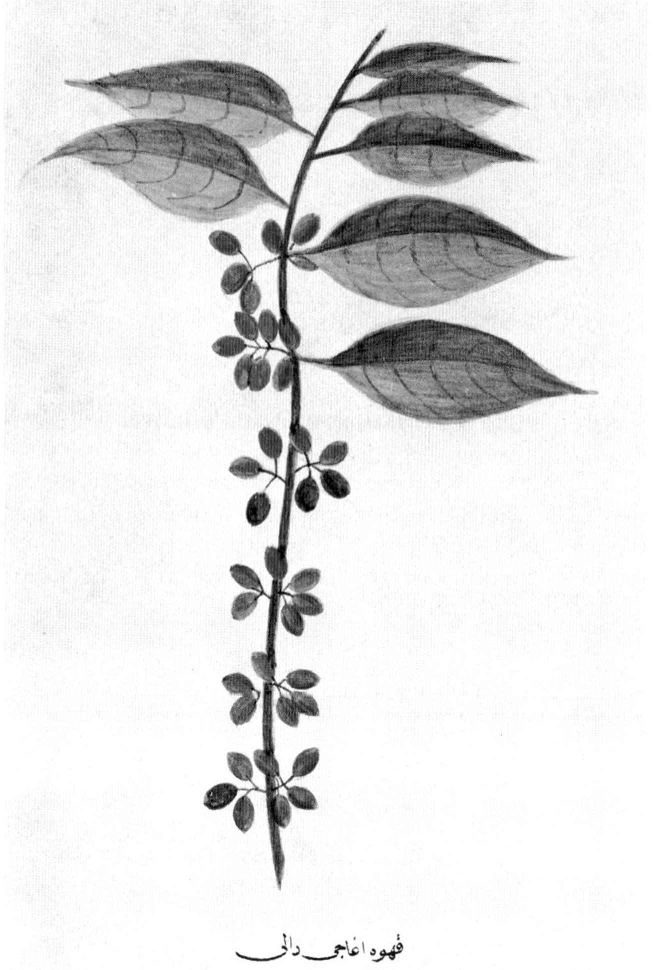

Zweig des Kaffeestrauches — Zeichnung aus Muṣṭafā Ḥāmī Pascha, Serq el-ʿasker el-djedīd. Handschriftlicher Bericht über die türkische Eroberung Jemens 1849 (Staatsbibliothek Preußischer Kulturbesitz, Berlin).

meisten Landesteilen reicht aber das direkt auf die Terrasse fallende Regenwasser nicht aus. Dort hat man auf nicht terrassierten Hangteilen kleine Gräben angelegt, die das oberflächlich abfließende Wasser auf die Parzellen leiten (Sturzwasserbewässerung). Dies hat den zusätzlichen Vorteil, daß damit auch stets etwas Feinmaterial auf die Felder geschwemmt wird, was den Mineralhaushalt der Böden günstig beeinflußt.

In allen Tälern wird eine andere Bewässerungsart praktiziert. Diese Täler sind dadurch gekennzeichnet, daß in ihnen jeweils nur kurzzeitig Abfluß vorkommt, nämlich immer dann, wenn im Einzugsbereich ein Gewitter niedergeht. Die übrige Zeit des Jahres liegen sie trocken. Um diesen Abfluß zu nutzen, baut man im Flußbett Dämme (Größenordnung je nach der Breite des Tales und der Menge des erwarteten Wassers), die in der Lage sind, einen bestimmten Teil des Hochwassers auf anliegende Parzellenkomplexe abzuleiten. Die so bewässerten Felder sind von hohen Wällen umgeben (Dammfelder) und werden oft nur einmal im Jahr überstaut. Diese Form der Bewässerung treffen wir besonders dort an, wo die großen Täler das Gebirge verlassen, also in der Tihāma und im Osten. Letztlich war der berühmte Damm von Marib nichts anderes als solch ein Sperrwerk zur Verteilung von plötzlich abkommenden Hochwässern und keineswegs eine Talsperre im uns geläufigen Sinne.

Am günstigsten sind im Jemen jene Gebiete gestellt, die ganzjährig über fließendes Wasser verfügen. Das ist jedoch nur in wenigen Talstrecken der Fall, die noch dazu häufig so eng sind, daß für die Anlage von Feldern kaum Platz bleibt. Quellen sind relativ selten; ihr Wasser wird meist sofort nach dem Austritt für eine intensive Landwirtschaft aufgebraucht. Brunnen dienten in der Vergangenheit vornehmlich der Trinkwasserversorgung. Nur kleine Gemüse- oder Obstgärten wurden damit bewässert.

Neben diesen Grundtypen der optimalen Nutzung des Oberflächenwassers praktiziert der jemenitische Bauer auch verschiedene Methoden wasserkonservierender Bodenbearbeitung (Einschalten von Jahren mit Schwarzbrache, flaches Pflügen) und nährstoffsichernden Anbaus (Getreide mit Leguminosen gemischt). All dies hat dazu geführt, daß die jemenitische Landschaft in einem Maße vom Menschen um- und neugestaltet wurde, wie wir dies kaum irgendwo anders auf der Erde finden. Der zunehmende Bevölkerungsdruck der vergangenen Jahrhunderte hat zur Inkulturnahme auch marginaler Flächen und schließlich auch zur weitgehenden Abholzung der früher weit verbreiteten Trockenwälder geführt.

Das Produktionsspektrum als Spiegelbild natürlicher und sozioökonomischer Verhältnisse

Die Lage in den Randtropen und der sich vor allem thermisch auswirkende Gebirgscharakter des Jemen erlaubt es, daß eine Fülle von Nutzpflanzen kultiviert werden kann. Unter den Getreidearten ist wie im benachbarten Afrika die Hirse mit zahlreichen Sorten am häufigsten. In den kühleren Höhenlagen gedeihen auch Weizen, Gerste und neuerdings verstärkt Mais. Unterhalb der Frostgrenze finden wir anspruchsvolle tropische Kulturpflanzen wie Kaffee, Bananen, Mangos, Papayas, Orangen, oberhalb Stein- und Kernobst in großer Auswahl; bekannt sind vor allem die hervorragenden Weintrauben des Jemen. Baumwolle, Sesam, Hülsenfrüchte, verschiedenste Gemüse, Luzerne, Qāt, Dattelpalmen, Opuntien (Feigenkakteen) und Gewürze vervollständigen das überaus bunte Spektrum.

Unterschiedliche ökologische Ansprüche der Nutzpflanzen setzen ihrer tatsächlichen Verbreitung allerdings enge Grenzen. Örtlich reicht das Wasserangebot trotz Bewässerung für bestimmte Pflanzen nicht aus, Frost oder Hitze verhindern die Kultivierung anderer. Wesentlich wichtiger für das reale Anbauspektrum waren allerdings bis vor kurzer Zeit die sozioökonomischen Verhältnisse im Jemen. Die in Stämme, Fraktionen und Dorfgemeinschaften aufgesplitterte jemenitische bäuerliche Gesellschaft orientierte sich in ihrem Anbauverhalten vorrangig am Prinzip der Selbstversorgung. Ein Stamm konnte die angestrebte politische Autonomie nur dann erreichen und sicherstellen, wenn er seine Versorgung — zumindest mit Grundnahrungsmitteln — aus dem eigenen Stammesgebiet aufbrachte. Vorrangig war deshalb überall der Anbau von Brotgetreide, auch wenn die ökologischen Bedingungen eigentlich die Kultivierung höherwertiger Nutzpflanzen erlaubt hätten. Doch bis in die 70er Jahre hinein waren mindestens 90 Prozent der Nutzflächen des Jemen mit Brotgetreide (vor allem Hirse) bestellt. Auch die Viehhaltung zielte vorrangig auf den Eigenbedarf. Da die gesamte Agrartechnologie bis vor kurzem noch auf der Handarbeitsstufe stand, gehörte zu jedem bäuerlichen Betrieb Zugvieh (meist Rinder, aber auch Esel oder Kamele); mindestens eine Milchkuh und etwas Kleinvieh (Schafe, Ziegen, Hühner) sorgten für die Versorgung mit tierischem Eiweiß. Je nach den natürlichen Verhältnissen gab es selbstverständlich Abweichungen von diesem Muster, reine viehhaltende Nomaden waren im Jemen aber außerordentlich selten (weniger als ein Prozent der Bevölkerung). Wichtigstes Viehfutter war in allen bäuerlichen Betrieben das Hirsestroh, für das Kleinvieh standen Dorfweiden zur Verfügung. In vielen Landesteilen erbrachte die Bienenhaltung einen hervorragenden Honig, der fester Bestandteil der jemenitischen Küche ist.

Blüte und Niedergang des jemenitischen Kaffeehandels

Der Kaffeeanbau ist im Jemen seit dem 16. Jh. belegt. Er war von jeher beschränkt auf die frostfreie und ganzjährig luftfeuchte Höhenstufe zwischen 1000 und 2000 Meter. Da Kaffee mindestens 1200 mm Niederschlag benötigt, konnte er im Jemen nur dort gedeihen, wo ausreichende Bewässerungsmöglichkeiten gegeben waren; solche Gebiete fanden sich lediglich lokal sehr begrenzt in Tälern und Hangnischen. Damit beschränkte sich der Anbau von jeher auf kleine Parzellen, die nahezu gartenbauähnlich genutzt wurden. Die Produktion dürfte 10.000 t nie überstiegen haben.

Zum Exportschlager wurde der jemenitische Kaffee erst, als das Land ab 1536 von den Osmanen besetzt wurde. Zunächst breitete sich die Sitte des Kaffeetrinkens im osmanischen Reich aus; 1554 öffneten die ersten öffentlichen Kaffeehäuser in Istanbul. Erst 100 Jahre später folgten Kaffeehäuser in Europa (London 1652, Amsterdam 1666, Wien 1683) — und immer noch kam der gesamte Kaffee aus dem Jemen. Dort entwickelte sich die Hafenstadt Mokha zum wichtigsten Ausfuhrhafen, die dem Getränk auch den Namen Mokka mit auf die Reise gab. Die steigende Nachfrage in den Verbraucherländern brachte mit steigenden Preisen hohe Gewinne ins Land und für den Handel, an dem allmählich auch europäische Faktoreien partizipierten. Der Höhepunkt des Kaffeebooms im Jemen liegt zu Beginn des 18. Jh.s. Die Preise waren so weit gestiegen, daß die europäischen Mächte nun versuchten, das Verbot der Ausfuhr der Kaffeepflanze zu umgehen und in ihren eigenen Kolonien Kaffee anzubauen. Zuerst gelang dies den Holländern um 1720 auf Java, dann um 1740 den Franzosen in Westindien. Dort und in den später hinzukommenden Kaffeeländern (Kenia, Brasilien, Kolumbien u. a.) ließen sich die begehrten Bohnen unter ungleich günstigeren natürlichen Bedingungen viel billiger und in großen Mengen anbauen. Schon um die Mitte des 19. Jh.s lieferte der Jemen nur noch ein Prozent der Welterzeugung an Kaffee, obwohl die Produktion keineswegs stark zurückgegangen war. Noch 1960 lag sie bei jährlich ca. 5000 t.

Erst die grundlegenden ökonomischen Änderungen nach der Revolution im Jemen 1962 brachten einen deutlichen Niedergang, der aber nur verständlich wird bei einer Betrachtung des Strukturwandels der gesamten jemenitischen Landwirtschaft.

Von der Selbstversorgung zur Marktproduktion

Bis 1970 war der Jemen ein ausgesprochen bäuerlich geprägtes, rückständiges Land. Die hochentwickelte Terrassenkultur konnte nicht darüber hinwegtäuschen, daß die Möglichkeiten einer agrarischen Produktionssteigerung mit den verfügbaren Mitteln ausgeschöpft waren. Zwei Faktoren sind es, die nach 1970 einen tiefgreifenden und bis heute andauernden Wandel der jemenitischen Agrarstruktur einleiteten: die Massenemigration von Arbeitskräften nach Saudi-Arabien und das dadurch verfügbare Kapital sowie die rasch verbesserte infrastrukturelle Erschließung des Landes.

Wegen des im Jemen nun einsetzenden Arbeitskräftemangels konnte die bisherige Form der äußerst arbeitsintensiven Landwirtschaft nicht mehr beibehalten werden. Viele Terrassen blieben unbestellt und verfielen rasch, auf anderen wird nur noch das Nötigste getan. Eine Mechanisierung ist hier kaum möglich. Die reichlich vorhandenen Devisen erlaubten auf der anderen Seite den Import billigen Brotgetreides, so daß heute schon mindestens die Hälfte der Grundnahrungsmittel nicht mehr im Lande selbst erzeugt wird.

Das jetzt durch die Gastarbeit verfügbare Kapital führte zu einer Steigerung des privaten Konsums und auch zu Investitionen im Agrarsektor. Dort richtete sich das Hauptinteresse der Bauern naturgemäß auf die Bereitstellung von Bewässerungswasser, dem bis dahin wichtigsten limitierenden Faktor für eine intensive Nutzung. Überall im Land wurden Tausende von Brunnen gebohrt und mit Pumpen ausgestattet; vornehmlich allerdings dort, wo das Grundwasser relativ leicht erreichbar ist und großflächig bewässert werden kann, also in der Tihāma und im Hochland. Die Innovation der Pumpe führte zu einer vollständigen Neubewertung der natürlichen Lagegunst: Die früher bevorzugten regenreichen, terrassierten Berg-

Sortieren von Kaffee in Sanaa oder Radā', 1902 oder 1907. Foto Hermann Burchardt (Museum für Völkerkunde, SMPK, Berlin).

gebiete sind jetzt benachteiligt, ehemals nur dürftig genutzte Flächen bringen reiche Erträge. Das hohe Niveau der Produktionskosten läßt allerdings dem Getreideanbau im Vergleich zu den billigen Importen keine Chance. Gemüse, Obst und vor allem Qāt treffen heute auf einen recht kaufkräftigen Binnenmarkt und zeigen deshalb hohe Zuwachsraten. Begünstigt wird diese Entwicklung durch die rasch fortschreitende Erschließung des Landes mit einem inzwischen nahezu flächendeckenden Straßen- und Pistennetz, so daß der Absatz landwirtschaftlicher Marktprodukte gut möglich ist. Auch die ersten Fabriken zur Verarbeitung von Agrarprodukten sind schon entstanden. In gut zehn Jahren ist also aus dem sich selbst versorgenden Jemen mit seinen subsistent wirtschaftenden Stammesbauern ein marktorientiert produzierender Agrarstaat mit Ansätzen einer Industrialisierung geworden — freilich auch mit Problemen, die nicht zu übersehen sind.

Die heute in großem Umfang notwendigen Getreideimporte können nur bezahlt werden, wenn weiterhin jemenitische Gastarbeiter aus den Ölstaaten Geld ins Land bringen. Die Nutzung des Grundwassers hat zum Teil schon solche Ausmaße angenommen, daß der Grundwasserspiegel bedrohlich absinkt.

Die verfallenden Terrassen sind kaum jemals wieder in Kultur zu nehmen, wertvolle Nutzflächen gehen damit für immer verloren. Gewittergüsse brausen jetzt ungehemmt über die Hänge, erodieren den Boden und richten auch in den Tälern schwere Schäden an.

Ein Großteil des Bruttosozialprodukts wird für das Genußmittel Qāt ausgegeben, das die bei weitem höchsten Gelderträge innerhalb der Landwirtschaft abwirft und deshalb inzwischen in manchen Landesteilen schon monokulturartig dominiert. Allerdings ist es falsch, wenn immer wieder behauptet wird, Qāt verdränge den Kaffee von seinen Standorten. Der entscheidende Niedergang des Kaffeeanbaus (zwischen 1960 und 1980 von 5000 auf 1000 t Jahresproduktion) läßt sich vor allem auf den Arbeitskräftemangel zurückführen. Und nicht überall dort, wo früher Kaffee angebaut wurde, wächst auch guter Qāt. Die Ausweitung des Qātanbaus von etwa drei Prozent (1970) auf heute etwa sieben Prozent der landwirtschaftlichen Nutzfläche geschah überwiegend auf Kosten von ehemaligen Getreideflächen. Besonders begehrte Qātsorten kommen überdies aus Höhenlagen, in denen gar kein Kaffee wachsen könnte. In jüngster Zeit, da der Qāt-Markt allmählich Sättigungstendenzen zeigt, bekommen Gemüse- und Obstanbau wieder neue Impulse, besonders seit dafür auch Importrestriktionen erlassen worden sind. Dennoch bleibt Qāt das Problem Nummer eins für die jemenitische Landwirtschaft, zumal das Genußmittel neben dem ökonomischen einen erheblichen sozialen Stellenwert besitzt. Nur langfristig wirkende Erziehungsmaßnahmen können hier etwas ändern.

Beim Kaffee versucht der Staat mit verschiedenen Maßnahmen, die Anbaufläche wieder auszuweiten. Dem sind aber ökonomische und letztlich auch enge natürliche Grenzen gesetzt. Dennoch wäre es zu wünschen, daß bald wieder überall im Lande des Mokkas einheimischer Kaffee statt importierten Pulverkaffees oder Tees ausgeschenkt würde.

Literatur

Becker, Hans; Volker Höhfeld; Horst Kopp: Kaffee aus Arabien. — Wiesbaden 1979 (= Erdkundliches Wissen, Heft 46).

Gingrich, Andre; Johann Heiss: Beiträge zur Ethnographie der Provinz Saʿda (Nordjemen). — Wien 1986 (= Veröffentlichungen der Ethnologischen Kommission, Nr. 3).

Hubaishi, Ahmed Al; Klaus Müller-Hohenstein: An introduction to the vegetation of Yemen. — Eschborn 1984.

Kopp, Horst: Agrargeographie der Arabischen Republik Jemen. — Erlangen 1981 (= Erlanger Geographische Arbeiten, Sonderband 11).

Kopp, Horst: Land Usage and its Implications for Yemeni Agriculture. — In: Pridham, B. R. (Ed.): Economy, Society & Culture in Contemporary Yemen. London 1985, S. 41—50.

Niebuhr, Carsten: Beschreibung von Arabien. Nachdruck Graz 1969.

Revri, Raman: Catha edulis Forsk. Geographical Dispersal, Botanical, Ecological and Agronomical Aspects with Special Reference to Yemen Arab Republic. — Göttingen 1983 (= Göttinger Beiträge zur Land- und Forstwirtschaft in den Tropen und Subtropen, Heft 1).

Schopen, Armin: Das Qāt. — Wiesbaden 1978 (= Arbeiten aus dem Seminar für Völkerkunde der J. W. Goethe-Universität Frankfurt a. M., Band 8).

Weir, Shelagh: Qat in Yemen. — London 1985.

Traditionelle Imkerei im Jemen

Jan Karpowicz

Bienenzucht hat im Jemen eine lange Tradition. Wenn man der überzeugenden Deutung der Felszeichnungen und der himyaritischen Graffiti an Felshöhlungen im Wādī Jirdān durch Muḥammad Bafaqih (in: »Seminar for Arabian Studies«, 1978) als Bienenbehausungen folgt, ist die Bienenzucht im Jemen seit rund 2000 Jahren belegt. Al-Dīnawarī (gestorben ca. 282 H = 894/895 n. Chr.) ist dazu die älteste schriftliche Quelle. In seinem »Kitāb al-Nabāt (= »Das Buch der Pflanzen«) erwähnt er Bienen und Bienenzucht und läßt uns einen umfassenden Blick in dieses Handwerk tun, auf die Beziehungen zwischen Bienenzucht, Flora und Klima. Anschließend beschreibt er die für ihre Honigproduktion berühmten Gebiete. Dabei erwähnt er, daß die Bienenzucht in ganz Südarabien von der Provinz ʿAsīr, im heutigen Saudi-Arabien, durch Nordjemen bis hin zum Wadi Ḥaḍramūt im heutigen Südjemen betrieben wurde. Abschließend warnt er seine Leser vor unehrlichen Imkern, die z. B. ihren Honig mit Wasser versetzen.

Nordjemen läßt sich auf Grund seiner Flora und seines Klimas in drei Bienenzuchtgebiete einteilen. In der Gegend Ḥuggarīya (»Die steinige Gegend«) und am Westabfall des zentralen jemenitischen Gebirgsrückens wird intensive Imkerei betrieben. Diese Gegenden sind wegen ihrer umfangreichen und für die Bienentracht günstigen Flora — hauptsächlich Buschland von Acacia commiphora und Gewächse von Acacia commiphora-Euphorbia — für die Bienenzucht vorzüglich geeignet.

Die Bienen ernähren sich im Nordjemen immer noch in erster Linie vom natürlichen Bewuchs, während sie in Europa und Nordamerika überwiegend auf landwirtschaftlich angebauten Pflanzen zur Tracht fliegen. Der Abbau des natürlichen Pflanzenbestandes durch menschliche Übernutzung schränkt jedoch die Möglichkeiten zur Honiggewinnung mehr und mehr ein, ohne daß gleichzeitig der verstärkte Anbau landwirtschaftlicher blütentragender Pflanzen einen Ausgleich böte. Solange es nicht gelingen wird, bei der Planung der landwirtschaftlichen Produktion auch auf die Imkerei Rücksicht zu nehmen, wird die Bienenzucht im Jemen sich weiterhin auf das natürliche Pflanzenkleid stützen müssen. Unabhängig von der Eignung des jeweiligen Landstrichs für die Bienenzucht gibt es in fast allen Dörfern, also auch in weniger begünstigten Landstrichen, wenigstens einen aktiven Imker.

Bienen werden in verschiedenartigen Behältern gehalten. Diese traditionellen Bienenstöcke lassen sich nur an einer Seite öffnen und ähneln großen ausgehöhlten Holzklötzen. Aus solchen haben sie sich auch in der Tat entwickelt. Die ältesten und ursprünglichsten Formen von Bienenbehältern sind in ganz Südarabien Stammstücke des Sūkam-Baumes (Cordia abyssinica), die mit einer Art von Bohrer oder mit Meißel und Hammer ausgehöhlt wurden. Der Ursprung dieses Typs liegt vermutlich im Südjemen und ist vor allem bei den Imkern in der Ḥuggarīya in Gebrauch, von denen viele enge Beziehungen zu ihren Kollegen im Südjemen unterhalten.

Die nächste Form traditioneller Bienenstöcke wird vom Schreiner des jeweiligen Dorfes aus dem genannten Sūkam-Holz gefertigt. Dieses Holz besitzt verschiedene Eigenschaften, die es zur Herstellung von Bienenstöcken besonders geeignet machen: Es ist leicht, widerstandsfähig gegen Insektenfraß und sehr haltbar. Die Holzteile werden dazu zu kleinen Brettern zersägt, diese passend zugeschnitten, zusammengenagelt und -geklebt. Sodann werden die hervorstehenden Enden weggedeißelt, um eine einem Holzklotz ähnelnde Gesamtform zu erzielen. In die beiden Enden dieses der Länge nach hohlen Holzes werden Abdeckungen eingesetzt, manchmal sind sie sorgfältig verziert. Diese halten im Holzklotz durch ihre Paßform, werden darüber hinaus aber auch noch festgebunden, damit sie bei trockenem Wetter, wenn das Holz sich zusammenzieht, nicht herausfallen. Die Kosten eines solchen Bienenstockes sind unterschiedlich. Ein kleiner kostete Ende 1985 etwa DM 120,—, während ein größerer Behälter (mit ungefähr 20 cm Durchmesser) auf etwa DM 240,— kam. Bienenstöcke, in denen bereits einmal Bienen gelebt haben, werden von den Imkern grundsätzlich nicht mehr verkauft; sie glauben nämlich, daß die Bienen diesen Stock besonders gern und gut annehmen und er daher auch für neue Völker verwendet werden kann.

Auch die »moderneren Formen« von Bienenstöcken haben sich aus diesem Grundtyp entwickelt. Sie haben ebenfalls die Form eines Holzklotzes, also zylindrisch und an beiden Enden offen. Wenn sie mit Bienen belegt sind, werden die Enden mit beweglichen Holzdeckeln verschlossen. Immer häufiger werden jetzt jedoch als Enden Deckel von Milchpulverbüchsen oder Farbtöpfen benutzt.

Eine andere Form des traditionellen Bienenstocks besteht aus gesplittetem Rohr, das in Form eines solchen Zylinders zusammengebunden wird. Die Außenseite dieses Behältnisses wird mit Kuhmist abgedichtet. Diese Abdichtung macht den Bienenstock wasserdicht, während die Bienen selber die Innenseiten glätten und mit der von ihnen (neben Honig und Wachs) erzeugten wächsernen Substanz (dem sogenannten »Propolis«) abdichten.

Alle Formen von Bienenstöcken halten sich im Rahmen dieses Grundmusters: ein länglicher, innen hohler Behälter, dessen Enden mit einfachen oder verzierten Deckeln verschlossen sind. In einem der Deckel befinden sich die Ein- und Ausflugsöffnungen und ein Zeichen des Eigentümers.

Die traditionellen Bienenstöcke sind im allgemeinen etwa 1,6 m lang, 14 cm breit und 9 cm hoch. Diese Maße beruhen auf Erfahrung und stehen in unmittelbarer Beziehung zur Honigproduktion. Ein größerer Durchmesser würde es dem Imker nicht erlauben, den Honig mit den Waben zu ernten (die bevorzugte Form im Jemen, da sie eine gewisse Garantie für die Reinheit des Honigs bietet), da sich dann Honig und Brut in den gleichen Waben befinden würden. Die Erfahrung hat die jemenitischen Imker vielmehr gelehrt, daß die Höhe von 9 cm optimal ist, um das Bienenvolk zur Formung eines neuen, ausschließlich für Honig bestimmten Wabenstückes zu veranlassen. Das Brutnest wird bei dieser Höhe von den Bienen von den Honigwaben getrennt errichtet. So kann der Honig von der Rückseite des Stockes aus leicht geerntet werden.

Die Dauer der Honig-Produktions-Saison (also die Blütezeit der nektar- und pollenproduzierenden Pflanzen) ist im Jemen kurz. Sie richtet sich nach den Regenfällen. Die jemenitische Honigbienenrasse Apis mellifera yemenitica ist dieser harten und unvoraussehbaren Umwelt vorzüglich angepaßt. Die jemenitischen Bienen sind kleiner als die europäische Apis mellifera: an ihrem Abdomen besitzt sie blaßgraue Streifen. Sie ist gutmütig und nicht angriffslustig, wenn man sie richtig behandelt, also z. B. rasche Bewegungen vermeidet. Ihr Flug ist schnell, am Stock angelangt, schlüpft sie schnell hinein. Die Bienenkönigin ist gestreift (schwarz, braun und gelb); die Drohnen sind immer schwarz.

Die Imkerei wird überwiegend seßhaft betrieben. Dafür gibt es zwei Gründe: Manche Arten von Bienenstöcken — z. B. tönerne Behälter, die mit Schmutz und Kuhdung zusammenzementiert sind — lassen sich nicht an andere Orte verbringen; der zweite Grund sind soziale Faktoren, also Stammesstrukturen und Landeigentum.

Das bedeutendste und am meisten entwickelte Bienenzuchtgebiet des Jemen liegt im Süden des Landes. Hier handelt es sich um Wander-Bienenzucht. Die Bienenstökke werden im Lauf des Jahres zu neuen, traditionell bekannten Standorten gebracht. Dadurch ist sichergestellt, daß die Bienen stets genügend Nahrung für ihr eigenes Überleben finden und zusätzlich erntbaren Honigüberschuß produzieren. Die Bienenvölker werden heute auf oben offenen Lieferwagen transportiert, während dies noch in jüngerer Vergangenheit mühsam auf dem Rükken von Kamelen geschehen mußte. Heute dauert es nur noch etwa vier Stunden, um eine ganze Bienenkolonie aus dem Wādī Ḍabāb in der Ḥuggarīya nach dem Wādī Zabīd in der Tihama umzusiedeln, also eine Entfernung von rund 200 km. Diese Reise erforderte vor 20 Jahren noch 10 Tage. Die Karawane lagerte jeweils tagsüber, damit die Bienen ausfliegen und sich ernähren konnten. Mit Anbruch der Nacht ging es dann weiter bis zum frühen Morgen. Unter kommerziellen Gesichtspunkten ist diese Verbringung der Bienenvölker überaus vernünftig, da die Völker so mit sehr geringem Aufwand am Leben gehalten werden können und sich zugleich die Möglichkeiten für eine maximale Honigausbeute erhöhen.

Hauptfutterzeit der Bienen in den Wadis des südlichen Hochlandes ist die Zeit des Frühjahrs-Regenfalles (»saif«), etwa im Monat März, sowie die Sommerregenzeit (»kharīf«) in den Monaten Juli, August und September. Jeweils im Anschluß daran werden die Völker in die Euphorbia-Gegenden nördlich von Taiz gebracht, wo sie bis etwa Dezember oder Januar bleiben. Euphorbia bringt dann den besten Ertrag, wenn ein heißer und trockener Winter auf warme und feuchte Sommermonate folgt. Winterregen ist sehr schädlich, weil er den Nektar aus den Euphorbia-Blüten (wegen ihrer offenen Blütenform) auswäscht. Im Anschluß daran werden die Bienenvölker wieder in die Tihama gebracht, die im Dezember etwas abkühlt und wo jetzt, zu Jahresanfang, die Akazienbüsche blühen. Akazien blühen ziemlich lang, bis in den März hinein — doch hängt auch dies stark von eventuellen Winterregenfällen ab.

Bienenzüchter kehren regelmäßig mit ihren Völkern zu den gleichen Stellen zurück. Unter den einzelnen Bienenzüchtern besteht eine intensive Kameradschaft. Sie unterstützen sich gegenseitig in der Gewißheit, daß sie im Bedarfsfalle auf den anderen zählen können. So läßt jeder Wanderimker einige leere Bienenstöcke am Bienenstandplatz seines Dorfes zurück in der Gewißheit, daß Schwärme, die aus seinen noch belegten Bienenstöcken ausfliegen, von einem seiner Mitimker eingefangen werden. Selbstverständlich wird von ihm die gleiche Dienstleistung für andere erwartet.

Die Tätigkeiten des Imkers sind einfach. Das hängt damit zusammen, daß die Form der Bienenstöcke regelmäßige Untersuchungen des »Innenlebens« unmöglich macht. Es wird viel weniger untersucht, als dies von westlichen Imkern für notwendig gehalten wird. Gleichwohl hat sich gezeigt, daß die jemenitischen Imker ein außerordentliches Maß wissenschaftlich korrekter Kenntnisse besitzen, auch wenn sie sie vielleicht verbal nicht darstellen können.

Der Imker arbeitet ohne oder nur mit ganz wenig Schutzkleidung, da sich die jemenitischen Bienen freundlich verhalten, wenn sie in der richtigen Weise und sorgfältig behandelt werden. Geräuchert wird durch Anzünden getrockneter Euphorbia-(qaṣāṣ oder ʿamaq-)Stücke, Eselsmist oder Sackleinwand. Die praktisch einzige Tätigkeit des Imkers besteht darin, von der Rückseite des Bienenstockes aus die Honig enthaltenden Waben herauszunehmen. Manche Imker verstehen es allerdings auch, schwache Bienenvölker dadurch zu stärken, indem sie Bienen, Waben und neue Schwärme im Stock unterbringen.

Zusätzliche Ernährung der Bienen ist nicht üblich. Wenn, dann erfolgt sie mit trockenem Zucker oder mit Datteln; in jüngster Zeit wird auch importierter Honig verwendet. Dies ist sehr gefährlich; so kann es zur Einschleppung von Krankheiten kommen. Da Zusatzernährung jedoch unüblich ist, gehen bis zu 50 Prozent der Bienenvölker in Trockenperioden verloren. Die meisten Imker kennen den Zusammenhang zwischen der Stärke des Volkes, der

Honigproduktion und dem Gewinn nicht. Darauf beruht auch die geringe Verbreitung künstlicher Fütterung.
Üblicherweise werden neun oder zwölf Bienenstöcke zu einer Gruppe zusammengestellt. Diese Gruppe wird mit einer aus Stroh- oder Palmstroh geflochtenen Matte als Sonnenschutz abgedeckt. Die Bienenstöcke sitzen nicht direkt auf dem Boden auf, sondern stehen auf Steinen oder Bettgestellen, um sie vor Ameisen oder Termiten zu schützen. In neuerer Zeit werden eiserne Gestelle eigens für diesen Zweck angefertigt und ihre Füße in Töpfe mit Altöl oder Wasser gestellt.
Die hauptsächlichste Arbeit des Imkers besteht also im Einsammeln des Honigs. Dies geschieht mehrmals im Jahr und richtet sich nach Erfahrungswissen. Der Honig wird dadurch aus den Waben entnommen, daß die Honigwaben mit der Hand in eine große Metallschüssel ausgedrückt werden. Durch ein zweites Auspressen wird der größte Teil des Wachses, der toten Bienen, Larven und Pollen entfernt. Durch diese Methode ergibt sich eine Honigqualität, die den lokalen Honig, »baladi«, von importiertem Honig deutlich in seinem Aussehen unterscheidet. Baladi-Honig ist sehr teuer, sein Besitz und Verbrauch ein wichtiges soziales Statussymbol.
Vermarktet wird der Honig von den Imkern selber. Sie verkaufen den Honig den ihnen bekannten Kunden, die den Imker ihres Vertrauens aufsuchen. Die Jemeniten sind gegenüber importiertem Honig außerordentlich — und nicht unbegründet — zurückhaltend und mißtrauisch. So sind sie bereit, auch einen sehr hohen Preis dann zu bezahlen, wenn sie der Überzeugung sind, daß das Erzeugnis rein, lokal und ursprünglich ist. Der Verbrauch des einheimischen Honigs bei den traditionellen Gerichten und als wertvolles Geschenk spielt in allen jemenitischen Schichten eine große Rolle zum Ausdruck der sozialen Stellung. Auch im Dorf selbst hat das Verschenken von Honig eine wichtige soziale Bedeutung. Ein Honiggeschenk vermag die schwierigsten Probleme in kurzer Zeit einer Lösung zuzuführen.
Die historisch gerechtfertigte Überzeugung, daß nur der herkömmliche Honiggeschmack das echte und reine Produkt auszeichnet, hat dazu geführt, daß bestimmte Methoden — auch wenn sie unter wissenschaftlichen Gesichtspunkten kaum berechtigt sind — ersonnen wurden, mit denen die Reinheit des Honigs (und damit auch sein hoher Preis) bewiesen werden sollen. Da die Jemeniten nicht wissen, daß der Geschmack von Honig von seinem jeweiligen Ursprungsort abhängt, und darum auch guter, echter Honig ganz verschieden schmecken kann, wird jede Geschmacksabweichung als Zeichen für Unreinheit und Verfälschung des Honigs angesehen. Restaurants verlangen für mit Honig zubereitete Gerichte dann einen höheren Preis, wenn der Honig als »baladi« bezeichnet wird.
Verkauft wird der Honig entweder in seinen Waben oder mit den Waben in Büchsen aller Art, z. B. Milchpulverbüchsen, Butterfett (=Ghee)-Büchsen oder Farbbüchsen. Honig wird auch in flüssiger Form, also nach dem Ausdrücken des Wachses, verkauft. Solch flüssiger Honig wird in leere Fruchtsirup- oder Mineralwasser-Flaschen von ungefähr 3/4-Liter-Inhalt abgefüllt. In ihnen schwimmen oben am Hals der Flasche noch kleine Wachsstükke, Pollen und manchmal tote Bienen oder Larven. Für den Jemeniten bedeutet dies ein Zeichen für einheimischen Ursprung und Reinheit.
Als Methode zum Prüfen der Reinheit gilt das Ausrollen eines Honigtropfens im Staub. Bleibt er in Tropfenform, dann gilt er als rein, fließt er jedoch auseinander, dann, so glaubt man, wurde er mit Wasser oder Sirup verdünnt. Eine andere Methode besteht darin, den Behälter umzudrehen und festzustellen, wie schnell die Luftblasen nach oben steigen. Steigen sie langsam, so gilt der Honig als rein und jemenitisch. Diese Methoden können in der Tat zwischen jemenitischem und importiertem Honig unterscheiden, weil die Viskosität des jemenitischen Honigs hoch ist und in aller Regel deutlich höher liegt als bei importiertem Honig. Dies hängt damit zusammen, daß jemenitischer Honig aus klimatischen Gründen einen niedrigen Feuchtigkeitsgehalt und dadurch eine hohe Viskosität besitzt.
Bienenwachs hat heutzutage fast keine Bedeutung mehr. Gelegentlich wird etwas für kosmetische Zwecke verkauft, z. B. als Enthaarungsmittel. Dem Wachs werden auch einige medizinische Eigenschaften zugeschrieben, insbesondere bei Magenkrankheiten. Auch Honig selber wird in der Volksheilkunde als Heilmittel für verschiedene Krankheiten und als Aphrodisiakum angesehen. Oft wird das Wachs an die Haustiere verfüttert, insbesondere das dunkel gefärbte alte Wachs. Es ist zu vermuten, daß die in den Waben enthaltenen Puppenkokons und Ausscheidungen Protein enthalten. In der Regel allerdings wird das Wachs einfach weggeworfen und schmilzt in der Sonne. Früher wurde es in großem Umfang von den Silberschmieden benutzt: Um einen Kern aus Wachs in der Form des späteren Silberobjekts wurde eine Tonform gelegt, in die dann das flüssige Metall eingegossen wurde. Zugleich lief das Wachs aus.
In manchen Gegenden hat die starke Auswanderung der arbeitsfähigen männlichen Bevölkerung dazu geführt, daß die meisten landwirtschaftlichen Arbeiten von Frauen verrichtet werden. Dies gilt auch für die Bienenzucht, so daß inzwischen auch Frauen als Imkerinnen tätig sind.
Dem Honig mancher Blütensorten gilt eine besondere Wertschätzung. Am besten bekannt und am meisten nachgefragt ist der Honig von ʿIlb- oder Sidr-Bäumen, Zizyphus spina Christi (Christusdorn). Christusdorn-Honig kostet bis zu etwa DM 250,— pro Liter (Ende 1985). In der Tihama wird der Honig von den Bienen hauptsächlich von einer Reihe der dort dicke Buschlandschaften bildenden Akazienformen gesammelt, z. B. Acacia tortilis, Acacia sensu, Acacia asak und Acacia mellifera. In den Wadis des Hochlandes sind es andere Pflanzen. Euphorbia-Honig schmeckt ein wenig nach scharfem Pfeffer (»bisbās«): Die erste Geschmacksempfindung erinnert noch an Orangenblütenhonig, doch dann kommt gleich ein Brenngefühl im Hals auf. Dennoch hat auch dieser Honig seine Liebhaber, die bereit sind, für eine

solche Erfahrung bis zu etwa DM 150,— pro Liter auszugeben. Ḍūba (= Acacia mellifera)-Honig gilt als sehr süß. Er ist eher farblos und stammt aus den unteren Lagen des westlichen Randgebirges, wo er einige Zeit vor der Frühjahrsregenzeit geerntet wird.

Jemen hat das Glück, keine einheimischen Bienenkrankheiten zu kennen. Hier und da können Schadinsekten, z. B. Hornissen, Ameisen oder Termiten die Kulturen schädigen. Damit keine ausländischen Bienenkrankheiten und Milben eingeschleppt werden, ist die Einfuhr von Bienenvölkern zur Zeit vollständig verboten.

Jemens traditionelles Imkerhandwerk besitzt ein gutes Potential zur Weiterentwicklung. Die Erfahrungen aus der wenigstens zweitausendjährigen Bienenzuchttradition des Landes können fortentwickelt und mit den Nachbarstaaten zum Nutzen der gesamten Region geteilt werden.

Schule und Erziehung — Bildung und Entwicklung

Ḥamīd al-Iriānī

Die Bedeutung von Schule und Erziehung in der Gesellschaft und die gerade für ein Entwicklungsland so überaus wichtige Wechselwirkung des Schulwesens mit den allgemeinen ökonomischen, politischen und psychologischen Entwicklungsperspektiven des Landes — beides soll Gegenstand des folgenden Beitrages sein. Obgleich der Schwerpunkt dabei auf der jüngsten Entwicklung liegt, erscheint im ersten Teil dieses Artikels ein kurzer historischer Überblick zweckmäßig, der sich an den Phasen der jüngsten jemenitischen Geschichte orientiert:

- Die türkische Herrschaft.
- Die Regierungszeit des Imams Yaḥyā Ḥamīd ad-Dīn von 1904—1948 und des Imams Aḥmad(1948—1962).
- Die Revolution (26. September 1962), Bürgerkrieg und ägyptische Unterstützung der Republik, Abzug der ägyptischen Truppen und letzte Schlacht um Sanaa mit der Republik als endgültigem Sieger.
- Beruhigung und Staatsformation bis 1978 und Phase des Aufbaus seit 1978.

Dieser Beitrag kann ganz überwiegend eine positive Entwicklung schildern: die Überbrückung der durch die dunkle Epoche der Rückständigkeit und Abgeschlossenheit unseres Landes verursachten Entwicklungskluft zur übrigen Welt. Zugleich sollen aber auch negative Entwicklungen nicht verschwiegen werden. Dabei muß freilich berücksichtigt werden, daß die Überwindung der heute noch so stark spürbaren — durch die Politik der Imame verursachten — Entwicklungskluft durch die ungerechte Weltmarktsituation zusätzlich erschwert wird.

Zur Methode

Dieser Beitrag will mehr eine Diskussion in Gang setzen als über abgeschlossene Fakten berichten. Die genannten Zahlen dienen dem Verständnis der Zusammenhänge — sie beruhen auf Statistiken, deren Wert und Aussagekraft nur begrenzt ist. So hatte z. B. Imam Aḥmad auf die Frage nach der Einwohnerzahl des Jemen mit den Worten »zwischen fünf und vierzig Millionen« geantwortet. Auch in der Gegenwart können die Statistiken mit dem enormen Wachstum im Land weder qualitativ noch quantitativ Schritt halten.

Eine tendenzielle Aussage läßt sich aus ihnen, was die Entwicklung des Erziehungswesens angeht, gleichwohl gewinnen, allerdings erst ungefähr seit dem Ausbruch der September-Revolution 1962: Erst seit 1962 wurde Bildung überhaupt als eine wichtige und zu beobachtende Größe angesehen.

Dem Islam ist es zu verdanken, daß es vorher bereits Bildungsmöglichkeien und Schulen im Jemen gab. Der Islam mißt der Erziehung hohe Bedeutung bei: »Bildet eure Kinder, denn sie sind für eine andere Zeit geboren« hat der Prophet Gottes für alle Zeiten treffend bekundet. Hinzu kam, daß die Moscheen oft zugleich auch als Schulen dienten. Das hohe Gewicht, das der Islam auf Bildung und Erziehung legt, war für viele fromme Jemeniten, die über die notwendigen Mittel verfügten, Beweggrund, Schulen zu bauen und große Stiftungen zu ihrer Unterhaltung einzurichten. Diese, meist durch Grundbesitz gesicherte Finanzierung sorgte in der Regel dafür, daß viele dieser Schulen auch in Zeiten von politischem und wirtschaftlichem Chaos weiterbestanden.

Die Dezentralisierung und Zufälligkeit des Schulwesens, die aus dieser Art von Errichtung und Finanzierung folgte, hatte Nachteile und Vorzüge: Bei Veränderung der politischen Situation kam es ebenso wie in Epochen der Staatslosigkeit zur Einziehung oder zum Verlust des Vermögens der Lehranstalt, womit diese ihrer Existenzgrundlage beraubt war. Die schlechten Verkehrsbedingungen schränkten den Austausch zwischen den einzelnen Schulen immer mehr ein. Dieser Austausch aber ist im Sinne der islamischen Schul-Idee die Grundlage einer Weiterentwicklung der Bildung. Durch die Isolation wurde der Wissensinhalt immer statischer und träger. Um sicher zu gehen, beschränkten sich die Schulmeister deshalb immer mehr auf die Vermittlung des überlieferten Wissens über Religion und Sprache. Andererseits hatte die Dezentralisierung auch Vorteile: Das Schulwesen konnte nur schwierig kontrolliert werden. So vermochten auch gewisse neue Gedankengänge Widerhall zu finden, die — wie ich meine — nach langer Gärung einen wichtigen Beitrag zu den geistigen Aktivitäten leisteten, welche schließlich zur Revolution führten.

Die türkische Herrschaft

Wegen des starken Widerstandes in vielen Teilen des Landes führte auch die zweite türkische Besetzung Jemens im 19. Jh. nicht zu einer Konsolidierung der türkischen Oberhoheit. Einige türkische Statthalter — etwa Ḥusayn Ḥilmī Pascha, der ein eigenes Erziehungsressort einrichtete — erkannten die Bedeutung der Schulbildung. Wirklich eingerichtet wurden jedoch nur einige Schulen, und zwar in Sanaa, in Hodeida und in Abha im damals noch zum Jemen gehörenden ʿAsīr. Die Lehrpläne dieser wenigen Schulen waren von durchaus hohem Niveau. Den Türken sind noch zwei andere Neuerungen zu danken. Sie haben die erste Druckerei in Sanaa eingerichtet, und sie brachten zahlreiche Bücher nach Sanaa. Diese Bücher ermöglichten den Jemeniten die ersten Kontakte zum Gedankengut und zu den Ideen, die in der arabischen Welt des 19. und des frühen 20. Jh.s umliefen. Aus diesen Schulen gingen einige Handwerker hervor (aus der Technikerschule, aus der Imam Yaḥhā später ein Gefängnis machte), einige Beamte, die wichtige Funktionen im Staat übernahmen, einige Lehrer, die später die »al-madrasa al-ʿilmīya« gründeten, sowie Beamte und Schreiber der türkischen Regierung, und Bediener der von den Türken eingerichteten Infrastruktur — etwa der Telegraphenlinie, die bis Anfang der 70er Jahre unseres Jahrhunderts in Betrieb blieb.

Bei diesen Schulen handelte es sich um sogenannte Programmschulen, in denen Geographie und Rechnen neben den islamischen Wissenschaften gelehrt wurden. Bücher und Lehrmaterial wurden den Schülern kostenlos zur Verfügung gestellt. Die wichtigsten dieser Schulen seien hier kurz aufgezählt:

— je eine Berufsschule in Sanaa, Hodeida und Abḥa
— je eine Waisenschule in Sanaa und Hodeida
— eine Mädchenschule in Sanaa
— die al-Rushdīya-Schule in Sanaa und
— die al-Bakīriya-Schule in Sanaa.

Imam Yaḥyā (1904—1948) und die Ablösung der Türken (1918)

Die Regierungsübernahme durch Imam Yaḥyā bedeutete gleich zu Beginn einen Rückschritt. Schulen wurden aufgelöst. Vordringlich beschäftigte sich der Imam mit der Befestigung seiner Macht im Innern; hinzu kamen die Auseinandersetzungen mit dem Īdrisī in ʿAsīr. Schulen interessierten den Imam nicht, wie man etwa auch daran erkennen kann, daß er dieses Thema in seinen Gesprächen mit den Türken, die zur Vereinbarung von Daʿān (1911) führten, gar nicht berührte.

Erst nach dem verlorenen Krieg gegen Saudi-Arabien (1934) begann der Imam die Bedeutung der Schule als eines Instruments der politischen Zentralgewalt zu erkennen. Ob es dieser Wunsch war oder der sehr viel profanere, das Stiftungsvermögen (auqāf) der einzelnen Schulen zu übernehmen — jedenfalls ordnete der Imam eine Zentralisierung der auqāf an. Als Folge wurden dann die Mittel für viele Schulen mit dem Hinweis auf das Vorhandensein von Schulen in Sanaa gestrichen. Ein Beispiel hierfür ist die berühmte Aschāʿir von Zabīd, eine der ältesten Universitäten der Welt, für die man das Jahr 819 n. Chr. als Gründungsdatum ansetzen kann. Imam Yaḥyā schränkte ihre Aktivität durch die Übernahme ihrer auqāf-Finanzmittel stark ein, Imam Aḥmad beschlagnahmte dann im Jahre 1950 alle Einnahmequellen dieser Hohen Schule und verursachte so nach über tausendjähriger Blütezeit ihre endgültige Schließung.

Immerhin gründete der Imam im Jahre 1925 die »al-madrasa al-ʿilmīya« und wies ihr das Gebäude zu, das vorher als Residenz des türkischen Statthalters gedient hatte. 1927 hatte diese Lehranstält 600 eingeschriebene Studenten, davon 400 im Internat. Die Lehrinhalte lehnten sich an die der Azhar-Universität in Kairo an. Die Ausbildung dauerte je nach Vorbildung zwölf oder dreizehn Jahre, aufgeteilt in drei Stufen zu je vier Jahren. Das Niveau soll höher gewesen sein als das der Azhar-Universität. Gelehrt wurden arabische Sprache, islamisches Recht und Religion. Zu gleicher Zeit entstanden die Waisenschule und eine öffentliche Bibliothek. Später wurden weitere madāris ʿilmīya gegründet. Bei Ausbruch der Revolution gab es insgesamt 15 davon. Der Besuch dauerte sechs oder sieben Jahre; ihr Abschluß berechtigte zum Eintritt in die madrasa ʿilmīya von Sanaa.

Zusammengefaßt läßt sich zur Bildungspolitik Imam Yaḥyās folgendes sagen:

— Schulen mit guten Lehrinhalten, guten Lehrern und ausreichendem Lehrmaterial konzentrierten sich in Sanaa
— Schulplätze waren sehr begrenzt
— alle traditionellen, nicht-staatlichen höheren Schulen wurden praktisch aufgelöst
— gelehrt wurden im wesentlichen nur Sprache und Religion
— die Massenbildung beschränkte sich auf die Koranschulen in den Dörfern, die sog. katātib, in denen nicht einmal Lesen und Schreiben ausreichend vermittelt wurden. Der Lehrer selber, kaum des Schreibens und Lesens mächtig, versuchte, den Kindern vor allem Gehorsam und Disziplin und — in der Regel mangelhafte — Kenntnisse des Koran beizubringen. Später wurde all dies — auch mangels Lesestoffes, es fehlte sogar an Koranen — zumeist wieder vergessen. In jedem Dorf gab es Männer, die sich — im Gegensatz zu Gleichaltrigen aus besseren Familien, trotz des gleichen Faqih-Lehrers und des gleichen Zeitaufwandes — zum Erlernen von Lesen und Schreiben für zu dumm hielten.
— Entsendung von Jemeniten zum Studium ins Ausland (erstmals zur Schīʿa-Schule im Libanon), jedoch in sehr engen Grenzen. Die Rückkehrer brachten dennoch neue Ideen mit, die die Revolutionen von 1948, 1955 und 1962 stark prägten.

Regierung des Imams Aḥmad (1948—1962)

In diesen Jahren wurden die Kontakte zu den übrigen arabischen Ländern zwangsläufig stärker. Jemeniten emigrierten nach Aden und dachten dort über die Zukunft ihres Landes nach. Imam Aḥmad konnte sich deshalb weniger als sein Vater von der Außenwelt abschließen. So nahm auch die Zahl der im Ausland studierenden Jemeniten zu. Trotz sorgfältiger Auswahl der Stipendiaten begannen immer mehr nach ihrer Rückkehr, die Politik Aḥmads zu kritisieren.

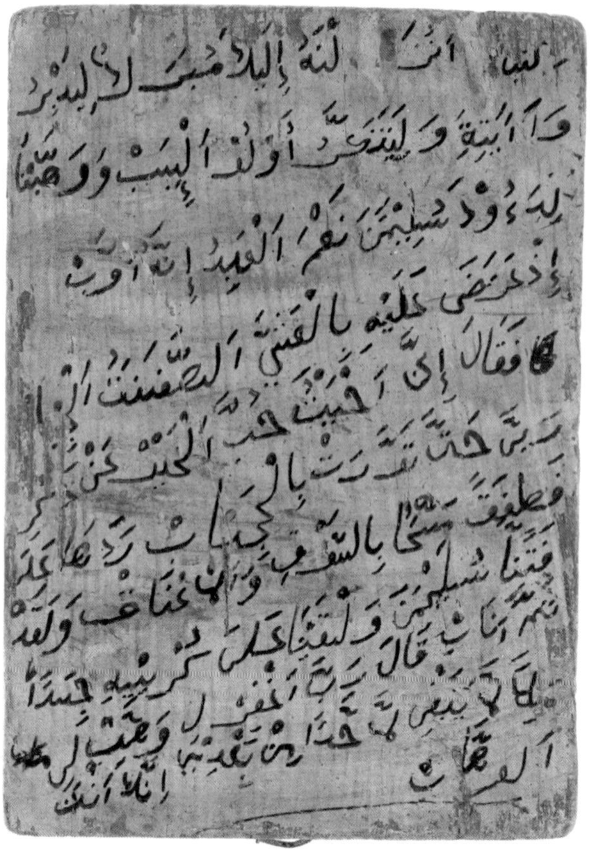

Eine traditionelle Schultafel.

Die Untätigkeit auf dem Erziehungssektor konnte auch durch die Veröffentlichung irreführender Zahlen nicht verschleiert werden. Ein Beispiel für die »Statistiken« des Imams bilden die der »Zweiten arabischen Kultusminister-Konferenz« von der jemenitischen Delegation unter Yaḥyā Aḥmad al-Mudwāhī vorgelegten Angaben, die das Vorhandensein eines umfangreichen Schulsystems glauben machen wollten. Dieses Bild wurde nur dadurch getrübt, daß es kaum Absolventen dieser angeblich so zahlreichen modernen Mittel- und Oberschulen gab. Hinzu kam, daß die Qualität dieser Schulen — soweit es sie gab — auch nicht annähernd zum Weiterstudium, etwa in Ägypten, befähigte. Die Analphabetenrate von 80 Prozent bei der jemenitischen Bevölkerung über 30 Jahren spricht für sich.

In einem jüngst erschienenen Werk (Alī Hūd Bā ʿAbbād) wird im Gegensatz zur hier vertretenen Auffassung ausgeführt, die Zahl der Bildungsmöglichkeiten in jener Epoche sei durchaus nicht gering gewesen. Dokumente seien vernichtet worden, schreibt er — wurden denn auch die Absolventen vernichtet? Zu den maʿāhid, den religiösen Lehranstalten, schreibt Bā ʿAbbād, ihre Bedeutung sei vom Erziehungsministerium von 1976—1978 geschwächt worden. Betrachten wir demgegenüber die Zahlen, so sehen wir, daß allein die Zahl der Schüler in den maʿāhid heute die Gesamtzahl aller Schüler vor der Revolution überschreitet. Unrichtig ist auch die in dieser Arbeit vertretene Auffassung, die Imame hätten den Jemen isoliert, um ihn vor dem Kolonialismus zu bewahren. Der Kolonialismus brachte dem Jemen gar nichts: Der gesamte Handel lief ohnehin über Aden, England kassierte Zoll und durfte die meisten Importgüter liefern.

Die Zahlen, die diese Arbeit für die Gehaltsklassen und Ausbildung der Lehrer vor der Revolution nennt, geben insgesamt einen guten Eindruck. Die Lehrer waren aber, sieht man genauer hin, schlechter bezahlt als Richter oder Hilfskräfte. Der Anteil der wirklich zu Lehrern Ausgebildeten betrug nur 12,5 Prozent der praktizierenden Lehrer. Die Lehrer ohne jede Ausbildung machten 65,3 Prozent aus, wobei diejenigen, die eine Grundschule abgeschlossen hatten, als Ausgebildete galten!

In der Zeitschrift al-Iklīl vom Herbst 1985 ist ein Dokument veröffentlicht, das die Aufgabenbeschreibung eines Lehrers 1961 beinhaltet. Sie zeugt vom richtigen Verständnis des Verfassers — aber die Wirklichkeit sah ganz anders aus (übrigens stimmt auch die Angabe einer Grundschulzeit von fünf Jahren nicht — es waren vier).

Lehrmittel gab es ebenfalls nicht. Mit Rußtinte wurde auf geweißte Holztafeln geschrieben, mit Kalk wurden sie dann wieder geweißt. Bücher waren selten und kostbar; durch Abschreiben wurden sie vervielfältigt. Die einzige Druckerei des Landes war eine Erbschaft der Türken; Schulbücher wurden dort kaum gedruckt.

Mit dem glorreichen Tag des 26. Septembers 1962 wurde dem Regime der Tyrannei ein Ende gesetzt. Das jemenitische Volk nahm sein Schicksal selber in die Hand und begann, den Anschluß an die Realität der Welt zu suchen.

Die Revolution vom 26. September 1962

Vom ersten Tag der Revolution an begann das jemenitische Volk, seine Entwicklung selber in die Hand zu nehmen. Sowohl auf militärischem Gebiet als auch im Bereich der zivilen Entwicklung war allerdings in diesen Jahren die Unterstützung durch Ägypten eine unerläßliche Hilfe. Im Land selber gab es nur etwa 100 ausgebildete Lehrer. So galt es, ein Bildungskonzept zu entwikkeln, eine Schulverwaltung zu schaffen und so schnell wie möglich mit der Ausbildung der Jugend in zunächst behelfsmäßigen Schulgebäuden in allen Teilen des Landes zu beginnen. 1962/1963 stellte die ägyptische (= Vereinigte Arabische Republik) Regierung dem Jemen 46 Lehrer und fünf Bildungsexperten zur Verfügung. Die Zahl der auf Kosten Ägyptens entsandten Lehrkräfte stieg bis 1981/82 auf 342; seitdem nahm sie wieder ab (1985/1986 nur noch drei). Die Anzahl der ägyptischen Lehrer insgesamt nahm jedoch mit der Entwicklung des Schulwesens ständig zu. 1985/1986 waren es rund 16.000, von denen 13.000 aus dem jemenitischen Staatshaushalt besoldet werden, die restlichen von arabischen Geberländern. Saudi-Arabien steht dabei mit 1.511 Leh-

Koranschule bei Rada'.

Wandtafel in einer Mädchenschule (Madrasa Bilqīs in Sanaa).

In den letzten 25 Jahren wurden in allen Dörfern des Jemen Schulen eingerichtet.

Gemischte Schule im Dorf ʿAmarīya bei Dhamār.

Herkömmliche Aufstellung von Bienenstöcken in Misrākh (al-Ḥudjarīya).

Honigernte.

Herausholen einer Wabe (»schibkat ʿasal«) aus dem Bienenstock.

Beim Gouverneur von Ḥajja.

In Ḥajja.

Seite 381: Der bara'-Tanz: uraltes Symbol des Selbstwertgefühls des stolzen jemenitischen Stammeskriegers (hier: bei Ḥajja).

Gesicht in der Tihāma (Nähe von al-Chaucha).

Jemenite aus dem Hochland.

Hirte in der Tihāma.

Kinderzeichnung »Hochzeit«: im Vordergrund Autos — und eine traditionelle Musikgruppe mit Trommel und Doppelflöte.

Kinderzeichnung »Wiederaufforstung«.

Oben und unten: Mitwirkende und Zuschauer beim bara'-Tanz, dem Symbol jemenitischen Stammesstolzes (bei Ḥajja).

rern an der Spitze. Die Lehrpläne wurden ebenfalls am Anfang völlig aus Ägypten übernommen; seit 1970 unternimmt man Anstrengungen, sie zu jemenitisieren. Mit Hilfe der Unesco wurden neue Lehrpläne entwickelt und für die Schulbücher Autorengremien aus Ägyptern und Jemeniten gebildet. Auch die staatlichen Ausgaben für den Erziehungssektor nahmen steil zu.

Die Entwicklung des Schulwesens nach der Revolution

In den Jahren des Bürgerkrieges bis etwa 1969 waren die öffentlichen Mittel überaus begrenzt. Die Bevölkerung leistete in dieser Phase sehr viel durch eigene aktive Mithilfe. Mit dem Ende des Bürgerkrieges konnte dann aber auch der Staat mehr tun: Dies zeigt sich an der Steigerung der Schülerzahlen in den Grundschulen von 66.830 (1967/1968) auf 153.807 im Schuljahr 1972/1973.

Dennoch gelang der eigentliche Durchbruch erst ab 1974 und die Konsolidierung des Systems ab 1978. Bis 1978 verdreifachte sich die Schülerzahl in Grund- und Mittelschulen, in der Oberschule vervierfachte sie sich sogar, und von 1978 bis 1986 vervierfachte sie sich insgesamt (in allen drei Schulzweigen) noch einmal. Dieses gewaltige Mengenwachstum vollzog sich ohne größere Probleme. Die Zahl der beschäftigten Lehrkräfte hat sich im gleichen Zeitraum verdreifacht.

Die Lehrerausbildung

Sie war das Hauptproblem. Von 1963/1964 bis 1967/1968 wurden insgesamt 215 Grundschulabsolventen nach einem in Ägypten konzipierten Programm zu Lehrern ausgebildet. 1968/1969 wurde ein dreijähriges Ausbildungsprogramm für Mittelschulabsolventen eingerichtet, und 1981/1982 ein neues System eingeführt (fünfjährige Ausbildung von Grundschulabsolventen). Wegen der obengenannten schnellen Steigerung der Schülerzahlen ist auch der Lehrerbedarf entsprechend schnell gewachsen. Ein Lehrpflichtjahr für Abiturienten und Hochschulabsolventen, Freistellung vom Militärdienst, besondere Vergünstigungen für Lehrer im Vergleich zu den übrigen Staatsbediensteten (Lehrergesetz von 1981) wurden eingeführt. Dennoch hat die Zahl der aktiven jemenitischen Lehrer eher ab- als zugenommen. Trotz verstärkter Ausbildungsanstrengungen (1983/1984 gab es 48 Ausbildungsstätten) nahm die Zahl der Ausbildungswilligen nicht entsprechend zu. 1984 gab es nur 4.489 Studierende des Lehrfachs. Ein noch größeres Problem aber bildet die Abwanderung ausgebildeter Lehrer. Gründe dürften die eher begrenzten Karrierechancen sein und die hohe Belastung des Berufs im Vergleich zu anderen Tätigkeiten im Staatsdienst.

Als Folge hat der Anteil jemenitischer Lehrkräfte im gesamten Bildungsprozeß ständig abgenommen. Der Anteil nicht-jemenitischer Lehrer erreichte 1982/1983 über 85 Prozent.

Probleme und Perspektiven

Die Einschulungsrate hat inzwischen 30 Prozent überschritten. Das ist ohne Zweifel ein großer Erfolg. Verfassung und Nationalcharta aber sprechen jedem Jemeniten das Recht auf Bildung zu. Deshalb bleibt die große Herausforderung weiter bestehen, wie die Ressourcen und staatlichen Möglichkeiten mit den Wünschen der Bevölkerung in Einklang gebracht werden können. Höchst gefährlich für die Zukunft des Landes wäre es freilich, wenn die Befriedigung des Erziehungsbedarfes nur in quantitativer Hinsicht gesucht würde. Dadurch müßte die Qualität der Ausbildung sinken; die Absolventen hätten — wenn man das Wort »Fähigkeiten« in einer umfassenden Perspektive versteht — nach einer solchen »Ausbildung« zum Grundtarif vielleicht weniger »Fähigkeiten« als vor einem solchen Schulbesuch. Absolventen schlechter Schulen sind in der Regel nicht mehr gewillt, einfache körperliche Arbeitsleistungen zu erbringen, mit denen sie andererseits durchaus ihren Lebensunterhalt verdienen könnten.

Es gibt im Hinblick auf die grundsätzlich so positiv zu bewertende Ausdehnung des Erziehungswesens noch einen anderen Aspekt, auf den es die Aufmerksamkeit zu richten gilt. Durch die Schulen wird die Verstädterung des Jemen gefördert. Durch das in Stadt und Land einheitliche Schulsystem, an dessen Spitze als einziger endgültiger Abschluß die Universität steht, sieht jeder junge Mensch die Erreichung dieses Abschlusses als sein Ziel an. So fühlt er sich gezwungen, zur Weiterbildung in die Stadt zu ziehen, und zugleich ändert sich sein Berufsziel; Landwirtschaft oder Handwerk werden auf diese Weise nicht mehr als adäquate Betätigungsfelder gesehen.

Die Nebenwirkungen der Massenbildung sind fast in der ganzen Welt zu beobachten, dennoch unterscheiden sich die einzelnen Nationen im Ausmaß dieser Auswirkungen grundlegend. Gesellschaftliche und wirtschaftliche Gegebenheiten spielen dabei zwar eine große Rolle — ebenso aber kommt es auf die Erziehungs- und Kulturpolitik des Staates an.

Was also könnte unsere Regierung tun, um diesen Nebenwirkungen entgegenzutreten?

Einmal könnten die Lehrinhalte überprüft werden, in denen häufig das Stadtleben im Vergleich zu dem auf dem Land verherrlicht wird. Auch müßten Bauern, Handwerker, Landbewohner (und Lehrer!) in den Schulbüchern stärker als positive Identifikationsfiguren dargestellt werden, damit sie den Stadtkindern — und nicht zuletzt ihren eigenen Kindern! — nicht völlig fremd werden. Drittens müßten größere Anstrengungen zu einer echten Eingliederung der Schulen in ihre jeweilige Umgebung unternommen werden. Probleme der unmittelbaren Umgebung müßten dazu Unterrichtsstoff werden. Dazu müßten sich die Kinder an dem, was um sie herum geschieht, be-

teiligen, etwa an den landwirtschaftlichen Aufgaben, am Schutz der Bäume, an den Ernte- und Bewässerungs-Aktivitäten, also — kurz gesagt — an der landwirtschaftlichen Arbeit im allgemeinen.
Das Fehlen einheimischer Lehrkräfte braucht nicht unbedingt ein Hindernis auf diesem Wege zu sein: Die ägyptischen und sudanesischen Lehrer leben sich, wie die Erfahrung gezeigt hat, schnell ein, oft übernehmen sie konkrete Aufgaben an ihrem neuen Wohnort im Jemen, etwa die Funktion des Vorbeters (Imām) in den Dorfmoscheen, des Schiedsrichters bei kleinen Streitigkeiten, des Beraters bei kleinen Projekten oder Vorhaben der Bauern oder des Organisators bei Feierlichkeiten. Dennoch sind natürlich größte Anstrengungen nötig, um den Anteil einheimischer Lehrkräfte zu steigern, da nur sie auf Dauer eine auf die nationalen Bedürfnisse ausgerichtete Bildungspolitik verwirklichen können.

Die Rolle der traditionellen Kultur

Es besteht auch die Notwendigkeit einer stärkeren Berücksichtigung der Kultur der jeweiligen Region im Lehrstoff. Der Jemen ist reich an kultureller Vielfalt, deren Kenntnis, Vermittlung und Austausch zu den Aufgaben des Schulunterrichts gehören müssen. Es ist gar nicht notwendig, daß in jeder Region des Jemen der gleiche Lehrstoff unterrichtet wird! Natürlich gibt es Leute, die die irrtümliche Meinung vertreten, daß die Vereinheitlichung der Lehrinhalte stärker zur nationalen Integration — die von allen Jemeniten entschieden bejaht wird — beitrage. Aber ein einheitliches Lehrbuch kann die Tatsache, daß es verschiedene Gruppen in der Bevölkerung des Landes gibt, nicht aufheben. Vielmehr ist die Konsequenz einheitlichen Lehrstoffes, daß sich bestimmte darin vernachlässigte Gruppen diskriminiert fühlen und deshalb ihrerseits Distanz zu den übrigen Teilen des Volkes anstreben. Vereinheitlichung führt also gerade zu Disintegration und zu Spannungen, die auf Unkenntnis und Vorurteilen beruhen.

Rolle der Curriculum-Entwicklung

Die aufgezeigten Probleme unterstreichen die Bedeutung der Lehrplan-Entwicklung. Die entsprechende Abteilung des Ministeriums sollte ihr angemessenes Gewicht bekommen, damit nicht Millionen von Rial für schlechte Schulbücher ausgegeben werden, die dann buchstäblich im Sand versickern.
Dies führt uns nun zu den Fortschritten in der Schulbuchproduktion im Jemen. 1976 richtete das Erziehungsministerium eine eigene Druckerei ein. 1980 begann dann ein deutsch-jemenitisches Projekt zur Entwicklung und zum Ausbau dieser Druckerei. Die Bilanz ist insgesamt positiv. Die Menge und die Druckqualität der hergestellten Bücher konnten erheblich gesteigert werden. Zur Zeit werden Anstrengungen unternommen, um den Wert der Bücher und Lehrmittel den Benutzern bewußter zu machen. Dabei wird das Ziel verfolgt, die Bildungskosten ohne Qualitätseinbußen zu senken.

Fachliche und technische Ausbildung

Daß von diesem wichtigen Sektor erst am Rande dieses Berichts die Rede ist, entspricht — leider — seiner Bedeutung in der Wirklichkeit. Es gibt inzwischen 10 Fach- und Berufsschulen im Jemen, mit insgesamt 1.500 Schülern.
Bedenkt man, daß der moderne Sektor der jemenitischen Volkswirtschaft nur etwa 10 Prozent der Arbeitskräfte beschäftigt, und auch in Zukunft nur langsam wachsen wird, so erkennt man, daß die Berufsmöglichkeiten für die Absolventen allgemeinbildender Schulen begrenzt bleiben, da diese im besten Falle nur zu Büroarbeiten fähig sind. Glücklicherweise hat sich der Staat — anders als etwa in Ägypten — nicht verpflichtet, alle Absolventen einzustellen. Dies wird die Schüler mehr und mehr unter den vernünftigen wirtschaftlichen Druck stellen, ihre Ausbildungsvorstellungen und Berufswünsche zu ändern und mehr auf die produzierenden technischen und handwerklichen Tätigkeiten auszurichten. Allerdings sehen viele Schüler die Berufs- und Fachschulen eben doch nur wieder als Eingangstor für ein (technisches) Universitätsstudium an. Dies würde die Anstrengungen zur Bildung einer technischen Mittelschicht sabotieren. Vermutlich muß der Staat dieser Entwicklung Grenzen setzen, indem vor Aufnahme einer weiterführenden Ausbildung eine praktische Berufstätigkeit vorgeschrieben wird, und indem Aufnahmeprüfungen und eine Zulassungsbegrenzung eine gewisse Schwelle vor eine Zusatzausbildung legen.

Bildung und Entwicklung

Die Zahl der in den entwickelten Ländern hierzu verfaßten Schriften und Thesen ist beinahe unbegrenzt. Mir leuchtet darunter am meisten die Meinung ein, die viele der Entwicklungsprobleme in unserem Teil der Welt mit dem niedrigen Niveau der Bildung einerseits erklärt, und andererseits mit der fehlenden Verbindung zwischen der Ausbildung und den konkreten Bedürfnsisen und Notwendigkeiten der jeweiligen Gesellschaft.
Die Folge dieser Dichotomie ist, daß die Führungskräfte in vielen Ländern unseres Teils der Welt im wirtschaftlichen Bereich Arbeitsnormen und Produktionsziele festlegen, die sie selber nicht befolgen würden. Man kann diesen Gedanken auch andersherum ausdrücken: Bildung und Ausbildung sollten der konkreten Vorbereitung der nachwachsenden Generation auf die Herausforderungen dienen, die ihnen ihre Zukunft bringen wird, und nicht zum Selbstzweck der Bildung von Elfenbeintürmen, die in die Höhe ragen und dabei den Boden, auf dem sie stehen, auffressen.

Literatur

ʿAlī Hūd Bā ʿAbad: Erziehung in der Arabischen Republik Jemen — Vergangenheit, Gegenwart und Zukunft — Eine umfassende Studie, Universität Sanaa 1984 (Arabisch).

Amin El-Raihani: Arabian Peak and Desert, Travel in Al-Yaman, Constable & Co. Ltd., London 1930 (Englisch).

Qādī Ismaʿīl bin ʿAlī Al-Akwaʿ: Islamische Schulen im Yemen, Universität Sanaa, Dār al-Fikr, Beirut 1980 (Arabisch).

Al-Saiyid Mustafā Sālim: Entstehung des modernen Jemen — Der Jemen und der Imam Yahiā — Maktaba Saʿid Raaft, ʿAin Schams Universität Kairo 1971 (Arabisch).

ʿAbdul Rahman bin ʿAbdullah al-Hadramī: Jāmiʿa al-Aschāʿir — Zabīd — Yemen Company for Publishing and Printing, Sanaa 1974 (Arabisch).

Al-Saiyid ʿAbdul-Qādir ʿAbdullah al-Iriānī: Oberster Berufungsgerichtspräsident, Sanaa; Interview 1985.

Al-Naschra al-Ihsaʾīa 1982/1983, Liste (B): Al-haiʾa al-ʿāma lil-maʿāhid al-ʿilmīa, Sanaa 1983.

Zeitschrift Al-Iklīl, Drittes Jahr, Herbst 1985: Über die jemenitischen Erziehungsdokumente — Mohammed Mohsin al-Wādaʿi (Arabisch).

Walter Grohmann, Südarabien als Wirtschaftsgebiet. 1. Teil: Verlag des Forschungsinstituts für Osten und Orient, Wien 1922. 2. Teil: Verlag Rudolf Rohrer, Brünn, Prag, Leipzig und Wien 1933.

Idāra al-muʿārīn: Erziehungsministerium Sanaa, 1985.

Ernst Jouhy: Bleiche Herrschaft, Dunkle Kulturen. Verlag für Interkulturelle Kommunikation,Frankfurt am Main 1985.

Husayn ʿAbdullah al-ʿAmrī: Unruhen und die Rückkehr der Türken nach Sanaa — Dār al-Fikr, Damaskus, Dār al-Hikma al-Yamanīya, Sanaa 1986 (Arabisch).

Hamūd al-ʿAwdī: Die Interaktion zwischen traditioneller Kultur und Entwicklung in Entwicklungsländern — Studie über die jemenitische Gesellschaft.
Markiz al-dirasāt al-yamanīya, Sanaa und ʿAlam al-Kutub, Kairo 1980 (Arabisch).

Mustafā al-Shakʾaa: Drei arabische Dokumente über die 1948er Revolution, herausgegeben vom Zentrum für Jemenstudien, Sanaa; Verlag Dār al-ʿauda, Beirut 1985 (Arabisch).

Najda Khamās: Verwaltung zur Omayaden-Zeit, Damaskus, Dār al-Fikr, 1980 (Arabisch).

Hamūd al-ʿAwdī: Al-Muthaqafiūn fī bilad al-nāmīa, Studie über die jemenitische Gesellschaft — Zentrum für jemenitische Studien Sanaa. Herausgeber ʿAlam al-Kutub, Kairo 1980.

Manfred W. Wenner: Modern Yemen 1918—1966, Johns Hopkins Press, Baltimore 1967 (Englisch).

The World Bank: Yemen Arab Republic (Development of a Traditional Economy), January 1979.

Harmonie von Siedlung und Landschaft

Peter Wald

Es gibt nur wenige Länder, in denen die überlieferte Baukunst noch so weitgehend in Harmonie zur Landschaft steht wie im Jemen. Das trifft auf beide Staaten zu und gerade auch auf die Städte, wenn man einmal von Aden absieht, in dem die Kolonialherren schon Mitte vorigen Jahrhunderts nach eigenem Gustus zu bauen begannen. Die osmanischen Türken hingegen hatten sich in den Perioden ihrer Oberhoheit über Jemen der einheimischen Baukunst angepaßt. Wenn auch die in der »Türkenzeit« gebauten Moscheen deutlich den Stil der Osmanen zeigen, Festungen und Gouverneurshäuser jener Perioden imperiale Züge aufweisen — nirgendwo wurden sie zu Fremdkörpern in der Landschaft, im Ort, in der Stadt. Denn gebaut worden ist von Jemeniten, selbst wenn der Architekt aus einer entfernten Region des Osmanischen Reichs gekommen war.

Das ist der Schlüssel zum Geheimnis der Harmonie zwischen Landschaft und überlieferter Baukunst im Jemen: maßgebend, zumindest in der Ausführung, waren stets einheimische Handwerker, die nichts anderes als ihr lokales Baumaterial kannten. Fachkundige Bewunderer jemenitischer Architektur haben eine Karte zur Anwendung von Baumaterial entsprechend den verschiedenen geographischen Regionen des Nordjemen entworfen. Darauf sind fünf Hauptzonen mit kleinen Enklaven verzeichnet. Die wesentliche Unterteilung verläuft wie folgt: Nord-Tihāma = Holz und Stroh, in den Städten Bauten aus Muschelkalk; Süd-Tihāma = Holz und gebrannte Ziegel; mittlerer Berg-Jemen = behauener Naturstein; Hoch-Jemen = Naturstein, gebrannte Ziegel, Stampflehm; Wüstenregion = Stampflehm und luftgetrocknete Lehmziegel.

Industriezement und Monierstahl fanden nach Aden während der kolonialen Besetzung, nach Nordjemen erst während des Bürgerkrieges in den sechziger Jahren in größeren Mengen Eingang. Zur Zeit gewinnen die Grundsubstanzen schnellen und billigen Bauens an Boden. Doch das Gesicht des Jemens prägen sie noch lange nicht; weder im Nord- noch im Südjemen, Aden ausgenommen.

Fensterglas wird im Nordjemen in größerem Umfang erst seit vielleicht 100 Jahren verwendet. Solange es kein Glas gab, wurden die Fensteröffnungen einfach mit Holzläden verschlossen. Wohlhabende Leute in Sanaa und Umgebung ließen jedoch lichtdurchlässige Scheiben aus lokalem Material anfertigen. Platten aus den nahegelegenen Alabasterbrüchen wurden so dünn geschliffen, daß sie angenehm gefiltertes Licht durchließen, ähnlich unserem Milchglas. Große Alabaster-Scheiben waren allerdings besonders schwer herzustellen. Bei Versuchen gab es häufig Bruch. Das führte dazu, die handwerkliche Kunstform der Oberlichter zu entwickeln: bogenförmige Scheiben aus Gips wurden mit geometrischen oder floralen Mustern ausgestattet, in die man Alabaster-Scherben einfügte. Mit der Zeit wurden die Muster immer kunstvoller. Sie verloren ihren Reiz auch dann nicht, als zur zweiten Osmanenperiode farbiges Glas ins Land kam und den gelblich blassen Alabaster zu ersetzen begann.

In der Vergangenheit waren die Baumeister des Jemen nicht nur fast ganz auf das Material ihres Landes angewiesen — sie mußten sich meistens mit dem begnügen, was sie unmittelbar am Ort vorfanden. Lange Zeit, jahrhundertelang, ist Baumaterial im Jemen weniger mobil gewesen als in anderen Weltgegenden. Es lag wohl an den überaus schwierigen Verkehrsverhältnissen, an der Stammesgliederung, an der Machtzersplitterung, daß selten Steine aus dem zentralen Hochland zwischen Sanaa und Taʿiz in die Ebene am Roten Meer oder nach Saada gebracht worden sind. Wer aber mit Material von Ort und Stelle arbeitet und als Kenntnis nur seine eigene praktische Erfahrung und die seiner Ahnen einbringt, der kann gar nicht anders als herkömmlich zu bauen — so, wie viele Generationen in dem Gebiet vor ihm.

Zum Beispiel wird am Djabal Munabbih im Nordwesten der Provinz Saada Schiefer verbaut. Dieses Material wird sonst kaum noch im Jemen benutzt. Am Djabal Munabbih gibt es beides: saisonbedingt starken Regen, von Ostafrika herübergetrieben, und größere Schiefervorkommen. Wahrscheinlich ist der regenabweisende Schiefer dort seit Jahrhunderten als Baumaterial benutzt, jedoch nicht in andere Regen-Gebiete exportiert worden.

Wie an anderen Stellen, so ist auch am Djabal Munabbih die künftige Eigentümer-Familie in den Bau des Hauses eingeschaltet. Baumeister vom Typus der Bauern-Handwerker sind hier selten, in der Regel errichten der Hausherr und seine Familie den Neubau. Jedes Dorf besitzt seinen eigenen Steinbruch; manchmal wird er mit Nachbardörfern gemeinsam benutzt.

Oft liegen die Quellen für Material zum herkömmlichen Bauen in direkter Nähe zum Bauplatz. Nach Sanaa und anderen Städten des zentralen Hochlandes, auch nach Taʿiz mußten und müssen Natursteine allerdings über viele Kilometer Wegstrecke angefahren werden. Aber im Fall der kleinen Städte, zum Beispiel At-Ṭawīla oder Al-Maḥwīt, liegen Steinbrüche gleich »um die Ecke«. In At-Ṭawīla ist manches Haus aus behauenen Steinen auf einer Plattform oder in eine Ausbuchtung im Fels genau dort errichtet worden, wo man zuvor die Steine herausgebrochen hatte. Wird mit Stampflehm, Lehmschichten oder mit luftgetrockeneten Lehmziegeln gebaut, ist manchmal die Grube, aus der das Baumaterial stammt, schon Baugrube für die Fundamente des neuen Hauses.

Indem ein jeder mit dem verfügbaren Material in seiner unmittelbaren Nähe baute, entstand eine überaus eindrucksvolle Harmonie zwischen Siedlung und Landschaft. Sind nicht die Wohn- und Verteidigungsbauten von Thi-

lā, At-Tawīla oder Al-Maḥwīt gewissermaßen Bestandteile der Felsen, die diese Orte überragen? Wirken nicht die auf dem Stadtfelsen von Al-Maḥwīt gebauten Häuser wie Türme, Zinnen und Bastionen einer mächtigen Burg? In den Vulkanlandschaften des Jemen sind die Häuser ganzer Ortschaften einheitlich schwarz, grau oder grünlich, je nach Färbung der verfügbaren Vulkanite. Dort sieht man besonders deutlich, wie Bewirtschaftung — wohl ohne generelle Vorplanung — in enger Gemeinschaft mit Bautätigkeit die Landschaft formt: Steine werden abgetragen, um für den Hausbau benutzt zu werden; dadurch wird fruchtbarer Boden freigelegt. Nun werden weitere Steine gesammelt, um noch mehr Ackerboden zu gewinnen. Aus den gesammelten Steinen entstehen Erosionsschutzmauern oder Stützen für Rebstöcke. Schließlich ist auf wüsten Halden von Lava-Geröll eine ziemlich streng geordnete Kulturlandschaft entstanden. Das helle Grün der bewachsenen Felder und zeitweise das bunte Laub der Reben kontrastieren stark zum düsteren Gestein — fast könnte man sich in einem geometrisch gegliederten Garten wähnen.
Landschaft »geformt« haben auch die Erbauer der Dörfer, einzelnen Gehöfte oder gar Kleinstädte, die ganz oben auf einem Berggipfel oder dem Kamm eines Höhenzuges stehen. Aus der Ferne gesehen wirken sie meistens wie eine Krönung des Berges. Aber warum sind sie dort oben, wo es so ungemein schwierig war, zu bauen, placiert worden? Weil sie sich verteidigen mußten? Das gewiß auch, doch ebenso wichtig war es, daß man mit fruchtbarem Boden sparsam umzugehen hatte. Solchen Boden gab es eher im Tal, wie man ihn auch an den Flanken des Berges freilegen oder ihn dort aufschütten konnte. An den Hängen wurden zu dem Zweck Terrassen erbaut.
Terrassen zu schaffen, war wirklich eine Bauleistung. Zunächst mußte der felsige Untergrund freigelegt, geebnet und darauf die steinerne Stützmauer errichtet werden, wobei die Steine dafür aus dem Hang genommen wurden. Den Untergrund des Terrassenfeldes bildet eine Steinschüttung, für die das Material ebenfalls aus dem Hang stammt. Auf jene Schüttung ist eine etwa 30 cm starke Humusschicht aufgetragen. Wie eine Riesentreppe führen die Terrassenfelder schließlich hinauf bis zur Siedlung ihrer Eigentümer. Das Gesamtwerk setzt selbst den Fachmann in Bewunderung: Nachdem man in Hunderte von Richtungen durch die endlosen Täler dieses Landes gereist war, blieb doch der erste Eindruck bestehen. Er sagte einem, der Jemen ist von seinen Bewohnern gemacht worden! Sie haben ihn ... erbaut; haben Stein auf Stein gesetzt, sodaß nach und nach Bauen für sie so selbstverständlich geworden ist wie das Atmen, schreibt Paolo Costa.
Die Würdigung darf man auch auf solche Jemeniten anwenden, deren vorherrschende Baumaterialien Lehm, Holz oder Stroh sind. Sie haben ebenfalls ein Stück Jemen »erbaut«. Eine Stadt wie Saada, umgürtet von einer Schutzmauer aus Lehm, hat sich geradezu makellos in die Landschaft eingefügt (bis vor ihren Toren eine wilde Anhäufung von Zweckbauten entstand), und sie hat dabei doch auch die Landschaft mitgeformt. Noch gibt es ihn, den faszinierenden Blick vom Friedhof aus nach Osten, der vor gelb-braunem Grund die gelbbraune Stadtmauer vor der ebenfalls gelbbraunen Bergkette zeigt. Kontraste wären für das menschliche Auge kaum wahrnehmbar, wenn über die Mauerkrone hinaus nicht Minarette mit weißen Hauben und obere Stockwerke von Häusern mit weißen Zinnen, Gittern und weißumrandeten Fenstern ragten. Moscheen und Häuser weisen die Lehmmauer als Menschenwerk aus, das beinahe ein Teil der Natur geblieben ist.
Noch ungestörter wirkt die Harmonie im Nordosten des Landes. Die kleinen Orte der Region, bewohnt von jeweils 100 bis zu 1.000 Menschen, verzichten auf Schutzmauern. Dafür hat jedes Haus stärker als anderswo im Jemen den Verteidigungscharakter bewahrt. Die meisten aus Lehmwülsten aufgeschichteten Außenmauern sind erst im oberen Drittel mit Fenstern versehen. Jedes einzelne Haus, in der Regel höher als lang und breit, könnte natürlicher Bestandteil dieser Landschaft sein.

Ähnliches ist für die Häuser im Westen zu sagen, im Vorgebirge, das zur Küstenebene am Roten Meer überleitet. Dort sind die Behausungen deutlich kleiner, wohl auch deswegen, weil das Klima ein Leben im Freien begünstigt. Gebaut werden die Außenmauern aus gebrochenem Stein, und gedeckt werden die Häuser mit Stroh. Im nördlichen Teil der Küstenebene, der Tihāma, besteht das einfache Wohnhaus ganz aus Stroh; wohlhabende Leute ließen mit Muschelkalk von den Korallen im Meer bauen, und am starken Verfall der Kaufmannshäuser etwa in Al-Luḥayya kann man erkennen, daß Muschelkalk ein sehr vergängliches Material ist. In der Süd-Tihāma waren die Menschen früher als anderswo im Jemen fremden Einflüssen ausgesetzt. Deswegen begann man dort schon vor Jahrhunderten, mit gebrannten Ziegelsteinen zu bauen. Die Ziegel, oft selber gefertigt, blieben aber in ihrer Art ganz ein Produkt der Region. Dasselbe gilt für die Häuser, die aus solchen Steinen entstanden sind.
Traditionelles Bauen, wie es bis heute im Jemen gepflegt wird, hat wohl ein Dutzend Haustypen hervorgebracht, die für bestimmte Regionen charakteristisch sind. Sieben davon kann man wohl als Varianten des für die jeweilige Region bestimmenden Hauses bezeichnen. Wir wollen uns hier den fünf wesentlichen Haupttypen zuwenden.
In Sanaa gibt es das vier- bis sechsstöckige Familienhaus. Das Untergeschoß, fast immer als Eingangshalle gestaltet, darum herum Ställe und Lagerräume, ist aus behauenem Naturstein errichtet. Bei alten Häusern bestehen die oberen Stockwerke aus ungebrannten Lehmziegeln; seit dem 19. Jh. benutzt man vorwiegend gebrannte Lehmziegel (Reste von Brennöfen sind noch am Rand der Altstadt zu finden). Fenster sind am Sanaa-Haus ab dem ersten Stock zahlreich angebracht. Namentlich die Oberfenster dienen nicht nur der Belüftung oder Beleuchtung, sondern stellen auch ein dekoratives Element dar.

Im Hochland zwischen Sanaa und Taʿiz, z. B. in Ibb, ist das traditionelle Wohnhaus meist vier Stockwerke hoch. Es besteht ganz aus behauenem Naturstein. Die Fassade ist ab dem ersten Stock mit sechs rechteckigen und bis zu 20 halbrunden Oberfenstern versehen. Dekoriert wird mit einem Gittermuster-Fries unterhalb des Dachrandes, zusammengesetzt aus kunstvoll behauenen Steinen.
In Saada wird traditionell bis zu drei, manchmal auch bis zu vier Etagen hoch gebaut. Kleine Lüftungsfenster gibt es hier meistens erst an der oberen Hälfte des Bauwerks, während eine Dreier-Reihe mit Oberlichten versehener Fenster den letzten Stock als den Sitz des Hausherrn kennzeichnet. Erbaut sind solche Häuser aus einem Erde-Lehm-Brei, angereichert mit Häcksel. Der Brei wird zu etwa 60 cm starken Wülsten verarbeitet. Mit Brettern und Schlegeln klopft man die Masse fest. Es wird Wulst auf Wulst gelegt, wobei ein »Gebäudering« meistens der Arbeit eines Tages entspricht. Jeder Ring muß mehrere Tage lang trocknen. Die Ecken erhöht man um das Maß des nächsten Ringes; am Dachrand ragt dann jede Ecke wie eine Zinne empor. Diese Technik dient ebenso der Stabilisierung des Gebäudes wie das gleichfalls angewandte Verfahren, jeden Wulst ein bis zwei Zentimeter über den unter ihm liegenden auskragen zu lassen.

In Zabīd, Süd-Tihāma, baut man traditionell vor allem einstöckige Häuser aus gebrannten Lehmziegeln. Die Fassade ist durch eine Eingangstür und je ein Fenster rechts und links der Tür gegliedert. Entweder ist sie mit Stuck reich verziert oder Ziegel sind — zu Ornamenten geordnet — selber ein Dekorationselement. Oft sind die unverputzten Ziegel-Fassaden weiß getüncht.
In der Nord-Tihāma ist die Strohhütte das Produkt traditionellen Bauens. Sie kann rund oder rechteckig sein, besteht in der Regel aus einem Raum, hat ein oder zwei Türen, jedoch keine Fenster. Der Durchmesser solcher Hütten liegt bei etwa fünf, ihre Höhe bei sieben Meter. Die tragenden Elemente werden aus Holzstangen gefertigt. Das so entstandene Gerippe wird mit harten Gräsern umflochten. Darüber werden aus Gras gedrehte Seile gespannt, um das dichte Geflecht zusammenzuhalten. Boden und Innenwände werden oft mit einer Mischung aus Lehm und Mist verputzt. Selbst in den vielen einfachen Strohhütten der Tihāma ist der Innenputz auf kunstvolle Weise bemalt. Auch der ärmste Jemenite scheint einen Sinn für das Dekorative zu haben. In der Hauptstadt hat das Ausschmücken der Fassaden im Laufe von Jahrhunderten die Qualität einer eigenen Kunstform gewonnen. Durch Stuckornamente werden die Häuser, wird die ganze Stadt von den Hauptfarben des Landschaftspanoramas abgehoben.
Die unteren Stockwerke der Wohnhäuser erhalten oft ihren Schmuck schon durch Varianten in der Farbe der Steine. Manchmal findet man auch gitterartig durchbrochene Vorbauten, dann wieder lilienförmige Kreuzblumen zu beiden Seiten der Türöffnung. Manchmal ist das Steinwerk mit symbolischen Darstellungen von Tieren, oft Vögeln, geschmückt.
Am oberen Teil der Häuser laufen zwischen den Geschossen gemusterte Backsteinbänder hin. Zwischen den Fenstern brachte man gemusterte Backsteinfüllungen an. Die ältesten Wohnhäuser in Sanaa lassen sich an runden Fensteröffnungen erkennen, in die dünn geschliffene Alabasterscheiben eingelassen sind. In weniger alten Häusern spielen die Fenster eine größere Rolle. Meist vier- oder rechteckig, zwei- oder dreigeteilt, nehmen sie mehr Fläche ein und unterscheiden sich kaum von etwas veralteten europäischen Fensterformen. Doch gibt es fast immer über den »gewöhnlichen« Fenstern die eingangs schon erwähnten Oberlichter, in denen sich der jemenitische Sinn für Dekoration äußert. Diese Oberlichter sind halbrund oder Teil eines mehr oder weniger langgezogenen Ovals. In die floral oder geometrisch durchbrochenen Ornamente aus Gips werden den Mustern entsprechende Glasteile befestigt. Für die Ausführung der Ornamente gilt: je älter, desto feiner und reicher ist das Gitterwerk, das zur Seite des Innenraums hin oft ein anderes Muster als nach außen zeigt, sodaß sich die Linien überschneiden.
Eine Stadt im Südjemen, vollständig geprägt durch traditionelles Bauen, wie etwa Schibām, beeindruckt weniger durch reichhaltige Dekorationen. Schibām fasziniert schon aus der Ferne gesehen als kompakte Einheit von rund 500 Hochhäusern. Obwohl aus Stampflehm oder luftgetrockneten Ziegeln gebaut, sind die meisten davon 30 m hoch. Viele sollen im jetzigen Zustand schon 100 bis 300 Jahre alt sein; und früher standen dort ebensolche Häuser. Wird ein Lehmbau regelmäßig überholt, kann er ohne weiteres mehrere Jahrhunderte alt werden. Zur Pflege gehört, daß Dach und obere Fassade regelmäßig, wohl mindestens einmal im Jahr, geweißt werden. Die Kalkfarbe enthält Bindemittel, z. B. Alabasterpulver, die den Bau gegen die selten genug auftretenden Regenfälle unempfindlich machen. Zugleich verlangsamt die weiße Schicht den durch Sonne und Wind verursachten Zerfall der luftgetrockneten Lehmziegel.
Auch hier wieder fast perfekte Harmonie zwischen menschlicher Siedlung und Landschaft. Freya Stark, die im Winter 1934/35 den Ḥaḍramūt bereiste, beschrieb ihren ersten Eindruck folgendermaßen:
»Dann sah es plötzlich so aus, als sei eine der unteren Klippen in die Mitte des Tales gerückt: verwittert, geborsten; als wir näher kamen, immer mehr einem Berg von Bienenwaben gleichend. Ganz oben schien ein Riesenpinsel Kalkfarbe verwischt zu haben. Da lag sie — eine alte und verwitterte Stadt, geformt aus dem Lehm der umliegenden Hügel, erbaut auf einer Erhebung, unter der, da kann es keine Zweifel geben, frühere Städte begraben sind. Das also war Schibam, erbaut inmitten des Landes Hadramaut an einer Stelle, an der fünf Seitentäler sich in alle Himmelsrichtungen öffnen.«

Literatur

Costa, Paolo: Yemen paese di costruttori, Milano 1977 und: Yemen Land of Builders, London 1977.

Escher, Hermann A.: Wirtschafts- und sozialgeographische Untersuchungen in der Wādī-Mawr-Region, Wiesbaden 1976.
Gingrich, André und Heiss, Johann: Beiträge zur Ethnographie der Provinz Saada (Nordjemen), Wien 1986.
Hirschi, Suzanne et Max: L'architecture au Yémen du Nord, Paris 1983.
Rathjens,Carl: Jewish Domestic Architecture in San'a, Yemen, Jerusalem 1957.
Stark, Freya: The Southern Gates of Arabia, London 1936 und zahlreiche weitere Auflagen.
Varanda, Fernando: Art of Building in Yemen, London 1981.

Die Frau im Jemen zwischen gestern und heute

Asmāʾ Yaḥyā al-Bāschā

Frauen spielten eine bedeutende Rolle in der Geschichte des Jemen, in der Politik, in der Kultur, im geistigen Leben. Die berühmteste dieser Frauen in der Zeit vor dem Islam war ohne Zweifel Bilqīs, die Königin von Saba, von der auch der Koran berichtet. Berühmt ist sie nicht nur wegen der Bedeutung und Macht ihres Reiches, sondern auch, weil sie einen neuen staatlichen Führungsstil einführte — auf der Basis der Beratung der Staatsangelegenheiten mit ihrem Volk, statt alleiniger hoheitlicher Entscheidung.

Auch in der Zeit des Islam erlangten zahlreiche Frauen Ruhm und Ansehen. Als berühmteste ist auch hier wieder eine Herrscherin zu nennen, Arwā bint Aḥmad aṣ-Ṣulayḥī, die von 1074 n. Chr. (nach anderen Quellen 1086) bis 1138 n. Chr. regierte. Von ihren Zeitgenossen als »zweite Bilqīs« bezeichnet, lebt sie in der Erinnerung des jemenitischen Volkes durch ihre Kühnheit, durch ihren feinen Sinn für Literatur, durch ihre kluge Politik und die strategische Führung ihrer Kriege. Königin Arwā hatte den Thron geerbt — gleichwohl fühlte sie sich ihrem Volk gegenüber verantwortlich, und viele sehen sie als die bedeutendste Herrscherin an, die es im Islam gegeben hat. Sie herrschte souverän und gerecht ein rundes halbes Jahrhundert lang.

Königin Arwā war nicht die einzige Frau mit politischer Verantwortung. Neben ihr sind für das 10. und 11. Jh. christlicher Zeitrechnung auch noch Rabā bint al-Ḥārith, Tuḥfa al-Ṣulayḥiya und Asmāʾ bint dhi al-Jaysh zu nennen. Sie alle zeichneten sich nicht nur durch ihren Führungsstil aus, sondern auch durch Intelligenz und Scharfsinn.

In der folgenden historischen Epoche, der der Rasūliden, traten zwei Politikerinnen hervor: Dār asch-Schams und Bahjat Ṣalāḥ (12. und 13. Jh.). Sodann ist die Scharīfa ad-Dahmāʾ zu nennen (gestorben 837 H = 1433/1434 n. Chr.), Schwester des Imams Aḥmad al-Mahdī bin Yaḥyā al-Murtaḍā, eine hervorragende Rechtsgelehrte, die eine eigene juristische Schule gründete und leitete. Bedeutung hat ihre Theorie zur Geschichte des Sufismus erlangt; in ihrem Werk az-Zanīn verfaßte sie Biographien der maßgebenden Begründer der wichtigsten islamischen Rechtsschulen und ging jeweils im Anschluß daran auf ihre Lehren ein. Allerdings muß man sagen, daß sich die meisten ihrer Werke auf Kommentierungen beschränkten und insofern die eigenständigen neuen Beiträge vergleichsweise gering blieben. Eine andere Politikerin war Fāṭima bint ʿAlī, die verschiedene soziale Reformen durchsetzte. Ihr Bruder, der Imām al-Nāṣir, bat sie in schwierigen politischen Fragen um Rat. Daneben befaßte sie sich mit juristischen und sprachwissenschaftlichen Arbeiten.

Eine weitere bedeutende Rechtsgelehrte war — im 12. Jahrhundert der Hidschra — Zainab asch-Schahāriyya (bint Muḥammad bin Aḥmad bin Imām al-Ḥasan al-Muʾayyad), gestorben 1114 H. (1702/1703 n. Chr.). Bei ihren wissenschaftlichen Disputationen war sie oft die einzige Frau unter den beteiligten Gelehrten. Daneben machte sie sich in jenem Jahrhundert, einer der Blütezeiten jemenitischer Dichtkunst, auch als Dichterin einen Namen. Nimmt man diese Beispiele zusammen, so sieht man, daß im Jemen zwischen dem 6. und 12. Jh. der Hidschra zahlreiche bedeutende und kluge Frauen hervortraten, die sich als Politikerinnen, Dichterinnen und Gelehrte einen Namen machten und deutlich zahlreicher sind als ihre Geschlechtsgenossinnen in Bagdad, Ägypten, Syrien und Andalusien zusammengenommen.

In den darauffolgenden rund anderthalb Jahrhunderten bis zur Revolution von 1962 — der sogenannten dunklen Zeit — litten Männer und Frauen gleichermaßen unter Rückständigkeit, Unwissenheit, Krankheiten. Der Frau wurden grundlegende Menschenrechte vorenthalten, wie das Recht auf Bildung oder das Recht, ihren Ehemann selber zu wählen. In den Städten wurde ihr ein schwarzer Schleier vorgeschrieben — eine »Sitte«, für die es in der Religion und im Islam nicht den geringsten Anhaltspunkt gibt. Die Frau lebte ohne Identität, beraubt ihres Rechts auf Bildung, beraubt eines jeden Rechts, ihre Arbeit selber zu bestimmen. Kurzum: Sie war vollständig auf ihren Mann angewiesen, der für ihre Versorgung und Ernährung aufzukommen hatte. Wie Vieh wurde sie gekauft und verkauft. Wie Vieh verrichtete sie die schwersten Arbeiten im Haus und in der Landwirtschaft, das Wasser trug sie von weither auf dem Kopf ins Haus, das Holz mußte sie sammeln für die Feuerstelle, die Haustiere hatte sie zu versorgen, die sonstigeen landwirtschaftlichen Arbeiten zu erledigen. Daneben bekam sie die Kinder, zog sie auf, bereitete das Essen für die gesamte große Familie, und dies alles ohne Lohn und Gegenleistung.

Den Jemen vor der Revolution nannte man das »Mittelalter« — weil Armut, Analphabetismus, Krankheiten und Rückständigkeit das Land befallen hatten. Frauen und Männer litten in gleicher Weise unter der tyrannischen Herrschaft. Die Frauen resignierten nicht. Mit ihren begrenzten Mitteln leisteten sie Widerstand, nahmen Schläge und Hiebe in Kauf.

Auf dem Theater des Imams, des Despoten Yaḥyā Hamīd-ed-Dīn, traten in den vierziger und verstärkt in den fünfziger Jahren unseres Jahrhunderts Revolutionäre auf, und, sobald eine Art von Schulen eingerichtet war — die sogenannten einklassigen Muʿallāma — entstand langsam auch eine Gruppe gebildeter Frauen. Im Jahre 1957 wurden zwei Schulen zur Ausbildung von Krankenschwestern gegründet (in Sanaa und Taiz). Dies bedeutete die erste Befreiung der Frauen aus den Mauern ihres Gefängnisses durch die Eröffnung von Möglichkeiten im Arbeitsleben. 1961 organisierten die Krankenschwestern den ersten Streik, mit dem sie ein höheres Monatsgehalt erreichen wollten. Seite an Seite mit den Männern demonstrierten sie am Morgen des 26. September 1962, dem Tag des Ausbruchs der Revolution. Die Frau nahm aktiv teil an der Verteidigung der Revolution und der Hauptstadt im nachfolgenden Bürgerkrieg. Rund 40 Prozent der Demonstrantinnen waren Schülerinnen, deren Zahl nach der Revolution sprunghaft stieg (Zahlenangaben hierzu finden sich außer im Statistischen Jahrbuch und im Ersten und Zweiten Fünfjahresplan in den Schriften »Der republikanische Jemen«, »Al Jemen al Dschumhūrī« von ʿAbdallah al-Baradūnī, Sanaa 1983, und »Bildung der Mädchen in der ARJ zwischen Unwilligkeit und Chancengleichheit in der Schule« von Frau Wahība Fāriʿ).

Die rechtliche Situation der Frau

Das jemenitische Volk bekennt sich zum Islam und glaubt an den einen Gott. Der Islam ist zugleich Religion und Gesetz und als solcher — auf der staatlichen Ebene — Staatsreligion und Quelle aller Gesetze.

Die islamische Religion stellt Mann und Frau im Hinblick auf Rechte und Pflichten einander gleich. So heißt es in einem Ausspruch (Ḥadīth) des Propheten ausdrücklich: »Wissen ist eine religiöse Pflicht für jeden Muslim und für jede Muslimin«. Ferner werden die Frauen schon als »schaqāʾiq arrijāl« bezeichnet, was soviel wie »Geschwister der Männer« bedeutet. Damit ist gemeint, daß sich die Gemeinde aus »Brüdern und Schwestern« zusammensetzt. Auf diesen Grundlagen beruht die jemenitische Verfassung, die dem Prinzip der Gleichberechtigung verpflichtet ist, obwohl diese Gleichberechtigung im Hinblick etwa auf die Teilnahme am politischen Leben (Wahlen, Kandidaturen) einige Zeit theoretisch blieb. Dies änderte sich jedoch mit dem neuen Grundgesetz, der »Nationalen Charta« (al-mithāq al-waṭanī), das für die Umsetzung dieser Rechte in die Praxis Sorge trägt.

An Gesetzen, die die Frau besonders betreffen, ist das 1970 erlassene Arbeitsgesetz der Jemenitischen Arabischen Republik zu nennen. Es stellt ausdrücklich Männer und Frauen in Bezug auf den Lohn und auf alle Rechte und Pflichten gleich. Daneben sind folgende konkrete Bestimmungen von Bedeutung:

1. Bei der Definition des »Arbeitnehmers« wird im Gesetz festgelegt, daß jeder Arbeitnehmer — ob männlich oder weiblich — der bei einem Arbeitgeber oder unter dessen Führung beschäftigt ist, einen Lohn irgendwelcher Art zu erhalten hat. Dieser Lohn muß in einem schriftlich oder mündlich geschlossenen Arbeitsvertrag vereinbart sein.

2. Für Arbeitnehmerinnen gelten die gleichen Vorschriften wie für Arbeitnehmer, sowie zusätzlich die folgenden Schutzvorschriften:

a) Frauen dürfen nicht für bestimmte gesundheitsschädliche Arbeiten oder für bestimmte Schwerarbeiten — gemäß Verordnungen des zuständigen Ministers — eingesetzt werden.

b) Generelles Beschäftigungsverbot für Frauen zwischen 18 Uhr und 6 Uhr.

c) Der Mutterschaftsurlaub beträgt 70 Tage, wovon wenigstens 40 Tage nach der Niederkunft liegen müssen.

d) Während des Mutterschaftsurlaubs erhält die Arbeitnehmerin 70 Prozent ihres Lohnes.

e) Jeder Arbeitgeber, der eine oder mehrere Arbeitnehmerinnen beschäftigt, ist verpflichtet, in den Arbeitsräumen eine Kopie der »Verordnung über die Beschäftigung von Frauen« auszuhängen.

Aus den Bestimmungen ist ersichtlich, daß das Gesetz die Gleichberechtigung tatsächlich verwirklicht und zugleich spezielle Schutzvorschriften für die Frau vorsieht. Die allgemeine Entwicklung des Bewußtseins ist dabei jedoch nicht stehengeblieben. So wird heute eine Angleichung der Lohnfortzahlungspflicht an die Regelung bei den öffentlichen Bediensteten (wo die vollen Bezüge weitergezahlt werden) gefordert. Ferner verlangen die Frauen, daß ihnen im Falle des Todes des Ehemannes ein Sonderurlaub von 130 Tagen mit voller Lohnzahlung zustehen solle.

Für die öffentliche Verwaltung stellt das Gesetz Nr. 49 männliche und weibliche Bedienstete einander rechtlich gleich. Hier fordern die Frauen eine Verlängerung des ebenfalls auf 70 Tage festgesetzten Mutterschaftsurlaubs, um mehr Zeit für die erste Erziehung ihres Neugeborenen zu erhalten.

Im Jahre 1978 wurde das Familiengesetz erlassen. Seine in unserem Zusammenhang wichtigsten Bestimmungen sind:

1. Die Eheschließung wird nach islamischem Recht vollzogen, in der Form eines Vertrages zwischen Mann und Frau. Die Frau ist in ihrer Entscheidung völlig frei. Eine unter Zwang zustandegekommene Eheschließung ist ungültig. Das Mindestheiratsalter wird vom Gesetz auf 16 Jahre für den Mann und auf 15 Jahre für die Frau festgelegt. Verstöße hiergegen sind mit Geld- und Gefängnisstrafen (zwischen sechs Monaten und drei Jahren!) bedroht. Nach der Volkszählung von 1982 betrug das durchschnittliche Heiratsalter bei Männern 22,43 Jahre und bei Frauen 18,04 Jahre. Cynthia Myntti hat im Jahre 1977 bei einer Untersuchung im Gebiet von al-Nādhira (Dschabal Rāziḥ) festgestellt, daß 65 Prozent der Jungen und Mädchen vor Erreichen ihrer Volljährigkeit heiraten.

Das Gesetz läßt zu, daß ein Mann bis zu vier Frauen heiraten kann, wenn er ihnen den gleichen und gerechten Unterhalt zu bieten vermag. Diese rechtliche Möglichkeit wird jedoch nur sehr selten ausgenutzt. Die Statistiken zeigen, daß der Prozentsatz der Männer, die mit mehr als einer Frau verheiratet sind (in der Regel mit insgesamt zweien) 4,54 Prozent beträgt.

2. Das Recht auf Scheidung steht einmal dem Mann als dem Versorger der Familie zu. Daneben hat die Frau das Recht, die Scheidung zu verlangen, wenn der Mann an erwiesener Geisteskrankheit leidet oder wenn er kör-

perlich behindert ist und ihr für die Zeit von zwei Jahren den notwendigen Unterhalt nicht gewähren kann, sowie dann, wenn er erwiesenermaßen ein Delikt begangen hat. Von den Männern sind 0,9 Prozent geschieden, von den Frauen 2,1 Prozent. Nach der Volkszählung von 1982 beträgt der Prozentsatz der Scheidungen (auf die geschlossenen Ehen gerechnet) 1,5 Prozent. Dies ist — verglichen mit anderen Ländern — ein niedriger Prozentsatz.

3. Erbrecht: Das Erbrecht richtet sich nach islamischem Recht. Danach erbt die Frau die Hälfte dessen, was ihrem Bruder zusteht. Dann, wenn sie keine Geschwister hat, steht ihr das halbe Vermögen zu. Sonst erbt im Falle des Todes des Ehemannes die Mutter des Ehemannes ein Sechstel des Erbes und die Frau ein Achtel. Ererbtes Vermögen steht in der privaten Verfügungsmacht der Frau. Sie kann darüber — ohne Zustimmung ihres Ehemannes — verfügen.

Die »Nationale Charta« (al-mithāq al-waṭanī) und die neue Rolle der jemenitischen Frau

Die genannten neuen Gesetze haben zwar die rechtliche Situation der Frau verbessert, die Wirklichkeit jedoch hat sich nicht so schnell entwickelt. Insbesondere fehlt das Recht der Frau, an Wahlen aktiv und passiv teilzunehmen. Hier hat die Nationale Charta vom August 1982 Änderungen gebracht. Sie verkörpert die Hoffnungen und Sehnsüchte des jemenitischen Volkes. Ihre Ziele schöpft sie aus dem islamischen Recht und aus den Zielen der Septemberrevolution von 1962. Die Charta stellt einen bedeutenden Schritt für die Entwicklung der Situation der Frau im Jemen dar. Die Charta stellt heraus, daß die Familie den Kern der Gesellchaft bildet; sie macht deshalb einerseits die Rücksichtnahme auf die Frau und Mutter zur Pflicht, und legt andererseits für die Frau das Recht auf Bildung fest. So soll gewährleistet werden, daß die Frau sowohl ihre große Aufgabe im Haus und als Mutter erfüllen kann, als auch — gemeinsam mit dem Mann — an Ausbildung und Arbeit gleichberechtigt teilnehmen kann. Daneben bestätigt die Charta ausdrücklich das Recht der Frau auf politische Meinungsäußerung, auf aktive und passive Teilnahme an Wahlen und an allen sonstigen politischen und bürgerlichen Rechten und Aktivitäten.

Um die Bestimmungen der Charta auch in die Wirklichkeit umzusetzen, sind sechs der ernannten Delegierten des Allgemeinen Volkskongresses Frauen. Eine dieser Frauen kandidierte sodann mit Erfolg für den »Ständigen Ausschuß« des Allgemeinen Volkskongresses.

Das Jahr 1982 kann somit als ein wichtiger Einschnitt bezeichnet werden: Erstmals kandidierten Frauen für die Stadträte, blieben aber erfolglos. Die besonnene Führung der Republik — an ihrer Spitze Oberst ʿAlī ʿAbdallah Ṣāliḥ, Präsident der Republik, Oberbefehlshaber der Armee und Generalsekretär des Allgemeinen Volkskongresses — nahm dies zum Anlaß, um die Rolle der Frau auch im politischen Leben eindeutig herauszustellen: Es wurden mehrere Frauen zu Stadträten ernannt; kurz danach gelang ihnen der Eintritt in Gewerkschaften und Verbände, wo sie sich schnell Vertrauen und bald eine gesicherte Stimmbasis erwerben konnten. Bei den nachfolgenden allgemeinen Wahlen zur Erweiterung des Allgemeinen Volkskongresses und in den Stadträten waren Frauen dann bereits aktiv vertreten. Heute gibt es gewählte Frauen in allen Provinzen und in allen Stadträten als ordentliche Mitglieder.

Die Frau und der Fünfjahresplan

Eine Planung der Wirtschaftsentwicklung kannte unser Land erst einige Jahre nach der Revolution. In den ersten Jahren nach der Revolution war die Regierung vielmehr vor allem mit der Verteidigung der Revolution gegen das frühere despotische Regime beschäftigt, das die Macht mit militärischen Mitteln zurückzugewinnen suchte. Nachdem sich der Volkswille als stärker erwiesen und innerer Frieden und Stabilität Fuß gefaßt hatten, konnte die Regierung damit beginnen, Entwicklungsprojekte zu planen. Dies war angesichts der schweren Last von Unterentwicklung, Analphabetismus und Krankheiten keine leichte Aufgabe.

Die Regierung begann mit einem Dreijahresplan für den Zeitraum von 1973—1975. Dieser Dreijahresplan diente vor allem einer Sammlung der wichtigsten Entwicklungsdaten, auf denen die weitere Entwicklungsplanung in wissenschaftlich-statistisch solider Form aufbauen sollte. Wichtigster Teilaspekt war die erste Volks- und Häuserzählung zu Anfang 1975. Der folgende erste (auf sechs Jahre gestreckte) und zweite Fünfjahresplan (1976—1981 und 1982—1986) umfaßte die verschiedenen Wirtschaftszweige (mit indikativen Vorgaben für die Produktion) und sozialen Bereiche.

Diese Entwicklungsplanung hat und hatte vielfältige Auswirkungen auch auf die Lage der Frau: Dies betrifft z. B. nicht nur das Gesundheitswesen, sondern die ganze Breite der sozialen Grundbedürfnisse.

Einige Ziele und Strategien der Fünfjahrespläne sollen hier besonders herausgestellt werden:

1. Modernisierung und Ausbau des Bildungswesens. Hierdurch sollen die für die Entwicklung unseres Landes auf allen Gebieten dringend benötigten Kräfte und Führungskräfte — und zwar aus beiden Geschlechtern — herangebildet werden.
2. Ausdrückliche Förderung und Eingliederung von Frauen in den Arbeits- und Produktionsprozeß.
3. Ausbildung von Frauen, die ihrerseits Aufgaben als Ausbilderinnen in sozialen Frauenzentren und als Beraterinnen im Bereich von Familie und Landwirtschaft übernehmen können.
4. Stärkung der demokratischen Beteiligung der Bevölkerung an Wahlen und politischen Initiativen, und zwar

insbesondere auch im Hinblick auf eine Aktivierung der Frauen.

Erziehungs- und Unterrichtswesen

Unwissenheit und Analphabetentum sind das wichtigste Hindernis für bessere Entwicklungschancen der Frau in unserem Land. Man rechnet mit etwa 97 Prozent Analphabeten unter den Frauen; bei den Männern beträgt der Prozentsatz 72 Prozent (Zahlen von 1975). Die Beseitigung des Analphabetismus war das Hauptziel der Regierung in den Jahren seit der Septemberrevolution, die als eines ihrer Ziele die Hebung des wirtschaftlichen, sozialen und kulturellen Niveaus des Landes proklamiert hatte. So wurde eine Verwaltung für außerschulische Bildung eingerichtet und eine eigene Behörde für Frauenbildung. Ein Schwergewicht wurde auf die Ausbildung von Lehrerinnen gelegt. Ein Gesetz zur Abschaffung des Analphabetismus wurde erlassen, und, auf ihm aufbauend, wurden zahlreiche Alphabetisierungszentren für beide Geschlechter eingerichtet. Grundschulen, höhere Schulen und Fakultäten wurden aufgebaut, weil der Mensch, und nur der Mensch, das Ziel der Entwicklung ist. Die Erfolge sind deutlich: Nach der Volkszählung von 1980 war die Analphabetenrate auf 53,8 Prozent gesunken, bei den Frauen immerhin auf 93,2 Prozent (Mittelwert der Erwachsenenbevölkerung beider Geschlechter: 74,3 Prozent).

Eine besonders starke Entwicklung nahmen die Schulen: Von 1964/1965 auf 1979/1980 erhöhte sich die Zahl der Grundschulen von 819 auf 2543, und die der Schülerinnen von 1780 auf 41.800.

Die Zahl der Mittelschulen stieg im gleichen Zeitraum von fünf auf 197, und die Zahl ihrer Schülerinnen von drei auf 2955.

Ähnliches gilt für die höheren Schulen: Im Schuljahr 1970/1971 gab es im ganzen Land sechs, mit zusammen 25 Schülerinnen. Im Schuljahr 1979/1980 waren es 55 Schulen mit 1064 Schülerinnen (1981/1982 bereits 1391). Im Schuljahr 1977/1978 besuchten die ersten Schülerinnen Handelsschulen, die ihnen das Tor zu einer qualifizierten Berufsausübung öffnen.

Im eher mathematisch ausgerichteten Schulzweig gab es im Jahr 1982/1983 bereits insgesamt 9616 Schülerinnen.

Die Universität Sanaa nahm 1970 mit fünf Fakultäten ihren Lehrbetrieb auf: Philologie, Naturwissenschaft, Erziehungswissenschaften, Islamisches Recht, weltliches Recht. 1974/1975 waren 197 Studentinnen eingeschrieben, 1982/1983 waren es 694 — und 245, die ihr Studium erfolgreich abschlossen. Daneben studiert eine Anzahl von Frauen im Ausland.

In der öffentlichen Verwaltung nimmt deshalb der Anteil der Frauen langsam aber beständig zu. Es sind heute 2,59 Prozent, im Bereich Bildung und Wissenschaft sind es 15,6 Prozent, im Gesundheits- und Schulwesen 21,86 Prozent.

Die Landwirtschaft

Die beiden bisherigen Fünfjahrespläne bezogen die Frau auf dem Land ausdrücklich in ihre Perspektive mit ein. Die drei wichtigsten Landwirtschaftsprojekte mit einer eigenen auf die Frau ausgerichteten Komponente waren:

— Entwicklungsprojekt südliches Hochland (die Gegend von Taiz bis Ibb umfassend):
  Hier ging es um die Verbesserung des Gesundheitswesens, Ernährung, Lagerung von Lebensmitteln, Bekämpfung des Analphabetismus. Im Rahmen dieses Projekts wurden Wirtschaftszentren für Haushaltsarbeiten eröffnet, etwa 13.000 Landfrauen wurden aktiv angesprochen.
— Projekt ländlicher Entwicklung in Radāʿ:
  1978 wurde im Rahmen dieses Projekts eine eigene Frauenabteilung gegründet. Sie fertigte verschiedene Studien, u. a. zu Gesundheitsfragen von Mutter und Kind, und förderte die Einrichtung kleinerer häuslicher Gemüsegärten. Für dieses letztere Teilprojekt wurden Saat- und Düngemittel zur Verfügung gestellt, holländische Ziegen, Fleisch- und Eierhühner. Im Rahmen der Kooperation mit den Niederlanden wurde in Radāʿ selber — in Zusammenarbeit mit dem Erziehungsministerium — ein Frauenbildungszentrum gegründet. Hier wird Lesen und Schreiben unterrichtet, Näh- und Schreibmaschinenkurse finden statt, gesundheitliche Aufklärung wird betrieben.
— Das Tihāma-Entwicklungskomitee:
  Auch dieses Projekt besitzt eine eigene Frauenabteilung, die sich Näh- und Allgemein-Unterricht zum Ziel gesetzt hat.

Leitungsinstanz für Frauenangelegenheiten ist das Ministerium für soziale Angelegenheiten und Arbeit. In ihm gibt es eine eigene Abteilung für Frauenfragen.

Hier und in anderen Abteilungen des Ministeriums sind eine Reihe qualifizierter Frauen — trotz schr niedriger Gehälter — tätig. Die Abteilung für Verbände fördert u. a. auch die Frauenverbände, von denen es in unserem Land inzwischen vier gibt (in Sanaa, Taiz, al-Ḥudayda und Ibb). Die Frauenverbände wollen nicht nur die Frau in Berufsausbildung, Familie und im öffentlichen Leben fördern, sie wollen auch bewirken, daß Mann und Frau immer mehr zu wirklich gleichgestellter Partnerschaft finden.

Einige Frauenverbände erhalten finanzielle und technische Unterstützung von befreundeten Ländern: So unterstützen beispielsweise die Bundesrepublik Deutschland den Frauenverband von Sanaa und die Niederlande die Frauenverbände von Taiz und al-Ḥudayda.

Eine spezielle Abteilung für Mutter und Kind gibt es im Gesundheitsministerium. Die ländlichen Gesundheitszentren bieten Programme zur Gesundheitsvorsorge, Kinderpflege und für laufende Untersuchungen an. Diese letztere Dienstleistung richtet sich insbesondere an die Schwangeren und die jungen Mütter.

Abschließend läßt sich feststellen, daß die Frau im Jemen ihre Grundrechte auf Arbeit, Gesundheit und Bildung besitzt. Die Regierung wacht darüber, daß diese Rechte nicht verletzt werden. Einiges ist geleistet worden, manches bleibt noch zu tun.

S.M.S. Ayesha – von den Cocos-Inseln nach Hodeida oder »Das Deutschlandlied im Jemen«.

Eine Episode des Ersten Weltkriegs hat sich als Legende des letzten klassischen Freibeuters der Meere in die Marinegeschichte eingeschrieben. Es ist das Epos der »Emden«, eine Geschichte, die wegen der beinahe unglaubhaften Abenteuer der deutschen Seeleute, ihres ritterlichen Verhaltens gegenüber ihren Gegnern und ihres sportlichen Durchhaltens bis heute eine ganz erhebliche Zahl von Berichten und Romanen hervorgebracht hat – zuletzt 1983 einen Bestseller in England (Dan van der Vat, The last Corsair, The story of the »Emden«), über den der ›Economist‹ schrieb: »A rattling good yarn... The »Emden« was the greatest surface raider in the history of modern sea warfare«.

Das war S. M. S. Emden in der Tat, zwischen dem 31. Juli 1914, als sie von Tsingtau auslief, und dem 9. November 1914, als sie – nachdem sie zwei Kriegsschiffe und 16 britische Handelsschiffe versenkt hatte – vom australischen Schweren Kreuzer »Sydney« vor den Cocos-Inseln vernichtet wurde. Kurz vorher war eine Abteilung unter Kapitänleutnant von Mücke an Land gegangen, um die britische Telegrafenstation zu zerstören. Die höfliche Einladung des britischen Kommandanten zu einem Tennisspiel mußte von Mücke unter großem Bedauern aus Zeitmangel ausschlagen. Als die Landungstruppe erkannte, daß die »Emden« der »Sydney« nicht standhalten konnte, beschlagnahmte von Mücke den in einer Bucht vor Anker liegenden Schoner »Ayesha«, hißte die Reichskriegsflagge und gab ihm die drei Buchstaben »S. M. S.«, segelte dann mit »S. M. S. Ayesha« 1.709,6 Seemeilen durch den Indischen Ozean, stieg schließlich auf einen deutschen Frachter um und landete am 9. Januar 1915 in Hodeida.

In einem abenteuerlichen Zug marschierte der Trupp sodann nach Sanaa und zurück nach Hodeida. Da den Seeleuten das Marschieren nicht besonders lag, segelte von Mücke mit zwei Dhaus nordwärts, lief auf ein Korallenriff, mußte nun doch durch die Wüste, wo die Truppe von räuberischen Beduinen überfallen wurde, und gelangte schließlich in das (türkische) Dschidda und endlich nach Konstantinopel. In seinem Bericht für die Admiralität in Berlin vermerkte von Mücke, wie die Araber in Hodeida »ihrer Begeisterung über das Eintreffen der Deutschen lebhaften Ausdruck gaben«.

Die Deutschen blieben in Hodeida auch nicht untätig und brachten einer einheimischen Musikkapelle das Deutschlandlied bei.

Zwölf Jahre später hörte Hedwig Weiss-Sonnenburg, wie sie in ihrem Reisebericht (Hedwig Weiss-Sonnenburg, Zur verbotenen Stadt Sanaa, Berlin 1928) schildert, es am Abend ihres Eintreffens in Hodeida vor ihrem Haus erklingen! W. D.

Identität und Wandel: Frauen in San(ā)

Gabriele vom Bruck

In der Auseinandersetzung mit Geschichte und Kultur des Jemen im 20. Jh. verdient das Anliegen der Frauen besondere Beachtung unter zwei Hauptgesichtspunkten:
Erstens spiegeln die gegenwärtigen Forderungen jemenitischer Frauen nach größerer Teilhabe am gesellschaftlichen Leben eine allgemeine Tendenz sozialer und politischer Bedeutung wider. Die Revolutionen von 1948 und 1962 hatten auch und vor allem das Ziel, bisher unterprivilegierten sozialen Gruppen mehr Rechte zu verschaffen. Diese Bewegungen, die Einführung und Erweiterung der Medien und des Erziehungswesens für Mädchen sowie der zunehmende Einfluß des Auslandes haben Frauen dazu veranlaßt, ihre Rolle in der Gesellschaft, im Islam und im Vergleich mit Frauen anderer Gesellschaften neu zu bedenken.
Zweitens hat das Bestreben der Frauen in der jemenitischen Gesellschaft zu einer Diskussion grundlegender Wertvorstellungen des Islam und der in dieser Gesellschaft vorherrschenden Handlungsnormen geführt. Diese Diskussion erfolgt inzwischen nicht mehr nur in den Medien, sondern auch in politischen Ansprachen.
Männer und Frauen erkennen heute zum Teil an, daß Alternativen zur Rolle der Frau als Mutter und Ehefrau denkbar sind. Die 1963 gegründete Frauenvereinigung ermutigt Frauen, die ihnen in der Verfassung formell zugesprochenen Rechte in die Praxis umzusetzen. Tendenzen einer Wandlung der Beziehung zwischen Mann und Frau im sozialen, politischen und ökonomischen Bereich sind bereits sichtbar, stellen aber zugleich eine Herausforderung für eine seit Jahrhunderten geschlossene Gesellschaft dar.

Frauen in der jemenitischen Gesellschaft: Al-nisā) shaqa)iq al-rijāl

Dieses Wort des Propheten Muḥammad bezeichnet Frauen als »die andere Hälfte (Schwestern) der Männer«, aber das islamische Recht definiert ihre Rechte und Pflichten unterschiedlich. Unter Hinweis auf die Natur der Frau weist der Islam ihr die Arbeit im Hause zu, während der Mann verpflichtet ist, für seine Familie zu sorgen. Allerdings wird Bildung im Islam keineswegs gering geschätzt: Wissen gilt als religiöse Pflicht (farīḍa) für Männer ebenso wie für Frauen.
Eine Frau ist ḥurma: Das Wort bedeutet »Unverletzlichkeit«, »Respekt« — meint alles, was Schutz und Achtung verdient. Ihre (aurah bezeichnet diejenigen Teile ihres Körpers, die in der Öffentlichkeit verhüllt werden sollen; die zaīditische Rechtsschule zählt sogar Gesicht und Hände dazu. Zu dieser Öffentlichkeit gehören alle Männer, die als mögliche Ehepartner in Betracht kommen könnten — auch wenn sie im Hause wohnen oder sich als Gäste dort aufhalten. Gleichwohl kann man feststellen, daß gegenwärtig entsprechende Praktiken zumindest innerhalb des Haushalts weniger streng gehandhabt werden; es ist nicht ungewöhnlich, daß eine Frau in Gegenwart ihrer Vettern oder der Brüder ihres Mannes nicht mehr ihr Gesicht, sondern nur ihr Haar bedeckt hält. Als Bekleidung der Frau in der Öffentlichkeit herrschen in San(ā) der schwarze »sharshaf« und die buntbedruckte rötliche »sitāra« vor. Die Wahl dieser Kleidung richtet sich eher nach persönlicher Vorliebe als nach Zugehörigkeit zu einer bestimmten sozialen Schicht, doch ziehen Frauen höherer Schichten ganz allgemein den sharshaf vor — mit Ausnahme der älteren Frauen, die die sitāra, früheren Gewohnheiten entsprechend, beibehalten haben, oder manche der Frauen, die sich seit der Revolution mit ihren Familien in San(ā) niedergelassen hatten.
Die Frau gehört auch nach der Heirat weiterhin ihrer ursprünglichen Familie, ihrem »ahl«, der patrilinearen Abstammungsgruppe, an. Sie ändert ihren Namen nicht durch die Heirat. Sie übernimmt zwar den sozialen Status ihres Ehemannes, doch wird sie nicht zu seiner Familie, seinem »ahl«, gerechnet. Ihr Ehemann, ebenso wie die Mitglieder ihres »ahl«, sind verpflichtet, sie zu schützen und — sollte sie beleidigt werden — dies zu vergelten. Die Folge davon ist die erhebliche soziale Kontrolle, die Familie und die Gesellschaft über die Frauen ausüben.

Die Zeit vor 1962

Vor der Revolution war der soziale Status der Frau von ihrer Abstammung abhängig. Heirat konnte den Status einer Frau festigen oder verbessern. Unverheiratete Frauen waren hingegen gezwungen, ein wesentlich eingeschränkteres Leben zu führen. Sie waren von den Zusammenkünften ihrer Männer ausgeschlossen und es galt als schlechtes Benehmen, die Wasserpfeife zu rauchen oder Qāt zu kauen. Sie wurden nicht nur von potentiellen Ehepartnern ferngehalten, sondern auch von Frauen, die nicht zur Familie gehörten und nach einer Ehefrau für Familienangehörige Ausschau halten mochten. In den Familien der Richter und hohen Staatsbeamten, die oftmals die führenden Intellektuellen waren, erhielten die Töchter von Vätern, Brüdern oder einer sayyidat-nā genannten Lehrerin eine Grundausbildung in der Koran-Rezitation und den Grundlagen der arabischen Sprache. Während Mädchen zur Zeit des Imam Yaḥyā oft zusammen mit Knaben unterrichtet wurden, ist die erste nur für Mädchen bestimmte Schule im Jahre 1950 eingerichtet und von palästinensischen Lehrerinnen geführt worden. Die Mädchenerziehung blieb aus verschiedenen

Gründen sehr begrenzt. Qualifizierte Lehrerinnen für weiterführende Ausbildung gab es nicht, gemeinsames Studium mit Männern wurde als schamlos (ʿaīb) abgetan, darüber hinaus sah man die Zukunft einer Frau eher in einer guten Ehe als in einer auf einen Beruf vorbereitenden Ausbildung. Eltern wünschten häufig nicht, daß ihre Töchter schreiben lernten, aus Angst, sie könnten Briefe mit Männern wechseln. Einige der Mädchen, die schreiben konnten, verfaßten Gedichte, die aber im Gegensatz zu denen der Männer nicht in den Familienbüchern gesammelt wurden. Einer der wenigen Frauenberufe war der einer »nashāda«, die auch heute noch Verse zu rituellen Anlässen rezitiert. Weniger geachtet waren die Tätigkeiten der shāriʿa (Brautschmückerin), Musikerinnen, Marktfrauen, Mägde und der »ʿdalalah«, die Waren an Haustüren verkaufte.

Eine gewisse Änderung brachte Imam Aḥmads Politik einer vorsichtigen Öffnung in den 50er Jahren mit sich. 1957 wurde auf Initiative der Weltgesundheitsorganisation eine Schule für Krankenschwestern (madrasah tamrīḍ) gegründet. Drei Jahre später schlossen 14 junge Frauen ihre Ausbildung ab, um sodann als Hebammen für Hausbesuche und später in Krankenhäusern eingesetzt zu werden. Die ägyptischen und libanesischen Lehrerinnen dieser Schule vermittelten aber nicht nur Lehrstoff, sondern brachten auch Wissen über das Leben in ihren Heimatländern ein und ermutigten so die Schülerinnen zu einer beruflichen Tätigkeit. Dieser Anstoß führte 1959 zur Gründung einer ersten Frauenvereinigung (jamʿīya al-marʾa), die Alphabetisierungs- und Handarbeitskurse, sowie Unterricht in moderner Kinderpflege anbot. Solche Aktivitäten stießen jedoch auf entschiedene Ablehnung in der Gesellschaft, besonders seitens enger Verwandter und anderer Frauen, die die Mitglieder der Vereinigung bei den üblichen Zusammenkünften ignorierten. Zwei Jahre später wurde sie vom Imam aufgehoben. Die Krankenschwesternschule allerdings bestand weiter.

Die Jahre des Umbruchs

Die jemenitische Gesellschaft der Jahre nach 1962 kann man als eine Gesellschaft im Übergang bezeichnen. Der wachsende Wunsch der Frauen, Verantwortung mit den Männern zu teilen, läßt sich einmal auf innerstaatliche Entwicklungen zurückführen, und zum anderen auf die zahlreichen Kontakte mit der Außenwelt. Neben der Ausdehnung und Neuschaffung staatlicher und privater Institutionen (Handel, Industrie, Erziehung, Gesundheitswesen, Banken) ist hier vor allem die sich seit einigen Jahren verstärkt vollziehende Aufgabe der bisher ständisch gebundenen Berufe zu sehen. Neue Identitäten formieren sich mit geringem oder gar keinem Bezug zu ehemals etablierten sozialen Schranken und Statussymbolen. Im Zuge dieser Entwicklungen und staatlicher Förderung wurden Ausbildungs- und Berufsmöglichkeiten für Frauen geschaffen, die sie nutzen konnten, solange sie die Zustimmung ihrer Familien fanden und, falls erforderlich, entsprechende Qualifikationen vorweisen konnten.

Während der Einfluß aufklärerischen Gedankenguts, von den im Ausland tätigen Gastarbeitern in weiten Teilen des Jemen verbreitet, in Städten wie Sanʿāʾ sehr gering war, fielen dagegen die längeren Auslandsaufenthalte der gebildeten und zumeist städtischen Familien ins Gewicht, die entweder als Diplomaten im Ausland lebten oder sich als Exilanten vorwiegend im arabischen Ausland aufhielten. Diese Auslandsaufenthalte eröffneten einigen Frauen die Möglichkeit, einen hohen Bildungsgrad zu erlangen und Einsicht in das Leben von Frauen in anderen Teilen der Welt zu gewinnen. In den vergangenen Jahren haben Auslandsreisen zwecks medizinischer Behandlung insbesondere in die Bundesrepublik Deutschland und die Vereinigten Staaten stark zugenommen; jährlich sind es mehrere Tausend Jemeniten, die — oft auch in Begleitung weiblicher Familienmitglieder — reisen. Der tägliche Kontakt mit anders lebenden Frauen in den besuchten Ländern blieb nicht ohne Wirkung. Freilich dürften es die Medien — insbesondere Zeitschriften (Zeitungen werden nur von wenigen Frauen gelesen), Videofilme und vor allem das Fernsehen — sein, die den stärksten Einfluß auf die Frauen ausüben. In weiten Teilen des Jemen können die Programme der Nachbarländer empfangen werden; das Fernsehen ist heute praktisch landesweit präsent.

In der Vergangenheit war Bildung ein Privileg von Frauen höherer Schichten, deren Weltsicht und Habitus sich von dem der ungebildeten, anderen Schichten zugehörigen Frauen unterschied. Dagegen genießen heute weite Kreise der weiblichen Bevölkerung eine einheitliche Ausbildung; darüberhinaus schafft ihnen das Fernsehen einen gemeinsamen gedanklichen Hintergrund. Für viele Frauen stellt das Fernsehen ein entscheidendes Medium zur Erweiterung ihres geistigen Horizonts vor allem auch deshalb dar, weil sich dessen Nutzung in das häusliche Leben integrieren läßt. Das restriktive Leben der Frauen trägt dazu bei, daß sie mehr fernsehen als Männer und eher dazu neigen, ihre Probleme analog den Filminhalten zu analysieren. Die täglichen Fernsehprogramme liefern unter anderem Gesprächsstoff für die »tafriṭa«, worunter ein geselliges Beisammensein (aber auch Anlässe rituellen Charakters, wie z. B. die 40 Tage dauernde Ruhepause nach einer Geburt) verstanden wird. Die tafriṭa ist für die Frauen das wesentliche Forum, wo durch Kleidung, Schmuck und Verhaltensweisen der Status ihrer Gatten repräsentiert und deren Zuneigung zu ihnen demonstriert werden kann. Das gilt auch für die einer Frau von ihrem Mann (oder dem für sie verantwortlichen männlichen Anverwandten) zugeteilte Menge von Qāt, dessen Konsum bei den Frauen in den letzten Jahren beträchtlich zugenommen hat. Die Statusbetonung ist bei der tafriṭa stärker ausgeprägt als bei den Zusammenkünften der Männer (madkā oder maqīl), wo Freundschaft und Beruf in den letzten Jahren zur schrittweisen Aufhebung sozialer Schranken geführt haben. Die Gesprächsthemen der

tafriṭa konzentrieren sich auf Haus und Familie, Kindererziehung, Gesundheitsfragen und Auslandsreisen. Gespräche über politische und historische Ereignisse beziehen sich in der Hauptsache auf den familiären Hintergrund und auf den Ruf der in sie eingebundenen Individuen. Da Frauen gewöhnlich keine Entscheidungen von sozialer oder politischer Relevanz treffen, kommentieren sie im Grunde genommen faits accomplis, die zuvor von Männern durch ihre Beschlüsse geschaffen wurden.
Studierende und berufstätige Frauen nehmen seltener an der tafriṭa teil; sie ziehen es vor, ihre knappe Freizeit für Zusammenkünfte mit gleichgesinnten Freundinnen zu nutzen. Eine tafriṭa aus feierlichen Anlässen besuchen aber auch diese Frauen selbstverständlich.

Heirat und Scheidung

Heiraten werden in der Regel von den beiden Familien vereinbart. Mutter oder Schwester eines jungen Mannes sprechen mit ihm über in Betracht kommende Ehepartnerinnen. Die letzte Entscheidung trifft er zusammen mit seinem Vater, wobei Kriterien wie die Würde und Ehre des Mädchens und die soziale Stellung ihrer Familie entscheidend sind. Eine Verheiratung gegen den Willen des Mädchens kommt in der Hauptstadt selten vor; ihr Vater muß sich ihres Einverständnisses sichern, bevor der Ehevertrag abgeschlossen werden kann. Beide Partner haben aus zwei Hauptgründen aber auch die Meinungen ihrer Familien zu berücksichtigen. Der junge Mann ist seinen Eltern gegenüber moralisch verpflichtet; er könnte darüberhinaus später ihren finanziellen Beistand benötigen. Außerdem wird der zu einer gültigen Eheschließung gehörende Brautpreis (mahr) in der Regel nicht vom Bräutigam selber, sondern von seinem Vater aufgebracht, der schon deshalb ein Mitspracherecht erhält. Das Mädchen bleibt seiner Familie eng verbunden und ist eventuell in zukünftigen Krisensituationen auf Hilfe ihrer männlichen Anverwandten angewiesen.
Mädchen heiraten heute üblicherweise zwischen 15 und 18, Männer zwischen 18 und 25. Mehr und mehr wird Wert auf persönliche Reife und Ausbildung — bei Männern etwa Studienabschluß — gelegt. Der Brautpreis beträgt in San(ā) zumeist zwischen 20.000 und 60.000 Rial, einschließlich der Summe, die an den Vater der Braut für seine Auslagen für die Feierlichkeiten und für die seiner Tochter gekaufte Hochzeitsausstattung gezahlt wird (sharṭ). Der mahr wird in Goldschmuck für die Braut investiert. Höhere Summen wie die oben genannten werden von reicheren Kaufmanns- und Scheichfamilien aufgebracht. Auf dem Lande liegt der Brautpreis in der Regel höher.
Familien, die einen niedrigen Brautpreis fordern, sind angesehener, da sie den Empfehlungen des Propheten eher entsprechen. Einige der großen Familien (mit einigen Hundert oder Tausend von Angehörigen) setzen den Brautpreis für Heiraten innerhalb der Familie fest oder machen ihn vom Verwandtschaftsgrad abhängig.

Die Polygynie ist seit der Revolution stark zurückgegangen. Das hängt einerseits mit dem veränderten Bewußtsein der Frauen zusammen; andererseits sehen auch einige Männer Polygynie im Widerspruch zu ihrer neuen, zum Teil europäisch beeinflußten Weltanschauung. Darüber hinaus stellt sich ein finanzielles Problem, da die Frauen, die in ein polygynes Eheverhältnis einzutreten bereit sind, oft einen eigenen Haushalt fordern.
Da bei der Volkszählung vom März 1986 der Anteil polygyner Ehen nicht berücksichtigt wurde, liegen uns nur die Zahlen von 1975 vor: Die Gesamtbevölkerung von San(ā) betrug danach 350.000, davon waren 156.326 Männer verheiratet. Von diesen hatten 94 Prozent eine Frau, 4,54 Prozent zwei, 3,33 Prozent drei und 0,05 Prozent vier Frauen. Nach einer von der Zentralen Planungsstelle 1979 durchgeführten Studie lebten 4 Prozent der Frauen unter 25 Jahren, 5,5 Prozent zwischen 25 und 34 Jahren, und 6,8 Prozent zwischen 35 und 50 Jahren in einem polygynen Eheverhältnis (diese Zahlenwerte gelten nur annäherungsweise).
Die Scheidungsquote liegt im Jemen sehr niedrig. Während ein Mann sich ohne Gerichtsurteil scheiden lassen kann, kann die Frau aus drei Hauptgründen eine Scheidung verlangen:

- wenn sie bei der Heirat noch keine 15 Jahre alt war und die Ehe nicht fortführen möchte;
- wenn ihr Mann sie mißhandelt, nicht für sie sorgt oder sie ihn haßt;
- wenn er vier oder mehr Jahre von zu Hause abwesend war und von ihrem Wunsch auf Scheidung unterrichtet wurde.

Bei einer Scheidung auf Antrag der Frau ist sie zur Rückzahlung des Brautpreises verpflichtet. Scheidung bedeutet im allgemeinen keinen sozialen Makel. Nach einer gesetzlichen Frist von vier Monaten und zehn Tagen, während der der frühere Ehemann noch unterhaltspflichtig ist, kann eine Frau erneut eine Ehe eingehen. Die geschiedene Frau zieht zu ihrem Vater oder Bruder, die nunmehr für ihren Unterhalt sorgen. Einige Frauen leben mit ihren Kindern allein, doch stößt dies allgemein noch auf erhebliche soziale Vorurteile. Vor allem junge Frauen ohne Kinder finden leicht einen neuen Ehemann. Ihr »mahr« beträgt dann die Hälfte des Brautpreises einer Jungfrau. Im Falle einer Scheidung bleiben Kinder unter sieben Jahren bei der Mutter; danach ist der Vater berechtigt, sie zu sich zu nehmen. Dies gilt auch für den Fall, daß die Mutter vor Vollendung des 7. Lebensjahres ihrer Kinder erneut heiratet. Aus diesen Gründen zögern geschiedene Frauen mit Kleinkindern oft, eine neue Ehe einzugehen.

Die 80er Jahre: Neue Einstellung zu Erziehung und Ehe

Im Zuge der auf Alphabetisierung der Gesamtbevölkerung zielenden Bildungspolitik nach der Revolution wurden Schulabschlüsse und Zeugnisse als Sprungbrett zu einem höheren Sozialstatus und Lebensstandard verstanden. Mädchenschulen wurden unmittelbar nach der Revolution eingerichtet; die Zahl der Schülerinnen ist seitdem ständig gestiegen. Die Mehrzahl der städtichen Bevölkerung befürwortet heute eine schulische Grundausbildung ihrer Töchter. Der häusliche Koran-Unterricht, früher meist die einzige Form des Unterrichts, ist zur Ausnahme geworden und findet nur noch neben der Schulausbildung statt. Nach den Statistiken für 1985/1986 besuchten in Sanʿāʾ 32.019 Mädchen die Schule, davon wurden 28.004 für die Primarstufe, 2889 für die Mittelstufe und 1126 für die Oberstufe registriert.

Im Jemen war Bildung schon immer ein hoher, sozial anerkannter Wert, war jedoch in der Vergangenheit einem geringen Teil der Bevölkerung vorbehalten, der größtenteils die Staatsgeschäfte leitete. Obwohl diese Bildungselite zum Teil ihre politische Macht verloren hat, haben ihre Ideale — und hier vor allem Bildung und Wissenschaft — allgemeine Gültigkeit erlangt. Diese Elite legte bereits früher Wert auch auf Mädchenerziehung und war nach der Revolution unter den ersten, die den Schulbesuch ihrer Töchter befürworteten. Dieses Beispiel und die ständige Werbung der Regierung, die Einflüsse des Auslandes und die Ansicht, daß eine Ausbildung den Mädchen eine gewisse Sicherheit für eventuelle spätere Krisensituationen bietet — all diese Faktoren erklären die zunehmende Zahl der Mädchen, die die Schule besuchen. Außerdem darf nicht vergessen werden, daß in den Städten die Mädchen weniger oder gar nicht für Aufgaben im Haushalt, auf dem Felde oder zum Hüten von Tieren gebraucht werden.

Die Universität Sanʿāʾ wurde 1971, gleich nach dem Ende des Bürgerkriegs, gegründet. Obwohl anfangs die Studentinnen hauptsächlich den von Aden beeinflußten, südlich der Hauptstadt gelegenen Regionen entstammten, hat sich ihre Zahl analog der der Schülerinnen kontinuierlich erhöht. 1985/1986 ließen sich folgende Studentenzahlen in den einzelnen Fakultäten feststellen:

	Frauen	Männer
Wirtschaftswissenschaften	372	3.151
Recht und sharīʿah	108	4.601
Erziehungswissenschaft	348	1.305
Literatur, Geschichte, Sprachen	425	1.107
Naturwissenschaften	88	276
Medizin	113	58
Ingenieurwissenschaften	24	153

Frauen, die bereit sind, sich zu fünfjähriger Lehrtätigkeit an den Schulen zu verpflichten, erhalten während ihrer Studienzeit eine finanzielle Unterstützung. Dies hat u. a. dazu geführt, daß 41 Prozent (Zahlen für 1983) aller in Regierungsdiensten stehenden Frauen beim Erziehungsministerium beschäftigt sind.

Neben der Universität gibt es noch die Lehrerbildungsanstalten (maʿhad al-muʿallimīn), deren Besuch sich an die Mittelschule anschließen kann. 1984 hatten hier 457 Frauen den Dreijahreskurs belegt (832 Männer) und 1474 Frauen den Fünfjahreskurs (3747 Männer). Im Jahre 1984/1985 besuchten 19.781 Frauen die von der Regierung angebotenen Alphabetisierungskurse in verschiedenen Regionen der Republik. Die Frauenvereinigung registrierte 336 Frauen, die an ihren Näh-, Schreibmaschinen- und Alphabetisierungskursen teilnahmen.

Auf Anregung konservativer Gelehrter, denen an einer Erhöhung der Zahl der Religionsstunden an den staatlichen Schulen gelegen war, wurden in den 70er Jahren im ganzen Land religiöse Institute (al-maʿāhid al-ʿilmīyah) geschaffen, deren Curriculum im wesentlichen dem der staatlichen Schulen entspricht, in denen aber schwerpunktmäßig Religion, Arabisch (und in den Mädchenschulen Haushaltskunde und Handarbeit) gelehrt wird. Insgesamt dürften hier etwa 25.000 Schülerinnen unterrichtet werden, davon 5.000 in der Haupststadt. Diese Einrichtungen werden von manchen Eltern als Alternative zu den in der Regel koedukativen Grundschulen begrüßt. Ihre Attraktivität beruht unter anderem darauf, daß nur Frauen den Unterricht leiten und ein kostenloser Schulbus vom Elternhaus bis zur Schule zur Verfügung steht.

Vielen Mädchen gilt heute Schulbildung als ein Schlüssel zu einem selbstbewußteren und unabhängigeren Leben, das sie befähigt, ihre Kinder angemessen zu erziehen. Andererseits teilen viele junge Frauen nach wie vor die Wertvorstellungen, die die männliche Gesellschaft ihnen entgegenbringt und definieren sich über sie. Inzwischen gehört jedoch das Bildungsniveau zu den Kriterien, an denen ein Mann seine zukünftige Frau mißt; doch haben der Status ihrer Familie, Ehre und Schönheit nach wie vor das größere Gewicht. Viele Mädchen sehen deshalb in ihrem Schul- und Universitätsbesuch eine Möglichkeit, ihre Heiratschancen zu verbessern und persönliches Prestige zu erlangen. Oftmals ist die Ausbildung somit nicht dazu gedacht, eine berufliche Karriere vorzubereiten. Es deutet sich aber auch ein Wandel der Einstellung an, der besonders bei Mädchen festgestellt werden kann, die in den späten 60er und frühen 70er Jahren geboren wurden, als die traditionellen Zwänge sich aufzulockern begannen. Dies hat auch zur Folge, daß Autorität in den Familien nicht mehr unbefragt hingenommen wird, obwohl sie noch weitgehend anerkannt wird. Dies kann am Beispiel einer Familie veranschaulicht werden, die der höheren Schulbildung ihrer Töchter noch mit einiger Zurückhaltung gegenübersteht. Während die ältere Tochter mir erklärte, man ließe den Mädchen keine Bildung zukommen, weil es »ḥarām« (religionsgesetzlich verboten) sei, bemerkte die elfjährige Schwester: »mush ḥarām« (es ist nicht verboten). »Hum yatzaujūsh qabl mā tukhallisī al-thānawīyah« (sie werden dich verheiraten, bevor du dein Abitur hast). Die Jüngere darauf: »Man qāl lish«? (Wer hat dir denn das gesagt?).

Einige Mädchen haben die von ihren Eltern begrüßten Heiratsanträge abgelehnt, um ihre Studien zu Ende zu führen. Geschiedene Frauen kehrten in die Schule zu-

Junge Frauen in Sanaạ im »Scharrschaff«.

Gruppe von Bedu-Frauen bei Maʿrib.

Die Kinder des Jemen.

Frauenporträts.

Bilqīs al-Ḥaḍrānī, Abteilungsleiterin im Zentrum für Jemenitische Studien, Mitglied des Allgemeinen Volkskongresses.

Mädchen bei den Hausaufgaben (Saada, 1983).

Seite 405: Junge Frau aus der Gegend von Sanaa.

Im Sūq von Sanaa.

Frauen im schwarzen Scharrschaff (Sanaa).

Seite 407: In Rauda.

Die Revolutionen von 1948 und 1962, ihre Vorgeschichte und ihre Folgen haben nicht nur die politische und wirtschaftliche Entwicklung des Jemen im 20. Jahrhundert geprägt – auch das geistige Leben des Landes ist in vielfältigster Weise Voraussetzung und Folge dieser politischen Ereignisse.

Dichter haben die neue Geschichte Jemens mitgeschrieben, und die Geschichte hat die Dichtung des Landes in Inhalt und Form verwandelt.

Amīna Muḥammad Sālīh, geboren 1930, Tochter des Scheichs der Beni Suwār (zu Beni Matar), heiratete 1948 Ghālib Ibn al-Ahmar, den Neffen des Ḥaschid-Oberhauptes Scheich ʿAbdallah. Nach der Revolution 1948 wurde ihr Mann verhaftet – wie die gesamte intellektuelle Elite des Landes – nach Ḥajja in das Gefängnis Nāfaʿ gebracht. Als ihm 1953 die Flucht gelang (nach Saudi-Arabien) und seine Frau wieder allein war, gab sie ihrer Sehnsucht mit folgenden Versen Worte:

Zeit, ich bitt' dich
Sag mir, was geschah.
Wohin ging er
Der mit dem Herz von Honig?
Sag mir die Wahrheit.
Wohin ist er geflohen?
Ich will ihn suchen
Überall.
Ich weiß noch, wie er war
Beim maqyāl*
Und am Abend
In seinem Haus
Unter seinen Freunden.

Ich schenkte ihm Rosinen,
Versteckt in meinem Taschentuch
und er schenkte mir sein Entzücken.
Ich lief mit ihm um die Bäume
Zu seinem Pferd.

Ach, wie zerrt die Liebe am Verstand
So wie das Seil im Brunnen.
Du hast mich so verwirrt
Und wie die Hirtin hinter ihren Schafen
So lief ich dir nach.

O Freund, ich klage dich an,
Mein Herz ist gebrochen,
Hab doch Mitleid
In deinem Herzen.

W. D.

* die formalisierte gebildete Unterhaltung der Nachmittage in Sanaa, von den Ausländern als »Qāt-Nachmittage« bezeichnet.

Hochzeitsfeier in Sanaa.

rück, um später ihre materielle Situation verbessern zu können und um abgesichert zu sein.
Es besteht demnach eine offensichtliche Diskrepanz zwischen den in den Medien verbreiteten Argumenten für eine verstärkte und bessere Bildung der Frauen und den Idealen, die ihre Sozialisation bestimmten.

Ehe

Gemeinsamer Universitätsbesuch von Frauen und Mädchen hat zu Ehen geführt, die nicht von den Familien arrangiert wurden. Manche dieser Ehen hatten eine Aufhebung zuvor bestehender sozialer und regionaler Schranken zur Folge. Paradoxa und Frustrationen sind die Konsequenzen der Versuche, traditionelle Werte mit den aus einer veränderten Lebenssituation erwachsenen Erwartungen in Einklang zu bringen. Beispielsweise gibt es Frauen, die in den Arbeitsprozeß eingegliedert sind und unverschleiert mit Männern zusammenarbeiten, jedoch erlaubt ihnen die außerhalb der Arbeitswelt fortbestehende Geschlechtertrennung nicht, ihren künftigen Ehepartner vor der Hochzeit kennenzulernen.
Bisher gab es einzelne Frauen, die nicht verheiratet wurden, weil sich für sie kein standesgemäßer Partner fand. Heute wird die jemenitische Gesellschaft erstmals damit konfrontiert, daß Frauen unverheiratet auf die dritte Lebensdekade zugehen, weil sie die herkömmliche Art der Eheschließung für sich nicht mehr akzeptieren können.
Der Einfluß der vom jemenitischen Fernsehen täglich ausgestrahlten ägyptischen und syrischen Familienserien auf die Einstellung der Frauen zur Ehepraxis ist sehr stark. Die Diskrepanz zwischen der Filmwelt und den eigenen Lebensumständen veranlaßt die Frauen, ihre eigene Situation zu reflektieren. Mit großem Interesse verfolgen sie die Lösungsmuster, mit denen vom Ehemann vernachlässigte Frauen ihrem Problem begegnen und die von Frauen eingeleiteten Gerichtsverfahren. Solche Initiativen seitens einer Frau werden als »schamlos« angesehen. Frauen geben an, daß diese Szenen sie veranlassen, nicht mehr ohne Vorbehalte in ein polygynes Eheverhältnis oder in eine Ehe mit einem bedeutend älteren Mann einzuwilligen.

Die Arbeitswelt

Läßt man die oben geschilderte Krankenschwestern-Ausbildung beiseite, so war die Anstellung in der staatlichen Textilfabrik in den 60er Jahren der eigentliche Beginn bezahlter Arbeit für eine größere Anzahl von Frauen. Als in den 70er Jahren dann Fabriken zur Herstellung von Keksen, Getränken, Süßigkeiten, Schaumstoff, Plastikartikeln und Zigaretten entstanden, nahm die Zahl der Arbeiterinnen schnell zu. Heute gibt es bereits ein Unternehmen, das mehr als 1.000 Frauen beschäftigt. Eine 1981 vom Sozialministerium durchgeführte Umfrage unter 1.118 berufstätigen Frauen erbrachte, daß 37 Prozent verheiratet, 34 Prozent unverheiratet, 18 Prozent geschieden und 11 Prozent verwitwet waren. Die Mehrzahl dieser Frauen war im Dienstleistungs-Sektor beschäftigt und fiel in die niedrigen Lohngruppen.
Grundsätzlich kann festgehalten werden, daß die Berufstätigkeit der Frau in der Alltagspraxis keine gravierenden Probleme aufwirft, es sei denn, sie sind ideeller Natur. Die Großfamilie sorgt vormittags für die Kinder, um die sich die Mutter nachmittags kümmern kann, da ein Arbeitstag im Jemen in der Regel zur Mittagszeit endet. Ansonsten bietet die Frauenvereinigung einen Kindergarten für Kinder berufstätiger Frauen an, und die Textilfabrik unterhält einen Kinderhort. Das seit der Revolution vorhandene fließende Wasser und Haushaltsgeräte erleichtern die Hausarbeit. Bessergestellte Kleinfamilien, in denen beide Ehepartner einer außerhäuslichen Tätigkeit nachgehen, beschäftigen oft ein Dienstmädchen.
Weniger gut bezahlte Frauen wie Sekretärinnen und Telefonistinnen, deren Familien von ihrem Einkommen abhängig sind, verzichten bei der Arbeit nicht auf den sharshaf (mit Ausnahme der Frauen aus den Landesteilen südlich von San⁽ā⁾); dies mag als symbolische Geste ihrer Absicht, sich äußerlich von der aus Notwendigkeit und nicht aus Überzeugung akzeptierten Arbeitssituation zu distanzieren, gedeutet werden. Frauen in qualifizierten Berufen, für die die Berufstätigkeit eher eine prestigeträchtige Herausforderung bedeutet, tragen dagegen den baltō, eine Art Regenmantel, und verschleiern sich nicht. Vielen Männern, die Bildung und Berufstätigkeit der Frauen prinzipiell befürworten, fällt es schwer, Frauen nicht nur stereotyp als fürsorgliche und fügsame Mütter, Schwestern und Gattinnen zu betrachten und selber von ihrer anerzogenen Rolle als allein Verantwortung tragender Familienvorstand Abstand zu nehmen. Ein solcher Versuch findet allerdings in der Gesellschaft auch wenig Anerkennung. Oftmals wird die Virilität derjenigen Männer in Frage gestellt, die der Berufstätigkeit ihrer Ehefrauen zustimmen und ihnen darüber hinaus zugestehen, Auto zu fahren.
Andererseits wird in manchen Familien der Rat gebildeter Frauen mehr und mehr geschätzt, wodurch sie einen Autoritätszuwachs erfahren. So erzählte mir eine Rechtsanwältin, daß einer ihrer Verwandten sie jedesmal kritisierte, wenn sie im Fernsehen gesprochen hatte, sie inzwischen aber bei persönlichen Rechtsangelegenheiten konsultiert.

Ausblick

Abschließend kann festgehalten werden, daß sich der Prozeß wachsender Partizipation der Frauen am gesellschaftlichen Leben auch außerhalb des häuslichen Bereichs im Jemen schneller vollzog als zuvor in anderen arabischen Ländern. Frauen, die aktiv für einen solchen Wandel eintreten, sind im Vergleich zu Frauen in Kuwait und Saudi-Arabien durchaus mit dem Erreichten zufrieden. Es ist aber zu erwarten, daß die Forderungen der Frauen auch weiterhin zu Kontroversen innerhalb der jemenitischen Gesellschaft führen werden.

Auf der einen Seite sind viele Frauen nicht bemüht, die durch höhere Bildung erworbene soziale Mobilität zur Basis einer unabhängigen Existenz zu machen. Auf der anderen wird in einigen religiösen Kreisen der Koran dahingehend interpretiert, daß weibliche Lohnarbeit, die eine Zusammenarbeit mit dem anderen Geschlecht unumgänglich macht, grundsätzlich ḥarām sei. Viele Ehemänner und Anverwandte möchten der weiblichen Arbeit außerhalb des Hauses nicht zustimmen, wenn sie für die Unterstützung der Familie erläßlich ist oder schämen sich der Tatsache, daß die ihnen zum Schutz anvertrauten Frauen in der Öffentlichkeit »fremden« Männerblikken ausgesetzt sind.

Trotz dieser mannigfaltigen Schwierigkeiten kann der Ausblick auf die Zukunft der Frauen, deren Ziel eine gemeinsam verantwortete Lebensbewältigung beider Geschlechter ist, nicht als Defaitismus bezeichnet werden. Diese Frauen sprechen sich dafür aus, daß Frauen durch eigene Anstrengung und Leistung Anerkennung in der Gesellschaft suchen und von ihren Rechten Gebrauch machen sollten.

Literatur

Dorsky, Susan Joan: Women of 'Amran, A Middle Eastern Ethnographic Study, Salt Lake City, 1986.

Frese-Weghöft, Gisela: Ein Leben in der Unsichtbarkeit — Frauen im Jemen, Hamburg 1986.

Makhlouf, Carla: Changing Veils: Women and Modernisation in North Yemen, London, 1979.

Mundy, Martha: Land and Family in a Yemeni Community, Ph. D. Thesis, Cambridge, 1981.

Mundy, Martha: San'ā' Dress 1920—1975, in: R. B. Serjeant and R. Lewcock (eds.), Ṣan'ā', An Arabian Islamic City, London, 1983, p. 529—540.

Mundy, Martha: Women's Inheritance of Land in Highland Yemen, in: Arabian Studies V (1979), p. 161—187.

Myntti, Cynthia: Women and Development in Yemen Arab Republic, Eschborn (GTZ-Publications), 1979.

Central Planning Organization: Statistical Yearbook 1984, Sanaa, 1984.

Central Planning Organization: Masḥ al-khuṣūba fī al-jumhūrīya al-'arabīya al-yamanīya (Yemen Arab Republic Fertility Survey 1979, vol. 1), Sanaa, 1983.

Ministry of Civil Service and Administrative Reform: Dirasa ihsa'iya 'an al-mar'a al-yamaniya al-'amila khilal al-fatra 1975—1983 (Statistical Study about the Yemeni working woman 1975—1983), Sanaa, 1983.

Ministry of Social Affairs: Al-mar'a al-yamaniya al-'amila (The Yemeni working woman), Sanaa, 1981.

Jemen und Äthiopien – Alte Kulturbeziehungen zweier Nachbarn am Roten Meer

Walter Raunig

Südarabien stand durch seine gesamte Geschichte hindurch mit den Nachbarländern auf der arabischen Halbinsel wie auch auf dem gegenüberliegenden afrikanischen Kontinent in vielseitiger Beziehung, ja, seine Verbindungen reichten bis nach Mesopotamien, Ägypten, Persien, Indien und Südostasien. Dabei war Südarabien sowohl Empfänger als auch Spender von geistigem und materiellem Gut und darüber hinaus übte es außerdem noch die Rolle eines Vermittlers in den großen Kultur- und Wirtschaftsströmen aus, die sich im Raume des Indischen Ozeans trafen und die für das Auf und Ab der Völker an seinen Küsten von prägender Bedeutung waren. Mit einem seiner Nachbargebiete aber war – und ist – der Süden Arabiens in besonderer Weise verbunden, nämlich mit dem über dem Meer, auf der afrikanischen Seite liegenden Ländern Äthiopien, dem östlichen Sudan, Eritrea und Somaliland. Mit diesem Nachbarraum weist nämlich Südarabien – weitergehend – nicht bloß geographische, klimatische, zoologische und botanische Gemeinsamkeiten auf (die Landbrücke zwischen den beiden Kontinenten ist erst vor rund 10.000 Jahren durch die Fluten des Roten Meeres unterbrochen worden), sondern es besitzt zu ihm eben auch enge und engste kulturelle Beziehungen, und trotz des Fehlens aussagekräftiger physisch-anthropologischer Untersuchungen darf auch festgestellt werden, daß die Bevölkerungen beiderseits der Straße von Bab-el-Mandeb einander ähnlich sind, wobei auf afrikanischem Boden das negride Element natürlich stärker vertreten ist. Am deutlichsten zeigt sich die physisch-anthropologische Verwandtschaft bei den Bewohnern der Tihāma, des jemenitischen Tieflandes am Roten Meer, wo der schwarzafrikanische Anteil der Einwohner weitaus am stärksten vertreten ist. Durch das Hinübersiedeln größerer Bevölkerungsteile aus Südarabien nach Afrika macht sich aber auch das orientalide Element im äthiopischen Raum deutlich bemerkbar.

In Südarabien wie auch in Eritrea, Somaliland und Äthiopien findet sich praktisch ein und dieselbe Vegetation, herrschen dieselben klimatischen Verhältnisse. In beiden Gebieten wachsen die gleichen Gräser, Bäume etc. (so zum Beispiel auch die drei Vertreter der Feigenbäume oder die für warme und heiße Trocken- oder wechselfeuchte Gebiete der Alten Welt typischen sukkulenten Euphorbien – Wolfsmilchgewächse, Euphorbia triaculeata Forssk., Euphorbia cactus Ehrenb. und Euphorbia balsamifera Ait. ssp. adenensis [Defl.] Bally: Deil und Müller-Hohenstein 1983, 12 f.). Kurz ausgedrückt: Der ganze Raum kann vegetationsmäßig als eine Einheit, als die sogenannte »Eritreo-Arabian-Province« gesehen werden (Al-Hubaishi und Müller-Hohenstein 1984, 13 ff.). Unter den in beiden Gebieten ursprünglich wild wachsenden Pflanzen gelangten auch einige zu großer Bedeutung für die Menschheit, so zum Beispiel die Boswellia-Arten Weihrauch und Myrrhe wegen ihrer beim Verbrennen wohlriechenden Harze. Der in den wichtigen Kulturen der Alten Welt verwendete Weihrauch wurde – und wird auch noch heute – nur in Südarabien (Dhofar, Wadi Markha, Wadi Duan, Wadi Hajar und bei Mukalla. Siehe den Beitrag von Breton) und im gegenüberliegenden Somaliland (hier allerdings in bescheidenem Umfang; einst aber immerhin Weihrauch-»Kolonialgebiet des südarabischen Qataban«: v. Wissmann und Höfner 1953, 329 [111]) gewonnen und verhandelt (Weihrauchstraße!). Heute dürften im Jahr einige Tonnen an Weihrauch »geerntet« werden, während es zur Zeit Christi bzw. im 2. Jh. n. Chr. über 3.000 Tonnen gewesen sind (Abercrombie 1985, 484 u. 487). Die Früchte einer anderen Pflanze gelangten später zu Weltgeltung – der in Äthiopien beheimatete Kaffeebaum wurde von Südarabien übernommen (coffea arabica gedeiht in frostfreien Lagen der jemenitischen Randberge) und trat von hier aus (Hafenstadt Mocha bzw. Mokka) seit dem 16. Jh. seinen Siegeszug an, dabei zunächst im Vorderen Orient, dann über Italien, Frankreich, England und den Niederlanden in West- und Nord-, schließlich über Wien (1683 Niederlage der Türken) in Zentraleuropa und in anderen Weltteilen (in Indien und Ceylon schon um 1600). Die ursprünglich ebenfalls in Äthiopien beheimatete Qat-Pflanze (catha edulis F.), deren Blätter als Stimulans gekaut werden, wurde auch von Südarabien übernommen und kam hier – in besonderem Maße seit dem letzten Jahrhundert – zur Geltung. Uralte Kulturpflanzen wie Weizen und Gerste eignen sich zum Nachweis einer besonders engen Nachbarschaft zwischen Südarabien und Nordostafrika nicht; doch könnte das im Sudan sicher schon seit Jahrtausenden – und auch in Äthiopien (sowie in Ost- und Südafrika) vorkommende Sorghum, das auch in einem Fund des 2. Jahrtausends in Südarabien nachgewiesen wird (siehe den Beitrag von de Maigret), schon eher auf eine frühe Beziehung der beiden Räume hinweisen; und dies gilt wohl ebenso für den Weinstock, der aus Südarabien nach Äthiopien gekommen sein dürfte.

Von den in den Trockengebieten des Vorderen Orients wichtigsten Nutztieren seien nur der Esel, das einhöckerige Kamel (Dromedar), das Rind, Schaf und die Ziege erwähnt, die seit langer Zeit in dem behandelten Raum von Bedeutung sind. Dabei kam ursprünglich das Kamel, dessen Heimat Arabien ist, relativ spät nach Afrika (zu römischer Zeit hatte es beinahe noch Seltenheitswert), während Schaf und Ziege, die ja auch nicht ursprünglich in Afrika heimisch waren, allem Anschein nach »schon vor der Mitte des 6. Jahrtausends v. Chr. über die Landenge von Suez eingedrungen sein müssen« (Smolla 1975, 35); und gleiches gilt wohl auch für das Rind. Und in diesem Zusammenhang darf nicht übersehen werden, daß bereits seit dem 4. Jahrtausend das Rote Meer von Ägypten bis zur Straße von Bab-el-Mandeb hin leicht überquert werden konnte, ja, daß über diese schmale, leicht überbrückbare Meerenge von Bab-el-Mandeb zweifellos noch früher Schaf, Ziege und Rind nach Afrika kamen. Schaf, Ziege, Schwein und Rind sind wild oder als Haustiere in Südarabien spätestens seit dem 2. Jahrtausend durch Knochenfunde nachgewiesen (siehe Beiträge von de Maigret und Fedele). Das schwarzköpfige, stummelschwänzige Somalischaf kam hier erst nach Christi Geburt aus Asien und Afrika (Hilzheimer 1930, 481 f.). Der Esel hingegen, der für Afrika ungefähr in diesem Raum domestiziert wurde, nahm den umgekehrten Verbreitungsweg, also im Norden vom Niltal und im Süden von der eriträischen bzw. äthiopischen Küste aus nach Arabien.

Von der Großwildtier-Fauna kennen wir den Steinbock und den Pavian, die beide in den behandelten Räumen anzutreffen sind. Während der in der Vorstellungswelt des gesamten alten Orients so wichtige Steinbock von Nordarabien einerseits und wohl über die Landenge von Suez und dann nach Süden hin (vor mehr als 12.000 Jahren: Nievergelt 1981, 35) bis in das äthiopische Bergland wanderte, andererseits sich über die arabische Halbinsel bis nach Süden hin ausbreitete, scheint der Pavian mit größter Wahrscheinlichkeit von seiner afrikanischen Heimat nach Südarabien durch den Menschen gebracht worden zu sein (Kummer u. a. 1981, 470 f.).

Die Kultur-Parallelen, die sich in Südarabien und in Äthiopien in beachtlicher Zahl finden, sind zweierlei Ursprungs. Sie können entweder aus dem großen und auf beide Regionen wirkenden mediterranen Zivilisationsraum stammen oder sie gehen auf gegenseitige Beeinflussung durch lang anhaltende Kontakte zurück. Dabei ist es in zahlreichen Fällen nicht leicht oder sogar unmöglich auseinanderzuhalten, welche der beiden Möglichkeiten — oder vielleicht sogar beide — vorliegen. Hier in dieser skizzenhaften Behandlung des Themas an Hand einiger Beispiele soll nur die zweite Möglichkeit, das heißt, es sollen Parallelerscheinungen als Folge von Direktkontakten berücksichtigt werden.

Solche Direktkontakte zwischen Südarabien und Äthiopien bestehen mindestens seit frühantiker Zeit, ja, vielleicht reichen sie noch weiter zurück, obwohl für urgeschichtliche Zeiträume nach dem heutigen Kenntnisstand noch kaum kulturelle Zusammenhänge nachgewiesen

Spätsabäisch-himjaritische Eigentumsstempel (Bronze) — Verwendung unklar — vielleicht Brotstempel? Ähnliche Stempel fanden sich auch in Äthiopien.

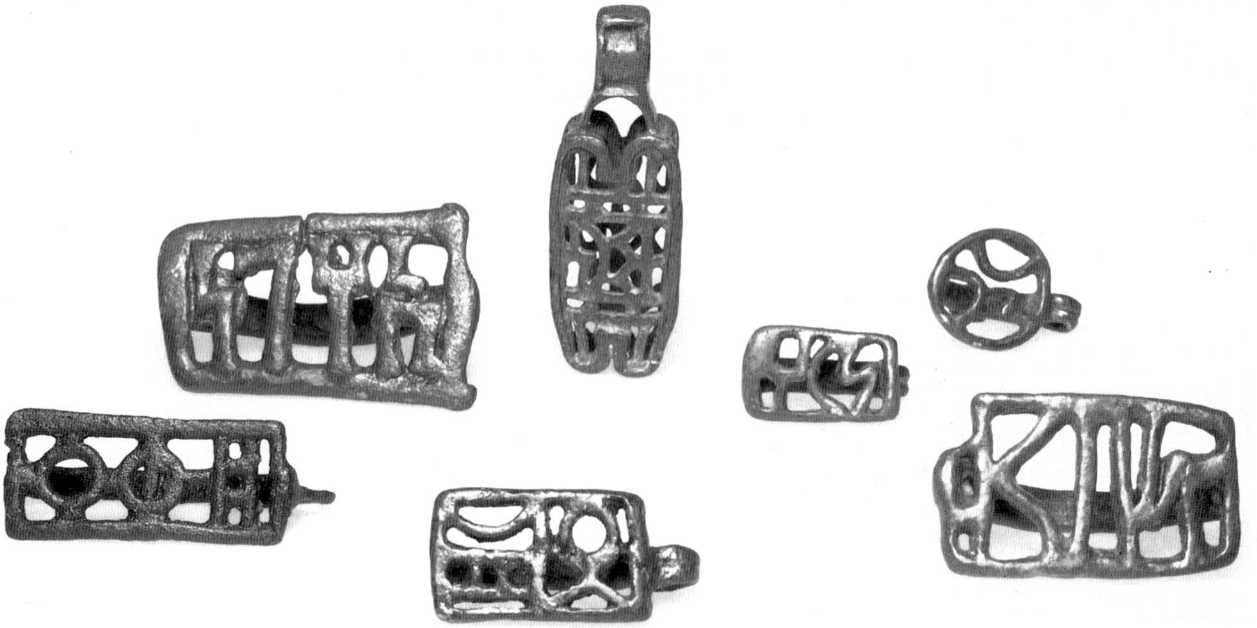

Amulettkapsel, Jemen (Staatl. Museum für Völkerkunde, München).

Anhänger, Jemen (Staatl. Museum für Völkerkunde, München).

Amulettkapsel aus Silber mit Kette, getragen von Muslimin in Äthiopien (Bayerisches Nationalmuseum, München).

Ohrschmuck, Jemen (Staatl. Museum für Völkerkunde, München).

Amulettkapsel aus Silber mit Kette, getragen von Muslimin in Äthiopien (Bayerisches Nationalmuseum, München).

werden können. »Da Faustkeilfunde aus der Südhälfte Arabiens immer noch fehlen und diese Fundlücke kaum mehr als reine Forschungslücke gelten kann, fehlt jeder Hinweis auf entsprechende Expansionen über die Meerenge von Bab el Mandeb« (Smolla 1975, 30) — d. h. von Afrika her. Nach Breton (siehe seinen Beitrag in diesem Buch) war die Gegend von Shabwa zu paläolithischer Zeit (Levallois-Kultur) besiedelt.
Im Laufe des 1. Jahrtausends v. Chr. scheinen Kontakte in verstärktem Maße stattgefunden zu haben. Auf Grund archäologischer Funde darf angenommen werden, daß sich spätestens um die Mitte dieses 1. Jahrtausends Bewohner des südarabischen Raumes (also Semiten) auf der gegenüberliegenden Küste und im Laufe der Zeit auch im Hinterland in größerer Anzahl niederließen und dort in Vermischung mit der einheimischen Bevölkerung (Kuschiten) einzelne Siedlungszentren gründeten. Die aus dieser frühen Zeit bzw. den folgenden Jahrhunderten der Entstehung einer Hochkulturprovinz im heutigen Eritrea und in der nordäthiopischen Provinz Tigre stammenden

Amulettkapsel, Jemen (Staatl. Museum für Völkerkunde, München).

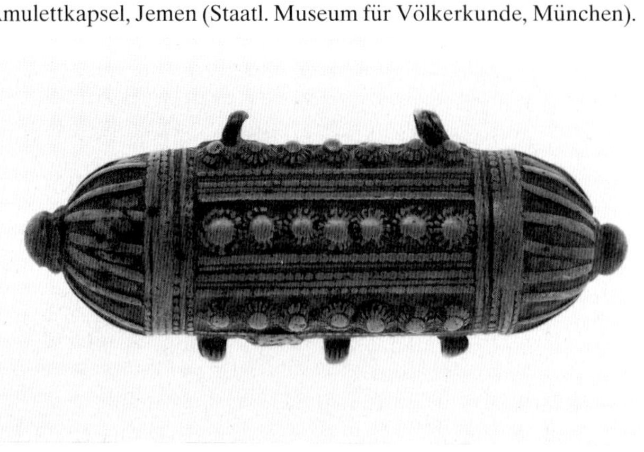

Funde zeigen rein südarabischen Charakter — das heißt, sie könnten genauso auf südarabischem Boden gemacht worden sein. In den letzten Jahrhunderten vor — und um — Christi Geburt entwickelte sich dieser eritreisch-nordäthiopische Raum übrigens zu einer derart bedeutenden Drehscheibe des Handelsverkehrs zwischen dem Römischen Reich, Arabien, Ostafrika, Persien, Indien, Südost- und Ostasien, daß mit den zahlreich reisenden See- und Kaufleuten, Kundschaftern, Gesandten, Militärs etc. natürlich auch viel an geistigem und materiellem Gut der gehobenen Kultur nach Nordostafrika aus aller Herren Länder einströmte und auf die kleineren und größeren Siedlungszentren einwirkte. Insbesondere aus dem geistig führenden griechisch-hellenistisch-römischen Kulturbereich gingen wesentliche Anstöße nicht nur nach Arabien, sondern auch hierher nach Afrika. So entwickelte sich spätestens um Christi Geburt in den heutigen Gebieten Eritreas und Nordäthiopiens eine Provinz, die in Vermischung ihres alt-südarabischen Erbes mit einheimischem afrikanischem und insbesondere mit griechisch-hellenistischem Kulturgut ihre Eigenständigkeit entwickelte. Zum Zentrum dieser Provinz, d. h. auch zum politischen, wurde der Ort Aksum, der mit der älteren und wichtigen Hafenstadt Adulis (im Golf von Zeila) natürlich in enger Verbindung stand. Wirtschaftlich, politisch und militärisch erstarkt, griff dieser Staat von Aksum zweimal (335—370 sowie 525—575) unter seinen bedeutenden

Amulettkapsel aus Silber mit Lederschnur, getragen von Muslimin in Äthiopien (Bayerisches Nationalmuseum, München).

Amulettkapsel, Jemen, Sanaa, um 1930 (Staatl. Museum für Völkerkunde, München).

Amulettkapsel, Jemen (Staatl. Museum für Völkerkunde, München).

Herrschern Ezanas (325—355?) und Kaleb (514—542) über das Rote Meer hinweg nach seiner kulturellen »Ur-Heimat«, d. h. nach Südarabien, und das eben nicht nur — wie schon immer — wirtschaftlich, sondern auch politisch und militärisch.

Die recht enge Verflechtung der beiden Länder im ersten vor- wie auch im ersten nachchristlichen Jahrtausend läßt sich an Hand zahlreicher und verschiedenartiger archäologischer Funde zeigen. Die besten Beweise dafür sind natürlich Inschriftenfunde. Aus Äthiopien sind solche, und zwar abgefaßt in sabäisch-ḥimjaritischer Schrift, bekannt. Bei Makalle wurde zum Beispiel eine über einen halben Meter hohe, sitzende weibliche Figur (Göttin?) aus Kalkstein gefunden (1. Jahrtausend v. Chr.), deren Sockel eine südarabische Inschrift trägt, die auch auf Südarabien Bezug nimmt (Ryckmans 1958, 144). Aus Aksum ist eine Granitplatte mit einem Text aus der Zeit König Ezanas' bekannt. Dieser Text ist in griechischer, alt-äthiopischer und sabäischer Schrift abgefaßt (Littmann 1913: Aksum-Inschriften 4, 6 und 7).

In Yeha wurden mehrere Inschriften-Bruchstücke in sabäischer Schrift entdeckt (Littmann 1913, 57 ff.). Der Reisende Cosmas Indikopleustes (= Cosmas der Indienfahrer) berichtet von einem Thron in der Hafenstadt Adulis, dessen Rückenlehne und Seitenlehne eine Inschrift trugen (Teil des sogenannten Monumentum Adulitanum). Daraus geht hervor, daß der angesprochene afrikanische Herrscher auf arabischem Boden kämpfte (Winstedt 1909, 73 ff.). In alt-äthiopischen Inschriften werden also südarabische Örtlichkeiten wiederholt erwähnt, was die engen Beziehungen beider Gebiete besonders unterstreicht. (Die wohl berühmteste Burg des alten Südarabien, die von Sanaa, Ghumdān [Ghundān] wird auch genannt).

Es sind aber auch Texte in äthiopischer Schrift aus Südarabien bekannt und natürlich auch eine Reihe von südarabischen Inschriften, die auf Verbindungen des sabäischen Reiches mit Afrika, d. h. mit den Aksumiten hinweisen. Das Kunsthistorische Museum in Wien (Sammlung Glaser) besitzt z. B. eine Lampe aus Südarabien, die aus einem Stein mit eingeritztem äthiopischen Text gefertigt wurde, und im Nationalmuseum in Sanaa sind drei Teile einer äthiopischen Inschrift ausgestellt, »höchstwahrscheinlich aus Marib stammend«. (Müller 1972 [a], 60).

Während bis heute für die ältere »Kolonialzeit« der Sabäer auf afrikanischem Boden keine schriftlichen Nachrichten in Südarabien gefunden wurden — und dies wohl wegen der zunächst festen Bindung an das sabäische Mutterland (Höfner 1960, 435) —, wird später das Aksum-Reich in einer Reihe von südarabischen Inschriften erwähnt. In ihnen ist wiederholt von den Habashat als Freunden oder als Feinden die Rede. Im 4. Jh. n. Chr. wurde ein Großteil Südarabiens ein erstes Mal von den

Amulettkapsel, Jemen (Staatl. Museum für Völkerkunde, München).

Amulettkapsel, Jemen (Staatl. Museum für Völkerkunde, München).

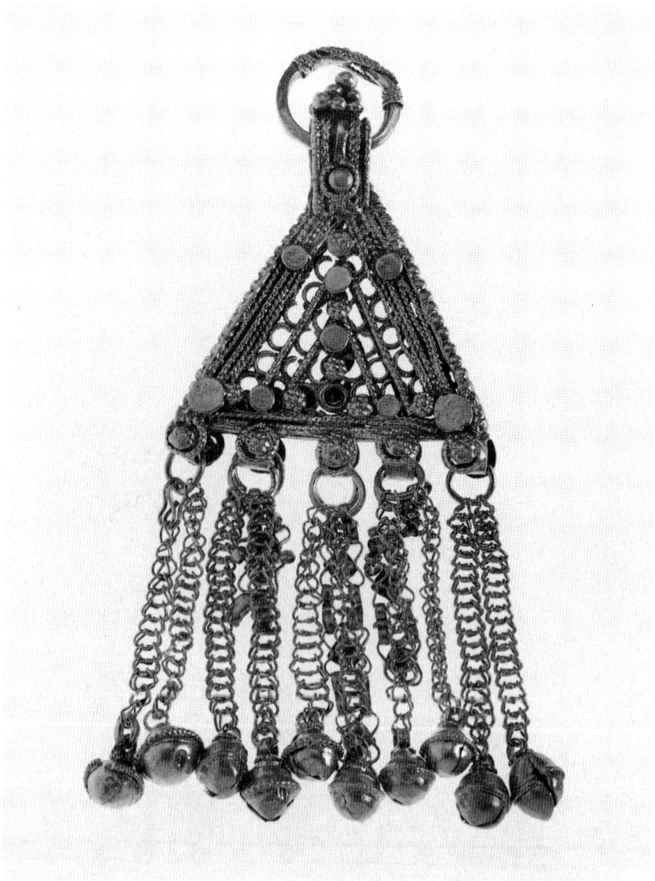

Anhänger, Jemen (Mahra).

Amulettkapsel, Jemen (Staatl. Museum für Völkerkunde, München).

Amulettanhänger aus Silber, getragen von Muslimin in Äthiopien (Bayerisches Nationalmuseum, München).

Amulettkapsel aus Silber, getragen von Muslimin in Äthiopien (Bayerisches Nationalmuseum, München).

Aksumiten erobert. Der aksumitische Herrscher »Ella ʿAmīdā (etwa 340 bis 348) und seine das Christentum annehmenden Nachfolger nennen sich Könige von Aksūm und Ḥimyar und von Ḥabashāt und der Sabäer und von Salḥ(in) und der Tihāma usw ... Um 378 erscheint wieder ein einheimischer König in ganz Südarabien.« (v. Wissmann und Höfner 1953, 338 [120]). Das Christentum faßte in Aksum zur Zeit König Ezanas' Fuß. Ezanas dürfte Christ geworden sein oder zumindest — entsprechend Kaiser Konstantin — den christlichen Glauben sehr begünstigt haben. Im 6. Jh. wiederholten sich die Ereignisse des 4. Jh.s. Das sabäische Reich, dessen Macht damals bis nach Zentralarabien reichte, verlor »seine Selbständigkeit und kam unter äthiopische Herrschaft. Von dem Vizekönig Abreha, der praktisch selbständig regierte und den gleichen klangvollen Titel führte wie die letzten sabäischen Könige, berichten uns zwei umfangreiche sabäische Texte.« (Höfner 1960, 436). In der Dammbruchinschrift von Marib, 543 n. Chr., scheint dann der Sohn des äthiopischen Vizekönigs ʾAbreha in Süḍarabien genannt und »als Herr von Maʿāhir bezeichnet.« (v. Wissmann und Höfner 1953, 257 [39]).

Neben den Inschriften-Funden weisen natürlich auch andere archäologische Zeugnisse — ohne Text — die enge Verbindung Südarabiens mit Äthiopien nach. So zeigt z. B. auch die Architektur der rechteckig 15×20 m großen Anlage der Tempelruine von Yeha, zwischen Adua und Adigrat in Nordäthiopien gelegen, auf ihre südarabische Herkunft. Neben der Rechteckform zeigen auch der Unterbau des Tempels in Stufen, die ohne Mörtel aufeinandergelegten Steinquadern der Mauern und die geometrischen Verzierungen auf die südarabische »Heimat«. Bei Mēlazo, rund 10 km südöstlich von Aksum, wurde ein Heiligtum des südarabischen Mondgottes Almaqah gefunden, und auch andere Tempel- und Palastbauten Alt-Äthiopiens, von denen heute oft nur mehr spärliche Reste vorhanden sind, haben ihren architektonischen Ursprung in Südarbien, auch dann, wenn sie deutlich bodenständige Besonderheiten aufweisen. Dies gilt auch für die wenigen noch erhaltenen — ältesten — äthiopischen Kirchenbauten in Basilikaform (Debre Damo oder die alte Kathedrale von Aksum). Aus südarabischen Inschriften sind auch der in Äthiopien einst übliche Mauerbau mittels Holz und behauenen Steinen und die Ver-

Armreif aus Silber, getragen von Muslimin in Äthiopien (Bayerisches Nationalmuseum München).

Amulettkapsel, Jemen (Staatl. Museum für Völkerkunde, München).

Amulettkapsel, Jemen (Staatl. Museum für Völkerkunde, München).

wendung von Bruchsteinen als Füllmaterial bekannt. Die Verwandtschaft der beiden behandelten Räume zeigt sich weiters in den berühmten Stockwerkstelen (Grab- bzw. Kultstelen mit Opferplatte am Fuß) von Aksum, deren aus dem gewachsenen Stein herausgemeißelten Architekturteile die Bauweise Alt-Äthiopiens zeigen und damit an die alt-südarabischen Hochhäuser erinnern. Eine aksumitische Stockwerkstele weist auch an ihrer Scheintüre den Typ der noch heute im Jemen gebrauchten Fallriegelschlösser auf (Müller 1972 [b]: 7.). Von den alt-südarabischen Hochhäusern berichten eine antike Bauinschrift, die wohl aus Mārib stammt (Müller ebenda), und auch Al-Hamdānī im 10. Jh. (Müller 1879; 345 ff). Die Beziehungen werden ebenfalls ersichtlich aus dem Bau von Wasserspeichern, wie sie schon in der Antike in Arabien und Äthiopien bekannt waren, sowie aus der Anlage von Terrassenfeldern, die auf arabischer Seite bis heute größte landwirtschaftliche Bedeutung besitzen, auf afrikanischem Boden allerdings nur mehr gerade noch in Nordäthiopien zu sehen sind. (Terrassenfeldbau ist aus anderen Teilen Äthiopiens, z. B. bei den Konso, Burgi, Dime, Zay etc. bekannt, wird heute aber auch dort nicht mehr überall betrieben.)

Zu den archäologischen Zeugnissen, die die enge Beziehung beider behandelter Räume deutlich werden lassen, gehören auch die Objektfunde — so die beiden sitzenden weiblichen Gestalten, eine aus der Umgebung von Makalle (siehe oben), die sogenannte »Göttin von Addi Galamo« und eine »Herrscherin« aus Haoulti-Mēlazo, ein im Kult verwendeter Weihrauchbrenner mit südarabischer Inschrift (auch als Addi Galamo), ein mit Flachreliefs geschmückter Steinthron, Tierfiguren aus südarabischem Alabaster oder der zum Kult des südarabischen Mondgottes Almaqah gehörende kleine Stier aus schwarzem Stein (auch in Mēlazo gefunden), kleine metallene Eigentumsstempel (»Identity marks« nach Buxton 1970, 37), Objekte mit der wiederkehrenden Abbildung der südarabischen Mondsymbole Sichel und Scheibe oder von Steinböcken, Münzen mit Mondsichel- und Mondscheibenprägung u. a. m. (Man vergleiche zum Beispiel das

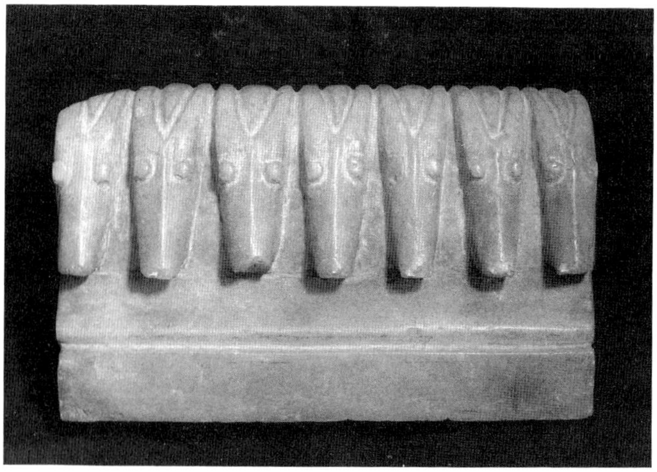

Steinbockfries, Alabaster, Jemen (Kunsthistorisches Museum, Wien).

Antike, dreieckige Lampe mit äthiopischer Inschrift, gefunden in Jemen (Kunsthistorisches Museum, Wien).

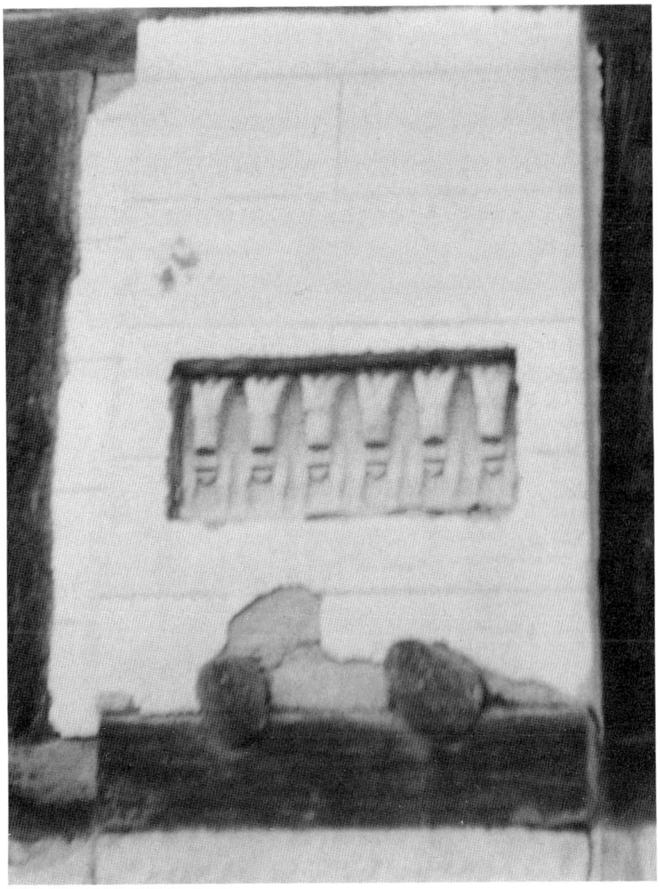

Steinbockfries, eingelassen in die Außenmauer der Kirche von Yeha, Äthiopien.

Steinbockfries von der Außenmauer der äthiopischen Kirche von Yeha mit dem südarabischen Fries des Kunsthistorischen Museums Wien und dem Fries aus Mārib — dieses hier im Beitrag von Jürgen Schmidt über »Altsüdarabische Kultbauten« abgebildet.)

In das Bild der engen Verflechtung des alten Südarabien mit seinem »Ableger« auf afrikanischem Boden gehören natürlich auch — trotz mannigfacher Unterschiede — die sprachlichen Zusammenhänge und die Verwandtschaft der Schriftarten. So besitzt z. B. die äthiopische Schrift in ihrer Anfangszeit, d. h. bis in das 4. Jh. n. Chr. — entsprechend dem südarabischen Vorbild — keine Vokale, und ihre Buchstabenreihenfolge scheint wie im Südarabischen »im Prinzip« (Höfner 1960, 441) ähnlich zu sein. Von der afrikanischen Rotmeerküste sind zwei antike Hafenorte mit dem Namen Saba und aus dem nordäthiopischen Inland, nahe Adigrat, ist der alte Ort Sabea bekannt. Umgekehrt weisen sogar noch heute im Jemen einzelne Ortsbezeichnungen wie zum Beispiel Jebel Habesh und Jebel Habashi auf die alten Verbindungen mit Afrika hin. Höfner legt in ihrer Arbeit »über sprachliche und kulturelle Beziehungen zwischen Süd-Arabien und Äthiopien im Altertum« dar: Die Untersuchung gemeinsamer Wörter in äthiopischen Sprachen und im Alt-Südarabischen habe ergeben, daß nahezu ein Drittel juristische Belange betreffe. Aber auch auf den Gebieten der Architektur, des Bauwesens, der Landwirtschaft und aus anderen Bereichen existierten gemeinsame Ausdrücke bzw. gemeinsame Wortwurzeln, allerdings dann mit verschiedenen Bedeutungen der Wörter (1960, 439 f.).

Schließlich können noch auf Grund der Nachrichten verschiedener Autoren die engen gegenseitigen Beziehungen der beiden behandelten Räume seit der Antike nachgewiesen werden. Schon die von Königin Hatschepsut (ca. 1504—1482) von einem ägyptischen Hafen am Roten Meer ausgesandte See-Expedition in das Land Punt (Südland) mit den von dort zurückgebrachten Waren, Tieren und Pflanzen kann als ein Hinweis für einen bestehenden Kontakt zwischen den nordostafrikanischen Küstenländern und Südarabien gelten. Die Berichte bei einer ganzen Reihe von Schriftstellern der klassischen Antike, so Plinius, Strabo, Ptolemäus, der oben schon genannte Cosmas und andere wie auch von arabischen Reisenden und Gelehrten, Al-Hamdānī, Idrīsī, Ibn Saʿīd, Maqrīzī, Al-Masʿūdī, Ibn Khaldūn, Ibn Baṭṭūṭa u. a., zeigen dann die Zusammenhänge der Region des südlichen Roten Meeres bzw. an der Straße von Bab-el-Mandeb deutlich. Dabei ist *ein* antiker Bericht von besonderer Wichtigkeit. Es ist dies der sogenannte »Periplus des Erythräischen Meeres«, eine Segel- und Reiseanweisung für das Rote Meer, den Indischen Ozean und die angrenzenden Regionen, verfaßt von einem namentlich unbekannten, wahrscheinlich griechischen Kaufmann in der zweiten Hälfte des 1. Jh.s n. Chr. (zur Datierung siehe Raunig 1970, 231 ff.). Dieser Bericht ist eines der besten Dokumente für den Beweis eines regen Handelsverkehrs, der sich in den Jahrhunderten um Christi Geburt im Raume des Indischen Ozeans und seiner Randmeere, und dabei intensiv zwischen Arabien und Afrika, abspielte. Auch die freundliche Aufnahme, die die allerersten Muslime als Flüchtlinge aus dem noch heidnischen Mekka zur Zeit Mohammeds im christlichen Äthiopien fanden, weist auf die alten Beziehungen zu diesem Land hin; und dies gilt ebenso für die äthiopische Tradition, derzufolge das Kaiserhaus seine Abstammung auf König Salomo und die Königin von Saba zurückführt oder für das beim äthiopischen Volk der Falasha noch heute lebendige mosaische Erbe, das sicher aus Arabien kam, u. a. m.

Mit der raschen Islamierung der arabischen Halbinsel, Ägyptens, der Küsten Ost- und Nordafrikas kam es mit der Zeit aber zur spürbaren Isolation des christlich verbliebenen Äthiopien und zum Auseinanderleben der vorher so einheitlich geprägten Länder beiderseits der Bab-el-Mandeb-Straße. Dennoch blieb das ein oder andere an gemeinsamen geistigem (Erzählungen, Vorstellungen, Ideen, Musik etc.), mehr noch an materiellem Kulturgut erhalten — oder entwickelte sich im Laufe der folgenden rund 1500 Jahre neu; denn bei aller Isolierung des nordostafrikanischen Hochlandes stand es ja doch mit seinen nicht-christlichen Nachbarländern in verschiedenartigem Kontakt. Dies zeigen sehr gut Gebrauchsgegenstände des täglichen Lebens wie Keramik, Flecht-, Holz- und Metallarbeiten, die Weberei, die Verwendung des Pfluges, Flöße, Musikinstrumente, der Schmuck und anderes mehr (siehe die Abbildungen zu diesem Beitrag). Dazu kommt noch, daß der Islam und damit sein geistiges und materielles Kulturerbe im Laufe der Zeit nicht nur in den Küstenländern, sondern auch im Inneren Nordostafrikas inklusive Äthiopiens heimisch geworden ist. Der aus Arabien kommende Islam war also durch mehr als tausend Jahre ein prägender Faktor — und er ist es auch heute, ja, neben und zusammen mit dem äthiopischen Christentum ist er in unseren Tagen ein Bollwerk gegen den von außen her Äthiopien von fremder Gewalt aufgezwungenen Atheismus.

Literatur

Abercrombie, Thomas J.: Arabia's Frankincense Trail. In: National Geographic Magazine, vol. 168, no. 4, Oct. 1985.

Al-Hubaishi, A. und Klaus Müller-Hohenstein: An Introduction to the Vegetation of Yemen. Eschborn 1984.

Buxton, David: The Abyssinians. London 1970.

Deil, Ulrich und Klaus Müller-Hohenstein: Zur Pflanzenwelt des Jemen — am Beispiel sukkulenter Euphorbien. In: Jemen-Report, Jg. 14, Heft 2, 1983.

Hilzheimer, Max: Die ältesten Beziehungen zwischen Asien und Afrika, nachgewiesen an den Haustieren. In: Africa III, No. 4, Oct. 1930.

Höfner, Maria: Über sprachliche und kulturelle Beziehungen zwischen Südarabien und Äthiopien im Altertum. In: Atti del Convegno Internazionale di Studi Etiopici 1959. Roma 1960.

Kummer Hans, A. A. Banaja, A. N. Abo-Khatwa, A. M. Ghandou: Mammals of Saudi Arabia Primates. In: Fauna Saudi Arabia 3, 1981.

Littmann, Enno: Sabäische, griechische und altabessinische Inschriften. Deutsche Aksum-Expedition Band IV, Berlin 1913.

Müller, David H. (Hrsg.): Hamdani, aus dem 8. Buche von Al-Iklil (1. Teil). In: Sitzungsberichte der Philosophisch-Historischen Classe der kaiserlichen Akademie der Wissenschaften 94. Bd., Jg. 1879, Wien 1879.

Müller, Walter W.: Zwei weitere Bruchstücke der äthiopischen Inschrift aus Mārib. In: Neue Ephemeris für semitische Epigraphik 1, 1972. (a)

ders.: Südarabische Hochhäuser. In: Jemen-Report Nr. 3—9, 1972 (b).

Müller-Hohenstein, Klaus: siehe Al-Hubaishi sowie Deil Ulrich.

Nievergelt, Bernhard: Ibexes in an African Environment. In: Ecological Studies, vol. 40, 1981.

Raunig, Walter: Die Versuche einer Datierung des Periplus maris Erythraei. In: Mitteilungen der Anthropologischen Gesellschaft in Wien, 1970.

Ryckmans, Gonzague: Découvertes épigraphiques en Éthiopie. In: Le Muséon Leuven LXXI, 1958.

Smolla, Günther: Die Frühzeit. Die Völker Afrikas und ihre traditionellen Kulturen. Wiesbaden 1975.

Winstedt, (Hrsg.): Cosmas Indicipleustes. Cambridge 1909.

Wissmann, Hermann v. und Maria Höfner: Beiträge zur historischen Geographie des vorislamischen Südarabien. In: Akademie der Wiss. und Lit. in Mainz. Abhandlungen der Geistes- und Sozialwiss. Klasse, Jahrgang 1952, Nr. 4, Wiesbaden 1953.

Entwicklung und Entwicklungsplanung der beiden Jemen

Michael Hofmann

Ähnlich wie die asiatischen Bergländer Afghanistan, Bhutan und Nepal wurde der Jemen sehr spät vom weltwirtschaftlichen Expansionismus der Industriestaaten erfaßt. Abgesehen von der früheren Kronkolonie Aden blieb der Jemen bis Ende der 60er Jahre dieses Jahrhunderts vom Weltmarkt nahezu unberührt. So konnte kulturelle Identität bewahrt werden, andererseits fehlten aber die Entwicklungsimpulse von außen. Erst nach politischen Umbrüchen und durch die Ausstrahlungseffekte des Erdölbooms sind die jemenitischen Staaten in den Modernisierungsprozeß eingetreten. Selbstverständlich war der Zeitraum von kaum zwei Jahrzehnten viel zu kurz, um das Kompetenzgefälle zu fortgeschrittenen Ländern abzubauen. Ebensowenig war gradlinige Entwicklung zu erwarten. Vielmehr hat die bruchstückhafte Modernisierung in beiden Jemen Probleme geschaffen, die auch im Falle eigener Erdöleinnahmen schmerzliche Anpassungsleistungen erzwingen.

Lange Epoche selbstgenügsamer Agrargesellschaften

Gerade weil der Jemen ohne äußere Anstöße blieb, verharrte er für Jahrhunderte auf dem Entwicklungsniveau seßhafter Agrargesellschaften. Zeitweilig brachten sich die Jemeniten zwar in den Handelsaustausch zwischen Europa und Asien ein, aber meist als Zwischenhändler, selten mit eigenen Erzeugnissen. Die Impulse durch die osmanische Herrschaft waren noch vorindustriell. Für die Kolonialmacht England war lediglich Aden interessant wegen der geostrategischen Lage am Seeweg nach Indien; das Sozialgefüge des Hinterlandes im Südjemen wurde von den Briten aus politischen Gründen konserviert. Das Imamat im Norden, in kleinräumigen Stammeseinheiten fragmentiert, hatte sich gegen die Außenwelt abgeschottet. Durch ausgeklügelte Bewässerungssysteme und intensive Flächennutzung im Terrassenanbau sowie mit handwerklichen Fertigkeiten konnte sich der Jemen selbst versorgen — zumal traditionell Auswanderung als Ventil zur Wahrung des ökologischen und sozialen Gleichgewichts diente. Im Ausland reich gewordene Rückkehrer wurden in die Stammesgemeinschaft reintegriert. Mithin fehlten die internen Bedingungen und der äußere Zwang zur industriellen Entwicklung.

Wider die Mode ländlicher Nostalgie in Industrieländern, wo im Rahmen des Ferntourismus auch die beiden Jemen als Länder der Idylle des einfachen Landlebens mit kernigen Menschen und Abenteuer vermarktet werden, sei an unsere leidvolle Sozialgeschichte erinnert: Periodische Hungersnöte, ständige Krankheiten, geringe Lebenserwartung und starre Sozialstrukturen kennzeichneten die europäischen Agrargesellschaften im Mittelalter. Während dieser Epoche versuchten Millionen Menschen, ihrem Schicksal durch Auswanderung zu entgehen. Wer im Jemen hinter die malerischen Fassaden schaut, findet dort noch heute die Härten des Mittelalters, was Sozialindikatoren wie die Analphabetenquote oder die hohe Kindersterblichkeit belegen. Folglich klassifizierten die Vereinten Nationen die beiden Jemen Anfang der 70er Jahre als »least developed countries« (LLDCs), als am wenigsten entwickelte Länder der Dritten Welt.

Positive und negative Wirkungen des Erdölbooms

Daß die beiden Jemen mittlerweile nicht mehr zu den ärmsten Ländern der Welt gehören, verdanken sie dem Erdölboom in den Nachbarstaaten, der in den 70er Jahren auch auf die beiden (vermeintlichen) »Erdölhabenichtse« ausstrahlte. Das hohe Lohnniveau in den bevölkerungsschwachen Erdölländern stachelte die Bereitschaft zur Arbeitsemigration derart an, daß zeitweilig je gut ein Drittel der männlichen Arbeitskräfte die beiden Jemen verließen. Die Überweisungen der Wanderarbeiter wurden für breite Bevölkerungskreise zur wichtigsten Einkommensquelle und zu einem zentralen Wirtschaftsfaktor beider Länder. Zusätzliche Petrodollars flossen aus den Erdölstaaten an die Regierungen, und von den Industriestaaten sowie multilateralen Finanzinstitutionen erhielten die beiden Jemen umfangreiche Entwicklungshilfe.

Seit Beginn der 70er Jahre mußten die beiden Jemen massive Einflüsse von außen verkraften. Während soziokulturelle Einflüsse erst mit zeitlicher Verzögerung spürbar werden, zeigen andere bereits Wirkungen. So sind die Jemeniten trotz aller Traditionalität in Kleidung, Bau- und Wohnstil oder lokalen Gebräuchen überaus fasziniert von der modernen Konsumwelt. Verzierte Jeeps und Pick-ups bringen Fernseher und Kühlschränke selbst in entlegene Bergdörfer, wo sich die Konsummuster entsprechend veränderten. Funktionalität und Statuscharakter der Produkte fließen ineinander; Alt und Neu ergänzen sich häufig auf kostspielige Weise. So inflationierte der Brautpreis im Nordjemen allein dadurch, daß Schmuckgeschenke, einst aus Silber und im Lande gefertigt, nunmehr importierte Goldware sind. Ferner ist dort Qat vielerorts zum alltäglichen Genußmittel geworden — nicht selten gepaart mit Alkoholgenuß. Daß die Moderne janusköpfig auftaucht, ist Grund genug für islamische

Die Industrialisierung des Jemen hat in den letzten 20 Jahren erhebliche Fortschritte gemacht.

العربية السعيد المحدودة
NISSAN

Fundamentalisten, alle Auswüchse als Verwestlichung zu brandmarken. Warum sollten aber die Jemeniten resistent sein gegen neureiche Attitüden, wo doch die Wanderarbeiter in den Erdölländern protzigen Reichtum erleben?
Da nahezu jede Familie direkt oder indirekt von Überweisungen profitiert, wurde der Lebensstandard breitenwirksam angehoben. Absolute Armut — in LLDCs und vielen andere Entwicklungsländern in Dörfern und am Rande der Städte allgegenwärtig — ist in den beiden Jemen die Ausnahmeerscheinung. Die privaten Vorteile der Arbeitsemigration sind eindeutig. Als kollektives Überlebensmodell scheint Arbeitskräfteexport solange viabel, wie die externen Einkommenquellen ausreichend sprudeln. Falls sich aber die Modernisierung lediglich auf den Konsumbereich und die damit verbundene Distribution beschränkt, die Produktion mehr oder weniger statisch bleibt, werden sehr bald die volkswirtschaftlichen Kosten sichtbar.
Die Kehrseite der Arbeitsemigration waren in den beiden Jemen Produktionseinbußen und Handelsbilanzprobleme. Denn die Überweisungen der Wanderarbeiter wurden vorrangig konsumptiv, für Hausbau, aber kaum für unmittelbar produktive Investitionen verwendet. Die von außen gespeisten Einkommenssteigerungen bewirkten einen Importsog, u. a. auch an Nahrungsmitteln, da das Verbrauchsniveau anzog, jedoch wegen der Arbeitskräfteabwanderung die Landwirtschaft und Fischerei vernachlässigt wurden. Ähnliche Wirkungen der Arbeitsemigration haben auch andere Entwicklungsländer erfahren, aber nirgendwo ergaben sich derart verzerrte Export-Import-Relationen wie im Falle der beiden Jemen: Daß Anfang der 80er Jahre der Südjemen neunmal mehr ein- als ausführte, der Nordjemen sogar im Verhältnis 99 : 1 (!), zeigt im Kern das niedrige wirtschaftliche Entwicklungsniveau der beiden Länder. Der eigene Produktionsapparat erwies sich als zu schwach, die kaufkräftige Nachfrage in stärkerem Maße durch inländische Güter und Dienstleistungen zu befriedigen. Um die außenwirtschaftliche Abhängigkeit zu verringern, so daß Zahlungsbilanzkrisen vermieden werden, mußte der Staat gegensteuern und die Entwicklung im eigenen Lande beschleunigen.

Rolle des Staates im Entwicklungsprozeß

Gefordert war ein Staat, der entwicklungsförderliche Rahmenbedingungen schafft, damit einerseits die Wachstumsimpulse von außen konstruktiv verarbeitet, andererseits abträgliche äußere Einflüsse abgewehrt werden. Bedauerlicherweise konnte der Staat in den beiden Jemen diese anspruchsvolle Rolle nur unzureichend ausfüllen: Im Nordjemen fehlte dem Staat der Handlungsspielraum, um den Entwicklungsprozeß zu steuern; im Südjemen dagegen überzog der Staat die Abschottung des Landes gegen marktwirtschaftliche Einflüsse. In beiden Fällen blieben daher die historisch einmaligen Entwicklungschancen durch den regionalen Erdölboom unausgeschöpft. Die unterschiedlichen bzw. gegensätzlichen Entwicklungsstrategien/-planungen der beiden Länder lassen sich nur verstehen, wenn zumindest kursorisch der eigenartige Verlauf der politischen Veränderungen in den beiden Jemen in den 60er Jahren eingeblendet wird.
Prägend für die entwicklungsorientierten Gruppierungen des Jemen war vor dem Erdölboom die Kronkolonie Aden — die moderne Stadt des Jemen, ein nach außen gerichtetes Dienstleistungszentrum mit ersten Industrien. Aden war der regionale Anziehungspunkt und für viele Jemeniten das Tor zur Welt. Aus dem kosmopolitischen Milieu der Stadt drangen die Fortschrittsideen des Nationalismus und Sozialismus ins Hinterland (allerdings nicht viel weiter als bis nach Taiz). Der Abzug der Briten aus dem Süden und die Beendigung des Imamats im Norden waren die Nahziele der Reformer; ein geeinter und von Entwicklungshemmnissen befreiter Jemen ihre Vision. Im Laufe der 60er Jahre wurden die politischen Nahziele erreicht: Im Südjemen etablierte sich ein sozialistisches Regime als »starker Staat«. Der Nordjemen wurde Republik, allerdings als »schwacher Staat«, da der Bürgerkrieg in einem fragilen Patt zwischen Modernisten, Zentralisten und Traditionalisten — Stammeseliten endete. Bei dieser Kräftekonstellation war die Vereinigung des Jemen ohne Realisierungschance. Überlagert wurde der politische Wandel durch Machtkämpfe innerhalb der arabischen Welt und den globalen Ost-West-Konflikt. Somit waren die Entwicklungswege beider Jemen aufgrund interner und externer Faktoren weitgehend vorgezeichnet.

Südjemen: Grenzen isolierter Entwicklung

Kurz nach dem Abzug der Briten setzten die Kader der Befreiungsfront auf einen sozialistischen Entwicklungsweg. »Aus eigener Kraft« konnte sich die Demokratische Volksrepublik Jemen (DVRJ) jedoch schwerlich entwikkeln: Die nicht einmal zwei Millionen Einwohner (in einem Land von der Größe der Bundesrepublik) lebten in weit verstreuten und schwer zugänglichen Siedlungsgebieten. Landwirtschaft und Fischerei waren überwiegend subsistenz-orientiert, etwaige natürliche Ressourcen unerschlossen. Die dünne bürgerliche Schicht ging ins Ausland, zumal Aden ohne die Briten und während der Schließung des Suezkanals rasch an Bedeutung verlor. Da die erhofften Revolutionen in anderen Ländern der arabischen Halbinsel ausblieben, stattdessen die DVRJ isoliert war, bestanden die denkbar ungünstigen Voraussetzungen für ein sozialistisches Experiment. Möglich wurde das Experiment dennoch — zum einen dank der Entwicklungshilfe der kommunistischen Staaten Osteuropas, der VR China, einiger arabischer Staaten sowie regionaler und internationaler Entwicklungsinstitutionen; zum anderen transferierten Exilanten und Arbeitsemigranten umfangreich Gelder und Waren an ihre Angehö-

Weber in Bait al-Faqīh.

Der traditionelle Weber sitzt in Äthiopien wie im Jemen in einer Vertiefung, Weber in Gondar, Äthiopien.

Sanaa.

Textilladen im Sūq von Sanaa.

Seite 427:
Jemenitische und äthiopische Flechtarbeiten.
1. Reihe: links Äthiopien, rechts Jemen.
2. Reihe: links Jemen, rechts Äthiopien.
Hinten: Jemen.

Das Erdölfeld von Safir, östlich Maʾrib.

Bei Maʾrib: die erste Raffinerie in der AR Jemen.

Seite 429: Alt-Sanaa.

Sportveranstaltung in Ḥajja.

Stadtmauer von Sanaa.

Seite 431: Am Rande der Rubʿ al-Khālī.

Al-Markiz (Dschabal Ḥufāsch).

Auf dem Dschabal Raima.

rigen im Südjemen. Durch Entwicklungshilfe und Abschöpfungen bei den Überweisungen verfügte der Staat somit über einen Akkumulationsfonds.
Investitionen des Staates flossen schwergewichtig in die Landwirtschaft, Fischerei und Industrie, um gemäß den Vorstellungen der — durch Experten aus der UdSSR unterstützten — Entwicklungsplaner die Wirtschaft breitflächig und weg von Aden auf den Produktionsbereich zu reorientieren. Parallel wurden sowohl Ausbildungskampagnen als auch Strukturreformen durchgeführt. Neben Kooperativen im Agrar- und Fischereisektor entstand ein sich rasch ausweitender Bereich staatlicher Unternehmungen (Staatsfarmen, Fangflotte, staatliche Industriebetriebe). Während in der Industrie einige Erfolge erzielt wurden, u. a. wegen einer restriktiven Importpolitik, blieben die Produktionsergebnisse der Landwirtschaft und Fischerei weit hinter den Planzielen zurück, so daß die Importabhängigkeit bei Nahrungsmitteln weiter zunahm.
Wegen der offensichtlichen Effizienzprobleme des »extensiven sowjetischen Ansatzes« wurden seit Beginn der 80er Jahre »ungarische Lehren« gezogen: Die privaten Handlungsspielräume wurden erweitert (u. a. durch Rücknahme von Kollektivierungen, Investitionsangebote an Auslandsjemeniten). Reformen der Lohn- und Preissysteme schufen bessere Produktionsanreize. Der Staat konzentrierte sich auf die Überwindung der infrastrukturellen Engpässe, eine unter den Bedingungen der DVRJ langwierige, energieintensive und insgesamt kostspielige Aufgabe. Duch die Verlängerung der von Chinesen gebauten Straße von Aden nach Mukalla, bestehen zwar bessere Verbindungen zum Hinterland, aber die soziale Versorgung der Bevölkerung ist dort keineswegs gesichert. Überdies leidet das Land wegen der nolens volens tolerierten Abwanderung in die Golfstaaten an Arbeitskräftemangel; besonders schmerzt natürlich der Verlust qualifizierten Personals.
Trotz der Reformen zur Flexibilisierung der Wirtschaft sollte das Potential für eine selbsttragende Entwicklung in der DVRJ nicht überschätzt werden. Als kleines Land kann sich der Südjemen nur dynamisch entwickeln, wenn er an der internationalen Arbeitsteilung teilnimmt. Daß hierüber weiterhin Unklarheit besteht, bezeugen permanente Machtkämpfe innerhalb der Führungskader — auf die Spitze getrieben im tragischen Fraktionskrieg Anfang 1986. »Abgrenzung oder Annäherung gegenüber den Nachbarstaaten und dem Westen« erscheinen als ideologische, bündnispolitische oder nationalistische Optionen, im Grunde geht es jedoch um das zentrale Entwicklungsdilemma des Landes: Erstens muß Aden als Hafenstadt eine überregionale Funktion (zurück)gewinnen — Singapur oder Malta, die vor Jahren vor einer vergleichbaren Problemlage standen, haben gezeigt, daß sich Dienstleistungen mit industriellen Aktivitäten erfolgreich verbinden lassen. Zweitens müssen zur Überwindung der extrem defizitären Handelsbilanz — die bisher durch Überweisungen und Auslandshilfe ausgeglichen wurde — die Exportanstrengungen verstärkt werden; weil weder auf dem Weltmarkt noch im Comecon Absatzchancen bestehen, sollten Marktnischen im regionalen Raum gesucht werden.

Nordjemen: Orientierungslose Entwicklung

Anders als im Falle des Südjemen war der Staat des Nordjemen nicht in der Lage, wenigstens die gröbsten Negativeffekte des Erdölbooms auszugrenzen. Zum einen wurde erst nach dem erbitterten, aber machtpolitisch entscheidungslosen Bürgerkrieg Ende der 60er Jahre mit dem Aufbau moderner staatlicher Institutionen begonnen. Das »state building« verlief zum anderen langsam und zögernd, da die Stämme und Stammesverbände ihre Autonomie verteidigen — im Zweifel auch mit Waffengewalt. Mittlerweile ist zwar das Militär in allen Teilen des Staatsgebietes der Jemenitischen Arabischen Republik (JAR) präsent, aber weder das Militär (und damit der Präsident), geschweige denn der zivile Staatsapparat sind flächendeckend durchsetzungsfähig. Ein ausgedehnter Warenschmuggel und unkontrollierte Arbeitsemigration beleg(t)en die begrenzte Reichweite des Staates. Bei den gegebenen Kräfteverhältnissen waren Strukturreformen, ob im Agrarbereich oder im Finanzwesen, gar nicht auf der Agenda des Staatsapparates. Vielmehr beschränkte sich der Staat darauf, die Bevölkerung durch Vorleistungen — wie den Bau von Straßen oder die Anstellung von (ausländischen) Schullehrern — für sich zu gewinnen, um so allmählich die Loyalitätsbindung an die traditionellen Eliten abzubauen.
Vorleistungen konnten erbracht werden, weil sich dank der geostrategischen Lage des Landes mit geschickter Außenpolitik Hilfeleistungen bei den Industriestaaten in West und Ost sowie den Erdölländern mobilisieren ließen. Hinzu kamen günstige Kredite multilateraler Finanzinstitutionen (Weltbank u. a.), die den Nordjemen als LLDC förderten. Massiv flossen Finanzmittel vor allem aus Saudi-Arabien, das durch Zuweisungen an den Staat wie auch die Stammeseliten das innerjemenitische Kräftespiel in Gang hielt (da die Saudis die »Chaosmacht« eines vereinten Jemen mit prosowjetischer Orientierung fürchten). Insgesamt erhielt die JAR Hilfezusagen in einem Ausmaß, das selbst die Planungsbehörde kaum mehr überblickte. Ihre Entwicklungspläne benannten durchaus wünschenswerte Ziele: den Ausbau einer agroindustriellen Wirtschaft und Fortschritte bei der Selbstversorgung. Jedoch fehlten die politischen Konzepte und die staatlichen Instrumente, um den Privatsektor und die Gesellschaft insgesamt in jene Richtung zu lenken; so bestand die Hauptfunktion der Planung darin, ausländische Entwicklungshilfegeber von der Rationalität der staatlichen Entwicklungsvorhaben zu überzeugen.
Was die zahlreichen Geber dann finanzierten, waren vor allem grundlegende Infrastrukturmaßnahmen in der Zentralregion des Städtedreiecks Sanaa — Taiz — Hodeidah: Dort entstand ein Fernstraßennetz zwischen den größeren Ortschaften — durch Hilfe der Bundesrepublik die

Verbindung zwischen der Hauptstadt Sanaa und Taiz. Ein Tiefseehafen und ein internationaler Flughafen wurden gebaut sowie die Kapazitäten von Ausweichhäfen erweitert. Elektrifizierung und Wasserversorgung waren weitere Investitionsschwerpunkte. Im Rahmen der sog. Technischen Hilfe waren Hunderte von Experten im Nordjemen tätig — von Planberatern bis basisnah arbeitenden Freiwilligen (u. a. des DED). Seit Anfang der 80er Jahre werden verstärkt auch von deutscher Seite das Bildungs- und Gesundheitswesen gefördert, zum anderen versucht der Staat, mit ausländischer Hilfe bei Infrastrukturmaßnahmen und Regionalprogrammen das Hinterland aufzuschließen. Beides ist in dem gebirgigen Land mit seinen über 50.000 verstreuten Dörfern selbstredend nicht in wenigen Jahren zu bewältigen.

Auslandshilfe konnte und sollte Eigenanstrengungen — die Grundvoraussetzung für Entwicklung — nicht ersetzen. Selbstverständlich gibt es zahlreiche Beispiele für Eigenanstrengungen: Bauern, die nach ihrer Rückkehr aus den Golfstaaten Land hinzukauften, Landmaschinen anschafften und so ihre Produktion modernisierten. Oder Händler, die durch die Nachfrage nach Industriegütern angeregt wurden, den Sprung zum Unternehmer zu wagen. Durch die Auslandstätigkeit der Männer erweiterten sich die Aktivitäten der Frauen und damit ihre Kenntnisse. Schließlich wurden auf lokaler Ebene durch die Initiative und das Geld von Wanderarbeitern Entwicklungsprojekte in Angriff genommen. Obwohl die positiven Beispiele für Veränderungen auf der Mikroebene, sei es in den Geschlechterrollen oder im Arbeitsethos, für den sozialen Wandel nicht unterschätzt werden sollen, kann kein Zweifel darüber bestehen, daß auf der Makroebene die Fehlentwicklungen überwogen: So sank die Nahrungsmittelselbstversorgung; zwischen der Landwirtschaft und den wenigen Industrien entstand keine produktive Verzahnung. Wegen geringer bzw. ohne Schul- und berufliche Bildung verrichteten die Nordjemeniten weiterhin vorwiegend ungelernte Arbeiten, derweil Zehntausende von Ausländern qualifizierte Tätigkeiten übernahmen. Daß auch die Basisgesundheitsversorgung der (schätzungsweise) sieben Millionen Nordjemeniten schlecht ist, sollte ebenfalls nicht allein mit erneuten Hinweisen auf den LLDC-Status der JAR begründet sein. Denn gemessen an den finanziellen Möglichkeiten im privaten und staatlichen Bereich sind die Entwicklungsfortschritte im Gesamtkomplex von Produktion und Qualifikation minimal. Da der Staat die »leichten Gelder« nicht dem Entwicklungsniveau angemessen kanalisierte, wurden Tendenzen zur Konsum- und Entwicklungshilfegesellschaft übermächtig.

Seit einigen Jahren bewegt sich der Nordjemen am Rande des wirtschaftlichen Abgrunds. Der Zwang zu Einsparungen in den Erdölländern bewirkt sinkende Überweisungen und rapide abnehmende Finanzhilfe der arabischen Geber. Angesichts der Budget- und Zahlungsbilanzprobleme kann sich der jemenitische Staat ein »laissez faire« gegenüber dem Bürger und den Stämmen nicht mehr leisten; vielmehr muß er beweisen, daß er über eine ausreichende Legitimationsbasis zur Durchsetzung unpopulärer Maßnahmen wie Importbeschränkungen, Gebühren- und Steuererhöhungen oder Rial-Abwertungen verfügt. Erste Strukturanpassungen im Sinne verbesserter Produktionsanreize und Haushaltssanierung wurden bereits vorgenommen. Mittlerweile grassiert aber schon das Erdölfieber, da durch jüngste Erdölfunde eigene Petrodollareinnahmen zum Greifen nahe scheinen.

Unklare Entwicklungsperspektiven

Möglicherweise, jedoch keineswegs zwangsläufig, verbessern sich die Entwicklungsbedingungen durch eigenes Erdöl. Ohnehin sind die Erdölfunde im Nordjemen und die Explorationserfolge im Südjemen — wo ausländische Firmen ebenfalls fieberhaft nach Erdöl suchen — vergleichsweise bescheiden; zumindest erlauben sie keine Nachahmung des kapitalintensiven Entwicklungsmodells der Nachbarstaaten. Daß selbst die erdölreichen Golfstaaten in finanzielle Engpässe geraten sind, weil sie die Folgekosten des Aufbaus hypermoderner Infrastruktur und Industrien sowie die Vermarktungsprobleme bei petrochemischen Grundstoffen unterschätzten, sollte den beiden Jemen eine Lehre sein. Etwaige Erdöleinnahmen sollten daher vorrangig in die Modernisierung (und Rehabilitierung) des vorhandenen Produktionsapparats investiert werden.

Im Falle einer engeren Kooperation zwischen den beiden Jemen bestünde ein beträchtliches Potential für eine dynamische Verflechtung von Landwirtschaft, Fischerei und Industrie — damit für eine Ausweitung des Binnenmarktes. Allerdings wären die beiden Jemen schlecht beraten, wenn sie ihre nationale Entwicklungspolitik einseitig binnenorientieren. Wie die Beispiele erfolgreicher Entwicklungsländer in Asien zeigen, sind Abschottung vom Weltmarkt oder Eingliederung in die regionale bzw. internationale Arbeitsteilung für kleine Länder keine Alternativstrategien, sondern im Denkstil des »sowohl als auch« geschickt zu kombinieren. Ob die längerfristige Entwicklung der beiden Jemen und der arabischen Welt insgesamt erfolgreich verläuft, wird sich letztlich erst in der Nacherdöläral erweisen.

Entwicklung und Entwicklungshilfe im Jemen

Matthias Weiter

Nach der Revolution von 1962 war der neuen Regierung schnell bewußt, was im Lande fehlte, um eine Entwicklung einzuleiten: eigentlich alles. Das, was dann in den folgenden Jahren des Bürgerkrieges tatsächlich modernisiert werden konnte, war wenig. Erst 1971 konnte die Regierung sich durch das erste erstellte Statistische Jahrbuch sowie einen Bericht der Weltbank einen Überblick verschaffen, was und wieviel in der Landwirtschaft produziert wurde, wieviele Kinder zur Schule gingen, wieviele Krankenhausbetten zur Verfügung standen. Dabei wurde deutlich, daß die angestrebte Modernisierung des Jemen in überschaubarer Weise nur mit umfangreicher Hilfe des Auslandes möglich sein würde. Zwar waren 1969 bereits die drei größten Städte des Landes, Sana'a, Al Hudaydah und Taiz, durch teilweise sogar asphaltierte Straßen miteinander verbunden, und die Zahl der Kraftfahrzeuge im Lande war von 500 in 1960 auf über 6.000 angestiegen. Aber weder für die Unterhaltung der Straßen noch die Reparatur der Automobile gab es Fachkräfte. Die gesamte Stromerzeugungskapazität des Landes betrug 1970 nur 30.000 kW, keine günstige Voraussetzung zur Ansiedlung von Gewerbe und Industrie. Arbeitskraft war der einzige Faktor, der damals im Jemen im Überfluß vorhanden war, allerdings nur in Gestalt ungelernter Landarbeiter. Dazu kam aber das wichtige Moment der Aufbruchsstimmung. Der Jemen hatte sein traditionelles wirtschaftliches und soziales — wenn auch nur auf niedrigstem Niveau angesiedeltes — Gleichgewicht unwiederbringlich verloren, war aus seinen mittelalterlichen Zuständen herausgerüttelt worden.

Heute, 25 Jahre nach der Abschaffung des Imamats und 18 Jahre nach dem Ende des Bürgerkrieges, hat sich die Situation in vielen Bereichen entscheidend geändert: Im Schuljahr 1986/1987 wurden 1,300.000 Schüler registriert, an der Universität Sana'a waren über 12.000 Studenten eingeschrieben und etwa 5.000 Jemeniten studierten zu diesem Zeitpunkt an ausländischen Universitäten. Die wichtigsten Orte des Landes sind mit Asphaltstraßen verbunden, ergänzt durch ein dichtes ländliches Wegenetz, das heute ermöglicht, fast jedes jemenitische Dorf mit dem Kraftfahrzeug zu erreichen. Überland-Stromleitungsmasten beeinträchtigen vielfach schon die atemberaubende Aussicht auf die jemenitische Berglandschaft; kaum ein Dorf, das nicht zumindest über einen privaten Stromgenerator verfügt. Und das Gesundheitssystem bietet nicht nur in den Krankenhäusern der größeren Städte eine medizinische Versorgung nach europäischen Vorbildern an, sondern kann zunehmend auch die Bevölkerung auf dem Lande über Basisgesundheitszentren und deren Außenposten behandeln und präventivmedizinisch aufklären. Dazu gehört auch die ständig besser werdende Versorgung mit sauberem und ausreichendem Trinkwasser, für die Bevölkerung seit altersher das wichtigste Gut. Obdachlosigkeit gibt es nicht, der permanente Bauboom im Lande der antiken »Wolkenkratzer« läßt zwar noch viele Wünsche nach mehr Raum und Komfort offen, aber ein Dach über dem Kopf hat jeder. Und hungern dürfte wohl auch keiner mehr, ausreichend bezahlte Arbeit zu finden ist vorläufig noch kein Problem, und was an Lebensmitteln nicht im Lande produziert wird, kann noch immer eingeführt werden.

In den produktiven Sektoren Landwirtschaft und Industrie hat sich die Situation des Jemen allerdings längst nicht so günstig entwickelt, und hier wird das Dilemma des jemenitischen Entwicklungsprozesses offenbar: die Mittel für die Finanzierung der explosionsartigen Verbesserung der Versorgung der jemenitischen Bevölkerung mit Konsumgütern und Dienstleistungen wurden im Ausland erwirtschaftet. Die Produktion im Innern dagegen wurde bis zum Beginn der achtziger Jahre in der Landwirtschaft immer geringer und kam in der Industrie nur sehr mühsam voran. Inzwischen hat jedoch die Regierung durch wirtschaftspolitische Weichenstellungen, vor allem die rigorose Abwertung des jemenitischen Rial und drastische Importrestriktionen, entscheidende Schritte zur Ankurbelung der Investitionstätigkeit im Inland unternommen.

Folgende wirtschaftliche, politische und soziale Faktoren haben die Entwicklung des Jemen seit 1969 maßgeblich geprägt:

- die Überweisungen jemenitischer Gastarbeiter, vor allem aus Saudi Arabien (bis zu 1,5 Mrd. Dollar pro Jahr);
- die Zuschüsse der Golfländer zum jemenitischen Staatshaushalt (bis zu 500 Mio Dollar pro Jahr);
- die projektgebundene Entwicklungshilfe (bis zu 300 Mio Dollar pro Jahr);
- die geographische Lage im Zentrum einer weltpolitischen Krisenregion, die dem Jemen das politische Interesse östlicher wie westlicher Länder sichert;
- der Aufbau von für die Planung und Durchführung zuständigen und zunehmend kompetenteren nationalen Institutionen wie etwa die Zentrale Planungsorganisation (C. P. O.), Fachministerien oder die Tihama Development Authority (T. D. A.);
- die Herstellung einer relativen inneren Stabilität durch Abbau traditioneller Stammesrivalitäten;
- die Bereitschaft und Fähigkeit lokaler Bevölkerungsgruppen zur Durchführung von Selbsthilfemaßnahmen, vor allem bei Trinkwasserversorgung und Wegebau, sowie
- der ausgeprägte Nationalismus, der jeden Jemeniten im Ausland wieder in die Heimat zurückkehren läßt

Karikatur aus al-Thaura vom 12. Mai 1985: Über der Orange und der Banane heißt es »baladi« (»hiesig«), auf den weggekickten Fruchtsaftbüchsen steht »mustaurid« (»importiert«). Förderung der heimischen Landwirtschaft ist ein zentrales wirtschaftspolitisches Ziel der Regierung.

und die höhere Wertschätzung jemenitischer gegenüber ausländischen Produkten garantiert.

Damit wird deutlich, daß trotz Mangel an Ausbildung, Arbeitskräften und Exportprodukten wesentliche materielle und strukturelle Randbedingungen für eine Entwicklung gegeben waren. Die Entwicklungshilfe machte zwar nur einen kleineren Teil der finanziellen Zuflüsse aus, hatte aber eine Katalysatorfunktion: Sie konnte wesentlich zum Aufbau der Strukturen beitragen, die für eine entwicklungsorientierte Verwendung der anderen Finanzzuflüsse sowie des nationalen, menschlichen und natürlichen Potentials Voraussetzung sind. Bei der Betrachtung der Funktion der Entwicklungshilfe für den Jemen lassen sich deutliche Phasen unterscheiden. Die junge Republik hatte nach dem Bürgerkrieg keine »Absorptionskapazität« vorzuweisen, d. h. es fehlten die Strukturen, die eine wirksame Verwertung des angebotenen Kapitals und Fachwissens gewährleistet hätten. Anfängliche Aufgabe der Entwicklungshilfe war es deshalb, die Voraussetzungen für ihre eigene Wirksamkeit zu schaffen. In einer ersten Phase, d. h. während des Bürgerkriegs, waren im Ausland, vor allem in Osteuropa, Stipendienprogramme für Jemeniten durchgeführt worden, so daß Anfang der siebziger Jahre der Regierung zumindest einige Fachleute zur Verfügung standen. Diese dienten als Ansprechpartner und Koordinatoren für die dann im Jemen selbst anlaufenden Entwicklungsprogramme. Anfangs wurden schwerpunktmäßig größere Infrastrukturprojekte in Angriff genommen: Fernstraßen, Häfen, Flughäfen. Ab Mitte der siebziger Jahre verlagerte sich der Schwerpunkt der Hilfe dann auf den Aufbau grundbedürfnisorientierter staatlicher Dienstleistungen, vor allem in den Bereichen Gesundheit, städtische Trinkwasserversorgung und Bildung. Über 15.000 Lehrer aus anderen arabischen Ländern wurden eingestellt, um in den im Jemen wie Pilze aus dem Boden schießenden Schulen zu unterrichten.

Die Liste der Staaten und internationalen Organisationen, die mit dem Jemen entwicklungspolitisch zusammengearbeitet haben, ist lang. Zweifellos wurde damit auch eine verwirrende Vielfalt von Analysen und Konzeptionen an den Jemen herangetragen. Doch hat der Zwang zur ständigen inhaltlichen Diskussion mit ausländischen Politikern und Fachleuten, der Durchführungsorganisationen andererseits, bei den jemenitischen Planern auch dazu beigetragen, die eigenen Standpunkte festzulegen und daraus sektorale Konzepte für die Fünfjahres-Entwicklungspläne abzuleiten. Dies führte sogar dazu, daß auch Hilfsangebote abgelehnt wurden, wenn sie nicht ins nationale Konzept paßten.

Im 1982 angelaufenen zweiten Fünfjahres-Entwicklungsplan hatten sich die Jemeniten angesichts des absehbaren Rückgangs der Gastarbeiterüberweisungen bei gleichzeitig weiter ansteigenden Konsumgüterimporten die Erhöhung der landwirtschaftlichen und industriellen Produktion zum Ziel gesetzt. Entsprechend erfolgte eine Anpassung der Programme der Entwicklungshilfe, die hier am Beispiel der Zusammenarbeit zwischen dem Jemen und der Bundesrepublik Deutschland veranschaulicht werden soll. Sie ist der wichtigste westliche Partner des Jemen. Der Gesamtwert der von 1962—1986 bereitgestellten finanziellen und personellen Leistungen der Bundesrepublik für den Jemen im Rahmen der Entwicklungshilfe beträgt etwa 750 Mio DM, dazu kommen Beiträge für Jemenprojekte internationaler Institutionen wie Weltbank, Entwicklungsprogramm der Vereinten Nationen (UNDP) oder die EG.

In den deutsch-jemenitischen Regierungsverhandlungen im April 1980 in Bonn wurden vier Schwerpunktbereiche zukünftiger Zusammenarbeit festgelegt:

- Erhaltung und Erweiterung landwirtschaftlicher Produktionsflächen sowie Erhöhung der Produktivität, um die Nahrungsmittelproduktion langfristig sicherzustellen.
- Befriedigung von Grundbedürfnissen der Bevölkerung in ländlichen Gegenden, um dort die Lebensbedingungen zu verbessern und die Arbeit in diesen Gegenden attraktiver zu machen.
- Förderung der Klein- und Mittelindustrie, um die Abhängigkeit von Importen im Bereich der Konsumgüter zu reduzieren.
- Beratungsleistungen für Regierungsstellen, um die administrative Kapazität in entwicklungsrelevanten Bereichen zu stärken.

Die Bereitstellung von Ausbildungsmöglichkeiten wurde als wichtiges Instrument zur Erreichung dieser Ziele angesehen.

Aufgrund der inzwischen gewonnenen Erfahrungen haben sich die Gewichte und Akzente innerhalb der Schwerpunktbereiche seitdem etwas verschoben:

- Bei der Förderung der Nahrungsmittelproduktion erfolgt eine Beschränkung auf diejenigen Bereiche, in denen von deutscher Seite am ehesten verwertbare Erfahrungen angeboten werden können, speziell im Pflanzenschutz und in der Tierhaltung.
- Bei der Förderung ländlicher Regionen stehen die Bereitstellung von Wasser und Gesundheitsfürsorge im Vordergrund sowie Hilfe beim Aufbau eines ländlichen Beratungsdienstes.

Die neue Zeit.

— Hinzu kommt der Bereich der Verkehrsinfrastruktur, der in einem relativ wenig erschlossenen Land noch eine zentrale Rolle spielt — auch zur Erschließung ländlicher Gebiete.
— Dagegen hat sich die Förderung der Klein- und Mittelindustrie als möglicherweise verfrüht herausgestellt, so daß wieder stärker die Unterstützung gewerblicher Ausbildungseinrichtungen gesucht wird.

Die Art der Zusammenarbeit in den einzelnen Bereichen läßt sich an Projektbeispielen verdeutlichen. Wichtigster deutscher Beitrag für die jemenitische Landwirtschaft ist wohl die Hilfe beim Aufbau eines nationalen Pflanzenschutzdienstes, ein Projekt, das bereits 1974 begann. Die jemenitische Hirseernte wird regelmäßig vom »Heerwurm« bedroht, ein Insekt, das als Schmetterling bei günstigem Wind von Ostafrika das Rote Meer überquert und dessen Larven im Jemen riesige Anbauflächen leerfressen können. Der Aufbau eines Frühwarnsystems durch den Pflanzenschutzdienst hat jedoch dazu geführt, daß inzwischen rechtzeitig Alarm geschlagen werden kann. Dann wird mit organisierten Sprühkampagnen gegen die Insekten vorgegangen, bevor sie sich zur Landplage vermehren können. Außerdem werden alle Agrarprojekte im Jemen vom Pflanzenschutzdienst regelmäßig mit Informationen für die Bauern versorgt. In den Häfen und Flughäfen sind Pflanzenquarantänestationen eingerichtet worden, um zu verhindern, daß über importierte Pflanzen Schädlinge eingeschleppt werden, die im Jemen noch unbekannt sind. Und schließlich wurden mit deutscher Hilfe Labors aufgebaut, wo Pflanzenschutzmittel getestet werden. Ein wesentlicher Erfolg des Projektes war auch die Entwicklung einer Methode zur Bekämpfung der Bananenkrankheit. Dies war eine Voraussetzung dafür, daß der Jemen innerhalb von wenigen Jahren keine Bananen mehr importiert, sondern inzwischen Selbstversorger ist.

Jedoch ist die Agrarhilfe nicht immer so erfolgreich. Ausländische Experten müssen erst einmal lernen, wie im Jemen die Landwirtschaft funktioniert, bevor sie von der Bevölkerung akzeptiert werden. Das dauert einige Jahre, erfordert arabische Sprachkenntnisse und die Bereitschaft, von den Bauern zu lernen, um sowohl deren soziale Strukturen als auch ihre Anbaumethoden zu durchschauen, die ja auf den Erfahrungen einer 3000jährigen Bauernkultur beruhen. Erst wenn ein Vertrauensverhältnis zwischen Ausländern, lokalen Autoritäten und Bauern hergestellt ist, kann man gemeinsam beginnen, verbesserte Anbaumethoden zu erproben und zu untersuchen, ob diese sich wirklich für den einzelnen Bauern rentieren.

Bei Projekten, die einer besseren Versorgung der Bevölkerung mit Trinkwasser dienen, ist ein Erfolg schneller zu erreichen. Wasserversorgung ist ein Schwerpunkt des von der Bundesrepublik Deutschland unterstützten Regionalentwicklungsprogramms in der Provinz Al Mahwit. Deutsche Experten zeigen den Dorfbewohnern, wie man Quellen und Zisternen besser vor Sickerverlusten und Verunreinigung schützen kann. Für größere Ortschaften werden Tiefbrunnen gebohrt und Rohrleitungen gelegt. Wenn, wie in solchen Projekten, das Ziel klar vor Augen steht und für die lokale Bevölkerung eine hohe Priorität hat, ist sie schnell bereit, sich mit Geld und Arbeitskraft am Bau solcher Anlagen zu beteiligen.

Wegen der hohen Priorität der Wasserversorgung wurde 1985 ein Programm zur Verbesserung der Wasserversorgung in elf Provinzstädten in Angriff genommen. Neben Studien für den Ausbau der Wassersysteme werden gleichzeitig notwendige Reparaturen an den bestehenden Systemen vorgenommen, an denen sich die Bevölkerung bzw. die lokalen Behörden finanziell und durch Arbeitsleistung beteiligen. Dadurch kann mit wenig Aufwand eine sofortige Verbesserung der Versorgungssituation noch während der Studienphase erreicht werden. Gleichzeitig werden auch Pläne für eine hygienisch einwandfreie Abwasserentsorgung erarbeitet. Noch beeindruckender können die Erfolge der Entwicklungshilfe sein, wenn durch den Einsatz moderner Techniken Güter produziert werden, die vorher knapp waren und importiert werden mußten, für die aber ein großer Bedarf besteht. Ein Beispiel dafür ist die Schulbuchdruckerei. Schulbücher gab es bis zu Beginn der achtziger Jahre im Jemen nur wenige, es waren Geschenke anderer arabischer Staaten, die Inhalte nicht auf den Jemen abgestimmt. 1979 begann eine Gruppe deutscher Druckereifachleute mit der Aufstellung der Maschinen und der Ausbildung jemenitischer Drucker, die Anlage wurde schrittweise erweitert, und 1986 reichte die Kapazität bereits aus, um den gesamten Schulbuchbedarf des Landes zu decken.

Die Erfolge deutscher handwerklicher Ausbildung im Jemen werden auch in der Gewerbeschule Sana'a deutlich, wo Kfz-Mechaniker, Elektriker, Klempner, Maurer, Schreiner und Schlosser ausgebildet werden. Die ersten Absolventen wurden noch überwiegend von Staatsbetrieben eingestellt, heute finden sie vor allem in neugegründeten privaten Gewerbebetrieben gut bezahlte Arbeit, denn dank der günstigen Devisensituation der letzten Jahre und dem Mangel an Arbeitskräften sind jemenitische Betriebe mit ebenso modernen Maschinen wie die Gewerbeschule ausgestattet. Die deutschen Ausbilder sind übrigens längst wieder heimgekehrt, die Gewerbeschule ist inzwischen eine rein jemenitische Angelegenheit.

Der Erfolg dieser Einrichtung bewog die jemenitische Regierung, die Bundesregierung um Beteiligung an zwei weiteren Ausbildungsprojekten zu ersuchen, die von der Weltbank mitfinanziert werden: eine Gewerbeschule in Taiz und ein Polytechnikum in Sana'a. Beide Vorhaben werden in den nächsten Jahren voraussichtlich mit deutscher Unterstützung verwirklicht werden.

Die Beratung nationaler Institutionen ist dagegen meist als längerfristiger Einsatz konzipiert. Deutsche Experten unterstützen die Zentrale Planungsorganisation (C. P. O.) bei der Vorbereitung neuer Entwicklungsprojekte und das Landwirtschaftsministerium im Bereich der Regionalentwicklung. Entwicklungshelfer sind im Ministerium für öffentliche Arbeiten für die Stadtplanung eingesetzt, und

Bankfachleute helfen sowohl in der Agrarkreditbank als auch in der Industriebank bei der Organisation der Abläufe. Und außerdem ist ein deutscher Berater im Erziehungsministerium tätig und arbeitet mit an der Vorbereitung der neuen Projekte im Bereich der gewerblichen Ausbildung.
Schließlich sei noch auf die Straße Sana'a—Taiz hingewiesen, für die zusammen mit dem Arab Fund eine neue Deckschicht finanziert wird. Bereits in der Frühzeit der deutsch-jemenitischen Zusammenarbeit wurde der Bau der Straße aus deutschen Mitteln möglich gemacht. Nach nunmehr mehr als zehn Jahren wurde infolge des die Schätzungen übersteigenden Verkehrsaufkommens — aber auch durch zu hohe Achslasten der Lkw — eine Grundüberholung der Straße fällig.

Dies sind nur einige Beispiele aus der deutsch-jemenitischen Zusammenarbeit. Die Programme anderer wichtiger Partnerländer der Jemeniten im entwicklungspolitischen Bereich, wie etwa der Niederlande oder der Weltbank, sind ähnlich strukturiert. Nur die Niederlande sind bisher jedoch dem Beispiel der Bundesrepublik Deutschland gefolgt, die 1979 dem Jemen die Rückzahlung früherer Kredite erlassen hatte, mit denen in den 70er Jahren vor allem die Straße Sana'a—Taiz und der Flughafen Sana'a gebaut werden konnten. Die deutsche technische und finanzielle Hilfe für den Jemen wird seitdem ausschließlich als nicht-rückzahlbarer Zuschuß gewährt.
Damals war bereits absehbar, daß sich die Verschuldungslage des Jemen trotz im Vergleich zu anderen Entwicklungsländern zurückhaltender Kreditaufnahme drastisch verschlechtern würde. Während die Schuldendienstquote, d. h. der Anteil der Kreditrückzahlungen an den gesamten Deviseneinnahmen des Landes für den öffentlichen Bereich im Jahre 1985 sechs Prozent betrug, waren es 1986 bereits über zehn Prozent. Die größten Gläubigerländer des Jemen sind die UdSSR, die Weltbank, Saudi Arabien und der Irak. Bei der UdSSR steht der Jemen allerdings hauptsächlich wegen Waffenkäufen so hoch in der Kreide.
Im Lichte dieser Situation wird verständlich, daß der 1987 angelaufene dritte Fünfjahres-Entwicklungsplan noch stärker als bisher auf produktive Investitionen in Landwirtschaft und Industrie ausgerichtet ist. Die neuentdeckten Ölquellen können frühestens in den 90er Jahren zu einer Entlastung führen, vorerst tragen sie durch die für ihre Erschließung notwendigen Investitionen zur Erhöhung der Verschuldung bei.
Welche Konsequenzen hat das für die Rolle der Entwicklungshilfe? Die Phase der großen Infrastrukturvorhaben ist weitgehend abgeschlossen, in diesem Bereich wird sich die Hilfe darauf konzentrieren, die Jemeniten bei der Erhaltung und besseren Nutzung dieser Anlagen zu unterstützen. Dies gilt nicht nur für die Verkehrsinfrastruktur, sondern vor allem für die großen landwirtschaftlichen Erschließungsprojekte wie das Wadi Mawr oder den neuen Marib-Damm. Sie könnten theoretisch einen wesentlichen Beitrag zur Reduzierung der Nahrungsmittelimporte leisten, die derzeit rund 40 Prozent der Einfuhren ausmachen.
Da in den nächsten Jahren immer mehr und immer besser ausgebildete Jemeniten dem öffentlichen und privaten Sektor als Arbeitskräfte zur Verfügung stehen werden, werden sich Einsätze ausländischer Experten zunehmend auf Entsendungen von Spezialisten mit Beratungsfunktion für jemenitische Fachleute sowie die Verbesserung des jemenitischen Ausbildungssystems im technischen und naturwissenschaftlichen Bereich konzentrieren. Im allgemeinbildenden Schulwesen wird es allerdings schon ein Erfolg sein, wenn bei weiter steigenden Schülerzahlen die Zahl der ausländischen Lehrer wie geplant bei 18.000 stabilisiert werden kann.
Nachdem die Regierung nun die wichtigsten Voraussetzungen für gewinnbringende private Investitionen in Landwirtschaft und Industrie geschaffen hat, muß sie gleichzeitig daran gehen, ein Steuerwesen aufzubauen, das die Bevölkerung als auch die Betriebe stärker an der Finanzierung des öffentlichen Haushalts beteiligt, ohne dadurch ihre Existenzgrundlage zu gefährden. In diesem Bereich können ausländische Berater noch einen wesentlichen Beitrag leisten.
In dem Maße, wie die jemenitische Administration die Planung und Steuerung ihrer Entwicklungsprojekte zunehmend eigenverantwortlich übernehmen kann, wird sich die Auslandshilfe von der Einzelprojektförderung auf die pauschale Unterstützung von Programmen verlagern. Im Gesundheits- und Bildungswesen könnte damit ein Anfang gemacht werden. Die sehr kostenaufwendigen Einsätze ausländischer Experten und der administrative Aufwand für beide Seiten würde sich so erheblich verringern.

Wann die Entwicklungshilfe im Jemen ihrem konzeptionellen Anspruch, sich selbst überflüssig zu machen, einlösen wird, ist nicht absehbar. Der drastische Rückgang der Hilfe arabischer Nachbarländer in den letzten Jahren ist jedenfalls nicht auf konzeptionelle, sondern auf schlichte wirtschaftliche Gründe zurückzuführen: Mit sinkenden Öleinnahmen ging auch die Hilfsbereitschaft der Ölstaaten zurück. Da die Entwicklungshilfe der anderen Geberländer ebenso von außenwirtschaftlichen und außenpolitischen Faktoren abhängig ist, kann der Jemen nicht davon ausgehen, daß Entwicklungshilfe eine quantitativ und qualitativ zuverlässig einplanbare Komponente der zukünftigen Entwicklung des Landes darstellt. Sowohl die jemenitischen Planer als auch ihre ausländischen Partner in der Zusammenarbeit müssen daher darauf achten, daß mit Entwicklungshilfe keine Strukturen aufgebaut werden, die der Jemen später nicht aus eigener Kraft funktionsfähig halten kann. Die Gefahr der Aufblähung des Beamtenapparates ist bereits heute deutlich zu erkennen, und auch der Grundsatz einer kostenlosen staatlichen Gesundheitsversorgung ist sicherlich kaum noch lange aufrechtzuerhalten. Vordringlichste Aufgabe des Jemen wird es daher sein, die zunehmenden materiellen Ansprüche der Bevölkerung an den Staat mit dem begrenzten nationalen Produktionspotential ins Gleichgewicht zu bringen. Für die Erschließung und bessere Nutzung dieses Potentials wird Entwicklungshilfe sowohl in Form von Fachwissen als auch Kapital für den Jemen noch etliche Jahre erforderlich sein, bis er eine akzeptiertere und tragfähigere Rolle als Staatsgebilde für seine Einwohner und in der internationalen Staatengemeinschaft gefunden haben wird.

Auf der Suche nach der Zukunft

Walter Dostal

Über die Lebenswirklichkeit in der Gebirgssiedlung al-Ṭawīla

Die 1962 erfolgte Proklamierung der Arabischen Republik Jemen markiert einen Wendepunkt in der Geschichte der Gesellschaften dieses Landes: die Befreiung von der Bürde der zayditischen Imāmatsherrschaft und die Hinwendung zu einer neuen staatlichen Organisationsform. Mit den Schritten zur Realisierung dieser Zielsetzung wurden die Jemeniten in ein in sich zusammenhängendes Geschehen einbezogen, in welchem es nicht mehr um den Legitimierungsanspruch eines Imāmatsbewerbers ging, sondern um die Bildung einer neuen politischen Identität, die die alten Bande der Glaubensgemeinschaften oder Stammesverbände zu überwinden hat. In diesem Zusammenhang ist es sicherlich nicht übertrieben, darauf hinzuweisen, daß die zayditische Imāmatsherrschaft schwer auf der Bevölkerung lastete, bedingt durch die Eigenart der Imāmatsidee, der zufolge jeder Bewerber für das Imām-Amt seine Legitimation im Kampfe erringen mußte. In der Realität bedeutete dieses Prinzip meist die Anwendung roher Gewalt gegenüber unbotmäßigen Stämmen und Mitbewerbern für dieses Amt. Es gibt daher keinen Anlaß, den Verlust der vergangenen Epoche zu beklagen. Jedoch ist es nun erforderlich, diese Übergangsgesellschaften einem Verständnis zuzuführen, die Vielfalt ihrer existentiellen Probleme aufzuzeigen, deren Lösungsversuche durch das Verhältnis von Erfüllung und Enttäuschung gekennzeichnet sind. Für den Außenstehenden ist es naturgemäß schwer, einen Zugang für ein Verstehen dieser komplexen Wandelvorgänge zu finden. In der Wirklichkeit des Alltags beobachten wir vieles, erkennen einiges, verstehen aber nur weniges. Wer wollte sich schon getrauen, die Motivation jener Bewohner von al-Ṭawīla zu begreifen, ihr durch Gastarbeit im Ausland schwer verdientes Geld ausschließlich in den Handel zu investieren, um dann in der Vielzahl der nebeneinander liegenden Geschäftslokale mit einem nahezu identischen Warenangebot ein frustrierendes Leben zu führen, da der lokale Markt bereits übersättigt ist? Die Regie in diesem Spiel tendiert zu meist kühnen, aber ebenso schwer begreiflichen Szenerien. Um sie an einem Beispiel zu konkretisieren und insbesonders die Eigenart der gegenwärtigen Situation zu zeigen, werde ich die Siedlung al-Ṭawīla ethnographisch skizzieren.

Al-Ṭawīla, eine Kleinstadt mit ca. 2.053 Einwohnern (1975), liegt auf dem Südhang eines Bergmassivs 2.700 Meter über dem Meeresspiegel[1]. Vier steil emporragende Felskuppen verleihen diesem Massiv sein charakteristisches Gepräge: al-Maḥdjur, al-Manqur, al-Shamsān, al-Ḥuṣn und der ca. 1,5 km östlich davon gelegene isolierte Felsen al-Qarāniʿ. Auf den Kuppen der al-Shamsān, al-Ḥuṣn und al-Qarāniʿ-Felsen erheben sich mächtige aus Steinen erbaute Festungsmauern.

Heute ist das Gebiet um al-Ṭawīla der 1974 neu geschaffenen Provinz »al-Maḥwīt« administrativ als Sub-Provinz (qaḍā) zugeordnet mit dem Verwaltungszentrum in der Stadt al-Ṭawīla. Sie umfaßt zwei Bezirke (nawāḥī): 1. Al-Ṭawīla und 2. Shibām-Kawkabān[2].

Bevor man über den Zeitpunkt, zu dem der Beginn der Geschichte al-Ṭawīla's anzusetzen ist, Feststellungen treffen will, sollte man auf den Sachverhalt verweisen, daß in den frühesten Erwähnungen — sie entstammen der Zeit um 1210 — nur die Festungen von al-Ṭawīla und al-Qarāniʿ angeführt sind. Ob wir im Zusammenhang mit der Nennung der Festung al-Ṭawīla auf die Existenz einer gleichnamigen Siedlung schließen dürfen, muß offenbleiben. Für eine relativ späte Gründung der Siedlung spricht auch der Umstand, daß wir in dem von al-Hamdānī (10. Jh.) verfaßten Werk »Die Beschreibung der Arabischen Halbinsel« vergeblich nach einem Hinweis auf al-Ṭawila suchen. Es kann aber kein Zweifel darüber bestehen, daß die Ortschaft al-Ṭawīla erst in islamischer Zeit gegründet wurde, im Gegensatz zu der ca. 45 km östlich gelegenen Siedlung Shibām und dem auf einem schroffen Felsen sich darüber erhebenden Kawkabān, einer heute noch bewohnten Festung. Sowohl durch Inschriften als auch die Realien ist Shibām-Kawkabān in vor-islamischer Zeit bezeugt. Verständlich wird daher die Auffassung der mit der historischen Überlieferung vertrauten lokalen Gelehrten, nach der sich der Name »al-Ṭawīla« lediglich auf die Landschaft mit ihren zahlreichen Streusiedlungen bezog. Dieser Sachlage zufolge, stellt sich der Versuch, die Siedlungsgeschichte al-Ṭawīla's nachzuzeichnen, als ein einigermaßen diffiziles Unternehmen heraus.

Die Vorzeit al-Ṭawīla's hat sich sicherlich nicht in einer undurchsichtigen Dämmerung abgespielt; vermutlich lag diese Siedlung und das sie umgebende Gebiet abseits von den Zentren des politischen Geschehens, im Gegensatz zu Shibām-Kawkabān, von dem man heute weiß, daß es bereits in vor-islamischer Zeit zu einem der politischen Mittelpunkte der antiken Bakīl-Konföderation gehörte. Es wäre daher denkbar, von diesem Ausgangspunkt eventuelle Hinweise für die Erhellung der Gründungsgeschichte von al-Ṭawīla zu ermitteln. In den Ereignissen,

1 Steffen: I/158, Al-Hamdānī benennt diesen Gebirgsstock als Sarāt al-Maṣānī, die Landschaft führte zu seiner Zeit (10. Jh.) den Namen Ahdjur Shibām Aqyān (Forrer: 71, 83 f.).

2 Höhfeld: Abb. 1; Steffen: I/145.

Al-Ṭawīla; Zeichnung von Renate Strasser.

die im Wechsel der dynastischen Kämpfe in vor-islamischer Vergangenheit über dieses Gebiet hinwegfegten, fällt Shibām-Kawkabān ungefähr im 4. Jh. n. Zt. unter die Hoheit der Konföderation der Ḥimyar[3]. In islamischer Zeit behaupteten sich, politisch gesehen, in diesem Siedlungsgebiet die B. Ḥiwāl, die ihre Herkunft von den Ḥimyar ableiteten. Den B. Ḥiwāl entstammen die B. Yuʿfir, die im 9./10. Jh. über weite Teile der jemenitischen Gebirgszüge und des Hochlandes herrschten. In ihrer wechselvollen Geschichte diente Shibām-Kawkabān den B. Yuʿfir immer wieder als Zufluchtstätte. Es würde zu weit führen, in der vorliegenden Skizze auf die unzähligen vielfältigen historischen Vorkommnisse im Detail einzugehen — einige Konstellationen der damaligen politischen Situation im geographischen Umfeld von al-Ṭawīla sollen jedoch nicht unerwähnt bleiben, vielleicht vermögen sie der Beantwortung nach dem Gründungsdatum dieser Siedlung näherzukommen. Auf der Höhe ihrer Machtentfaltung sahen sich die B. Yuʿfir mehreren religiösen und politischen Machtgruppen gegenüber: den seit 897 aus dem Norden vordringenden Zayditen unter der Führung von al-Hādī ilaʾ-l-Ḥaqq Yaḥyā; den Qarmaṭen, die sich unter Ibn Faḍl im Jemen zu etablieren trachteten und schließlich den B. Ziyād, deren Stammvater Muḥammad b. Ziyād vom abbāsidischen Kalifen al-Maʾmūn im Jahre 818/819 als Statthalter nach dem Jemen entsandt wurde und eine unabhängige, weit über die Tihāma nach Osten hinausreichende Herrschaft errichtete[4]. Shibām-Kawkabān, als Zentrum der B. Yuʿfir, geriet dadurch naturgemäß in den Interessensbereich dieser Gruppen. In den folgenden Auseinandersetzungen, in denen der Glanz der B. Yuʿfir erlosch, fiel Shibām-Kawkabān um 901 vorübergehend den Zayditen zu; aber erst 1151 ging diese Ortschaft mit der Festung Kawkabān endgültig in den Besitz der zayditischen Imāme unter Imām Mutawakkil Aḥmad b. Sulaymān über. Die Bedeutung dieses Ereignisses liegt vor allem darin, daß sich die herrschaftliche Situation in diesem Raum veränderte. Die neuen Machthaber legten nun in dem benachbarten Areal ein Netzwerk von Festungen an, um ihre Herrschaft zu sichern. Von dieser Zielsetzung aus ist es zu verstehen, daß der Nachfolger des eben genannten Imāms, al-Manṣur ʿAbdallāh b. Ḥamza b. Sulaymān (1196—1227), die Festung al-Ṭawīla auf dem Felsen al-Ḥuṣn erbauen ließ[5]. Bezüglich des Zeitpunktes ihrer Errichtung ist lediglich festzuhalten, daß sie vor 1210 erfolgt sein mußte, da in diesem Jahr die Festungen al-Ṭawīla und al-Qarāniʿ zu Angriffszielen des ayyūbidischen Heeres wurden, das der zweite Ayyūbiden-Herrscher im Jemen, al-Malik al-ʿAzīz Ṭughtakīn, dorthin entsandte[6]. Bemerkenswerterweise findet sich aber in dem

3 Robin: I/47, 95, 97 f.

4 Forrer: 176; Smith: II/229; Kay 147 f., 185, 223, 234, 242, 326; Zayditen s.: Arendonk: 129 f. 224 ff.; Kay: 184 f.; Smith: II/76 ff; Zayir: 41 f., 62 ff. Qarmaṭen s.: Arendonk: 119, 124 f., 237—246; Kay: 191 ff., 324 f.; Zayir: 84 f. B. Ziyād s.: Arendonk: 107 f.; Forstner: 115 f.; Kay: 12—16, 129, 141 ff.

5 Arendonk: 214 f., 230; Smith: II/79; Kay: 228; Al-Qāsim: 406.

6 Smith: I/145.

jemenitischen Werk »Ghāyat al-Amānī fī Akhbār al-Quṭr al-Yamānī« erst für das Jahr 1450 der Passus »ahl al-Ṭawīla« (Leute von al-Ṭawīla), den man als Beweis für das Vorhandensein einer Siedlung interpretieren könnte[7]. Für diese Annahme sprechen auch zahlreiche Belege vor diesem Datum, in denen bezugnehmend auf al-Ṭawīla immer nur die Festung erwähnt wird[8]. Dieser Quellenlage zufolge, hätte sich seit ihrer Erbauung innerhalb eines Zeitraumes von über 200 Jahren erst die Siedlung al-Ṭawīla entwickelt. In der Folgezeit erlebt al-Ṭawīla die internen Fehden der Imām-Familien und den ersten Vorstoß der Osmanen nach dem Jemen (1538—1635). Nachhaltig für die Bedeutung al-Ṭawīla's erwies sich jedoch die zweite türkische Landnahme des Jemen (1848—1919). Durch die von den Türken in den Jahren 1871/1872 durchgeführten administrativen Reformen wurde al-Ṭawīla zum »Markaz« der Sub-Provinz »Kawkabān« erhoben, d. h. es wurde nicht nur zu einer militärischen Basis — die Türken errichteten auf dem Felsen al-Shamsān eine Festung —, sondern auch zum Steuer-Einnahme-Zentrum des Distriktes »Kawkabān«. Das türkische Verwaltungszentrum wurde nach der Erreichung der Unabhängigkeit des Jemen vom Imām al-Mutawakkil Yaḥyā (1904—1948) beibehalten und weiter ausgebaut[9]. Die türkische Verwaltungsreform schuf die optimalen Voraussetzungen für das Durchsetzungsvermögen der Zentralregierung, wodurch sich der Einfluß der tribalen Elemente auf das politische Geschehen in dieser Region weitgehend verminderte.

Damit haben wir aus den historischen Quellen den erschließbaren Spielraum angedeutet, in dem sich die relevanten Strukturbildungen von al-Ṭawila vollzogen haben dürften. Es muß an dieser Stelle noch kurz eine Quelle erwähnt werden, deren Bedeutung darin liegt, daß sie aus der oralen Überlieferung schöpft, also vielleicht geeignet ist, die spärlichen historischen Fakten zu ergänzen. Danach war die Errichtung einer Hidjra, eines Asylbezirkes, für die Ausbildung der Siedlung ausschlaggebend, insofern, als diese Hidjra den eigentlichen Siedlungskern bildete. Immerhin bietet diese Version eine Verständnishilfe, die Siedlungsgeschichte al-Ṭawīla's nachzuweisen,

7 Al-Qāsim: 584.
8 Al-Qāsim: 452, 533; Smith: I/364.

9 Steffen: I/39; Yemen Salnamesi für 1884—1888. Ed. Glaser, der 1883 al-Ṭawīla besucht, beschreibt diese Siedlung als ein einfaches Dorf, das erst durch den Sitz eines Kaimakan administrative Bedeutung erhielt (Werdecker: 37).
Zu den administrativen Veränderungen s. Höhfeld: 30 ff. In dem 1907 verfaßten Vertrag zwischen Imām Yaḥyā und den Türken wird in Punkt 1. die als dem Vilāyet al-Djabalīya zugehörigen Sub-Provinzen auch die von al-Ṭawīla genannt (Abāẓa: 220; Sālim: 98.).

Aufbau einer Gefäßwand für einen Backofen (al-ʿYzzān).

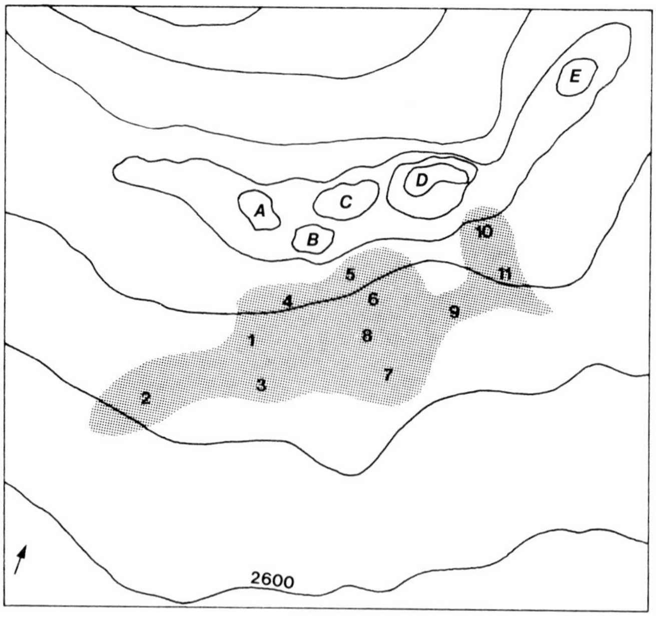

Kartenskizze von al-Ṭawīla
A al-Mahdjur
B al-Munqur
C al-Shamsān (Festung)
D al-Ḥuṣn (Festung)
E al-Qarānī' (Festung)
Siedlungsviertel (Ḥāra, abgck. Ḥ.):
1 Ḥ. Hadjr al-Sayyid
2 Ḥ. al-Ṣuḥruba
3 Ḥ. Bayt Sawlān
4 Ḥ. Bayt al-Shaykh
5 Ḥ. al-Munqur
6 Ḥ. Abū 'Alī
7 Ḥ. al-Ḥumrānī
8 Ḥ. al-Maydan
9 Ḥ. al-Mahdāda
10 Ḥ. Hadjr 'Aliyā
11 Ḥ. Bayt al-Ḥaqarī

woraus nämlich die abstammungsmäßig heterogene Zusammensetzung der Bevölkerung erklärbar wird. Neben den autochthonen tribalen Gruppen, wie z. B. den B. al-Khayyāt, B. al-'Abbās, B. As'ad etc. vermerken wir Zuwanderer, die hier eine Zufluchtstätte gefunden haben. Zu ihnen zählen die Abū 'Alī (Bū 'Alī) aus dem Ḥadramawt, Bayt al-Kibsī, ursprünglich in Khawlān beheimatet, Bayt 'Uzzān aus Thullā, Bayt Abū Ghānim aus Arḥab oder Bayt 'Alī Lutfallāh aus Madam. Diese Einsicht läßt die Vermutung zu, daß nicht nur die Erbauung der Festung die Entwicklung der Siedlung allein beeinflußt hat, sondern auch die Gründung eines Asylbezirks für die Zusammensetzung der Bevölkerung mitbestimmend war.

Das Stadtbild al-Ṭawīla's, als Ausdruck der Siedlungsgeschichte, zeigt eine zufällig gewachsene Aneinanderreihung von Siedlungseinheiten, wie dies aus der Anlage der Stadtviertel (ḥāra, abgekürzt: Ḥ.) ersichtlich wird. Insgesamt 11 Viertel formieren diese städtische Gemeinde: Ḥ. Hadir al-Sayyid, Ḥ. Bayt al-Shaykh, Ḥ. al-Ṣuḥruba, Ḥ. Bayt Sawlān, Ḥ. Bayt al-Munqur, Ḥ. Abū 'Alī, Ḥ. al-Maydān, Ḥ. al-Ḥumrānī, Ḥ.-Mahdāda (das ehemalige Judenviertel), Ḥ.-Hadjr 'Aliyā und Ḥ. Bayt al-Ḥaqarī. Von diesen Vierteln wurden die beiden ersteren so erbaut, daß sie in sich geschlossene Gebäudekomplexe bilden, die den Eindruck von Wehranlagen vermitteln. Von einer Stadtmauer fehlt jede Spur entgegen der Behauptung der Bewohner, nach der eine solche Wehrmauer existierte und von der drei Tore — Bāb al-'Aqd, Bāb 'Aqd Khamīs und Bāb al-Sanān — in die Stadt geführt haben sollen. Tatsächlich ist die einst bestehende Stadtmauer durch die Schilderung des englischen Reisenden Ch. Millinger aus dem Jahre 1874 bestätigt: »Tawilah is a walled town with fortresses on three of the seven basaltic masses ... It seems in former days a stronghold of the Shaikhs of Kaukaban«[10].

Im Siedlungsbild wirkt der alte Markt bestimmend, der sich entlang einer Gasse gebildet hat und bis zu dem ehemaligen türkischen Verwaltungsgebäude — dem heutigen Gemeindeamt — reicht, ferner fallen ein in südlicher Richtung situierter Platz für den Getreide-, Holz- und Viehfutterverkauf und schließlich der Platz, auf dem sich die große Moschee (djāmi' al-Kabīr) befindet, auf, der von neuen Geschäftslokalen umgeben ist, die den gegenwärtigen neuen Markt darstellen.

In früheren Zeiten war al-Ṭawīla verwaltungsmäßig in zwei Hälften geteilt: der einen stand ein Mann aus Bayt al-Shaykh vor, für die andere war ein Mitglied der Abū 'Alī verantwortlich; gegenwärtig hat die letztere Gruppe das Shaykh-Amt inne. Jedes Stadtviertel hatte einen durch Wahl bestimmten Vorsteher ('aqil), eine Institution, die sich bis heute erhalten hat. Dem Shaykh der städtischen Gemeinde obliegen gegenwärtig lediglich nur solche Aufgaben, die die Wahrung öffentlicher Interessen, z. B. Marktaufsicht, Straßenbau etc. betreffen. Das Schlichten von Streitfällen, einst eine der wichtigsten Funktionen des Shaykhs und der 'Uqqāl, wurde jedoch an den Polizeichef (amīn al-shurṭa) abgetreten, d. h., daß der Staat die Verfügungsgewalt über Sanktionsmittel der gewohnheitsrechtlichen Rechtssprechung beansprucht. Die Aufgabe der Stadtviertel-Vorsteher beschränkt sich daher nur mehr auf die Weiterleitung von diversen Anliegen der in ihren Vierteln ansässigen Bewohner an die höheren Instanzen der Gemeinde-Verwaltung oder auf die Organisierung von gemeinschaftlichen Hilfeleistungen in Katastrophenfällen. Die Abgabe von Kompetenzen der traditionellen lokalen Funktionäre an staatliche Vertretungsinstanzen signalisiert den in der Struktur der Administration vor sich gehenden Wandel. Ausgelöst wurde er durch den Legitimitätsanspruch der jungen Republik. Das Beispiel al-Ṭawīla veranschaulicht, in welcher Weise die Herstellung der legitimen Macht der neuen staatlichen Ordnung realisiert wird.

Zum Gesellschaftssystem der Ṭawīler: als Wesensmerkmal stellt sich die soziale Schichtung in Klassen dar, wie sie auch in anderen Regionen des Jemen gegeben ist (vgl. den Katalogbeitrag: »Taditionelle Wirtschaft und Gesellschaft im Jemen«)[11]. Die Klassenstruktur baut sich in al-Ṭawīla folgendermaßen auf:

Sāda: Bayt Shams al-Dīn; Bayt 'Abd al-Karīm, Bayt al-Ashwal, Bayt al-Kibsī, Bayt al-Ushalī, Bayt al-Durayb, Bayt al-Waylī.

Quḍā: Bayt al-Shaykh, Bayt al-Ghassalī, Bayt al-Baidaḥī, Bayt al-Nāṣir, Bayt al-'Uzzān.

10 Millingen: 123.
11 Dostal: 185 ff.

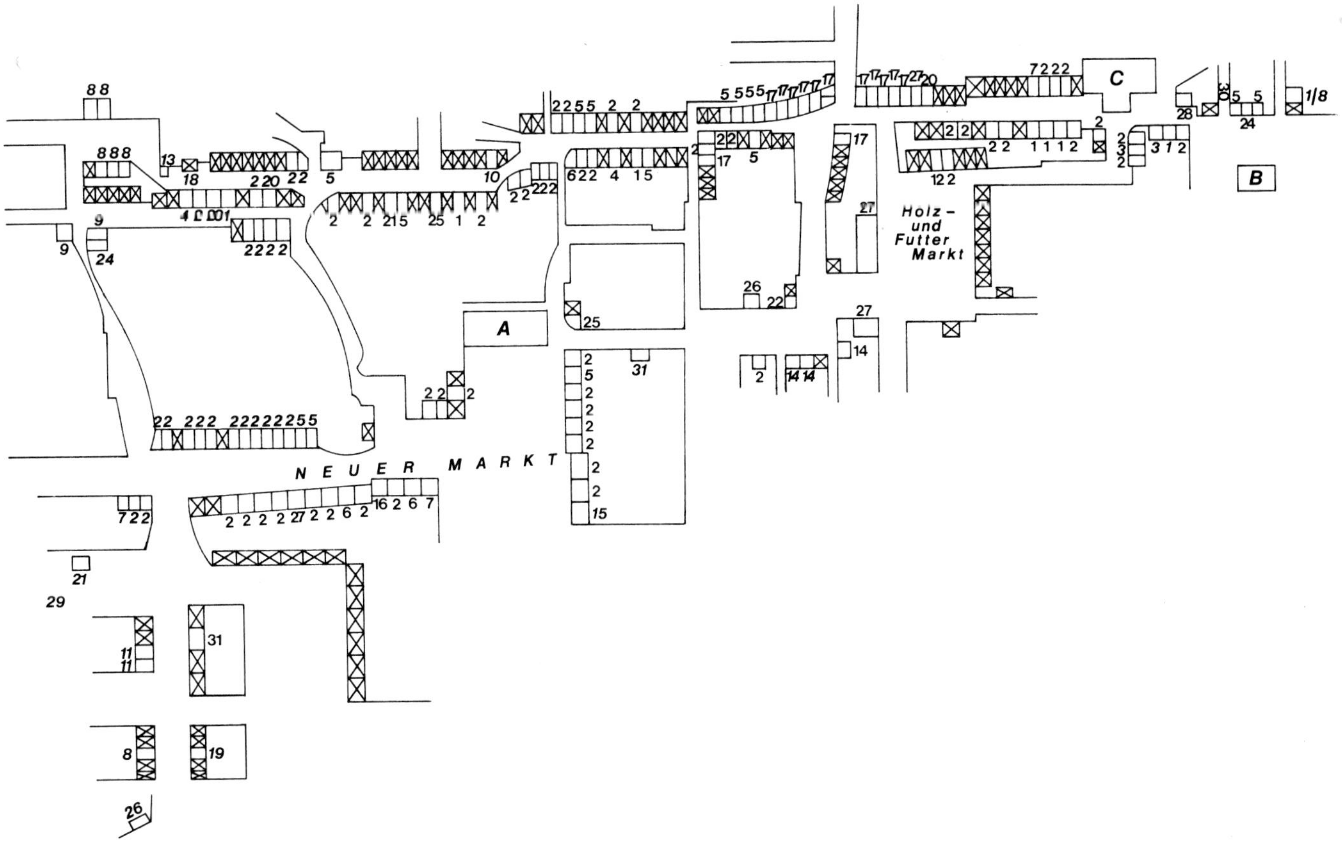

Der Markt von al-Ṭawīla.*
Legende: A = al-Djāmiʿ al-Kabīr (Die Große Moschee)
B = Masdjid Imā al-Hādi
C = Amt des Scheichs

1 Gemischtwaren vorwiegend yemenitischen Ursprungs
2 Gemischtwaren (Importwaren)
3 Gemischtwaren (Importwaren, Kleider, Koffer)
4 Gewürze
5 Textilien, Kleider
6 Haushaltswaren
7 Eisenwaren
8 Töpferwaren
9 Töpferwaren, Körbe, Siebe
10 Lederwaren
11 Hühnerhandlung
12 Apotheke
13 Viehfutter
14 Getreide
15 Bauholz
16 Matratzen, Decken
17 Qāt
18 Rindermarkt
19 Mineralwasser (Großhandel)
20 Haarschneider
21 Schmied
22 Schneider
23 Schuster
24 Spengler (Reparaturen)
25 Tischler
26 Gürtler
27 Garküche, Teestube
28 Teestube, Getränkeausschank
29 Fleischer
30 Hühnerschlächter
31 Müller (maschinengetriebene Mühle)

□ geschlossener Laden

* Erhebung im Juni 1986

Qabāʾil: Bānī al-ʿAbbās, Bānī Asʿad, Bānī ʿAwwāḍ, Bānī al-Baddī, Bānī al-D̲jalabī, Bānī Ḥabis̲h̲, Bānī Hayt̲h̲am, Bānī al-K̲h̲ayyāṭ, Bayt Manaʿin, Bānī Malīk, Bānī Maṣʿab, Bayt Mifraḥ.
Muzayyinīn: sozial minderprivilegierte Gruppe.

Der privilegierte Status der Sāda gründet sich auf ihre Abstammung aus dem »Hause des Propheten«. Während der zayditischen Imāmatsherrschaft — die Imāme entstammen dieser sozialen Gruppe — erhielten sie wichtige Verwaltungsfunktionen. Die Qūḍā oder ʿUlamā repräsentieren die Rechtsgelehrten, üben aber auch andere sozial geachtete Berufe aus. Den Qabāʾil (Angehörige der umwohnenden Stämme) gehören die Kaufleute, Tischler, Schmiede, Spengler und Bauern an, die über das die Stadt umgebende landwirtschaftliche Areal im Eigentum verfügen. In der Gruppe der sozial minderprivilegierten Muzayyinīn sind die Schuster, Gerber, Weber und »Restaurateure« vereinigt. In der Verfassung der Arabischen Republik Jemen ist zwar die soziale Gleichheit aller Jemeniten verankert — eine vorläufig theoretische Forderung, die Fremden gegenüber besonders betont wird —, in der sozialen Wirklichkeit jedoch bestehen nach wie vor die Schranken der traditionellen Gesellschaftsordnung, die vor allem in der Beibehaltung der für das alte System charakteristischen endogamen Heiratsregeln zum Ausdruck kommt.

Al-Ṭawīla, im Vordergrund die Große Moschee; Zeichnung von Renate Strasser.

Innerhalb dieser gesellschaftlichen Verhältnisse finden einschneidende ökonomische Veränderungen statt, die die Weichen für die zukünftige Gestaltung der Gesellschaft stellen. In dieser Skizze kann sich die Darstellung des Wirtschaftslebens nur auf einige formale Teilaspekte beziehen; die sozio-ökonomischen Verflechtungen werden ebenfalls aus dem Katalogbeitrag »Traditionelle Wirtschaft und Gesellschaft« aus der Beschreibung einer bäuerlichen jemenitischen Gesellschaft ersichtlich. Daher erscheint es gerechtfertigt, hier nur auf die Wirtschaftszweige Landwirtschaft, Handel und Handwerk näher einzugehen.

Der Agrarsektor:

Die wesentlichsten Merkmale lassen sich stichwortartig anführen:

Subsistenzwirtschaft;

Regenfeldbau mit zusätzlicher Sturzwasserbewässerung;

Terrassenfelder;

Kulturpflanzen nach der Anbauintensität gereiht:

Hirse (d͟hura), Weizen, Gerste, Mais;

Gemüsesorten: Linsen, Bohnen, Zwiebel, Knoblauch, Rettich, Tomaten;

Gerätschaft:

Arl, Fehlen des Säpfluges, Nivellierbrett, Egge, Ziehschaufel, Erdhacke, Erntemesser (s͟harīm);

Druschtechniken:

Körneraustreten (Rind, Esel) bei Weizen und Gerste, Stockdrusch bei Hirse;

Viehzucht: Rinder, Schafe, Ziegen, Esel und Hühner.

Hinsichtlich der Milchverwertung ist festzuhalten, daß Käseerzeugung unbekannt ist. Rinder werden von Fleischern geschlachtet, die auch für das Gerben der Häute zuständig sind.

Die von Bäuerinnen gesponnene Wolle wird den Webern zur Weiterverarbeitung übergeben.

Sieht man von der bereits erwähnten subsistenzwirtschaftlichen Anlage der Landwirtschaft ab, finden sich folgende charakteristischen Merkmale für die heutige Situation:

1. Die temporäre Emigration der Männer bringt eine Modifikation der traditionellen Regelung der geschlechtlichen Arbeitsteilung mit sich, insoferne als die Frauen während der Abwesenheit ihrer Männer auch die Arbeiten, die nach der alten Kompetenzverteilung den Männern zufielen, ausführen müssen. Sie werden in dem ihnen aufgebürdeten Arbeitsumfang lediglich von den größeren Kindern unterstützt.

2. In der technischen Ausrüstung haben aus Eisen hergestellte Geräte die alten, aus Holz angefertigten, ersetzt. Arl, Egge, Nivellierbrett, selbst der Zugsattel, sind aus

Rindermarkt in al-Ṭawīla.

Vater und Tochter beim Ausheben eines Bewässerungskanals mit der Ziehschaufel (Umgebung von al-Ṭawīla).

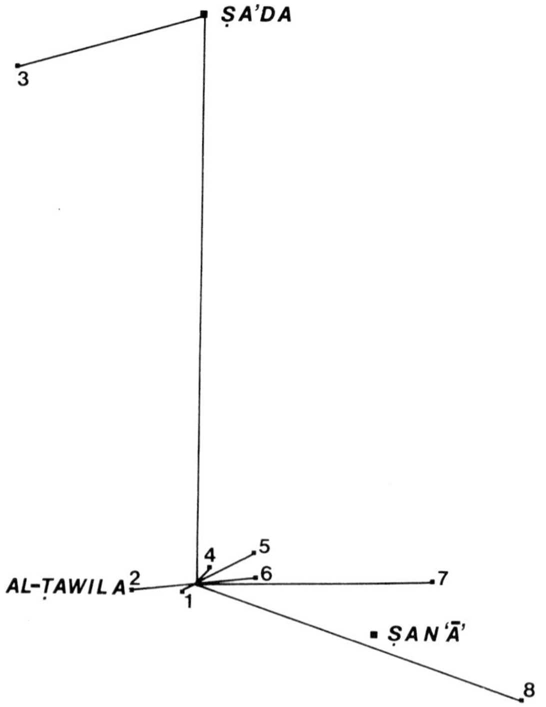

Die wirtschaftlichen Beziehungen al-Ṭawīla's Produktionszentren:
1 Wādī Miswar (Tischler)
2 Bayt al-Nadjdjār (Tischler)
3 Ghaymān (Steinmetze: Steingefäße)
4 al-ʿYzzān (Töpfer)
5 Thullā (Schmiede: eiserne Feldbaugeräte)
6 Shibām (Töpfer)
7 Wādī al-Sirr (Steinmetze: Handmühlen)
8 Maswar (Töpfer)

Eisen; anstelle der ledernen Zuggurte sind Eisenketten getreten.

3. Die aktive Teilnahme der Bäuerinnen auf dem Markt, die früher Hühner, Eier und Gemüse feilgeboten haben, erfuhr eine außerordentliche Einschränkung durch das Angebot von Hühnern, die in einer außerhalb von al-Ṭawīla gelegenen Hühnerfarm gezüchtet werden. Dadurch zeichnet sich eine scharfe Zäsur gegenüber der bisherigen Rolle der Frau auf dem Markt ab, denn heute sind es schon Männer oder Knaben, die auch Gemüse zum Verkauf anbieten.

Der Markt, den wir hier im folgenden näher beschreiben, ist von viel unmittelbarerer Bedeutung für die Einsicht in die gegenwärtige Situation des Wirtschaftslebens. Unser Interesse gilt vorerst dem alten Markt, der sich, wie die Skizze zeigt, entlang einer Straße, die kleinen Seitengassen miteinbezogen, formiert hat. Es ist ein eigenartiges Bild, das sich uns bei der Betrachtung dieses Marktes bietet. Die herkömmliche Branchengliederung, die z. B. den Stoff-Markt von dem Lebensmittel-Markt schied, zeigt sich heute durchbrochen. Nur mehr der Rinder-, Töpferwaren-, Qāt-, Holz- und Viehfuttermarkt bilden noch in sich geschlossene Marktbranchen. Weiterhin erscheint augenfällig, daß von den 204 Geschäften zum Zeitpunkt der Erhebung (Juli 1986) nur 50 Prozent betrieben wurden. Von der restlichen Hälfte waren an den Markttagen — Sonntag und Mittwoch — lediglich einige Läden geöffnet. An diesen beiden Tagen ist es Tradition, den Wochenmarkt für die bäuerliche Bevölkerung der Umgebung abzuhalten. Schließlich wäre noch festzuhalten, daß die Marktaufsicht in die Kompetenz des Shaykh's von al-Ṭawīla fällt, es fehlt also hier der eigens für die Aufrechterhaltung des Marktfriedens verantwortliche Funktionär, wie es auf anderen Märkten in den östlichen Regionen des Jemen üblich ist oder war.

Trotz der offensichtlich in Erscheinung tretenden Strukturveränderung, wie sie in der Auflösung der alten Branchengliederung deutlich zum Ausdruck kommt, sollten wir den Versuch unternehmen, das traditionelle Netz der wirtschaftlichen Beziehungen al-Ṭawīla's zu anderen Regionen freizulegen, soweit die rezenten Daten eine solche Rekonstruktion erlauben. Hierbei finden wir uns einem Phänomen gegenüber, das für den Vorderen Orient von allgemeiner Signifikanz ist, den Produktionszentren. Solche Zentren für die Herstellung der unterschiedlichsten handwerklichen Produkte — z. B. Töpferei-Zentrum, Tischler-Schmiede-Zentren etc. versorgen weite Teile des Landes mit ihren Erzeugnissen. Wir finden daher uniforme Objekte der materiellen Kultur räumlich verteilt in dem Maß, in dem die Ausstrahlung eines solchen Zentrums wirksam ist. Den Markt von al-Ṭawīla beliefern vornehmlich heute noch drei Zentren: al-ʿYzzān, 14 km nördlich von al-Ṭawīla entfernt, Maswar, im Distrikt Khawlān, und Ṣanʿāʾ.

Von den 173 Stück Töpferware, die ich auf dem Markt in vier Läden vorgefunden habe, stammten 64,7 Prozent aus al-ʿYzzān, 28,3 Prozent aus Maswar und 6,9 Prozent aus Ṣanʿāʾ. Bei der weiteren Betrachtung der Töpferei-Zentren sollten wir Ṣanʿāʾ ausklammern, da von dort bereits industriell hergestellte Objekte eintreffen. Daher sind nur die Werkstätten von al-ʿYzzān und Maswar von Interesse. Beide Zentren könnte man als Massenproduktionsstätten bezeichnen, allerdings mit unterschiedlichen Herstellungstechniken und verschiedenen Warentypen.

Die Töpfer von al-ʿYzzān verwenden die Töpferscheibe, die Waren (vorwiegend Backöfen, Wassergefäße, Schalen aller Größen) sind monochrom, rötlich poliert. Insgesamt sind in diesem Zentrum zehn Töpferfamilien beschäftigt. Ihre Erzeugnisse bringen sie selbst auf den Markt von al-Ṭawīla, die umliegenden Märkte werden durch einen Kommissionshändler versorgt.

Im Zentrum von Maswar, ca. 140 km von al-Ṭawīla entfernt, heute zu der in Khawlān liegenden Ortschaft al-Bayāḍ zugehörig, beruht das Herstellungsverfahren auf der anvil-paddle-Methode. Ein halbkugelförmiges Widerlager aus Ton dient zur Formgebung des fladenförmig gebreiteten Tons, die mit einem Holzschlegel vorgenommen wird. Für den Aufbau der Gefäßwände wird die Wulsttechnik, wie übrigens auch in al-ʿYzzān, angewendet. Heute leben im Maswar-Zentrum sechs bis acht Töpferfamilien. Der Absatz der Erzeugnisse erfolgt ausschließlich über einen Händler, der per Lastkraftwagen die Wochenmärkte aufsucht. Aus Maswar haben sich vor ca. 50 Jahren fünf Familien in Shibām-Kawkabān ange-

Frauen aus dem Töpferdorf Benī ʿYzzān bringen ihre Produkte (Backöfen, Tannūr) zum Wochenmarkt nach al-Ṭawīla.

Al-Ṭawīla.

Al-Ṭawīla von der Burg aus, Markt und Moschee.

Al-Ṭawīla, Markt.

Seite 451: Wasserholen (hier vor der Stadtmauer von Kaukabān) war seit jeher eine der wichtigsten und anstrengendsten Aufgaben der jemenitischen Frau. Entwicklungsprojekte (Wasserleitungen) führen nicht nur zu grundlegenden Erleichterungen, sondern auch zu verbesserter Trinkwasserhygiene.

Frauen der ʿAkābir (nördlich Mukallā).

In Sanaa — Verkäufer der »Kūfia chaizarān« am Bāb al-Jemen.

Seite 453 unten:
Modernes Bauen in Sanaa: Bewußte Pflege des jemenitischen architektonischen Erbes (Yemen Bank for Reconstruction and Development, Sanaa, dahinter Nationalmuseum).

Seite 454: Im Wādī Dahr, einer alten Siedlung in einem fruchtbaren, cañon-artigen Tal, berühmt für seine Trauben und sein Obst.

Blick aus einem typischen Hausfenster in Alt-Sanaa.

Yemenia-Hochhaus.

Rechteckhaus in der Tihāma.

Rundhaus in der Tihāma.

Seite 456: Im Sūq von Sanaa: alle hier verkauften Aluminiumprodukte werden heute im Lande hergestellt.

siedelt. Sie bewohnen heute das alte Judenviertel (ḥāfa al-ʿAdhra). Gegenwärtig vermögen sie nur in einem bescheidenen Umfang die Töpferei auszuüben, da sie der Konkurrenz der in Maswar verbliebenen Töpfer nicht gewachsen waren[12].

An weiteren Produktionszentren konnten ermittelt werden: Das Tischlerzentrum Bayt al-Nadjdjār, ca. 35 km von al-Ṭawīla entfernt. Von dort aus sind viele Tischler in andere Gebiete des Jemen gewandert. In Ṣanʿāʾ rivalisieren sie mit den einheimischen Tischlern. Ein in al-Ṭawīla tätiger Vertreter dieses Handwerks stammt ebenfalls aus Bayt al-Nadjdjār. Ein an Bedeutung weniger wichtiges Zentrum als Bayt al-Nadjdjār befindet sich im Wādī Miswar, von wo heute lediglich Bestandteile für die allmählich aus dem Gebrauch kommenden landwirtschaftlichen Geräte aus Holz geliefert werden. Die steinernen Handmühlen wurden früher aus dem Wādī al-Sirr bezogen; heute werden sie nur noch im bescheidenen Umfang in Hidjra al-ʿAmdār (al-Maḥwīt) hergestellt; an ihre Stelle sind in al-Ṭawīla maschinell betriebene Mühlen getreten. Steinerne Töpfe, in Ghaylān (Djabal Rāziḥ) erzeugt[13], werden aus Ṣaʿda nach al-Ṭawīla gebracht. Aus Thullā entstammen die aus Eisen angefertigten Feldbaugeräte.

Diese eben geschilderten, wenn auch sicherlich nicht vollständig ermittelten Produktionszentren beschreiben den Spielraum, in dem sich die wirtschaftlichen Beziehungen zwischen al-Ṭawīla und dem umliegenden geographischen Raum bewegt haben, bzw. sich heute noch partiell abspielen. Sie deuten eine Veränderung im Wirtschaftsleben dieser Siedlung an, eine Umstrukturierung des traditionellen Tauschsystems durch ein stets zunehmendes Angebot an industriell verfertigten Waren, deren Herkunft für den Käufer in der Anonymität verborgen bleibt.

Es gilt nun, zwei entscheidende Fragen zu beantworten: die eine betrifft die Wesensmerkmale des neuen Marktes, die zweite bezieht sich auf den gegenwärtigen Stellenwert des Handwerkertums in al-Ṭawīla.

Zur ersten Frage: Räumlich hat sich der neue Markt um den Platz vor der Großen Moschee und entlang des südlichen Stadtrandes etabliert; für die Geschäftslokale wurden neue Bauten, meist aus Beton, errichtet; nur wenige Geschäfte sind in Wohnhäusern untergebracht. Von den insgesamt 106 Lokalen waren 41 (38,7 Prozent) ungenutzt; es handelt sich hierbei um solche, für die die Eigentümer keine Mieter fanden. Betrachtet man den neuen Markt unter dem Gesichtspunkt des Warenangebots, stellt man fest, daß die Mehrzahl der Geschäfte einen fast gleichartigen Warenbestand offerieren (Plastik- und Blechwaren, etc.), nur einige wenige Händler haben sich auf eine Warengattung, z. B. Metallerzeugnisse (Wasserrohre, Drähte etc.) oder Bauholz, spezialisiert. Diese Beobachtung ist insofern wichtig, weil das Überangebot an gleichartigen Waren die Stagnation der wirtschaftlichen

Marktgasse in al-Ṭawīla.

12 In Shibām-Kawkabān bewohnten die Töpfer aus Maswar ursprünglich, vor dem Exodus der Juden, den Grenzbereich zwischen den Vierteln Ḥ. al-Khalaqa und Ḥ. Qubba'l-Shamsī. Nach der Auswanderung der Juden haben sich auch in der Ortschaft Ṣurāb (Wādī al-Sirr) Töpfer aus Khawlān niedergelassen (Dostal: 191, 321, 384).
13 Vgl. Gingrich-Heiss: 78 ff.

Aufbau einer Schalenwand (al-ʿYzzān).

Töpferofen in Maswar (K̲hawlān).

Potenz, der die meisten Händler unterliegen, bedingt. Man muß auch die Tatsache mitberücksichtigen, daß das hier gegebene Konkurrenzverhältnis auf die Handelsspanne ungünstig einwirkt. Die Inhaber der Geschäfte entstammen in der Mehrzahl nicht mehr alteingesessenen Händlerfamilien; meist sind es aus dem Ausland zurückgekehrte Gastarbeiter, die sich mit den in Saudi-Arabien oder Kuwait erworbenen Geldmitteln eine neue Existenzgrundlage schaffen wollten.
Wenn wir uns den Handwerkern zuwenden, so finden wir, daß sie in einem auffallenden disproportionalen Verhältnis zu den Kaufleuten stehen. Diesen Sachverhalt illustrieren folgende Zahlen: lediglich 12 Handwerker gingen ihrer Tätigkeit nach (zwei Tischler, zwei Schmiede, zwei Spengler, zwei Schneider, zwei Gürtler, ein Schuster und ein Gipsgießer/Herstellung von Fensterrahmen); von den »modernen« Professionisten waren zwei Automechaniker und zwei Müller, die maschinell betriebene Mühlen eigneten, vertreten. Daraus kann man folgern, daß die neuen technischen Berufe, wirtschaftlich gesehen, für die Einwohner von al-Ṭawīla als nicht attraktiv gelten.
Wenn wir nun diese skizzenhafte Beschreibung zu einem realistischen Bild zusammenfügen, fallen folgende Besonderheiten auf:
1. Die Landwirtschaft verharrt weiterhin auf der Grundlage einer Subsistenzwirtschaft, hat also noch nicht den Schritt zu einer marktorientierten Produktion vollzogen.
2. Der Handel hat einen Entwicklungsgrad erreicht, den man in bezug auf die große Anzahl an Geschäftslokalen als überdimensional umschreiben kann.
3. Das Handwerkertum und vor allem »moderne« technische Berufssparten erweisen sich als unterrepräsentiert.

Die Umstände, die diesen Stellenwert des Handels bewirkt haben, sind, wie bereits erwähnt, in der temporären Abwanderung der Ṭawīler in die Erdölländer begründet. Die im Ausland ersparten Geldmittel und erworbenen wirtschaftlichen Erkenntnisse haben diese Hinwendung zum Handel mitbestimmt. Egal, aus welchen Lebensumständen diese Entscheidungen hervorgingen, sie sind von dem Wunsch getragen, alle Lebensbezüge zu emanzipieren. Was nun die vorgefundene Situation in der handwerklichen Produktion betrifft, spiegelt sie die Auseinandersetzung um die Alternative von Anpassung an die moderne Technologie und Verharren auf traditionellen technischen Verfahren wider. In diesem konfliktträchtigen Prozeß haben von vorneherein nur jene eine Chance, wirtschaftlich zu überleben, die die Notwendigkeit der Abkehr von der herkömmlichen Technologie erkannt haben. Doch diese Abwendung erheischt die Überzeugung von der Zukunftsträchtigkeit neuer technischer Methoden und Produkte. Aber wie soll diese bei dem vehementen Einbruch und der Masse industriell gefertigter Güter gegeben sein?

Auf diese Weise ist die umrissene Situation ein beredtes Zeugnis für die Fülle der Aufgaben, die es in absehbarer Zeit zu lösen gilt. Sicherlich ist al-Ṭawīla kein repräsentatives Beispiel für den gesamten Jemen, aber diese Momentaufnahme könnte geeignet sein, um sich eine Vorstellung davon zu machen, welcher Art die Schwierigkeiten sind, die sich diesem Land auf dem Weg in eine erhoffte bessere Zukunft stellen. In einem jemenitischen Kinderlied heißt es: »ṣawt man dhā? ṣawt man dhā? ṣawt'l-a'djam, ṣawt'l-a'djam — wessen Stimme ist es? wessen Stimme ist es? es ist der Fremden Stimme, es ist der Fremden Stimme«[14] — sie mit Zweifel aufzunehmen und kreativ zu beantworten bleibt das Problem der Zukunft.

Breiten des Tonfladens (Maswar).

Literatur:

Abāza, Fārūq' 'Uthmān: Al-ḥukm al-'uthmānī fī'l-yaman. Beirut 1979.

Arendonk, C. van: Les Debuts de l'Imāmat Zaidite au Yemen. Publication de la Fondation de Goeje, Nr. 18. Leiden 1960.

Dostal, W.: Egalität und Klassengesellschaft in Südarabien. Wiener Beiträge zur Kulturgeschichte und Linguistik. Bd. XX., 1983. Horn — Wien 1985.

Fischer, W.: The economic and sociogeographic effects of labor migration in two villages in the Yemen Arab Republic. In: Jemen-Studien, Bd. 1, Entwicklungsprozesse in der Arabischen Republik Jemen. Wiesbaden 1984: 99—117.

Forrer, L.: Südarabien. Nach al-Hamdānī's »Beschreibung der Arabischen Halbinsel«. Abhandlungen für die Kunde des Morgenlandes, XXVII/3. Leipzig 1942.

Forstner, M.: Al-Mu'tazz billāh (252/866—255/869). Die Krise des abbasidischen Kalifats im 3./9. Jahrhundert. Ein Beitrag zur politischen Geschichte der sogenannten Periode der Anarchie von Samarra. Germersheim 1976.

Gingrich, A. & Heiss, J.: Beiträge zur Ethnographie der Provinz Sa'da (Nordjemen). Österreichische Akademie d. Wissenschaften, Phil.-Hist. Klasse, Sitzungsberichte, 462. Band. Wien 1986.

Höhfeld, V.: Die Entwicklung der administrativen Gliederung und die Verwaltungszentren in der Arabischen Republik Jemen (Nordjemen). In: Orient, 2/1978: 22—63.

Kay, H. C.: Yaman its early medieaval history. London 1892.

Meyer, G.: Arbeitsemigration und Wirtschaftsentwicklung in der Arabischen Republik Jemen, untersucht am Beispiel der Beschäftigten im Bausektor von Ṣan'ā'. In: Jemen Studien, Bd. 1. Entwicklungsprozesse in der Arabischen Repbulik Jemen. Wiesbaden 1984: 119—146.

Millingen, Ch.: Notes of a journey in Yemen. Journal of the Royal Geographical Society, Vol 44,1874 : 118—126.

Al-Qāsim, Yaḥyā b. al-Ḥusayn: Ghāyat al-amānī fī akhbār al-quṭr al-yamānī. Kairo 1968.

Robin, Chr.: Les hautes-terres du Nord-Yemen avant l'Islam. Nederlands historisch-archaeologisch Instituut Istanbul, 2 Vol. Istanbul 1982.

Sālim, al-Sayyid Muṣṭafā: Takwīn al-yaman al-ḥadīth. Al-Yaman wa'l-Imām Yaḥyā (1904—1948). Djami'a al-duwal al-'arabīya. Ma'had al-buhūth wa'l-dirāsāt al-'arabīya. Kairo 1971.

Serjeant, R. B. & Lewcock, R.: Ṣan'ā'. An arabian islamic city. London 1983.

Smith, R.: The Aiyyūbids and early Rasūlids in the Yemen (567—694/1173—1295). E. J. W. Gibbs Memorial Series, New Series XXVI/1, 2. Cambridge 1974/1978.

Steffen, H.: A contribution to the Population Geography of the Yemen Arab Repbulic. Diss. Phil. Zürich 1979.

Werdecker, J.: A contribution to the geography and cartography of the North-West Yemen. Bulletin de la Société Royale de Geographie d'Egypte, Tome XX. 1939.

Zayir, 'Alī Muḥammad: Mu'tazila'l-yamanī. Dawla' l-Hādī wa fikrihu. Markaz al-dirāsāt wa'l-buhūth al-yamānīa Ṣan'ā'. Beirut, 1985.

14 Serjeant & Lewcock: 528.
Zu den Veränderungen, verursacht durch die temporäre Emigration der Jemeniten vgl. Fischer und Meyer.

Sechs Lieder aus dem Jemen

Fritz Piepenburg

Lied 1

Die Worte dieses Gedichts stammen von ʿAbdu Raḥman Al Anisi (Ṣanʿā' im 17. Jh.).

Die insgesamt sechs Verse (hier nur die ersten drei) dieses klassischen Gedichts sind immer wieder von Musikern aufgegriffen und vertont worden. Auch heute sind verschiedene Fassungen bekannt.

Oh mein Täubchen, wie bist du zerbrochen

(ya ḥamāmi ma dahāk)

Oh mein Täubchen, wie bist Du zerbrochen.
Du bist von Deinem sicheren Platz davongeflogen
und hast Dich in den See des Verderbens gestürzt,
ohne Dich vor den bösen Zeichen der Zeit zu fürchten.
Einst warst Du fröhlich und leichten Gemüts.
Jeden Tag warst Du dort an Deinem Platz,
hast gesungen und mit Deiner Melodie unser Herz berührt;
jetzt sind wir für immer getrennt — und nicht einmal acht Tage sind vergangen.

Das Schicksal hat Dir übel mitgespielt, Du schönste aller Tauben.
Es hat Dich von Deinem Platz hinabgestoßen
und Dir den Kelch des Todes gereicht;
so spielt das Schicksal mit dem Menschengeschlecht.

Der Abschied ist gekommen, noch bevor unsere Worte zu einem Ende kamen.
Man kann, oh Täubchen, niemand vor seinem Schicksal warnen,
Dein kleines Verständnis hat Dich ins Netz des Todes fallen lassen;
wie bitter sind Leiden und Schmerz.

Der Falke hat Dich aus dem Kreise Deiner Schwestern gerissen,
als er wußte, daß seine Stunde gekommen war.
Wenn er nur Deine schöne Melodie hören könnte,
hätte er den Griff seiner Krallen gelöst.
Aber so ist Dein Blut aus Deinen Augen geflossen.
Ich bitte Allah, daß seine Augen erblinden mögen!
Allah ist in der Lage, Deinen Peiniger zu töten
und Dir Frieden und seligen Schlaf zu geben.

Eine weit verbreitete volkstümliche Interpretation sieht im Falken einen bösen alten Wesir, der ein junges Mädchen heiratete, nur um sie dann grausam zu unterdrücken.

Lied 2

Die Volksweise »Vogel des Glücks und der Wonne« wird von den »Drei Kawkabanis« gesungen.

Nach einem volkstümlichen Glauben ist der Rabe, der sich laut krächzend auf ein Hausdach niederläßt, ein Überbringer guter Nachrichten. Tatsächlich traf in diesem Lied auch bald der Bräutigam ein, und die Hochzeitsfeier fand statt. Mit der Heirat treten die Familie des Bräutigams und die der Braut in ein neues Verwandtschaftsverhältnis. Zum Schluß wird der Bräutigam verabschiedet, der mit seiner neuen Ehefrau in sein elterliches Haus zurückkehrt.

Vogel des Glücks und der Wonne

(tayr al-saʿd wa al-hanā')

Ref.: Der Vogel des Glücks und der Wonne
hat sich heute bei uns niedergelassen.
Dieser junge Mann ist gekommen —
er kam, um sich mit unserer Tochter zu verloben.

Er sagt: »mein guter Onkel Ḥassan,
gib mir deine Tochter Saʿdiyah zur Braut.
Ich werde sie in reine Seide hüllen
und dir hundert als Brautpreis geben«.
»Mein Sohn, ich habe nichts dagegen,
wenn nur das Mädchen zustimmt«.

Ref.: Der Vogel des Glücks ...

Sei willkommen, Tag der Wonne,
sei willkommen, Tag der Freude!
Wir haben alle Gäste die kamen
mit Rosenwasser und Parfüm besprengt.
Wir haben die schönsten Blumen gesammelt
und mit den Vögeln gesungen.

Ref: Der Vogel des Glücks ...

Wir haben ein schönes Lied mit dir gesungen;
seine Melodie verbindet uns für immer.
Leb' nun wohl, du junger Mann.
lebe wohl, du guter Freund.
Wir wünschen dir viel Freude,
wir wünschen dir viel Glück!

Lied 3

Ein typisches Beispiel für Liebeslieder (taghazzul), die wohl in jeder Kultur ein wichtiger Bestandteil der Volkskunst sind, ist das folgende. Seine Worte stammen von Aḥmad Al Jābiri (Aden), die Melodie von Yaḥya Makki.

Oh du, die du zum Brunnen hinabgehst

(ya nāzilat al biʾr)

Oh du, die du zum Brunnen hinabgehst,
mein Herz fliegt zu dir.
Deine Kleider sind aus reiner Seide,
deine Augen wie die einer Gazelle.

Du bist wie der Vogel am frühen Morgen,
der die schlafenden Augen erweckt.
Wenn ich dir etwas wert bin,
gebe ich deinem Vater hundert als Brautpreis.

Wenn die Taube gurrt,
früh, wenn der Tag anbricht,
dann erzählt sie von mir,
daß ich eine Jemenitin liebe.

Mein Herz möchte trinken
aus einer reinen Quelle.
Nur von der Hand meiner Geliebten
kann der Durst in mir gestillt werden.

Lied 4

Das folgende Lied (Worte von ʿAbdul Majīd Al Qādī [Hadramawt], Melodie von Hussayn Faqīh) beschreibt in beeindruckender Weise das Los junger Ehefrauen im Hadramawt (wie auch im übrigen Jemen), deren Männer schon bald nach der Heirat zum Geldverdienen auswandern. Viele Hadramis blieben für viele Jahre an einem Stück in Indien oder Indonesien, wo sie sich als Händler ein kleines Vermögen verdienten, bis sie wieder in ihre Heimat zurückkehrten. Das »ya sīn« im 2. Vers ist der Name der Koransure Nr. 83. »ya sin« wird im Hadramawt oft als Klageruf gebraucht.

Du bist so lange fort

(tāl al-ghayāb)

Du bist so lange fort, mein Geliebter, und mein Herz ist voller Sehnsucht.
Es brennt mit deiner Liebe wie trockenes Holz im Ofen.
Und du bist so weit entfernt; jenseits von Wogen und Meeren.
Die Schale in mir wird austrocknen, obwohl sie der Höchste mit Liebe gefüllt hat.

Die Rosen sind erblüht auf meinen Wangen rot;
Das Licht der Jugend steht noch klar auf meiner Stirn.
Aber was nützt der Frühling, wenn er vorüber ist?
Was bleibt uns noch, ya sīn, wenn er vergangen ist?

Meine Nächte sind lang und voller Tränen und Seufzen;
Meine Tage gehen dahin, mit Trauer erfüllt.

In meinem Leben habe ich nur eine Hoffnung, denn ich weiß, daß alles sterben muß, was lebt.
Komm zurück, mein Geliebter, komm zurück! Die Zeit, die verging, ist schon viel zu lang!

Du bist so lange fort, mein Geliebter, und mein Herz ist voller Sehnsucht.
Es brennt mit deiner Liebe wie trockenes Holz im Ofen.
Und du bist so weit entfernt; jenseits von Wogen und Meeren.
Die Schale in mir wird austrocknen, obwohl sie der Höchste mit Liebe gefüllt hat.

Lied 5

»Mein Heimatland Jemen« (Worte: ʿAli Sayf Aḥmad) ist eine moderne Hymne (unshūdah), die in den Jahren nach Beendigung des Bürgerkrieges verfaßt und von dem bekannten Sänger Ayūb Tārish vertont wurde. Der Text reflektiert die Erleichterung über den Umsturz des absolutistischen Imamats (»das Dunkel«, »die dunklen Mächte«) und den zähen Kampf um das Überleben der jungen Republik.

Mein Heimatland Jemen

(bilādi, bilādi, bilād al Yaman)

Ref: Mein Heimatland Jemen,
ich grüße dich zu jeder Zeit!
Ich grüße alle Männer, die teilgenommen haben
am Kampf um den großen Sieg!

1. Sie haben die Fesseln in einer einzigen Nacht zerschlagen,
in welcher der Tyrann zu Grabe getragen wurde.
Sie zerrissen den Vorhang des Dunkels,
der unser Volk in Leid und Trauer hüllte.

2. Eine neue Epoche wurde uns eröffnet;
die Dunkelheit ist durchbrochen und unser Leiden beendet.
Zusammen werden wir auch weiterhin alle bekämpfen,
die uns feindselig gesinnt sind.

3. Wir werden unser Heimatland mit Leib und Seele beschützen;
unser Blut soll dafür das Pfand sein.
Der Sieg ist unser. Der Tod gehört den dunklen Mächten
und all denen, die das Land betrogen haben!

Lied 6

Worte: Aḥmad Al Khazzān (San'ā'); Melodie: 'Abdul Ṣamat Al Qalīsi. Diese Hymne (unshūdah) ist, wie so viele andere, in den späten 70er Jahren entstanden. Sie ist Ausdruck eines wachsenden jemenitischen Nationalbewußtseins im Gegensatz zum früheren Stammesbewußtsein. Aus ihr spricht große Hoffnung für eine bessere Zukunft, aber auch die Erkenntnis, daß etwas dafür getan werden muß.

In Ewigkeit, oh Jemen!

(khālidan anta ya Yaman)

Ref: In Ewigkeit, oh Jemen, wird deine Melodie erklingen;
von vergangenen Völkern und über ewige Bergeshöh'n.
Du bist die Quelle aller Künste.

1. Ein Gedicht, wohl gereimt,
und für mein Herz innige Freude,
das bist du, mein Heimatland. In deiner Weite
finde ich all meine Liebe wieder.

2. Ich will von deiner Herrlichkeit singen
und von der Geschichte des Dammes von Marib.
Ihr, die ihr dies hört, seid seine aufrichtigen Söhne,
würdige Erben einer großen Vergangenheit.

3. Deine Erde ist aus reinem Gold,
und ich bringe daraus Wundersames hervor.
Wenn ich nicht wäre,
gäbe es keine Gärten voller Trauben und Kaffee.

4. Ich möchte mit den Vögeln singen,
während meine Hände emsig werken.
Wir und das Land sind gleichsam
wie die Biene und die Blume.

5. Ich scheue mich nicht vor Kampf zu deinem Wohl;
Friede und Wohlstand sollen einziehen überall.
Selbst den Tod will ich nicht fürchten,
wenn es darum geht, dich, mein Heimatland, zu schützen.

6. Mit Fleiß und Fürsorge
werde ich an deinem Fortschritt arbeiten.
Unter Einbezug moderner Wissenschaft
bin ich erfüllt mit Mut und Tatendrang.

7. Mein Heimatland, ich bin der Duft,
der sich durch deine klaren Lüfte zieht.
Ich bin das Echo
deiner ewig schönen Melodie.

8. Wir gehören dir mit allem, was wir können;
gemeinsam arbeiten wir an deinem Aufbau.
Wer jemals auf deinem Boden gewohnt hat
ist ein Zeuge deiner Gastlichkeit.

Jemen im 20. Jahrhundert

Fred Halliday

Einführung

Im bisherigen Verlauf des 20. Jh.s blieb der Jemen zweigeteilt: in Nordjemen (rund sieben Millionen Einwohner) und Südjemen (rund zwei Millionen Einwohner). Der Ursprung dieser fehlenden Einheit geht auf die unterschiedlichen Herrschaftsgebiete vorkapitalistischer Herrscher und Stammesführer zurück und bildete sich bereits im 18. Jh. heraus. Die eigentliche Trennung ist jedoch das Erbe zweier kolonialer Mächte: einmal des britischen Kolonialismus (Beginn der Besetzung des Südens 1839) und zum anderen der osmanischen Türkei, die den Norden endgültig im Jahre 1870 besetzte. Diese koloniale Teilung machte die aus früherer Zeit ererbte Aufsplitterung des Landes dauerhaft. Trotz der Revolution im Norden (1962) und der Unabhängigkeit des Südens (1967), und der von beiden Regierungen angestrebten Einheit des Landes, ist der Jemen bis heute geteilt geblieben. Als Ergebnis haben wir heute im Norden die »Jemenitische Arabische Republik« und im Süden die »Demokratische Volksrepublik Jemen«, zwei Staaten, die sowohl kulturell wie politisch aufeinander einwirken, jedoch unterschiedliche Gesellschaftssysteme verkörpern.

Der Norden bis zum Jahre 1962: Imamat und Revolte

Die türkische Besetzung des heutigen Nordjemen umfaßte zu keiner Zeit alle Landesteile. In den zayditischen Gebieten behielt der Imam, der traditionelle Führer, stets noch ein gewisses Maß an politischer und geistlicher Macht. Den militärischen Widerstand gegen die Türken leitete Imam Mohammed (1891—1904), Oberhaupt der Ḥamīd al-Dīn-Familie ein; sein Sohn, Imam Yaḥya (1904—1948) führte ihn fort. Im Jahre 1911 schlossen die Hohe Pforte und Imam Yahya den Vertrag von Daʿān, der dem Imam gewisse administrative und finanzielle Rechte zusprach. Als mit dem Ende des Ersten Weltkrieges die Türken sich aus dem Jemen zurückziehen mußten, unterwarf Imam Yahya das gesamte Land.
Yahya sicherte seine Macht durch traditionelle Methoden; das Land isolierte er nach außen, um es so aus den Gefährdungen der Politik herauszuhalten. Die Emigration nahm zu, die Wirtschaft stagnierte, die Kaufleute wurden dem Regime entfremdet.
Yahya kontrollierte die Bevölkerung mittels eines Systems von Stammesbündnissen; die Söhne der Stammesführer nahm er — um sich die Loyalität der Väter zu sichern — als Geiseln. Die wachsende Opposition von Kaufleuten, Intellektuellen und religiösen Führern führte schließlich zur Entstehung der Bewegung der »Freien Jemeniten« im Adener Exil. Im Jahre 1948 gelang es dieser Gruppe, Imam Yahya zu töten, doch wurde die Revolution wenig später von Yahya's Sohn, Imam Ahmad (1948—1962) niedergeschlagen. Ebenso erging es einer Erhebung im Jahre 1955. Gleichzeitig verstärkte sich die wirtschaftliche und soziale Krise des Landes. Mehr und mehr Jemeniten wurden sich des Unterschiedes zwischen der Armut und der autokratischen Herrschaft in ihrem Land und den politischen und wirtschaftlichen Entwicklungen draußen bewußt. Beim Tod des Imams Ahmad im Jahre 1962 ergriff eine Gruppe nationalistischer Offiziere am 26. September 1962 die Macht in Sanaa, setzte die Ḥamīd al-Dīn-Familie ab und proklamierte die »Jemenitische Arabische Republik«.
Trotz der Versuche der Imame, ihr Land von der Außenwelt abzuschließen, hatte sich die geschichtliche Wirklichkeit als stärker erwiesen: Die Gründung des unabhängigen Staates im Jahre 1918 führte zu einem Territorialkonflikt mit Saudi-Arabien, der sich 1934 in einem regelrechten Krieg zwischen den beiden Monarchien entlud. Der saudische Sieg — im Vertrag von Ṭā'if (1934) besiegelt, zwang Imam Yahya, auf drei bisher von Sanaa beanspruchte Provinzen (ʿAsir, Najran und Jizan) zu verzichten. Im weiteren Verlauf dieses Jahrzehnts versuchten einerseits die Italiener (von Äthiopien aus) und die Briten (von Südjemen aus) Einfluß zu gewinnen. In den 50er und zu Beginn der 60er Jahre begann Großbritannien damit, die Kleinstaaten des Südens in eine große Föderation zusammenzuschmelzen. Dies führte zu Grenzkonflikten. Auf der Suche nach Unterstützung wandte sich Imam Ahmad an Ägypten, die Sowjet-Union und an China. Der aus Ägypten kommende politische Einfluß des arabischen Nationalismus war es schließlich, der die Opposition im Jahre 1962 zur Machtergreifung ermunterte.

Der Süden bis zum Jahre 1967: Kolonialismus und Revolution

Das Gebiet, das man heute als »Südjemen« bezeichnet (»Demokratische Volksrepublik Südjemen«) entstand als Ergebnis der britischen militärischen und administrativen Expansion, die von dem 1839 besetzten Aden ausging. Aden selber war ein wichtiger Teil der britischen imperialen Verbindungswege, das Hinterland jedoch hatte für Großbritannien weder wirtschaftliche noch strategische Bedeutung. Türkische Truppen erreichten während des Ersten Weltkrieges Vororte von Aden, und erst in den 30er Jahren gelang es Großbritannien, das gesamte Territorium des südlichen Jemen unter koloniale Kontrolle zu bringen. Aden selber hatte den Status einer »Kolo-

Aden, der Crescent am »Steamer Point« im Jahre 1888; Foto der k.u.k. Gesandtschaft nach Siam (Museum für Völkerkunde, Wien).

nie«, wurde also unmittelbar von Großbritannien aus verwaltet. In den 23 Sultanaten und Scheichtümern übte Großbritannien dagegen nur »indirekt« die Herrschaft aus, indem es deren Herrscher »schützte« und finanzierte.

In den 50er Jahren begann Großbritannien mit der Gründung einer politischen Einheit, »Südarabien« genannt. Im Jahre 1959 wurde mit einigen der Herrscher des Hinterlandes die »Federation of South Arabia« geschaffen. Ab 1963 umfaßte sie auch Aden und die übrigen Sultanate. Innerhalb dieser Föderation bestand ein deutlicher Gegensatz zwischen den Adener Kaufleuten und den Stammesherrschern des Hinterlandes; daneben wuchs die nationalistische Bewegung. In Aden, wo ihr auch exilierte Angehörige der »Freien Jemeniten« angehörten, stützte sich diese Bewegung vor allem auf den »Aden Trades Union Congress« (Gewerkschaftsverband). Der ATUC und seine »People's Socialist Party« lehnten die Föderation ab, da sie nach ihrer Auffassung einen undemokratischen und auf den Stämmen aufgebauten südarabischen Staat schaffen sollte.

Nach anfänglichen Streiks und Demonstrationen verschärfte sich die Situation im Jahre 1962 mit der Proklamation der Republik in Sanaa. Im Oktober 1963 begann die neugegründete »National Liberation Front« mit einem Guerilla-Krieg in den Bergen von Radfan, nördlich von Aden. Die folgenden vier Jahre sahen sehr viel Blutvergießen. Großbritannien versuchte, die Widerstandsbewegung auszuschalten und die Föderation zu retten. Die nationalistischen Guerillas hielten jedoch ihren Druck aufrecht; im Jahre 1965 hatten die Kämpfe auf Aden und sein Hinterland übergegriffen. 1966 kündigte die britische Labour-Regierung an, sie wolle ihre Militär-Basis in Aden nicht weiter aufrecht erhalten und in zwei Jahren die Unabhängigkeit gewähren. Die nationalistische Bewegung teilte sich jetzt in die radikale NLF und in die von Ägypten unterstützte »Front for the Liberation of Occupied South Yemen« (FLOSY) mit Sitz in Aden.

In der Mitte des Jahres 1967 steuerte die Krise auf ihren Höhepunkt zu. Von Juni an zogen sich die britischen Truppen aus dem Hinterland zurück; gleichzeitig übernahm dort die NLF die Macht, verdrängte die lokalen Herrscher und eignete sich ihr Vermögen an. Im September kontrollierte die NLF die meisten Staaten des Hinterlandes. Im Oktober und Anfang November kämpften FLOSY und NLF um die Vorherrschaft in Aden. Mitte November war es soweit, daß sich Großbritannien einverstanden erklärte, mit der NLF als der Vertretung des Volkes zu verhandeln. Die Föderation bestand nicht mehr, die FLOSY war besiegt. Am 30. November 1967 wurde Südjemen unter der Kontrolle der NLF unabhängig. Dies war seit dem Sieg der amerikanischen Kolonien im Jahre 1783 der erste Fall einer durch eine Revolution gewonnenen Unabhängigkeit von Großbritannien.

Die Jemenitische Arabische Republik: Bürgerkrieg und Konsolidierung

Im Norden führte die Proklamation der Republik im September 1962 nicht zu einem friedlichen Übergang. Statt dessen herrschte acht Jahre lang Bürgerkrieg zwischen den Kräften der Republik, die ihre Basis in den größeren Städten hatte, und den Royalisten unter der Führung der Ḥamīd al-Dīn-Familie. Al-Badr, Ahmad's Sohn und neuer Imam, war entgegen den ersten Vermutungen nicht umgekommen, sondern in die Berge entflohen, wo es ihm gelang, eine Stammes-Opposition zu sammeln. Innerhalb weniger Wochen gewann dieser Bürgerkrieg einen internationalen Charakter. Nasser sandte ägyptische Truppen, um die Republik zu stützen, während Saudi-Arabien den Royalisten militärische, finanzielle und logistische Unterstützung gewährte.

In den Kämpfen der Jahre 1963/64 gelang es keiner Seite, die Oberhand zu gewinnen. So konnte eine Reihe jemenitischer Politiker versuchen, durch Schaffung einer »dritten Kraft« den Frieden zu erreichen. Nachdem sich 1965 Nasser mit König Faisal von Saudi-Arabien getroffen hatte, beschränkten die ägyptischen Truppen ihre Aktivitäten; gegen Ende 1967, nach dem israelischen Sieg im Juni-Krieg, wurden sie vollständig abgezogen. Die Royalisten — allerdings selber geteilt und geschwächt — versuchten daraufhin in einer letzten Anstrengung, den Sieg durch Belagerung von Sanaa zu erreichen. Nachdem diese 70tägige Belagerung gescheitert war, wuchs Anfang 1968 der Druck zu einem Kompromiß. 1970 wurde eine Koalitions-Regierung aus Persönlichkeiten beider Lager unter Moḥsin al-Aini als Ministerpräsident gebildet. Der Bürgerkrieg war vorbei. Die Ḥamīd al-Dīn-Familie durfte nicht mehr in das Land zurückkehren; zahlreiche Royalisten wurden in die Republik eingegliedert.

Das Ende des Bürgerkrieges brachte jedoch noch keinen Frieden. Konflikte innerhalb der Regierung und zwischen ihr und den Stämmen erschwerten die politische Situation. 1974 wurde das Staatsoberhaupt, Qadi al-Iriani, von einem Armee-Offizier — Ibrahim al-Hamdi — abgesetzt. Al-Hamdi hatte sich vorgenommen, die Staatsmaschinerie zu reformieren, wurde jedoch im Oktober 1977 (vermutlich von opponierenden konservativen Offizieren) ermordet.

Präsident Al-Ghashmi, sein Nachfolger, starb im Juni 1978 durch eine aus Aden gesandte Bombe. Daneben gab es einige Guerilla-Tätigkeit von seiten radikaler Republikaner, die den Kompromiß von 1970 ablehnten. 1976 schloß diese Bewegung sich zur »National Democratic Front« zusammen und verstärkte ihre Guerilla-Tätigkeit gegen die Zentralregierung. Nachfolger Al-Ghashmi's wurde Präsident Ali Abdallah Saleh (geboren 1942). Sein Regime hat sich als stabil erwiesen. Diesem früheren Artillerie-Offizier aus der Gegend südlich von Sanaa gelang es, die Zentralgewalt, ihre Verwaltung und ihre Armee, zu stärken und mit dem »Allgemeinen Volkskongreß« die Elemente eines nationalen politischen Systems zu schaffen. Die Kämpfe zwischen der Armee und der NDF dauerten mehrere Jahre, bis Mitte 1982 ein Waffenstillstand — nach 20 Jahren innerer Auseinandersetzung — zustande kam.

Seit dem Ende des Bürgerkrieges im Jahre 1970 hatte das Land enge Beziehungen zu Saudi-Arabien unterhalten, von dem es erhebliche finanzielle Unterstützung erhielt. Gleichwohl versucht die Arabische Republik Jemen, in der arabischen Politik einen mittleren Weg zu gehen, weder auf seiten der Konservativen, noch auf seiten der »Verweigerungsfront«. Sie unterstützt von jeher die PLO. Die Beziehungen mit westlichen Staaten sind, insgesamt gesehen, gut; das Land erhielt erhebliche wirtschaftliche Unterstützung. Gleichzeitig haben die Regierungen aber auch die früheren guten Beziehungen mit der Sowjet-Union und China aufrecht erhalten. Der Großteil des Militärmaterials des Landes kommt aus der Sowjetunion, mit der die Jemenitische Arabische Republik im Jahre 1984 einen für 20 Jahre gültigen Vertrag über Freundschaft und Zusammenarbeit schloß.

Die Demokratische Volksrepublik Jemen: Sozialismus in einer harten Umwelt

Auf den Triumph der NLF im November 1967 folgte eine lange wirtschaftliche Krise, aus der das Land erst in der Mitte der 70er Jahre wieder herauszufinden begann. Die Unabhängigkeit hatte die drei Haupteinkommensquellen Adens zum Versiegen gebracht: die unmittelbare britische Budgethilfe an die Regierung der Föderation; die Einnahmen, die sich aus der Rolle der Stadt als wichtige Militärbasis ergaben; die Einnahmen des Schifffahrtsknotenpunktes, der seine Bedeutung durch die Schließung des Suezkanals — als Folge des arabisch-israelischen Krieges von 1967 — plötzlich und fast völlig verloren hatte. Mehrere tausend Adener verließen das Land, und die neue Regierung mußte ihre Ausgaben außerordentlich einschränken. Erst in der zweiten Hälfte der 70er Jahre begann eine Periode wirtschaftlichen

Aden: Crater mit Halbinsel Ṣīra und dem alten Hafen.

Aden: Gesamtansicht des alten Stadtzentrums (Crater).

Wachstums. Sie beruhte auf verstärkter Hilfe des Ostblocks, anderer arabischer Länder und aus multilateralen Quellen, sowie aus Heimatüberweisungen von in den Ölländern arbeitenden südjemenitischen Gastarbeitern.

Die ökonomische Krise war von politischen Konflikten begleitet. Bis etwa 1973 versuchten Gegner des neuen Regimes, von Nordjemen und Saudi-Arabien aus die NLF zu stürzen. Im September 1972 gab es einen Krieg zwischen Nord- und Südjemen, und 1969 und 1973 Zusammenstöße mit Saudi-Arabien. Auch in der NLF selber gab es Streit. Der erste Präsident Qahtan al-Sha'abi wurde 1969 von einem radikalen Flügel gestürzt. Dieser Flügel wünschte weitergehende Sozialreformen und eine Allianz mit dem Ostblock. Er verwirklichte eine grundlegende Landreform, nationalisierte alle ausländischen Unternehmen und führte das System der Planwirtschaft ein. Islam blieb zwar Staatsreligion, wurde aber von Politik und Recht getrennt. Mit dem Familiengesetz von 1974 wurden, was die Stellung der Frau anbelangt, grundlegende Änderungen im Recht und in der Rechtswirklichkeit eingeführt. Trotz seiner beschränkten Mittel verwirklichte das Regime weitreichende Gesundheits- und Erziehungsprogramme.
Doch auch nach 1969 bestanden die Differenzen zwischen den einzelnen Gruppen der NLF weiter. Als im Jahre 1978 der Präsident Salim Rubaiʿ ʿAli versuchte, sich mit militärischen Mitteln gegen die Mehrheit des Zentralkomitees durchzusetzen, wurde er mit einigen seiner Anhänger hingerichtet. Sein Hauptgegner, Abd al-Fatah Ismaʿil, wurde Präsident. Er trat im Jahre 1980 zurück und begab sich für eine Zeitlang ins Exil in die Sowjetunion. Dem nächsten Präsidenten, ʿAli Nasser Mohammed, schien es anfangs etwas besser zu gelingen, die Einheit innerhalb der Partei zu erhalten. Im Januar 1986 brachen jedoch die innerparteilichen Konflikte auf und entluden sich in einem zweiwöchigen blutigen Bürgerkrieg, der mehreren tausend Menschen — darunter zahlreichen hohen Politikern — das Leben kostete. Die neue Führung setzte ʿAli Nasser Mohammed ab und wählte den bisherigen Premierminister Haider Abu Bakr al-Attas zum Präsidenten.
Die Macht in der Demokratischen Volksrepublik Jemen liegt in der Hand der Partei (geschätzte Mitgliederzahl etwa 26.000), die sich 1978 auf ihrem Dritten Kongreß in »Jemenitische Sozialistische Partei« umbenannt hatte. Das Regime hat sich der Ideologie des »Wissenschaftlichen Sozialismus« verschrieben und enge Beziehungen zum Sowjet-Block entwickelt. 1979 schloß es einen auf 20 Jahre gültigen Vertrag über Freundschaft und Zusammenarbeit mit der Sowjetunion und erwarb Beobachterstatus beim Comecon. Daneben spielt das Land eine aktive Rolle in der arabischen Politik und verwendet (zusammen mit anderen arabischen Staaten) große Anstrengungen darauf, die Einheit der palästinensischen Bewegung zu erhalten.
In den ersten Jahren ihrer Unabhängigkeit hatte die DV Jemen die Oppositionsbewegungen in den übrigen Staaten der Halbinsel (insbesondere in der AR Jemen und in Oman) intensiv unterstützt. Diese Politik ist zugunsten des Versuchs, sich mit den Nachbarstaaten zu arrangieren, aufgegeben worden: 1982 wurde die militärische Unterstützung für die Guerilla-Bewegung im Nordjemen eingestellt und im gleichen Jahr wurden diplomatische Beziehungen mit Oman aufgenommen. Die Revolution in Äthiopien hat dem Südjemen endlich einen echten Verbündeten in der Region gegeben. Die Beziehungen mit dem Westen blieben auf bescheidenem Niveau; die Beziehungen zu den USA hatte Südjemen bereits 1969 abgebrochen, nennenswerte Wirtschaftshilfe wird nur von Frankreich und Schweden gewährt. Die Bundesrepublik hat ihre schon länger zurückliegende Absicht, Entwicklungshilfe in Höhe von DM 14 Millionen zu gewähren, noch nicht verwirklicht.

Jemenitische Einheit

Die Führungen beider jemenitischer Staaten betonen immer wieder, daß die Einheit eines ihrer Hauptziele darstellt. Diese Idealvorstellung scheint in beiden Staaten auch von der Bevölkerung weitgehend unterstützt zu werden. Der Gedanke der jemenitischen Einheit bezieht seine Kraft aus der gemeinsamen Geschichte, aus kulturellen und literarischen Verbindungen, aus der Beziehung der beiden Revolutionen zueinander und aus der Gemeinsamkeit armer Republiken auf einer Halbinsel ölreicher Monarchien. Dennoch hat der ganz unterschiedliche Charakter der beiden Revolutionen und Staaten eine Annäherung, geschweige denn eine Vereinigung, sehr schwierig gemacht. Mit der Unabhängigkeit des Südens im Jahre 1967 verflüchtigte sich der anfängliche Optimismus. 1972 fand der erste Krieg zwischen den beiden Staaten statt, gefolgt von einem im Oktober 1972 in Kairo unterzeichneten Vereinigungsabkommen. Die Verhandlungen wurden über die Jahre fortgeführt, doch ein wirklicher Fortschritt gelang nicht. Im Februar 1979 brach ein zweiter Krieg aus. In seiner Folge wurden wieder Vereinbarungen über die Vereinigung unterzeichnet und im Jahre 1983 eine 136 Artikel umfassende Verfassung für einen gemeinsamen jemenitischen Staat entworfen. Eine echte Vereinigung dürfte noch lange auf sich warten lassen, doch ein gewisses Maß von Koordinierung der Wirtschafts- und Kulturpolitik erscheint möglich. Daneben bedeuten die Gespräche, daß die Gefahr einer erneuten bewaffneten Auseinandersetzung vermindert wird.

Die beiden Jemen im außenpolitischen Umfeld

Trotz ihrer beschränkten wirtschaftlichen Bedeutung und ihrer Entfernung von den Hauptzentren der nahöstlichen Politik blieben die beiden Jemen nicht unbeeinflußt von den größeren Entwicklungen der regionalen und internationalen Politik. In den 60er Jahren machte der jemenitische Bürgerkrieg mit der Beteiligung Ägyptens und Saudi-Arabiens den in der arabischen Welt bestehenden Konflikt zwischen radikalen und konservativen Kräften deutlich. Auch nach dem Rückzug der ägyptischen Truppen im Jahre 1967 leisteten die Sowjetunion und China den Streitkräften der Republik weiterhin erhebliche Unterstützung. Dem 1967 entstehenden radikalen Regime im Süden gewährten sie erhebliche wirtschaftliche Hilfe; die militärische Unterstützung kam von der Sowjetunion. In den 70er Jahren wurden der Sowjetunion in der DV-Jemen auch gewisse Rechte und Möglichkeiten für ihre See- und Luftstreitkräfte eingeräumt.

Die ständigen Spannungen im Süden der arabischen Halbinsel bildeten für die konservativen Regimes der arabischen Welt Grund zur Besorgnis. Als Folge der Verwicklung Südjemens in die Ermordung des nordjemenitischen Präsidenten Al-Ghashmi wurde 1978 die Mitgliedschaft des Landes in der Arabischen Liga suspendiert. Die Zugehörigkeit der DV Jemen zur Gruppe der sog. »Verweigerungsfront« unter den arabischen Staaten unterscheidet sie ebenfalls von den übrigen Staaten der Halbinsel.

Die Politik des Westens gegenüber den beiden Jemen war bisher in vieler Hinsicht ein Nebenprodukt der westlichen Politik gegenüber den reicheren und pro-westlich ausgerichteten Monarchien der Halbinsel. Die Vereinigten Staaten hatten seit der Wiederaufnahme diplomatischer Beziehungen im Jahre 1972 versucht, die Jemenitische Arabische Republik zur Lockerung ihrer Bindungen zum Sowjet-Block zu ermuntern. Während des Krieges mit Südjemen 1979 lieferten die USA Waffen. Die amerikanische Politik gegenüber Nordjemen, Oman und Saudi-Arabien ist bis heute von dem strategischen Ziel geleitet, die südjemenitische Revolution auf die Grenzen des Südjemen beschränkt zu halten.

Abschließend kann man deshalb feststellen, daß der Süden der Arabischen Halbinsel in den letzten 25 Jahren — also seit der September-Revolution 1962 in Sanaa — eine Arena für den Ost-West-Konflikt darstellte. Diese globale Rivalität überlagert und mischt sich mit der ohnehin bestehenden Trennung zwischen den beiden jemenitischen Staaten und den unterschiedlichen Ergebnissen ihrer beiden Revolutionen.

Die September-Revolution 1962 – ihre Ursachen, ihre Rechtfertigung, ihre Ziele, Fehlschläge und Erfolge

Mohsin al-ʿAinī

Das Ende des Ersten Weltkrieges brachte dem Jemen den Abzug der Osmanen und die Unabhängigkeit, jedoch noch nicht Frieden und Stabilität. In den ersten Jahren nach 1918 war der Jemen mit dem Kampf gegen Großbritannien im Süden und Saudi-Arabien im Norden beschäftigt; hinzu kam das Problem, die verschiedenen Regionen und Stämme der Zentralregierung in Sanaa zu unterstellen.

Mit den dreißiger Jahren setzte eine gewisse Form von Stabilität ein, in der die Bevölkerung die Chance erblickte, ihre Lebensbedingungen fortzuentwickeln, und ihre so offensichtlich erkennbaren Bedürfnisse zu befriedigen.

Statt jedoch auf diese Aufgaben und Wünsche einzugehen, beschränkte sich der Imām Yaḥyā Ḥamīd ad Dīn darauf, seine eigene Macht auszuüben und seine persönliche Herrschaft über das Land zu festigen. Mit Hilfe seiner Söhne und einiger Mitglieder der großen und bekannten Familien des Landes leitete er ganz allein alle Angelegenheiten des Staates. Die Stämme unterwarf er seiner Macht dadurch, daß er die Söhne der Stammesoberhäupter, der Scheichs, als Geiseln nahm, um sich so der Loyalität ihrer Väter zu versichern. Bei alledem war seine Armee so schwach, daß sie nicht nur nicht im Stande war, den von Großbritannien besetzten südlichen Landesteil zurückzuerobern, sondern auch während des saudisch-jemenitischen Krieges 1933/1934 das Land nicht verteidigen konnte. Der Verwaltungsapparat war kaum entwickelt und beschränkte sich praktisch auf das Einsammeln der Almosensteuer (zakāt). Imām Yaḥyā hatte überhaupt wenig Verständnis für das Staatswesen als solches. Bildung, Gesundheitswesen, Verkehr und Infrastruktur wurden ebenso vernachlässigt wie alle sonstigen staatlichen Dienstleistungen. Der Imām hatte den Jemen von der ganzen Welt isoliert und begnügte sich mit begrenzten und vorsichtigen Beziehungen zu einer geringen Anzahl fremder Staaten.

Die Schwäche und Unfähigkeit des Regimes wurde in dem soeben erwähnten saudisch-jemenitischen Krieg überdeutlich. Die Intellektuellen begannen, sich nach dem Nutzen dieser isolationistischen Politik zu fragen, und warum ihr Land von der arabischen Renaissance (al-nahḍa), die vor allem Ägypten und den Irak zu erfassen begann, ausgeschlossen bleiben sollte. Die Ideen der drei berühmten Theoretiker des arabischen Nationalismus — Mohammed ʿAbduh, Dschamāl ad-Dīn al-Afghānī und ʿAbdurraḥmān al-Kauākibī — blieben auch im Jemen nicht unbekannt und auch von den Werken der großen Dichter und Schriftsteller wie Ṭaha Ḥusayn, al-ʿAkkād, Aḥmad Amīn, Aḥmad Schauqī und Ḥāfidh Ibrāhīm wurden die Intellektuellen des Landes, soweit ihnen diese Schriften zugänglich waren, beeinflußt.

Gleichzeitig traten in den Städten einige Männer auf, die neue Ideen vertraten und ihren Widerstand gegen die dem Land auferlegte Passivität zum Ausdruck brachten. Sie protestierten gegen die Ungerechtigkeit, unter der die Bevölkerung in den Städten und noch mehr auf dem Lande litt. Ihre Hauptforderungen richteten sich auf eine Ausbreitung der Bildungsmöglichkeiten, auf den Bau von Krankenhäusern und Straßen. 1942, während der großen Dürreperiode, verlangten sie die Bereitstellung öffentlicher Mittel zur Überwindung der Hungersnot.

Von diesen einzelnen Mißständen ausgehend, begann man immer deutlicher über Willkür und Alleinherrschaft zu sprechen, verlangte mehr demokratische Mitentscheidung, Beteiligung des Volkes in Beratungsgremien, die Errichtung eines modernen Staatsapparates. Zum Ausdruck kamen diese Forderungen bei den Qāt-Sitzungen in den Häusern, bei den Predigten in der Moschee, in Flugblättern und in der Zeitschrift »al-Ḥikma«.

Mit der Rückkehr junger Jemeniten, die im Irak oder in Ägypten eine wissenschaftliche oder militärische Ausbildung erhalten hatten, verbreiteten und verstärkten sich diese Ideen immer mehr. Eine besonders wichtige Rolle bei dieser Bewußtwerdung des jemenitischen Volkes spielte die irakische Militärmission, die zur Ausbildung der Armee ins Land geholt worden war.

Diese Entwicklung blieb dem Imām natürlich nicht verborgen; er spürte die Gefahr und reagierte mit einer großen Verhaftungswelle. Zahlreiche angesehene und bekannte Männer wurden unter dem Vorwurf der Rebellion verhaftet; mit Fußeisen und Handketten mußten sie von Sanaa nach Taiz, und von Taiz nach Ḥadscha (Hajja) marschieren. Die berüchtigtsten Gefängnisse waren in Ḥadscha, al-Ahnūm und Waschḥa. Inzwischen lag die Macht bereits weitgehend bei dem Emir Saif al-Islam Aḥmad, dem ältesten Sohn des Imāms Yaḥyā. Aḥmad war zum Thronfolger bestimmt, und viele der Liberalen im Land glaubten, Aḥmad werde ihre Wünsche verstehen, ihre Ideen verwirklichen und mit Unterstützung anderer arabischer Länder den Jemen entwickeln. Das Gegenteil war der Fall. Er war ebenso machtbesessen wie sein Vater, bezeichnete seine Gegner als »Modernisten« und drohte mit ihrer Vernichtung. Deren Flucht nach Aden und Ägypten bedeutete jedoch gleichzeitig den Beginn einer organisierten Opposition: In Aden wurde zu Beginn des Zweiten Weltkriegs die Partei der »Freien Jemeniten« gegründet. Allerdings ließ die britische Verwaltung, nachdem der Imām bei Großbritannien protestiert hatte, die Aktivitäten der Bewegung aus Rücksicht auf ihre Beziehungen zum Imām unterbinden.

Als Folge davon wurde die »Große Jemenitische Gesellschaft« (al-Dscham'īa al-Jamānīya al-Kubra) gegründet; als ihr Sprachrohr erschien die Zeitung »Die Stimme des Jemen«. Die beiden wichtigsten Herausgeber und Mitarbeiter der Zeitung waren al-Zubayrī und al-Nu'mān, zwei Schriftsteller und Dichter, deren Bedeutung für die Erweckung des jemenitischen Nationalgefühls kaum überschätzt werden kann. Diese Zeitung — die auch im (Nord-)Jemen selber Verbreitung fand — war der Schrecken der Machthaber, Aufklärung dem Volk und moralische Stütze den Kreisen der Liberalen.

Diese vermehrten ihr Ansehen in hohem Maße, als sich ihnen einer der Söhne des Imāms, der Emir Saif al-Ḥaqq Ibrahīm, anschloß. Angesichts des hohen Alters des Imāms Yaḥyā — er war im Jahre 1904 an die Macht gekommen — formulierten die Liberalen jetzt den Text der sogenannten »Heiligen National-Charta« (al-mithāq al-waṭanī al-muqaddas), als Verfassung des neuen Staates nach dem Tod des Imāms gedacht.

Wir wollen jetzt die dramatischen Ereignisse zu Anfang des Jahres 1948 nachzeichnen:

Die Liberalen hatten sich darauf geeinigt, nach dem Tod von Imām Yaḥyā als neuen Imām Abdullah al-Wazīr zu wählen. Auch die Namen der Minister, der Provinzgouverneure und der übrigen höchsten Staatsbeamten wurden einverständlich unter den führenden Vertretern des Landes festgelegt. Dieses Einverständnis beruhte auf dem allgemeinen Willen, Aḥmad, dem Sohn Yaḥyās, den Weg als Nachfolger zu verlegen, bevor er gemäß der zayditischen Rechtslehre durch Konsens in Sanaa zum Nachfolger gewählt würde.

Nun erfuhr Aḥmad jedoch davon, daß die Liberalen bereits an seiner Statt einen anderen angesehenen Zaiditen zum Imām erwählt hatten. Durch ihm ergebene Leute in Aden ließ er die Nachricht verbreiten, sein Vater, der Imām Yaḥyā, sei gestorben. Die Liberalen reagierten umgehend so, wie Aḥmad dies erwartet hatte: Sie veröffentlichten die Nachricht in Aden in ihrer Zeitung »Die Stimme des Jemen« und in ihren in Kairo erscheinenden Blättern. Zugleich veröffentlichten sie den Text der »Heiligen National-Charta«, den Namen des neuen Imām, die Namen der neuen Minister und hohen Beamten. Damit war die ganze Vorbereitung offenkundig geworden — während Imām Yaḥyā noch in Sanaa lebte und sein Sohn Aḥmad in Taiz weilte. Nunmehr bahnte sich ein Wettlauf an zwischen Imām Yaḥyā und seinem Sohn Aḥmad einerseits, und den Liberalen, die die Macht zu übernehmen gedachten, auf der anderen Seite.

Wer bereitet wem ein Ende? Imām Yaḥyā lud seinen Sohn Aḥmad ein, nach Sanaa zu kommen. Dieser zögerte, vielleicht, weil er Angst hatte, selber getötet zu werden, oder, weil er erwartete, daß sein Vater in Sanaa ermordet würde und er dann Rache zu nehmen hätte. Die Liberalen waren gezwungen, dem Imām Yaḥyā und einige seiner Kinder in Sanaa am 17. Februar 1948 zu ermorden.

Aḥmad verließ jetzt Taiz, zog nach Norden und sammelte in der Stadt und Festung Ḥadscha (Ḥajja) Truppen und Geld. Unter Hinweis auf die Ermordung seines Vaters beschwor er die Stämme, Rache zu nehmen und zog mit ihnen gegen Sanaa. Sanaa wurde erobert und geplündert; der neu ernannte Imām Abdullah al-Wazīr wurde zusammen mit Dutzenden anderer Märtyrer hingerichtet, viele angesehene Männer wurden in die Gefängnisse von Sanaa und Ḥadscha geworfen, es herrschten Terror und Furcht und die Stimmung der Niederlage.

Dennoch läßt sich feststellen, daß die Ereignisse von 1948 wie ein gewaltiges Erdbeben auf das jemenitische Volk gewirkt haben. Diese Ereignisse bewiesen, daß der Imām auf Erden nicht unter Gottes Schutz stand, daß er weder heilig noch ewig war und auch nicht unverletzlich, und daß Revolution und Veränderung möglich waren!

Die Revolution von 1948 hatte zwei unmittelbare Folgen: Die großen alten Familien, aus deren Mitte immer wieder der Anspruch auf die Macht und das Imāmat erhoben worden war, waren geschwächt. Auf der politischen Bühne blieb allein die Familie Ḥamīd ad-Dīn. Neben dem neuen Imām Aḥmad traten vor allem seine Brüder al-Ḥasan und al-'Abbās hervor. Anstatt aber ein neues Kapitel der jemenitischen Geschichte zu beginnen, sich dem Volk zu öffnen und notwendige Reformen einzuleiten, führten sie die Politik der Isolation fort, regierten mittels Terror und suchten die Konfrontation mit ihrem eigenen Volk. Aber auch die Liberalen hatten durch die fehlgeschlagene Revolution eine Lehre erhalten. Ihre Fehler und Schwächen waren überdeutlich geworden.

In Ḥadscha, wo die meisten der prominenten Gefangenen eingekerkert waren, die Dichter und Gelehrten des Jemen, entstand die Idee, als Thronfolger den Prinzen Al-Badr zu verkünden. Viele der Gefangenen glaubten, auf diese Weise seine Gunst zu erhalten und freigelassen zu werden. Jedenfalls versprachen sie sich von ihm sehr viel mehr als etwa von al-Ḥasan, dem rückständigen Erzreaktionär, oder von 'Abdullah mit seinen berüchtigten Beziehungen zu ausländischen Regierungen. Einige mögen auch auf einen Streit innerhalb der Herrscherfamilie gehofft haben, der sich aber immer in Grenzen hielt.

Im Jahre 1955 gab es wieder eine Erhebung. In Taiz rebellierte der Major Aḥmad al-Thulāiyā' mit seiner Truppe gegen den Imām. Er umstellte dessen Palast und forderte den Imām auf, zugunsten seines Bruders Saif al-Islam 'Abdullah abzudanken.

Dem Imām Aḥmad gelang es jedoch, die Situation zu meistern. Er ließ seine beiden Brüder 'Abdullah und al-'Abbās, sowie den Major al-Thulāiyā' und andere Prominente hinrichten. Wieder andere wurden verhaftet; seinen Bruder al-Ḥasan schickte er ins Ausland. Nachdem die Revolution von 1948 bereits die großen herrschenden Familien geschwächt hatte, schwächte diese Erhebung die Ḥamīd ad-Dīn-Familie selber: Das war der Anfang vom Ende.

In den folgenden Jahren gab es immer wieder Stammesrevolten und Studentenproteste. Während eines Aufenthaltes in Hodeida — wo sich der Imām im Krankenhaus untersuchen lassen wollte — wurde am 26. März 1961 ein mutiger Versuch unternommen, ihn zu ermorden.

Diese blutigen Ereignisse und die inneren Wirren ebneten den Weg zur Veränderung und bereiteten die öffentliche Meinung für die Revolution vor. Einen erheblichen Einfluß hatten dabei die neueren Entwicklungen in den übrigen arabischen Ländern: Besonders wichtig war hier die ägyptische Revolution, die Bewegung und auch der Lärm, den sie in der arabischen Welt hervorrief. Die Worte von Befreiung aus Rückständigkeit und Kolonialismus, die Union Ägyptens mit Syrien, die Geburt des Nationalismus, die Bewußtwerdung der arabischen Völker und ihre Rolle in der Welt, die Persönlichkeit des ägyptischen Präsidenten Dschamāl ʿAbdunnāṣir (Nasser) und — nachdem Imām Aḥmad seine feindliche Haltung zu Abdunnāṣirs Sozialismus verkündet hatte — Nassers Unterstützung der jemenitischen Opposition, all das trug dazu bei, die politische Lage immer mehr in Richtung auf eine Revolution hinzutreiben.

Am 18. September 1962 starb Imām Aḥmad in Taiz, nachdem er fast anderthalb Jahre an seinen Verletzungen aus dem Attentat von Hodeida gelitten hatte. Sein Sohn al-Badr übernahm die Macht unter schwierigen Umständen, und als er ankündigte, auf der Linie seines Vaters regieren zu wollen, brach am 26. September 1962 die Revolution aus, die die Imāmat-Monarchie nach fast tausendjährigem Bestehen stürzte und die Republik ausrief.

Die Revolution verkündete jetzt ihre sechs berühmten Ziele:

1. Die Befreiung von Despotismus, Kolonialismus und allen ihren Spuren; Errichtung einer demokratischen und gerechten Ordnung; Abschaffung der Unterschiede und Privilegien zwischen den Ständen.
2. Gründung einer starken und nationalen Armee zur Verteidigung des Landes und zur Sicherung der Revolution und ihrer Errungenschaften.
3. Verbesserung des Lebensstandards des Volkes auf sozialem, wirtschaftlichem, politischem und kulturellem Gebiet.
4. Schaffung einer demokratischen und gerechten, auf dem Gedanken der Zusammenarbeit aller aufbauenden Gesellschaft, deren Ordnung und Strukturen auf den Prinzipien des wahren Islam beruhen.
5. Streben nach Verwirklichung der nationalen Einheit im Rahmen der gesamtarabischen Einheit.
6. Respektierung der Charta der Vereinten Nationen und der übrigen internationalen Organisationen; Einsetzen für den Frieden; Festhalten an den Prinzipien der Neutralität und des friedlichen Zusammenlebens der Völker.

Von der ersten Stunde der Revolution an begannen die Schwierigkeiten. Da inner-jemenitische Faktoren ebenso wie Einflüsse aus der arabischen Welt die Revolution vorbereitet hatten, kamen auch die Gründe für diese Schwierigkeiten sowohl aus dem Jemen selber wie von außen. Die Revolutionäre, die al-Badr zu ermorden versucht hatten, beharrten darauf, ihn zu vernichten und ins Ausland zu vertreiben. Al-Badr wiederum hatte sich nach erstem Widerstand in Saudi-Arabien um Geld bemüht, und so einige Stämme zu seinem Kampf gegen die Republik gewonnen. Saudi-Arabien war über die neue republikanische Ordnung und ihre Unterstützung durch Ägypten erschrocken und entschloß sich, den Imām und seine Familie zu unterstützen. Daraufhin sandte Ägypten mehr Hilfe und Truppen. Ägypten tat dies aus seinen eigenen nationalen, revolutionären Prinzipien heraus, aber auch in Frontstellung zu Saudi-Arabien, das Ägypten dafür verantwortlich hielt, Separatisten in Syrien zu ermutigen. Großbritannien seinerseits fürchtete den Verlust seiner Kolonie Südjemen, lehnte die Anerkennung der Jemenitischen Arabischen Republik ab und begann, direkt und über den Scharif von Bayḥān die Royalisten zu unterstützen. Damit wuchsen die Schwierigkeiten von innen und außen. Obgleich die neue Republik von den Vereinigten Staaten, der Bundesrepublik Deutschland und von Italien diplomatisch anerkannt worden war, herrschte doch weithin der Eindruck, daß die progressiven arabischen Länder und die sozialistischen Staaten an der Seite der Republik standen, während die konservativen arabischen Monarchien ebenso wie die westlichen Länder eher den Royalisten zuneigten. So wandelte sich die Revolution im Jemen von einem Putsch in einem kleinen Land zu einem international beachteten Konflikt, auf den Ost und West ihre Rivalität übertrugen. Die Revolution war zu einer Art spanischen Bürgerkriegs geworden, zu einem Krieg, der die progressiven und die konservativen Kräfte in aller Welt beschäftigte.

Auch im südlichen Teil Jemens war es so, daß die Entwicklung anders verlief, als manche es sich vorgestellt hatten: Während die nationalen Kräfte, die im Süden gegen die britische Kolonialherrschaft gekämpft hatten, nach der Einheit Gesamtjemens gestrebt hatten, entstand Ende 1967 ein neuer Staat, der an seinem eigenständigen Dasein festhielt. Die Beziehungen zwischen den beiden Teilen des Jemen einzuleiten, geschweige denn zu gestalten, war dann auch in den Folgejahren beileibe nicht einfach.

Im Inneren der Arabischen Republik Jemen kam es selbst nach Beendigung des Bürgerkrieges immer wieder zu Kämpfen, an denen Kräfte, Interessen, Bestrebungen und verschiedenste Strömungen sich beteiligten. Auseinandersetzungen, Dürre und ein schweres Erdbeben machten die Aufbauarbeit nicht leichter.

Nachdem wir nunmehr die Ereignisse, die zur Revolution führten, geschildert haben, und einen Blick auf die inzwischen vergangenen 25 Jahre geworfen haben, ist es unsere Pflicht, zu analysieren, wo der Jemen heute steht, was sein Volk mit der Revolution erreicht hat, und ob diese Revolution ihre Ziele erreicht und unsere Achtung verdient hat. Wenn wir dazu die sechs Ziele der Revolution betrachten, so können wir in der Tat feststellen, daß das Land vom Imāmat erlöst und ein republikanisches Regime eingeführt wurde. Die Republik half sogar mit, die Kolonialherrschaft aus dem Süden des Vaterlandes zu vertreiben. Eine starke nationale Armee wurde geschaffen, und der Lebensstandard des Volkes hat sich wirtschaftlich, politisch und sozial verbessert. Nunmehr versucht unser Land, den Weg zur Demokratie zu gehen und arbeitet unter großen Anstrengungen an der Verwirklichung der jemenitischen Einheit als erstem Schritt zur großen arabischen Einheit. Auf der internationalen Ebene stellte die Arabische Repubik Jemen immer wieder mit Nachdruck ihre Unterstützung für Unabhängigkeit, Souveränität, positive Neutralität, Blockfreiheit, Zusammenarbeit und friedliches Zusammenleben mit den internationalen Organisationen und mit allen Staaten unter Beweis: mit den befreundeten Nachbarstaaten ebenso wie mit weit entfernten befreundeten Staaten, mit kleinen Ländern ebenso wie mit großen. Die letzten Jahre haben bewiesen, daß diese Ziele der Revolution nicht bloß Worte und Träume waren. Die Revolution war weder Ausfluß der Träume und Phantasien von Dichtern, noch der utopischen Vorstellungen von Revolutionären, sondern die Folge konkreter Mißstände und des konkreten Fehlens bestimmter staatlicher und sozialer Strukturen und Leistungen. Deshalb verschwanden diese Ziele auch nicht aus den Augen der Republik: Mitten im Bürgerkrieg zwischen den Trümmern und vor den Schwierigkeiten und der Instabilität wurden sie Tag für Tag beständig in die Wirklichkeit umgesetzt und zum festen Bestandteil im Leben des Jemen und der Jemeniten.

Ich möchte dabei auch ganz klar darstellen, daß wir nicht behaupten, Wunder vollbracht zu haben, oder daß wir mit allen Entwicklungen ganz einverstanden sind, oder daß wir von den negativen Entwicklungen und Fehlschlägen nichts wissen wollen. Im Gegenteil: Wir sehnten und sehnen uns danach, noch mehr erreicht zu haben. Wir erwarten noch mehr und träumen von noch Größerem als dem, was bisher verwirklicht wurde. Wir wissen jedoch sehr genau, wo wir vor 25 Jahren standen und wo wir heute angelangt sind. Andere können sich diesen Ausgangspunkt nicht vorstellen, sind mit dem Erreichten nicht zufrieden und erwarten mehr. Doch auch mit ihnen halten wir gemeinsam Ausschau nach einem besseren Jemen, nach einem glücklicheren Leben und einem noch leuchtenderen Morgen.

Zum Abschluß ist es zweckmäßig, die konkreten Fortschritte, die die vergangen 25 Jahre gebracht haben, zusammenzufassen: Wir können feststellen, daß ein neuer Staat, eine neue Gesellschaft, ein neues Leben, eine neue Republik entstanden sind. An der Spitze dieser neuen Republik steht ein Präsident aus dem Volk. An Institutionen besitzen wir Ministerrat, Parlament, die Nationale Charta und eine organisierte Beteiligung des Volkes an den Entscheidungen, wir besitzen eine eigene lokale Verwaltung, eine Presse, wir haben Grund-, Mittel- und höhere Schulen geschaffen, die von Hunderttausenden von Schülern und Schülerinnen besucht werden, eine Universität, ein Hohes Forschungsinstitut und eine Antiken-Verwaltung, Krankenhäuser und Ambulatorien, eine moderne Verkehrs-Infrastruktur, asphaltierte Straßen zwischen den wichtigsten Städten und befestigte Straßen zu Hunderten von Dörfern, ein nationales Telefonnetz und schnelle internationale Telefon- und Telex-Verbindungen, moderne Häfen, Flughäfen und eine Luftverkehrs-Gesellschaft, die den Jemen mit den wichtigsten Städten im Nahen Osten und in Europa verbindet. Das ganze Land ist heute mit Strom versorgt, der Lebensstandard hat sich sehr deutlich verbessert. Nahrung, Bekleidung, Wohnen und moderne Lebensweise stehen heute jedem Bürger zur Verfügung. Der Staudamm von Mārib ist wieder aufgebaut, sein Wasser kommt der Landwirtschaft zugute und trägt so dazu bei, daß genügend Getreide, Gemüse und Obst angebaut werden kann. Erdöl wurde entdeckt und eine Raffinerie deckt bereits einen Teil des jemenitischen Bedarfs. In einigen Jahren wird man sogar Öl exportieren können, um mit den Einnahmen Entwicklungsprojekte zu finanzieren.

Der Jemen besitzt solide und feste Beziehungen zu den verschiedensten Staaten der Welt in Ost und West, sowie mit den internationalen Organisationen. Er legt Wert auf echte und vollständige Ungebundenheit, Wahrung seiner Unabhängigkeit und Souveränität. Die Haltung Jemens zum Palästina-Problem ist — genau wie zu den übrigen internationalen Fragen — klar und eindeutig, ohne Hast, ohne Propaganda, ohne Übertreibungen.

So viel hat der Jemen in den 25 Jahren seit der Revolution erreicht. Doch wollen wir zugleich auch nicht unsere Sehnsucht verschweigen, daß wir uns in Zukunft auch noch von den noch vorhandenen negativen Erscheinungen befreien werden. Wir wollen unsere Hoffnung ausdrücken auf ein Leben in noch größerer Sicherheit und Freiheit, auf Vermehrung der Wohlfahrt unseres Landes und unseres Volkes und auch auf bessere Verwirklichung von Rechtschaffenheit und Disziplin.

Die Vergangenheit lebt: Mensch, Landschaft und Geschichte im Jemen

Yūsūf ʿAbdallah

Was der Mensch im Jemen schuf, stammt aus der Fülle. Es ist unmöglich, dies alles auf wenigen Seiten darzustellen. Deshalb wollen wir uns auf drei Dinge beschränken, durch die es dem jemenitischen Menschen gelang, seinen eigenständigen kulturellen Beitrag im Rahmen der altorientalischen Kultur, und später innerhalb seiner arabisch-islamischen Identität zu verwirklichen: Das ist einmal die Architektur und das sie begleitende Kunstschaffen; sodann sind es die Altertümer, die er an den Stätten der frühen Zivilisation Südarabiens hinterließ, und schließlich sein kulturelles Erbe in Sitten und Gebräuchen, deren Kontinuität und lebendiges Bestehen bis zum heutigen Tage reicht.

Architektur und Landschaft

Auf den steilen Bergen, die mit ihren vielfältigen Farbschattierungen und den vom Relief geworfenen Schatten in den blauen Himmel Jemens ragen, liegen, von den Strahlen der Sonne vom Morgen bis zum Abend überhäuft, die Dörfer und Städte der zentralen Region des Landes. Betrachtet man diese vom Menschen geschaffenen und von ihm bewohnten Siedlungen aus der Ferne, so erscheinen ihre Häuser und Bauwerke, als wären sie selber lautlose Felsen, kleine Hügel, aus dem Stein des Untergrunds gewachsen. Nähert man sich ihnen, so spürt man schnell die beinahe unendliche menschliche Leistung und Mühe, die für den Bau dieser Häuser aufgewendet werden mußten, man empfindet aber auch, welche Schönheit und Pracht diese kleinen menschlichen Siedlungen und die ihnen zu Füßen liegenden Terrassenfelder der wilden Natur verleihen.

Diese Dörfer und Städte sind jedoch nicht bloß Kunstwerke. Die Häuser auf den steinigen Gipfeln, auf den Hügeln und in den Tälern wurden aus sorgfältig behauenen Steinen errichtet, die aus den Steinbrüchen der jeweiligen Umgebung geschlagen wurden. Architektonisch und von ihrer Struktur her sind diese meist mehrstöckigen Häuser so zueinander in Beziehung gesetzt, daß sie eine Gruppe oder ein Dorf bilden, das neben den Notwendigkeiten des Lebens auch auf die Verteidigungsmöglichkeiten Rücksicht nimmt. Neben diesen ganz aus Steinen gebauten Häusern gibt es Gebäude, deren untere Stockwerke aus dunklen Hausteinen errichtet sind und deren obere aus Lehm oder Ziegeln gebaut wurden. Die Fenster haben gewölbte Bogen aus Gips, eingelegt mit buntem Glas, oder Oberlichter aus Alabasterscheiben. Schöne Verzierungen schmücken die Fassaden. Dies alles bildet eine kulturelle Einheit, die Nutzen und Schutz des Bauwerks, die Ruhe des Ortes und seiner Bewohner, die Harmonie von Klima, Umwelt und Landschaft, und nicht zuletzt die das Auge erfreuende Aussicht mitberücksichtigt. Der Jemenit liebt es, nach Fertigstellung seines Wohnhauses mit schöner kalligraphischer Schrift auf einer Tafel oder auf dem geschnitzten Tor der Erinnerung an die Vollendung des Werkes Dauer zu verleihen.

Die Architektur des Jemen und ihre Stile sind so zahlreich wie die einzelnen Landschaften. Ein jeder Stil ist vom Baumaterial, den technischen und finanziellen Möglichkeiten des Bauherrn, vom Grundstück und seiner Lage gekennzeichnet. So haben sich im Jemen bis heute die traditionellen Baumuster und Baustile, weithin unbeeinflußt von der neuen Zeit, erhalten und lassen das hohe Niveau der Baukunst der früheren Jahrhunderte erkennen.

Vielleicht könnte man als erstes die Formen des Wohnens nach den vier grundlegend verschiedenen Lebensweisen — seßhaften Bauern, Nomadentum, Städte und Dörfer — unterscheiden. Zweckmäßiger erscheint es aber, nach dem Baumaterial zu gliedern. In allen Fällen stammt es aus der jeweiligen Region. Steinhäuser sind im Hochland verbreitet; man findet sie am Berg Ṣabr, in den Dörfern von Maḥwīt, Manācha, Ḥarrāz, Schahāra, Ḥagga, Raima, Buraʿ und Milḥān. Als zweiter Haustyp sind die aus gebrannten Ziegeln — deren Herstellung besondere Geschicklichkeit erfordert — errichteten Häuser zu nennen. Sie finden sich in den relativ stark besiedelten Zentren des Hochlandes und der Tihāma, beispielsweise in Saada, Sanaa, Hodeida, Zabīd und Bait al-Faqīh. Sodann ist der aus gestampftem oder trockenem Lehm, den man Zābūr oder Ḥibal nennt, errichtete Haustyp zu nennen. Ihn findet man in vergleichsweise wenigen Gegenden im Osten und Nordosten, etwa in Barat, Kitāf, Saada, Wādī Chabb und al-Baydāʾ. Solche Lehmhäuser können bis zu sechs Stockwerke erreichen. Ihre Formen, Einpassung in die Landschaft und reizvollen Verzierungen stellen vielleicht das Schönste unter den traditionellen jemenitischen Architekturschöpfungen dar.

In der Tihāma, dem flachen Küstenstreifen am Roten Meer mit ihrer großen Hitze und Feuchtigkeit, bestehen die Häuser aus einem Grundgerüst aus Holzstangen, das mit Schichten aus Gras und Stroh bedeckt wird, kurz, es sind Strohhütten. Doch täuscht der bescheidene Name und das einfache Äußere, denn im Innern sind diese Wohnstätten mit schönen, häufig geschnitzten, Einrichtungsgegenständen ausgestattet und auf kunstvolle Weise, manchmal über den gesamten Kuppelbereich hinweg, geschmückt. Besonders eindrucksvolle Gruppen dieser Ti-

In der Tihāma (al-Mahdjam).

Brunnen in der Tihāma.

Sanaa vom Hotel Sheraton aus gesehen.

Nähe Ḥajja: Pisten ermöglichen heute Autoverkehr, wo früher nur Esel ihre Hufe setzen konnten.

Seite 475: Der Wächter des Imamspalastes Dār al-Ḥajar im Wādī Ḍahr (Ẓahr): in der Hand hält er den traditionellen geschmiedeten jemenitischen Schlüssel dāʾir.

Holz ist wichtig; durch die verbesserte Verkehrserschließung des Landes stark ansteigender Holzeinschlag, führt aber auch zu wachsenden Problemen.

Eine Samsara — Lager und Speicherhaus am Markt von Sanaa.

Kaukabān — befestigtes Adlernest auf dem Felsen von Schibām, Heimat der Kaukabānī-Musik.

Die Häuser von Kaukabān auf ihrem Felsplateau.

Das gewaltige Straßenbauprogramm erschließt heute das ganze Land.

Oben: Nationalbank Sanaa: Modernes Bauen mit den traditionellen Fensterelementen (Qamarīya).

Messingladen im Sūq von Sanaa.

Alt-Sanaa.

Tor in Sanaa.

Palast des Imāms im Wādī Ḍahr.

Oben und unten: Stadtentwicklung.

hāma-Behausungen findet man in der nördlichen Tihāma, in ʿAbs und im Wādī Mōr. Schließlich wollen wir auch das Zelt nicht vergessen: Es besteht aus Stangen, über denen gewebte Bahnen aus Ziegenhaar liegen. Das ist das traditionelle Zelt der Nomaden Arabiens, das sich im Osten des Jemen bewahrt hat.
Heute beobachten wir das Eindringen des Zements. Es steht zu befürchten, daß dieses neue Material die Stelle der bislang benutzten Baumaterialien mehr und mehr übernimmt, vor allem in den Städten.

Die Baukunst des antiken Jemen

Im Osten des Jemen, wo die Zentren der alten jemenitischen Zivilisation lagen, haben die Archäologen inzwischen einige Elemente der Baukunst der antiken Reiche erforscht und dabei festgestellt, daß der architektonische Stil der Bauwerke sich durch Eleganz, Luxus und Liebe zur Dekoration auszeichnete. Aber auch die Bauten selber stellen eine eigenständige Schöpfung dar. Einige Archäologen formulierten sogar, daß die heute noch erhaltenen Pfeiler der beiden Mondgott-Tempel der Sabäer-Hauptstadt Maʾrib in ihrer architektonischen Vollendung eine von kaum einem anderen Bauwerk übertroffene Vollkommenheit erlangt haben. Stil und Neuerungen des sabäischen Tempelbaus beruhen auf der Originalität der jemenitischen historischen Erfahrung. Diese Bauwerke wurden zu einer Zeit errichtet, als die architektonischen Muster der griechisch-hellenistischen Welt, die später die jemenitische Architektur so nachdrücklich beeinflussen sollten, noch nicht in den Jemen gedrungen waren. Man kann wohl auch sagen, daß jene älteren Bauten, die die frühen Sabäer errichteten, von den Stilformen der ersten nachchristlichen Jahrhunderte weder an Originalität noch an Schönheit übertroffen wurden.
In diesem Zusammenhang sind die Städte, Burgen, Paläste und Tempel zu erwähnen, die in weiten Teilen Jemens vor dem Islam errichtet wurden. Der jemenitische Gelehrte al-Ḥasan ibn Aḥmad al-Hamdānī, der im 4. Jahrhundert H = 10. Jahrhundert n. Chr. lebte, widmete diesen Bauten den Hauptteil des 8. Buches seiner »al-Iklīl« genannten Enzyklopädie. Daneben schilderte er auch die großen Wasserbauwerke des Jemen, insbesondere den Staudamm von Maʾrib.
Al-Hamdānī beschreibt in diesem Werk zahlreiche alte jemenitische Städte und Festungen, wie Maʿrib, die Hauptstadt des Reiches von Sabaʿ, ferner Ẓafār, die Hauptstadt des Reiches Ḥimjar, die Stadt Nāʿiṭ in der Ebene von al-Baun, die Stadt Bainūn in der zur heutigen Provinz Dhamār gehörenden Gegend von al-Ḥadāʾ, die Stadt Ghaimān, südöstlich von Sanaa. Die erhaltenen Altertümer dieser Städte liefern heute noch das Zeugnis für al-Hamdānīs Worte.
Bei der Schilderung der Stadt Bainūn erwähnt al-Hamdānī, wie großartig sie war, wie viele Wunder sie enthielt und welche Materialien für den Bau ihres Palastes verwendet wurden: Eisen, Teakholz, Juniperusholz; Perlen und Edelsteine hätten die Wände des Palastes geziert. Selbst wenn man hieran einige Zweifel haben dürfte, wird die Übertreibung seiner Worte doch wohl ein Echo der Wirklichkeit sein.
Von der Stadt Nāʿiṭ schreibt al-Hamdānī, sie sei eine weiße Festung auf dem Gipfel eines Berges gewesen. Einer ihrer Paläste sei aus Quadern von über 3 m Länge errichtet worden. Daneben habe es in der Stadt mehr als 22 weitere Paläste gegeben. Umgeben war sie von einer steinernen Mauer, deren Front mit Reliefs verziert gewesen sei. Die große Zisterne, sorgfältig aus Stein gebaut und mit Gips verkleidet, hat sich bis heute erhalten. Zum Bau der Pfeiler waren Eisenklammern und Nägel benutzt worden. Marmor und Alabaster wurden für die Bauten dieser Stadt verwendet; die Fassaden waren mit Tierreliefs verziert.
In Sanaa gab es zwei besonders berühmte Bauwerke, die von den jemenitischen Historikern oft erwähnt wurden: den Palast Ghumdān und al-Qalīs, die Kathedrale, die beide zu den Wundern des Jemen gerechnet wurden. Der Palast Ghumdān soll 20 Geschoße besessen haben, was — wenn man die Turmhäuser der Altstadt von Sanaa betrachtet — gar nicht so unwahrscheinlich klingt. Demgegenüber sind aber vielleicht die Überlieferungen über die Kathedrale von Sanaa, die etwa um die Mitte des 6. Jh.s n. Chr. errichtet wurde, ein wenig übertrieben. Ihre Decke soll aus geschnitztem Teakholz, verziert mit goldenen und silbernen Beschlagnägeln, bestanden haben; die Kanzel soll aus Ebenholz und Elfenbein, Gold und Silber gewesen sein. Beider Bauten Spuren sind verwischt und mit ihnen die berühmten Stätten, die die Geschichte der Baukunst in der Hauptstadt Sanaa in jener frühen Zeit hätten bezeugen können.

Die islamische Baukunst des Jemen

Die alte traditionelle jemenitische Architektur bestand, nachdem der Jemen den Islam angenommen hatte, fort und paßte sich den neuen Bedingungen an, die die islamische Zivilisation stellte. Der neue Glaube bedeutete einen in sich geschlossenen Lebensentwurf, ausgehend von der Moschee, dem Ort des Gebetes; weiter über die Schule, wo die Grundsätze von Religion und Recht gelehrt und gelernt wurden; zu den Bädern für Sauberkeit und Hygiene; den Märkten, die das zum Leben Notwendige und Luxus boten; bis hin zur Stadtmauer, die die Gemeinschaft beschützte und Feinde fernhielt. So entstanden jene architektonischen Schöpfungen, die die Städte und Dörfer des Jemen bis heute am sichtbarsten prägen: Moscheen, Kuppeln, Minarette und Schulen. Hier weist der Jemen eine große Zahl herausragender Bauwerke auf, die weit über die Grenzen des Landes hinaus für die islamische Baukunst insgesamt von Bedeutung sind.
Das größte architektonische Gesamtkunstwerk Jemens ist die Altstadt von Sanaa. Sanaa ist eine der wenigen arabisch-islamischen Städte, die die Schönheit ihrer Archi-

tektur bis heute bewahrt haben und deren Kontinuität durch die Zeit ebenso erleben lassen wie die Kontinuität des menschlichen Lebens und seiner arabisch-islamischen Kultur.

Unter allen Städten des Orients gibt es keine, die Sanaa von der Schönheit des Stadtbildes her ähnelt. Hoch ragen die Minarette ihrer prächtigen Moscheen in den Himmel, die starke Stadtmauer wird von Türmen gesichert und von Toren verteidigt. Sie besitzt große Gärten und hohe prächtige Häuser mit reichen Verzierungen. Unter der strahlenden Sonne erscheint Sanaa wie ein künstlerisches Gewebe, das über der rötlich-ockerfarbenen Stadtmauer aufragt. Die bunten Fensterbogen der Häuser, die Alabasterscheiben, die reich geschnitzten Holztüren, alles, was diese fabelhafte Stadt besitzt, erinnert an die zauberhaften Geschichten aus Tausendundeiner Nacht. Neben den importierten Produkten, die die Märkte der Stadt von Tag zu Tag mehr erobern, findet der Besucher auch immer noch ein reiches und vielseitiges Angebot einheimischer Erzeugnisse, einheimischen Handwerks und Kunstfleißes. Wie vor tausend Jahren drängen sich auch heute jeden Tag die Besucher in den engen Gassen der Altstadt, gehen Schulter an Schulter, handeln und feilschen, schreien und gestikulieren. In den Jahrhunderten der Herrschaft der Könige von Ḥimjar, der Abessinier, der Perser, der Statthalter der Kalifen und der türkischen Sultane, immer wieder erlebte Sanaa Kriege, Revolutionen und Zerstörungen. Dennoch aber hat sich die Architektur der Stadt stets im alten Geist erneuert und glänzt bis heute unversehrt. Ihresgleichen ist von solcher Vollkommenheit und Unversehrtheit, so voll von prächtigen Moscheen, Märkten, Bädern und Häusern wohl nirgendwo sonst zu finden.

Die herausragendsten architektonischen Leistungen des islamischen Jemen sind Moscheen und Schulen (Madrasa). Auch wenn der Bautyp eine Form der arabisch-islamischen Moschee und Schule ist, hat er im Jemen doch eine Eigenständigkeit gewonnen, die sich im Stil, im Grundriß, im Baumaterial und in einigen architektonischen Besonderheiten kundtut. Die berühmten klassischen Moscheen des Jemen sind die Große Moschee von Sanaa, die Moschee von al-Dschanad bei Taiz, die Moschee der Königin Arwā in Dschibla, die Moschee von Ẓafār Dhī Bīn, die Moschee des Imam al-Hādī in Saada, die al-Aschrafīya-Moschee in Taiz, die al-Aschā'ir-Moschee in Zabīd, die 'Āmirīya-Moschee in Radā' und die Moschee in Schibām/Kaukabān. Man sollte vielleicht erwähnen, daß eine Moschee nicht nur Ort des Gebetes ist, sondern auch die Stätte, in der religiöse Lehren und Wissenschaften unterrichtet werden. Oft gab es aber auch neben der Moschee eine eigene Madrasa, deren Kosten fromme Stiftungen bestritten. Diese Bildungsfunktion der Moscheen gab der Baukunst eine zusätzliche Dimension. Viele haben sich erhalten, bedürfen aber heute oft der Restaurierung oder Renovierung. Gleiches gilt übrigens auch für die berühmten Burgen des Jemen, von denen in den letzten Jahrhunderten viele auch von türkischen Vorbildern beeinflußt wurden. Erwähnenswert sind die Festung al-Muṭahhar in Thulā, die Burg von Kaukabān, die Burg von Ḥagga, die Burg al-Sunāra in Saada, die Festung al-'Āmirīya in Radā', die Burg von Sumāra, die Burg al-Qāhira über Taiz, dann in der Tihāma die Burgen von Bait al-Faqīh und von al-Zaidīya, oder in der Ḥugarīya die Burg al-Maqāṭira.

3000 Jahre Kultur im Jemen und ihre Entdeckung durch die Europäer

Die vorislamischen Altertümer des Landes sind die Reste jener blühenden Zivilisationen, deren Beginn mehr als 1500 Jahre vor dem Islam liegt. Die Meisterwerke der islamischen Architektur und Kunst umfassen ebenfalls einen Zeitraum von rund anderthalb Jahrtausenden, so daß man, wie es der Untertitel der Ausstellung richtig ausdrückt, von 3000 Jahren einer Zivilisation sprechen kann, die den kontinuierlichen materiellen Ausdruck der jemenitischen Persönlichkeit durch die verschiedensten Epochen dieser langen Zeit darstellt. Damit ist aber nicht nur eine tote Vergangenheit gemeint, sondern auch die lebendige Verbindung zur Gegenwart. Die archäologischen Zeugnisse sind dem jemenitischen Volk sehr bewußt; sie geben ihm das Gefühl der Kontinuität seiner Geschichte mit der Gestaltung seiner Gegenwart und sind zugleich Ansporn auf dem Wege zu einer besseren Zukunft.

Die vorislamischen Altertümer des Jemen gewinnen ihre besondere Bedeutung daraus, daß sie mit den anderen großen Zivilisationen des Alten Orients einen eigenen wichtigen Beitrag zur Gestaltung der menschlichen Zivilisation darstellen. Sie sind deshalb eine Erbschaft nicht nur des Jemen — ihr Studium und ihre Bewahrung können jedem, der sich mit der Erbschaft des Menschen befaßt, etwas geben. Diese über die engen Grenzen Südarabiens hinausreichende Bedeutung war sicherlich auch einer der Gründe dafür, daß sich so viele Europäer für diese jemenitischen Altertümer und ihre Erforschung interessierten.

Diese Erforschung und wissenschaftliche Erfassung begann jedoch schon lange vor dem Zeitalter der europäischen Entdeckungen — nämlich im 4. Jh. H = 10. Jh. n. Chr., als der jemenitische Archäologe al-Hamdānī den ganzen Jemen bereiste und aufschrieb, was er an wichtigen antiken Städten und Bauten noch vorfand und die zugehörigen Überlieferungen sammelte.

Die europäische Entdeckungsgeschichte des Jemen beginnt kurz nach 1500 mit Ludovico di Varthema, einem italienischen Abenteurer und Seefahrer, der Damaskus, Medina, Mekka, Aden, Radā' und Sanaa besuchte. Sein Bericht enthält freilich nur persönliche Erlebnisse, keine wissenschaftlichen Beobachtungen. Der spanische Jesuit Pedro Páez, der im Jahre 1590 zusammen mit seinem Mitbruder Antonio de Montserrat durch den Ḥadramaut über Ma'rib nach Sanaa gelangte, war der erste, der auf die Existenz der Altertümer von Ma'rib hinwies. Fünf lange Jahre, von 1589—1594, war er in Sanaa in Haft.

Er war auch einer der ersten Europäer, die das Wort »Kaffee« (»Qahwa«) und »Kaffeebaum« bzw. »Kaffeebohne« (»Bunn«) nach Europa brachte. In der Folgezeit gab es eine recht erhebliche Zahl europäischer Reisender im Lande. Doch keiner von ihnen läßt sich an Bedeutung mit dem berühmten dänischen Reisenden Carsten Niebuhr vergleichen, der im Jahre 1761 in den Jemen aufbrach, wo er 1762/63 mit wachem Auge und kluger Beobachtung das Land bereiste. Obwohl von der sechsköpfigen Gruppe Niebuhr alleine überlebte, brachte er die bedeutendsten wissenschaftlichen Erkenntnisse, die man bis da von Arabien gesammelt hatte, nach Europa. Seine dreibändige »Reisebeschreibung nach Arabien« (1774–1778 und 1837) und seine 1772 erschienene »Beschreibung von Arabien« bildeten für lange Zeit das wichtigste Kompendium über den Jemen.

Vom Beginn des 19. Jahrhunderts an kamen auch mehr und mehr Historiker und Altertumsforscher in den Jemen. Dank der von ihnen kopierten Inschriften gelang es dem deutschen Wissenschaftler Gesenius von der Universität Halle und seinem Schüler Rödiger, das sabäische Alphabet, die »musnad«-Schrift, zu entziffern. Zwar kannte auch al-Hamdānī noch die Bedeutung der musnad-Schrift, doch traten seine Werke erst gegen Ende des 19. Jahrhunderts langsam wieder ins europäische Bewußtsein. In diesem Zusammenhang erscheint es erwähnenswert, daß die heutige abessinische Schrift vom alten jemenitischen musnad-Alphabet abgeleitet ist. Aus dem musnad hatte sich die früheste äthiopische Schrift entwikkelt, in der Geʿez, die klassische abessinische Sprache geschrieben wurde, und aus dem Geʿez das heutige Alphabet.

Um jene Zeit, also in der zweiten Hälfte des 19. Jahrhunderts, entstand die Wissenschaft von den altjemenitischen Inschriften. Mehr und mehr europäische Forscher bereisten das Land, und zu Beginn des 20. Jahrhunderts begannen einige Universitäten Europas sich intensiver mit dem Studium der jemenitischen Altertümer zu befassen. Heute sind die zahlreichen antiken Inschriften die wichtigste Quelle, die es den Wissenschaftlern erlaubt, die Wesenszüge des historischen Bildes des alten Jemen nachzuzeichnen.

Historische Forschung und Museen im Jemen

Heute hat auch der Jemen selber seine eigene Altertümerverwaltung geschaffen; jemenitische Altertumskunde, Schrift und Sprache werden an der Universität von Sanaa gelehrt. Daneben arbeiten mehrere ausländische archäologische Missionen im Lande, die auch einen Beitrag zur Erforschung der islamischen Architektur leisten. Durch einheimische und internationale Anstrengungen werden einige herausragende Moscheen restauriert, etwa die von Ẓafār Dhī Bīn, die al-Aschrafīya-Schule in Taiz und die al-ʿĀmirīya-Moschee in Radāʿ. Besonders hervorzuheben ist das Projekt zur Restaurierung und Erhaltung der Altstadt von Sanaa, das in Zusammenarbeit der eigens hierfür geschaffenen Institution mit der UNESCO erfolgt.

Über viele Jahrhunderte hinweg hat der Jemen eine bedeutende Rolle in den religiösen und weltlichen Wissenschaften der islamischen Kultur gespielt. So kommt es, daß sich ein außerordentlich umfangreicher Schatz kostbarer mittelalterlicher Handschriften erhalten hat, die heute in eigenen Bibliotheken gesammelt werden, vor allem im Dār al-Kutub al-Yamanīya in der Hauptstadt. Neben ihrem wissenschaftlichen Inhalt sind viele dieser Handschriften von hervorragender künstlerischer Bedeutung, vor allem auch für die Entwicklung der arabischen Schrift und Kalligraphie. Eine Gruppe von Spezialisten widmet sich den im »Haus der Handschriften« ausgestellen Manuskripten der Großen Moschee von Sanaa, pflegt, restauriert und bewahrt sie.

Viele archäologische Funde sind inzwischen in den Museen gesammelt, dem Nationalmuseum in Sanaa, den Museen von Taiz, Ẓafār und Maʾrib, sowie dem Museum der Archäologischen Fakultät der Universität Sanaa. Als archäologische Kostbarkeit sind die beiden Bronzestatuen des Dhamār ʿAlī und seines Sohnes zu erwähnen. In Überlebensgröße stellen sie den König Dhamār ʿAlī Yuhabir und seinen Sohn Thaʾrān Yuhanʿim, die in der ersten Hälfte des 4. Jahrhunderts n. Chr. regierten, dar. Die beiden Statuen wurden im Römisch-Germansichen Zentralmuseum in Mainz restauriert. Ihre besondere historische Bedeutung ergibt sich daraus, daß sie von zwei Künstlern, einem griechischen und einem jemenitischen, angefertigt wurden, wie es die Inschriften auf den Statuen bezeugen, und so einen Beweis für die kulturellen Beziehungen zwischen dem Jemen und der hellenistischen Welt dieser Zeit liefern.

Die kürzlich in Schibām al-Gharās entdeckten Mumien (jetzt im Museum der Archäologischen Fakultät) zeigen, daß auch die Jemeniten das Einbalsamieren kannten.

Die architektonischen Überreste der antiken und der islamischen Zivilisation finden sich im ganzen Jemen. Deshalb stellt aber auch die moderne Entwicklung des Landes, der Bau von Straßen, die Anlage neuer landwirtschaftlicher Flächen und der große Bauboom eine erhebliche Gefahr für die Erhaltung dieser Überreste dar. Hier muß ein nationales Programm die Bewahrung der Altertümer sichern und ihren Vorrang vor Baumaßnahmen und Entwicklungsprojekten festlegen. Erste Schritte sind bereits erfolgt.

Maʾrib und sein Damm

Die berühmteste Stadt des alten Jemen war Maʾrib, während vieler Jahrhunderte die Hauptstadt des Reiches von Sabaʾ. Durch ihre Lage am Rande der ostjemenitischen Wüste beherrschte sie die wichtigste Handelsstraße der alten Welt, die Weihrauchstraße, die sich vom Hafen Qanā an der Südküste Arabiens durch die Täler des Ḥaḍramaut über Maʾrib und den Dschauf bis Nadschrān hinzog und von dort weiter nach Nordarabien führte, nach Deidān (heute al-ʿUlā genannt) und schließlich in Ghaza das Mittelmeer erreichte. Die Ruinen, die heute rund um den kleinen Ort herum zu sehen sind, bezeugen Prunk und Größe der alten Stadt, die dem alexandrinischen Geographen Ptolomaios als Mitte der »Ersten Klimazone« galt. Die Stadt bedeckte eine Fläche von ungefähr einem Quadratkilometer und war von einer einen Meter breiten Stadtmauer mit acht Toren umgeben. Man vermutet, daß der Hügel, auf dem das heutige Dorf Maʾrib liegt, die Stelle des berühmten Palastes Salḥīn war, den die Überlieferungen als den Palast der Königin Bilqīs, der Königin von Sabaʾ, erwähnen, und von dem es heißt, daß die Dämonen, die Dschinn, ihn errichteten und dafür 77 Jahre benötigten.

Die Stadt war viele Jahrhunderte lang Hauptstadt des Reiches von Sabaʾ. Im Jahre 24 v. Chr. erlebte sie, wie der römische Feldzug vor ihren Toren scheiterte. Etwa im 2. Jh. n. Chr. verlor Maʾrib seine Funktion als Hauptstadt, blieb aber sowohl als Siedlung wie als religiöses Zentrum weiter bestehen. Als die Abessinier die Stadt im Jahre 525 n. Chr. erobert hatten, befahl Kalib, der abessinische Negus, seinen Sieg auf einem Inschriftenstein zu verewigen. Damals wurde auch eine Kirche in Maʾrib errichtet.

Die bedeutendsten Tempel von Maʾrib sind der »Maḥram Bilqīs« und der »Thron der Bilqīs«, die beide dem Gott des Mondes Almaqah geweiht waren. Den ersteren legte eine amerikanische Expedition im Jahre 1952 teilweise frei. Statt der Schätze der Königin von Sabaʾ fand man Hunderte von Inschriftensteinen, die zusammen mit Opfergaben im Tempel aufgestellt waren. Es besteht kein Zweifel daran, daß eine weitere Ausgrabung zahlreiche bedeutsame archäologische Kostbarkeiten aufdecken würde.

Das berühmteste Denkmal von Maʾrib ist jedoch der Damm, der einige Kilometer von der Stadt entfernt den Wādī Dhana dort sperrt, wo er zwischen den Bergen al-Balaq al-Schamālī und al-Balaq al-Dschanūbī heraustritt und so die Bewässerung der Oase von Maʾrib ermöglichte. Der Koran hat die Erinnerung daran bewahrt:

> Und wahrlich gab es für Saba an ihrem Wohnort
> ein Zeichen:
> Zwei Gärten, einen zur Rechten, einen zur Linken.
> Nehmt euren Unterhalt von dem, was euer Herr
> euch gewährt hat und danket ihm dafür!
> Es ist ein gutes Land und euer Herr ist verzeihend!

Der Zweck des Dammes bestand darin, die in der Regenzeit eintreffenden Wassermassen zu sammeln, auf Dammhöhe aufzustauen und von hier aus die Felder zu bewässern. Der Damm sperrte den gesamten Wādī. An den beiden Enden befinden sich zwei in höchster Vollendung errichtete Schleusenanlagen aus solide gemauerten Steinen. Das hinter der Staumauer gesammelte Wasser wurde über ein Netz von Haupt- und Nebenkanälen auf die einzelnen Felder verteilt. Dieses komplizierte Bewässerungssystem unterschied sich von dem der beiden anderen alten Bewässerungskulturen (Mesopotamien und Ägypten) dadurch, daß deren Bewässerungssysteme das Wasser ständig fließender Flüsse auf die Felder leiteten. Die besondere Leistung des Bewässerungssystems von Maʾrib bestand demgegenüber darin, daß dieser Damm eine außerordentlich große Menge periodisch eintreffenden Wassers eine Zeitlang zurückhalten mußte, um es dann so schnell wie möglich auf die Felder zu leiten, die der Koran Paradiese nennt, ein Paradies links des Wādī-Bettes und ein Paradies rechts des Wādīlaufs. Es wird vermutet, daß in der Ebene von Maʾrib wenigstens 7.000 Hektar Land bebaut waren, und daß die gesamte bewässerte Fläche noch höher lag. Die Länge der Dammauer betrug 720 Meter, die Höhe etwa 15 Meter, die Dicke (am Fuß) erreichte 20 Meter. Die kürzlichen archäologischen und geomorphologischen Untersuchungen führten zu dem Ergebnis, daß der Beginn der Bewässerungswirtschaft hier im 3. Jahrtausend vor Christus lag.

Vor kurzem wurde ein Stück weiter wadiaufwärts ein moderner Damm errichtet, der wieder die Nutzung der Wassermassen ermöglichen wird und durch seine Lage zugleich die kostbaren Ruinen des antiken Dammes erhalten wird.

Andere antike Orte

Nördlich von Maʾrib liegt eine andere alte jemenitische Stadt mit dem Namen Barāqisch, die in der Antike Yathul hieß. Barāqish ist einer der wichtigsten ärchäologischen Orte des Jemen. Die Stadtmauer hat sich bis heute erhalten, und die auf ihr angebrachten Inschriften erzählen die Geschichte des Baus der Stadt und ihrer zivilisatorischen Leistungen. Barāqisch war die Stadt, die die Führung im Staat der Minäer innehatte, jenem Staat, der in der zweiten Hälfte des ersten Jahrtausends vor Christus im Dschauf nördlich des Gebietes von Sabaʾ blühte. Obwohl der Staat Maʿīn dann sich die Stadt Qarnaw zur Hauptstadt wählte, verlor Barāqisch seine Bedeutung nicht, da sie weiterhin als das religiöse Zentrum des Staates galt.

Die Minäer waren in erster Linie ein Handelsvolk. In den Jahrhunderten vor Christus kontrollierten sie den größten Abschnitt des Handels auf der Weihrauchstraße. Eine ihrer Kolonien war die bereits erwähnte Stadt Dedān im nordwestlichen Saudi-Arabien (heute al-ʿUlā). Die Inschriften berichten uns davon, daß die Minäer engen Kontakt mit den Ländern des Mittelmeers hatten, daß ihre Händler zu den griechischen Inseln und nach Ägypten reisten. In Ägypten fand man das um etwa 264 v. Chr. zu datierende Grab eines minäischen Händlers, der unter Ptolemaios II. mit Myrrhe und Zimt handelte. Die Minäer und ihre Stadt Yathul werden auch von den griechischen Historikern erwähnt, die den arabischen Weihrauch als »minäischen« Weihrauch bezeichneten. Auf die geplanten Ausgrabungen in Barāqisch darf man gespannt sein.

Zu den wichtigsten antiken Städten des Jemen gehört auch das ebenfalls schon in den klassischen Quellen erwähnte Ẓafār. Ẓafār, von Plinius im 6. Buch seiner Naturgeschichte erwähnt, war die Hauptstadt des Staates Ḥimjar, der die Herrschaft des östlich davon gelegenen Reichs von Saba' erbte. Heute liegt die Stadt in Ruinen, ein Dorf gleichen Namens befindet sich an ihrer Stelle. Die Stadt lag auf einem Berge namens Raidān, der auch der Königsburg von Ẓafār ihren Namen gab (etwa 20 Kilometer südöstlich von Yarīm). Al-Hamdānī schreibt im 8. Buch seines »al-Iklīl« folgendes: Die Stadt Ẓafār besaß neun Tore, die mit eigenen Namen bezeichnet waren. Eines der Tore hieß Tor des Ackerfeldes, womit der fruchtbare Boden, das grüne Paradies vor den Toren Ẓafārs gemeint ist, zu dem al-Hamdānī dem König Abū Karib As'ad folgenden Vers in den Mund legt:

Rhaidān ist meine Burg und Ẓafār mein Stammsitz
Drin baut' mein Urahn uns're Schlösser und Zisternen.
Auf dem grünen Paradiese, dem Lande Yaḥṣub,
Stehen achtzig Dämme, die das Wasser spenden
Das die Regenfluten bringen.

Ẓafār spielte auch eine wichtige Rolle bei der Verbreitung des Christentums im Jemen. Der aus Sokotra gebürtige Bischof Theophilos war im Jahre 354 nach Christus an den Hof von Ḥimjar gesandt worden, um im Jemen zu missionieren und — neben anderen — eine Kirche in Ẓafār zu errichten. Im ersten Viertel des 6. Jahrhunderts nach Christus wurde Ẓafār als Haupstadt des Jemen von Sanaa abgelöst.

Ẓafār — das sind heute nur noch Ruinen. Wer aber den Ort besucht, spürt die Reste seines Reichtums in den schönen archäologischen Fundstücken, die in dem heutigen Dörfchen verbaut sind, und in den Objekten, die im neuen Museum ausgestellt sind. So mag er sich an einen Vers aus der Heldendichtung des Jemen erinnern, wo der bereits erwähnte König Abū Karib As'ad prahlerisch sagt:

Mich gemahnte meine Seele, China zu erobern
Mit den Reitern aus Ẓafār!

Saada, Zabīd und Dschibla: Städte und Kultur des Islam

Die islamischen Bauwerke des Jemen stehen den antiken Schöpfungen nicht nach. Beginnen wir mit der Hauptstadt des Nordens, Saada, die schon in den sabäischen Inschriften erwähnt wurde. Saada spielte immer eine wichtige historische Rolle, war ein altes Handelszentrum an der Straße zwischen Süd und Nord, dem späteren Wallfahrtsweg nach Mekka, und eine militärisch bedeutsame Festung. Vor allem aber war Saada ein wichtiges politisches und religiöses Zentrum, das zahlreiche Studenten auch von außerhalb des Jemen anzog und aus dem eine Reihe angesehener Gelehrter hervorging. Saada war berühmt für seine Schwerter, die Gerberei, die Produktion landwirtschaftlicher Geräte und Tongefäße, kurz all jener traditionellen Gewerbe, für die der Jemen weithin bekannt war.

Das herausragende Bauwerk der Stadt ist die Moschee des al-Hādī mit ihren historischen Grabstätten und Kuppeln. Die aus Lehm errichtete Stadtmauer von Saada ähnelt der Mauer von Sanaa, mit dem Unterschied, daß die Mauer von Saada ihre ursprüngliche Gestalt bis heute bewahren konnte. Ferner ist die al-Sunāra genannte Festung zu erwähnen, die als eine der stärksten Burgen des Jemen gilt.

Von den Städten, die während der frühen Jahrhunderte des Islam blühten, sollte man vor allem Zabīd in der Tihāma erwähnen. Sie wurde zu Beginn des 3. Jahrhunderts H. (= 9. Jahrhundert nach Christus) gegründet, als der Statthalter des 'Abbāsidenstaates Ibn Ziyād sie zur Hauptstadt seiner Herrschaft erhob, nachdem er sich für unabhängig erklärt hatte. Was der Stadt zu ihrer Blüte verhalf, das war ihr fruchtbarer Boden und das reichliche Wasser des Wādī Zabīd. Hinzu kam die Nähe zur Küste des Roten Meeres, wo in den dortigen Häfen Waren aus Indien, China und Ostafrika angelandet und nach Zabīd gebracht wurden. Schließlich lag Zabīd auch noch an der damals durch die Tihāma führenden Haupthandelsroute zwischen Nord und Süd und so war es nicht verwunderlich, daß sie zur Metropole der Tihāma und zu einer der größten Städte des Jemen wurde. In den islamischen Jahrhunderten füllte sie sich mit Instituten, Schulen, Gelehrten und Studenten und besaß eine berühmte Universität.

Der große arabische Weltreisende Ibn Baṭṭūṭa besuchte sie im 8. Jahrhundert H. (14. Jahrhundert nach Christus), wo er sie in seinem großen Reisewerk wie folgt beschreibt: »Eine der Grundlagen des Jemen, eine große Stadt, voll mit Bauwerken, Palmen, Gärten und Wasser, die eleganteste Stadt im Jemen und die schönste. Ihre Leute sind von freundlicher Wesensart, angenehmem Benimm und schöner Erscheinung; und ihre Frauen von überwältigender Schönheit«. Zabīd wirkt auch heute noch auf den Besucher wie eine Stadt des arabisch-islamischen Mittelalters, dessen Gesichtszüge sie weithin bewahrt. Die wichtigsten historischen Bauten sind die Große Moschee al-Aschā'ir, ihre schöne Festung und die zahlreichen Wohnhäuser und Festungsanlagen aus ungebrannten Ziegeln: Bauten, die ihre Verschiedenheit durch die Form und ihre Einheit durch das gleichfarbige Baumaterial gewinnen. Zabīd ist aber auch unvergessen, weil aus ihr eine große Zahl jemenitischer Gelehrter hervorging und weil die Bibliotheken der Stadt bis heute die kostbaren Handschriften aufbewahren, die diese Gelehrten in den verschiedensten Zweigen der Wissenschaften und Künste — Religion, Recht, Mathematik und Astronomie — hinterließen.

Eine andere vom Islam geprägte Stadt ist Dschibla, das damals Dhū Dschibla hieß. Die Stadt wurde unter den Ṣulaiḥiden in der Mitte des 5. Jahrhunderts H. (11. Jahrhundert nach Christus) gegründet. Ihren wirklichen Ruhm aber gewann sie, als die Ṣulaiḥiden-Königin Arwā (al-Saiyida bint Aḥmad) sie anstelle Sanaas zur Hauptstadt erwählte. Ihre Herrschaft umfaßte damals fast den gesamten Jemen. Dschibla ist von fruchtbarem Ackerland umgeben, liegt in einem Gebiet mit gesunder Luft, am Fuße der Festung al-Ta'kar, zwischen zwei Bächen, etwa 10 Kilometer von Ibb, dem Zentrum der sogenannten »grünen Provinz«. Dschibla ist eine schöne Stadt, immer noch reichlich bevölkert. Die Dichter besangen den angenehmen Aufenthalt in ihr. Von ihren Bauwerken ist der Palast Dār al-'Izz mit seinem schönen Garten und der Hofmoschee am berühmtesten. Diese Moschee ist heute nach der Königin Arwā, deren Grab sie birgt, benannt. Anders als Sanaa und Zabīd war Dschibla allerdings nur ein einziges Mal Hauptstadt des Jemen.

Der Jemen als arabisches und islamisches Land hält treu daran fest, daß seine Kultur der Ausdruck seines Glaubens, seiner Ideen, Erfahrungen, Standpunkte und Richtungen ist, die er mit Wort und Tat befolgt. Kultur in diesem Sinne ist die Summe geistiger, materieller, rationaler und existentieller Charakterzüge, die die jemenitische Gesellschaft prägen und sie zugleich untrennbar mit der Kultur der arabisch-islamischen Welt verbinden. Diese kulturelle Identität ist uns der feste Angelpunkt und lebendige Kern, von dem aus die Gesellschaft ihre gerade in den letzten Jahren so schnell erfolgende Erneuerung vollzieht. Sie ist auch der Hintergrund, vor dem wir Jemeniten aus dem, was uns von außen an Untersütztung angetragen wird, das auswählen, was zu unserer Vergangenheit und den auf ihr beruhenden Zukunftsvorstellungen paßt. Diese Kultur ist die süße Quelle, aus der der Jemenit den festen Ort seines Kampfes und die Stütze seiner Persönlichkeit schöpft. Von solch festem Standpunkt aus kann kultureller Austausch fruchtbar werden und von daher betrachtet der Jemen ihn als einen der Faktoren der Annäherung zwischen den Menschen und ihrer Verständigung über Grenzen hinweg. Das bedeutet gegenseitigen Respekt aller Kulturen, Recht auf Würde, Chance auf Bewunderung, Stolz ohne Arroganz oder Mißachtung des anderen.

Zur Erhaltung dieses Erbes und zum Dialog mit den Aspekten fremder Kulturen, aber auch zur Fortentwicklung des Überkommenen entstehen im ganzen Lande Kulturzentren, werden Literatur und Künste gefördert, Theater und Gesang, Ausstellungen und Musik, wird die Folklore gepflegt und zugleich der Tourismus entwickelt. Der Ausländer ist im Jemen überall willkommen. Schon Carsten Niebuhr bemerkte im 18. Jahrhundert, daß man sich im Jemen überall so sicher — ja noch sicherer — wie in Europa bewegen könne. Wenn dem schon damals so war, als der Jemen noch völlig abgeschlossen dahinlebte, so gilt dies noch sehr viel mehr für die heutige Zeit, in der er sich der Welt gegenüber geöffnet hat.

Das traditionelle Gewerbe

Die modernen Produktionsmethoden haben das traditionelle Gewerbe im Jemen nicht verdrängt. In vielen Städten und Dörfern arbeiten auch heute noch die Handwerker, für deren Gewerbe der Jemen — der ja nie ein Nomadenland, sondern ein Land der Gewerbetätigkeiten und der Seßhaften war — von alters her berühmt war. Als erstes dieser Handwerke könnte man die Lederbearbeitung und die Gerberei erwähnen. Die oben erwähnten Mumien waren mit sorgfältig gearbeiteten Lederbahnen umwickelt. Die Schuhe der Mumien könnte man durchaus als Kunstwerke bezeichnen. Heute sind es vor allem Westen und Mäntel aus Leder, sowie Männergürtel, die die jemenitischen Lederarbeiter herstellen. Aus Leder werden auch Säcke und Behälter zum Aufbewahren von Wasser, Butter, Honig oder Getreide gefertigt. Zum Gerben des Leders benutzt man einen Extrakt des Qaraẓ-Baums, einer Akazienart.

Seit jeher ist der Jemen auch für seine Textilien aus Wolle, Leinen und Baumwolle berühmt. Die jemenitischen Obergewänder, Burūd, sind meistens aus Leinen, das mit Wars, einer sesamähnlichen gelben Pflanze, gefärbt wurde. Es wird berichtet, daß der Prophet Muḥammad (Gott segne ihn und schenke ihm Heil) mit jemenitischen Textilien umhüllt ins Grab gelegt wurde. Die oben erwähnten Mumien waren mit Leinenmaterial umhüllt. Berühmt waren auch die Ma'āfir-Stoffe, so nach der Gegend Ma'āfir (heute: al-Hugarīya) benannt. Die schönsten handgewebten Textilien, die man heute im Lande finden kann, sind die aus Baumwolle und manchmal aus Seide gewebten Liḥāf, deren Streifenmuster, schöne Farben und gesäumtes Ende charakteristisch sind. Auch gestickt wird noch viel. Im östlichen Jemen ist als Stickarbeit die Ḥibya zu nennen, ein breites vielfarbiges Band, das man, wenn man bei abendlicher Unterhaltung am Boden hockt, zur Stütze der Füße um Knie und Hüften legt. Die Beduinen im Osten des Landes verweben ihre Schafs- und Ziegenwolle zu den Farda und Schamla genannten gestreiften Teppichen, zu Kleidungsstücken und Kopfbedeckungen.

Auch für seine Bergwerke ist der Jemen bekannt. Schon vor dem Islam wurden Gold, Silber, Blei, Kupfer, Zinn und Eisen gefördert. Damit wurden Statuen gegossen und mit Blei und Eisen die Quadern des Staudamms von Ma'rib verbunden. Besonders ist hier auch die Produktion von Schwertern, Pfeilen und Lanzen zu nennen, von denen vor allem die ersteren immer wieder von den arabischen Dichtern gerühmt wurden. Das Waffenhandwerk wird auch heute noch gepflegt: Nur sind es heute keine Schwerter mehr, sondern der Krummdolch, die Dschanbīya. Die Dschanbīya-Herstellung ist im Lande weit verbreitet, da die Nachfrage immer noch sehr groß ist. Die Preise können ganz unterschiedlich sein und richten sich nach der Qualität der einzelnen Bestandteile. Am wertvollsten ist oft der Griff der Dschanbīya, vor allem dann, wenn er aus Horn (Giraffe oder Rhinozeros) oder Silber gefertigt wurde. Für die Klinge braucht es einen guten Schmied. Die Scheide wird vom Scheidenmacher gefertigt, heutzutage meist aus Holz und Leder. Den Gürtel stellt der Gürtelmacher her. Die Form der Dolche unterscheidet sich von Region zu Region. Wo der Ursprung der Dschanbīya liegt, ist umstritten. Ähnliche Formen des Dolches findet man in vielen Ländern. Man kann jedoch nachweisen, daß der Dolch die Waffe der arabi-

schen Händler war. Und hier müssen wir auch ihren Ursprung suchen: bei den frühen Karawanenhändlern aus dem Jemen. Das Nationalmuseum von Sanaa besitzt die herrliche Bronzestatue eines Sabäers namens Maʿadī Karib, in dessen Gürtel eine Dschanbīya steckt. Heute ist die Dschanbīya nicht so sehr eine Waffe, sondern ein Zeichen der Männlichkeit, der Freiheit und manchmal auch der sozialen Stellung ihres Trägers.
Al-Hamdānī berichtet davon, daß es im Jemen ein Silberbergwerk, die Grube von al-Radrād gab, aus der in einer Woche eine Kamellast Silber gefördert wurde. Al-Hamdānī erwähnt auch die Bergwerke der jemenitischen Edelsteine Achat, Onyx und Karneol. Vom Baqarānī-Achat schreibt al-Hamdānī: »Er ist sehr kostbar und sein Bergwerk liegt in Ānis. Er ist vielfarbig, rot auf einer weißen Schicht und darunter eine schwarze«.
Die Märkte von Sanaa, von Taiz und in vielen Dörfern des Jemens sind voll mit schönen Beispielen traditionellen Silberschmucks. Der Silberschmuckhandel und die Herstellung sind heute wegen der Wandlung des Geschmacks hin zum Goldschmuck und weil er früher überwiegend von jemenitischen Juden hergestellt wurde, zurückgegangen. Doch nach wie vor findet man Stirnbänder, Ohrringe, Nasenringe, Halsketten verschiedenster Art, Gürtel, schmale Armbänder, breite Armbänder, Armreifen, Ringe, Fußringe oder Oberarmreifen. Die traditionellen Schmuckstücke waren aus Silber und entsprachen jeweils einem bestimmten lokalen Muster. Die jemenitische Braut besteht darauf, daß sie von ihrem Bräutigam die Mitgift in Silber erhält. Die jemenitische Frau trägt sehr viel Schmuck, vor allem auf dem Lande, und dazu auch heute noch gelegentlich die traditionellen bestickten Gewänder. Doch mit dem modernen Leben ändern sich die Sitten und Gebräuche auch bei Schmuck und Kleidung.

Musik und Tanz, Dichtung und Feste — und ein paar Worte zur Küche

Wie eh und je sind die Feste der Gesellschaft verankert. Eine jemenitische Sitte ist es, Einladungen anzunehmen. Hochzeitsfeiern und die verschiedenen religiösen Feste gehören ebenso zur Tradition wie die Beteiligung am Schutz des Wohnviertels oder Dorfes und die soziale Solidarität. Wenn sich die Menschen streiten, führt ihr Weg sie in den meisten Ländern der Welt sofort zum Gericht. Jemenitische Sitte aber ist es, daß die Stammesangehörigen und die Nachbarn die sich streitenden Parteien zusammenführen, damit so durch Diskussion und Meinungsaustausch der Streit beendet und eine Lösung gefunden werden kann. Überhaupt sind diese Zusammentreffen ein fester Bestandteil im Leben des jemenitischen Volkes. Man nennt sie Dīwān oder Mafradsch oder Maqiāl. Ein solches Mafradsch wird sorgfältig vorbereitet. Das Mafradsch ist eine typisch jemenitische Einrichtung, dessen informeller Charakter die offenen Herzen garantiert, so daß Menschen unterschiedlichen geistigen oder sozialen Niveaus hier für drei oder vier Stunden zusammenkommen können. Man ruht sich aus, unterhält sich aber auch in einer guten Atmosphäre, Qāt wird gekaut, während dieser Versammlungen werden auch religiöse Gesänge vorgetragen, Musik und weltliche Lieder gespielt. Die Jemeniten lieben Tanz und Musik. Auch bei öffentlichen Versammlungen wird gern gesungen (Hadschl). Wenn sie in den Krieg ziehen, um ihr Vaterland zu verteidigen, singen sie die Zāmil genannten Kriegslieder. Die volkstümliche Dichtung, die zum jemenitischen Erbe gehört, nennt man Ḥumainī und es heißt, daß diese Gesänge in den Jahrhunderten der islamischen Eroberungen mit den auswandernden Jemeniten nach Nordafrika und Andalusien gelangten.
Das wichtigste Musikinstrument im Jemen ist die Laute. Ihr Spiel wird mit Rhythmen begleitet. Ein berühmter Gesang dieser Art hat den Namen »Ṣanʿāʾnī-Gesang«. Viele Besucher des Landes haben auch den Männertanz »Baraʿ« erlebt, bei dem die Männer mit ihren Dschanbiyas durch die Luft schlagen; dazu erklingt Trommelmusik und oft auch die jemenitische Doppelklarinette. In der Tihāma gibt es einen ähnlichen Tanz, in dem das individuelle Können und die körperliche Kraft gezeigt werden. Auch hier spielen Schwerter oder Dolche eine Rolle.
Bei Festen lieben die Jemeniten ihren Weihrauch — kein Wunder im Land des Weihrauchs und der Myrrhe. So wie der Jemen früher mit Düften und Gewürzen übervoll war, so verbreitet sich auch heute noch um die Mittags- und Abendzeit Wohlgeruch in den Küchen und Restaurants des Landes. Im Jemen gibt es verschiedene Sorten von Brot, je nach den Getreidesorten (Weizen, Gerste, Hirse) und der Art des Backens. Auch Brei wird in zahlreichen Zubereitungen serviert. Das berühmteste und wohl auch preiswerteste Gericht ist al-Salta, das in einer Ton- oder Steinschüssel noch kochend auf den Tisch kommt: Es ist eine Art Suppe aus Ḥulba (Bockshornklee) mit Fleisch, Eiern, Gemüse und Gewürzen. Sehr volkstümlich ist auch Reis mit Fleisch (al-Zurbiyān). Der Süßigkeiten gibt es viele, z. B. den mit Honig übergossenen Blätterteig Bint al-Ṣaḥn.

Ausblick

Wenn die jemenitische Zivilisation in der alten Geschichte einen bedeutsamen Platz unter den Weltkulturen einnahm, so ist es dem Jemen heute, in dem Vierteljahrhundert seit seiner glorreichen Revolution vom 26. September 1962 gelungen, auf allen Gebieten Schritte zu tun, die es ihm erlauben könnten, einmal wieder diese Stellung einzunehmen. Der Jemen hat in diesen 25 Jahren die schreckliche Isolation durchbrochen, die ihm das tyrannische Imamat und der ungerechte Kolonialismus auferlegt hatten. Zahllose Bauten wurden errichtet, zahlreiche Entwicklungsprojekte in Angriff genommen. Das Land hat seine Verwaltung grundlegend modernisiert; das Bildungswesen hat einen kaum vorstellbaren Aufschwung erlebt und entläßt heute Jahr für Jahr eine junge Generation, die den Gegebenheiten der Zeit entspricht und die Bedürfnisse des Landes nach ausgebildeten Kräften befriedigen kann. Die revolutionäre Regierung des Landes führte ein System geplanter Entwicklung für Wirtschaft und Gesellschaft ein: Auf den Drei-Jahres-Plan, 1973—1976, der die ersten Richtlinien für die Entwicklung aufstellte, folgte der Fünf-Jahres-Plan 1976—1981, dessen Ziel die Errichtung der Infrastruktur des Landes war. Ein modernes Straßennetz wurde gebaut, Fernsprech- und Telexsysteme im Land und mit dem Ausland eingerichtet. Elektrizitätswerke, Hunderte von Schulen und technische Institutionen mit kostenlosem Unterricht entstanden. Die Universität von Sanaa wurde gegründet, heute die wichtigste Errungenschaft der Revolution. Sie besitzt neun Fakultäten im wissenschaftlichen und geisteswissenschaftlichen Bereich. Der staatliche Gesundheitsdienst ist für alle Bürger kostenlos. Krankenhäuser in den Städten und Gesundheitszentren in den Dörfern entstanden. Vorbeugungsmaßnahmen — etwa hygienisch einwandfreie Wasserversorgung — wurden ergriffen.

Heute hat sich der Jemen der Welt gegenüber geöffnet. Besucher und Touristen sind willkommen, Häfen, Flughäfen und Hotels wurden gebaut. Die jemenitische Fluggesellschaft verbindet den Jemen mit vielen Ländern der Welt. Der zweite Fünfjahresplan (1982—1986) legte den Schwerpunkt auf die Entwicklung der Landwirtschaft und die Bodenschätze. Erdöl wurde im Becken von Maʾrib/al-Dschauf gefunden.

Ist es ein merkwürdiger Zufall oder Ausdruck der Hoffnung, die das Land beflügelt, daß der Damm von Maʾrib jetzt wiedererstanden ist, daß er, das Symbol der alten Zivilisation, Grundlage neuer landwirtschaftlicher Entwicklungsmöglichkeiten wird? Ist es Zufall, daß diese Arbeiten Hand in Hand mit der ernsthaften Exploration nach Erdöl und anderen Bodenschätzen in dem Gebiet einhergehen, wo einst die alte jemenitische Zivilisation entstand und deren edler Boden früher dem Jemen den Namen »Arabia felix« einbrachte? Das muß ein Zeichen sein; es weckt Hoffnung und weist auf eine reife und glückliche Zukunft hin, so als würde sich die Geschichte wiederholen und die Vergangenheit noch leben.

Die Autoren

Yūsuf Muḥammad ʿABDALLAH

Studium an der Amerikanischen Universität Beirut und in Tübingen; dort Promotion 1975. Seit 1976 Professor für Geschichte und Archäologie an der Universität Sanaa. 1979—1984 Vizedekan und Dekan der Philosophischen Fakultät. 1984—1985 Gastprofessor an den Universitäten Minnesota und Marburg; heute Leiter (Dekan) der Postgraduierten-Ausbildung und der Wissenschaftlichen Forschung an der Universität Sanaa. Wichtigste Veröffentlichungen:
Die Personennamen in al-Hamdānīs al-Iklīl, Tübingen 1975.
al-nuqūsch al-ṣafwīya fī maǧmūʿa ǧāmiʿa al-Riyāḍ, Beirut 1980.
Aurāq fī Tārich al-Yaman wa āthārihi, 2 Bände, Sanaa 1985.
(Herausgeber) Al-Hamdānī, a great Yemeni scholar, Sanaa 1986.

Moḥsin al-ʿAINI

studierte Rechtswissenschaft an der Universität Kairo. 1958—1961 Lehrer und Gewerkschafter, Mitglied der Bewegung der Freien Jemeniten. 1962, nach Ausbruch der Revolution, erster Außenminister der Arabischen Republik Jemen; zwischen 1966 und 1975 mehrfach Ministerpräsident und Außenminister. Botschafter bei den Vereinten Nationen, in der Sowjetunion, in Großbritannien, Frankreich, der Bundesrepublik Deutschland. Z. Zt. Botschafter in den Vereinigten Staaten von Amerika. Mohsin al-ʿAinī hatte bedeutsamen Anteil an der Nationalen Versöhnung, die den Bürgerkrieg beendete und die Royalisten in die neue Republik integrierte. Er unterzeichnete das Vereinigungsabkommen zwischen Nord- und Südjemen. »Träume: Demokratie, soziale Gerechtigkeit ..., Einheit des Jemen und Einheit der Araber« (M. al-A).

al-Qāḍī Ismāʿīl b. ʿAlī al-AKWAʿ

begründete 1969 die unmittelbar dem Premierminister unterstellte »Allgemeine Organisation für Antiken und Bibliotheken« in Sanaa, deren Präsident er seitdem ist. Die Organisation umfaßt u. a. die Museen in Sanaa, Taiz und Zafār, die Bibliothek »Haus der Bücher« in Sanaa und das »Haus der Handschriften« (mit den Handschriften des Fundes aus der Großen Moschee) in Sanaa. Zahlreiche Veröffentlichungen zu islamischer Geschichte und Wissenschaft, insbesondere
Al-Amthāl al-Yamanīya, Kairo 1968.
Al-Madāris al-Islamīya fī al-Yaman, Damaskus 1980.
Al-Buldan al-Yamanīya ʿind Yāqūt al-Ḥamawī, Kuwait 1985.

Rémy AUDOUIN

Studium an der Ecole du Louvre und an der Ecole Pratique des Hautes Etudes (VI. Section). Mitarbeit bei Ausgrabungen in Afghanistan und im Libanon, seit 1976 in der DV Jemen. Nahm an allen Feldexplorationen der »Mission Archéologique Française en RAYémen« teil (seit deren Gründung 1978). Restaurierte zahlreiche archäologische Objekte in Afghanistan und Südjemen. Seit 1982 Generalsekretär des Centre Français d'Etudes Yéménites. Mitautor bei zahlreichen archäologischen Veröffentlichungen.

Asmāʾ Yaḥyā al-BĀSCHĀ

Leiterin der Rechtsabteilung der Zentralen Planungsorganisation (CPO), Sanaa und Abgeordnete des Parlaments. Studium der Rechtswissenschaft an der Universität Kairo (Abschluß 1973). Studium des Völkerrechts am University College London (Abschluß 1976). 1974 Leiterin des Frauenressorts in der Arabischen Liga; seit 1975 in der CPO. Mitglied des Ständigen Ausschusses des Allgemeinen Volkskongresses.

Alfred Felix Landon BEESTON

Professor emeritus für Arabisch in Oxford. Promotion über sabäische Inschriften 1937. Zahlreiche Veröffentlichungen zu südarabischen Sprachen und Epigraphie, insbesondere
Qahtān: Studies in Old South-Arabian Epigraphy, 3 Faszikel, London 1959, 1971, 1976.
(zusammen mit M. A. Ghul, W. W. Müller und J. Ryckmans) Sabaic Dictionary, Louvain-la-Neuve und Beyrouth 1982.
Sabaic Grammar, Manchester 1984.

Hans-Caspar Graf von BOTHMER

Studium von Kunstgeschichte, Archäologie und Islamkunde in München, Freiburg und London. Promotion 1971 in München mit einer Untersuchung des Illustrations-Zyklus einer arabischen Kosmographie des 13. Jh.s. Seit 1973 an der Universität des Saarlandes. Mitwirkung an Ausstellungen in München und Frankfurt. 1985 und 1986 Leiter des Handschriften-Projekts des Auswärtigen Amtes in Sanaa. Veröffentlichte u. a. (zur Ausstellung des Staatlichen Museums für Völkerkunde):
Die islamischen Miniaturen der Sammlung Preetorius, München 1982.

Jean-François BRETON

Agrégé in Geschichte und Mitglied des Centre National de la Recherche Scientifique. Leiter der »Mission Archéologique Française en République Démocratique et Populaire du Yémen«. Archäologe der »Mission Française en République Arabe du Yémen«. Zahlreiche Veröffentlichungen zur Archäologie Südarabiens; Thèse 1985:
La Défense des Basses-Terres du Yémen du 5° s. avant notre ère au 4°. de notre ère.

Gabriele vom BRUCK

Studierte Ethnologie, Philosophie und Geschichte in Köln, Bonn und an der London School of Economics; Master of Science in Social Anthropology 1981. 1982—1986 Feldforschung in der AR Jemen zum Thema Education and Family: The traditional literary élite of Ṣanʿāʾ.

Grazia Maria BULGARELLI

Leiterin der Prähistorischen Abteilung des Museo Nazionale Preistorico Etnografico, Rom. Ausgrabung älterer paläolithischer Fundplätze in Afrika (u. a. in Garba IV, Melka Konture, Äthiopien), sowie Ausgrabungen in Iran, Irak und Pakistan. Seit 1983 Mitglied der italienischen archäologischen Mission in der AR Jemen.

Werner DAUM

Studierte u. a. in Beirut und an der American University in Cairo; Promotion in Frankfurt. Als Angehöriger des deutschen Auswärtigen Dienstes jeweils drei Jahre in Sanaa und Aden tätig. Veröffentlichungen u. a.
Jemen, Das südliche Tor Arabiens, Tübingen 1980.
Märchen aus dem Jemen, Köln 1983.
Ursemitische Religion, Stuttgart 1985.

Günther DEMBSKI

Studierte Archäologie, Antike Numismatik und Alte Geschichte an der Universität Wien; Promotion 1969. Kustos für antike Münzen (Römer, Kelten, Griechen) im Münzkabinett des Kunsthistorischen Museums Wien. Zahlreiche Fachpublikationen, insbesondere
Die antiken Münzschatzfunde aus Österreich, in: Numismatische Zeitschrift, 91. Band, Wien 1977.
Katalog der antiken Münzen des Kunsthistorischen Museums, Münzkabinett: A) Griechen, I) Hispanien, Wien 1979.

Walter DOSTAL

Professor an der Universität Wien, Leiter des Instituts für Völkerkunde. 1954—1965 Kurator am Museum für Völkerkunde, Wien; 1965—1975 Professor für Völkerkunde an der Universität Bern; seit 1977 korrespondierendes Mitglied der Österreichischen Akademie der Wissenschaften. Feldforschungen u. a. in Kuwait (1956 und 1959), Saudi-Arabien (1959), Hadramaut (1960 und 1964/66), Nordjemen (1971/72/74), ʿAsīr (1979/80/81/82). Gastvorlesungen an der Universität Istanbul (1964 und 1977), Gastprofessor an der Universität Riyāḍ (1981/82). Zahlreiche Veröffentlichungen zu ethnologischen und sozioökonomischen Fragen des zeitgenössischen Orients, insbesondere
Die Beduinen in Südarabien, Horn-Wien 1967.

Handwerker und Handwerkstechniken in Tarīm, Göttingen 1972.
Der Markt in San ʿā', Wien 1979.
Ethnographic Atlas of ʿAsīr, Preliminary Report, Wien 1983.
Egalität und Klassengesellschaft in Südarabien (Wiener Beiträge zur Kulturgeschichte und Linguistik, Bd. XX), Horn-Wien 1985.

Francesco G. FEDELE

Professor für Anthropologie und Paläontologie, Neapel; Direktor des Instituts und des Museums für Anthropologie der Universität Neapel. 1976 Associate Professor of Anthropology an der Columbia-University New York. Begründer und Leiter des Forschungsprogramms über die Ursprünge der prähistorischen Besiedlung der Alpen; seit 1984 Mitglied der italienischen archäologischen Mission in der AR Jemen. Veröffentlichungen u. a.
Preistoria del Teneré (Sahara centrale), Bra 1982.
Fauna of Wādī Yanāʿim, Yemen Arab Republic, in: East and West, 1984.

Barbara FINSTER

Privatdozentin; Leiterin des islamwissenschaftlichen Forschungsbereichs des Deutschen Archäologischen Instituts in Sanaa. Kunsthistorische und archäologische Forschungen in Syrien, Iran und Irak. Mehrere Veröffentlichungen über Moscheen in Jemen; ferner u. a. (zusammen mit J. Schmidt).
Sasanidische und frühislamische Ruinen im Irak, Berlin 1977.

Giovanni GARBINI

Professor für Semitische Philologie an der Universität Rom (»La Sapienza«). Davor u. a. Professor an der Scuola Normale Superiore, Pisa (1977—1982). Wichtigste Veröffentlichungen:
Le Lingue semitiche, 2. Auflage, Neapel 1984.
I Fenici-Storia e Religione, Neapel 1980.
Storia e Ideologia nell' Israele antica, Brescia 1986.

Muḥammad ʿAbduh GHĀNIM

geb. in Aden 1912, B. A. an der American University Beirut 1936, Postgraduate Pädagogikstudium University of London 1948, Ph. D. (Literaturgeschichte) University of London 1979. Arbeitete von 1937 bis 1963 als Lehrer und in der Schulaufsichtsbehörde, zuletzt als deren Leiter, in Aden.
1974—1977 Professor für arabische Sprache Universität Kharṭūm, 1977—1982 in Sanaa.
Zahlreiche Veröffentlichungen, u. a.:
Aden Arabic for Beginners, Aden 1945 (und spätere Auflagen)
mehrere Schul-Textbücher
Gedichtsammlungen (Dīwān):
ʿAlā 'l-schāṭī al-mashūr, Aden 1946
Hatta yatlaʿ al-faǧr, Beirut 1970
Fī mawqib al-haia, Beirut 1971
Dīwān Muhammad ʿAbduh, Ghānim, Beirut 1979
Ṣanʿāʾ hawī kulli fann (Sammlung alter Gedichte über Ṣanʿāʾ), Ṣanʿāʾ 1983
Theaterstücke:
Sayf ibn Dhī Yazin, Beirut 1964
Al-malika Arwā, Kharṭūm 1976
Fāris Benī Zubayd (über ʿAmr bin Maʿādī Karib), Ṣanʿāʾ 1984
Literarische Quellenwerke:
Schaʿir al-ghinaʾ al-Sanʿaʾ ānī, Beirut 1970
Maʿ al-schaʿir fī al-ʿaṣr al-ʿAbbāsī (im Druck)

Fred HALLIDAY

Professor of International Relations, London School of Economics. Zahlreiche Veröffentlichungen zu Politik und Zeitgeschichte des Nahen Ostens, insbesondere
Arabia without Sultans, London 1974.
Revolution and Foreign Policiy: The Case of South-Yemen 1967—1987, Cambridge 1988.

Michael HOFMANN

Wissenschaftlicher Mitarbeiter im Deutschen Institut für Entwicklungspolitik, Berlin (seit 1982). 1979/80 Mitarbeiter der Nord-Süd-Kommission (Brandt-Kommission); 1980/81 Referent für Entwicklungsländer-Forschung bei der Friedrich-Ebert-Stiftung. Veröffentlichungen u. a.
Entwicklungspotential und Entwicklungsstrategien der südarabischen Staaten, München, Köln, London 1982.

Ḥamīd al-IRIĀNI

studierte in Kairo und an der TU in Berlin (Dipl.-Ing. für Fertigungstechnik). 1983/85 Leiter der Schulbuch-Druckerei des Erziehungsministeriums in Sanaa. Promoviert derzeit an der Universität Hannover über traditionelle jemenitische Handwerkstechniken. Organisiert seit mehreren Jahren die Industrie- und Handelsausstellung in Sanaa.

Jan KARPOWICZ

Studierte Forstwissenschaft und Soziologie an den Universitäten von Wales, British Columbia und Oxford. Lernte das Imkerhandwerk von seinem Großvater. Arbeitete in Projekten für Bienenzucht in Oman und von 1982—1986 in der AR Jemen. Verschiedene Veröffentlichungen über Honigbienen in Oman und Jemen.

David A. KING

Professor für Geschichte der Naturwissenschaften und Leiter des gleichnamigen Instituts an der Universität Frankfurt. 1972—1979 Leiter eines Forschungsprojekts zur Geschichte der Islamischen Astronomie (American Research Center in Egypt). 1979—1985 Professor für Arabistik, New York University. Zahlreiche Veröffentlichungen, insbesondere
Islamic Mathematical Astronomy, London 1986
Islamic Astronomical Instruments, London 1987.

Aviva KLEIN-FRANKE

Studium und Promotion in Ethnologie (1968) an der Universität Köln. 1970—1974 Lektor für Ethnologie und Soziologie an der Hebräischen Universität und der Universität Tel Aviv. Forschungstätigkeit an der Universität Tel Aviv zu verschiedenen Themen der Geschichte der Juden Jemens. 1977—1979 Kurator am Yischuv Court Museum, Jerusalem; seit 1986 Senior Lecturer an der Bezalel-Kunstakademie. Zahlreiche Veröffentlichungen über die Juden Jemens, insbesondere
Akkulturationsprobleme der jemenitischen Juden in Israel, in: Anthropos LXII (1967).
Tesig-Bandweberei mit Gold- und Silberfäden in Sanʿāʾ, in: Baessler Archiv XXII (1974).
Die Silberschmiedearbeit der Juden Jemens in: Peʿamin 11 (1982).
Das Handwerk und die Wirtschaft der Juden Jemens in: Seʿi Yonah 1984.

Horst KOPP

Professor für Geographie an der Universität Tübingen, Vorsitzender der Deutsch-Jemenitischen Gesellschaft e.V. Koordinator des »Tübinger Atlas des Vorderen Orients«. Vier größere (1974—1976) und weitere Forschungsreisen in der AR Jemen. Zahlreiche Veröffentlichungen zu landschaftsgeographischen und Entwicklungs-Themen der AR Jemen, insbesondere
Agrargeographie der Arabischen Republik Jemen, Erlangen 1981.
Herausgeber der Reihe »Jemen-Studien«, Wiesbaden 1984 ff.
Kaffee aus Arabien (zusammen mit Hans Becker und Volker Höhfeld), Wiesbaden 1979.
Herausgeber der Zeitschrift »Jemen-Report«.

Ronald LEWCOCK

Aga-Khan-Professor für Architektur und Gestaltung der islamischen Kulturen an den Universitäten Harvard und Massachusetts Institute of Technology. Technischer Koordinator der UNESCO-Kampagne zur Erhaltung der Altstadt von Sanaa, und der UNESCO-Kampagne zur Erhaltung von Shibām (Wādī Hadramaut). Zahlreiche Veröffentlichungen zu islamischer Kultur und Architektur, mit Schwerpunkt Jemen, insbesondere
(zusammen mit R. B. Serjeant) Ṣanʿāʾ, An Arabian Islamic City, London 1983.
The old walled city of Sanʿāʾ, Unesco, Paris 1986.
Shibām and the Wādī Ḥaḍramawt, Unesco, Paris 1987.

Wilferd MADELUNG

Professor für Arabisch an der Universität Oxford. Davor u. a. Kulturattaché an der Deutschen Botschaft Baghdad, Privatdozent und Professor für Islamische Geschichte an den Universitäten von Texas, Hamburg, Chicago, 1972–1973 Guggenheim Fellowship. Zahlreiche Veröffentlichungen mit Schwerpunkt Religionsgeschichte des Islam und Jemens, insbesondere
Der Imam al-Qāsim ibn Ibrāhīm und die Glaubenslehre der Zaiditen, Berlin 1965.
Religious Schools and Sects in Medieval Islam, Reprint 1985.

Alessandro de MAIGRET

Professore associato für Orientalische Archäologie an der Universität Neapel und am Istituto Italiano per il Medio e Estremo Oriente, Rom. Zwischen 1970 und 1976 Ausgrabungen in Ebla und anderen Fundplätzen Nordsyriens. Seit 1980 Leiter der Italienischen Archäologischen Mission in der AR Jemen. Veröffentlichungen u. a.:
Le lance in bronzo dell' Asia Anteriore, Roma 1976
The Sabean Archaeological Complex in the Wādī Yalā, Roma 1987.

ʿAbd al-Azīz al-MAQĀLIḤ

Literaturwissenschaftler und Dichter. Professor an der Universität Sanaa (seit 1982 Rektor). Studium und Promotion an der ʿAin Schams-Universität Kairo; seit 1978 Direktor des Jemenitischen Zentrums für Studien und Forschungen. 1986 Träger des Lotus-Preises der afrikanisch-asiatischen Schriftsteller-Vereinigung. Veröffentlichte mehrere Gedichtsammlungen (»Dīwān«), daneben zahlreiche Veröffentlichungen über Literatur und Dichtung, insbesondere
al-Schiʿr al-Muʿasir fī al-Yaman, Beirut 1978.
al-Abʿad al-mauḍūʿiya wa al-fannīya li-ḥarakat al-Schiʿr al-muʿaṣir fī al-Yaman.
Azma al-Qaṣīda al-ʿarabīya, Beirut 1985.

Walter W. MÜLLER

Professor für Semitistik an der Philipps-Universität Marburg. Hauptarbeitsgebiet: Sabäistik (Sprache, Geschichte und Kulturen des vorislamischen Südarabien). Auswärtiges Mitglied des »Center for Yemeni Studies«, Sanaa; Ordentliches Mitglied des Deutschen Archäologischen Instituts Berlin. Zahlreiche Veröffentlichungen, insbesondere
(zusammen mit M. A. Ghul, A. F. L. Beeston, J. Ryckmans) »Sabaic Dictionary«, Louvain-la-Neuve und Beyrouth 1982.
Herausgeber H. von Wissmanns »Das Großreich der Sabäer bis zu seinem Ende im frühen 4. Jh. v. Chr.«, Wien 1982.
Mitherausgeber von »Neue Ephemeris für semitische Epigraphie«, und von »Texte aus der Umwelt des Alten Testaments«.

Fritz PIEPENBURG

Sprachlehrer und Übersetzer, lebt seit 1975 in Sanaa. Veröffentlichungen u. a.
Traveller's Guide to Yemen, Sanaa 1983.

Jacqueline PIRENNE

Erwarb 1949–1951 eine Licence d'Orientalisme (semitische Sprachen) an der Universität Löwen. Seit 1957 Mitglied des (französischen) Centre National de la Recherche Scientifique (C.N.R.S.), dort seit 1973 Directeur de Recherche. 1971 und 1973 Ausgrabungen und Feldforschungen im Nordjemen; 1974–1977 Leiterin der Französischen Archäologischen Mission im Südjemen und Ausgrabungen in Schabwa. 1978–1985 Inventarisierung und Veröffentlichung von Objekten des Nationalmuseums in Aden. 1985 Goldmedaille der Demokratischen Volksrepublik Jemen. Veröffentlichungen u. a.:
Répertoire d'Epigraphie sémitique (RES), tome VIII: Tables des tomes V, VI, VII, Académie des Inscriptions et Belles Lettres, Paris 1968.
La Maîtrise de l'eau en Arabie du Sud antique, Mémoires de l'Académie des Inscriptions et Belles Lettres, Paris 1977.
Corpus des Inscriptions et Antiquités sud-arabes, Académie des Inscriptions et Belles Lettres, 3 Bände, Paris/Louvain 1977.
A la découverte de l'Arabie. Cinq siècles de science et d'aventure, Paris 1958 (auch in Russisch und Arabisch erschienen).

Venetia PORTER

Studierte Arabisch und islamische Kunst an der Universität Oxford. Arbeitet derzeit an einer Dissertation über die Ṭāhiriden im Jemen (Universität Durham).
Research Assistant in the Department of Oriental Antiquities, British Museum. Veröffentlichungen:
Medieval Syrian Pottery, Ashmolean Museum 1981.
Mit O. Watson: Tell Minis Pottery, Oxford Studies in Islamic Art, 1987.

Walter RAUNIG

Nach Studium der Völkerkunde in Wien wissenschaftlicher Assistent am Museum für Völkerkunde Basel. 1969–1979 Stv. Direktor des Völkerkundemuseums der Universität Zürich; seit 1978 Leiter des Staatlichen Museums für Völkerkunde München. Veröffentlichungen u. a.
Bernstein, Weihrauch, Seide – Waren und Wege der antiken Welt, Wien–München 1970.
Schwarzafrikaner, Innsbruck 1980.
(zus. mit Girma Fisseha) Mensch und Geschichte in Äthiopiens Volksmalerei, Innsbruck/Frankfurt 1985.

Christian ROBIN

Chargé de Recherche beim C.N.R.S. (Centre National de la Recherche Scientifique), Institut de Recherches et d'Etudes sur le Monde arabe et musulman, Aix-en-Provence. Studierte Politische Wissenschaften, Geschichte und Arabisch in Paris, Südarabisch und Äthiopisch in Paris und Tübingen. Seit 1972 archäologische Forschungen im Jemen. Seit 1978 Leiter der Mission Archéologique Française en République arabe du Yemen. Seit der Gründung des Centre Français d'Etudes Yémenites dessen Direktor. Zahlreiche Veröffentlichungen, u. a.
Les Hautes-Terres du Nord-Yemen avant l'Islam, 2 Bände, Istanbul 1982.
(zusammen mit M. Bāfaqīh und A. F. L. Beeston) Ein Manual südarabischer Epigraphie (in Arabisch).

Jacques RYCKMANS

Professor an der Université Catholique de Louvain; (Präsident der Abteilung für griechische, lateinische und orientalische Studien). Assoziiertes Mitglied der Academie Royale des Sciences, des Lettres et des Beaux-Arts de Belgique; Mitglied der Académie Royale des Sciences d'Outre Mer. Nahm 1951 an der archäologischen und epigraphischen Forschungsreise von H. St. John Philby in Saudi-Arabien teil. Zahlreiche Veröffentlichungen über altsüdarabische Inschriften, u. a.
(zusammen mit A. F. L. Beeston, M. A. Ghul, W. W. Müller) »Sabaic Dictionary«, Louvain-la-Neuve/Beyrouth 1982.
»La persécution des Chrétiens himyarites au sixième siècle«, Istanbul 1956.

Jürgen SCHMIDT

Nach Studium von Kunstgeschichte, Archäologie und Architektur in Berlin Ausgrabungen und Arbeiten in Nordsyrien und Spanien. 1965 Zweiter Direktor des Deutschen Archäologischen Instituts in Baghdad (seit 1967 Erster Direktor). Ausgrabungen und Forschungen im Zweistromland, Leitung der Grabungen in Uruk und Babylon. 1973 und 1975 Ausgrabungen im frühislamischen Wüstenschloß Tulul al-Ukhaidir. 1966 und 1977 neben den Arbeiten im Irak erste Expeditionen in den Jemen. 1977 wurde Professor Schmidt mit der Einrichtung einer Zweigstelle des DAI in Sanaa beauftragt, seit 1978 Leitender Direktor des DAI Sanaa; Ausgrabungen und Forschungen in Mārib und Ṣirwāḥ. Veröffentlichungen, u. a.
Herausgeber der Archäologischen Berichte aus dem Yemen, Mainz, Band I, 1982; Band II, 1983.

Robert Bertram SERJEANT

Professor emeritus für Arabisch an der Universität Cambridge. Nach Studium der orientalischen Sprachen in Edinburgh und Cambridge Forschungen über südarabische Dialekte an der School of Oriental and African Studies, London. 1940 erster Aufenthalt in Aden, im Hadramaut 1947–1948. Träger der T. E. Lawrence-Medaille der Royal Asiatic Society. Wichtigste Veröffentlichungen:
Prose and Poetry from Hadramawt, London 1951 und 1983.
The Portuguese off the South Arabian Coast, Oxford 1963 (Nachdruck Beirut 1974).
South Arabian Hunt, London 1976.
(zusammen mit Ronald Lewcock): Ṣanʿāʾ, an Arabian Islamic City, London 1983.
Außerdem: Mitherausgeber der »Cambridge History of Arabic Literature«, und von »Arabian Studies«.

G. Rex SMITH

Senior Lecturer in Arabic und Direktor des Centre for Middle Eastern and Islamic Studies der Universität Durham. Zahlreiche Veröffentlichungen zur mittelalterlichen Geschichte und Kunstgeschichte des Jemen, insbesondere
The Ayyubids and Early Rasulids in the Yemen, 2 Bände, London 1974–1978,
Bride of the Red Sea: A 10th/16th century account of Jeddah, Durham 1984.
The Yemens, World Bibliographic Series no. 50, Oxford 1984.

Daniel Martin VARISCO

Ethnologe, 1978/79 Feldforschungen über traditionelle Landwirtschaft in einem Hochlandtal des Nordjemen. Veröffentlichungen u. a.:
The Medieval Almanach of a Yemeni Sultan, Islamic Text Society, Cambridge 1987.

Peter WALD

Zeitungs- und Rundfunk-Journalist. Leitender Redakteur für das Sendegebiet Nah- und Mittel-Ost bei der Deutschen Welle in Köln. Von 1956–1968 Korrespondent mit Sitz in Kairo, kam er bereits während des Bürgerkrieges und während des Unabhängigkeitskampfes mit Nord- und Südjemen in Kontakt. Ab 1972 machte er acht zum Teil ausgedehnte Besuchsreisen in beiden Jemen. Veröffentlichungen u. a.
Der Jemen, Köln 1980, 2. Auflage 1987.

Matthias WEITER

Studium von Wirtschaftswissenschaft und Entwicklungspolitik in Hamburg und Berlin. 1976–1979 Berater der Zentralen Planungsorganisation (CPO) im Jemen. Danach Referent für Zusammenarbeit mit arabischen Ländern im Bundesministerium für Wirtschaftliche Zusammenarbeit in Bonn und bei der Kommission der EG in Brüssel.

Manfred W. WENNER

Professor für Politische Wissenschaften an der Northern Illinois University, DeKalb/Illinois. Foreign Policy Analyst für den Nahen Osten beim Forschungsdienst des US-Congress. War nach Studium in Österreich, Schweiz, Deutschland und USA Visiting Professor und Professor an den Universitäten Seattle, Salzburg College, University of California (Berkeley), Wisconsin und mehrere Jahre Leiter des American Institute for Yemeni Studies. – Zahlreiche Veröffentlichungen über Jemen, Islam, Minderheiten, Umweltpolitik, u. a.:
Modern Yemen 1918–1966, Baltimore 1967.

Der Beitrag »Fedele« wurde von Carol Irmhof aus dem Englischen ins Deutsche übersetzt; die arabischen Texte von Zine Chaabani und dem Herausgeber; alle übrigen Übersetzungen vom Herausgeber.

Was aber sonst noch getan wurde – wa Allāhu ʿālim!

Fotonachweis:
Archiv 396.
Bayerische Staatsgemäldesammlung 72 u.
Bothmer 185, 186, 187.
Brockie 291 o.
Bruck, vom 378 u., 404, 406.
Bulgarelli 41 u., 46.
Burchardt 10, 11, 261, 359, 360, 362, 368.
Chuzeville 92.
Daum 18, 22 u., 24 o. r., 43 u., 44, 47, 48 o. l., 65 o., 66 u., 68 u., 92 o., 112, 146 o., 147, 152, 188 o., 190, 192 o., 198 u., 199, 200 u., 220 u. 222, 224 u., 242, 243, 244, 246, 247, 248 u., 263, 282, 283 o., 284 o., 287 o. l., 288, 294 o., 296, 316, 318 u., 319 u. l., 320 o., u. l., 340 o. r., u., 341, 343, 344, 353, 356, 377, 408 o., 425 o., 432 o., 449, 450, 452 o., 453 u., 465, 466, 473 o.
Déonna 408 u.
Det Nationalhistoriske Museum Frederiksborg, Hillerød, Dänemark 13.
Deutsches Archäologisches Institut 59, 82, 83, 84, 86, 87, 88, 97, 98, 99, 100, 238, 239, 240, 248 o., 250, 251, 252, 253.
Dornhege 93.
Dostal 345, 347, 348, 349, 350, 351, 352, 354, 357, 361, 363, 443, 447, 457, 458, 459, 478 o.
Fedele 41 o.
Freer Gallery 19 u., 218.
Graf 70 u., 148, 192 u., 196 o., 284 u., 292, 294 u., 314 o. r., u. l., 339 o. l., 339 u., 381, 473 u.
Hagen 194 o., 200 o., 290 o., 317, 320 u. r., 426.
Institute of Arts, Detroit 229.
Jemenitisches Informationsministerium 428.
K. u. k. Gesandtschaft nach Siam (Museum für Völkerkunde, Wien) 60, 63, 464.
Karpowicz 379.
Kaufman 166, 170.
King 276, 277, 278, 279, 297, 298, 299, 300, 301.
Kortler 149, 151, 189, 191, 197, 221, 285, 291 u. 431.
Kummer 480 u., Umschlag vorne.
Kunsthistorisches Museum Wien 418 o. r., u.
Lawson 21, 24 o. l., 68 o., 150, 193, 194 u., 195, 196 u., 220 o., 224 o., 286, 290 u., 313, 315, 337, 338, 340 o. l., 378 o., 382, 401, 402, 403, 405, 407, 426 u., 451, 456, 475, 478 u., Umschlag rückwärts.
Lippoldmüller 318 o., 382 u.
Mandl 331, 332, 335, 336, 346, 355.
Maigret, de 39, 42, 43 o.
Mission Archéologique Française en R. D. P. Yémen 69 u., 94, 95 u.
Mission Archéologique Française en République Arabe du Yémen 67, 69 o., 70 o., 71, 76.
Monod 117.
Müller-Hohenstein 314 o. l., 342 o., 455.
Musée des Arts décoratifs, Paris 219.
Musée du Louvre, Paris 45 u., 51, 52.
Museum für Islamische Kunst, SMPK, Berlin 27, 48 u. l.
Museum für Völkerkunde, SMPK, Berlin 30.
Nankivell 308, 312, 321.
Raunig 23, 45 o., 65 u., 66 o., 72 o., 146 u., 188 u., 287 o. r., 295, 318 o. r., 319 u. l., 339 o. r., 380, 384, 429, 430, 452, 453 o., 474, 476, 477, 479, 480.
Robin 267.
Saint-Hilaire 293, 432.
Staatsbibliothek Preußischer Kulturbesitz, Berlin 298, 309, 310, 366.
Strasser 242 r. u., 311, 353, 355, 358, 442, 446.
Staude 419.
Thiele 95 o., 96.
The Toledo Museum of Art, Toledo/Ohio 231.
Universitätsbibliothek Heidelberg 12.
Victoria and Albert Museum, London 234, 235, 236.
Weidner 17, 19 o., 20, 24 u., 54, 55, 89, 90, 91, 105, 113, 114, 115, 141, 145, 154, 157, 198 o., 217, 226, 227, 228, 232, 233, 245, 342 u., 376, 383, 412, 413, 414, 415, 416, 417, 418 o. l., 427, 436.
Weiter 437.
Zampetti 223.
Zentrum für Jemenitische Studien, Sanaa 29.